HANNS CHRISTOF BRENNECKE

# HILARIUS VON POITIERS UND DIE BISCHOFSOPPOSITION GEGEN KONSTANTIUS II.

# PATRISTISCHE TEXTE UND STUDIEN

IM AUFTRAG DER
PATRISTISCHEN KOMMISSION
DER AKADEMIEN DER WISSENSCHAFTEN
IN DER BUNDESREPUBLIK DEUTSCHLAND

HERAUSGEGEBEN VON

K. ALAND UND W. SCHNEEMELCHER

BAND 26

WALTER DE GRUYTER · BERLIN · NEW YORK

1984

# HILARIUS VON POITIERS UND DIE BISCHOFSOPPOSITION GEGEN KONSTANTIUS II.

## UNTERSUCHUNGEN ZUR DRITTEN PHASE DES ARIANISCHEN STREITES (337–361)

VON

HANNS CHRISTOF BRENNECKE

WALTER DE GRUYTER · BERLIN · NEW YORK

1984

Gedruckt mit Unterstützung der Deutschen Forschungsgemeinschaft



*CIP-Kurztitelaufnahme der Deutschen Bibliothek*

**Brennecke, Hanns Christof:**
Hilarius von Poitiers und die Bischofsopposition gegen Konstantius II. : Unters. zur 3. Phase d. Arian. Streites (337–361) / von Hanns Christof Brennecke. – Berlin ; New York : de Gruyter, 1984.
(Patristische Texte und Studien ; Bd. 26)
ISBN 3-11-009703-6
NE: GT

Gedruckt auf alterungsbeständigem Papier
(säurefrei – pH 7, neutral)



Druck: Hildebrand, Berlin · Einband: Mikolai, Berlin

IN MEMORIAM

D. Gerhard Brennecke
1916–1973

Prof. Dr. med. Otto Thies
1903–1972

## VORWORT

Die Anregung zu der Beschäftigung mit den Fragmenten des Hilarius gab mir Herr Prof. D. W. Schneemelcher in seinem Bonner Oberseminar. Daraus entstanden – unter der wissenschaftlichen Anleitung von Frau Prof. Dr. L. Abramowski, an deren Lehrstuhl ich seit 1974 als wissenschaftlicher Angestellter tätig sein konnte – vorliegende Untersuchungen, die im Sommersemester 1980 von der Evangelisch-Theologischen Fakultät der Universität Tübingen als Dissertation angenommen wurden. Für den Druck habe ich sie geringfügig überarbeitet und bis 1983 neu erschienene Literatur, soweit sie mir bekanntgeworden ist, nachgetragen.

Für mancherlei Anregungen und Kritik habe ich zu danken den Professoren E. L. Grasmück, Ch. Kannengiesser, S. Raeder, A.-M. Ritter und M. Tetz; vor allem aber meiner Lehrerin, Frau Prof. Dr. L. Abramowski, die meine Arbeit stets mit Rat und Kritik in vielen Gesprächen begleitet hat und weiter begleitet.

Auch den kirchengeschichtlichen Lehrern meines Studiums in Berlin und Bonn, Prof. Dr. A. Raddatz und Prof. Dr. K. Schäferdiek, sei an dieser Stelle für das bei ihnen Gelernte gedankt.

Der Patristischen Kommission der Akademien der Wissenschaften in der Bundesrepublik Deutschland danke ich für die Aufnahme dieser Untersuchungen in die Reihe ‚Patristische Texte und Studien' und der Deutschen Forschungsgemeinschaft für die heute gar nicht so selbstverständliche Gewährung der Druckkosten.

Herrn Prof. D. W. Schneemelcher sei besonderer Dank für die Betreuung des Druckes und für das Mitlesen der Korrekturen gesagt.

Meine Familie hat mancherlei Entbehrungen auf sich nehmen müssen; daß dies so möglich war, verdanke ich meiner Frau.

Dieses Buch ist dem Andenken unserer Väter gewidmet.

Tübingen, am 21. Juli 1984 Hanns Christof Brennecke

# INHALTSVERZEICHNIS

# EINLEITUNG

Die folgenden Abhandlungen wollen die kirchenpolitische Rolle untersuchen, die Hilarius von Poitiers während der wenigen Jahre der Alleinherrschaft Kaiser Konstantius' II. im Rahmen der Opposition eines Teiles des abendländischen Episkopats gegen die Kirchenpolitik dieses letzten Sohnes des großen Konstantin gespielt hat.

Die kirchenpolitischen Auseinandersetzungen zwischen Konstantius II. und Teilen sowohl des morgen- als auch des abendländischen Episkopats haben in der Forschung neuerdings stärkere Beachtung gefunden. Einige der Hauptakteure dieser Auseinandersetzungen, wie die in der Forschung bisher weniger beachteten Lucifer von Calaris und Phoebadius von Agennum, sind jüngst in eigenen Monographien behandelt worden[1].

Die Person Kaiser Konstantius' II. selbst und sein Verhältnis zur christlichen Kirche hat in der Erlanger Habilitationsschrift RICHARD KLEINs[2] eine besondere Würdigung erfahren, die bewußt im Gegensatz zur kirchlichen Tradition und bisherigen Forschung steht und dem sonst einhellig von kirchlicher Tradition wie kritischer historischer Wissenschaft negativ beurteilten Konstantius eine gerechtere Beurteilung zukommen lassen will. Diesem Anliegen RICHARD KLEINs wird man - bei mancherlei auch schwerwiegenden Einwänden gegen die Art der Durchführung - die Berechtigung nicht grundsätzlich absprechen können[3].

Auch die dogmatischen Auseinandersetzungen um die Trinitätslehre, die sich während der Regierungszeit Konstantius' II. nicht ohne seine Schuld noch dramatisch zuspitzen sollten, haben - neben wertvollen Einzeluntersuchungen - in den letzten Jahren in den Arbeiten von MANLIO SIMONETTI und

---

1 Vgl. W. TIETZE, l.c.; P. GLÄSER, l.c.

2 Constantius II. und die christliche Kirche (Impulse der Forschung 26), Darmstadt 1977.

3 Vgl. die Rezensionen von KLAUS M. GIRARDET, HZ 231(1980)141-143 und H.-J. SIEBEN, ThPh 55(1980)278-80.

FRAUKE DINSEN erneut eine zusammenfassende Darstellung erfahren[4]. Den heutigen Forschungsstand zum Gesamtkomplex des arianischen Streites bietet ADOLF MARTIN RITTERs Artikel "Arianismus" in der TRE, der 1978 erschien[5].

Wenn mit den vorliegenden Untersuchungen dennoch erneut zu den kirchenpolitischen Auseinandersetzungen während der Regierungszeit Konstantius' II. Stellung bezogen wird, so deshalb, weil die Rolle, die der Bischof der aquitanischen Stadt Poitiers, Hilarius, in diesen Auseinandersetzungen gespielt hat, zwar allgemein anerkannt, aber nie einer genaueren Untersuchung anhand seiner kleineren Exilsschriften und der von ihm überlieferten Fragmente unterzogen worden ist.

Aus diesem Grunde wurde der Theologe Hilarius und sein besonderer und bisher noch viel zu wenig gewürdigter[6] Beitrag zur abendländischen Theologiegeschichte des vierten Jahrhunderts nur am Rande erwähnt. Seine exegetischen und dogmatischen Hauptschriften, zu denen vor allem der vorexilische Matthäuskommentar[7], der nachexilische Psalmenkommentar[8] und das zum größten Teil im Exil abgefaßte dogmatische Hauptwerk "De trinitate"[9] zählen, wurden fast ganz übergangen. Ebenso war von vornherein nicht beabsichtigt, eine theologische und historische Gesamtwürdigung von Person und Werk des gallischen Bischofs vorzulegen, wie es z.B. REINKENS vor mehr als einem Jahrhundert getan hat[10].

CARL F.A. BORCHARDT war in seiner 1966 erschienenen Dissertation[11] zur Beantwortung der Frage nach Hilarius' Rolle im arianischen Streit vornehmlich von dessen dogmatischer Hauptschrift "De trinitate" ausgegangen, wobei naturgemäß

---

4 Vgl. F. DINSEN, l.c.; M. SIMONETTI, La crisi ariana nel IV seculo (StEA 11), Rom 1975.

5 TRE III(1978)692-719.

6 Erst in den Jahren 1978-80 erschienen kritische Editionen des Matthäuskommentars und der dogmatischen Hauptschrift "De trinitate". Von "De synodis" und "Contra Constantium" sind kritische Editionen vorläufig nicht zu erwarten.

7 Ed. J. DOIGNON (SC 254;258), Paris 1978/79 mit franz. Übersetzung und Kommentar.

8 Ed. A. ZINGERLE (CSEL 22), Wien 1891.

9 Ed. P. SMULDERS (CChr 62/62A), Turnholti 1979/80.

10 J.H. REINKENS, l.c.

11 C.F.A. BORCHARDT, l.c.

die kirchenpolitische Implikationen zu kurz kommen mußten.

Die vorliegenden Studien fragen in erster Linie nach der kirchenpolitischen Stellung, die der Bischof des aquitanischen Poitiers während der Zeit seines Exils in Kleinasien einnahm. Deshalb erschien es am sinnvollsten, von einer Untersuchung der in den von FEDER erstmals 1916 kritisch edierten "Collectanea antiariana Parisina" überlieferten Fragmente (CSEL LXV) und der seit den Arbeiten von WILMART und FEDER über sie bestehenden Theorien auszugehen.

Da Hilarius für seine in den Fragmenten noch erkennbare Argumentation bis auf die Synode von Serdika (342) zurückgreift, erschien es notwendig, die Überlieferungen über die theologischen und kirchenpolitischen Entwicklungen der knapp eineinhalb Jahrzehnte von der Kirchweihsynode von Antiochien (341) bis zur Synode von Mailand (355), dem eigentlichen Ausgangspunkt der Schrift des Hilarius, von der uns nur die Fragmente überliefert sind, quellenkritisch zu untersuchen und den eigentlichen, Hilarius und sein Werk betreffenden Studien voranzustellen.

Die Überlieferung über die theologischen und kirchenpolitischen Entwicklungen der Jahre von 341 - 355 aber heißt weitgehend: die Überlieferung des seit der Synode von Tyrus (335) immer wieder aufbrechenden Falles des Athanasius.

Auf diese Weise entstand ein 1. Teil, der sich in erster Linie mit dem scheinbar nur disziplinarischen Fall des Athanasius befaßt: "Der Fall des Athanasius - Von der antiochenischen Kirchweihsynode (341) bis zur Synode von Mailand (355)" (S. 3-195). Daneben durchzieht diesen ersten Teil aber auch die Frage nach Rolle und Stellung des Nicänum in Orient und Occident seit der Synode von Serdika.

Bis zur Synode von Serdika hatte EDUARD SCHWARTZ schon vor dem ersten Weltkrieg seine Athanasiusstudien vorangetrieben, bevor er sie wegen seiner Arbeit an den Konzilsakten hatte abbrechen müssen. Erst beinahe ein Vierteljahrhundert später, im Jahre 1935, hatte er seine Athanasiusstudien in knapper Form abschließen können[12]. So setzen die

12 Die Athanasiusstudien (GS III) erschienen in den Jahren 1904-1911 in

vorliegenden Untersuchungen chronologisch die Athanasiana von EDUARD SCHWARTZ fort. Wenn die vorliegenden Studien auch nicht nur chronologisch in der Tradition der Arbeiten von EDUARD SCHWARTZ stehen, so wird doch deutlich, daß ich weder SCHWARTZ' Beurteilung des trinitarischen Streites, den er ausschließlich als Machtkampf ehrgeiziger Patriarchen untereinander ansah, noch seine nur von politischen Kriterien ausgehende Einschätzung des Athanasius so teilen kann.

Seitdem WILHELM SCHNEEMELCHER in seiner Göttinger Habilitationsvorlesung 1950[13] gezeigt hat, daß der Theologe und der Kirchenpolitiker in Athanasius nicht voneinander zu trennen sind und daß Athanasius nicht ausschließlich von seiner in der Tat häufig problematischen Kirchenpolitik her beurteilt werden darf, wie das bei SCHWARTZ und dem ihm darin folgenden OPITZ der Fall war, hat Athanasius als Theologe, Bischof, Seelsorger und Asket vor allem durch die Arbeiten von HERMANN DÖRRIES, HANS VON CAMPENHAUSEN und besonders MARTIN TETZ eine differenziertere Würdigung gefunden[14]. Neben seiner Kirchenpolitik und oft maßlosen Polemik gegenüber allen Gegnern spielt seine in der Auseinandersetzung mit dem Arianismus formulierte Theologie und seine Spiritualität die größere Rolle in der Athanasiusforschung[15].

Allerdings haben wir von EDUARD SCHWARTZ gelernt (und hinter diese Erkenntnisse zurückzufallen, wie es in den Arbeiten von TIETZE und GLÄSER geschieht, scheint mir allerdings fatal), daß die Geschichte des arianischen Streites, und hier besonders die Geschichte des von Athanasius aktiv mitgestalteten Zeitraumes von 325 - 361, nicht ausschließlich nach

---

den Nachrichten der k. Gesellschaft der Wissenschaften zu Göttingen. Abgeschlossen hatte SCHWARTZ die mit der Synode von Serdika unvermittelt abbrechenden Athanasiusstudien mit dem Aufsatz "Zur Kirchengeschichte des vierten Jahrhunderts", ZNW 34(1935)129-213, jetzt GS IV, 1-110. Vgl. dazu auch W. ELTESTER und H.-D. ALTENDORF im Vorwort zu GS III, V-VIII.

13 Athanasius von Alexandrien als Theologe und Kirchenpolitiker, ZNW 43 (1950)242-255, jetzt GA 274-289, und: Die Kirche angesichts der konstantinischen Wende (ed. RUHBACH) 279-296 mit einem Nachtrag W. SCHNEEMELCHERs aus dem Jahre 1976.

14 M. TETZ, Art. Athanasius von Alexandrien, TRE IV(1979)333-349; ders. Zur Biographie des Athanasius von Alexandrien, ZKG 90(1979)304-338. Ebenda 304-310 zum Wandel des Athanasiusbildes seit SCHWARTZ.

15 TETZ, ebenda.

dem von Athanasius in seinen apologetischen Schriften der zweiten Hälfte der fünfziger Jahre des vierten Jahrhunderts geprägten Geschichtsbild verstanden werden darf, das die kirchengeschichtliche Tradition von den Kirchenhistorikern des fünften Jahrhunderts an weithin bis heute geprägt hat.

Athanasius hat in seinen apologetischen Schriften nicht die Absicht, Geschichte zu schreiben, sondern er will und muß seine kirchliche und theologische Position gegenüber außerordentlich gefährlichen Vorwürfen verteidigen. Als Verteidiger greift er an und das mit Mitteln, die denen seiner Gegner in keiner Weise nachstehen. "Zweifel am eigenen Recht kennt er nicht. Gerade diese Unbedingtheit der Selbstverteidigung und des Angriffs gibt seinen Flugschriften den schmetternden Ton und dröhnenden Widerhall, den er zum Erfolg brauchte. Athanasios ist ein sehr bewußter Propagandist seiner Sache. Aber man darf daraus nicht die Folgerung ziehen, daß die umstrittenen theologischen Sätze für ihn nur Vorwände und in Wirklichkeit ohne Bedeutung gewesen wären. Athanasios glaubt an das, was er behauptet. Ihm fehlt nur jede Distanzierung zwischen dem religiösen Anliegen, das er vertritt, und der kirchlichen Position, die er zu halten wünscht. Er denkt nicht eigentlich von der Kirche als sakraler Institution, sondern vom heiligen Dogma aus, das sie trägt. Aber praktisch fallen ihm Glaube, Bekenntnis und Kirche oder vielmehr diejenige kirchliche Gruppe und Partei, die er für sich hat, ohne weiteres in eins. Es gibt kein Bekenntnis ohne Gefolgschaft, und deren politischen Notwendigkeiten werden durch die Sache geheiligt, um die der Kampf geht. Daraus entspringen die Skrupellosigkeit und Selbstgerechtigkeit, aber auch die Leidenschaft und der rücksichtslose Mut, mit der Athanasios seinen Lebenskampf führt und seine Sicherheit und Ruhe, sein Ansehen von der Welt und, wenn es sein muß, auch seine Freunde opfert und in die Schanze schlägt. So wird er selbst zum lebendigen Symbol der Rechtgläubigkeit und der unbesiegbaren Kirche. An ihm müssen sich die Parteien orientieren und scheiden -"[16]. Dieser brillanten Zeichnung des

16 H. von CAMPENHAUSEN, Griechische Kirchenväter, Stuttgart/Berlin/Köln/Mainz 1967[4], S. 78f.

Athanasius durch HANS VON CAMPENHAUSEN ist im Blick auf die apologetischen Schriften des Alexandriners voll zuzustimmen. Entsprechend kritisch müssen diese Apologien für die Darstellung der historischen Zusammenhänge ausgewertet werden.

Es geht in den vorliegenden Studien also nicht darum, ein bestimmtes Athanasiusbild zu zeichnen, das etwa in erster Linie nur den Kirchenpolitiker und polemischen Kämpfer Athanasius im Blick hätte - die Unangemessenheit und Unmöglichkeit eines solchen Athanasiusbildes, wie es SCHWARTZ in grandioser Einseitigkeit einst gezeichnet hat, und wie es neuerdings wieder RICHARD KLEIN vertritt, hat MARTIN TETZ deutlich gemacht. Sondern es geht nur darum, die in eigener Sache verfaßten Apologien des Athanasius, d.h. seine Sicht seiner verschiedenen Aktivitäten im Rahmen der Auseinandersetzungen mit Konstantius, kritisch zu untersuchen.

Ebensowenig kommt der Theologe Athanasius in den Blick, der mit den Arianerreden seit 339/40 auch theologisch intensiv die Bekämpfung des Arianismus aufgenommen hatte. Die Darstellung betrifft also nur den sogenannten "Fall" des Athanasius[17]. Wenn WILHELM SCHNEEMELCHER darauf hingewiesen hatte, daß der Theologe Athanasius nicht von dem Kirchenpolitiker zu trennen ist, so wird daran schon deutlich, daß hinter dem scheinbar nur disziplinarischen Fall des Athanasius auch die theologische Auseinandersetzung mit den orientalischen theologischen Gegnern stand. Allerdings ist darauf hinzuweisen, daß schon den zeitgenössischen Freunden des Athanasius im Abendland es nicht ganz leicht gefallen war, im "Fall" des Athanasius auch einen "Fall" des Glaubens - im Kampf der orientalischen Bischöfe gegen Athanasius auch einen Kampf gegen den rechten Glauben von Nicäa - zu sehen. Diese Erkenntnis hatte sich erst seit den Vorbereitungen auf die Synode von Mailand bei den abendländischen Freunden des Athanasius durchgesetzt.

In der zweiten Hälfte der fünfziger Jahre des vierten Jahrhunderts steht es für Hilarius von Poitiers in seinem "Liber primus adversus Valentem et Ursacium" fest, daß hin-

---

17 Vgl. KLAUS M. GIRARDET, Kaisergericht und Bischofsgericht, 52ff.

ter dem Fall des Athanasius die Frage nach der Gültigkeit des von den Vätern in Nicäa bekannten Glaubens steht, daß der Kampf gegen Athanasius in Wahrheit der Kampf gegen die fides nicaena ist (vgl. S. 326ff.).

Die Rekonstruktion dieses sogenannten "Liber primus adversus Valentem et Ursacium" als einer Exilsschrift des Hilarius bildet den Schwerpunkt der Arbeit. Für Rekonstruktion und Datierung dieses "Liber primus", zu dem m.E. die vor einem Menschenalter heftig umstrittenen Briefe des Liberius gehören, erwies sich eine eingehende Untersuchung der Liberiusfrage als notwendig. (S. 265-297).

Hilarius sandte diese Schrift aus dem kleinasiatischen Exil an seine gallischen Mitbischöfe, um sie vor der Annahme der Beschlüsse der sirmischen Synode von 357 und ihrer theologischen Formel zu warnen. In diesem Sendschreiben hat Hilarius den gallischen Bischöfen den Wortlaut des Nicänum mitgeteilt und so für eine Besinnung auf das im Abendland noch weitgehend unbekannte Bekenntnis von 325 Sorge getragen.

Für die kirchenpolitische Wirksamkeit des Hilarius im kleinasiatischen Exil sind seine Versuche besonders wichtig, auf theologischer Grundlage eine Einigung zwischen Homoousianern und Homöusianern zu erzielen.

Nach dem Scheitern dieser Versuche und dem für die abendländischen Homoousianer katastrophalen Ausgang der Synode von Rimini scheint Hilarius noch für eine Weile an theologischen Vermittlungsversuchen zwischen Orient und Occident beteiligt gewesen zu sein, wie der Synodalbrief der Pariser Synode zeigt.

Wohl wegen seiner auch sakramentalen Gemeinschaft mit den Homöusianern (z.B. auf der Synode von Seleukia) wurde Hilarius von Parteigängern des radikalen Lucifer von Calaris sogar exkommuniziert, wie P. SMULDERS jüngst nachgewiesen hat[18].

Da über Hilarius als den (letztlich erfolglosen) theologischen Vermittler zwischen Orient und Occident schon verschiedene Arbeiten vorliegen, unter denen besonders die theo-

18 BijPhTh 39(1978)234-243.

logische Dissertation von ALAN DARWIN JACOBS aus dem Jahre 1968 Beachtung verdient[19], habe ich mich hier auf das Nötigste beschränkt.

Den ebenfalls aus den "Collectanea antiariana Parisina" zu rekonstruierenden "Liber secundus adversus Valentem et Ursacium", der die abendländischen Bischöfe über die Hintergründe der Machenschaften der Hofbischöfe auf der Synode von Rimini (359) aufklären will, habe ich nicht ausführlich in die Untersuchungen mit einbezogen, da diese Schrift - jedenfalls für das Abendland - schon das Ende der Herrschaft des Konstantius voraussetzt und sich mehr mit den Folgen der Kirchenpolitik Konstantius' II. für die abendländischen Kirchen befaßt.

Noch mehr gilt das für die polemische Schrift "Contra Constantium", die ebenfalls nicht mehr in die eigentliche theologische und kirchenpolitische Auseinandersetzung mit der Kirchenpolitik des Konstantius gehört, sondern wahrscheinlich unter der Regierung Julians entstand und daher für die kirchenpolitische Haltung des Hilarius vor der Usurpation des Julian keine Aussagekraft hat.

Der Charakter der verschiedenen zu behandelnden Themenkomplexe und der zu ihnen gehörenden Quellen hat es mit sich gebracht, daß so eher eine Reihe chronologisch und durch das übergeordnete Thema einander verbundener Studien zu den Überlieferungen der Jahre 340 - 361 als eine in sich geschlossene Darstellung entstanden ist.

19 A.D. JACOBS, l.c.

# I. TEIL

## DER FALL DES ATHANASIUS
## VON DER ANTIOCHENISCHEN KIRCHWEIHSYNODE (341)
## BIS ZUR SYNODE VON MAILAND (355)

# 1. KAPITEL

## DIE THEOLOGISCHE LAGE VOR DER SYNODE VON SERDIKA - DIE ANTIOCHENISCHE KIRCHWEIHSYNODE UND IHRE THEOLOGISCHEN FORMELN

Seit dem Tode Konstantins des Großen am 22. Mai 337[1] hatte sich zwischen seinen drei Söhnen, die nach allerlei Wirren endlich das Reich allein beherrschten, eine Krise zugespitzt, die im Sieg des jüngsten Konstantinsohnes Konstans über seinen ältesten Bruder Konstantin II. einen ersten Höhepunkt erreicht hatte.

Der nach der Alleinherrschaft strebende Konstantin II. verlor dabei Herrschaft und Leben und verfiel der damnatio memoriae[2]. Von 340 an sollten sich Konstans und Konstantius II. die Herrschaft über das Imperium teilen.

Auch die für diese Zeit eigentlich nicht mehr ganz zutreffend mit dem Namen des ehemaligen alexandrinischen Presbyters Arius verbundene, ursprünglich rein kirchliche Auseinandersetzung um das trinitarische Dogma[3], wobei es vorerst nur um die Bestimmung des Verhältnisses zwischen Gott-

---

1 SEECK, Regesten, 184; nach Eus.v.C. IV,64 am Pfingstsonntag. Vgl. RADDATZ, Weströmisches Kaisertum, 17. Zu den Wirren um die Nachfolge vgl. KLEIN, ByFo 6(1979)101-150.

2 SEECK, l.c.189; GdU IV,47.400 (dort auch zum Datum Ende März - Anfang April 340. Am 9. April ist Konstans jedenfalls schon in Aquileia nachweisbar); BARNES, Phoenix 34(1980)162. Allgemein MOREAU, JAC 2 (1959)160-184; STEIN, Spätrömisches Reich, 203f.; PIGANIOL, L'Empire chrêtien, 84. Zum Versuch Konstantin II., die Alleinherrschaft zu erringen und die von ihm der Kirche dabei zugedachte Rolle vgl. SCHWARTZ, GS III,277,und am ausführlichsten RADDATZ, l.c.19ff.

3 Arius war am 17.9.335 auf der Synode von Jerusalem auf Befehl des Kaisers restituiert worden (Ath.apol.sec.84; syn.21) und wohl sehr bald danach gestorben; vgl. SCHWARTZ, l.c.256f.; OPITZ II,178 nota. In der Folgezeit gehen die Auseinandersetzungen kaum noch um die Lehren des ehemaligen alexandrinischen Presbyters. Sein Name ist besonders für Athanasius nur ein Stichwort. Abgesehen von den kirchenpolitischen Auseinandersetzungen um Athanasius dreht sich der Streit theologisch um die Frage nach der Ein- oder Dreihypostasentheologie; vgl. ABRAMOWSKI, ZKG 86(1975)356ff; ZKG 87(1976)153f.; ThPh 54(1979)41-47.

Vater und Gott-Sohn/λόγος ging[4], hatte mit dem Tod des alten Kaisers keineswegs ihr Ende gefunden. Je länger je mehr verquickte sich dieser eigentlich dogmatische Streit mit den politischen Spannungen zwischen den beiden Reichshälften und den besonders im Orient beheimateten kirchenpolitischen Machtkämpfen.

Zunächst wurde es - und das für eine ganze Weile - ein Streit um die Person des ägyptischen Patriarchen Athanasius, wenn auch die eigentlichen theologischen Fragen dahinter nicht ganz verschwanden[5].

Der Westen, bisher von der ganzen Auseinandersetzung kaum berührt, wird immer stärker in sie hineingezogen, seit Konstans von 340 an das Abendland allein regiert, und muß Position beziehen[6].

Da jeder der beiden Kaiserbrüder auf der Seite der Mehrheit der Bischöfe seines Reichsteiles steht, entwickelt sich in nur wenigen Jahren der theologische Streit um das trinitarische Dogma zum politischen Konflikt zwischen den beiden Reichsteilen, der nach der Synode von Serdika im Schisma zwischen den Kirchen der beiden Reichsteile gipfelt.

Vorerst ging die Auseinandersetzung um die Rechtmäßigkeit des 335 in Tyrus gegen Athanasius gefällten Absetzungsurteils[7].

Die Ereignisse der folgenden Jahre sind, soweit rekonstruierbar, bekannt[8] und brauchen hier nicht wiederholt zu werden. Nur auf die Begebenheiten, die direkt zu jenem ersten Schisma der Christenheit führten, d.h. auf die Vorge-

---

4 Die Problematik der dritten trinitarischen Person kommt erst seit den sechziger Jahren des vierten Jahrhunderts in das Blickfeld der Theologen; vgl. BAUS, Handbuch II/1, 65; CHADWICK, Die Kirche in der antiken Welt, 166f.; M. TETZ, ZNW 66(1975)194ff.; ABRAMOWSKI, ZKG 87 (1976)146ff.; TETZ, TRE IV,337-39; WOJTOWYTSCH, l.c.92ff.

5 So wurde Markell von Ankyra wegen seiner Theologie verurteilt und abgesetzt; vgl. SCHWARTZ, GS III,234ff.; GERICKE, Marcell, 4ff.

6 Vgl. MESLIN, Ariens, 29ff. (behandelt die wenigen westlichen "arianischen" Bischöfe zur Zeit der Alleinherrschaft des Konstantius); BARDY, Irénikon 16(1939)385-425; RechSR 30(1940)257-306; ReSR 20(1940)28-63; LORENZ, Das vierte bis sechste Jahrhundert, 19-22; WOJTOWYTSCH, l.c.

7 GIRARDET, Kaisergericht, 52-105; TETZ, l.c.337f.

8 SCHWARTZ, GS III, 265-334; BARDY in: FLICHE-MARTIN III,174ff.; KLEIN, Constantius, 29-45; PIETRI, Roma Christiana, 187ff.

schichte des Konzils von Serdika, soll hier eingegangen werden.

Hierzu gehört die in ihrem Ablauf uns ziemlich undeutliche sogenannte Enkainiensynode von Antiochia, auf der die orientalischen Bischöfe, die in irgendeiner Weise in der theologischen Tradition des Origenes standen, ihre Position bestimmten. Diese im wesentlichen für die folgenden zwanzig Jahre maßgebliche theologische Grundkonzeption der Orientalen ist in den sogenannten vier Symbolen der Enkainiensynode von Antiochia überliefert[9].

Um diese antiochenischen Symbole oder besser theologischen Deklarationen dogmengeschichtlich einordnen und in ihrer theologischen Aussage greifen zu können, erscheint es sinnvoll, zunächst die chronologischen Verhältnisse, besonders gegenüber der römischen Synode, zu klären.

Einige Angaben aus Athanasius und den Kirchenhistorikern des fünften Jahrhunderts, Sokrates und Sozomenos, erlauben - mit einigem Vorbehalt - eine Chronologie der Zeit um 340 aufzustellen.

Wohl gegen Ende des Jahres 339 war Athanasius als Flücht-

---

9 Ath.syn.22-25; vgl. HAHN, Symbole, §§ 153-156, dort die Einzelüberlieferungen. Zu dem Gesamtkomplex vgl. SCHNEEMELCHER, Kirchweihsynode; SIMONETTI, La crisi, 153 ff.; WOJTOWYTSCH, l.c.97ff., der im wesentlichen SCHNEEMELCHER folgt.
Athanasius stellt die vier Erklärungen aus polemischen Gründen in dieser Form nebeneinander, um den Eindruck zu erwecken, es handele sich um vier einander gleichberechtigte Symbole, die die Orientalen aus innerer und theologischer Unsicherheit in dieser Form nebeneinander aufgestellt hätten. Vgl. Ath.syn.22 [OPITZ II,248,18f.]: Αὕτη τῶν συνόδων αὐτῶν ἡ ἀρχὴ γέγονεν, ἐν ᾗ καὶ τὴν προαίρεσιν ἑαυτῶν ταχέως ἐξήγγειλαν καὶ οὐκ ἠδυνήθησαν κρύψαι. 22,2 [OPITZ II,248,26-28]: καὶ ἐπειδὴ ἀεὶ ὑπὸ πάντων κατηγοροῦντο περὶ τῆς αἱρέσεως γράφουσι διαφόρως τὰ μὲν οὕτως, τὰ δὲ ἐκείνως.; 23,1 [OPITZ II,249,9f.]: Ἃ δὲ καὶ ἐν ἑτέρᾳ ἐπιστολῇ δεύτερον ἐν τοῖς αὐτοῖς Ἐγκαινίοις ἐκτίθενται μεταγνόντες μὲν ἐπὶ τοῖς προτέροις, ἐπινοήσαντες δὲ καινότερά τινα καὶ πλείονα ἔστι ταῦτα·; 25,1 [Opitz II,250,24f.]: ... νομίσαντες δὲ μὴ τελείως γεγραφέναι, ῥεμβομένην δὲ τὴν διάνοιαν ἔχοντες αὖθις πάλιν συντιθέασιν ἄλλο γράμμα δῆθεν περὶ πίστεως μετὰ μῆνας ὀλίγους, ...; 26,1 [OPITZ II,251,17]: Ἐπὶ τούτοις ὥσπερ μεταγνόντες συλλέγουσι πάλιν τὸ συνέδριον ἑαυτῶν ... (bezieht sich auf die Formula makrostichos von 344). Vgl. damit die völlig entgegengesetzte Beurteilung der wechselnden orientalischen Formeln bei Hilar.Syn.63 [PL X,522 BC]: *Nihil autem mirum videri vobis debet, Fratres charissimi, quod tam frequenter exponi fides coeptae sunt: necessitatem hanc furor haereticus imponit.*

ling nach Rom gekommen[10], nur wenig später, zu Beginn des Jahres 340, Markell[11]. Wahrscheinlich im Frühjahr 340[12] waren die römischen Legaten Elpidius und Philoxenus mit der Aufforderung des römischen Bischofs Julius an die führenden Männer der orientalischen Kirche, zu einer Synode in Rom zu erscheinen, nach Antiochia abgereist. Erst im Januar 341[13] können sie wieder nach Rom zurückkehren und der in Rom bereits versammelten Synode der fünfzig Bischöfe[14] die abschlägige Antwort der Orientalen bringen, als deren Sprecher und Verfasser des Briefes an Julius von Rom man wohl Euseb von Konstantinopel vermuten darf[15]. Die Enttäuschung über die mißlungene Mission ist dem berühmten und vielinterpretierten langen Antwortbrief des Julius nach Antiochia[16] in jeder Zeile anzumerken.

---

10 SCHWARTZ, GS III,291-95; SCHNEEMELCHER, l.c.330; GIRARDET, l.c.80ff.; KLEIN, l.c.35ff.; RADDATZ, l.c.30; anders JOANNOU, Ostkirche, 46ff., der der Argumentation des Julius folgt und Athanasius auf Befehl des Julius zu einer Synode nach Rom gekommen sieht. Ihm folgt GESSEL, Primatiales Bewußtsein, 64.

11 SCHWARTZ, l.c.; SCHNEEMELCHER, l.c.

12 Soz. h.e.III,8,3; vgl. SCHWARTZ, l.c.295; LIETZMANN, GaK III,186; GIRARDET, l.c.82; anders JOANNOU, l.c.57-59, der 339 annimmt. RADDATZ, l.c.32, meint, daß Julius die Synode bewußt herausgezögert habe, bis Konstans sich als Alleinherrscher des Abendlandes konstituieren konnte. Da Markell aber erst um die Jahreswende 339/40 oder im Frühjahr 340 in Rom eingetroffen war, hätte Julius die Legaten kaum vorher abschicken können. Sicher wollte er die politischen Ereignisse abwarten, aber von einem bewußten Hinauszögern wird man kaum reden können. Akut wurde der Fall erst, als die Exilierten selbst in Rom eintrafen. Daß sich allerdings Julius von Konstans' Herrschaft über das Westreich Vorteile für seine und der Exilierten Sache versprach, wird man aus dem engen Kontakt zwischen Kaiser und Episkopat, der offensichtlich noch 340 mit intensiver gegenseitiger Information begann, schließen dürfen.

13 Ath.apol.sec.25,3; vgl. SCHWARTZ, l.c.296 mit A.1. Anders JOANNOU, l.c.57ff., der 340 als Rückreisetermin annimmt.

14 Aus Ath.apol.sec.26,3 läßt sich folgern, daß die Synode sich bereits vor Eintreffen der Legaten versammelt hatte. RADDATZ, l.c.32 und A. 339 vermutet, daß nach apol.sec.25,3 schon ein Termin im Herbst 340 von Julius ins Auge gefaßt war. Im Frühjahr 341 trat die Synode wohl zusammen, so SCHWARTZ, l.c.301; RADDATZ l.c.; GIRARDET, l.c.87; geringfügig anders SCHNEEMELCHER, l.c.325,330, der annimmt, daß die Synode wohl im Frühjahr 341 aber erst nach Rückkehr der Legaten zusammentrat.

15 Die Fragmente hat SCHWARTZ, l.c.297-300 zusammengestellt. Zur Analyse des Schreibens vgl. GIRARDET, l.c.157-62. Zu einer total negativen Einschätzung dieses Briefes als eines *gehässigen Antwortschreibens* kommt GESSEL, l.c.65.

16 Ath.apol.sec.21-35; vgl. RADDATZ, l.c.33-36; GIRARDET, l.c.88-105;

In den Ablauf dieser Ereignisse sind auch die ersten drei der sogenannten antiochenischen Formeln einzuordnen[17].

Bisher hat die Forschung die 1. antiochenische Formel (Ant I) als Antwort der Enkainiensynode auf den Juliusbrief des Jahres 341[18] angesehen und auf Sommer oder Herbst 341 datiert, da der Brief des Julius kaum vor Sommer 341 in Antiochia eingegangen sein kann. Deshalb hatte EDUARD SCHWARTZ[19] die Enkainiensynode für Sommer/Herbst 341 angenommen und damit allgemein Zustimmung gefunden. Seit WALTHER ELTESTER aber als Datum der Weihe der großen Kirche in Antiochia Epiphanias 341 nachgewiesen hat[20], behilft man sich in der Forschung allgemein damit, dieses Datum in SCHWARTZENS chronologische Hypothese einzubauen[21] und eine permanent

---

KLEIN, l.c.40 besonders A.94; SIMONETTI, La crisi, 146f.; WOJTOWYTSCH, l.c.99ff. in Auseinandersetzung mit GIRARDET und GESSEL.

17 Im folgenden Ant I-III genannt. Zu Ant IV vgl. S. 17-25. Mit SCHNEEMELCHER, l.c.340-42, der hier v.CAMPENHAUSEN aufnimmt, sollte man besser von *theologischen Erklärungen* als von *Bekenntnissen* sprechen.

18 SCHWARTZ, l.c.311: *"Zunächst ist klar, daß die sogenannte erste antiochenische Formel (Athanas. de syn.22 = Socrat.2,10; im Regest bei Sozom.3,5,5-7) ein Exzerpt ist aus einem Schreiben, das auf den von Papst Julius im Auftrag der römischen Synode geschriebenen Brief antworten soll."* Im Prinzip ebenso LIETZMANN, GaK III,91; GIRARDET, l.c. 108 und andere.

19 l.c.310ff. So noch SIMONETTI, La crisi, 153ff.

20 ZNW 36(1937)251-286, bes. 255.

21 ELTESTER, l.c.255: *"Es genügt aber wohl, wenn versuchsweise das feste Datum des 6. Januar in das Bild eingezeichnet wird, das Schwartz von den Vorgängen um die Synode entworfen hat."* LIETZMANN bietet ein Beispiel dafür, was für ein chronologisches Chaos die Harmonisierung der SCHWARTZschen Hypothese mit dem von ELTESTER ermittelten Datum der Enkainien anrichten kann. GaK III,186f. heißt es, daß im Januar 341 die Gesandten Roms mit einem Antwortschreiben (vgl. A.15) der Orientalen nach Rom abreisten. Anschließend fand die römische Synode statt, in deren Auftrag Julius seinen Brief in den Orient schickt. Auf diesen Brief nun antworten die Orientalen, *"als sie im Januar 341 in Antiochia zur Einweihung der vor zehn Jahren von Konstantin gestifteten 'Großen Kirche' zusammenkamen."* (p.191) In den chronologischen Rahmen von SCHWARTZ, dem LIETZMANN im Prinzip folgt, hat er - offensichtlich flüchtig und unausgeglichen - das Datum vom 6.1.341 eingetragen. Band III der *Geschichte der alten Kirche* erschien im Jahre 1938, EDUARD SCHWARTZ zum 80. Geburtstag am 22.8. gewidmet. Nach freundlicher Auskunft des Verlages W. de Gruyter vom 5.4.1978 wurde Band III tatsächlich Mitte August 1938 ausgeliefert. Der Unterschrift nach hat ELTESTER seinen Aufsatz *Die Kirchen Antiochias im vierten Jahrhundert* erst am 11.8.1938 abgeschlossen. Da ELTESTER und LIETZMANN damals in Berlin sehr eng zusammenarbeiteten, hat LIETZMANN das von ELTESTER gefundene Datum der antiochenischen Kirchweihe wahrscheinlich nach-

tagende Synode von Januar bis Herbst 341 anzunehmen[22].

WILHELM SCHNEEMELCHER hat neuerdings überzeugend dargelegt, daß die römische der antiochenischen Synode gefolgt sein muß[23]. Ant I kann also auf keinen Fall eine Antwort auf den Juliusbrief sein, sondern gehört zu dem den römischen Presbytern mitgegebene Antwortschreiben der in Antiochia versammelten Bischöfe auf das Einladungsschreiben zu einer römischen Synode aus dem Frühjahr 340[24]. Im unmittelbaren

---

träglich bei den Korrekturen nachgetragen oder nachtragen lassen, ohne seine Argumentation im ganzen noch ändern zu können. Nur so sind m.E. die Widersprüche bei LIETZMANN zu erklären.
Unverständlich ist, daß KLEIN, l.c.40f., dieses offensichtliche Durcheinander nach beinahe vierzig Jahren einfach wiederholt: "*Als sich Julius nach der abrupten Absage des Eusebius auf den erneuten Vorschlag sodann zu einer eigenen Synode in Rom im Frühjahr 341 entschloß, durch die seine beiden Schutzbefohlenen wieder in die Kirche aufgenommen wurden, und als er dies in einem (erhaltenen) Schreiben den östlichen Bischöfen mitteilen ließ, begann Euseb seinerseits zu handeln. Er veranlaßte die Einberufung einer großen Bischofsversammlung in Antiochia. Den aktuellen Anlaß hierzu bot ihm die Fertigstellung der "Großen Kirche".*" Die Enkainien der Kirche jedoch datiert er (541 A.95), ELTESTER folgend, auf den 6.1.341.

22 So GIRARDET, l.c.107.

23 SCHNEEMELCHER, l.c.passim. Man könnte anhand Ath.apol.sec.26,3 eine Überschneidung beider Synoden annehmen, was allerdings unwahrscheinlich ist. Aus dem Juliusbrief geht nur hervor, daß man zum geplanten Termin begann, also vielleicht ohne die aus Antiochien zurückerwarteten Legaten. Da man eine mehrmonatige Reisezeit annehmen muß, ist davon auszugehen, daß die römische Synode nach der antiochenischen Kirchweihsynode stattgefunden hat.

24 So auch SCHNEEMELCHER, l.c.328ff. (Meine Untersuchungen hatten bereits zu diesem Ergebnis geführt, bevor mir im März 1978 SCHNEEMELCHERs gerade erschienener Aufsatz bekannt wurde.)
Ant I muß also zu dem von SCHWARTZ, l.c.297-300 rekonstruierten Brief der Antiochener an Julius gehören (so auch SCHNEEMELCHER, l.c.338, besonders A.77). Ant I paßt m.E. gut als Schluß des Schreibens. Zur bei Soz. h.e.III,8,8 überlieferten Bemerkung [BIDEZ-HANSEN, 111, 23-26]: περὶ δὲ τῶν πεπραγμένων παρὰ τὰ δόξαντα τοῖς ἐν Νικαίᾳ συνελθοῦσιν οὐδὲν αὐτῷ ἀντέγραψαν, πολλὰς μὲν αἰτίας ἔχειν εἰς παραίτησιν ἀναγκαίαν τῶν γεγενημένων δηλώσαντες, ἀπολογεῖσθαι δὲ νῦν ὑπὲρ τούτων περιττὸν εἰπόντες ὡς ἅπαξ ὁμοῦ ἐπὶ πᾶσιν ἀδικεῖν ὑπονοηθέντες, paßt der Anfang von Ant I gut als Anschluß. Ath.syn.22,3 [OPITZ II,248, 29f.]: Ἡμεῖς οὔτε ἀκόλουθοι Ἀρείου γεγόναμεν· πῶς γὰρ ἐπίσκοποι ὄντες ἀκολουθοῦμεν πρεσβυτέρῳ;... Das Anfügen einer kurzen traditionellen Formel würde auch gut zu der von Soz. berichteten Verweigerung einer Diskussion über den Vorwurf des Arianismus passen.
OPITZ II,248 nota zu l. 29ff. hält Ant I ebenfalls für das Fragment eines Briefes an Julius, aber als Antwort auf den Juliusbrief, da er die römische Synode vor der antiochenischen annimmt (so die opinio communis). Daher schließt er sich der Rekonstruktion durch SCHWARTZ an (OPITZ II, nota zu 102,1 und 108,31).

Zusammenhang damit sind dann sicher auch Ant II und Ant III[25] abgefaßt worden[26], wobei es sich bei Ant III um ein persönliches theologisches Bekenntnis des uns sonst unbekannten Theophronius von Tyana handelt, der sich wahrscheinlich vom Verdacht theologischer Nähe zu Markell von Ankyra oder Eustathius von Antiochien reinigen mußte[27].

Als die eigentliche theologische Formel der Synode, von der wir sonst kaum etwas wissen[28], gilt die sogenannte zwei-

---

Einige Ergänzungen zu der hier vorgetragenen These:
1) Die drei Symbole werden von der Überlieferung einhellig mit der anläßlich der Enkainien der Großen Kirche in Antiochia in Gegenwart des Kaisers zusammengetretenen Synode verbunden (Ath.syn.22,2; Soc. h.e.II,8,2; Soz. h.e.III,5,1-2; Hilar.Syn.28), wobei Hilarius von Athanasius unabhängig ist und Sokrates und Sozomenos neben Athanasius andere Traditionen benutzt haben (Sabinus; vgl. HAUSCHILD, VigChr 24 (1970) 105-26).
Die tradierte enge Verbindung zwischen Synode und Enkainien erlaubt m.E. nicht, die Abfassung der drei Formeln erst für Sommer oder Herbst 341 anzunehmen, jedenfalls über ein halbes Jahr nach den Enkainien selbst. Dagegen setzt auch Athanasius (syn.25,1) die Abfassung der sogenannten vierten antiochenischen Formel deutlich einige Monate später als die Abfassung der drei anderen Formeln an, was während einer über viele Monate dauernden Dauersynode unsinnig wäre.
2) Aus dem Juliusbrief geht hervor, daß Euseb bei der antiochenischen Synode, die den Brief mit der Absage, zu einer Synode nach Rom zu kommen, geschrieben hatte, noch lebte und als Verfasser des Briefes an Julius angesehen werden muß. Auch Soc. h.e.II,8,1 und Soz. h.e. III,5 setzen Euseb als Leiter dieser Synode voraus. Andererseits bezeugen beide übereinstimmend (Soc. h.e.II,12,1; Soz. h.e. III,7,3), daß Euseb bald nach der Synode (wahrscheinlich schon in der ersten Jahreshälfte 341) gestorben war und die Antwort des Julius auf den Brief der antiochenischen Synode, den sogenannten Juliusbrief, nicht mehr erhalten hatte.
Ant I kann so nicht zu einer sonst nicht mehr erhaltenen Antwort auf den Juliusbrief gehören, sondern ist der Schlußteil des Briefes der antiochenischen Synode vom Januar 341 an Julius von Rom.

25 Ant II: Ath.syn.23; Soc. h.e.II,10,10-18; eine lateinische Übersetzung bei Hilar.Syn.29; vgl. HAHN, Symbole, § 154.
Ant III: Ath.syn.24; vgl. HAHN, l.c. § 155.

26 SCHNEEMELCHER, l.c.331ff., besonders 338.

27 SCHNEEMELCHER, l.c.; KELLY, Glaubensbekenntnisse 263f.; DINSEN, l.c. 101.

28 Zu den vielen Unsicherheiten vgl. SCHNEEMELCHER, l.c.; KELLY, l.c. 260ff. Die schon seit dem vierten Jahrhundert mit der Synode in Verbindung gebrachten 25 Kanones gehören, wie SCHWARTZ wohl eindeutig bewiesen hat (GS III,216ff.), zu einer früheren Synode, die wahrscheinlich 328 in Antiochia abgehalten wurde. JOANNOU hat in seiner Ausgabe der Kanones der Partikularsynoden (Fonti 9, Disciplin général antique (IV$^{e}$ - IX$^{e}$ s.) T.I,2 Les canons des Synodes particulieres, Rom 1962,100ff.) die Kanones wieder der Enkainiensynode von 341 zugeschrieben und im Apparat (100 A.3) nur erwähnt, daß BARDY und GAUDEMET dieses Kanones früher ansetzen. Die Datierung von SCHWARTZ und

te Formel (Ant II)[29]. Hilarius von Poitiers hat in seiner wahrscheinlich Anfang 359 an die Bischöfe Galliens gerichteten Epistel *De Synodis*, in der er eine allem Anschein nach von ihm selbst angefertigte lateinische Übersetzung der Formel vorlegt[30], noch den Anlaß für ihre Abfassung überliefert: *Exposuerunt qui adfuerunt episcopi nonaginta septem, cum in suspicionem venisset unus ex episcopis quod prava sentiret.*[31] Da Ant II und Ant III materialiter sich nur wenig voneinander unterscheiden, hat man allgemein jenen Theophronius von Tyana, den Verfasser von Ant III, mit dem *in suspicionem* geratenen Bischof identifiziert[32].

Zur theologischen Interpretation dieser Formel und ihrer Wirkungsgeschichte ist sehr viel gesagt worden[33], deshalb mag es in diesem Zusammenhang ausreichen, auf die Grundzüge jener in Antiochia von den Bischöfen durch Ant II bestätigten Theologie zu verweisen, die für den Orient auch weiter charakteristisch bleiben und in den sechziger Jahren des vierten Jahrhunderts dann die Möglichkeit zur endgültigen Ausformung der Trinitätslehre durch die Kappadokier bieten sollte. Aber bis dahin war noch ein weiter und beschwerlicher Weg zurückzulegen[34].

Athanasius hat die in Antiochia versammelten Bischöfe allesamt als Arianer bezeichnet[35], und viele Kirchenhistoriker sind ihm bis in die Gegenwart in dieser Charakteristik ge-

---

deren Begründung führt er nicht an; anders JOANNOU, Ostkirche, 71-73. GESSEL, l.c.666 folgt JOANNOU in der Zuweisung der Kanones zur Synode von 341.

29 So die opinio communis; vgl. KELLY, l.c.260ff.

30 Hilar.Syn.9; vgl. SCHNEEMELCHER, l.c.

31 Hilar.Syn.28.

32 SCHNEEMELCHER, l.c.337, der auf SCHWARTZ und LIETZMANN verweist; KELLY, l.c.265.

33 SCHNEEMELCHER, l.c. (mit weiterer Literatur); SIMONETTI, La crisi, 153ff.

34 Zur Vorgeschichte der neunizänischen Trinitätslehre vgl. ABRAMOWSKI, ThPh 54(1979)41-47.

35 Ath.syn.22-25. Die dort Handelnden, einfach in der 3. Person Plural *sie* genannt, sind nach syn.17,1 οἱ περὶ Ἄρειον, auch wenn Arius inzwischen längst tot war. Vgl. h.Ar.11: Häretiker = οἱ περὶ Εὐσέβιον, ebenso die Beschimpfungen der Orientalen im Juliusbrief. Vgl. dazu G. MÜLLER, Lexicon Athanasianum, die Stichwörter Ἀρειανός und Ἀρειομανῖται col.144f.

folgt[36]. Ganz im Gegensatz dazu hat Hilarius von Poitiers, der als *Athanasius des Westens*[37] charakterisierte, aber doch sehr von dem Alexandriner verschiedene aquitanische Bischof, beinahe zur gleichen Zeit wie Athanasius über diese Synode ein eindeutig positives Urteil gefällt[38], was neuere Kirchenhistoriker nicht selten in einige Verwirrung gestürzt hat[39]. Auch Sokrates und der weitgehend von ihm abhängige Sozomenos haben die Synode nicht einfach als arianisch gebrandmarkt. Sie sehen die Synode von Antiochia jedenfalls nicht als gegen die Synode von Nizäa gerichtet an[40].

Sicher kann man zur Überprüfung der Orthodoxie dieser theologischen Deklarationen nicht den Gebrauch oder Nichtgebrauch des Begriffes ὁμοούσιος als Maßstab anlegen[41], wie Athanasius das in seiner Schrift *De Synodis* getan hat und

---

36 Als *arianische Partei* bezeichnet die *Eusebianer* z.B. BAUS, Handbuch II/1,36f., ebenso FEDER, Studien I,36ff.; STEIN, l.c.208.

37 LOOFS, RE³ VIII,58 vermutet, daß diese Bezeichnung des Hilarius zuerst von K.v.HASE benutzt wurde (vgl. K.A. HASE, KG, 10. Aufl. von 1877,136).

38 Die theologische Erklärung der Synode (Ant II) nennt er *expositio ecclesiasticae fidei* (Syn.28 [PL X,502A]), die Synode selbst *congregata sanctorum synodus* (Syn.32 [PL X,504B]). Zu Hilarius' Urteil über die Enkainiensynode aus dem Jahre 359 vgl. S. 346-352.

39 Z.B. HEFELE, Conciliengeschichte I,502ff., der auch Versuche früherer reflektiert, dieses Problem zu lösen, wobei nach dem damaligen Stand der Forschung auch noch die seit alters als orthodox geltenden 25 Kanones untergebracht werden mußten, die die Überlieferung der Enkainiensynode zuschrieb.

40 Soc. h.e.II,10,2 [HUSSEY, 193f.]: ..., οὐδὲν μὲν τῶν ἐν Νικαίᾳ μεμφάμενοι, τὸ δὲ ἀληθὲς, ἐπὶ καθαιρέσει καὶ παρατροπῇ τῆς ὁμοουσίου πίστεως διὰ τοῦ συνεχεῖς ποιεῖσθαι συνόδους καὶ ἄλλοτε ἄλλως ὑπαγορεύειν τὸν ὅρον τῆς πίστεως, ὥστε καταβραχὺ εἰς τὴν Ἀρειανὴν δόξαν παρατρέψωσι.
Soz. h.e.III,5,5 [BIDEZ - HANSEN, 106,9f.]: Ἐκ τούτου δὲ μεταβάντες εἰς τὴν περὶ τοῦ δόγματος ζήτησιν τοῖς μὲν ἐν Νικαίᾳ δόξασιν οὐδὲν ἐμέμφαντο,...

41 Bekanntlich benutzte Athanasius selbst den Begriff ὁμοούσιος erst seit den fünfziger Jahren (vgl. zuletzt DINSEN, Homoousios, 115-134), seit der Schrift *de decretis Nicaenae synodi,* die allgemein auf 350/51 datiert wird (OPITZ II, nota zu 2.15f.), was mir aber als zu früh erscheint. ROBERTSON, NPNF II,4,149 datiert die Schrift zwischen 351 und 356. Es erscheint mir nicht unwahrscheinlich, daß auch decr. in die Zeit des dritten Exils oder danach gehört, also nach 356, vielleicht erst um 360 verfaßt wurde. Vor 357 ist jedenfalls das Nizänum, soweit erkennbar, nie ausdrücklich angegriffen worden. Zur Situation nach 357 vgl. S. 312-325.

worin ihm viele bis heute folgen[42].

Ihren Brief an Julius von Rom beschließen die Synodalen von Antiochia mit einer kurzen ἔκθησις πίστεως. Den Vorwurf, Arius anzuhängen, weisen sie empört zurück: Wie könnten sie als Bischöfe wohl einem einfachen Presbyter in Fragen der Lehre folgen! Stolz verweisen sie, wie auch an anderer Stelle des Briefes[43], auf ihre ältere orientalische Tradition[44].

Die Ekthesis ist nach dem im Orient traditionellen Muster aufgebaut[45]. Mit nur je einem Satz werden die Irrtümer des Arius[46] und des von Rom in die Gemeinschaft aufgenommenen Markell von Ankyra[47] abgewehrt.

Wird schon in Ant I die Haltung der orientalischen Bischöfe einigermaßen deutlich, so erst recht in der als der offiziellen Ekthesis der Synode überlieferten zweiten Formel[48]. Wesentlich stärker fällt hier die Berufung auf die

---

42 BAUS, l.c.38: "*Die Gegner des Homousios trafen sich im Osten, als die von Konstantius in Antiochien erbaute Kirche ihre feierliche Weihe erhielt (Herbst 341).* [sic!] *Auf dieser Kirchweihsynode verfaßten sie einen Rundbrief, in dem sie sich dagegen verwahrten, sie seien Anhänger des Arius; sie würden nur der Überlieferung folgen, vermieden aber in ihrem Glaubensbekenntnis jede Formulierung, die in das Symbol von Nikaia aufgenommen worden war.*" BAUS, l.c. (über die antiochenische Delegation in Trier): "..., *erschien alsbald eine Delegation von vier Bischöfen am Hof in Trier und legte dem Kaiser eine neue Glaubensformel vor, in der zwar einige Thesen des Arius, ohne seinen Namen zu nennen, zurückgewiesen waren, aber das Homousios unerwähnt blieb, so als ob das Konzil von Nikaia nicht stattgefunden hätte.*" Daß allerdings Athanasius 360/61 den Gebrauch des ὁμοούσιος als Maß der Orthodoxie anwenden kann, ist nicht verwunderlich. Zur Bedeutung des Nizänum und speziell des ὁμοούσιος in der Zeit bis 357 vgl. KELLY, l.c.251-59; ausführlich DINSEN, l.c.97ff.; SIEBEN, Konzilsidee, 198ff. Zur zunehmenden Bedeutung des Nizänum für Athanasius vgl. SIEBEN, l.c. 25-67.

43 Nach dem Regest von Soz. h.e.III,8,5 [BIDEZ - HANSEN, 111,11f.]: ..., εἰ καὶ ἐκ τῆς ἕω ἐνεδήμησαν αὐτῇ οἱ τοῦ δόγματος εἰσηγηταί.

44 Ath.syn.25,2 [OPITZ II,248,32f.]: μεμαθήκαμεν γὰρ ἐξ ἀρχῆς...

45 KELLY, l.c.262: "*So wie sie dasteht, enthält die Formel nichts besonders Auffälliges. In Aufbau und Inhalt ist sie ein Bekenntnis von deutlich östlichem Typus, zweifellos eine Taufformel, die den Bedürfnissen eines Konzils entsprechend leicht abgeändert ist.*"

46 Syn.22,6 [OPITZ II,249,1f.]: πρὸ πάντων αἰώνων ὑπάρχοντα καὶ συνόντα τῷ γεγεννηκότι αὐτὸν πατρί,...

47 Syn.22,6 [OPITZ II,249,6f.]: καὶ διαμένοντα βασιλέα καὶ θεὸν εἰς τοὺς αἰῶνας.

48 KELLY, l.c.265-69; SCHNEEMELCHER, l.c.340-46; DINSEN, l.c.100ff. Zur Bedeutung von Ant II für die späteren Homöusianer vgl. HAUSCHILD, VigChr 24(1970)105-26.

Schrift und die überlieferte Tradition ins Auge[49]. Die Formel ist in ihren wesentlichen Partien strikt antiarianisch und übernimmt in der Sache die Anathematismen von Nizäa. In der Auslegung des Taufbefehls dagegen richten sich die Bischöfe ausschließlich gegen Markell von Ankyra: ὡς εἶναι τῇ μὲν ὑποστάσει τρία, τῇ δὲ συμφωνίᾳ ἕν. Mit diesen Formulierungen stellen sie sich in die Tradition des Origenes[50]. In Ant II tritt uns eine im Orient verbreitete Theologie entgegen, wie sie schon vor Nizäa bei einem großen Teil der Bischöfe des Ostens vorherrschend war.

Wie die Synodalen in der Aufnahme der nizänischen Anathematismen zeigen, teilen sie mit der Synode von 325 die Verurteilung des Arianismus, machen sich aber die positiven theologischen Bestimmungen von Nizäa nicht zu eigen. Das Nizänum gilt ihnen also in keiner Weise als allein verbindlich! Auch im Abendland war das Nizänum zu dieser Zeit weit davon entfernt, als verbindliche Glaubensnorm angesehen zu werden. Auch war es dort noch nahezu unbekannt[51].

Von daher kann man nicht sagen, daß die antiochenische Kirchweihsynode von 341 das Nizänum ersetzen oder gar beseitigen wollte[52]. Allerdings wird man Ant II nicht mit F. DIN-

---

49 Vgl. die lange Reihe biblischer Prädikationen zur Erklärung von τὸν γεννηθέντα πρὸ τῶν αἰώνων ἐκ τοῦ πατρός: syn.23,3 [OPITZ II,249,14ff.]: z.B. σοφία, φῶς, ὁδός, ἀλήθεια, ἀνάστασις, ποιμένης, θύρα. Zur Berufung auf Schrift und Tradition vgl. syn.23,2 [OPITZ II,249,11]: Πιστεύομεν ἀκολούθως τῇ εὐαγγελικῇ καὶ ἀποστολικῇ παραδόσει...; syn. 23,9 [OPITZ II,249,37-250,2]: καὶ εἴ τις λέγει τὸν υἱὸν κτίσμα ὡς ἓν τῶν κτισμάτων ἢ γέννημα ὡς ἓν τῶν γεννημάτων ἢ ποίημα ὡς ἓν τῶν ποιημάτων καὶ μὴ ὡς αἱ θεῖαι γραφαὶ παραδέδωκαν τῶν προειρημένων ἕκαστον [ἀφ' ἑκάστου], ἢ εἴ τι ἄλλο διδάσκει ἢ εὐαγγελίζεται, παρ' ὃ παρελάβομεν, ἀ.ἐ. Vgl. SCHNEEMELCHER, l.c.345; DINSEN, l.c. 101-103.

50 Syn.23,6. Origines, Cels.8,12 [KOETSCHAU, 229, 31ff.]: θρησκεύομεν οὖν τὸν πατέρα τῆς ἀληθείας καὶ τὸν υἱὸν τὴν ἀλήθειαν, ὄντα δύω τῇ ὑποστάσει πράγματα, ἓν δὲ τῇ ὁμονοίᾳ καὶ τῇ συμφωνίᾳ; vgl. KELLY, l.c. 269. Zu den Asteriustraditionen in der theologischen Erklärung als Kritik an Markell vgl. SCHWARTZ, l.c.312-15; SCHNEEMELCHER, l.c.344f.; DINSEN, l.c.102. BIENERT, Dionysius von Alexandrien, 19, macht darauf aufmerksam, daß trinitarischer Subordinatianismus nicht unbedingt origenistisch sein muß. Allerdings ist die Theologie dieser Orientalen des 4. Jh. durch die Tradition des Origenes geprägt, so daß man hier den Begriff "origenistisch" verwenden kann.

51 Darauf macht besonders SCHNEEMELCHER, l.c.342, aufmerksam, vgl. auch A.41. Vgl. SIEBEN, Konzilsidee, 198ff., besonders 203.

52 So z.B. LOOFS, DG 243f.; HARNACK, DG II, 241.

SEN als "*origenistische Interpretation*" des Nizänum ansehen können, sondern eher als eine im Unterschied zur Deklaration von Nizäa aus origenistischer Tradition kommende Verurteilung des Arianismus[53].

Mit ihrer theologischen Deklaration wollten die in Antiochia versammelten Bischöfe angesichts der von Athanasius und Julius erhobenen Vorwürfe des Arianismus und angesichts der Aufnahme Markells in Rom ihren Glauben zum Ausdruck bringen[54]. Ihre traditionelle Theologie hat man meist als vornizänisch konservativ[55] oder als konservativen Mittelkurs[56] charakterisiert. Der Schluß, daß man diese Theologie nach Nizäa eigentlich nicht mehr vertreten könne[57], verfehlt die historischen Gegebenheiten und sieht das Nizänum bereits zu dieser Zeit als autoritative und alleinige Norm an. Diese Stellung und dieses Ansehen sollte das Nizänum aber erst wesentlich später nach langen und heftig geführten Auseinandersetzungen bekommen.

LUISE ABRAMOWSKI[58] hat darauf aufmerksam gemacht, daß es sich im Bekenntnis der Kirchweihsynode von Antiochia um den gleichen Origenismus handelt, wie im Bekenntnis der antiochenischen Synode von 324/25[59].

Wenn Athanasius die Formeln von 341 als arianisch charakterisiert, ist also zu bedenken, daß es sich dabei letztlich um die Theologie handelt, die sein eigener Vorgänger und

---

53 DINSEN, l.c.100ff. Sie behandelt die antiochenische Synode und ihre theologischen Deklarationen unter der Überschrift: "*Auslegung des Nizänums durch die Eusebianer: die Formeln von Antiochien (341)*" (p.100). L.c.103: "*Das nizänische Homousios wird mit diesen Sätzen in seinem antiorigenistischen, monarchianischen Sinn bekämpft (d.h. im Sinn der Homodoxie und* "μία ὑπόστασις"*) und origenistisch ausgelegt.*" Auch wird man die Eikon-Typologie nicht in der Form wie DINSEN, l.c.102 als Interpretation des ὁμοούσιος annehmen können, da gerade die Eikon-Typologie auf traditionelle origenistische Begriffe zurückgegriffen hat; vgl. das Folgende.

54 So auch im wesentlichen SCHNEEMELCHER, l.c.340-42.

55 Z.B. LOOFS, DG 243f. u.ö.

56 So häufig GUMMERUS, l.c.; KELLY, l.c.263.

57 HARNACK, DG II,243f. spricht von "*an sich nicht heterodoxen, aber in dieser Kampfesstunde nicht mehr ehrlichen antiochenische(n) Symbole(n)*".

58 ZKG 86(1975)356-66.

59 ZKG 86(1975)363 mit A.30.

Lehrmeister, Alexander von Alexandrien, ursprünglich gegen Arius vertreten hat, von der auch Athanasius selbst herkam und die in Nizäa unterlag[60].

Hier stellt sich die Frage, worin eigentlich genau Athanasius' Vorbehalte gegen diese Theologie in den Jahren um 340 lagen. Hatte sich Athanasius auch theologisch mit Markell verbündet[61]? Er selbst gibt uns in seinen Schriften darauf keine klare Antwort. Die Frage nach dem Gebrauch des ὁμοούσιος hilft hier auch nicht weiter, da Athanasius den Begriff ὁμοούσιος bekanntlich selbst bis in die Mitte der fünfziger Jahre gemieden hat.

Der theologische Gegensatz zwischen den Vertretern der in Antiochia formulierten Theologie und Athanasius lag darin, daß Athanasius in der Auseinandersetzung mit dem Arianismus - wohl unter dem Einfluß Markells - eine Einhypostasentheologie vertrat, wie sie schließlich auch Alexander in Nizäa unterstützt hatte, um Bundesgenossen gegen Arius zu finden, während die in Antiochia versammelten Bischöfe - und mit ihnen wohl die Mehrheit des orientalischen Episkopats - an der tradierten und ursprünglich auch von Alexander von Alexandrien vertretenen Dreihypostasentheologie festhielten, die aber von den vier Formeln von Antiochia expressis verbis nur in Ant II vorkommt.

Durch die Enkainiensynode von Antiochia war die theologische Diskussion wieder in Gang gekommen. Aber der lange Antwortbrief des Julius, der auf theologische Probleme nur insoweit eingeht, daß er die theologische Rehabilitierung des Markell durch die römische Synode verkündet - ein von Markell

60 ABRAMOWSKI, l.c.364f. ABRAMOWSKI macht darauf aufmerksam, daß Alexander schon 324/5 in Antiochien den Nicht- oder Antiorigenisten durch faktische Aufgabe der Dreihypostasenlehre entgegengekommen war, die sonst bei ihm bezeugt ist. Athanasius dagegen scheint selbst nie ausdrücklich eine Dreihypostasentheologie vertreten zu haben. Vgl. TETZ, TRE IV,342,44f.

61 SCHWARTZ, l.c.293f., dem KLEIN, l.c.38f. folgt, hält die Verbindung zwischen Athanasius und Markell nur für ein taktisches Manöver zur Wiedergewinnung der Macht in Alexandria. Zur Kritik an dieser zu einseitigen Sicht vgl. SCHNEEMELCHER, l.c.326-28; DINSEN, l.c.115-36. Zum theologischen Einfluß Markells auf Athanasius um diese Zeit, besonders in den ersten beiden Arianerreden, vgl. TETZ, l.c.337,51ff.

Julius vorgelegtes Glaubensbekenntnis wurde ihm beigefügt[62] - erreichte seinen Adressaten nicht mehr. Kurze Zeit nach der Enkainiensynode war Euseb von Konstantinopel gestorben[63].

---

62 SCHWARTZ, l.c.303-307.

63 In der ersten Hälfte des Jahres 341 (gegen SCHWARTZ, l.c.318); vgl. A.24. Das richtige Datum mit einer völlig falschen Begründung bei SEECK, GdU IV,414; falsch auch KLEIN, l.c.71 mit A.145. Zu Euseb als Vertreter eines theologischen Mittelkurses, der nicht als "Arianismus" bezeichnet werden kann, vgl. LUIBHEID, ITQ 43(1976)3-23.

# 2. KAPITEL

# DIE SYNODE VON SERDIKA 342

## *1) Die vierte antiochenische Formel und die Vorbereitung der Synode durch die kirchlichen Berater des Kaisers Konstans*

Kaum waren die kriegerischen Auseinandersetzungen mit seinem Bruder Konstantin II. beendet, hatte sich der junge Kaiser Konstans, nun Herr über das ganze Abendland, über die Vorgänge in Rom informieren lassen[1].

Man wird annehmen dürfen, daß dabei auch die Probleme des in Rom im Exil weilenden Athanasius, dem Konstans schon längere Zeit freundschaftlich verbunden war[2], und die vereinten, aber dennoch bisher vergeblichen Bemühungen von Julius und Athanasius, die Orientalen zu einem gemeinsamen Konzil zu bewegen, zur Sprache gekommen sind[3]. Jedenfalls wurde Konstans im Frühjahr 341 über die Ergebnisse der römischen Synode informiert[4] und beschloß offenbar, die Dinge künftig selbst in die Hand zu nehmen.

Die von Julius wahrscheinlich mit kräftiger Hilfe des Athanasius verfaßte Antwort der römischen Synode auf die Absage der Orientalen, zu einer Synode nach Rom zu kommen, überbringt der kaiserliche Comes Gabianus nach Antiochia[5],

---

1 GIRARDET, Kaisergericht, 106f. macht in diesem Zusammenhang auf die Reise des praefectus urbi Fabius Titianus vom 5.5.-6.10.340 an den Hof des Kaisers Konstans aufmerksam; vgl. SEECK, Regesten, 189.

2 Ath.apol.Const.1-4; GIRARDET, l.c.106.

3 So auch GIRARDET, l.c.107. Allerdings läßt sich nicht beweisen, ob ein direkter Zusammenhang zur Absendung der römischen Gesandten nach Antiochia bestand, also ob sich Julius für die Forderung an die Orientalen, zu einer Synode nach Rom zu kommen, bereits Rückendeckung bei Konstans verschafft hatte. Angesichts von Konstans' Engagement in den kirchenpolitischen Händeln der kommenden Jahre läßt sich das zumindest nicht ausschließen.

4 Ath.h.Ar.15,2.

5 Ath.apol.sec.20,3 [OPITZ II,102,11]: καὶ ἔγραφεν (sc. Julius) αὐτὸς καὶ ἀπέστειλε διὰ ΓΑΒΙΑΝΟΥ͂ τοῦ κόμητος. Zur Abhängigkeit des Juliusbriefes von Athanasius vgl. SIEBEN, l.c.34.

was die Forderung der Abendländer nach einer Reichssynode kräftig zu unterstreichen gewiß geeignet war.

Die orientalischen Bischöfe hatten bisher eine Reichssynode - noch dazu im Westen -, deren Ergebnisse sie sich unschwer ausmalen konnten, kategorisch abgelehnt.

Aber nur wenige Monate nach der antiochenischen Enkainiensynode[6] reisen vier der angesehensten orientalischen Bischöfe[7] an den Hof des Konstans nach Trier, um ihm eine neue in Antiochia verfaßte theologische Erklärung des orientalischen Episkopats zu überbringen. Ob noch andere Schriftstücke dem Kaiser unterbreitet wurden, wissen wir nicht, es scheint aber nicht ausgeschlossen zu sein. Die Hintergründe dieser erstaunlichen Mission sind ziemlich dunkel. Nur eines wird deutlich: Konstans, erst seit gut einem Jahr Herr des Abendlandes und höchstens 21 Jahre alt[8], hatte inzwischen auch in der Kirchenfrage die Initiative ergriffen. Weiterhin lag Julius sehr daran, irgendeine Einigung mit den Orientalen herzustellen, um die faktische Kirchenspaltung zu beseitigen, die er durch sein Vorpreschen verursacht hatte[9].

Schon daß ein kaiserlicher Comes den Juliusbrief nach Antiochia brachte, läßt vermuten, daß der Kaiser des Abendlandes das Anliegen des Julius (der hier vor allem für Athanasius, Markell und einige andere Exilierte spricht), eine Reichssynode zu versammeln, zu dem seinen gemacht hatte.

---

6 Ath.syn.25,1 [OPITZ II,250,26]: μετὰ μῆνας ὀλίγους, also wohl Frühjahr/Sommer 341; gegen SCHWARTZ, GS III,322, der aufgrund seiner Datierung der Enkainiensynode auf Sommer/Herbst 341 für Frühjahr 342 plädiert. Ihm schließen sich LIETZMANN, GaK III,194 und RADDATZ, l.c. 37 an. Richtig GIRARDET, l.c.110: Mitte 341. Da GIRARDET, l.c.106ff. Ant I zur Antwort auf den Juliusbrief rechnet, muß er alle vier Bekenntnisse etwa gleichzeitig Mitte 341 abgefaßt annehmen. Ant IV ist aber zeitlich und sachlich von Ant I-III zu trennen! So auch SCHNEEMELCHER, l.c.338: "*Die sog. vierte Formel, d.h. die Glaubenserklärung, die durch eine östliche Delegation dem Kaiser Konstans in Trier übergeben wurde, hat nichts mit der Kirchweihsynode zu tun. Sie gehört in die Vorgeschichte der Synode von Serdika.*" Unter falschen Voraussetzungen das richtige Datum bei SEECK, GdU IV,414.

7 Ath.syn.25,1: Narzissus von Neronias, Maris von Chalkedon, Theodor von Heraklea und Markus von Arethusa. Daß sie zu den führenden orientalischen Bischöfen zählten, ergibt sich aus der Adresse des Juliusbriefes Ath.apol.sec.21,11; vgl. OPITZens Anmerkung zur Stelle.

8 Sein Geburtsjahr ist unsicher, vgl. MOREAU, Constans, 179.

9 Vgl. Ath.apol.sec.35.

Wahrscheinlich über Maximin von Trier, den Residenzbischof, hatten die westlichen Bischöfe Konstans gebeten, auf eine Synode beider Reichsteile hinzuwirken[10]. Es wird noch zu fragen sein, welches Interesse wohl Konstans hatte, dieser Bitte seiner Bischöfe und besonders seines Hofbischofs so schnell zu entsprechen.

Wohl bald nach der mißglückten römischen Synode bestellte er Athanasius zu sich an den Mailänder Hof[11]. Reichlich fünfzehn Jahre später schreibt Athanasius aus seinem Versteck in der Wüste an den inzwischen als Alleinherrscher regierenden Konstantius, daß er erst bei dieser Gelegenheit von den Plänen des Konstans zu einer Reichssynode und von den gegenüber Konstantius bereits unternommenen Schritten erfahren habe[12]. Zwar ist es durchaus möglich, daß Athanasius nicht in alle Schritte eingeweiht war, vielleicht hatte er sich auch klugerweise nur etwas zurückgehalten. Die am Ende des Juliusbriefes erneut vorgebrachte Forderung nach einer Synode geht aber sicher mit auf ihn zurück. Von der Unterrichtung des Kaisers wird er, soweit Julius damit befaßt war, ebenfalls gewußt haben. Auch mit dem Bischof der kaiserlichen Residenz, Maximin von Trier, war er seit seinem Trierer Exil 336/37 freundschaftlich verbunden.

---

10 Die Frage, was wohl Konstans veranlaßt haben könnte, bei seinem Bruder auf eine Reichssynode zu drängen, haben schon die alten Schriftsteller sehr unterschiedlich beantwortet. Sokrates und Sozomenos dachten dabei vor allem an die im Westen im Exil lebenden Bischöfe Athanasius, Markell und Paul von Konstantinopel (Soc. h.e.II,20; Soz. h.e. III,11). Athanasius selbst distanzierte sich in seinen späteren Schriften von allen mit der Einberufung der Synode in Zusammenhang stehenden Aktivitäten. Nach apol.Const.4 hat ihn Konstans total mit der Nachricht überrascht, bei Konstantius Schritte zu einer Reichssynode unternommen zu haben; 357, als er die Apologie verfaßte, hatte er auch allen Grund, eine eventuelle Verantwortung für diese die beiden Kaiserbrüder und die beiden Kirchen des Reiches entzweiende Synode weit von sich zu weisen. Thdt. h.e.II,4,4-6 dagegen sieht allein in Athanasius den Promotor der Synode. Das zeitlich nächste Dokument, der Brief der Orientalen von Serdika, sieht in Athanasius den Anstifter der Synode, wobei Julius, Maximin und Ossius in den Augen der Verfasser die Hauptverantwortung für das Zustandekommen der Synode haben (Hilar.Coll.antiar.Paris.A IV,14 [FEDER, 57]).

11 Ath.apol.Const.4. Die Bemerkung bezieht sich nach GIRARDET, l.c.108 auf den seit dem ersten Kontakt vergangenen Zeitraum, also auf Frühjahr 341; anders HESS, Serdica, 140ff.; BARNES, Phoenix 34(1980)165, datiert das Treffen Sommer oder Herbst 342.

12 Ath. l.c.; vgl. Anm. 10.

Schließlich erhoffte er sich, mit Hilfe einer neuen Synode den alexandrinischen Bischofsstuhl wieder einnehmen zu können. Sein in der *Apologie an Konstantius* zur Schau gestelltes Erstaunen über die Vorbereitungen zu einer Synode und seine Beteuerungen, gar nichts gewußt zu haben, sind somit nicht über jeden Zweifel erhaben.

Schon im Frühjahr 341 hatte also Konstans bereits auf die ihm nur kurz vorher überbrachten Bitten der Bischöfe reagiert und erste Schritte zur Vorbereitung einer Reichssynode unternommen[13]. Ob er vielleicht schon jenem Comes Gabianus, der den Brief des Julius an die orientalischen Bischöfe nach Antiochien brachte, entsprechende Briefe an seinen Bruder mitgegeben hatte, kann man nur vermuten, unwahrscheinlich erscheint es nicht[14].

Offensichtlich hat jedenfalls Konstantius, der gerade im Begriff war, zu einem der fast jährlichen Perserfeldzüge auszurücken[15] und der nun nicht mehr den Rat seines Freundes und kirchenpolitischen Ratgebers Euseb einholen konnte - wenn auch ungern -[16] den Forderungen seines inzwischen poli-

---

13 GIRARDET, l.c.108: *"Mit anderen Worten: zur Zeit der Audienz in Mailand (April/Mai 341) ist die Entscheidung für eine Synode in Serdika bereits definitiv gefallen."*

14 Ath.apol.sec.20,3; vgl. A.5. GIRARDET, l.c.109 mit A.19 vermutet, daß Konstans seinen Bruder durch Gabianus aufgefordert hatte, Athanasius, Markell und die anderen wieder einzusetzen. Das ist zwar gut möglich, nach seinen eigenen Aussagen aber nicht ganz folgerichtig. Wenn April/Mai 341 die Entscheidung für eine Synode schon gefallen war, wie GIRARDET, l.c.109 glaubhaft macht, dann erscheint es logisch, daß Gabianus an Konstantius Briefe mitgegeben wurden, die auf diese gemeinsame Synode zielten; vgl. Ath.apol.Const.4,3f., wo von derartigen Briefen - wohl vom Frühjahr 341 - die Rede ist. Daß in diesen Briefen auch die Wiedereinsetzung der Bischöfe (viel. als Alternative zu einer Synode) gefordert wurde, ist dabei nicht unwahrscheinlich. Ath. apol.Const.4,3f. [OPITZ II,281,26-282,6]: τριῶν τοίνυν ἐτῶν παρελθόντων <τεταρ>τῳ ἐνιαυτῷ γράφει κελεύσας ἀπαντῆσαί με πρὸς αὐτόν· ἦν δὲ ἐν τῇ Μεδιολάνῳ. ἐγὼ δὲ διερωτῶν τὴν αἰτίαν (οὐ γὰρ ἐγίνωσκον, μάρτυς ὁ κύριος) ἔμαθον ὅτι ἐπίσκοποί τινες ἀνελθόντες ἠξίωσαν αὐτὸν γράψαι τῇ σῇ εὐσεβείᾳ, ὥστε σύνοδον γενέσθαι. πίστευε, βασιλεῦ, οὕτω γέγονε, καὶ οὐ ψεύδομαι. κατελθὼν τοίνυν εἰς τὴν Μεδιόλανον εἶδον πολλὴν φιλανθρωπίαν· κατηξίωσε γὰρ ἰδεῖν με καὶ εἰπεῖν ὅτι ἔγραψε καὶ ἀπέστειλε πρὸς σὲ ἀξιῶν σύνοδον γενέσθαι.

15 SEECK, Regesten, 190.

16 Siehe die Bemühungen des Athanasius in seiner Apologie an Konstantius, dem Kaiser gegenüber deutlich zu machen, daß er nichts mit den Vorbereitungen zu tun gehabt hat; vgl. Anm. 10.

tisch so übermächtig gewordenen Bruders zugestimmt[17].

Um vielleicht doch noch eine Reichssynode auf dem Territorium des Konstans zu verhindern, schickte eine erneut zusammengetretene antiochenische Synode[18] eine Delegation ihrer angesehensten Bischöfe an den Hof des abendländischen Kaisers nach Trier[19].

Daß Konstantius selbst hinter dieser Delegation stand, wird man bei einer so hoch politischen Aktion und der engen Beziehung zwischen dem orientalischen Episkopat und seinem Kaiser annehmen müssen.

Die Mission wurde ein großer Mißerfolg[20]. Mit einigem Recht haben sich die orientalischen Bischöfe später bitter über die Behandlung ihrer Delegierten in Trier beklagt[21].

Um die von Athanasius und den Abendländern immer wieder erhobenen Vorwürfe des Arianismus zu widerlegen und damit die Überflüssigkeit der geplanten Synode zu demonstrieren, brachten sie eine gegenüber der Formel der Enkainiensynode

---

17 Ath.h.Ar.15,2 [OPITZ II,190,10f.]: καὶ γράφει τῷ ἀδελφῷ Κωνσταντίῳ καὶ λοιπὸν ἀμφοτέροις ἀρέσκει σύνοδον γενέσθαι καὶ διαγνωσθῆναι τὰ πράγματα,...
Ath.apol.sec.36,1 [OPITZ II,114,2f.]: ..., μαθόντες οἱ θεοφιλέστατοι βασιλεῖς Κωνστάντιος καὶ Κώνστανς ἐκέλευσαν τούς τε ἀπὸ τῆς Δύσεως καὶ τῆς Ἀνατολῆς ἐπισκόπους συνελθεῖν εἰς τὴν Σερδῶν πόλιν. Die beiden Berichte des Athanasius lassen beide Kaiser als gleich engagiert erscheinen bei der Einberufung der Synode, was den Tatsachen in keiner Weise gerecht wird. Soc. h.e.II,18,1 und Soz. h.e.III,10 haben nicht nur die Chronologie, sondern auch den Inhalt durcheinandergebracht. Die Schreiben des Konstans an Konstantius beziehen sie offensichtlich auf die Delegation der Orientalen nach Trier.

18 Daß es sich um eine Synode handelt, von der sonst nichts bekannt ist, geht aus Ath.syn.25,1 [OPITZ II,250,27] eindeutig hervor: κἀκεῖνοι ὡς ἀπὸ συνόδου πεμφθέντες.
Diese Synode muß von der Enkainiensynode unterschieden werden; vgl. S. 8 A.24; anders SCHWARTZ, l.c.322 und GIRARDET, l.c.110. Der offensichtlich lange Aufenthalt der Bischöfe in Antiochia zwingt m.E. nicht zu der Annahme einer Dauersynode, wie GIRARDET annimmt. Eher könnte man daran denken, daß sich einige Bischöfe oft sehr lange zu Beratungen am Hof in Antiochia aufhielten (z.B. später Valens und Ursacius) oder daß sie in diesem Falle wegen Eusebs Tod zusammengekommen waren.

19 Vgl. A.6/7. Daß Konstans die Delegation quasi zur Glaubensprüfung angefordert hätte, wie Sokrates und Sozomenos meinen (Soc. h.e.II,18; Soz. h.e.III,10 [der die Delegation fälschlich nach Italien reisen läßt]), ist unmöglich. Vgl. auch SCHWARTZ, l.c.325; GIRARDET, l.c.110.

20 Soz. h.e.III,10,6; SCHWARTZ, l.c.; GIRARDET, l.c.

21 Hilar.Col.antiar.Paris. A IV [FEDER 66,30-67,2]: *(damnauimus) Maximinum uero a Triueris, propter quod collegas nostros episcopos, quos ad Gallias miseramus, noluerit suscipere.*

modifizierte regula fidei mit[22], die für die theologischen Gespräche zwischen West und Ost für lange Zeit die Basis abgeben sollte[23], wenn auch vorerst ohne sichtbaren Erfolg.

Auffällig an dieser regula fidei, deren Ursprung völlig dunkel ist, ist vor allem die deutliche und offensichtlich gewollte Nähe zum Nizänum. Besonders die antiarianischen Passagen sind, anders als bei der Formel der antiochenischen Kirchweihsynode, in enger Anlehnung an das Nizänum formuliert[24]. Das ungeliebte ὁμοούσιος taucht natürlich nicht auf, aber das hätte damals wohl kaum jemand vermißt, auch im Abendland nicht[25]. Besonders eng an die Formulierungen des Nizänum hielt man sich bei den Anathematismen. Jegliche eventuell anstößigen Origenismen fehlen in Ant IV, so vor allem die explizite Nennung der drei trinitarischen Hypostasen[26]. Offensichtlich wollte der Orient mit dieser Ekthesis dem Westen entgegenkommen und so durch die Bereinigung der gröbsten dogmatischen Mißverständnisse und gegenseitigen Vorwürfe der drohenden Synode zuvorkommen und das zu erwartende Schisma verhindern.

---

22 Ath.syn.25,12-15; HAHN, l.c. § 156, p.187f. Aus polemischen Gründen stellt Athanasius die Formel in dieser Form neben Ant I - III, ebenso ist seine Erklärung für die neue Formel zu verstehen: syn.25,1 [OPITZ II,250,24-26]: νομίσαντες δὲ μὴ τελείως γεγραφέναι, ῥεμβομένην δὲ τὴν διάνοιαν ἔχοντες αὖθις πάλιν συντιθέασιν ἄλλο γράμμα δῆθεν περὶ πίστεως μετὰ μῆνας ὀλίγους.
Wunderlich die bei Soc. h.e.II,18 erzählte Geschichte über die Entstehung der neuen Formel, der Soz. folgt.

23 Soz. h.e.III,10 rügt die Abweichungen zum Nizänum, da er längst das Nizänum als autoritative Norm verstand. Zu der Formel KELLY, l.c. 271f.; SCHWARTZ, l.c.322-24; DINSEN, l.c.103f.

24 Nur die Zusätze aus N: τουτέστιν ἐκ τῆς οὐσίας τοῦ πατρός und ὁμοούσιον τῷ πατρί fehlen. Bei den besonders eng an N angelehnten Anathematismen vgl.

| N | Ant IV |
| --- | --- |
| ἢ ἐξ ἑτέρας ὑποστάσεως | ἢ ἐξ ἑτέρας ὑποστάσεως |
| ἢ οὐσίας | |

Ἢ οὐσίας fehlt in Ant IV wahrscheinlich, um nicht die Vorstellung von μία ὑπόστασις = μία οὐσία aufnehmen zu müssen. So bleibt, wenn auch nicht so deutlich wie in Ant II unterstrichen, doch die Möglichkeit einer Eigenhypostase für jede Person der Trinität erhalten, trotz eindeutiger und scharfer Ablehnung jedes Arianismus.

25 DINSEN, l.c.97.

26 Merkwürdigerweise fehlt das sonst fast nie fehlende Begriffspaar ἄτρεπτον καὶ ἀναλλοίωτον, das bei N positiv formuliert in den Anathematismen auftaucht: ..., ἢ κτιστὸν ἢ τρεπτὸν ἢ ἀλλοιωτὸν τὸν υἱὸν τοῦ θεοῦ, ἀνεθεματίζει ἡ καθολικὴ ἐκκλησία.

Die manchmal geäußerte Vermutung, daß sich nach Eusebs Tod eine *gemäßigte Richtung* im orientalischen Episkopat durchsetzen konnte, ist absolut unbegründet[27]. Die theologische Formel der antiochenischen Delegation enthält nämlich alle für den Orient typischen und wichtigen Theologumena, vor allem behandelt sie die Hypostasenfrage orientalisch, d.h. Vater und Sohn werden je eine eigene Hypostase zugeschrieben, nur formuliert man etwas moderater und spricht nicht ausdrücklich von drei getrennten Hypostasen wie in Ant II.

Daß man keineswegs gewillt war, den eigenen Standpunkt aufzugeben oder zu verleugnen, zeigt die deutliche Verurteilung der theologischen Sätze, die man für den Kernpunkt der Lehre des im Abendland aufgenommenen Markell von Ankyra hielt[28].

Die Bischofsdelegation stieß bei Konstans offenbar auf taube Ohren[29]. Hofbischof Maximin, seit Jahren Freund und Verbündeter des Athanasius, verweigerte den Orientalen sogar die Gemeinschaft[30].

Ihre Mission war von der falschen Voraussetzung ausgegangen, die von Konstans beschlossene Synode mit Hilfe theologischer Argumentation verhindern zu können. Wahrscheinlich hat man in Trier die theologische Erklärung aus Antiochia gar nicht zur Kenntnis genommen. Einen ernsthaften theologischen Dissens hätten Maximin oder Konstans schwerlich feststellen können, allerdings wissen wir über die theologischen Anschauungen beider leider nichts.

Die Bemühungen der orientalischen Bischöfe, eine möglichst nahe an das Nizänum angelehnte Formel vorzulegen, gingen völlig an der Tatsache vorbei, daß das Nizänum in seinem

---

27 So z.B. SEECK, GdU IV,70f.; FEDER, Hilariusstudien I,48.

28 Ath.syn.25,3 [OPITZ II,251,10f.]:
οὗ (sc. Christus) ἡ βασιλεία ἀκατάλυτος οὖσα
διαμένει εἰς τοὺς ἀπείρους αἰῶνας·
ἔσται γὰρ καθεζόμενος ἐν δεξιᾷ τοῦ πατρὸς
οὐ μόνον ἐν τῷ αἰῶνι τούτῳ,
ἀλλὰ καὶ ἐν τῷ μέλλοντι.

29 Soc. h.e.II,18; Soz. h.e.III,10 (vgl. A.20); GIRARDET, l.c.110 nimmt an, daß sie Konstans gar nicht angetroffen haben.

30 Vgl. Anm. 21.

Wortlaut im Westen so gut wie unbekannt war[31]. Wahrscheinlich hätte Maximin die terminologische Nähe von Ant IV zum Nizänum gar nicht bemerkt, auch dürften seine Griechischkenntnisse eher zweifelhafter Natur gewesen sein[32], von einer lateinischen Version von Ant IV ist zumindest nichts bekannt.

In Euseb von Konstantinopel hatte der Orient seinen kirchenpolitischen Führer verloren. Er hatte in seinem Antwortbrief an Julius die Möglichkeiten, seine abendländischen Kollegen durch theologische Argumentation davon zu überzeugen, daß sie keine Arianer seien, erheblich realistischer eingeschätzt und deshalb erst gar nicht theologisch, sondern vom bischöflichen Amtsbewußtsein her gegen diesen Vorwurf opponiert, eine Sprache, die man in Rom schon eher verstand[33].

Die Vorbereitungen zu der geplanten Reichssynode liefen inzwischen weiter. Nachdem Konstans sich in Mailand mit Athanasius getroffen hatte, schickte er ihn nach Trier. Dort sollte Athanasius mit Maximin und dem inzwischen greisen theologischen Berater schon zweier Kaiser, Ossius von Corduba[34], die bevorstehende Synode im einzelnen vorbereiten und anschließend mit ihnen gemeinsam nach Serdika reisen[35].

Konstans hatte inzwischen die Initiative ganz übernommen und mit den anstehenden Problemen bewährte theologische Berater des Kaiserhauses betraut. Nach den dürftigen Quellen scheint jedenfalls Julius an den Vorbereitungen in keiner Weise mehr beteiligt gewesen zu sein; er verschwindet überhaupt aus der aktiven Kirchenpolitik[36].

Es ist kaum glaubhaft, daß Konstans sich so intensiv für

---

31 Zur Rolle des Nizänum im Westen vgl. DINSEN, l.c.; KELLY, l.c.251ff. und die S. 4 A.6 angegebenen Arbeiten von BARDY.

32 Zu Maximin von Trier vgl. S. 83f., bes. Anm. 96.

33 Bei Ath.syn.22,3 [OPITZ II,248,29f.]: πῶς γὰρ ἐπίσκοποι ὄντες ἀκολουθοῦμεν πρεσβυτέρῳ; Die Fragmente des ganzen Briefes bei SCHWARTZ, l.c.297-300; vgl. aber dazu S.3-9.

34 Zur Namensform *OSSIUS* vgl. TURNER, EOMIA I/2,532.

35 Ath.ap.Const.4,4 [OPITZ - SCHNEEMELCHER II,282,6f.]: διάγοντα δὲ με ἐν τῇ προειρημένῃ πόλει μετεπέμψατο πάλιν εἰς τὰς Γαλλίας· ἐκεῖ γὰρ καὶ ὁ πατὴρ Ὅσιος ἤρχετο, ἵνα ἐκεῖθεν εἰς τὴν Σαρδικὴν ὁδεύσομεν.

36 Von Athanasius hören wir nichts darüber.

die Wiedereinsetzung einiger im Orient abgesetzter Bischöfe und für das Zusammentreten einer von seinem Bruder absolut nicht gewollten Synode eingesetzt haben soll, ohne eigene Interessen dabei zu verfolgen. Die Parallelen zu seinem Vater, Konstantin dem Großen, und zu seinem von ihm besiegten Bruder, Konstantin II., drängen sich auf[37]. Wollte Konstans mit Hilfe der verbannten *orthodoxen* orientalischen Bischöfe politisch in den Reichsteil seines Bruders hineinregieren? Strebte er endlich die Alleinherrschaft über das Gesamtreich an?

Schon vom Beginn seiner Herrschaft an hatte er gezeigt, daß er nicht gewillt war, Macht zu teilen. "*Herrschaft über das Gesamtreich aber war - das hatten Konstantin und Konstantin II. bewiesen und das wird der darin erfahrene Maximin dem Kaiser genugsam dargelegt haben - ohne Herrschaft über die Gesamtkirche nicht durchführbar.*"[38] Dieser Herrschaft über die Gesamtkirche sollte ihn die für Serdika geplante Synode ein Stück näher bringen. Mit aller Wahrscheinlichkeit sollte die Synode im Herbst 342 in Serdika zusammentreten, aber eine gemeinsame Sitzung der aus Morgen- und Abendland unter mancherlei Strapazen herbeigeeilten Bischöfe kam erst gar nicht zustande.

## *2) Zum Datum der Synode von Serdika*[39]

Noch immer ist umstritten, wann die Synode von Serdika zusammentreten sollte und sich dann tatsächlich in zwei getrennten Synoden der Orientalen und der Occidentalen konstituierte.

Seitdem in der Mitte des vergangenen Jahrhunderts die Festbriefe des Athanasius in einer syrischen Version bekannt

37 Auf diesen Aspekt der Vorbereitung der Synode von Serdika hat m.W. zuerst RADDATZ in seiner Berliner Habilitationsschrift aufmerksam gemacht; vgl. auch GIRARDET, l.c.106ff.

38 RADDATZ, l.c.39; dort Belege für den Versuch Konstantins II., die Kirche zur Erlangung der Alleinherrschaft zu benutzen; vgl. schon H. SCHILLER, Geschichte der römischen Kaiserzeit II,282.

39 Zur Schreibweise *Serdika* vgl. TURNER, EOMIA I/2,533.

wurden[40], geht die Diskussion in der Forschung nur noch um zwei mögliche Daten: Herbst 342 oder Herbst 343[41]. Da die Diskussion um diese beiden möglichen Daten bis heute nicht als abgeschlossen gelten kann, hier noch einmal die wesentlichen, weithin kontrovers interpretierten Fakten.

Nur zwei der überlieferten Quellen beziehen sich direkt auf das Datum der Synode:

Im Vorbericht zu den Festbriefen des Athanasius heißt es im 15. Kapitel zu Ostern 343:[42] *"In diesem Jahr war die Synode zu Sardika. Als die Arianer dies erlangt hatten, gingen sie nach Philippopolis..."*

---

40 Nach Soc. h.e.II,20,4 und Soz. h.e. III,12,7 hatte man bis dahin die Synode in das Jahr 347 datiert (so z.B. noch HEFELE 1852 in der ThQ, 360ff.). Seitdem in der Mitte des 18. Jahrhunderts der Codex Veronensis 60 mit der sogenannten *historia acephalaia* (Historia Athanasii) bekannt geworden war, plädiert z.B. MANSI für das Jahr 344. Zur Forschungsgeschichte vgl. HEFELE, Conciliengeschichte I,533ff. Eine deutsche Übersetzung der Festbriefe des Athanasius mit den Kephalaia bietet LARSOW, l.c.; dort auch ein Bericht über die Entdeckung der Festbriefe S.3-22. Für die falsche Datierung der Synode bei Sokrates und Sozomenos bieten sich m.E. drei Erklärungsmöglichkeiten an:
1. Der Widerruf des Valens und Ursacius aus dem Jahre 347 (vgl. S. 62f.) wird in Keph.15 (LARSOW, 31) direkt mit der Synode von Serdika verbunden, deshalb haben die beiden Kirchenhistoriker auch für die Synode von Serdika das Jahr 347 angenommen.
2. Verwechslung des in der Notiz des Cod.Veron.60 angegebenen Konsulatsjahres (Verschreibung). 346 bekleiden wieder beide Kaiser gemeinsam das Konsulat. Sokrates und Sozomenos hätten dann 346 für das Jahr der Einberufung der Synode gehalten und so die Synode selbst 347 angenommen (so LOOFS als Argument für 343), dagegen spricht allerdings, daß die Notiz des Cod.Veron.60 das Jahr des Konsulats beider Kaiser auch für das Jahr der Synode hält.
3. Eine irrtümliche Gleichsetzung des Todesjahres Konstantins mit dem Jahr von Konstans' Regierungsantritt. Das elfte Regierungsjahr des Konstans (343!) hätten sie demnach auch für das elfte Jahr seit dem Tode Konstantins (347) gehalten. Aber die Regierungsjahre des Konstans spielen für die Orientalen Sokrates und Sozomenos bei der Schilderung der Synode von Serdika keine erkennbare Rolle (gegen SEECK, GdU IV,417f. zu S.74,27).
Die erste Lösung scheint mir die plausibelste und einfachste zu sein.

41 Für 342 treten ein: SCHWARTZ, LIETZMANN, SCHNEEMELCHER, DUCHESNE, GIRARDET, KLEIN, LIPPOLD, RICHARD, WOJTOWYTSCH; für 343: LOOFS, ZEILLER, BARDY, SEECK, STEIN, CASPAR, HESS, RADDATZ, DE CLERCQ, FEDER, LORENZ, PIETRI, BARNES, SIMONETTI - nach HESS, l.c.140 die Mehrheit der Forscher. Zur Diskussion vgl. vor allem: LOOFS, SAB (1908)1013-1022; ders. ThStKr 82(1909)279-297 und die Antwort von SCHWARTZ, NAG (1911)515-522 = GS III,224-234; HESS, l.c.140-45; DE CLERCQ, Ossius, 313-325; RICHARD, Mu 87(1974)307ff.; ein Überblick über die verschiedenen Positionen auch bei PIETRI, Roma Christiana, 212.

42 LARSOW, l.c.31.

In einer Notiz des Cod.Veron.60 fol.71b:[43]

*Tunc temporis ingerebantur molestiae imperatoribus synodum conuocare, ut insidiarentur Paulo episcopo Constantinupolitano per sugestionem Eusebii Acacii Theodori Valentis Stephani et sociorum ipsorum, et congregata est synodus consolat. Constantii III et Constantis II*[44] *aput Sardicam.*

Diese Notiz weist nun eindeutig auf das Jahr 342 für die Synode von Serdika hin. F. LOOFS und die ihm folgen hatten ihre Argumentation für 343 als Jahr der Synode ausschließlich auf die oben zitierte Notiz aus den Kephalaia der Festbriefe des Athanasius gestützt. Dagegen hat E. SCHWARTZ überzeugend bewiesen, daß die Notizen der Kephalaia chronologisch ziemlich unzuverlässig sind[45]. Legt man gar das ägyptische Jahr zugrunde, so weisen auch die Notizen der Kephalaia auf 342 und ergänzen die Angaben des Cod.Veron.60.

Die Glaubwürdigkeit des Cod.Veron.60 will LOOFS mit der Behauptung entkräften, daß angeblich Paul von Konstantinopel bei den Vorbereitungen zur Synode keine Rolle spielte[46]. Dagegen scheint aber auf der Synode selbst durchaus von ihm die Rede gewesen zu sein[47]. Daß der Fall des Paulus bei den Vorbereitungen noch nicht zur Debatte stand, ist nicht weiter verwunderlich, da diese Vorbereitungen schließlich bis in das Frühjahr 341 zurückreichten[48].

---

43 TURNER, EOMIA I/2,637. Zum Cod.Veron.60 vgl. SCHWARTZ, GS III,30-72; 325f.

44 Im Cod.: Constantini et Constantinis. Die Konjektur *Constantii III et Constantis II* von SCHWARTZ, GS III,56;325f.

45 GS III,30ff.

46 LOOFS, ThStKr 82(1909)279-297.

47 TELFER, HThR 43(1950)31-92 und LIPPOLD, PW Suppl.X,510-520. Mit SCHWARTZ, GS III,320-322 und SEECK, Regesten, 190 ist gegen TELFER und LIPPOLD die Hermogenesaffäre Anfang 342 anzusetzen (als magister equitum orientis war Hermogenes 341 oder Anfang 342 nach Konstantinopel geschickt worden, um Bischof Paulus abzusetzen, wurde aber von dessen Anhängern ermordet; vgl. Soc. h.e.II,13; Soz. h.e.III,76; TELFER und LIPPOLD, l.c.).
1. Euseb war wohl schon in der ersten Hälfte des Jahres 341 gestorben.
2. Die Affäre hat sich im Winter abgespielt; vgl. SEECK, Regesten, 190.
3. Auf der Synode von Serdika sind die orientalischen Bischöfe bereits über den Fall orientiert, vgl. den Synodalbrief der Orientalen bei Hilar.Coll.antiar.Paris. A IV,1 [FEDER 55,10ff.; 66,4; 67,4].

48 Vgl. S. 17-25. Meist wird das Treffen zwischen Athanasius und Konstans im Frühjahr 342 angenommen (vgl. S. 19 A.11) und dann die Zeit bis zum Herbst desselben Jahres als zu knapp für die Einberufung der Synode

Auch Soc. h.e.II,20,6 [HUSSEY, 230]:

καίτοι ἐνιαυτοῦ καὶ ἓξ μηνῶν διαγενομένων, ἀφ' οὗ ἥ τε σύνοδος ἐκεκήρυκτο, καὶ οἱ περὶ Ἀθανάσιον ἐν τῇ Ῥώμῃ διέτριβον τὴν σύνοδον περιμένοντες,

weist, wenn die Vorbereitungen schon im Frühjahr 341 begonnen haben, auf Herbst 342 für das Zusammentreten der Synode.

Als besonders wichtiges Argument für 343 schien, daß die Kephalaia der Osterfestbriefe anscheinend nur drei Osterfeste nach Serdika bis zur Rückkehr des Athanasius nach Alexandria kennen: 344: Naissos[49]; 345: Aquileia; 346: unbekannt.

E. SCHWARTZ hatte schon auf die besonders in der Chronologie sehr schwankende Überlieferung der Kephalaia aufmerksam gemacht. M. RICHARD hat neuerdings darauf hingewiesen, daß Athanasius u.U. sowohl Ostern 343 als auch Ostern 344 in Naissos verbracht haben kann[50].

Keinesfalls läßt sich aus Kapitel 15 der Kephalaia schließen, daß das Osterfest des Jahres 343 vor der Synode von Serdika war. So erlauben es die vielen Unsicherheiten, mit denen die Kephalaia befrachtet sind, jedenfalls nicht, sie gegen die eindeutige Aussage des Cod.Veron.60 auszuspielen[51].

Auch die wenigen festen Daten, die wir aus der Geschichte nach der Synode von Serdika kennen, lassen sich mühelos ein-

---

angesehen (z.B. LOOFS, l.c.). SCHWARTZ und RICHARD dagegen sehen gerade den knappen zeitlichen Abstand als Argument für das Zusammentreten der Synode noch im Jahre 342 an. Wenn aber das Treffen zwischen Athanasius und Konstans, wie angenommen (vgl. S. 19f.), 341 stattfand, deutet Soc. h.e.II,20 ebenfalls auf Herbst 342 als Termin der Synode.

49 Keph.16 [LARSOW, 31]; vgl. dazu Ath.apol.Const.4,5.

50 RICHARD, l.c., dort auch die chronologischen Ungenauigkeiten. Ereignisse verschiedener Jahre werden manchmal in einem Kephalaion erwähnt. vgl. z.B. Keph.18 [LARSOW, 32]: Tod Gregors und Einzug des Athanasius in Alexandria werden für dasselbe Jahr erwähnt.

51 SCHWARTZ, l.c.325ff.; RICHARD, l.c. Das von LOOFS und ZEILLER, l.c. noch angeführte Argument, daß 343 in Alexandria und Rom Ostern noch an verschiedenen Terminen gefeiert wurde, was unmöglich gewesen wäre, wenn die Synode, die bekanntlich eine gemeinsame Osterberechnung beschlossen hatte, schon 342 gewesen wäre, ist abwegig. Darauf hatte schon SCHWARTZ und hat jetzt wieder RICHARD hingewiesen. Es ist kaum vorstellbar, daß Gregor in Alexandria die Beschlüsse der abendländischen Synode von Serdika durchgeführt hat, die ihn immerhin abgesetzt hatte.

reihen, wenn die Synode schon für Herbst 342 angenommen wird[52].

Die Synode war von Anfang an zum Scheitern verurteilt. Da die Abendländer die im Orient abgesetzten Bischöfe Athanasius und Markell und einige andere bereits in die communio aufgenommen hatten, bevor überhaupt die Verhandlungen begannen, sahen die Orientalen sich (zum Teil sicher nicht einmal ungern, bedenkt man ihre Einstellung zu dieser Synode) gezwungen, den Beratungen fernzubleiben und eine eigene Synode abzuhalten[53].

Seit Athanasius ist ihnen deshalb das Scheitern der Synode zur Last gelegt worden[54]; tatsächlich aber hatten die Abendländer mit ihrem Verhalten das Auseinanderbrechen der Synode präjudiziert.

### *3) Das Scheitern der Synode*

Über die Reihenfolge der Ereignisse, überhaupt über den Ablauf der Synode wissen wir wenig. Dagegen hat sich eine ziemlich große Zahl von Dokumenten der Synode, besser: der Synoden, von denen wir ja keine Protokolle haben, erhalten[55], unter denen die beiden Synodalbriefe mit den dazugehörigen theologischen Deklarationen[56], die Briefe der Abendländer an

---

52 RICHARD, l.c. Allgemein wird angenommen, daß die Synode mehrere Monate, etwa bis Frühjahr 343 (bzw. 344) gedauert hat. RICHARD, l.c. hat überzeugend dargelegt, daß die Synode nur für einige Tage zusammentrat und die Synodalen zu Weihnachten (342) wieder zu Hause waren.

53 Vgl. den Synodalbrief der Orientalen, Hilar.Coll.antiar.Paris. A IV,1 [FEDER, 48ff.].

54 Vgl. den Synodalbrief der Occidentalen, Hilar.Coll.antiar.Paris. B II, 1,1 [FEDER, 103-106] und die Berichte des Athanasius über die Synode.

55 Die erhaltenen Aktenstücke sind mit ihrer Überlieferungsgeschichte aufgezählt bei LOOFS, ThStKr 82(1909)279ff.; GIRARDET, l.c.111; SIMONETTI, La crisi, 178ff.

56 Der Synodalbrief der Orientalen ist nur bei Hilar.Coll.antiar.Paris. A IV,1 [FEDER, 48-67] überliefert; das angehängte Symbol (l.c. A IV,2 [FEDER, 68-73]) außerdem noch bei Hilar.Syn.34 [PL X,406B-407C], Cod. Veron.60 [TURNER, EOMIA I/2,638-40], eine syrische Version im Cod. Paris.syr.62 (eine griechische Rückübersetzung bei FEDER, 68-73). Die Subscriptionsliste FEDER, 74-78 ist nur in den Coll.antiar.Paris. überliefert. Zu dem Brief vgl. FEDER, Studien I,67-74; FLEMING, l.c. 110ff.

Bischof Julius von Rom[57] und Kaiser Konstantius[58] und vor allem die Kanones[59] besonders wichtig sind.

Etwa neunzig abendländische und achtzig orientalische Bischöfe waren nach Serdika gekommen[60]. Auf Befehl beider Kaiser lag den Bischöfen eine Tagesordnung mit den zu behandelnden Problemen vor:

> *Tria fuerunt, quae tractanda erant. nam et ipsi religiosissimi imperatores permiserunt, ut de integro uniuersa discussa disputarentur et ante omnia de sancta fide et de integritate ueritatis, quam uiolauerunt. secunda de personis, quos dicebant esse deiectos de iniquo iudicio, ut, si potuissent probare, iusta fieret confirmatio. tertia uero quaestio, quae uere quaestio appellanda est, quod graues et acerbas iniurias, intolerabiles etiam et nefarias contumelias ecclesiis fecissent,...*[61]

Daß die Tagesordnung der Synode von den Kaisern diktiert worden war, scheint keine der beteiligten Parteien sonderlich gestört zu haben.

Unklar bleibt bei den kaiserlichen Befehlen zu dieser Tagesordnung zunächst, worüber bei dem erstgenannten, offenbar für besonders wichtig erachtete Punkt *de sancta fide* verhandelt werden sollte. Allgemein nimmt man an, daß es hier um die fides nicaena gehen sollte, gegen die die Orientalen

---

Der Synodalbrief der Abendländer bei Hil.Coll.antiar.Paris. B II,1 [FEDER, 103-126], eine griechische Fassung bei Ath.apol.sec.44-49 (bei FEDER, l.c. nach PG XXV,324B-337 nachgedruckt, der jetzt verbindliche Text bei OPITZ II,119-123), eine griechische Fassung mit angehängtem Bekenntnis Thdt. h.e.II,8, eine lateinische Rückübersetzung aus einer griechischen Version im Cod.Veron.60 [TURNER, 645-653]. Zur Frage der lateinischen Originalsprache vgl. SCHWARTZ, ZNW 30(1931) 1ff.; I. GELZER, ZNW 40(1941)1-24; FEDER, Studien I,83-88; OPITZ II, 119 nota. Mit SCHWARTZ und OPITZ ist gegen GELZER und FEDER anzunehmen, daß der Synodalbrief ursprünglich lateinisch abgefaßt war. Zu dem Brief vgl. FLEMING, l.c.273ff.; zum Bekenntnis der Abendländer vgl. S. 40-42.

57 Hilar.Coll.antiar.Paris. B II,2 [FEDER, 126ff.]. Zur Überlieferung vgl. FEDER, Studien I,24-26; FLEMING, l.c.295ff.

58 Überliefert als *Liber primus ad Constantium* des Hilarius von Poitiers - Coll.antiar.Paris.Append. [FEDER, 181-184]. Zur Überlieferungsgeschichte vgl. FEDER, Studien I,133ff.; WILMART, RBen 24(1907)149-179; 291-317; FLEMING, l.c.485ff; vgl. dazu S. 248ff.

59 Kritische Edition bei TURNER, EOMIA I/2,441-560; vgl. HESS, l.c.

60 OPITZ II,123f. nota zu apol.sec.48.

61 Hilar.Coll.antiar.Paris. B II,2,3 [FEDER, 128, 4-11].

nach Auffassung der Abendländer verstoßen haben sollten[62]. Diese Sicht geht aber zu einseitig von der späteren Beurteilung dieser Synode durch Athanasius aus, der sie als eine Art Gerichtsverfahren über die orientalischen Bischöfe ansieht, die in seinen Augen Arianer sind und wegen Häresie verurteilt werden müssen[63].

Bei den Vorbereitungen der Synode auf westlicher Seite war es, soweit erkennbar, immer nur um den zweiten Punkt der befohlenen Tagesordnung, *de personis*, gegangen[64]. Lehrfragen waren auch auf der römischen Synode von 341 nicht verhandelt worden. Offiziell gab es für die Abendländer auch keine Gründe, de fide zu disputieren, da die Orientalen sich nie ausdrücklich von den Beschlüssen der Synode von Nizäa gelöst hatten, sondern nur die ihnen anstößigen Formulierungen des Nizänum einfach nicht benutzten, wie auch im Abendland das Nizänum zu dieser Zeit nicht nachweisbar benutzt worden ist, nicht einmal von seinen angeblichen Protagonisten Athanasius und Markell[65].

Über Glaubensfragen hatte nur die antiochenische Enkainiensynode disputiert und zwar offensichtlich angesichts der Lehren des Markell von Ankyra[66]. Der Versuch der antiochenischen Gesandtschaft, durch die Vorlage einer theologischen Formel, die nicht ohne weiteres im Widerspruch zum Nizänum gesehen werden konnte, sich teilweise sogar an das Nizänum anlehnte, die Ketzerei des Markell zu verurteilen und so die ganze Synode als überflüssig zu erweisen, war erfolglos gewesen[67].

Da die Synode nun doch stattfinden sollte, konnten allein die Orientalen ein Interesse daran haben, *de sancta fide* zu disputieren. Ein derartig bezeichneter Tagesordnungspunkt

---

62 Hilar. l.c.: *quem uiolauerunt*. Die Opinio communis z.B. bei HESS, l.c.7: *"Thus their aims were threefold: the preservation of Nicene doctrine,..."*

63 So in dem von Athanasius beeinflußten (wenn nicht gar formulierten) Synodalbrief und in dem Brief der Synode an Julius von Rom. Vgl. Ath. apol.sec.36;37-40 (Brief an den alexandrinischen Klerus); h.Ar.15.

64 Vgl. S. 17-25.

65 Vgl. S. 14f.; 24 Anm. 31.

66 Vgl. Ant I - IV, dazu S. 3-25.

67 Vgl. S. 17-25.

konnte nur die in den Augen der Orientalen häretische Lehre des Markell von Ankyra und seine für sie unerhörte Aufnahme durch Julius von Rom zum Gegenstand haben. Eine andere Glaubensfrage stand zu diesem Zeitpunkt auch nicht zur Debatte.

Zwei Beobachtungen stützen diese These:

1. Die allgemein verbreitete Auffassung, daß es sich bei dem Tagesordnungspunkt *de sancta fide* nur um die fides nicaena gehandelt haben kann, die von den Orientalen angeblich verletzt worden war, wie das auch der Brief der abendländischen Teilsynode an Julius nahelegt, geht selbstverständlich von der ebenso unbewiesenen wie unglaubwürdigen Annahme aus, daß die Tagesordnung der Synode allein von Konstans und seinen Hofbischöfen aufgestellt worden war und daß sie die zu behandelnden Probleme vorgeschlagen hätten.

Dagegen wird Konstantius seine Zustimmung zu dieser ihm und dem orientalischen Episkopat unerwünschten Synode wohl kaum gegeben haben, ohne nicht wenigstens ein wichtiges Anliegen seiner Bischöfe in der Tagesordnung der Synode zu verankern. Und das wichtigste Anliegen der orientalischen Kirche neben dem im Moment nach außen hin nur als disziplinarisch erscheinenden Fall des Athanasius, aber vielleicht noch wichtiger als dieser, das zeigen die antiochenische Kirchweihsynode und die darauf folgende Entwicklung, war die *Ketzerei* des Markell von Ankyra.

2. Der Aufbau des Synodalbriefes der Orientalen bestätigt diese Annahme. Zunächst geht es um den wahren Glauben der orientalischen Bischöfe (Kap. 1)[68] und um die Ketzerei des Markell, die *haereticorum omnium execrabilior pestis* (Kap. 2 - 5)[69]. Anschließend werden die anhängigen Personalfälle, die deutlich von den Lehrproblemen geschieden werden, verhandelt (Kap. 6 - 10)[70] und erst danach die Frage der Rezeption

---

68 Hilar.Coll.antiar.Paris. A IV,1,2 [FEDER, 49,8-21]; vgl. Begriffe wie: *ecclesiae regula sanctaque parentum traditio; euangelica sanctaque praecepta,* etc.

69 Hilar. l.c. A IV,1,2 [FEDER, 49,22f.]: *Extitit namque temporibus nostris Marcellus quidam Galaciae, haereticorum omnium execrabilior pestis, quique sacrilega mente, ore profano perditoque argumento...*

70 Hilar. l.c. A IV,1,6-10 [FEDER, 53,12-56,15]; FEDER, 53,12: *Uerum de Athanasio quondam Alexandriae episcopo accipite...* FEDER, 55,10f.: *Sed de Paulo Constantinopolitanae ciuitatis quondam episcopo...*

von Synodalurteilen bzw. das Problem der Appellation gegen Synodalurteile im Zusammenhang mit den aktuellen Personalproblemen erörtert (Kap. 11ff.), bevor die Bischöfe zum Bericht über die Vorkommnisse auf der Synode selbst kommen (Kap. 14ff.).

Der Synodalbrief der orientalischen Teilsynode spiegelt deutlich die von den Kaisern vorgeschriebene Tagesordnung wieder. Zumindest die Orientalen haben unter Punkt 1 der befohlenen Tagesordnung den Fall der *haereticorum omnium execrabilior pestis* des Markell von Ankyra verhandelt.

Die Aufnahme eines Tagesordnungspunktes *de sancta fide* war der Preis, den Konstans zahlen mußte, um seinem Bruder Konstantius die Zustimmung zu einer Reichssynode in seinem westlichen Reichsteil abzuringen, auf welcher vor allem der für die Orientalen seit der Synode von Tyrus im Jahre 335 als res iudicata geltenden Fall des Athanasius neu behandelt werden sollte.

Aber zu gemeinsamen Verhandlungen der Bischöfe aus Ost und West sollte es gar nicht kommen.

Als die Orientalen einige Zeit nach den Abendländern in Serdika ankommen, haben jene dort bereits Athanasius, Markell und die übrigen, über deren Fälle erst noch verhandelt werden sollte, in die communio aufgenommen[71]. Der Aufforderung der unangenehm überraschten Orientalen, die von ihren Synoden rechtmäßig Verurteilten vorerst von Verhandlungen und sakramentaler Gemeinschaft auszuschließen, wird von den Abendländern nicht entsprochen[72]. Wegen der Mißachtung ihrer geltenden Synodalbeschlüsse durch die Abendländer verweigern

71 Hilar. l.c. A IV,1,14 [FEDER, 58,3-8]: *occurrimus ad Serdicam litteris imperatoris conuenti. quo cum uenissemus, didicimus im media ecclesia Athanasium, Marcellum, omnes sceleratos concilii sententia pulsos et merito singulos pro suis facinoribus praedamnatos cum Ossio et Protogene sedere simul et disputare et - quod est deterius - diuina ministeria celebrare.*

72 Hilar. l.c. A IV,1,15 [FEDER, 58,14-17.22f.]: *uerum nos tenentes ecclesiasticae regulae disciplinam et uolentes miseros in aliquantulum iuuare mandauimus illis, qui cum Protogene et Ossio fuerunt, ut de suo coetu damnatos excluderent neque peccatoribus communicarent; ... at illi contra haec resistebant - qua ratione, nescimus.*

die Orientalen die gemeinschaftlichen Beratungen[73]. Als der wahrscheinlich von einigen Klerikern aufgeputschte Pöbel die orientalischen Bischöfe um ihr Leben fürchten läßt, ziehen sie sich ganz in das ihnen von Konstans zur Verfügung gestellte Palatium zurück[74] und tagen unter sich. Mannigfaltige Versuche der Abendländer, gemäß den Befehlen des Konstans doch noch zu einer gemeinsamen Synode zusammenzukommen, scheitern[75].

Das Verhalten der Abendländer hatte die Spaltung der Synode vorprogrammiert. Ihre Vorentscheidung in den Personalfällen gegen die von den Kaisern befohlene Tagesordnung ließ den orientalischen Bischöfen faktisch keine andere Wahl, wollten sie nicht völlig das Gesicht verlieren und ihre eigenen Synodalbeschlüsse vor den Augen der abendländischen Bischöfe desavouieren[76].

Die Abendländer konnten ihrerseits darauf verweisen, daß sie im Vorjahr in Rom die im Orient verurteilten Bischöfe für unschuldig erklärt und in die communio aufgenommen hatten. Für diese Form der Annullierung eines Synodalurteils durch eine andere Synode gab es bisher keinerlei rechtliche Grundlage, sie war daher für die Orientalen unannehmbar[77]. Zurückgezogen im Palatium tagten sie unter der Führung zweier

---

73 Hilar. l.c. A IV,1,16,2 [FEDER, 59,1-3]: *his itaque communicare nefas duximus neque cum profanis uoluimus sancta domini sacramenta miscere seruantes et tenentes ecclesiasticae <regulae> disciplinam.*

74 Hilar. l.c. A IV,1,19,2.3 [FEDER, 60,28-61,8] und Ath.h.Ar.15,4; vgl. GIRARDET, Kaisergericht, 113.

75 Hilar. l.c. A IV,1,22 [FEDER, 62]; Brief des Ossius an Konstantius bei Ath.h.Ar.44,2ff.

76 So auch GIRARDET, l.c.112f.; anders SCHNEEMELCHER, Serdika, 353: *"Diese Tagesordnung, die die Glaubensfrage der Personalfrage und den kirchenrechtlichen Problemen vorordnete, ist nun aber, wie aus den beiden Synodalschreiben hervorgeht, von den Orientalen sofort durchbrochen worden."* Es wird nicht deutlich, was nach SCHNEEMELCHER genau unter dem Punkt *de fide* verhandelt werden sollte. Geht man aber davon aus, daß damit der Fall des Markell angesprochen war, so hatten die Abendländer nicht nur den Verhandlungen des zweiten, sondern auch des ersten Punktes vorgegriffen, indem sie Markell vorher in die Gemeinschaft aufnahmen. Wie stark die Polemik des Athanasius hier weitergewirkt hat, siehe bei BARNARD, RThAM 38(1971)69-79, der meint, daß die Orientalen aus Angst vor einer Niederlage nicht an einer gemeinsamen Synode teilnehmen wollten.

77 GIRARDET, l.c.116ff.

kaiserlicher Beamter nach der vorgeschriebenen Tagesordnung[78].

Hier in Serdika verfaßten sie auch ihren Synodalbrief an alle Bischöfe, Presbyter und Diakone des ganzen Erdkreises, bevor sie die Synode auflösten und die Heimreise antraten[79]. Die Synode der Orientalen hat also ebenfalls in Serdika und nicht in Philippopel getagt[80].

Die Adresse ihres Synodalbriefes zeigt, daß offensichtlich auch eine größere Anzahl abendländischer Bischöfe auf der Seite der *Eusebianer* stand[81]. Der Brief spiegelt noch die Empörung der Orientalen über ihre Behandlung durch die Abendländer wieder. Für unerhört halten es die Bischöfe, daß der Westen sich zum Richter über den Osten aufspielt[82]. Diese ganze Synode ist von Ossius und Maximin allein wegen Athanasius und Markell angezettelt worden[83]. Wegen eines

78 Ath.apol.sec.36,2 (OPITZ II,114,8 mit nota); h.Ar.15,3.

79 Hilar. l.c. A IV,1,23,1 [FEDER, 63,1-3]: *cum ita res currere uideremus, ad suam patriam regredi nostrum unusquisque decreuit placuitque nobis de Serdica scribere et ea, quae gesta sunt, nuntiare nostramque sententiam declarare.*

80 GIRARDET, l.c.113 A.45; 114 A.46 mit Belegen. Im Prinzip so schon LOOFS, ThStKr 82(1909). Anders z.B. LIETZMANN, GaK III,195 und SCHNEEMELCHER, l.c.353.

81 Vgl. die allerdings verstümmelte Adresse des Briefes [FEDER, 48,12-49,7], von dem Hilarius die Abschrift eines nach Afrika gesandten Exemplars in seine Sammlung aufgenommen hat.

82 Hilar. l.c. A IV,1,12 [FEDER, 57,12f.]: *nouam legem introducere putauerunt, ut Orientales episcopi ab Occidentalibus iudicarentur.* Hilar. l.c. A IV,1,17 [FEDER, 59,13-15]: *..., sed nec nouam sectam inducerent aut Orientalibus episcopis conciliisque sanctissimis de Occidente uenientes aliqua in parte praeponerent.* Hilar. l.c. A IV,1, 26 [FEDER, 65,9-13]: *propterea hanc nouitatem moliebantur inducere, quam horret uetus consuetudo ecclesiae, ut, in concilio Orientales episcopi quidquid forte statuissent, ab episcopis Occidentalibus refricaretur, similiter et, quidquid Occidentalium partium episcopi, ab Orientalibus solueretur.* Es geht den Orientalen dabei nicht bloß darum, gegen die Aufnahme des Athanasius und Markell zu protestieren, sondern es geht hier wahrscheinlich schon um einen grundsätzlichen Protest gegen Kan. III der Synode der Abendländer (zu Kan. III vgl. S. 42-46).

83 Hilar. l.c. A IV,1,14 [FEDER, 57,28-58,3]: *Namque quoniam Athanasius in Italiam et Galliam pergens sibi iudicium conparauit post mortem aliquorum accusatorum, testium iudicumque et credidit posse se denuo tempore audiri, quo eius flagitia uetustate temporis obscurarentur - cui consensum commodantes non recte Iulius urbis Romae episcopus, Maximinus et Ossius ceterique conplures ipsorum concilium apud Serdicam fieri ex imperatoris benignitate sumserunt.*

Ketzers und einiger zu Recht verurteilter Übeltäter zerreissen die Abendländer leichtfertig die Einheit der Kirche[84], halten aus rein taktischen Erwägungen Gemeinschaft mit Leuten, die sie einst selbst wegen ihrer Schandtaten verdammt haben[85].

Die Führer des Abendlandes, Ossius, Protogenes, Julius, Gaudentius und Maximin, sowie die schon längst rechtmäßig verurteilten orientalischen Bischöfe Athanasius, Markell, Asklepas und Paulus werden von der communio ausgeschlossen und verdammt[86]. Julius, Ossius, Protogenes und Gaudentius werden *secundum antiquissimam legem* verdammt als *auctores communionis Marcelli et Athanasi ceterorumque sceleratorum, quique etiam homicidiis Pauli Constantinopolitani <et> cruentis actibus eius communicauerunt*[87].

Für die Verurteilung eines jeden von ihnen wird eine ausführliche Begründung angegeben, wobei vor allem Julius von Rom als *princeps et dux malorum*, der die göttlichen Gesetze aufheben will, hervorgehoben wird[88].

Maximin von Trier verdammen sie wegen seines skandalösen

---

84 Hilar. l.c. A IV,1,22 [FEDER, 62].

85 So hat Protogenes nach den Aussagen der Orientalen einst Markell und Paulus verdammt [FEDER, 51,15ff.;61,10f.], haben Athanasius und Markell mit Asklepas keine Gemeinschaft gehalten [FEDER, 57,18ff.] und hat Paulus einst Athanasius verdammt (l.c.). Zahlreiche ähnliche Fälle in A IV,1,20 [FEDER, 61]. Die Richtigkeit dieser Angaben läßt sich allerdings weder beweisen noch widerlegen, sie haben aber einen hohen Wahrscheinlichkeitsgrad für sich. Vgl. dazu FLEMING, l.c.130;154;160.

86 Hilar. l.c. A IV,1,24 [FEDER, 63,23-28]: *post multa igitur, dilectissimi fratres, haec uobis ex aperto mandamus, ne quis uestrum ab aliquo circumuentus aliquando communicet, id est Ossio, Protogeni, Athanasio, Marcello, Asclepae, Paulo, Iulio,...* Zu Gaudentius und Maximinus vgl. auch die nächste Anm.

87 Hilar. l.c. A IV,1,27,2 [FEDER, 65,31-66,5]: *unde Iulium urbis Romae, Ossium et Protogenem et Gaudentium et Maximinum a Triueris damnauit omne concilium secundum antiquissimam legem ut auctores communionis Marcelli et Athanasi ceterorumque sceleratorum, quique etiam homicidiis Pauli Constantinopolitani <et> cruentis actibus eius communicauerunt.*

88 Hilar. l.c. A IV,1,27,5 [FEDER, 66,12-15]: *Iulium uero urbis Romae ut principem et ducem malorum, qui primus ianuam communionis sceleratis atque damnatis aperuit ceterisque aditum fecit ad soluenda iura diuina defendebatque Athanasium praesumenter atque audaciter...* Die Anschuldigungen der Orientalen sprechen gegen einen mäßigenden Einfluß des Julius, wie ihn BARNARD, l.c. annimmt. *...ceterisque aditum fecit ad soluenda iura diuina* bezieht sich wohl auf den Juliusbrief von 341.

Verhaltens gegenüber der mit der vierten antiochenischen Formel nach Trier gereisten orientalischen Gesandtschaft und wegen seiner uns nicht mehr ganz erkennbaren Rolle bei den Versuchen zu Anfang des Jahres 342, Paulus wieder auf den Bischofsthron der neuen Hauptstadt Konstantinopel zu bringen[89].

Um ihre Rechtgläubigkeit und Übereinstimmung mit der Überlieferung der Väter und den apostolischen Traditionen[90] unter Beweis zu stellen, fügen sie die theologische Erklärung an, mit der vier ihrer Kollegen einst erfolglos nach Trier gereist waren[91]. Zu den unverändert von dieser sogenannten vierten antiochenischen Formel übernommenen Anathematismen fügen sie noch einige neue hinzu[92]. Zunächst gegen den Vorwurf der Abendländer, sie lehrten drei Götter, indem sie drei Hypostasen der Trinität annehmen[93]. Die anderen zusätzlichen Anathematismen richten sich ausschließlich gegen die

---

89 Hilar. l.c. A IV,1,27,7 [FEDER, 66,30-67,7]: *Maximinum uero a Triueris, propter quod collegas nostros episcopos, quos ad Gallias miseramus, noluerit suscipere et quoniam Paulo Constantinupolitano nefario homini ac perdito primus ipse communicauit et quod ipse tantae cladis causa fuit, ut Paulus ad Constantinupolim ciuitatem reuocaretur, propter quem homicidia multa facta sunt. Causa ergo homicidiorum tantorum ipse fuit, qui Paulum olim damnatum ad Constantinupolim reuocauit.* Zur Affäre um Paul von Konstantinopel vgl. S. 17-25; 26f. bes. Anm. 47.

90 Hilar. l.c. A IV,1,23,2 [FEDER, 63,12f.]: *quam ob rem, quoniam a parentum traditione discere non possumus,...* vgl. S. 32 Anm. 68.

91 Vgl. S. 17-25. Zu den verschiedenen Rezensionen vgl. FEDERs Apparat S. 68-73. Cod.Veron.60 ist jetzt zu vergleichen nach der Ausgabe von TURNER, EOMIA I/2,638-40; Ath.syn. nach OPITZ II,250,22-251,16. *credimus et in sanctam ecclesiam, in remissam peccatorum, in carnis resurrectionem, in uitam aeternam* [FEDER, 72,2-4] fehlt in den anderen Rezensionen.

92 Hilar. l.c. [FEDER, 72,7-73,5]:
*qui dicunt tres esse deos*
*aut Christum non esse deum*
*aut ante aeuum non fuisse Christum neque filium dei*
*aut ipsum patrem et filium et spiritum sanctum*
*aut non natum filium*
*aut non sententia neque uoluntate deum patrem genuisse filium*
*hos omnes anathematizat et execratur sancta et catholica ecclesia.*
Im Paralleldruck der verschiedenen Rezensionen hat FEDER (72f.) alles verwirrt, indem er der Rezension der vierten antiochenischen Formel aus Ath.syn.25 einfach die Anathematismen der später von Serdika abgeleiteten formula macrostichos (s.o.) aus Ath.syn.26 angehängt hat.

93 KELLEY, l.c.274; vgl. vorige Anmerkung.

Theologie Markells[94], in dem allein der eigentliche theologische Gegner, der Ketzer, gesehen wird.

Mit dieser theologischen Formel waren die orientalischen Bischöfe dem Westen so weit wie möglich entgegengekommen. Die Autorität der Väter von 325 wurde gewahrt, der Antiarianismus des Nizänum aber durch die Verurteilung der Theologie Markells ergänzt[95].

Auf diese irenische, die theologischen Extreme links und rechts vermeidende Formel hätte man sich vielleicht unter einem Kaiser wie Konstantin einigen können, da sie die umstrittene Frage der Hypostasen umging[96]. Aber Julius und Athanasius hatten sich theologisch vorerst auf die eindeutigen Aussagen des Markell von Ankyra festgelegt, dessen Theologie allerdings den Orientalen unannehmbar war und von dem sich auch Athanasius unter anderen Umständen bald wieder trennen sollte[97]. Nicht einmal zwanzig Jahre sollten vergehen, bis der Abendländer Hilarius von Poitiers diese Formel als völlig orthodox und mit dem Nizänum in Übereinstimmung stehend ansehen konnte[98].

Unter dem Vorsitz des greisen Ossius[99] tagten die Abendländer wahrscheinlich in der Bischofskirche von Serdika allein weiter[100]. Von abendländischer Seite, so hat es den

---

94 Ein weiteres Indiz, daß es sich bei dem besonders betonten ersten Punkt der Tagesordnung *de fide* um die Theologie des Markell gehandelt haben muß; vgl. KELLY, l.c.

95 So auch in Ant I - III.

96 Hilar. l.c. A IV,2 [FEDER, 72,4f.]: *illos uero, qui dicunt ex 'id, quo non fuit' filium aut ex alia substantia.*
Hilar.Syn.34 [PL X,507B]: *eos autem, qui dicunt de non exstantibus...*
Cod.Veron.60 [TURNER, 640,30-32]: *ex nihilo esse filium uel ex alia substantia (Spiritum).*
Ath.syn.25,5 [OPITZ II,251,15]: ἐξ οὐκ ὄντων τὸν υἱὸν ἢ ἐξ ἑτέρας ὑποστάσεως. Vgl. auch die positive Beurteilung des Hilarius in Syn. 35f. [PL X,507C-508C].

97 Vgl. Hilar. l.c. B II,5,4 [FEDER, 142,12-23], B II,9,1-3 [FEDER, 146,1-147,9]; dazu SCHWARTZ, GS IV,16ff., bes. 22. Daß Markell Julius und Athanasius getäuscht haben könnte, wie BARNARD, l.c. annimmt, ist eine völlig unglaubwürdige Spekulation mit dem durchsichtigen Zweck, Athanasius und Julius von jeglicher Teilhabe an Markells bald verurteilter Theologie reinzuwaschen. Vgl. TETZ, TRE IV,338f.

98 Vgl. oben Anm. 96.

99 Ath.h.Ar.15,5;16,1; Hilar. l.c. B II,1,2 (Synodalbrief der Abendländer) [FEDER, 108,2ff.]; vgl. DE CLERCQ, l.c.332f.; RADDATZ, l.c.39.

100 Ath.h.Ar.44 [OPITZ II,207,28f.]: εἰς τὴν ἐκκλησίαν, ἐν ᾗ ᾤκουν ἐγώ; Hilar. l.c. A IV,1,14 [FEDER, 58,4f.]: *in media ecclesia...*; vgl. GIRARDET, l.c.113.

Anschein, war von vornherein eine Art Gericht über die Orientalen geplant, dem diese sich natürlich weder beugen konnten noch wollten[101].

Ganz in diesem Tenor ist der Rundbrief der Abendländer abgefaßt. Die *Arianer*[102] sind von den Kaisern wegen ihrer häretischen Lehre und ihrer Hetze gegen Athanasius und Markell zum iudicium befohlen worden[103], weigern sich aber aus Angst, daß alle ihre Schandtaten offengelegt werden, zu erscheinen (Kap. 2). Es folgen Vorwürfe wegen allerlei Gewalttaten, ganz ähnlich den von der Gegenseite erhobenen.

Ihre Abreise wird als Flucht dargestellt[104]. Alle Vorwürfe gegen Athanasius werden zurückgewiesen (Kap. 5), Markells Lehre als orthodox anerkannt (Kap. 6)[105] und allen Provinzen mitgeteilt, daß Markell, Athanasius und Asklepas von Gaza in jeder Hinsicht unschuldig und die rechtmäßigen Bischöfe ihrer Städte seien[106]. Die dagegen, die ihre Sitze wider alles Recht eingenommen haben, die wie Wölfe in die Kirche eingedrungen sind, nämlich Gregor von Alexandria, Basilius von Ankyra und Quincianus von Gaza, werden aus der communio ausgeschlossen und als Bischöfe abgesetzt[107].

---

101 So die Darstellung des Athanasius apol.sec.36; h.Ar.15; dazu GIRARDET, l.c.114f.

102 So in beiden lateinischen Versionen Hilar. l.c. B II,1,1 [FEDER, 103,5] und Cod.Veron.60 [TURNER, 645,2]. Bei Ath.apol.sec.42,2: οἱ Ἀρειομανῖται.

103 Hilar. l.c. B II,1,1 [FEDER, 104,4-6]: ... *ipsi clementissimi imperatores congregauerunt ex diuersis prouinciis et ciuitatibus ipsam synodum sanctam in Serdicensium ciuitatem...*
Hilar. l.c. [FEDER, 107,7.9]: *uenerunt* (sc. die Orientalen) *enim et ad Sardicensium ciuitatem et uidentes Athanasium et Marcellum, Asclepium et alios timuerunt uenire ad iudicium.* Vgl. damit die Sicht der orientalischen Bischöfe S. 33 Anm. 71.

104 GIRARDET, l.c.

105 Hilar. l.c. [FEDER, 117,5ff.]. Vgl. die Täuschungsthese von BARNARD, l.c. und S. 38 Anm. 97.

106 Hilar. l.c. [FEDER, 122,4ff.]: *(ex) hac ex causa carissimos quidem fratres et coepiscopos nostros Athanasium Alexandriae et Marcellum Ancyro - Galatiae et Asclepium Gazae et eos, qui cum ipsis erant ministrantes deo, innocentes et puros pronuntiauimus scribentes ad unamquamque eorum prouinciam, ut cognoscerent singularum ecclesiarum plebes sacerdotis sui integritatem et habere se episcopum suum, illos...*

107 L.c. [122,10-123,4]: *illos autem, qui se eorum ecclesiis immerserunt luporum more, id est Gregorium in Alexandria, Basilium in Ancyra et Quincianum in Gaza neque nomen habere episcopi neque communionis omnino eorum habere participatum neque suscipere ab aliquo eorum litteras neque ad eos scribere.*

Ebenso werden die Führer des orientalischen Episkopats Theodor, Narziss, Akakius, Stephanus, Ursacius, Valens, Menophantus und Georg von der communio ausgeschlossen und abgesetzt[108]; nicht allein wegen der ihnen zur Last gelegten Übeltaten, sondern: *seperantes enim filium et alienantes uerbum a patre separari ab ecclesia catholica oportet et alienos esse a nomine Christiano*[109].

Vergleicht man nun mit diesem Vorwurf das Bekenntnis der Orientalen, mit dem sie den Abendländern so weit wie möglich entgegengekommen waren, so scheint er einigermaßen befremdlich. Sie hatten sich ausdrücklich gegen den Vorwurf des Tritheismus gewehrt, der ihnen hier doch wohl zu Unrecht gemacht wird.

Dieser unberechtigt erscheinende Vorwurf des Tritheismus gegenüber den Orientalen wird verständlicher, wenn man das Bekenntnis der Abendländer ansieht, das ursprünglich wohl dem Synodalbrief angehängt war.

In dieser theologischen Erklärung spiegeln sich die Ergebnisse der Verhandlungen der Abendländer über den ersten Punkt der von den Kaisern befohlenen Tagesordnung wider.

Die Authentizität dieses Dokumentes ist bis heute noch weitgehend umstritten, doch sind alle Zweifel an seiner Echtheit unbegründet[110]. Der ursprünglich wohl lateinische

---

108 Hilar. l.c. [FEDER, 123,4ff.].

109 L.c. [124,5-7].

110 Die Echtheit ist bis heute wegen der Bemerkung des Athanasius tom.5 aus dem Jahre 362 umstritten. Vgl. zur Echtheitsfrage KELLY, l.c. 275f.; TETZ, ZNW 66(1975)194-222, bes. 203ff. Wie Athanasius in der apol.sec., so überliefert auch Hilarius, l.c. B II,2 das Synodalschreiben der Abendländer ohne die theologische Erklärung. Wie Athanasius hatte auch Hilarius in der zweiten Hälfte der fünfziger Jahre keine Veranlassung, diese theologische Erklärung noch zu publizieren, nachdem das Nizänum für die Abendländer und Athanasius zur Glaubensnorm geworden war. Gegen die Echtheit von Serd. als Synodalbekenntnis u.a. JONES, l.c.115; GRIFFE, La Gaule I,207; BARDY, ReSR 20(1940)28ff. und in FLICHE - MARTIN III,126. Völlig grundlos erscheint I. GELZERs Annahme, ZNW 40(1941)24, daß Serd. aus dem bei Athanasius überlieferten Text des Synodalbriefes quasi herausgesponnen worden ist; vgl. auch SCHNEEMELCHER, Serdika,356ff. Völlig unbegründet scheint mir die Annahme von SIEBEN, Konzilsidee, 34, daß Athanasius in Serdika die Verkündung einer neuen Glaubensformel vereitelt habe. Das Nizänum propagiert Athanasius erst seit der 2. Hälfte der 50er Jahre, nicht schon seit Serdika, wie SIEBEN, l.c.207 annimmt.

Text ist nicht erhalten[111], die Überlieferung bei Theodoret und im Cod.Veron.60 läßt manche Fragen offen. Auch eine theologische Interpretation dieses so schwierigen Textes steht trotz mancherlei Vorarbeiten dazu noch aus[112].

Unter der Wortführung von Ossius und dem Ortsbischof Protogenes verurteilen die abendländischen Synodalen alle die als Arianer, die glauben, daß Vater, Sohn und heiliger Geist in verschiedenen Hypostasen existieren, wobei ὑπόστασις = οὐσία = substantia angesehen wird[113].

Vor allem LOOFS hat darauf aufmerksam gemacht, daß sich hier Gedanken der Theologie des Markell von Ankyra und des Eustathius von Antiochia finden. Markell, dessen Theologie von der Synode ausdrücklich für rechtgläubig erklärt wurde, war auch selbst anwesend. Der Begriff *Arianismus* wird hier für die griechische Theologie ganz allgemein genommen. Diese theologische Erklärung von Serdika verstand sich als die alleinige und authentische Interpretation des Nizänum[114]. Eine

---

111 So SCHWARTZ, ZNW 30(1931)5-7; vgl. ders. GS IV,23 A.1 und ZNW 35 (1936)6,A.5; TETZ, l.c.203. Zum Problem der Textüberlieferung LOOFS, AAB (1909)1ff., dort eine griechische Textrekonstruktion S.7-11; eine lateinische Rückübersetzung einer griechischen Version im Cod. Veron.60 [TURNER, 651-653].

112 Zur Interpretation vgl. LOOFS, l.c.; KELLY, l.c.275-77; DINSEN, l.c. 105-108; TETZ, l.c.; MESLIN, Les Ariens, 260-264. Die Forderung von SCHWARTZ, l.c. passim, diese polemische theologische Darlegung kirchenpolitisch und nicht dogmengeschichtlich zu interpretieren, soll zwar nicht übersehen werden, reicht hier aber nicht aus, diesem Erzeugnis einer uns sonst kaum mehr greifbaren Theologie gerecht zu werden.

113 LOOFS, l.c.7,10-12: ὅπερ τὸ τῶν αἱρετικῶν σύστημα φιλονεικεῖ, διαφόρους εἶναι τὰς ὑποστάσεις τοῦ πατρὸς καὶ τοὺ υἱοῦ καὶ τοῦ ἁγίου πνεύματος καὶ εἶναι κεχωρισμένας.
Cod.Veron.60 [TURNER, 651,17-20]: *(quod adsolet hereticorum conuentus contendere) diuersas esse substantias Patris et Filii et Spiritus sancti, et esse separabiles.*
LOOFS, l.c.7,12-15: ἡμεῖς δὲ ταύτην παρειλήφαμεν καὶ δεδιδάγμεθα, ταύτην ἔχομεν τὴν καθολικὴν καὶ ἀποστολικὴν παράδοσιν καί πίστιν καὶ ὁμολογίαν· μίαν εἶναι ὑπόστασιν, ἣν αὐτοὶ οἱ αἱρετικοὶ <καὶ> οὐσίαν προσαγορεύουσι, τοῦ πατρὸς καὶ τοῦ υἱοῦ καὶ τοῦ ἁγίου πνεύματος.
TURNER, 651,21-25: *Nos autem hanc suscepimus et edocti sumus, hanc habemus catholicam et apostolicam traditionem et fidem et confessionem: unam esse substantiam, quam ipsi graeci usian appellant, Patris et Fili et Spiritus sancti.*

114 Vgl. den im Cod.Veron.60 verstümmelt überlieferten Brief von Ossius und Protogenes an Julius [TURNER, 644] und Soz. h.e.III,12,5 [BIDEZ-HANSEN,116,17-19]: ἐξέθεντο δὲ καὶ αὐτοὶ τηνικαῦτα πίστεως γραφὴν ἑτέραν, πλατυτέραν μὲν τῆς ἐν Νικαίᾳ, φυλάττουσαν δὲ τὴν αὐτὴν

Interpretation des Nizänum aber war inzwischen notwendig geworden, weil die pauschal als *Arianer* Angeredeten sich in den Anathematismen ihres Bekenntnisses ebenfalls auf das Nizänum beriefen[115] und sich heftig gegen die Unterstellung des Arianismus verwahrt hatten.

Die ungeheure Schärfe, mit der hier eine Trennung zwischen der von den Abendländern in Serdika angenommenen nichtorigenistischen Theologie des Markell und Eustathius auf der einen und der von Origenes herkommenden theologischen Tradition auf der anderen Seite gezogen wird, läßt sich nicht allein mit dem Anliegen der Abendländer erklären, Markell zu rehabilitieren und in die Gemeinschaft wieder aufzunehmen[116].

In den Vertretern der Ein- und Dreihypostasentheologie stehen sich zwei noch grundsätzlich einander ausschließende Theologien gegenüber[117]. Es sollte noch zwanzig Jahre dauern, bis man eine Lösungsmöglichkeit fand.

Der politische Gegensatz verschärfte die Lage weiter. Die abendländischen Synodalen in Serdika sind sich der Gunst ihres Kaisers Konstans gewiß, der ihnen von Anfang an den Rücken gestärkt hatte. So kann auch theologisch keine Kompromißbereitschaft aufkommen, wie etwa bei den orientalischen Bischöfen, die wußten, daß ihr Kaiser sich gegenüber Konstans in der Defensive befand.

Mit der Unterstützung ihres kaiserlichen Herren hatte die Synode der Abendländer selbstherrlich die Entscheidungen der orientalischen Synode kassiert, ehe überhaupt irgendwelche gemeinsamen Verhandlungen stattgefunden hatten. Jetzt erst schuf sie sich in ihrem dritten Kanon von Serdika die dafür notwendige Rechtsgrundlage[118].

---

διάνοιαν καὶ οὐ παρὰ πολὺ διαλλάττουσαν τῶν ἐκείνης ῥημάτων. (vgl. auch den ganzen Abschnitt bis Zeile 25); dazu LOOFS, l.c.; DINSEN, l.c.

115 Vgl. oben S. 17-25;37.

116 So auch SCHWARTZ, ZNW 30(1931)1ff.; anders SCHNEEMELCHER, l.c.352ff.; 360ff.

117 Eigentlich alle Vorwürfe der Abendländer gegen die Orientalen ergeben sich aus ihrer Überzeugung, daß alle Vertreter einer Mehrhypostasentheologie eo ipso Arianer seien. Wie sachlich falsch dieser Vorwurf ist, hatten Ant I - IV gezeigt.

118 Text bei TURNER, EOMIA I/2,455,8-458,43;460,1-462,27. Eine deutsche Übersetzung bei GIRARDET, l.c.120-122. Auf die Kanones kann im Zu-

Es kann hier nicht auf die Bedeutung des Kanon III von Serdika für die Geschichte des Papsttums und des Kirchenrechts eingegangen werden[119].

Es geht im Kan. III um die Möglichkeit einer Appellation gegen ein als falsch empfundenes Synodalurteil. K.M. GIRARDET hat die Entstehung des Appellationsgedankens in der synodalen Gerichtsbarkeit der frühen Reichskirche herausgearbeitet, wobei Kan. III von Serdika einen Wendepunkt in der Entwicklung markiert[120]. Kan. III regelt:

> 1. Wenn ein Bischof von den Bischöfen seiner Provinz abgesetzt worden ist, wobei bei der Absetzung keine Bischöfe der Nachbarprovinz mitwirken dürfen, kann er dem Urteil widersprechen und sich an den Bischof von Rom wenden. Inzwischen darf sein Stuhl nicht anderwärtig besetzt werden.
> 2a) Der römische Bischof kann entscheiden, ob das Urteil zu Recht besteht - dann ist es endgültig.
> 2b) Hält er es für falsch, kann er eine renovatio iudicii anordnen und dazu Richter bestellen. Seine eigenen Presbyter können an der Neuverhandlung teilnehmen[121].

Erst wenige Jahre zuvor, im Jahre 328, hatte eine antiochenische Synode beschlossen, daß es gegen den einstimmigen Beschluß der Bischöfe einer Provinz auf einer Synode keine Appellation geben soll[122]. *"Damit erweitert Kanon III von Serdika den verfassungsrechtlichen Rahmen, der durch die Kanones von Antiochien vorgegeben war, er schafft eine gesamtkirchliche Instanz, die eine renovatio iudicii dort ermöglicht, wo sie bisher synodalrechtlich nicht möglich gewesen ist; eine Instanz mithin, die über der Provinzeinheit steht."*[123] Diese gesamtkirchliche über den Provinzen stehen-

---

sammenhang dieser Untersuchung nicht ausführlicher eingegangen werden; vgl. besonders HESS, l.c.; WOJTOWYTSCH, l.c.111ff.,427f.; zum Text vgl. SCHWARTZ, ZNW 30(1931)1-35.

119 Vgl. RADDATZ, l.c.47ff. Zu dem m.E. ersten Versuch einer Anwendung dieses Kanons vgl. unten S. 125f.; 147ff. u. ZRG.K 100 (1983) 15-45.

120 GIRARDET, Historia 23(1974)98-127; ders., Kaisergericht, 120-132.

121 GIRARDET, Kaisergericht, 120-123.

122 Kan. XV von Antiochia. Text bei JOANNOU, Fonti I/2,116. Ein ausführlicher Vergleich zwischen Kan. XV von Antiochia und Kan. III von Serdika bei GIRARDET, l.c.123 und Historia 23(1974)98-127. Eine in einigen Punkten abweichende Interpretation der antiochenischen Kanones bei WOJTOWYTSCH, l.c.110;427.

123 GIRARDET, Kaisergericht, 126.

de Instanz soll der Bischof von Rom sein[124], der Inhaber der sedes Petri, die so geistlich und rechtlich zum Haupt[125] der Kirche wird.

Kanon III von Serdika scheint zunächst eine völlig neue Rechtsauffassung in Fragen der kirchlichen Disziplin und Gerichtsbarkeit zum Ausdruck zu bringen. Aber es läßt sich nicht übersehen, daß dieser Kanon in die ganz konkrete Situation der im Orient abgesetzten und nach Rom geflohenen Bischöfe spricht; vor allem auf den Fall des Athanasius scheint Kan. III von Serdika geradezu zugeschnitten zu sein[126].

Die im Orient von orientalischen Synoden abgesetzten Bischöfe erhoffen sich in erster Linie von der Synode in Serdika eine Revision ihrer Urteile. Die Synode der Abendländer sah sich als solch eine Revisionsinstanz im Auftrage des römischen Bischofs an[127], indem sie nämlich die Urteile orientalischer Synoden aufhob, nachdem die abgesetzten Bischöfe bei Julius von Rom um die Überprüfung ihrer Urteile gebeten hatten. Die abendländischen Bischöfe in Serdika handeln dort vor Beginn der Synode schon gemäß Kanon III, den es noch gar nicht gibt, indem sie durch eine renovatio iudicii Athanasius, Markell und die anderen von aller Schuld freisprachen.

In den Augen der aus dem Osten anreisenden Bischöfe brechen sie damit aber jedwede kirchliche Tradition und synodale Gepflogenheit: das Schisma war die unausweichliche Folge.

---

124 Es gibt keinen Anhaltspunkt dafür, daß sich Kan. III (das gleiche gilt für die anderen Kanones) von vornherein nur auf den Westen beziehen sollte, wie SCHWARTZ, l.c. annimmt. Richtig dagegen GIRARDET, Kaisergericht, 125, siehe dort auch zu den juristischen Hintergründen. Nach GIRARDET, l.c.128 ist der römische Bischof nach Kan. III von Serdika nicht eigentlich zu einer Appellationsinstanz, sondern zur alleinigen kirchlichen Supplikationsinstanz geworden (vgl. GIRARDET, l.c. auch die Hinweise auf CASPAR, Papsttum I,162f. und SCHWARTZ, l.c.25). WOJTOWYTSCH, l.c.115 spricht zurückhaltend nur von einer 'Kontrollinstanz', die Rom durch Kan. III von Serdika geworden sei.

125 Vgl. den Brief der Synode an Julius bei Hilar. l.c. B II,2,1 [FEDER, 127,3-5]: *hoc enim optimum et ualde congruentissimum esse uidebitur, si ad caput, id est ad Petri apostoli sedem, de singulis quibusque prouinciis domini referant sacerdotes.* Für die Echtheit dieses in seiner Authentizität von CASPAR, l.c.587 angezweifelten Satzes ist GIRARDET, l.c.128 A.96 überzeugend eingetreten.

126 GIRARDET, l.c.129-132.

127 Vgl. Anm. 125.

Wie sehr Kan. III auf die aktuellen Fälle zugeschnitten war, ist auch daran zu sehen, daß er in der Folgezeit vorerst weder im Occident noch im Orient irgendeine Rolle mehr spielte.

Was sollte aber Ossius, der Vertraute und kirchenpolitische Berater nun schon dreier Kaiser aus der konstantinischen Dynastie, der zusammen mit dem Trierer Hofbischof Maximin am Hofe des Kaisers in Trier in dessen Auftrag die Synode vorbereitet hatte, für ein Interesse an diesem Kanon haben? Da Ossius die Synode wohl kaum nur im Auftrag von Konstans, sondern doch sicher auch gemäß den Wünschen des Kaisers vorbereitet hatte, heißt das letztlich: was hatte Konstans für ein Interesse, den Sitz des römischen Bischofs in der Kirche des Gesamtreiches derartig aufzuwerten und zur obersten kirchlichen Supplikationsinstanz zu machen?[128] Der römische Bischof als Wächter über die Einheit der Kirche und die Reinheit ihrer Lehre - so formulierten es die Synodalen in ihrem Brief an Julius[129].

Die intensiven Vorbereitungen der Synode durch Konstans ließen schon vermuten, daß er mit dieser gegen den Willen seines Bruders auf seinem Territorium durchgesetzten Reichssynode auch politische Ziele verband[130]. A. RADDATZ hat deutlich gemacht, wie stark das Interesse des Konstans war, auch vom Orient die Anerkennung einer *Gesamtkirchenleitung* im Westen des Reiches, also unter seiner Herrschaft, zu erlangen, um letztlich mit Hilfe der Kirche die Gesamtherrschaft zu bekommen. Nach der römischen Synode von 341 kam dafür aber

---

128 Daß auf der Synode nichts ohne Willen und ohne Zustimmung des Konstans passierte, ist bei der von ihm selbst intensiv betriebenen Vorbereitung der Synode und der von den Kaisern vorgeschriebenen Tagesordnung anzunehmen. Auch Ossius war ein Garant dafür, daß nichts gegen den Willen des Kaisers geschah.

129 Hilar. l.c. B II,2,1,2 [FEDER, 126,14-127,2]: *et tu itaque, dilectissime frater, corpore separatus mente concordi ac uoluntate adfuisti et honesta fuit et necessaria excusatio absentiae, ne aut lupi scismatici furtum facerent et raperent per insidias aut canes heretici rabido furore exciti insani oblatrarent aut certe serpens diabolus blasphemiorum uenenum effunderet.*

130 RADDATZ, l.c.39: *"Diese 'Kirchenleitung' des weströmischen Kaisers - und damit seine Suprematie - jetzt unumstößlich zu installieren, war, das beweist sein Verlauf, von Konstans das Reichskonzil zu Serdika ausersehen."* Vgl. dazu auch oben S. 24ff.

keine andere kirchliche Instanz des Abendlandes mehr in Frage als der römische Bischof.

Nur auf dem Hintergrund der in die Zukunft reichenden politischen Pläne des jüngsten Konstantinsones und des aktuellen Falles des Athanasius ist es zu verstehen, daß der Antrag zu Kan. III von Ossius - sicher im Auftrag des Kaisers und mit Unterstützung durch Athanasius - auf der Synode eingebracht wurde.

Vorerst aber bleibt die Synode ein Fehlschlag. Der Orient akzeptiert eine wie auch immer geartete *Kirchenleitung* des Abendlandes über die ganze Ökumene nicht. Das gefürchtete Schisma zwischen Orient und Occident, das um jeden Preis zu verhindern die Kaiser die Synode einberufen hatten, wurde nun doch wahr und drohte, das Reich auch politisch zu spalten: διεσπᾶτο οὖν τῆς ἀνατολῆς ἡ δύσις[131].

### *4) Die Folgen der Synode von Serdika*[132]

Konstantius hat offenbar die mit der Synode von Serdika verbundenen politischen Intentionen seines Bruders genau durchschaut und schnell entsprechend reagiert. Die Affäre um den Versuch Pauls von Konstantinopel[133], den Bischofsthron der östlichen Hauptstadt wieder zu besteigen - offensichtlich mit Billigung und Unterstützung seines Bruders Konstans - dürften ihm die Augen darüber geöffnet haben, wie sein jüngerer Bruder mit Hilfe einflußreicher orientalischer Bischöfe versuchen wollte, politischen Einfluß auch im östlichen Reichsteil zu nehmen. Nur so läßt sich das schnelle Handeln des Kaisers, über das wir allerdings nur sehr spärlich unterrichtet sind, verstehen.

Als der ebenfalls inzwischen aus Serdika von der Synode

---

131 Soc. h.e.II,22,2; vgl. Soz. h.e.III,13.

132 Zu dem Zeitraum nach der Synode von Serdika bis zum Tode des Konstans vgl. die Darstellungen von LIETZMANN, GaK III,202ff.; LORENZ, Westen, 21f.; SCHWARTZ, GS IV,18ff.; SEECK, GdU IV,77ff.; BARDY in FLICHE-MARTIN III,130ff.; GIRARDET, l.c.132ff.; KLEIN, l.c.51ff., 71ff.,111ff.; PIETRI, l.c.231ff.

133 TELFER, l.c.; LIPPOLD, l.c.; GIRARDET, l.c.141ff.

der Abendländer nach Adrianopel zurückgekehrte Bischof Lucius den durch Adrianopel heimkehrenden orientalischen Bischöfen nicht nur die communio verweigert, sondern auch noch die Bevölkerung gegen sie aufhetzt, greift Konstantius scharf durch. Die Rädelsführer werden hingerichtet, Bischof Lucius in Ketten in die Verbannung geschickt[134]. Durch orientalische Synoden abgesetzte und vom Kaiser ins Exil geschickte Bischöfe, die es wagen, ohne Erlaubnis in ihre Bischofsresidenzen zurückzukehren, werden mit der Todesstrafe bedroht; alle Häfen werden scharf überwacht[135].

Es scheint fast, als ob Konstantius seine östliche Reichshälfte für eine Zeit hermetisch vom Westen abgeriegelt hätte[136]. War auch im Moment Konstans der politisch Stärkere und willens, seine Macht zur Durchsetzung seiner Interessen einzusetzen, so war trotz aller seiner politischen und militärischen Schwierigkeiten Konstantius offensichtlich nicht bereit, diesen Ansprüchen seines jüngeren Bruders nachzugeben.

Im Frühjahr 344[137], nach Athanasius um die Osterzeit[138], kommt eine Gesandtschaft abendländischer Bischöfe an den Hof des Konstantius nach Antiochia: Vincentius von Capua und

---

134 Ath.h.Ar.18,2;19,1. Es ist nicht nötig, mit GIRARDET, l.c.142 anzunehmen, daß Lucius die Synode deshalb eher verlassen hatte, da die Abendländer wohl kaum wesentlich länger als die Orientalen getagt haben, die orientalischen Bischöfe aber offensichtlich gemeinsam und dementsprechend langsam, immer wieder Station machend, in ihre Heimat zurückkehrten.

135 Ath.h.Ar.19; KLEIN, l.c.77ff. sieht in diesen Maßnahmen nur Akte einer *eigenständigen Kirchenpolitik* des Konstantius mit dem Ziel einer innerkirchlichen Befriedung. Allein zu diesem Zweck erscheinen die getroffenen Maßnahmen etwas übertrieben. Offenbar wollte Konstantius jedwede Aktionen von seiten der orientalischen Bischöfe, die den Beschlüssen der Abendländer in Serdika zugestimmt hatten, unmöglich machen, da sie in seinen Augen im Auftrag des Konstans agierten. GIRARDET, l.c.143: *"Konstantius hat seinen Reichsteil also hermetisch gegen den Westen abgeriegelt, um weitere Infiltrationsversuche von Anhängern seines Bruders zu unterbinden."*

136 GIRARDET, l.c.141-144.

137 Zur Datierung vgl. RICHARD, l.c. 321 gegen SCHWARTZ, GS IV,13f., 19, der 343 annimmt. LIETZMANN, GaK III,203 und OPITZ II,193 (nota zu h.Ar.20,2) folgen SCHWARTZ. Das richtige Jahresdatum auch bei GIRARDET, l.c.146-149 mit Diskussion der Datierung von SCHWARTZ. Allerdings ist es unnötig, mit GIRARDET anzunehmen, daß die Synode von Serdika bis Anfang 343 gedauert hat; vgl. S. 29 Anm. 52.

138 Ath.h.Ar.20,3 [OPITZ II,193,18 mit nota zu 193,10ff.]; vgl. Anm. 137.

Euphrates von Köln, begleitet von dem höchsten General des Westreiches, dem magister militum Flavius Salia[139]. Diese Delegation brachte Konstantius Briefe seines Bruders Konstans und der abendländischen Synode von Serdika[140].

Der Brief der Bischöfe von Serdika, häufig als hehres Beispiel für den Kampf der *Orthodoxen* um biblische und christliche Freiheit der Kirche gegen jegliche Einmischung und Bevormundung durch den Staat angesehen[141], fordert nun von Konstantius, daß sich grundsätzlich staatliche Beamte von religiösen Angelegenheiten fernhalten sollen[142]. Vor allem sollen sie die Häretiker nicht weiterhin unterstützen, sondern der Kaiser soll und muß sich für den wahren Glauben gegen die Arianer einsetzen[143]. Dazu ist nun vor allem anderen

---

139 Thdt. h.e.II,8,54. Ath.h.Ar.20 unterschlägt bezeichnenderweise die Begleitung durch den General. Zu Salia vgl. JONES, Prosopography, 796; GIRARDET, l.c.143 A.162.

140 Brief der Abendländer von Serdika an Konstantius, überliefert unter den Werken des Hilarius als *Liber primus ad Constantium* (vgl. S. 30 A.58). A. WILMART erkannte 1907 in diesem Text den Brief der Synode von Serdika; vgl. dazu ausführlich Teil II, Kap. 3, bes. S. 260 ff. Ob die beiden abendländischen Bischöfe tatsächlich eine Art Fragenkatalog an die orientalischen Bischöfe mitgebracht hatten, auf den sie Antwort verlangten, wie SCHWARTZ, GS IV,19 annimmt, dem GIRARDET, l.c.143 folgt, scheint mir eher unwahrscheinlich.

141 H. RAHNER, Kirche und Staat, 115, stellt die Übersetzung des Briefes unter die Überschrift *Glaube und Freiheit*. Diese Interpretation wird von der großen Mehrheit der römisch-katholischen Forscher geteilt. Vgl. dagegen GIRARDETs Interpretation, l.c.137ff., der die hier vorgelegte verpflichtet ist.

142 Hilar.Append.ad Coll.antiar.Paris. [FEDER, 181,10-182,2]: *non solum uerbis, sed etiam lacrimis deprecamur, ne diutius catholicae ecclesiae grauissimis iniuriis afficiantur et intolerabiles sustineant persecutiones et contumelias et, quod est nefarium, a fratribus nostris. prouideat et decernat clementia tua, ut omnes ubique iudices, quibus prouinciarum amministrationes creditae sunt, ad quos sola cura et sollicitudo publicorum negotiorum pertinere debet, a religiosa se obseruantia abstineant neque posthac praesumant atque usurpent et putent se causas cognoscere clericorum et innocentes homines uariis afflictationibus, minis, uiolentia, terroribus frangere atque uexare.*

143 Hilar. l.c. [FEDER, 182,11-183,5]: *certe vox exclamantium a tua mansuetudine exaudiri debet: 'catholicus sum, nolo esse hereticus; Christianus sum, non Arrianus; et melius est mihi in hoc saeculo mori, quam alicuius priuati potentia dominante castam ueritatis uirginitatem corrumpere'. aequumque debet uideri sanctitati tuae, gloriosissime Auguste, ut, qui timent dominum deum et diuinum iudicium, non polluantur aut contaminentur exsecrandis blasphemiis, sed habeant potestatem, ut eos sequantur episcopos et praepositos, qui et*

notwendig, die exilierten Bischöfe endlich in ihre Städte zurückkehren zu lassen, *ut ubique grata libertas sit, et iucunda laetitia*[144].

Die Bischöfe scheinen grundsätzlich Glaubens- und Gewissensfreiheit zu fordern:

> *Intellegit singularis et ammirabilis sapientia tua non decere, non oportere cogi et conpelli inuitos et repugnantes, ut se his subiciant et addicant ui oppressi, qui non cessant adulterinae doctrinae corrupta semina aspargere.*[145]

Ein Manifest der Glaubens- und Gewissensfreiheit? Der Brief selbst spricht dagegen. Konstantius soll den *Häretikern* keine Gunst gewähren, er soll sie unterdrücken zugunsten der ecclesia catholica[146], denn wer mit diesen Häretikern Gemeinschaft hält, macht sich mitschuldig an ihren Verbrechen - die ewige Verdammnis ist ihm dafür gewiß:

> *quibus qui communionem suam inprudenter et incaute commiscent, quia fient socii scelerum, participes criminum necesse est eos, qui iam in hoc saeculo abiecti sunt et abdicati, cum aduenerit dies iudicii, pati supplicia sempiterna.*[147]

Es geht in diesem Brief also nicht ganz allgemein um Glaubens- und Gewissensfreiheit, sondern um die Freiheit der

---

*inuiolata conseruant foedera caritatis et cupiunt perpetuam et sinceram habere pacem. nec fieri potest nec ratio patitur, ut repugnantia congruant, dissimilia conglutinentur, uera et falsa misceantur, lux et tenebrae confundantur, dies quoque et nox habeant aliquam coniunctionem. si igitur, quod sine dubitatione et speramus et credimus, haec permouent non insitam, sed ingenitam tuam bonitatem, praecipe, ut non studium, non gratiam, non fauorem locorum rectores grauissimis hereticis praestent. permittat lenitas tua populis, quos voluerint, quos putauerint, quos delegerint, audiant docentes et diuina mysteriorum sollemnia concelebrent, pro incolumitate et beatitudine tua offerant preces.*

144 Hilar. l.c. [FEDER, 183,17-20]: *Et hoc obsecramus pietatem tuam, ut eos, qui adhuc - egregii uidelicet sacerdotes, qui tanti nominis praepollent dignitate - aut in exilio aut in desertis locis teneantur, iubeas ad sedes suas remeare, ut ubique grata libertas sit et iucunda laetitia.*

145 Hilar l.c. [FEDER, 182,3-6]; vgl. l.c. [FEDER, 182,8-11]: *non alia ratione, quae turbata sunt, componi, quae diuulsa sunt, coherceri possint, nisi unusquisque nulla seruitutis necessitate astrictus integrum habeat uiuendi arbitrium.*

146 Hilar. l.c. [FEDER, 182,23-183,5] (vgl. Anm.143).

147 Hilar. l.c. [FEDER, 184,10-13].

*Orthodoxen* gegenüber den *Arianern*. Als *Arianer* werden aber ganz allgemein die Führer des orientalischen Episkopats bezeichnet.

> *"Nicht die libertas ecclesiae, nicht eine prinzipielle Trennung von Staat und Kirche also haben die Synodalen in Serdika auf ihre Fahnen geschrieben, sondern die libertas der 'Orthodoxen': sie protestieren nicht gegen das Eingreifen 'des Staates', sondern gegen das Eingreifen eines Staates und Kaisers, der auf seiten der 'Häretiker' steht."*[148]

Selbstbewußt und der Unterstützung ihres mächtigen Gönners Konstans gewiß, drohen sie Konstantius mit Exkommunikation und ewigem Gericht, falls er nicht ihre Synodalbeschlüsse annehme, die von der Synode Exkommunierten des orientalischen Episkopats absetze und an ihre Stelle die noch Verbannten (vor allem Athanasius und Markell) wieder einsetze[149].

Daß hinter diesem Brief der Bischöfe an Konstantius die Politik seines Bruders Konstans stand, wurde durch den die Bischöfe begleitenden magister militum unterstrichen. Flavius Salia brachte seinerseits auch einen Brief von Konstans an seinen Bruder Konstantius mit, dessen Wortlaut leider verloren ist, dessen Inhalt sich aber ungefähr rekonstruieren läßt. Sehr zurückhaltend und undeutlich äußert sich mehr als ein Jahrzehnt später der vor Konstantius in die Wüste geflohene Athanasius über den Inhalt. Die Delegation hatte, so Athanasius, nur das Ziel, die Zustimmung des Konstantius zu den Beschlüssen von Serdika zu erlangen, ἵνα, ὡς ἡ σύνοδος ἔκρινε, συγχωρήσῃ βασιλεὺς εἰς τὰς ἐκκλησίας τοὺς ἐπισκόπους ἐπανελθεῖν, ἐπειδὴ καὶ αὐτὸς ἐξέβαλε,...[150]

Vom Brief des Konstans sagt Athanasius hier nur, daß er das Anliegen der Bischöfe unterstützte[151]. In der ebenfalls im Jahre 357 aus seinem Wüstenversteck an Konstantius gerichteten Apologie erinnert Athanasius Konstantius daran, daß Konstans die ἀδελφικὴ διάθεσις seines Bruders gefordert

---

148 GIRARDET, l.c.138f.
149 GIRARDET, l.c.
150 Ath.h.Ar.20,2 [OPITZ II,193,12f.].
151 Ath.h.Ar.20,2 [OPITZ II,193,13f.]: γράψαντός τε καὶ τοῦ εὐσεβεστάτου Κώνσταντος τῷ ἀδελφῷ ἑαυοῦ καὶ συστήσαντος τοὺς ἐπισκόπους.

hatte[152]. Aber hier muß sich Athanasius gegen die Vorwürfe verteidigen, damals Konstans gegen seinen älteren Bruder Konstantius aufgehetzt zu haben; schon deshalb war er kaum daran interessiert, den Konflikt zwischen den beiden Kaiserbrüdern besonders herauszustellen.

Deutlicher sind da die Notizen der nicht mehr selbst in die Angelegenheiten verwickelten etwas späteren Kirchenhistoriker. Rufin gibt eine kurze inhaltliche Zusammenfassung des Briefes an Konstantius:

> *quique* (sc. Konstans) *causa eius* (sc. des Athanasius) ... *scribit ad fratrem pro certo se conperisse, quod sacerdos dei summi Athanasius iniuste fugas et exilia pateretur. hunc itaque recte faceret si absque ulla molestia loco suo restitueret; si id nollet, sibi curae futurum, ut ipse id impleret regni eius intima penetrans et poenas dignissimas de auctoribus sceleris sumens.*[153]

Mit Rufin stimmen die übrigen Kirchenhistoriker in dem Punkte überein, daß Konstans drohte, gegebenenfalls in den Reichsteil seines Bruders einzufallen und die von Konstantius und den orientalischen Synoden ins Exil vertriebenen Bischöfe selbst wieder einzusetzen, falls Konstantius nicht seinen Forderungen nachkommen und auch in seinem Reichsteil die Beschlüsse der abendländischen Synode von Serdika durchführen würde[154]. Sokrates und Sozomenos erwähnen noch, daß

---

152 Ath.apol.Const.6,4 [OPITZ-SCHNEEMELCHER II,283,12]: ...βλέπειν αὐτὸν καὶ περὶ ἡμῶν ἠξίου τὴν σὴν ἀδελφικὴν διάθεσιν... Zur Streichung des von OPITZ in den Text übernommenen γράφειν πρός vgl. GIRARDET, l.c. 144 A.164.

153 Ruf.Hist. X,20 [MOMMSEN, 986,9-15].

154 Philost h.e.III,12 [BIDEZ-WINKELMANN,43,7-11]: δεξάμενον δὲ τὴν ἐπιστολὴν τὸν Κωνστάντιον καὶ τοὺς ἐπισκόπους ἐπὶ κοινωνίᾳ βουλῆς συγκαλέσαντα, γνώμην παρ' αὐτῶν λαβεῖν ἄμεινον εἶναι μὴ πόλεμον ἀναρρῆξαι τῷ ἀδελφῷ ἢ τῆς Ἀθανασίου βαρύτητος τὴν Ἀλεξάνδρειαν ἀπαλλάξαι.
Soc. h.e.II,22,3-5 [HUSSEY, 241]: μετὰ ταῦτα δὲ εὐθὺς ὁ τῶν ἑσπερίων μερῶν βασιλεὺς τὰ ἐν τῇ κατὰ Σαρδικὴν γενόμενα γνώριμα τῷ ἀδελφῷ Κωνσταντίῳ καθίστησιν, ἀποδίδοσθαί τε τοῖς περὶ Παῦλον καὶ Ἀθανάσιον τοὺς ἰδίους τόπους παρεκελεύετο. Ὡς δὲ ὁ Κωνστάντιος παρεῖλκε πρὸς τὰ γραφόμενα, αἵρεσιν αὖθις προὐτίθει ὁ τῶν ἑσπερίων μερῶν βασιλεύς, ἢ δέχεσθαι τοὺς περὶ Παῦλον καὶ Ἀθανάσιον ἐν τῇ οἰκείᾳ τάξει, καὶ ἀποδιδόναι αὐτοῖς τὰς ἐκκλησίας, ἢ μὴ ποιοῦντα τοῦτο ἐχθρόν τε εἶναι καὶ προσδέχεσθαι πόλεμον. Ἔστι δὲ τὰ πρὸς τὸν ἀδελφὸν γραφέντα τάδε.
Soz. h.e.III,20,1 [BIDEZ-HANSEN, 133,29-134,2]: Ὁ δὲ Κώνστας τὰ ἐν Σαρδικῇ γεγενημένα μαθὼν ἔγραφε τῷ ἀδελφῷ ἀποδοῦναι τοῖς ἀμφὶ τὸν

Konstans auch die Wiedereinsetzung des gerade vertriebenen Paul von Konstantinopel gefordert hatte, und dem Brief mit der Kriegsdrohung schon eine erste Nachricht an Konstantius vorangegangen war[155].

So kann am sachlichen Kern dieser Berichte kein Zweifel bestehen: nachdem es Konstans über die Synode von Serdika noch nicht gelungen war, im Reichsteil seines Bruders Einfluß zu gewinnen, droht er nun mit militärischer Intervention[156].

In dieser gespannten Situation kommt es beinahe zum Eklat, als Bischof Stephan von Antiochia, einer der Führer des orientalischen Episkopats in Serdika, dem greisen Bischof Euphrates von Köln eine Prostituierte ins Zimmer schmuggeln läßt, um ihn zu desavouieren.

Der Plan, der erschreckend deutlich macht, auf welchem Niveau sich inzwischen theologische und kirchenpolitische Auseinandersetzungen abspielen konnten, scheitert[157]. Schon

---

Ἀθανάσιον καὶ Παῦλον τὰς ἑαυτῶν ἐκκλησίας. ὡς δὲ ἀνεβάλλετο, πάλιν ἔγραψεν ἢ δέχεσθαι τοὺς ἄνδρας ἢ πρὸς πόλεμον παρασκευάσασθαι. Thdt. h.e.II,8,54-56 [PARMENTIER-SCHEIDWEILER, 118,10-119,5]: Ταῦτα ὁ Κώνστας μεμαθηκὼς ἠθύμησε μὲν τοῦ ἀδελφοῦ τὴν εὐκολίαν ὁρῶν, ἐχαλέπηνε δὲ κατὰ τῶν ταῦτα τετυρευκότων καὶ τὴν βασιλέως ἠπατηκότων εὐχέρειαν. δύο δὴ οὖν τῶν εἰς τὴν Σαρδικὴν συνεληλυθότων ἐκλεξάμενος ἐπισκόπους πρὸς τὸν ἀδελφὸν μετὰ γραμμάτων ἀπέστειλεν· συναπέστειλε δὲ αὐτοῖς καὶ στρατηγὸν (Σαλιανὸς δὲ τούτῳ ὄνομα ἦν), ὃς εὐσεβείᾳ τε καὶ δικαιοσύνῃ διέλαμπεν. τὰ δὲ γράμματα οὐ παραίνεσιν μόνον εἶχε καὶ συμβουλήν, ἀλλὰ καὶ ἀπειλὴν εὐσεβεῖ πρέπουσαν βασιλεῖ. πρῶτον μὲν γὰρ ἐπέστειλε τῷ ἀδελφῷ τοῖς ἐπισκόποις τὰς ἀκοὰς ὑποσχεῖν καὶ τὰς ὑπὸ Στεφάνου καὶ τῶν ἄλλων τολμωμένας παρανομίας μαθεῖν, καὶ μέντοι καὶ Ἀθανάσιον ἀποδοῦναι τῇ ποίμνῃ, δήλης καὶ τῆς συκοφαντίας γεγενημένης καὶ τῆς τῶν πάλαι δικασάντων παρανομίας καὶ δυσμενείας. προστέθεικε δέ, ὡς, εἰ μὴ πεισθείη καὶ τὰ δίκαια πράξοι, αὐτὸς τὴν Ἀλεξάνδρειαν καταλήψεται καὶ τὸν Ἀθανάσιον ἀποδώσει τοῖς ποθοῦσι προβάτοις καὶ τῶν δυσμενῶν ἐξελάσαι τὸ στῖφος.

155 Vgl. die vorige Anmerkung.

156 Gegen SCHWARTZ, GS IV,13 A.1, dem OPITZ II,193 nota und SCHNEEMELCHER, l.c. folgen. Zur Kritik an SCHWARTZ' Argumenten, die aus eher ideologischen Gründen die Drohung mit Bürgerkrieg nicht zulassen, vgl. GIRARDET, l.c.145f. mit A.170-72;174-77. So auch SEECK, GdU IV, 83f.; KLEIN, l.c.79f. Vgl. vor allem das Zeugnis des Konstantius selbst bei Lucif.Athan.I,29 [HARTEL, 116,16f.20 = DIERCKS, 49,24.28]: *fratris mei Constantis factum est interuentu ... timui ne inter nos bella fuissent orta*. Das Gespräch zwischen Liberius und Konstantius bei Thdt.h.e.II,16; dazu GIRARDET, l.c.146 A.177; vgl. unten S. 265ff.

157 Ath.h.Ar.20. Athanasius nutzt die Affäre publizistisch, um so die *Arianer* in ihrer ganzen Verworfenheit zu zeigen. Von Athanasius unabhängig ist der Bericht Thdt. h.e.II,9.

angesichts der Anwesenheit des magister militum, der auf einer genauen Untersuchung des Falles bestand, war Konstantius nicht willens, sich durch einige übereifrige Bischöfe in gefährliche Abenteuer verstricken zu lassen.

Auf einer eilig anberaumten Synode wird Stephan abgesetzt, exkommuniziert und in die Verbannung geschickt[158].

In der Folgezeit scheinen weitere Verhandlungen zwischen Konstans und Konstantius stattgefunden zu haben, als deren erstes Ergebnis bald einige der exilierten Bischöfe im Herbst 344 in ihre orientalischen Heimatdiözesen zurückkehren durften und Schikanen gegen die Athanasianer weitgehend eingestellt wurden[159]. Auch scheint Konstantius mit seinen orientalischen Bischöfen auf verschiedenen Synoden 344/45 über die Restituierung des Athanasius in sein alexandrinisches Bistum verhandelt zu haben[160].

Nach den Berichten des Sokrates und Sozomenos hat der Gedanke an einen wiedereingesetzten alexandrinischen Patriarchen Athanasius die orientalischen Bischöfe nicht gerade in Begeisterung zu setzen vermocht[161]. Aber Konstantius hat ihnen wohl die Gefahr eines Bürgerkrieges, die ihm nach seinen eigenen Aussagen aus späterer Zeit damals sehr drohend erschienen sein muß, eindringlich vor Augen gehalten[162], so daß sie angesichts dieser großen Gefahr der Rückkehr des Athanasius endlich zustimmten.

Nachdem am 26. Juni 345[163] Gregor von Alexandria gestorben

158 Ath. l.c.; Thdt. h.e.II,10; dazu GIRARDET, l.c.147f., dort auch über die bei der Absetzung angewandten Rechtsformen. KLEINs Zweifel (l.c. 80 A.156) an der Authentizität der Geschichte entbehren jeder Grundlage.

159 Ath.h.Ar.21; vgl. SCHWARTZ, l.c.13ff.; GIRARDET, l.c.149 (dort auch zum Datum der Aktion); KLEIN, l.c.80.

160 Soc. h.e.II,23,1-2; Soz. h.e.III,20,2.

161 Nur die drohende Kriegsgefahr konnte die orientalischen Bischöfe dazu bewegen, der Rückkehr des Athanasius zuzustimmen; vgl. vorige Anmerkung. Auch die Vorwürfe der Orientalen gegen Athanasius, die ihn mit Markell und Photin in Verbindung bringen, gehören m.E. in den Zusammenhang der Diskussion um die Rückkehr des Athanasius. Anders GIRARDET, l.c.151-153 und ders., L'edit d'Arles, der hier eine Opposition der orientalischen Bischöfe gegen Athanasius nach dessen Rückkehr aus dem zweiten Exil vermutet; vgl. S. 59-64.

162 Vgl. Konstantius bei Lucifer, dazu S. 52 Anm. 156.

163 LARSOW, Festbriefe, 32; OPITZ II,194.

war, konnte Konstantius Athanasius die Rückkehr gestatten[164].

Im Laufe des Jahres 345[165] traf, wohl als Ergebnis der Verhandlungen zwischen den beiden Kaisern, eine Delegation orientalischer Bischöfe[166] zu einer von Konstans nach Mailand[167] einberufenen Synode ein. Wie schon in Serdika ist auch hier der römische Bischof nur durch Legaten vertreten[168].

Wohl als Antwort auf das von Vincentius und Euphrates nach Antiochia gebrachte Schreiben brachten sie eine theologische Erklärung des orientalischen Episkopats mit, die aller Wahrscheinlichkeit nach auf jener Synode im Jahre 344 in Antiochia verfaßt worden war, die Stephan von Antiochia abgesetzt und exkommuniziert hatte[169]. Diese sogenannte *formula macrostichos*[170] besteht aus der inzwischen hinlänglich bekannten vierten antiochenischen Formel von 341 mit den Anathematismen von Serdika. Angefügt sind sieben ausführliche theologische Erklärungen und Präzisierungen der orientalischen Position.

Indem die Bischöfe ihre Formel von Serdika bestätigen, nur etwas ausführlicher kommentieren, bekennen sie sich

164 Zu den mit der Rückkehr des Athanasius verbundenen Problemen und der Chronologie vgl. GIRARDET, Kaisergericht, 149-54.

165 Zur Datierung: Brief des Liberius aus dem Jahre 353 bei Hilar. l.c. A VII,4 [FEDER, 91,17-21]: *quae est pax, clementissime imperator, cum sint ex partibus ipsis quattuor episcopi Demofilus, Macedonius, Eudoxius, Martyrius, qui ante annos octo, cum apud Mediolanium Arri hereticam sententiam noluissent damnare, de concilio animis iratis exierunt?* Zur Synode vgl. LIETZMANN, l.c.205-07.

166 Nach Ath.syn.26 Eudoxius, Martyrius, Macedonius; vgl. OPITZ II,251 nota; SCHWARTZ, l.c.17ff.

167 Ath.syn.26,1; Epiph.haer.73,2; Brief des Liberius an Konstantius bei Hilar. l.c. A VII,4 [FEDER, 91,18]; Hilar. l.c. B II,5,4; B II,7 [FEDER, 142,18;145,1]; Brief des Ursacius und Valens an Julius bei Hilar. l.c. B II,6,2 [FEDER, 144,10]. Die Texte sind übersichtlich zusammengestellt bei SCHWARTZ, l.c.18f.

168 Brief der Synode von Rimini an Konstantius bei Hilar. l.c. A V,1,2 [FEDER, 80,6-81,1]: *Ideo Ursatius et Ualens in suspicionem eiusdem haereseos Arrianae uenerunt aliquando et suspensi erant a communione et rogauerunt ueniam, sicut eorum continent scripta, quam meruerant tunc temporis a concilio Mediolanensi assistentibus etiam legatis Romanae ecclesiae.*

169 Ath.syn.26,1 mit nota OPITZ II,251.

170 Ath.syn.26. Zur Überlieferung HAHN, l.c.192-96; OPITZ II,251 notae; zur Interpretation der Formel SCHWARTZ, l.c.18ff.; KELLY, l.c.277f.; DINSEN, l.c.108-110; MESLIN, l.c.264ff.; HARNACK, DG II,247 A.4.

weiterhin zu ihrer in Serdika vertretenen theologischen Grundüberzeugung, zur Abwehr sowohl jeder Form des Arianismus als auch der Theologie Markells und seiner Schüler. Einer von ihnen, Photin, einst Diakon bei seinem Lehrer Markell in Ankyra, verbreitete inzwischen als Bischof der wichtigen Kaiserresidenz Sirmium die Lehren seines Meisters mit offenbar nicht geringem Erfolg[171] und wird deshalb in dieser theologischen Erklärung erstmals bekämpft.

Begriffe wie ὑπόστασις und οὐσία werden vermieden, ebenso die dem Abendland unannehmbare Formel von τρεῖς ὑποστάσεις. Statt dessen wird die göttliche Trias als τρία πράγματα καὶ τρία πρόσωπα[172] beschrieben. Zwar wird an der Unterordnung des λόγος unter dem Vater festgehalten[173], aber die Einheit beider und die Gottheit des λόγος wird in immer neuen Wendungen in einer Art und Weise hervorgehoben, wie es bisher in theologischen Aussagen des Orients während des ganzen trinitarischen Streites noch nicht üblich gewesen war[174].

Der λόγος ist dem Vater κατὰ πάντα ὅμοιος[175], ebenso hatte auch Athanasius in den vierziger Jahren sprechen können[176].

Mit dieser theologischen Erklärung waren die orientalischen Bischöfe den Abendländern inhaltlich und terminologisch weiter als je zuvor entgegengekommen. Der immer wieder vorgebrachte Vorwurf des *Arianismus* hatte sich eigentlich als unhaltbar erwiesen.

Da für die Abendländer in ihrer Mehrheit aber jedwede Unterscheidung der Hypostasen der Trinität (lateinisch: substantiae) und jegliche Subordination des λόγος unter den Vater *Arianismus* war, konnten und wollten die in Mailand versammelten abendländischen Bischöfe diese theologische Formel

---

171 SCHWARTZ, l.c.19f.

172 OPITZ II,252,22; dazu DINSEN, l.c.108 mit A.6 (auf S. 298).

173 OPITZ II,254,3: τοῦ δὲ υἱοῦ ὑποτεταγμένου τῷ πατρί,... An Anarchie und Agennesie des Vaters hat er keinen Anteil. OPITZ II,252,16f.: οὔτε μὲν συνάναρχον καὶ συναγέννητον τῷ πατρὶ τὸν υἱὸν εἶναι νομιστέον. Vgl. DINSEN, l.c.109 A.1ff. (auf S. 298f.).

174 HARNACK, l.c.

175 OPITZ II,253,12: ..., ἀλλ' ἄνωθεν τέλειον αὐτὸν καὶ τῷ πατρὶ κατὰ πάντα ὅμοιον εἶναι πεπιστεύκαμεν.

176 Stellen bei LOOFS, RE II,203,30ff. HARNACK, l.c.:*"Es sind genau dieselben Ausdrücke, die Athanasius zur Beschreibung des Verhältnisses von Vater und Sohn gebraucht hat."*

nicht akzeptieren. Außerdem hatten sich in den vergangenen drei Jahren die kirchenpolitischen Verhältnisse durch die starke Stellung des jungen abendländischen Kaisers Konstans so zu ihren Gunsten entwickelt, daß für sie auch keinerlei Notwendigkeit zu einem Entgegenkommen vorlag[177].

Man verurteilte zwar gemeinsam die Lehren Photins, nicht aber die seines Lehrers Markell[178], den man erst in Serdika für rechtgläubig erklärt hatte. Im Gegenzug verlangte man von den anwesenden orientalischen Bischöfen *Arii hereticam sententiam ... damnare*. Und der Römische Bischof Liberius berichtet, daß sie sich weigerten, dies zu tun, zornig die Verhandlungen abbrachen und die Synode verließen[179]. Weitgehend wird bis heute diese Version des Liberius in der Forschung vertreten, daß die Orientalen sich angeblich geweigert hätten, den Arianismus zu verdammen[180]. Zumindest in dieser Form ist der von Liberius überlieferte Bericht unhaltbar.

Nachdem die Orientalen die *formula macrostichos* mit ihrer eindeutigen Verurteilung des Arianismus in Mailand vorgelegt hatten, ist es nicht denkbar, daß die Abendländer einfach von ihnen gefordert haben, *Arii hereticam sententiam damnare*, sondern Liberius, selbst kein Augenzeuge der Ereignisse, meint eben das, was das Abendland allgemein als Arianismus ansah: die Subordination, die Zeugung des λόγος aus dem

---

177 KELLY, l.c.278: *"Leider waren die Bischöfe des Westens, die sich im Jahre 345 zur Synode versammelten, nicht geneigt, dieser versöhnlichen Geste zu entsprechen. Im Augenblick blies der Wind zu stetig zugunsten ihrer Meinung, als daß sie mit weniger als einer bedingungslosen Kapitulation hätten zufrieden sein können."* Zur Beurteilung der formula macrostichos vgl. auch MESLIN, l.c.265.: *On ne peu que regretter que cette formule dogmatique qui marquait un net progrès dans l'explication du dogme et une réelle sagesse théologique ait été rejeté par les évêques occidentaux réunis à Milan.*

178 Hilar. l.c. B II,5,2 [FEDER, 142,17-19]: *igitur ad tollendum ex episcopatu Fotinum, qui ante biennium* (sc. 345) *iam in Mediolanensi synodo erat hereticus damnatus...*

179 Liberius bei Hilar. l.c. B VII,4 [FEDER, 91,19-21]: *qui* (sc. die vier orientalischen Bischöfe, die als Gesandte nach Mailand gekommen waren) *ante annos octo* (sc. 345), *cum apud Mediolanium Arri hereticam sententiam noluissent damnare, de concilio animis iratis exierunt* (?); vgl. S. 54 Anm. 165.

180 So z.B. LE BACHELET, DThC II,1815; DUCHESNE, Histoire II,231; ZEILLER, l.c.162; BARDY in FLICHE-MARTIN III,134; HARNACK, DG II,249; LOOFS, RE II,28.

Willen des Vaters und vor allem die Vorstellung von verschiedenen Hypostasen (substantiae) der Trinität[181]. Die Bischöfe in Mailand verlangten von den Orientalen die Zustimmung zu ihrer Auslegung des Nizänum, wie sie sie z.B. in Serdika formuliert hatten. Es erscheint nicht einmal unwahrscheinlich, daß die orientalischen Bischöfe das Serdicense selbst unterschreiben sollten. Diese Zumutung, die dem Orient unerträgliche Theologie des Markell offiziell auf einer Synode zu billigen, mag dazu beigetragen haben, daß sie *de concilio animis iratis exierunt*, wie Liberius berichtet[182].

Es ist nicht ganz unwahrscheinlich, daß die Verurteilung Photins durch die Synode von Mailand im Jahre 345 eine der zwischen Konstantius und Konstans ausgehandelten Bedingungen für die Rückkehr des Athanasius nach Alexandria war; daß Konstantius ohne jede Bedingungen die Forderungen seines Bruders erfüllt haben soll, ist schwer vorstellbar. Photin konnten die Abendländer ruhig verurteilen, ohne dabei ihre Beschlüsse von Serdika aufzuheben, in denen sie Markell für orthodox erklärt hatten. Diesen Widerspruch haben die Orientalen empfunden und in einer Antwort auf die Verurteilung des Photin in Mailand den Abendländern vorgeworfen.

In seinem Bericht über die Ereignisse nach der Synode von Serdika, der zu seinem aus dem Exil an die gallischen Bischöfe gerichteten Büchlein gegen Valens und Ursacius gehört[183], schreibt Hilarius von Poitiers etwas undeutlich, daß die Orientalen in ihrem Antwortbrief offenbar unmißverständlich auf Markell als Lehrer Photins und auf Athanasius als mit dem Ketzer Markell in Gemeinschaft stehend hingewiesen hatten:

> ... *und damals, als das Dekret gegen Photin von den Occidentalen den Orientalen übersandt worden ist, ist gegen ihn* (sc. Markell) *keinerlei Urteil verhängt worden. Vielmehr haben einige Menschen voll Verschlagenheit, mit scharfem Verstand und hartnäckiger Bosheit versucht, das Urteil* (sc. von Tyrus 335) *zu wiederholen, das durch den Freispruch des Athanasius* (sc. in Serdika) *aufgehoben worden ist und haben, als sie in*

181 So SCHWARTZ, l.c.20; LIETZMANN, l.c.202ff.; KELLY, l.c.278; MESLIN, l.c.265; DINSEN, l.c.110.

182 Vgl. Anm. 179.

183 Zur Analyse dieser Schrift des Hilarius vgl. S. 248ff., 325ff.

> *bezug auf Photin* (sc. in bezug auf seine Verurteilung durch die Abendländer 345 in Mailand) *antworteten, des Markell als Lehrer solcher Anschauungen Erwähnung getan, damit die Neuheit des Falles* (sc. des Photin) *die schon gestorbene und durch ein iudicium ueritatis* (sc. in Serdika) *begrabene Sache des Athanasius wieder in allgemeine Erinnerung käme, und durch die Verdammung des Photin der Name des Markell in die Debatte käme.*[184]

Deutlich weisen die Orientalen darauf hin, daß man einst Markell und Athanasius gemeinsam verurteilt hatte[185]. Dem Brief angehängt sind einige Bruchstücke eines Bekenntnisses, das Hilarius vage für häretisch in orthodoxer Verpackung hält[186], das aber im Prinzip der vierten antiochenischen Formel entspricht, indem es die wichtigsten traditionellen östlichen Topoi enthält[187]. Hilarius sieht in diesem Brief den Versuch der Orientalen, mit der Verurteilung des Photin

---

184 Hilar. l.c. B II,9,2 [FEDER, 146,21-147,1]: ... *deinceps synodum fuisse contractam neque tum, cum de Fotino decretum ab Occidentalibus est et ad Orientales relatum, aliquod in eum expressum fuisse iudicium, sed homines mente callidos, ingenio subtiles, malitia pertinaces, occasionem reuoluendi eius, quod Athanasii absolutione est dissolutum, quaesisse iudicii et rescribentes de Fotino Marcelli mentionem uelut institutionum talium magistri addidisse, ut emortuam de Athanasio ipso iam tempore quaestionem et ueritatis iudicio consepultam rursus in publicam recordationem causae nouitas excitaret et subrepens per Fotini damnationem Marcelli nomen inueheret.* Vgl. GIRARDET, l.c.152-54; ders., L'édit d'Arles, passim; vgl. unten S. 184ff.

185 Hilar. l.c. [FEDER, 147,1-4]: *extat autem in superioris epistulae corpore Marcellum ab Arrianis occasione libri, quem de subiectione domini Christi ediderat, una cum Athanasio fuisse damnatum.* Auf den Brief der Orientalen muß sich *extat autem in superioris epistulae corpore* beziehen, nicht auf den Synodalbrief der Abendländer von Serdika, wie FLEMING, l.c.342 annimmt.

186 Hilar. l.c. [FEDER, 147,23-25]: *Nam tertius mihi locus praestat, ut fidem, quam epistulae primordio condiderunt, fraudulentam, hereticam et uerbis blandientibus ueneno interiore suffusam esse demonstrem.* Was Hilarius an den Formulierungen dieses Bekenntnisses eigentlich für häretisch hält, vermag er nicht deutlich zu sagen. Zu seiner späteren positiven Einstellung zu Ant I - IV vgl. auch S. 38 A.99. Zu Hilarius' dogmatischer Position und seine schon sehr bald ganz andere Meinung zu den orientalischen Synoden und ihren theologischen Erklärungen vgl. S. 335ff.

187 *primogenitum omnis creaturae* erinnert allerdings eher an Ant II, vgl. S. 17-22, ist für origenistische Theologen aber so gängig, daß es keine bes. Abhängigkeit ausdrückt. Anders GIRARDET, L'édit d'Arles, 73f., der keine Anklänge an Ant IV sehen möchte.
Hilar. l.c. [FEDER, 147,26-28]: *unum quidem ingenitum esse deum patrem et unum unicum eius filium, deum ex deo, lumen ex lumine, primogenitum omnis creaturae, et tertium addentes spiritum sanctum paracletum,...*

eine Verurteilung des Athanasius zu verbinden und so den katholischen Glauben zu verdammen[188].

K.M. GIRARDET hat diesen Brief, von dem uns durch Hilarius nur einige Bruchstücke überliefert sind, einer orientalischen Synode von 347/48 zuordnen wollen, die ihn als Antwort auf die Beschlüsse der sirmischen Synode von 347 in den Occident gesandt haben solle. Eine Protestsynode also gegen den inzwischen nach Alexandria zurückgekehrten Athanasius, die diesen erneut verurteilen und aus Alexandria vertreiben wollte[189]. Daß es nach seiner Rückkehr auch weiterhin Opposition gegen Athanasius gab, kann man dem etwas euphorischen Bericht h.Ar. 28 entnehmen.

Gegen GIRARDETs Versuch, diesen Brief einer orientalischen Synode der Jahre 347 oder 348 zuzuordnen, sprechen folgende Gründe[190]:

a) Nach Hilarius ist es nicht auszuschließen, daß es sich bei dem Brief der Orientalen um eine Antwort auf die Synode von Mailand im Jahre 345 handelt[191].

---

188 Hilar. l.c. [FEDER, 147,29-148,3]: *ut, cum securitas legentium uel indoctorum simplicitas tam mollibus fuerit intercepta principiis uno eodemque subscriptionis elicitae adsensu in Fotini animaduersionem, in Athanasii reatum, in damnationem fidei catholicae transeatur.*

189 GIRARDET, Kaisergericht, 151ff.; ders., L'édit d'Arles. Zu seiner Hypothese, daß dieser Brief die Grundlage für das sog. Edikt von Arles abgegeben habe, vgl. S. 184ff. Zur sirmischen Synode von 347 vgl. S. 62-64.

190 Als abwegig gelten müssen Vorschläge, die diesen Brief einer orientalischen sirmischen Synode des Jahres 347 zuschreiben, wie LOOFS, RE II,29; FEDER, Studien I,92-94; BARDY in FLICHE-MARTIN III,137; ZEILLER, l.c.264 annehmen. Sirmium lag im Reichsteil des Konstans, daher ist eine Synode orientalischer Bischöfe dort nicht denkbar; vgl. LORENZ, Westen, 22. Für Hilarius, l.c. B II,5,4 und B II,9 handelt es sich bei dieser sirmischen Synode eindeutig um eine abendländische. Zwischen der sirmischen Synode, die Photin verurteilt, und dem Brief der Orientalen besteht bei Hilarius kein Zusammenhang.

191 Hilar. l.c. [FEDER, 142,12ff.] kommt im Rahmen seiner Darstellung der Athanasiusgeschichte auf Photin und die beiden ihn betreffenden Synoden zu sprechen. 142,17: *igitur ad tollendum ex episcopatu Fotinum, qui ante biennium* (sc. 345) *iam in Mediolanensi synodo erat hereticus damnatus, ex plurimis prouinciis congregantur saderdotes* (sc. 347 nach Sirmium),...
S. 146,5: *uerum inter haec Syrmium conuenitur* (sc. 347). *Fotinus hereticus deprehensus, olim* (sc. 345 in Mailand) *reus pronuntiatus et a communione iam pridem* (ebenfalls 345 in Mailand) *unitatis abscisus, ne tum quidem per factionem populi potuit ammoueri* (sc. auf der Synode von Sirmium 347). *Sed idem Athanasius* (von ihm ist die ganze Zeit

b) Der Brief setzt keineswegs voraus, daß Athanasius bereits nach Alexandria zurückgekehrt ist.

c) Die Argumentation gegen Athanasius wegen seiner Verbindung zu Markell und somit zu Photin ist im Jahre 345, als seine Trennung von Markell sicher noch nicht überall bekannt war, eher glaubhaft[192].

d) Ein derartiger Brief ins Abendland wäre sinnlos und unerklärlich, wenn Athanasius bereits wieder in Alexandria gewesen wäre. Die Orientalen wollen doch die Abendländer veranlassen, ihre Gemeinschaft mit Athanasius aufzugeben. Hilfreich aber war das Abendland Athanasius nur, wenn er selbst dort war.

e) Es ist sehr unwahrscheinlich, daß der eng mit Konstantius verbundene orientalische Episkopat derartig eigenmächtig gegen den Willen des Kaisers gehandelt haben soll, wie es GIRARDET vermutet[193]. Schließlich hatte Konstantius gerade erst Athanasius wieder nach Alexandria geholt.

Wenn man auch über die Zeit nach der Synode von Serdika wegen der wenigen zur Verfügung stehenden Quellen kaum ein sicheres Urteil in irgendeiner Einzelfrage fällen kann, so scheint es doch wahrscheinlicher, daß der von Hilarius in Resten referierte Antwortbrief der orientalischen Bischöfe sich auf die Verurteilung Photins durch die Mailänder Synode im Jahre 345 bezieht und somit noch in die innerorientalische Diskussion um die Rückberufung des Athanasius nach Alexandria gehört, von der auch Sokrates und Sozomenos be-

---

als von der Hauptperson die Rede) ... *a communione sua* (sc. mit Markell) *separat antiore tempore, quam Fotinus arguitur* (sc. vor der Synode, die 345 erstmalig gegen Photin in Mailand verhandelte). FEDER nimmt zwischen *ammoueri* und *sed idem* unnötigerweise eine Lücke an; vgl. dazu SCHWARTZ, l.c.22 A.1. Gegen Markell hatte dagegen keine abendländische Synode Beschlüsse gefaßt. Hilar. l.c. [FEDER, 146, 21-23]: *neque tum, cum de Fotino decretum ab Occidentalibus est et ad Orientales relatum* (sc. 345 in Mailand bei der ersten Verurteilung Photins) *aliquod in eum expressum fuisse iudicium.*

192 Deshalb auch der deutliche Hinweis, daß Athanasius bereits vor der Anklage gegen Photin in Mailand Markell die Gemeinschaft aufgekündigt hatte.

193 GIRARDET, Kaisergericht, 153. Gegen GIRARDETs These spricht außerdem, daß Konstantius in Arles 353 wohl kaum den Brief einer Synode, die ihm faktisch in den Rücken gefallen war, zur Grundlage eines Ediktes gemacht hätte. Zur Synode von Arles vgl. S. 133ff.

richteten[194]. Als ein Zeugnis einer Opposition gegen den zurückgekehrten und wieder in Alexandria residierenden Bischof Athanasius kann dieses Brieffragment jedoch nicht gewertet werden[195].

Am 26. Juni 345 war, wie schon erwähnt, Gregor von Alexandria gestorben[196], und Konstantius konnte Athanasius nach Alexandria zurückrufen[197], nachdem sich Athanasius vorher offiziell von Markell getrennt und ihm die communio aufgekündigt hatte[198]. Aber erst am 21. Oktober 346 trifft Athanasius endlich in Alexandria ein, nachdem er kurz zuvor im Spätsommer desselben Jahres in Antiochia Konstantius getroffen hatte[199].

Allgemein sieht man in der Rückkehr des Athanasius eine Kapitulation des Konstantius vor den Forderungen seines Bruders Konstans. Konstantius hat zwar schließlich diesen For-

---

194 Vgl. S. 53 A.160.

195 Das gleiche gilt für die von KLEIN, l.c.81f., bes. A.160, in der Nachfolge von SEECK, GdU IV,135 und STEIN, Spätrömisches Reich, 233, dem auch TIETZE, l.c.28 folgt, noch in die vierziger Jahre datierte Synode, die Georg als Nachfolger des verstorbenen Gregor zum Bischof von Alexandria wählte (Soz. h.e.IV,8,3f.; vgl. auch die verworrene Notiz Soc. h.e.II,14); vgl. dazu S. 118f. bes. Anm. 51.

196 LARSOW, l.c.32. Zum Datum OPITZ II,194 nota zu h.Ar.20; vgl. SCHWARTZ, l.c.14; TETZ, TRE IV,338.

197 Zur Chronologie der Rückkehr des Athanasius und zum Briefwechsel zwischen Athanasius, Konstantius und Konstans, der im Zusammenhang dieser Arbeit nicht näher zu behandeln ist, vgl. vor allem GIRARDET, l.c.149ff.; KLEIN, l.c.83 A.162, TETZ, l.c.

198 Hilar. l.c. B II,9,1 [FEDER, 146,13]: *a communione sua separat.* Zum Zusammenhang vgl. S. 59 A.191. Die Trennung von Markell war aller Wahrscheinlichkeit nach die Bedingung, die Konstantius Athanasius für seine Rückkehr gestellt hatte. Ebenso wird man Verurteilung und Absetzung Photins als den Preis ansehen können, den Konstans für die Rückkehr des Athanasius und der anderen Exilierten zahlen sollte. Vgl. KLEIN, l.c.85; SCHWARTZ, l.c.22f. Daß Konstans im Grunde nicht bereit war, seinem Bruder in der Sache auch nur einen Schritt entgegenzukommen, zeigt sich an der dilatorischen Behandlung des Photin-Falles im Westen. Anders KLEIN, l.c.85: *"Noch im Jahre 347 beeilte sich Constans mit Hilfe einer Bischofsversammlung in Sirmium, dem Befehl seines Bruders gewissenhaft nachzukommen."*

199 Hist.Ath.1 [TURNER, 663]: *Scripsit autem et imperator Constantius de reditu Athanasii; et inter imperatoris epistulas haec quoque habetur, et factum est post Gregorii mortem Athanasius reuersus est ex urbe Roma et partibus Italiae, et ingressus est Alexandriam Phaophi XXIIII, consulibus Constantino IIII et Constante III, hoc est post annos VI.* Vgl. KLEIN, l.c.84.

derungen nachgegeben, aber auch seine Bedingungen durchgesetzt: die Verurteilung Photins und die Trennung des Athanasius von Markell als Bedingungen für die Rückkehr des Athanasius. Athanasius wird nicht auf einer großen orientalischen Synode, wie er es sich wohl gewünscht hatte, durch die Aufhebung des Urteils von Tyrus auch kirchlich rehabilitiert; die Restitution bleibt ein Gnadenakt des Kaisers[200]. Konstans scheint trotz der erreichten Rückkehr des Athanasius mit den Ergebnissen seiner Kirchenpolitik in Richtung Osten nicht recht zufrieden gewesen zu sein - das gemeinsame Konsulat der beiden Kaiserbrüder für das Jahr 346 wird im Westen nicht verkündet[201].

Eine erneute abendländische Synode, diesmal in Sirmium selbst, verurteilt zwar Photin wieder[202], aber Konstans, sonst gegen abgesetzte und verurteilte Bischöfe nicht sonderlich zurückhaltend, unternimmt keinerlei Schritte, Photin auch wirklich abzusetzen: *ne tum quidem per factionem populi potuit ammoueri.*[203]

Schon auf der Mailänder Synode waren die beiden von der abendländischen Synode von Serdika abgesetzten pannonischen Bischöfe Valens und Ursacius erschienen und hatten um Wiederaufnahme in die Kirche gebeten[204]. Nachdem sie Briefe an Julius und Athanasius geschrieben hatten, wurden sie wahrscheinlich von der sirmischen Synode von 347 wieder in die kirchliche Gemeinschaft aufgenommen[205]. Nachdem sich wenige Jahre später die politischen Verhältnisse im Reich total ge-

---

200 Darauf insistiert KLEIN, l.c.84-86; vgl. TETZ, l.c.339.

201 SEECK, GdU IV,85 mit Anmerkung zu 85,23 auf S. 422.

202 Hilar. l.c. B II,5 [FEDER, 142,17ff.]; B II,9,1 [FEDER, 146,5ff.].

203 Hilar. l.c. [FEDER, 146,7f.]. Zu KLEINs entgegengesetztem Urteil vgl. Anm. 198, zu SEECK Anm. 201.

204 Hilar l.c.; vgl. SCHWARTZ, l.c.21f.

205 Nicht eine Mailänder Synode im Jahre 347, wie ZEILLER, BARDY u.a. wegen Hilar. l.c. A V,2 [FEDER, 80,6-81,1] annehmen: *Ideo Ursatius et Ualens in suspicionem eiusdem haereseos Arrianae uenerunt aliquando et suspensi erant a communione et rogauerunt ueniam, sicut eorum continent scripta, quam meruerant tunc temporis a concilio Mediolanensi assistentibus etiam legatis Romanae ecclesiae.* Vgl. S. 59 Anm. 190. FLEMING, l.c.336 denkt an eine Mailänder Synode, die eine Abordnung nach Sirmium geschickt haben könnte; vgl. auch FLEMING, l.c.320ff.; SCHWARTZ, l.c.21ff.

wandelt haben, betonen sie, und man wird es ihnen glauben dürfen, daß sie diese Schritte vor allem aus Angst vor Konstans unternommen hatten[206].

Die von der Synode von Serdika ausgehende Spaltung der einen Reichskirche war zwar noch nicht wieder aufgehoben, aber im wesentlichen durch das Verdienst des einigermaßen klug und zurückhaltend verhandelnden Konstantius gemildert[207].

Besonders der abendländische Episkopat, im Vertrauen auf die Überlegenheit seines Kaisers, hatte die Spaltung durch seine schroffe Ablehnung der entgegenkommenden *formula macrostichos* eher noch vertieft.

In der Frage des Athanasius hatte Konstantius um des Friedens willen nachgegeben. Daß er aber nicht gewillt war, ewig das Diktat seines jüngeren Bruders in kirchlichen Angelegenheiten gegen in seinen Augen rechtmäßige Beschlüsse von Synoden der östlichen Reichshälfte hinzunehmen, sondern nur auf eine Gelegenheit wartete, Athanasius wieder loszuwerden, zeigt sich darin, daß er die Dossiers über Athanasius aus-

---

206 Ath.h.Ar.29,1 [OPITZ II,198,17-20] mit nota zu 198,20;198,19f.: ὡς διὰ φόβον τοῦ θεοσεβεστάτου Κώνσταντος εἶεν τοῦτο πεποιηκότες,... h.Ar.44,5 [OPITZ II,208,7-9]: ὡμολόγησαν γὰρ οὐ βίαν παθόντες, ὡς αὐτοὶ προφασίζονται, οὐ στρατιωτῶν ἐπικειμένων, οὐκ εἰδότος τοῦ ἀδελφοῦ σου (οὐκ ἐγίγνετο γὰρ παρ' αὐτῷ τοιαῦτα, οἷα νῦν γίγνεται, μὴ γένοιτο)...
SCHWARTZ, l.c.21 A.1 weist darauf hin, daß man Valens und Ursacius nicht einfach als Mitläufer ansehen darf, die sich der jeweils herrschenden politischen Richtung anschlossen, da sie bis 350 wegen ihrer kirchenpolitischen Haltung im Reichsteil des Konstans nur Nachteile hatten. Vgl. damit das harte Urteil SEECKs, GdU IV,137: "*Ein so schimpflicher Doppelverrat* (gemeint ist der Wechsel von Valens und Ursacius auf die Seite der antiathanasianischen Orientalen nach 351) *würde heutzutage jeden Mann von öffentlicher Wirksamkeit und vollends gar einen Geistlichen moralisch vernichten; in jenem feigen Zeitalter dagegen dachte man erbärmlich genug, ihn nicht nur mit der Furcht vor dem Kaiser zu entschuldigen, sondern auch den Verrätern sehr bald wieder führende Rollen zuzuweisen.*"

207 So auch KLEIN, l.c.86; anders SCHWARTZ, l.c.13, der im Zusammenwirken beider Kaiser den Grund dafür sieht, daß eine Spaltung von Kirche und Reich noch einmal überwunden werden konnte. Absolut fehl geht TIETZE, l.c.26 in seiner Interpretation der politischen und theologischen Entwicklungen: "*Die faktische politische Spaltung der Kirche in beiden Reichsteilen war durch des Constans Eingreifen in und nach der Zeit von Serdika verhindert worden. Eine theologische Einigung hatte aber auch er nicht erreichen können: die kirchliche Gemeinschaft zwischen den arianischen* (sic!) *Kirchen des Ostens und den orthodoxen des Westens (und denen des Ostens) blieb aufgehoben.*"

drücklich aufzuheben befahl[208]. Der Unterstützung durch die Mehrheit des orientalischen Episkopats konnte er bei einer erneuten Aktion gegen Athanasius jederzeit sicher sein.

---

208 Ath.h.Ar.23 mit nota OPITZ II,195.

## 3. KAPITEL

# DIE USURPATION DES MAGNENTIUS

### *1) Die Ermordung des Konstans und die Auseinandersetzungen zwischen Magnentius und Konstantius*

Die Gefahr eines Krieges zwischen den beiden Kaiserbrüdern war vorerst gebannt, die Kirchenspaltung wenn auch nicht überwunden, so doch gemildert.

Für die nächste Zeit war Konstans kirchenpolitisch vor allem mit den Donatisten in Nordafrika beschäftigt, gegen die er mit aller Schärfe vorging[1]. Konstantius war seit 347 in steigendem Maße mit der Abwehr der Perser befaßt[2].

Von den Auseinandersetzungen zwischen den Kirchen des Morgen- und des Abendlandes um die gegensätzlichen Beschlüsse der beiden Synoden von Serdika und d.h. vor allem auch um die umstrittene Person des alexandrinischen Patriarchen Athanasius schweigen für eine Weile die überlieferten Quellen. Auch der undurchsichtige Mitkämpfer des Athanasius, der inzwischen exilerprobte Paulus, darf auf den Bischofsthron der östlichen Reichshauptstadt Konstantinopel zurückkehren[3].

Doch ganz plötzlich sollte durch eine völlig veränderte politische Situation im Reich auch wieder der Fall des Athanasius aktuell werden und die Frage nach dem trinitarischen Bekenntnis der Kirche in der Auseinandersetzung zwischen abendländischer und morgenländischer theologischer Tradition und Begrifflichkeit aufs neue gestellt werden, wenngleich die politischen Ereignisse dies vorerst noch nicht erkennen ließen und sogar eher in die entgegengesetzte Richtung deuteten.

---

1 LORENZ, l.c.22f.; BAUS, l.c.142ff. (mit reichlichen Literaturangaben); SCHINDLER, TRE I,658-60; MOREAU, JAC 2(1959)182f.

2 SEECK, Regesten, 194ff.; ders., PW IV,1061f.; ders. GdU IV,92-96; MOREAU, l.c.164.

3 Nach LIPPOLD, l.c.518 im Jahre 345; SEECK, PW IV,1060 denkt dagegen an 346.

Das Ansehen des jungen abendländischen Kaisers Konstans war trotz mancher militärischer und politischer, nicht zuletzt auch kirchenpolitischer Erfolge besonders beim Militär stark gesunken. Seine Finanzpolitik lastete hart auf allen Schichten, seine Intoleranz in Religionsfragen[4] nahm die noch weitgehend heidnische abendländische Aristokratie gegen ihn ein; man munkelte von homosexuellen Ausschweifungen des jungen Kaisers[5].

Am 18. Januar 350 putschte in Augustodunum der aus germanischem Blut stammende General Magnentius[6]. Konstans, der geflohen war, wurde wenig später in Helena am Fuße der Pyrenäen von einem gewissen Gaiso ermordet[7]. Überraschend schnell wird der Usurpator überall im Westen anerkannt[8]. Bereits im Februar hat er Rom in der Hand[9], bald darauf beherrscht er das gesamte Abendland und kann in Nordafrika in Libyen sein Herrschaftsgebiet sogar in das des Konstantius ausdehnen[10].

Aus nicht mehr ganz durchsichtigen Gründen, entweder um Magnentius einfach zuvorzukommen oder um Pannonien dem rechtmäßigen Erben der Konstantin-Dynastie, Konstantius, zu erhalten - hier widersprechen sich die Quellen - und somit Magnen-

4 Vgl. das Gesetz über das Verbot heidnischer Opfer vom Dezember 341 (SEECK, Regesten, 191). Daß Konstans offenbar nicht so konsequent oder gar gewaltsam gegen das Heidentum vorging, wie das Gesetz vermuten lassen könnte, zeigt das Gesetz vom 1.11.342 (SEECK, l.c.), nach dem die Tempel außerhalb der Mauern Roms nicht zerstört werden durften. Wie allerdings das Gesetz vom Dezember 341 gehandhabt wurde, ist nicht bekannt; vgl. GEFFCKEN, Ausgang, 97f. Zur Privilegierung der christlichen Kirche unter Konstans und Konstantius vgl. das Gesetz vom 27.8.343 über die Immunität der Kleriker CTh XVI,2,8 (SEECK, l.c.193).

5 Zos.Hist.II,42,1; Eutr.X,9,3; Oros.VII,29,7. Vgl. auch sein hartes Gesetz gegen Päderastie CTh IX,7,3 vom 4.12.342 (SEECK, l.c.191). Dazu auch SEECK, GdU IV,50;401f.; STEIN, l.c.201 mit A.1 (dort weitere Quellen).

6 SEECK, Regesten, 197. Ausführliche Darstellungen bei Aur.Vict.Caes. 41f.; Epit.41,22-42,7; Eutr.X,9-13; Zos.Hist.II,42-54; Zonar.XIII,7-9; Juln.Imp.or.I (bes.22ff.). Vgl. dazu in der modernen Literatur die ausführlichen Darstellungen von SEECK, GdU IV,86ff.; ders., PW IV, 1062-66; STEIN, l.c.215ff.; PIGANIOL, l.c.94ff.; SCHILLER, l.c.245ff.; LIETZMANN, GaK III,208ff.; BASTIEN, l.c.7-28 (mit ausführlicher Chronologie). Im folgenden wird nicht jedesmal auf die gesamte hier genannte Literatur verwiesen.

7 SEECK, Regesten, 197; BARNES, Phoenix 34(1980)166.

8 Vgl. die Anm. 6 genannten Darstellungen.

9 BASTIEN, l.c.11;26.

10 STEIN, l.c.215 mit A.3.

tius den Zugang zum Orient auf der Landroute zu verwehren, nimmt in Mursa oder Sirmium am 1. März 350 Vetranio, der alte General Konstantins, den Purpur[11].

Konstantius ist indessen noch durch die Perser an der Ostgrenze gebunden, die er vorerst nicht verlassen kann.

Auch ein Neffe Konstantins sieht in Rom eine günstige Gelegenheit, greift mit einer Schar von Abenteurern die ungeschickt verteidigte Stadt an und läßt sich am 3. Juni 350 zum Augustus ausrufen[12]. Mit großer Grausamkeit regiert er knapp vier Wochen, dann nehmen am 30. Juni oder 1. Juli die Truppen des Magnentius unter Führung von Marcellinus, des eigentlichen Initiators der Usurpation des Magnentius, die Stadt ein[13]. Wieder folgt ein grauenvolles Blutbad, vor allem unter der stadtrömischen Oberschicht, von dem besonders Angehörige der konstantinischen Familie betroffen sind[14].

Um von seiner neuen Residenz Aquileia aus sich besser auf die unausweichliche Auseinandersetzung mit Konstantius vorbereiten zu können, schickt Magnentius seinen Bruder Decentius als Caesar nach Gallien[15].

Wahrscheinlich im September bricht Konstantius nach Beruhigung der Lage an der persischen Front nach Europa auf[16].

Alle Versuche des Magnentius, vielleicht doch noch von Konstantius als Mitherrscher anerkannt zu werden, schlagen fehl[17]; ebensowenig läßt sich eine dauernde Verbindung mit

---

11 Das Datum: Consularia Constantinopolitana ad an. 350 (MOMMSEN, Chron. min.I,237). Für Hier.Chron. [HELM, 238] Epit.41,25; Zos.Hist.II,43,2; Oros.VII,29,9; Soz. h.e.IV,1; Soc. h.e.II,25 handelt es sich bei der Erhebung des Vetranio um eine genauso gegen Konstantius gerichtete Usurpation wie bei Magnentius. Nach Philost. h.e.III,22 und chron. pasch. [BIDEZ-WINKELMANN, 215,22-24] handelt es sich um einen Schachzug der Constantia zugunsten ihres Bruders Konstantius gegen Magnentius. Wegen der folgenden Ereignisse und besonders angesichts der offensichtlich widerstandslosen Abdankung des Vetranio am 25.12.350 (SEECK, Regesten, 198) hat die Forschung allgemein die zweite Version übernommen; vgl. die in Anm. 6 genannte Literatur. Ich sehe mich im Moment außerstande, hier eine klare Entscheidung zu fällen.

12 SEECK, l.c.198.

13 SEECK, l.c.

14 Ath.apol.Const.6.

15 Epit.42,2; vgl. BASTIEN, l.c.15;26.

16 SEECK, l.c.198; KLEIN, l.c.209 A.71.

17 Ath.apol.Const.9,2; vgl. BASTIEN, l.c.13. Zum Versuch des Magnentius, die Schwester des Konstantius, Constantia, zu heiraten, vgl. KELLNER, l.c.12-14.

Vetranio herstellen[18]. Auch über die illyrischen Truppen kann Konstantius den Oberbefehl übernehmen: am 25. Dezember 350[19] dankt Vetranio ab und läßt sich widerstandslos von Konstantius in den hoch dotierten Ruhestand schicken.

Um für die Auseinandersetzung mit Magnentius den Rücken frei zu haben, ernennt Konstantius seinen Neffen Gallus am 15. März 351 in Sirmium, wo er sein Winterquartier aufgeschlagen hat, zum Caesar für den Orient[20].

Erst im Herbst 351, mehr als eineinhalb Jahre nach der Ermordung des Konstans, beginnen die militärischen Auseinandersetzungen zwischen Konstantius und Magnentius. Vorerst gehen noch Verhandlungen zwischen beiden hin und her, die aber zu keinem Ergebnis führen. Um ein Blutbad zwischen den beiden römischen Heeren zu verhindern, bietet Konstantius Magnentius gegen die Rückgabe von Italien und Afrika Gallien als Herrschaftsgebiet an[21]. Er will den Krieg möglichst unblutig und durch Verhandlungen beenden[22], wie er auch in den Perserkriegen immer bemüht war, das Leben seiner Soldaten zu schonen. Aber es kommt keine Einigung zustande.

Nach kleineren Scharmützeln beginnt am 28. September 351 die entscheidende Schlacht bei Mursa, über die die antiken Historiker als über die blutigste Schlacht des Jahrhunderts ausführlich berichtet haben[23]. Die Truppen des Konstantius erringen einen überragenden Sieg über die des Usurpators.

Konstantius hat an der Schlacht selbst nicht teilgenommen, wie es sein Vater einst zu tun pflegte, sondern die Zeit ab-

---

18 SEECK, GdU IV,101 (dort die Quellen).

19 Hier.Chron.ad a.351 [HELM, 238] und MOMMSEN, Chron.min.I,238. Vgl. Eutr. X,10,11; Oros.VII,29,10; Soz. h.e.IV,4; Soc. h.e.II,8; Zos.Hist.II,44; Juln.Imp.Or.I,31.

20 MOMMSEN, Chron.min.I,238; vgl. SEECK, Regesten, 198. Bezeichnend für die Einstellung des Zosimos gegenüber Konstantius ist seine Behauptung, daß Konstantius Gallus nur zum Caesar ernannt habe, um ihn ermorden zu können (Hist.II,45). Vgl. auch Epit.42,1; Chron.Pasch., [MOMMSEN, l.c.237f.].

21 Zos.Hist.II,46,3f. Vgl. SEECK, GdU IV,110, der annimmt, daß Konstantius sich bloß eine Pause verschaffen wollte und in jedem Falle später auch gegen Gallien vorgerückt wäre. SCHILLER, l.c.256 dagegen hält die Nachricht für absolut unglaubwürdig.

22 Zos.Hist.II,51.

23 SEECK, Regesten, 198; ders., GdU IV,109-113; STEIN, l.c.117f.; BASTIEN, l.c.19f. (dort eine Skizze der Schlacht).

seits in einer Märtyrerkirche im Gebet verbracht. Valens, der Bischof der nahegelegenen Stadt Mursa, vor deren Toren die Schlacht tobte, war es, der als erster dem Kaiser die frohe Botschaft des Sieges als Verkündigung eines Engels vom Himmel brachte[24]. Der Kaiser hat es ihm gedankt und ihn und seinen Freund Ursacius von Singidunum, beide in kirchenpolitischen Angelegenheiten seit vielen Jahren erfahren, fortan in kirchlichen Fragen zu Rate gezogen, anfänglich aber in Fragen der Kirchenpolitik mehr als in Fragen der Theologie. Mit der Zeit wurden sie dann auch seine theologischen Ratgeber[25].

Magnentius selbst konnte vorerst nach Italien fliehen, mußte aber im Sommer 352 auch Italien räumen und sich in das allein ihm treu verbliebene Gallien zurückziehen[26]. In Gallien hatte inzwischen Konstantius die Germanen bewogen, gegen die Rheingrenze vorzurücken, um so Magnentius in einen aussichtslosen Zweifrontenkrieg zu verwickeln[27]. Die negativen Folgen dieser Entscheidung sollten Konstantius in den folgenden Jahren noch viel zu schaffen machen.

Schon im November 352 hebt Konstantius in Mailand Gesetze

---

24 Sulp.Sev.Chron.II,38,5-7 [HALM, 91,21-92,5]: *nam eo tempore, quo apud Mursam contra Magnentium armis certatum, Constantius descendere in conspectum pugnae non ausus in basilica martyrum extra oppidum sita, Valente tum eius loci episcopo in solatium assumpto, diuersatus est. ceterum Valens callide per ** suos disposuerat, ut quis proelii fuisset euentus primus cognosceret, uel gratiam regis captans, si prior bonum nuntium detulisset, uel uitae consulens, ante capturus fugiendi spatium, si quid contra accidisset. itaque paucis, qui circa regem erant, metu trepidis, imperatore anxio, primus nuntiat hostes fugere. cum ille indicem ipsum intromitti posceret, Valens ut reuerentiam sui adderet, angelum sibi fuisse nuntium respondit. facilis ad credendum imperator palam postea dicere solitus, se Valentis meritis, non uirtute exercitus uicisse.*

25 Erstmalig bei der Formulierung der sogenannten 2. sirmischen Formel im Jahre 357 setzen sie ihre theologische Meinung beim Kaiser auch gegen die Mehrheit der orientalischen Bischöfe durch. Auf deren Protest hin sieht Konstantius sich aber gezwungen, diese Entscheidung wieder zu revidieren. Erst seit der sogenannten 4. sirmischen Formel von Mai 359 erscheinen Valens und Ursacius dann wirklich als die theologischen Ratgeber des Kaisers. Vgl. unten S. 312-325;352ff.

26 SEECK, Regesten, 199.

27 JULN.Imp.ep.ad Ath.13 [BIDEZ I/1,234f.]: αὐτοῦ τε τοῦ Κελτῶν ἔθνους, ὃ δὶς ἤδη τοῖς πολεμίοις ἐξέδωκεν. Vgl. Zos.Hist.II,53,3; SEECK, GdU IV,104f. mit Anmerkungen 430f.

des Magnentius auf[28]. Den Winter verbringt er in Mailand, nun kirchenpolitisch mit dem neuerlich aktuell gewordenen Fall des Athanasius befaßt[29], der jetzt aber ganz andere Dimensionen als in den vergangenen Jahren annehmen sollte.

Im Sommer 353 rückt Konstantius gegen das noch zu Magnentius stehende Gallien vor, am Mons Seleuci[30] kommt es zur letzten für Magnentius vernichtenden Schlacht. Auch Gallien scheint in den Sommermonaten des Jahres 353 nicht mehr bedingungslos hinter Magnentius gestanden zu haben. In der Residenz Trier kommt es wahrscheinlich im Juli 353 unter Führung eines gewissen Poemenius zur Revolte. Decentius und seine Truppen werden nicht in die Stadt hineingelassen. Daß es sich bei dieser Revolte um eine Aktion zugunsten des Konstantius als des wahren Herrschers handelte, geht aus den in dieser Zeit in Trier geprägten Münzen eindeutig hervor[31].

In seiner total hoffnungslosen Situation, der Treue seiner Truppen nicht mehr sicher, begeht Magnentius am 10. August in Lyon Selbstmord, am 18. August folgt ihm sein Caesar Decentius ebenfalls freiwillig in den Tod[32]. Am 6. September ist Konstantius in Lyon nachweisbar. Er erläßt dort ein Amnestiegesetz für ehemalige Anhänger und Mitläufer des Magnentius und hebt dessen Verfügungen auf[33]. Am 10. Oktober 353

---

28 CTh XV,14,5 vom 3.11.352 [MOMMSEN I/2,829]: *Quae tyrannus vel eius iudices contra ius statuerunt, infirmari iubemus reddita possessione expulsis, ut qui vult ab initio agat. Emancipationes autem et manumissiones et pacta sub eo facta et transactiones valere oportet.* Vgl. dazu CTh XVI,10,5 vom 23.11.353 [MOMMSEN I/2,898]: *Aboleantur sacrificia nocturna Magnentio auctore permissa et nefaria deinceps licentia repellatur.* Vgl. SEECK, Regesten, 199.

29 SEECK, l.c.; BASTIEN, l.c.26-28. Zu dem neuen Fall des Athanasius vgl. unten S. 108ff.

30 SEECK, l.c. Zur Identifizierung des Mons Seleuci vgl. SEECK, GdU IV, 116.

31 Amm.XV,6,4 [SEYFARTH I,132,22-25] vgl. mit der Bemerkung Zos.Hist.II, 53,3. Zur Datierung der Revolte auf die letzten Wochen der Herrschaft des Magnentius anhand der Trierer Münzemissonen vgl. BASTIEN, l.c.24; KENT, NC 19(1959)105-108. SCHILLER, l.c.256f. datiert die Revolte in das Jahr 352, JULLIAN, Histoire VII,154 sogar an den Beginn der Regentschaft des Decentius, beide ohne Beachtung der Münzen. PIGANIOL, l.c.98f. denkt an eine dauernde Verweigerung Triers gegen den Usurpator und seinen Caesar.

32 SEECK, Regesten, 199f. Zum Zweifel an der weiteren Treue der Soldaten ders., GdU IV,117;439.

33 SEECK, Regesten, 200; BASTIEN, l.c.25.

kann Konstantius II. als Alleinherrscher über das wieder vereinte Reich in Arles seine Tricennalien begehen[34].

## 2) *Der Usurpator Magnentius und die christliche Kirche*

Wenn auch die profanen Geschichtsquellen davon schweigen, da sie nur an der Usurpation des Magnentius selbst, an ihren Hintergründen, den militärischen und diplomatischen Aktionen und am endlichen Sieg des Konstantius interessiert sind und ihre Darstellung vor allem von ihrer Einstellung zur konstantinischen Dynastie und zu Konstantius selbst bestimmt sind[35], so muß doch gefragt werden, wie weit die Kirche von dieser das Reich erschütternden und an seinen östlichen und westlichen Grenzen gefährdenden Auseinandersetzung zwischen Konstantius und Magnentius betroffen war. Hat sie vielleicht sogar selbst aktiv in das Geschehen mit eingegriffen?

Die überlieferten Quellen lassen hier nur sehr vorsichtige Schlüsse zu. Die alten Kirchenhistoriker berichten von der Usurpation des Magnentius nur als Auftakt zu neuen Verfolgungen gegen Athanasius und seine Anhänger durch den nach der endgültigen Unterwerfung des Magnentius allein über das ganze Reich herrschenden Kaiser Konstantius[36].

Nur durch die einige Jahre später verfaßte Verteidigungsschrift des Athanasius an Kaiser Konstantius[37] erfahren wir indirekt von offensichtlichen Verstrickungen der Kirche in diese politische Affäre. Daher sind an dem die Forschung noch weitgehend bis heute prägenden Bild der antiken Kirchenhistoriker, daß Konstantius sozusagen nur auf die Alleinherrschaft gewartet habe, um neuerlich gegen Athanasius und die zu ihm

---

34 SEECK, l.c.

35 Vgl. die Anm. 6 genannten Darstellungen des Zosimus, Aurelius Victor, der Epitome.

36 Soc. h.e.II,25ff.; Soz. h.e.IV,1ff. Für die Sicht der zeitgenössischen bzw. nur wenig später schreibenden Kirchenhistoriker typisch die Kurzfassung bei Ruf.Hist.X,20 [MOMMSEN, 987,9-12]: *sed cum Magnenti scelere imperator Constans regno simul et vita fuisset exemptus, rursum in Athanasium veteres illi incentores principis odia resuscitare coeperunt, fugatoque de ecclesia in locum eius Georgium quendam...*

37 Ath.apol.Const.6-9. Die Apologie wurde von Athanasius 357 verfaßt.

stehenden meist abendländischen Bischöfe vorgehen zu können, erhebliche Zweifel angebracht. Und dies um so mehr, als auch dieses Geschichtsbild letztlich von Athanasius als dem Hauptbetroffenen selbst stammt[38].

Auch sonst ist es kaum denkbar, daß die Kirche angesichts der immerhin noch bestehenden Spaltung zwischen Ost und West sich einer derartigen Konfrontation zwischen Morgen- und Abendland entziehen konnte. Das war schon deshalb unmöglich geworden, weil die dogmatische und kirchenpolitische Entwicklung seit dem Tode Konstantins dazu geführt hatte, daß jede der beiden Kirchen eng mit ihrem jeweiligen Kaiser verbunden war. Ansehen und Stellung des Bischofsamtes, sein Einfluß besonders auf die Bevölkerungen der großen Städte des Reiches, aber auch an den Kaiserhöfen, mußten ein Übriges dazu tun.

Wie oben gesagt, war Konstans, der tatkräftige Beschützer des Athanasius und Helfer der abendländischen Bischöfe in Serdika inzwischen sehr unbeliebt geworden, so daß das gesamte Abendland einschließlich Nordafrika sehr schnell und offenbar ohne besondere militärische Aktionen Magnentius zufiel[39].

Es gibt keinerlei Hinweis darauf, daß sich die Bischöfe des Westens und besonders Galliens, die sich einst in großer Zahl hinter die Beschlüsse der Abendländer von Serdika[40] und somit auch hinter die Religionspolitik des Kaisers Konstans gestellt hatten, in irgendeiner Form in Opposition zu dem Mörder ihres Gönners und Helfers Konstans gestanden hätten[41].

Schon einmal, im Jahre 340, scheint die abendländische

---

38 Ath.h.Ar.30f.; vgl. unten S. 108ff.

39 Vgl. S. 66 Anm. 10.

40 Die Namensliste der Unterzeichner von Serdika und der abendländischen Bischöfe, die die Beschlüsse der Abendländer von Serdika nachträglich, wahrscheinlich bis 346 unterzeichnet haben, bei Ath.apol.sec.48-50.

41 Über das Verhältnis der donatistischen Kirche Nordafrikas zu Magnentius, die um 350 in Afrika wohl die Mehrheitskirche war, würde man gerne mehr wissen. Gab es in donatistischen Kreisen eine besonders große Zustimmung zu dem neuen Kaiser Magnentius, der die für die Donatisten grausame Unterdrückungsherrschaft des Konstans beendet hatte, oder setzte die Magnentiusherrschaft in Nordafrika die Religionspolitik des Konstans fort? Leider lassen uns die Quellen zu diesen Fragen bisher im Stich.

Kirche den Brudermord des Konstans an Konstantin II. kritiklos hingenommen zu haben. Auch Athanasius selbst hat sich, vielleicht unter Berufung auf Röm. 13, ohne besondere innere Schwierigkeiten unter den Schutz des Konstans gestellt, nachdem sein bisheriger Gönner und Beschützer Konstantin II., dem Athanasius immerhin die Erlaubnis zur Heimkehr aus dem ersten Exil verdankte[42], im Kampf gegen seinen Bruder Konstans gefallen war. Allerdings handelte es sich im Jahre 340 um eine Auseinandersetzung innerhalb der konstantinischen Familie, und Konstans hatte als der Angegriffene das Recht auf seiner Seite[43].

Den Bischöfen der großen abendländischen Metropolen wäre es bei ihrem Einfluß auf die Bevölkerung wohl möglich gewesen, die Bevölkerung gegen den Usurpator aufzuwiegeln. Welchen Einfluß die Bischöfe in dieser Hinsicht zumindest im Orient hatten, hat Konstantius etliche Male bitter erfahren müssen[44].

Trotz der wenigen Quellen, die insgesamt zur Verfügung stehen, wird man den Schluß wagen dürfen, daß die abendländische Kirche, und das heißt im wesentlichen ihr Episkopat, loyal hinter dem Usurpator Magnentius als der von Gott gegebenen Obrigkeit stand und ihn sogar bei wichtigen diplomatischen Missionen aktiv unterstützte[45].

Die Selbstverständlichkeit, mit der die Forschung zumindest eine Distanz zwischen Magnentius und der abendländischen Kirche angenommen hat[46], beruht zum einen auf der späteren

---

42 SCHWARTZ, GS III,269-71.

43 Schon deshalb ist die Verteidigung des Athanasius in apol.Const.6-9 nicht recht überzeugend, wenn er die Zumutung weit von sich weist, mit dem Mörder seines rechtmäßigen Kaisers konspiriert zu haben; es wäre immerhin nicht zum erstenmal. Ein gewisser Unterschied liegt nur darin, daß Konstans keinesfalls als Usurpator angesehen werden konnte, sondern sich gegen den die Alleinherrschaft anstrebenden Konstantin II. verteidigt hatte.

44 Vgl. zu Tumulten in Ankyra, Konstantinopel und Alexandria den Synodalbrief der Orientalen von Serdika bei Hilar.Coll.antiar.Paris. A IV,1; vgl. oben S. 33-38.

45 Bischöfe als Gesandte des Magnentius: Ath.apol.Const.9; dazu unten S. 83-85 und Zonar.XIII,8.

46 Z.B. BARDY in: FLICHE-MARTIN III,138f.; BAUS, l.c.42. Positiver über das Verhältnis von Magnentius und zumindest Athanasius GRIFFE, La Gaule I,210.

Verurteilung des Magnentius durch Kirchen- und Profanschriftsteller als eines grausamen und brutalen Tyrannen und Mörder des Konstans[47], zum anderen darauf, daß die uns überlieferten christlichen Quellen ihn als Heiden sehen wollen, während die heidnischen Historiker über diesen Punkt schweigen. Besonders Athanasius hat ihn in seiner Apologie an Konstantius als Mörder des Konstans und vieler hochangesehener Christen vornehmlich aus der konstantinischen Familie gebrandmarkt[48]. Seine Einstellung zu Magnentius kann aber aus diesen Bemerkungen wegen ihres apologetischen Charakters nicht ohne weiteres abgeleitet werden. Schließlich verteidigt sich Athanasius gegen den von Konstantius erhobenen Vorwurf, mit dem Usurpator konspiriert zu haben, und dabei ging es um seinen Kopf.

Auf den gründlichen Untersuchungen von LAFFRANCHI und BASTIEN[49] über die zahlreichen bekannten Münzemissionen des Magnentius fußend, hat W. KELLNER die Regierung des Magnentius neu zu deuten versucht[50]. Vor allem weist KELLNER darauf hin, daß die uns überlieferten Berichte über Magnentius, die sämtlich nach dem Scheitern des Usurpators und seinem schmählichen Ende geschrieben worden sind, also nach dem endgültigen Sieg des nun allein rechtmäßigen Kaisers Konstantius, des letzten Überlebenden der Söhne des großen Konstantin, weitgehend topischen Charakter haben[51].

Sie gehören zum typischen Bild eines Usurpators, der gegen den legitimen Kaiser die Macht an sich reißt und als grausamer Tyrann regiert. Ebenso wird dem illegitimen Tyrannen in der literarischen Tradition allgemein jedwede Leistung abgesprochen, aber auch hierbei handelt es sich um ein literarisches Genus[52].

---

47 Besonders Ath.apol.Const.6ff. und die von ihm abhängigen christlichen Schriftsteller; vgl. KELLNER, l.c.8-12; BASTIEN, l.c.7f.

48 Ath. l.c. Interessanterweise erwähnt Athanasius die Morde des Nepotian mit keinem Wort.

49 BASTIEN, l.c.; L. LAFFRANCHI, Commento Numismatico alla storia dell' imperatore Magnenzio e del suo tempo, Atti e Memoria dell' Instituto Italiano di Numismatica, 1930, Vol.VI.

50 KELLNER, l.c.

51 KELLNER, l.c.8ff.

52 KELLNER, l.c.

Gegen dieses literarische Bild spricht schon, daß Magnentius, soweit wir unterrichtet sind, keinerlei militärischer Aktion bedurfte, um innerhalb weniger Wochen im ganzen Abendland einschließlich Nordafrika anerkannt zu werden. Alles in allem wird Magnentius nicht schlechter und grausamer regiert haben als andere Kaiser vor und nach ihm auch[53].

Seine Münzprägungen lassen auch auf sein Selbstverständnis als Herrscher einige Schlüsse zu. Besonders durch die Analyse des Motivs der *Libertas* auf seinen Münzen, von dem KELLNER zehn hauptsächliche Varianten bespricht und mit *Libertas*-Prägungen früherer Epochen vergleicht[54], meint er, einige Hauptlinien der Politik des Magnentius, wie er sich selbst verstand und verstanden werden wollte, ausmachen zu können.

Vor allem geht es Magnentius nach der Aussage seiner Münzen um Achtung und Wiederherstellung der alten Traditionen, d.h. auch um Achtung vor dem (in Wirklichkeit natürlich auch für Magnentius ziemlich bedeutungslosen) römischen Senat[55]. Sein Programm ist die Wiederherstellung von Recht, Ordnung und Tradition gegenüber dem ungeliebten Regiment des jungen Konstans. *"Libertas ist die Würde der römischen Bürger, wiederhergestellt nach der Willkürherrschaft des jungen und unreifen Constans."*[56]

In diesen Rahmen paßt auch seine meist als heidnisch interpretierte Gesetzgebung. Indem er sich bewußt in Gegensatz zu den scharfen antiheidnischen Gesetzen des Konstans stellt (von denen allerdings unklar ist, ob und wenn, wieweit sie überhaupt unter der Regierung des Konstans angewendet worden waren), will Magnentius dem Heidentum, das im Abendland noch sehr mächtig ist, Toleranz gewähren[57]. Schließlich sind der römische Senat und große Teile der abendländischen Nobilität,

---

53 KELLNER, l.c.12ff.

54 KELLNER, l.c.15-56.

55 Vgl. den Liberator-Restitutor-Typ und besonders die vielen stadtrömischen Libertas-Prägungen; dazu KELLNER, l.c.15-22 und BASTIAN, l.c. den Katalog 155f. mit den entsprechenden Abbildungen.

56 KELLNER, l.c.55

57 Vgl. CTh XVI,10,5; Text oben Anm. 28.

besonders in Gallien, dem Zentrum der Herrschaft des Magnentius, noch Heiden[58].

Keinesfalls wird man in dem Gesetz, das nächtliche Opfer wieder erlaubte, eine gezielt antichristliche Maßnahme sehen können. Auch Konstantin der Große hatte gegenüber heidnischen Bräuchen Toleranz geübt[59]. Eher scheint es, daß Magnentius sich bewußt, auch in seiner allgemeinen Religionspolitik, auf die Tradition des allseits und besonders von den Soldaten verehrten Konstantin berufen wollte, sich also - in Konkurrenz zu den leiblichen Söhnen des großen Kaisers - als der wahre Erbe Konstantins ausgeben wollte[60].

Wie aber stand Magnentius selbst zum Christentum?

Anhand der schriftlichen Quellen über die Magnentiusrevolte hat die ältere Forschung Magnentius durchweg als Heiden angesehen[61]. In Betracht kommt hierfür vor allem das von Konstantius später aufgehobene Gesetz des Magnentius, das die heidnischen Opfer wieder erlaubt hatte und uns nur noch durch das Aufhebungsgesetz des Konstantius bekannt ist[62].

Der eunomianische, streng antiathanasianische Kirchenhistoriker Philostorgios, für den allemal Konstantius den wahren christlichen Herrscher verkörpert[63], charakterisiert

58 KELLNER, l.c.80 A.2f.; vgl. HARNACK, Mission, 872ff.; BAUS, l.c.205ff. Zum gallischen Adel vgl. STROHEKER, l.c.; DEMOUGEOT, l.c.891ff. Zum römischen Senat KLEIN, Der Streit um den Victoriaaltar, 3ff., bes. 11-13.

59 Vgl. ZIEGLER, l.c.67f.; KLEIN, l.c.

60 KELLNER, l.c.56. Vgl. auch den mißglückten Versuch des Magnentius, durch Heirat der Constantia, der Schwester Konstantius' II., Mitglied der Konstantin-Familie zu werden; ebenso seine anfängliche Benutzung des Flaviernamens; dazu KELLNER, l.c.12-14.

61 SCHWARTZ, GS IV,27; LIETZMANN, GaK III,208; ENSSLIN, PW XIV/1,445-52; PIGANIOL, l.c.96f.; OPITZ II,283 nota; noch TIETZE, l.c.29 mit A.44f. Eine Übersicht über die wichtigsten Forschungsmeinungen bietet ZIEGLER, l.c.64-67, eine Behandlung der in Frage kommenden literarischen Quellen dort 62-64. Aber schon DIEL, l.c.98ff.; GWATKIN, l.c.148 und V. SCHULTZE, l.c.80 sahen Magnentius als Christen, jedenfalls nicht als Heiden an.

62 Vgl. oben Anm. 57 und ZIEGLER, l.c.67f. Allein mit diesem Gesetz begründet LIETZMANN, l.c. seine Beurteilung des Magnentius als Heiden, indem er das Gesetz fälschlich als Opfererlaß interpretiert.

63 Vgl. seine Begründung für die Ermordung des Konstans h.e.III,22 [BIDEZ-WINKELMANN, 49,3f.]: Ὅτι φησὶ τὸν Κώνσταντα διὰ τὴν ὑπὲρ Ἀθανασίου σπουδὴν ὑπὸ τυραννίδι τῇ Μαγνεντίου τὴν ζωὴν καταστρέψασθαι.

Magnentius als den Dämonen hörig[64]. Ebenso nennt Athanasius Magnentius gottlos[65].

Auf die Topik auch in der Sprache der christlichen Literatur gegenüber dem (besiegten) Tyrannen haben KELLNER und ZIEGLER[66] aufmerksam gemacht. Der Vorwurf des Aberglaubens[67] ist für Magnentius' Verhältnis zum Christentum wenig aussagekräftig[68]. Daß nach Sokrates und Sozomenos[69] Magnentius seine endgültige Unterlegenheit und den Abfall seiner Soldaten zu Konstantius als Gottesurteil angesehen haben soll, spricht eher gegen als für sein angebliches Heidentum. Wie könnte er sonst seine Niederlage als von Gott gewollt - doch wohl wegen seines illegitimen Aufstands gegen seinen legitimen Herrn Konstans - ansehen?

Daß Gott sich ihm vor allem als Schlachtenlenker und im

---

64 H.e.III,26 [BIDEZ-WINKELMANN, 52,5-8]: τὸ δὲ σελασφόρον ἐκεῖνο καὶ σεβάσμιον θέαμα οὐδὲ τοῖς ἐπὶ τοῦ στρατοπέδου ἀθέατον ἦν, ἀλλ' ἐπιδήλως ὁρώμενον Μαγνέντιον μὲν καὶ τοὺς σὺν αὐτῷ ἅτε τῇ τῶν δαιμόνων θεραπείᾳ προσανακειμένους εἰς ἀμήχανον δέος κατέστησεν, Κωνστάντιον δὲ...

65 Ath.apol.Const.7,1 [OPITZ-SCHNEEMELCHER, 283,25f.]: εἰς δὲ τὸν θεὸν ἠσέβησε φαρμακοὺς καὶ ἐπαοιδοὺς ἐπινοῶν κατὰ τῆς τοῦ θεοῦ κρίσεως;... Ἀσεβέω und ασεβής werden von Athanasius sehr häufig und absolut nicht nur im Zusammenhang mit Heiden oder Heidnischem benutzt, z.B. für Arius, allgemein für Häretiker, allgemein für Heiden, den Kaiser Konstantius, seine alexandrinischen Gegenbischöfe Georg und Gregor, Paul von Samosata, Sabellius; ebenso für alle möglichen Handlungen, vgl. G. MÜLLER; Lexicon Athanasianum, 158f.

66 KELLNER, l.c.12; ZIEGLER, l.c.67.

67 Zonar. XIII,8 [DINDORF III,197,21ff.]: ὁ δὲ Μαγνέντιος καὶ γοητείαις ἐχρήσατο. γυνὴ γάρ τις μάγος παρθένον αὐτῷ σφαγιάσαι ὑπέθετο καὶ οἴνῳ τὸ ταύτης αἷμα προσμίξαι καὶ δοῦναι τοῖς στρατιώταις αὐτοῦ ἀπογεύσασθαι, ἐπὶ τούτοις ἐκείνης ἐπῳδὰς ἐπιούσης τινὰς καὶ δαιμόνων ἐπικαλουμένης ἐπικουρίαν.
Ath.apol.Const.7,1 (vgl. Anm. 65).

68 Darauf macht ZIEGLER, l.c.69 aufmerksam. Es handelt sich dabei ganz allgemein um einen sehr beliebten Vorwurf gegen Gegner, der z.B. auch gegen Athanasius erhoben worden ist; AMM.XV,7,8 [SEYFARTH I,134,28-30]: *dicebatur enim fatidicarum sortium fidem quaeue augurales portenderent alites scientissime callens aliquotiens praedixisse futura;...* Soz. h.e.IV,10,5 [BIDEZ-HANSEN, 151,3-5]: Ἐκ δὴ τῶν τοιούτων καὶ πολλῶν ἄλλων ὁμοίως προμηνουμένων παρ' αὐτοῦ διεβάλλετο παρὰ τῶν ἐναντίων Ἑλλήνων τε καὶ ἑτεροδόξων ὡς γοητείαις ταῦτα κατορθῶν.

69 Soc. h.e.II,32,5 [HUSSEY, 293]: Τοῦτο σύμβολον καθ' ἑαυτοῦ ὁ Μαγνέντιος ἡγησάμενος, ἐκ τοῦ φρουρίου εὐθὺς ἀπανίσταται φυγῇ ἐπὶ τὰ περαιτέρω τῆς Γαλλίας χωρῶν. Soz. h.e.IV,7,2 [BIDEZ-HANSEN, 146,18-20]: συμβαλὼν δὲ ἐκ τούτου Μαγνέντιος ὡς οὐ δεδομένον αὐτῷ θεόθεν βασιλεύειν, πειρᾶται καταλιπὼν τοῦτο τὸ φρούριον προσωτέρω χωρεῖν. Vgl. dazu ZIEGLER, l.c.63;71.

Verteilen von Kriegsglück offenbart, hat er mit vielen seiner Zeitgenossen, deren Christlichkeit niemand bezweifeln würde, gemein.

Da die beinah einhundert Jahre nach den Ereignissen schreibenden Kirchenhistoriker über die Vorgänge im ganzen schlecht informiert waren und in ihren Berichten eine ziemliche Konfusion angerichtet haben, wird man ihren Aussagen über das Verständnis des Magnentius von seiner Niederlage nur bedingten Wert zumessen können[70].

Die einzigen direkten Quellen, die über das Verhältnis von Magnentius zum Christentum Auskunft geben können, sind seine Münzen. Die tragen nun aber in ganz großer Zahl christliche Symbole, wie sie seit Konstantin üblich waren[71]. Obwohl man diese Münzen seit langem kannte, hat die Forschung die im Verhältnis zu den Münzen sekundären literarischen Quellen lange höher bewertet und aus der Verwendung christlicher Symbole auf den Münzen einen Opportunismus des Heiden Magnentius gegenüber den Christen, deren Hilfe er brauchte, herauslesen wollen[72]. Dies ist um so unverständlicher, als Magnentius sich zuerst und vor allem die Unterstützung der heidnischen Aristokratie des Abendlandes sichern mußte, ganz abgesehen von den fragwürdigen Vorstellungen über die Bedeutung der Symbole auf den Münzen der Zeit, die hinter einer solchen Theorie stecken müssen.

KELLNER hat die christlichen Symbole in der Münzprägung des Kaisers Magnentius untersucht[73]. Er unterscheidet zehn

---

70 Es könnte sich dabei also um eine theologische Interpretation des Geschehens durch Sokrates und Sozomenos handeln. Zur großen Unkenntnis der beiden Historiker über Einzelheiten des historischen Ablaufs vgl. die total verwirrte Geographie und Chronologie Soc. h.e.II,32 = Soz. h.e.IV,7, wo z.B. Mursa als eine gallische Festung angesehen wird.

71 Vgl. dazu besonders KELLNER, l.c.57ff.; ZIEGLER, l.c.53-62 und den Katalog mit den dazugehörigen Abbildungen bei BASTIEN, l.c.

72 Im Prinzip so LIETZMANN, ENSSLIN, SCHWARTZ und SCHILLER. Trotz gründlicher Untersuchungen der Münzemissonen des Magnentius schreibt noch BASTIEN, l.c.8: *"Il était probablement païen, mais sa politique religieuse s'inspira d'un constant opportunisme."* Soweit ich sehe, haben nur DIEL, l.c.98ff. und GWATKIN, l.c.148 (die erste Auflage von 1882 war mir allerdings nicht zugänglich) allein schon aus der literarischen Überlieferung geschlossen, daß Magnentius nicht Heide gewesen sein muß; vgl. oben S. 76 Anm. 61.

73 KELLNER, l.c.57ff.

hauptsächliche Prägungen mit dem Christogramm. Bis 352/53 erscheint das Christogramm immer wieder als Teil des kaiserlichen Hoheitszeichens[74]. Schon der Gebrauch des Christogramms macht es unwahrscheinlich, in Magnentius einfach einen Heiden zu sehen[75].

Seit 353 finden sich - ausschließlich aus gallischen Werkstätten - Münzen mit dem die ganze Münze ausfüllenden Christogramm, flankiert von A und Ω[76], mit der Umschrift: *SALUS DD NN AUG ET CAES*.[77] Anhand ähnlicher überlieferter Münzumschriften interpretiert KELLNER *Salus* als Gabe der Gottheit, deren Bild auf der Münze ist. Christus ist somit für Magnentius Garant für die Salus des Kaisers und damit des Reiches. *"Die Münze verkündet, daß der Kaiser die Kraft hatte und hat, sich und damit den Staat zu retten. Der Kaiser dankt für diese Kraft dem Gott, dessen Zeichen er auf die Münze setzt."*[78] Da diese Münze erst 353 und nur in gallischen Werkstätten vorkommen, sieht KELLNER in diesen Münzen den Dank des Magnentius für die Errettung bei seiner Flucht nach Gallien[79].

Diese Münzen, kurz vor dem endgültigen Zusammenbruch der Herrschaft des Magnentius geprägt, können nur als rückhaltloses Bekenntnis zum Christentum verstanden werden[80]. Wenn aber die Interpretation der Münzen als der einzig verfügbaren Selbstaussage des Kaisers für sein Christentum sprechen und die vorliegenden sekundären literarischen Quellen nicht wirklich dagegen, so ist anzunehmen, daß mit an Sicherheit gren-

---

74 KELLNER, l.c.

75 ZIEGLER, l.c.

76 BASTIEN, l.c.pl.III (Trier) Nr. 85-101, vgl. Katalog S. 169f. (7. Phase 353; pl.IV (Ambianum) Nr. 135-147, vgl. Katalog S. 173f. (7. Phase 353); pl. VI (Lyon) Nr. 203-225, Katalog S. 181-183 (7. Phase 353); pl.IX (Arles) Nr. 283-300, Katalog S. 189-191 (7. Phase 353). Vgl. ZIEGLER, l.c.58-62; KELLNER, l.c.60-62. Zu den wirtschaftlichen Hintergründen dieser Münzprägungen KELLNER, l.c.61f.

77 Vgl. die in der vorigen Anmerkung angegebenen Seitenzahlen des Katalogs bei BASTIEN und KELLNER, l.c.63ff. den Exkurs SALUS DD NN AUG ET CAES.

78 KELLNER, l.c.70

79 KELLNER; l.c.62;67.

80 So auch LAFFRANCHI, l.c. schon 1930: *"la piu grande affermazione numismatica del cristianesimo nell' antichitâ."* ZIEGLER, l.c.58: *"Es gibt in der ganzen römischen Prägung keinen anderen Münztyp, der in gleicher Weise so betonten und eindeutig christlichen Charakter hätte."*

zender Wahrscheinlichkeit Magnentius sich als Christ verstand und von seiner Umwelt auch als solcher verstanden wurde[81].

War aber Magnentius Christ, so scheint automatisch die Frage nach seiner Stellung im sogenannten *arianischen Streit* gestellt, also nach seiner Stellung in der kirchlichen Auseinandersetzung zwischen Morgen- und Abendland.

Das Christogramm auf den Münzen wird von A und Ω flankiert. Man hat allgemein in diesem bis auf wenige Ausnahmen nur hier auf Münzen vorkommenden Symbolen eine antiarianische Aussage des Magnentius sehen wollen, der seinen Krieg gegen Konstantius auch als eine Art Religonskrieg erscheinen lassen wollte. Selbst Forscher, die in Magnentius einen Heiden sahen, der sich nur aus Opportunismus christlicher Symbole bediente, haben dies angenommen[82].

Diese Deutung geht von der selbstverständlichen Interpretation von A und Ω als Symbolen für die Ewigkeit des wahren göttlichen Christus aus, den die *Arianer* angeblich ablehnten[83]. So hat auch KELLNER noch versucht, A und Ω als antiarianisches Symbol zu erweisen[84], das die Arianer aufgrund ihrer Theologie ablehnen mußten. Der Krieg des Magnentius

---

81 So auch ZIEGLER, l.c. und SCHÄFERDIEK, RAC X,496f. anhand der Untersuchungen von ZIEGLER und KELLNER; etwas vorsichtiger allerdings KELLNER, l.c.80. Der angebliche Widerspruch zwischen den literarischen und numismatischen Quellen ist also nicht nur aufhebbar, wie ZIEGLER, l.c.62;73 meint, sondern die beiden Quellengattungen ergänzen sich aufs beste.

82 So z.B. SCHILLER, l.c.249: "*Während er den frommen Katholiken zur Schau trug, auf seinen Münzen das antiarianische A und Ω setzte und Verbindung mit dem einflußreichen Nicaener, Athanasius von Alexandrien suchte, bediente er sich der Hilfe von Magiern und Zauberern und gestattete die heidnischen Opfer wieder; vielleicht war das sein wahrer Glaube.*" Ders., l.c.255: "*Ein nicht verächtlicher Bundesgenosse im Westen und in einem Teile des Ostens war der Hass gegen die Arianer, welchen sich Konstantius immer mehr zuneigte. Auf seine Entfesselung ist die Aufschrift* (sc. A und Ω auf den Münzen) *berechnet.*" Als antiarianisches Symbol deuten das A und Ω auf den Münzen des Magnentius ebenfalls BASTIEN, l.c.24; ENSSLIN, l.c.448 (allerdings etwas indirekter); KELLNER, l.c.79f.; LOHMEYER, RAC I,1-4. KENT, NC 14(1954) 216f. will das Christogramm mit flankierendem A und Ω mit der Jerusalemer Kreuzesvision von 351 in Zusammenhang bringen; vgl. dazu auch ZIEGLER, l.c.59 A.314.

83 LOHMEYER, l.c.

84 KELLNER, l.c.71-78.

gegen Konstantius wird auf diese Weise auch für KELLNER zu einer Art Glaubenskrieg[85]. ZIEGLER hat dagegen nachgewiesen, daß diese Deutung von A und Ω, das als Symbol seit dem vierten Jahrhundert im Westen häufig nachweisbar ist[86], keinesfalls sicher als antiarianisch erwiesen werden kann, wenngleich auch er die Symbolik als möglicherweise gegen die Arianer gerichtet annimmt[87].

Die Frage aber überhaupt so zu stellen, heißt, von falschen dogmengeschichtlichen Voraussetzungen auszugehen. Zwischen 350 und 353 bestand das Problem *Orthodoxie* contra *Arianismus* in dieser Form im Westen einfach nicht[88]. G. BARDY hat in zahlreichen Arbeiten nachgewiesen, daß die eigentliche Problematik des trinitarischen Streites bis in die Mitte, wahrscheinlich sogar bis an das Ende der fünfziger Jahre im Westen weitgehend unbekannt geblieben war; das Zeugnis des Hilarius von Poitiers über seine Kenntnisse der Beschlüsse von Nizäa im Jahre 356, als er ins Exil mußte, bilden gerade für Gallien ein schönes Beispiel[89]. Die Verwendung eines *antiarianischen* Symbols auf Münzen hätte zumindest irgendwelche Identifizierungsmöglichkeiten geben müssen, dazu aber waren die theologischen Probleme zwischen Orient und Occident zu unbekannt. Die Führer des abendländischen Episkopats hatten zwar 342 in Serdika und 345 in Mailand die in der orientalischen origenistischen Theologie übliche Unterscheidung der Hypostasen als arianisch gebrand-

---

85 KELLNER, l.c.79: "*Daß ein A und Ω auf die Münzen gezeichnet wird, ist in dieser Zeit zu verstehen als Bekenntnis zum wahren Christus, dem Christus der echten, alten Lehre.*" Ders., l.c.73: "*Die letzte Festung der kompromißlosen Nizäaner* (sic!), *derer, die sich zu Christus als dem Vater gleichen und mit ihm einen Gott bekannten, war nun jener Bereich, den Magnentius in der Hand hielt. Die Hochburg der Orthodoxen muß in dieser Zeit Trier gewesen sein.*"

86 ZIEGLER, l.c.; vgl. N. MÜLLER, RE I,1ff.

87 ZIEGLER, l.c.59-62: 1. Die Symbolik wird sonst (etwa bei Athanasius oder anderen) nicht gebraucht. 2. Auch Konstantius konnte für sich später Münzen dieses Typs in Trier prägen lassen. KELLNERs Einwand gegen die Münzprägungen mit A und Ω durch Konstantius vermag nicht zu überzeugen.

88 Vgl. oben S. 3ff.

89 BARDY, RechSR 30(1940)257-306; Irenikon 16(1939)385-424; ReSR 20 (1940)28-63; SIEBEN, l.c.198ff. Hilar.Syn.91 [PL X,545A]: *regeneratus pridem, et in episcopatu aliquantisper manens, fidem nicaenam numquam nisi exsulaturus audivi.*

markt[90], aber das scheint das Abendland nicht sonderlich erregt zu haben. Viele Bischöfe haben offenbar von all diesen Dingen gar nichts gewußt. Die Diskussion mit der orientalischen Theologie blieb nur einigen wenigen Bischöfen vorbehalten. Kaum ist es vorstellbar, daß der Soldat Magnentius trotz römischer Bildung in die Feinheiten der Diskussion um den Hypostasenbegriff eingeweiht war. Bei den geringen Kenntnissen über die theologische Kontroverse im Abendland ist eine entsprechende Ausnutzung theologischer Gegensätze zwischen West und Ost als Propaganda gegen Konstantius kaum denkbar. Außerdem taucht die Symbolik von A und Ω in der trinitarischen Diskussion sonst nie auf. Die kirchlichen Kämpfe zwischen Orient und Occident waren in den vierziger Jahren viel mehr an den Personalfragen als an den durchaus bestehenden theologischen Gegensätzen entbrannt. Die einst von Konstantius ins Exil getriebenen Bischöfe, vor allem Athanasius, waren aber seit einigen Jahren auf ihre Bischofssitze zurückgekehrt, dadurch hatte sich die kirchliche Lage seit 346 wesentlich entschärft[91].

Wenn auch A und Ω auf den Münzen des Magnentius nicht als antiarianisches Symbol und somit als eigens gegen Konstantius gerichtet gedeutet werden können, so hat Magnentius jedoch offensichtlich von den zurückliegenden kirchenpolitischen Auseinandersetzungen zwischen Ost und West erfahren und versucht, sie für seine Zwecke nutzbar zu machen; der Bischof der Residenz Trier wird ihm dabei behilflich gewesen sein.

---

90 Vgl. oben S. 17ff.

91 Das häufige Vorkommen der Symbolik von A und Ω im Westen scheint mir viel eher daher zu resultieren, daß die Johannesapokalypse, aus der bekanntlich dieses Symbol stammt (1,8;21,6;22,13), im vierten Jahrhundert schon im Abendland beliebt und verbreitet war, im Osten dagegen, abgesehen von Ägypten, weitgehend auf Ablehnung stieß, was aber keineswegs auch nur irgendetwas mit dem *Arianismus* oder was KELLNER, l.c. offenbar dafür hält, zu tun hat, wie er annimmt. Die Apokalypse wird auch von griechischen Theologen, deren Orthodoxie über jeden Zweifel erhaben ist, wie z.B. Gregor von Nazianz oder Johannes Chrysostomus, abgelehnt. Vgl. H. KRAFT, Die Offenbarung des Johannes [HNT 16a, Tübingen 1974] 6-9. Da die Frage des Symbols A und Ω auf den Münzen des Magnentius im Rahmen dieser Arbeit nicht weiter untersucht werden kann, werde ich darauf an anderer Stelle ausführlicher zurückkommen.

Wohl schon im Frühjahr 350[92], also nur ganz kurze Zeit nachdem auch Nord-Afrika und teilweise Libyen dem Herrschaftsgebiet des Magnentius einverleibt worden waren, das somit nicht nur in das Gebiet des Konstantius, sondern auch die Diözese des alexandrinischen Patriarchen Athanasius hineinreichte[93], schickte Magnentius über Afrika eine Gesandtschaft an Konstantius, die aber vorher in Alexandria Athanasius besuchte. Diese Gesandtschaft bestand aus zwei gallischen Bischöfen, Servatius und einem gewissen Maximus, dessen Sitz ebenfalls nicht angegeben ist. Außerdem werden die Bischöfe von zwei namentlich genannten Männern begleitet, Clementius und Valens, beide offensichtlich Laien[94]. Bei Bischof Servatius muß es sich wohl um den bekannten Servatius von Tongern gehandelt haben[95]. Wer der zweitgenannte Bischof Maximus war, ist leider nicht mehr mit Sicherheit zu ermitteln. Es ist zumindest nicht unmöglich, daß es sich bei dem genannten Maximus um Maximin, den kirchenpolitisch erfahrenen und seit Jahren eng mit Athanasius befreundeten Bischof der Residenzstadt Trier gehandelt haben könnte[96].

---

92 BASTIEN, l.c.26 möchte April 350 annehmen.

93 MORENZ, RGG I$^3$,123;232f.

94 Ath.apol.Const.9,2.

95 OPITZ II,284, nota; DUCHESNE, Fastes III,188f.

96 Ein gallischer Bischof Maximus findet sich in der Liste der nachträglichen Unterzeichner der Beschlüsse von Serdika der Abendländer bei Ath.apol.sec.49 Nr.112. In der Liste der Unterschriften von der Synode von Serdika in dem im Cod.Veron.60 [TURNER I/2,660] überlieferten Brief an die Kirchen der Mareotis ebenfalls ein gallischer Bischof Maximus (Nr.19), bei dem es sich aber ganz sicher um Maximin von Trier handelt (nota zu Nr.19). In Apol.sec.49 wird Maximin von Trier als Maximianus (Μαξιμιανός) genannt. So spricht bei der unterschiedlichen Überlieferung des Namens des Trierer Bischofs nichts dagegen, daß es sich bei dem hier genannten Μάξιμος [OPITZ-SCHNEEMELCHER II,284,16] um den berühmten Bischof von Trier gehandelt haben könnte. Absolut unklar ist sein Todesdatum, wird aber von der Forschung heute allgemein vor 350 angenommen. Bei den Akten der angeblichen Synode von Köln im Jahre 346 (CChr 148A,26-30), die unter dem Vorsitz Maximins von Trier den Kölner Bischof Euphrates (vgl. oben S. 46-53) wegen Ketzerei abgesetzt haben soll, handelt es sich um eine mittelalterliche Fälschung, wie schon DUCHESNE, RHE 3(1902)16-29 meisterhaft nachgewiesen hat. Allerdings wird die Echtheit der Akten neuerdings wieder häufiger verteidigt; vgl. H.C. BRENNECKE, ZKG 90(1979)176-200. Die Akten dieser angeblichen Synode können also nicht zur Bestimmung des Todesdatums Maximins herangezogen werden.
An zwei Stellen berichtet Athanasius (apol.sec.58,1; h.Ar.26), daß

Die Gesandten aus Gallien scheinen Athanasius Briefe von Magnentius gebracht zu haben[97]. Ob Athanasius die Briefe beantwortet hat, wird man nicht sicher entscheiden können. Sein heftiges Leugnen ist nicht ganz glaubhaft und die Argu-

---

ihm Paulinus von Trier die Widerrufe der beiden pannonischen Bischöfe Valens und Ursacius aus dem Jahre 347 übersandt habe. Ath.h.Ar.26 [OPITZ II,197,12]: τὸ γὰρ ἀντίγραφον ἀπεστάλη ἡμῖν παρὰ Παύλου ἐπισκόπου Τριβέρων Ῥωμαϊστί. Zu den Widerrufen vgl. oben S. 62f. Bei dieser Bemerkung des Athanasius handelt es sich um den einzigen Hinweis, aus dem man allgemein geschlußfolgert hat, daß Maximin vor 347 gestorben sein muß, und Paulinus, der erst 353 erwähnt wird, bereits Bischof war (so heute die überwiegende Mehrheit der Forscher). Allerdings - und diese Möglichkeit ist, soweit ich sehe, bisher noch nicht erörtert worden - läßt sich aus dieser Bemerkung des Athanasius keineswegs absolut sicher schließen, daß Paulinus die Widerrufe der beiden pannonischen Bischöfe sofort 347 nach Alexandria geschickt hatte, als Athanasius gerade auf seinen Bischofsthron zurückgekehrt war. Mußte nicht Athanasius in dieser Situation viel eher vorsichtig sein bei Kontakten ausgerechnet zum Bischof der abendländischen Residenz? Dagegen wäre es durchaus vorstellbar, daß Paulinus die Akten erst 352/53 an Athanasius gesandt hätte, als Valens und Ursacius sich nach dem Tode des Konstans wieder von den Occidentalen abgewandt hatten und anfingen, gegen Athanasius vorzugehen, und der Fall des Athanasius erneut auch vom Kaiser selbst aufgegriffen wurde. Zu diesem Zeitpunkt jedenfalls brauchte Athanasius die Akten wirklich. Die Bemerkung von OPITZ II,137 nota, wonach Paulinus die Akten sofort 347 an Athanasius geschickt haben soll, findet in den erhaltenen Quellen keinen Anhalt.

Das in der älteren Literatur häufig genannte Todesdatum 348 oder 349 ist allein von der alten Datierung der Synode von Serdika ins Jahr 347 abhängig, die Maximin ja auf jeden Fall noch erlebt hatte. Der Beweis, daß Maximin von Trier im Jahre 350 schon tot war, läßt sich mit den zur Verfügung stehenden Quellen jedenfalls nicht führen. Zur Diskussion um das Todesdatum vgl. EWIG, Trier, Kap. I/3; AIGRAIN, BSAO 4(1916)90f.; NEUSS-OEDINGER, l.c.38 (dort wird 352 oder 353, allerdings ohne jede Begründung, als Todesdatum angenommen; auf S. 50ff. dann 351, ebenfalls ohne Begründung; im Register des Bandes dann überraschen die Verfasser mit 346 als vermutetem Todesjahr Maximins; ähnliche Konfusion bei HAU, l.c.).

Somit ist Maximin von Trier als Teilnehmer der Delegation zu Athanasius jedenfalls nicht sicher auszuschließen. Für diese allerdings vage Annahme könnten außerdem folgende Gründe sprechen:

1. Maximin war als seit vielen Jahren in kirchenpolitischen Dingen erfahrener Bischof der abendländischen Residenz wie kein anderer in der Lage, einen derart delikaten diplomatischen Auftrag zu erfüllen.
2. Als langjähriger enger Freund und Helfer des Athanasius und seiner Sache hätte Maximin als erster die Möglichkeit gehabt, Athanasius für Magnentius zu gewinnen.
3. Auch zu Paul von Konstantinopel scheint diese oder eine ähnliche Delegation gereist zu sein. Auch Paulus war seit vielen Jahren mit Maximin bestens bekannt und befreundet und hatte ihm manche Unterstützung zu verdanken (vgl. oben S. 37 mit Anm. 89).

97 Vgl. die Vorwürfe Ath.apol.Const.6.

mentation seiner Verteidigung so unlogisch, daß sich der Verdacht nicht ganz beseitigen läßt, daß er zumindest positiver auf die Botschaften des Magnentius reagiert hat, als er später glauben machen will. Schließlich gehörte Servatius von Tongern zu den Unterzeichnern von Serdika, die Athanasius stolz als die Bischöfe aufzählt, die ihn unterstützen, ganz unabhängig davon, ob es sich bei dem zweiten Bischof tatsächlich um seinen engen Freund und Vertrauten Maximin von Trier gehandelt hat[98].

Wahrscheinlich haben die abendländischen Bischöfe im Auftrag des Magnentius versucht, Athanasius zum Abfall von Konstantius zu bewegen, um so das wichtige Ägypten in den Herrschaftsbereich des Magnentius zu bringen. Offenbar stellten sie Athanasius vor Augen, daß er für die Zukunft von Konstantius nichts Gutes zu erwarten hätte[99]. Aber Athanasius scheint sich klug abwartend verhalten zu haben.

Konstantius, der anscheinend über die Versuche des Magnentius unterrichtet worden war, Einfluß auf Athanasius zu nehmen, sendet ihm ein beruhigendes Schreiben. Er ermahnt ihn darin ernstlich zur Treue gegenüber seinem Herrn und garantiert ihm aufs neue seinen Bischofssitz[100]. Gleichzeitig befiehlt Konstantius den ägyptischen Behörden, Athanasius in

---

98 Ath.apol.Const.6;9;11. Vgl. SCHWARTZ, GS IV,27: "..., *daß dieser* (sc. Athanasius) *ihnen einen Brief an den Usurpator mitgab, bezeugt er selbst am besten durch die Art, wie er es zu bestreiten versucht.*"

99 Ath.apol.Const.23,2 [OPITZ-SCHNEEMELCHER, 292,1-3]: καὶ ἐπειδή τινές εἰσιν, οἵτινες ἐν τῷ παρόντι καιρῷ τῷ οὕτω δακρυτικῷ δράματι καταπτοεῖν σε πειράζουσι, διὰ τοῦτο... Vgl. dazu h.Ar.24,1, dort nur in einer etwas anderen Übersetzung aus dem Lateinischen. Daß wirlich Verhandlungen stattgefunden haben, geht aus Amm.XV,7,7ff. hervor, wo Ammianus Athanasius Einmischung in außenpolitischen Angelegenheiten vorwirft [SEYFARTH I,134,24-28]: *Athanasium episcopum eo tempore apud Alexandriam ultra professionem altius se efferentem scitarique conatum externa, ut prodidere rumores assidui, coetus in unum quaesitus eiusdem loci cultorum (synodus ut appellant) remouit a sacramento, quod obtinebat.* Auch daß Konstantius in Mailand im Jahre 355 persönlich als Ankläger gegen Athanasius auftrat (vgl. Ath.h.Ar.76) und Athanasius sich in seiner Apologie an Konstantius so ausführlich mit dem Vorwurf der Konspiration befaßt, spricht zumindest für Kontakte; vgl. KLEIN, Constantius, 53 A.117 mit den wichtigsten Forschungsmeinungen und unten S. 182f.

100 Ath.h.Ar.24 = apol.Const.23; vgl. vorige Anmerkung.

keiner Weise zu behelligen[101]. "*Wahrscheinlich bekam Athan. sehr weitgehende Konzessionen in der Unabhängigkeit von den Zivil- und Militärbehörden, wodurch er praktisch zum Herren über Ägypten gemacht wurde.*"[102]

Für den Augenblick hatte Athanasius aus dem Interesse beider Kaiser an seiner Person und an Ägypten einen enormen Vorteil gezogen. Der Versuch des Magnentius, Athanasius für seine Politik einzuspannen, war zwar gescheitert, aber Konstantius fühlte sich von Athanasius erpreßt[103] - unter anderen politischen Umständen war ein neuer Konflikt unausweichlich.

Auch bei einem anderen prominenten Vertreter der abendländisch-athanasianischen Kirchenpolitik der vierziger Jahre, dem im Westen und besonders in Gallien wohlbekannten Bischof der orientalischen Hauptstadt Konstantinopel, Paulus, scheinen Gesandtschaften des Magnentius vorgesprochen zu haben. Die wenigen z.T. auch noch heillos verwirrten Anspielungen in der zeitgenössischen Literatur erlauben nur ein sehr ungenaues Bild der Ereignisse. Sokrates und Sozomenos berichten, daß nach dem Tode des Konstans im Jahre 350 Paulus von Konstantinopel abgesetzt und von Konstantius nach Cucusus in Armenien ins Exil geschickt worden sei, aus dem er nicht mehr zurückkehren sollte[104]. Die Historia Athanasii berichtet die Absetzung Pauls in Verbindung mit den Auseinandersetzungen zwischen Konstantius und Magnentius. Weil Paulus am rechten Glauben festhalten und nicht mit den Arianern Gemeinschaft halten wollte, so die Historia Athanasii, beschuldigte man ihn der Konspiration mit Magnentius, und Konstantius schickte ihn deshalb ins Exil[105]. Die Tendenz des Textes,

---

101 Ath.h.Ar.51,4 [OPITZ II,212,25-28]: καὶ ἐντολὰς δὲ δι' Ἀστερίου κόμητος καὶ Παλλαδίου νοταρίου ἔπεμψε Φιλικισσίμῳ τῷ τότε δουκὶ καὶ Νεστορίῳ τῷ ἐπάρχῳ, ἵνα, εἴτε Φίλιππος ὁ ἔπαρχος εἴτε τις ἄλλος ἐπιβουλεύειν Ἀθανασίῳ τολμήσῃ, τοῦτον ἐκεῖνοι κωλύωσι.

102 OPITZ-SCHNEEMELCHER, 292 nota.

103 OPITZ-SCHNEEMELCHER, 291 nota; SCHILLER, l.c.249.

104 Soc. h.e.II,26,6; Soz. h.e.IV,2,2. Zum Tod des Paulus im Exil Ath. fug.3,6; h.Ar.7. OPITZ II,186f. nota nimmt die Absetzung Pauls erst für 351 an; SCHWARTZ, GS IV,26 A.4 möchte nach VALOIS auch Soc. h.e. II,16 = Soz. h.e.III,3 als Bericht über die Exilierung des Jahres 350 ansehen.

105 Hist.Ath.2 [TURNER I/2,663]: *Secundum autem reuersionis eius, con-*

Paulus zu einem Heiligen und Märtyrer der nizänischen Orthodoxie zu stilisieren, der er nun so ganz und gar nicht war, wird hier sehr deutlich; die Anspielungen auf die politischen Hintergründe dürften der Wahrheit entsprechen[106]. Noch deutlicher spricht das sogenannte Legendum der heiligen Notare von Beziehungen zwischen Paulus und Magnentius. Paulus wurde (fälschlich, wie der Verfasser meint) angeklagt, ὅτιπερ Μαγνέντιος ἔγραψεν Παύλῳ καὶ Παῦλος Μαγνεντίῳ[107]. Unabhängig davon berichtet der Rhetor Themistios von Unruhen, die durch die Usurpation des Magnentius in Konstantinopel verursacht worden seien, und daß die Stadt sich von ihrem Kaiser abgewandt habe[108], so daß man daraus auf das Bestehen einer Magnentiuspartei in Konstantinopel geschlossen hat[109]. Bei dem großen Einfluß, den Paulus offenbar in Konstantinopel hatte, wo es um und durch ihn schon zu so manchem Tumult gekommen war[110], wird man die Bemerkung des Themistios mit denen des Legendum der heiligen Notare und der Historia Athanasii ver-

---

*sulibus Hypatio et Catulino, Theodorus Narcissus Georgius cum ceteris uenerunt Constantinopolim uolentes suadere Paulo communicare sibi: qui nec uerbo eos suscepit, etiam eorum salutationem anathematizauit. adsumentes itaque secum Eusebium Nicomedensem insidiati sunt beatissimo Paulo: et interponentes calumniam illi de Constante et Magnentio expulerunt Constantinopoli, quo possint locum habere et Arrianam eresem seminare. populus autem Constantinupolitanus desiderans beatissimum Paulum perseuerauit seditionibus ne duceretur ex urbe, amantes sanam doctrinam eius. imperator sane iratus comitem Hermogenem transmisit ut eum eiciat. quo audito populus per mediam ciuitatem extraxit Hermogenem. ex qua re occasione nancta aduersum episcopum exiliauerunt eum in Armoenia*... Die Hist.Ath. vermengt die Ereignisse von 342 und 350; vgl. oben S. 27 mit Anm. 47.

106 SCHWARTZ, GS IV,26.

107 Text des Legendum bei TELFER, l.c.35-37. Der Zusammenhang der Stelle Legend.4 [TELFER, 36]: καὶ συκοφαντοῦντες ἔλεγον (sc. Theodor, Georg, Acacius) κατ' αὐτοῦ (sc. Paulus) ὅτιπερ Μαγνέντιος ἔγραψεν Παύλῳ καὶ Παῦλος Μαγνεντίῳ. TELFERs Zusammenstellung l.c. mit der Hist.Ath. zeigt deutlich die Verwandtschaft beider Texte. Vgl. dazu und über das Legendum TELFER, l.c.

108 Them.Or.4,56a [DOWNEY I 80,2ff.]: ἀναμνήσθητε οὖν πρὸς φιλίου ἡνίκα ἐξερράγη μὲν ἡ τυραννὶς περὶ τὴν ἑσπέραν, συμπαρέφυ δὲ καὶ ἑτέρα ἐν Ἰλλυριοῖς, ὡς ἅπασα οὖν ἡ ἀρχὴ ὀρθὴ ἦν καὶ μετέωρος πρὸς τὸ μέλλον, ἡ πόλις δὲ ἐνδεινότερον ἐξεπέπληκτο ὑπὸ δείματος, καὶ ἔπαλλε μὲν αὐτῆς ἡ καρδία, ἐβάμβαινε δὲ ἡ φωνή, κρύπτειν δὲ ἐπιχειροῦσα τὸ δέος ἐξελέγχετο ὅμως ὑπὸ τοῦ πάθους ἀλλοχροοῦσά τε καὶ ἀδημονοῦσα καὶ ἀπορίᾳ ξυνεχομένη,...

109 MOREAU, l.c.165; PIGANIOL, l.c.96.

110 SCHWARTZ, GS IV,25-27; vgl. LIPPOLD, l.c. Zur Hermogenesaffäre oben S. 27 mit Anm. 47.

binden können und direkte Beziehungen zwischen Paulus und Magnentius annehmen müssen. Diese waren offenbar bereits in ein Konstantius zumindest gefährlich erscheinendes Stadium getreten, woraus sich auch das schnelle Eingreifen des Kaisers gegen Paulus erklären läßt. Konstantius sah hier seine Hauptstadt bedroht.

Die Hermogenesaffäre des Jahres 342 dürfte Konstantius auch kaum vergessen haben, schon von daher ist das besonders harte Vorgehen gegen den konstantinopolitanischen Bischof zu erklären.

Magnentius hat also, so weit sich das noch halbwegs erkennen läßt, über einflußreiche Bischöfe des Ostens, die aus den früheren Auseinandersetzungen der dreißiger und vierziger Jahre im Westen als Gegner der Kirchenpolitik des Konstantius bekannt waren und in Kontakt mit dem abendländischen Episkopat standen, versucht, seine Macht schon gleich im Jahre 350 auf den Herrschaftsbereich des Konstantius auszudehnen, genau wie es ein knappes Jahrzehnt zuvor Konstans versucht hatte.

Wie auch Konstans strebt Magnentius mit Hilfe der dem Konstantius gegnerisch gesinnten Bischöfe des Orients nach der Alleinherrschaft. Indem er durch abendländische Bischöfe versucht, einige wichtige orientalische Bischöfe der großen Metropolen für sich zu gewinnen, bedient er sich nicht nur derselben Methode wie einst Konstans, sondern versucht es in Athanasius und Paulus auch über dieselben Männer wie sein Vorgänger, von dem er sich sonst in allen Dingen distanzieren möchte. Die Vermutung liegt nahe, daß er auch dieselben Berater in kirchenpolitischen Fragen wie sein Vorgänger Konstans hatte.

Bei der Kirchenpolitik des Konstans war der starke Einfluß des Trierer Bischofs Maximin neben dem des greisen Beraters schon Konstantins, Ossius, deutlich geworden. Da es sich bei Magnentius um die genaue Fortsetzung der Kirchenpolitik des Konstans handelte und im Jahre 350 Trier die Residenz des Usurpators war, liegt die Vermutung nahe, daß die Kirchenpolitik des Magnentius am Sitz des Trierer Bischofs entstanden ist, auch wenn nicht mehr genau festzustellen ist, ob Maximin selbst 350 noch gelebt hat oder schon sein Nachfolger Paulinus den Trierer Bischofsstuhl bestiegen hatte[111].

Keine erkennbare Rolle in der Auseinandersetzung zwischen Konstantius und Magnentius scheint der römische Bischof gespielt zu haben. Rom war durch die politischen Ereignisse der Jahre 350 - 353 besonders hart betroffen, da Nepotian und Marcellinus nach ihren jeweiligen Eroberungen schrecklich in der Stadt gewütet hatten[112].

Athanasius berichtet, daß durch das Schreckensregime der Truppen des Magnentius in Rom Angehörige der konstantinischen Familie (die wohl in den ebenso blutigen Putsch des Nepotian verwickelt waren), die ihm einst Gutes erwiesen hatten, ermordet worden seien[113]. Julius und die Kirche Roms erwähnt er mit keinem Wort.

Anscheinend hat Julius unter Magnentius keine besondere Rolle in der Kirchenpolitik gespielt.

Am 12. April 352, als Rom noch von dem nach seiner Niederlage bei Mursa nach Aquileia geflüchteten Magnentius regiert wird, stirbt Julius[114]. Ihm folgt einige Wochen später, am 17. Mai, ebenfalls noch unter der Herrschaft des Magnentius, der bisherige römische Diakon Liberius auf den Bischofsthron der alten Reichshauptstadt[115]. Im Spätherbst desselben Jahres

111 Daß sich dies anhand der vorhandenen Quellen jedenfalls nicht ausschließen läßt, ist oben Anm. 96 gezeigt worden. Da Maximins Nachfolger Paulinus grundsätzlich die gleiche Position wie sein Lehrer und Vorgänger vertreten hat (dazu unten S. 133ff.), wäre diese Politik ohne Zweifel auch durch ihn möglich gewesen. Auch in Servatius von Tongern kommt ein Anhänger der Politik von Serdika zu Athanasius. Da diese so ganz maximinische Kirchenpolitik des Magnentius nur für das Jahr 350 erkennbar ist, wäre es u.U. möglich, daß diese Vorstöße von Maximin ausgingen, er vielleicht sogar Teilnehmer der Delegation zu Athanasius war, aber dann sehr bald gestorben ist. Der Bischofswechsel in Trier und die dann sich bald zu Ungunsten des Magnentius wendende politische und militärische Lage, die Magnentius mehr als Soldaten und Feldherrn beanspruchte, hätte dann weitere derartige kirchenpolitische Vorstöße verhindert. Leider geben die Quellen nicht die Möglichkeit zu genaueren Aussagen. Gar nicht feststellbar ist, ob der greise Ossius von Corduba in irgendeiner Form beratend für Magnentius gewirkt hat. Über ihn ist aus der Regierungszeit des Magnentius nichts bekannt; vgl. DE CLERCQ, Ossius, 418ff.

112 Vgl. oben S. 67.

113 Ath.apol.Const.6 [OPITZ II,283,17ff.] mit nota. Von irgendwelchen Aktivitäten der römischen Kirche oder gegen die römische Kirche berichtet er nichts.

114 SEECK, Regesten, 198.

115 SEECK, Regesten, 199.

war Italien in der Hand des Konstantius.

Der neue römische Bischof Liberius hat offensichtlich in der jetzt von Konstantius Zug um Zug wiederhergestellten Einheit des Reiches unter einem allein regierenden Kaiser, dem letzten der Söhne Konstantins, eine Chance auch für die Einheit der Kirche gesehen und sie versucht zu nutzen, indem er wieder aktiv in der Kirchenpolitik des Reiches in Erscheinung trat. Allerdings sollte er sich bald vor für ihn unlösbare Probleme gestellt sehen. Noch bevor Magnentius endgültig überwunden war, rückt der Fall des Athanasius erneut in den Mittelpunkt kirchenpolitischer Aktivitäten.

# 4. KAPITEL

## DIE SYNODE ZU SIRMIUM IM JAHRE 351

Doch bevor sich Konstantius erneut mit dem Fall und der Person des Athanasius befaßte, ging er gegen den noch immer ungehindert in der pannonischen Residenz Sirmium als Bischof residierenden Ketzer Photin vor.

Nachdem schon zwei abendländische Synoden im Jahre 345 in Mailand und im Jahre 347 in Sirmium auf Befehl von Kaiser Konstans zusammengetreten waren, um den seit Anfang der vierziger Jahre als Bischof von Sirmium amtierenden Photin abzusetzen[1], waren diesen Beschlüssen keine Taten gefolgt. Die Absetzungsurteile der Synoden hatte man zwar dem Orient mitgeteilt[2], aber Photin waltete weiter ungehindert seines Amtes.

Für Konstans war die Verurteilung Photins von geringerem Interesse gewesen. Er hatte ihr auf Drängen seines Bruders Konstantius zwar zugestimmt, aber vor allem, um so Athanasius die Möglichkeit zur Rückkehr nach Alexandria zu eröffnen. Jedenfalls unternahm Konstans in den nächsten Jahren keine Schritte, die Synodalbeschlüsse von 345 und 347 durchzusetzen, und so blieb der bei der Bevölkerung offensichtlich beliebte Photin unangefochten als Bischof in Sirmium.

Es wäre verlockend, einmal das vielverhandelte und mit mancherlei Emotionen belastete Thema von dem Verhältnis von Kirche und Staat seit dem vierten Jahrhundert, die sogenannte *konstantinische Wende* und das sogenannte *konstantinische Zeitalter*, auch unter diesem Gesichtspunkt zu betrachten. Spätestens seit der Synode von Nizäa, also schon seit 325, ist die Kirche gar nicht mehr in der Lage, einmal gefällte

1 Vgl. oben S. 56-64. Zu Photin SIMONETTI, La crisi, 202-206.
2 Vgl. oben S. 57-59.

Synodalurteile auch mit eigenen Mitteln durchzusetzen, ganz egal, ob es sich dabei um Disziplin- oder Glaubensfragen handelt.

Schon am Anfang des Donatistenstreites hatte man von seiten der Donatisten nach dem Kaiser gerufen[3]. Die Stellung der Bischöfe, besonders in den großen Städten, ließ ein rein kirchliches Handeln im Konfliktfall gar nicht mehr zu, was immer man auch auf vielerlei Synoden beschloß und in Kanones festzulegen versuchte. Die Kanones der verschiedenen Synoden spiegeln die tatsächlichen Verhältnisse nicht wider und waren oft wirkungslos, wenn es galt, sie gegen einen Bischof durchzusetzen[4]. Um gegen einen Bischof vorgehen zu können, und war er auch von mehreren Synoden der Ketzerei überführt und exkommuniziert, bedurfte die Kirche der staatlichen Macht!

Es genügte schon das Desinteresse des sonst den abendländischen Bischöfen überaus gewogenen Kaisers Konstans, um die Durchführung der Synodalbeschlüsse sogar der vom Kaiser selbst einberufenen Synoden gegen Photin unmöglich zu machen. Ebenso gelang es wenige Jahre später nicht, den homöischen Bischof Auxentius von Mailand trotz zahlreicher Synodalurteile gegen ihn abzusetzen. Schon einhundert Jahre früher hatte die Kirche es nicht vermocht, Paul von Samosata ohne Hilfe des noch heidnischen Staates aus seinem Bistum zu vertreiben[5].

Seit der Rückkehr des Athanasius nach Alexandria und anderer exilierter Bischöfe in ihre orientalischen Heimatdiözesen scheint auch das Interesse an einer Absetzung Photins von seiten der orientalischen Bischöfe für kurze Zeit etwas nachgelassen zu haben, da Markell, der geistige Vater Photins, allem Anschein nach nicht zu den Bischöfen gehörte, die 345/46 in die orientalischen Diözesen zurückkehren durf-

---

3 GIRARDET, Kaisergericht 6-51.

4 Auch Kan. III von Serdika (vgl. oben S. 42-46) scheint vorerst keinerlei Wirkung gehabt zu haben; vgl. oben S. 43 mit Anm. 119.

5 Zum Fall des Auxentius von Mailand vgl. Hilar. Aux. [PL X,605ff.]; ZEILLER, DHGE V,935; MESLIN, l.c.291-94; 326-29.

ten[6], jedenfalls schweigen die uns erhaltenen Quellen[7]. Doch die Ketzerei des Markell und seines Schülers Photin geriet bei den orientalischen Bischöfen nicht in Vergessenheit.

Inzwischen hatten sich die politischen Verhältnisse radikal verändert. Der an einer Absetzung Photins nicht sonderlich interessierte Kaiser Konstans war tot; seinem Mörder und Nachfolger Magnentius war es nicht gelungen, auch Illyrien seinem Machtbereich zuzuschlagen. Nachdem Vetranio am Weihnachtstage des Jahres 350 seine Macht an Konstantius übergeben hatte, war dieser Herr nicht nur über die vereinigten Heere, sondern auch über die einst von seinem Bruder beherrschten Donauprovinzen[8]. Den Winter 350/51 brachte Konstantius in der Residenz Sirmium zu[9].

Aller Wahrscheinlichkeit nach gleich zu Beginn des Jahres 351 beschloß Konstantius, nun endlich den Ketzer Photin aus seiner Residenz zu vertreiben und damit die Synodalbeschlüsse der abendländischen Synoden von 345 und 347 durchzuführen. Zu diesem Zweck berief Konstantius wohl noch zu Beginn des neuen Jahres 351 eine Synode in die Residenz Sirmium ein[10], bevor er am 15. März seinen Neffen Gallus zum Caesar ernannte und nach Antiochia schickte[11]. Vor der endgültigen Abset-

---

6 Gegen Soz. h.e.IV,2,1. Ebenso LOOFS, RE XII,262,57.59. SCHLADEBACH, l.c.11 denkt an Rückkehr und Wiederabsetzung durch eine orientalische Synode in Sirmium 347. Die sirmische Synode im Jahre 347 war aber eine abendländische, vgl. oben S. 62f.

7 Zu einer angeblichen antiathanasianischen orientalischen Synode 347 oder 348, die sich mit diesen Fragen befaßt haben soll, vgl. S. 58-61.

8 Vgl. S. 68.

9 Bis zum Frühsommer 351 ist Konstantius in Sirmium nachweisbar; vgl. SEECK, Regesten 198.

10 Soc. h.e.II,29,1 [HUSSEY,276]: Τότε δὲ (sc. als Konstantius den Winter 350/51 in Sirmium verbrachte) καὶ Φωτεινὸς ὁ τῆς ἐκεῖ ἐκκλησίας προεστηκὼς τὸ παρευρεθὲν αὐτῷ δόγμα φανερώτερον ἐξεθρύλει. διὸ ταραχῆς ἐκ τούτου γενομένμς, ὁ βασιλεὺς σύνοδον ἐπισκόπων ἐν τῷ Σιρμίῳ γένεσθαι ἐκέλευσε. Vgl. dazu Soz. h.e.IV,6,4. Sokrates und Sozomenos nehmen an, daß die Synode vor der Schlacht bei Mursa im Jahre 351 in Sirmium stattgefunden habe. Das Jahresdatum, wohl ebenfalls aus Sabinus stammend, nur bei Soc. h.e.II,29,4 und Soz. h.e.IV,6,6.

11 Zur Erhebung des Gallus zum Caesar oben S. 68. In der bei Epiph. haer.71,1,5 überlieferten Namensliste der acht Comites, die als eine Art Schiedsrichter der Disputation beiwohnten, wird an erster Stelle ein Thalassius genannt. Dieser Thalassius wurde im März 351, als Gallus zum Caesar des Orients erhoben wurde, zum praef.praet.orient.

zung und Vertreibung des Photin wollte Konstantius einen neuen Spruch der Bischöfe über den Ketzer, da er nie ohne vorherige Exkommunikation durch eine Synode gegen einen Bischof vorging[12].

Obwohl die einzigen uns vorliegenden Quellen die Synode noch vor die entscheidende Schlacht bei Mursa legen, hat die Forschung seit VALESIUS ohne ersichtlichen Grund allgemein angenommen, daß die Synode nach der für Konstantius siegreichen Schlacht vom 28. September 351 stattgefunden habe[13]. Über Ablauf und Hintergründe dieser Synode ist sonst so gut wie nichts bekannt[14], selbst die Zeitgenossen scheinen nur wenig von den Ereignissen gewußt zu haben, was möglicherweise an den gleichzeitigen politischen Geschehnissen lag.

---

ernannt und reiste zusammen mit Gallus nach Antiochia ab; vgl. JONES, Prosopography 886. JONES' Annahme, daß er am Ende des Jahres zur Synode nach Sirmium wieder zurückgekehrt sei, ist schwer vorstellbar und geht einfach von der Annahme aus, daß die Synode nach der Schlacht bei Mursa stattgefunden habe.

12 Vgl. den Fall des Stephanus von Antiochia oben S. 52f. u.v.a.; dazu grundsätzlich GIRARDET, l.c.52ff.

13 VALESIUS, PG 62,277ff. folgen: AMANN, DThC XIV,2175f.; BARDY in FLICHE-MARTIN III,138-40; LE BACHELET, DThC II,1818; GWATKIN, l.c.149; HARNACK, DG II,250; LECLERCQ, l.c.852; LIETZMANN, GaK III,210; LORENZ, l.c.23; OPITZ II,254 nota; SCHWARTZ, GS IV,28; SEECK, GdU IV, 138; ZEILLER, Origines 270. Eine typische, wenn auch nicht gerade originelle Begründung für diese Datierung bei GWATKIN, l.c.A.4: *"It is better left till the battle of Mursa had cleared the situation."* Zu verschiedenen älteren Datierungsversuchen vgl. HEFELE, l.c. z.St. und die von LECLERCQ, l.c.852 A.3 zugefügten Ergänzungen in der Übersetzung. Dem Datierungsansatz von Soc. und Soz. folgen COUSTANT, PL X,509 nota a (zu Hilar.Syn.38): ... *hoc est, anno CCLI cum Vetranione dejecto Sirmii moraretur Constantius.*; BROGLIE III,212; HEFELE, l.c. und LOOFS, RE II,30. Eine kleine bisher ebensowenig wie die Abberufung des Thalassius beachtete Einzelheit sei noch erwähnt: In seinem Bericht über die Schlacht bei Mursa erzählt Zosimos (Hist.II, 49,3f.), wie Magnentius nicht gegen Sirmium vorstoßen kann, da die Bevölkerung der Stadt ihm erbittert Widerstand leistet. Wenn sich aus dieser Episode allein auch noch keine Schlüsse ziehen lassen, so fügt das Berichtete sich doch gut in das Bild. Ob unter Bischof Photin, der Konstantius als seinen schärfsten Gegner kannte und dessen großer Einfluß auf die Bevölkerung von Sirmium andererseits bezeugt ist (vgl. oben S. 62f.), Sirmium sich so intensiv gegen Magnentius und für Konstantius eingesetzt hätte, ist zumindest fraglich. Auf der anderen Seite war Germinius, der von Konstantius auf der Synode zum Bischof von Sirmium eingesetzt worden war, bis zum Tode des Kaisers ein Vertreter von dessen Kirchenpolitik.

14 Soc. h.e.II,29f.; Soz. h.e.IV,6. Die theologische Erklärung der Synode Ath.syn.27, eine lateinische Übersetzung Hilar.Syn.38.

Soweit erkennbar, kamen ausschließlich orientalische und pannonische Bischöfe nach Sirmium[15]. Schon wegen der Kriegslage kamen keine Abendländer aus dem von Magnentius beherrschten Reichsteil[16]. Die einzige Liste von Teilnehmern dieser Synode hat Hilarius von Poitiers überliefert, aber auch er, obwohl nur etwa sechs bis sieben Jahre vergingen, bis er sein Material zusammenstellte, in falschem Zusammenhang. Hilarius hielt die ihm vorliegende Liste für ein Verzeichnis der Teilnehmer der dritten sirmischen Synode des Jahres 357, die jene *perfidia*, die sogenannte zweite sirmische Formel, beschlossen hatte, die nach Hilarius' Kenntnis dann auch von Liberius unterschrieben worden war[17]. Die Liste enthält zweiundzwanzig Namen, von denen sich elf auch in den Teilnehmerlisten der orientalischen Synode von Serdika finden. Die große Mehrheit der auf jener Liste verzeichneten Bischöfe, soweit identifizierbar, gehört der breiten Gruppe der origenistisch geprägten orientalischen Bischöfe an, die bereits die Beschlüsse von Antiochia (341), Serdika (342) und die *formula macrostichos* (344) getragen hatte. Kein Vertreter der Bischöfe, die im Orient Athanasius nahestanden, war anwesend, anscheinend überhaupt kein Ägypter. Die Liste kann allerdings nicht ganz vollständig sein, da der vom Kaiser zum Nachfolger Photins ernannte Germinius fehlt, der

15 Die von Soc. und Soz. überlieferten Namen sind unentwirrbar mit den Namen von Teilnehmern verschiedener späterer sirmischer Synoden vermischt. So schon VALESIUS, PG LXII,277ff. und seither die Mehrzahl der Forscher. SEECK, GdU IV,135 (mit Anm.) hält die Angaben für vertrauenswürdig und will so Georg schon für 351 als Bischof von Alexandria erweisen; vgl. unten S. 105 mit Anm. 66. Auf die sirmische Synode von 351 bezieht FLEMING, l.c.267 fälschlich Sulp.Sev. Chron.II,37 und zieht daraus den falschen Schluß, daß Paulinus von Trier an der Synode teilgenommen habe.

16 Unverständlich daher SCHWARTZ, l.c.28: "... *eine Synode, bei der auch orientalische Bischöfe nicht fehlten*", oder LIETZMANN, l.c.: "... *an der nun auch Orientalen teilnahmen.*"

17 Hilar.Coll.Antiar.Paris.B VII,9 [FEDER,170]: *Perfidiam autem apud Syrmium descriptam, quam dicit Liberius catholicam, a Demofilo sibi expositam, hi sunt, qui conscripserunt...* So auch GWATKIN, l.c.; GUMMERUS, l.c.26 A.4. Allgemein wird aus dieser Liste und dem begleitenden Text des Hilarius geschlossen, daß Liberius im Exil die Formel der sirmischen Synode von 351 unterschrieben habe; dazu S. 275.

aber sicher an der Synode teilgenommen hat[18].

Die Synode setzte nun schon zum dritten Male Photin wegen sabellianischer und samosatenischer Ketzerei als Bischof von Sirmium ab und Germinius von Zyzikus an seine Stelle[19], einen Vertreter einer theologischen via media und Freund von Valens und Ursacius[20], ein Bischof nach der Wahl des Kaisers.

Unklar bleibt der Verlauf der weiteren Ereignisse. Auch die alten Kirchenhistoriker scheinen über diese Synode, die man vor allem als Gerichtsverhandlung über Photin ansehen muß, da über andere Themen offensichtlich nicht verhandelt wurde, nur noch einzelne Notizen vorgefunden zu haben und dies wenige auch noch heillos verwirrt. Übereinstimmend mit Epiphanius berichten Sokrates und Sozomenos, daß der von der Synode abgesetzte Photin sich anschließend direkt an den Kaiser wandte und eine Disputation über den Glauben forderte, nachdem er der Aufforderung der Synode, seinem Irrglauben abzuschwören, nicht gefolgt war[21]. Es verwundert Photins groteske Fehleinschätzung seiner eigenen Lage, da seine Absetzung vom Kaiser beschlossene Sache war. Vielleicht hat er noch gehofft, mittels seiner berühmten Rhetorik eine für sich günstige Wende herbeiführen zu können.

Der Kaiser stimmte erstaunlicherweise zu, setzte ein Datum fest und bestimmte acht Comites als Schiedsrichter[22].

---

18 Zu den bei Hilarius, l.c. angegebenen Namen vgl. FEDER, Studien II, 101-103, dazu 70-100 zu den Teilnehmern von Serdika und FLEMING, l.c.447-49.

19 Soc. h.e.II,29,4; Soz. h.e.IV,6,6; Ath.h.Ar.74,5. Ob außerdem Palladius von Ratiaria abgesetzt und verurteilt wurde, weil er von Photinianern ordiniert worden war, wie ZEILLER, l.c.270f. annehmen möchte, ist relativ unwahrscheinlich, zumindest berichtet keine Quelle direkt davon. Zu Palladius von Ratiaria vgl. MESLIN, l.c.85-87.

20 MESLIN, l.c.67f.

21 Soc. h.e.II,30,42ff.; Soz. h.e.IV,6,15f.; Epiph.haer.71,1,4ff. Einen größeren Zwischenraum zwischen Synode und Disputation anzunehmen,ist nicht nötig. Kaum denkbar GWATKINs Annahme, daß die Disputation erst 355 stattgefunden habe (l.c.150). Daß solche Disputationen in ähnlichen Fällen durchaus üblich waren, vgl. die von Hilarius bei Konstantius geforderte Disputation mit Saturnin (Hilar.Const.II) und einige Jahr später die gegen Auxentius von Mailand (Hilar.Aux.); vgl. dazu auch unten S. 352ff.

22 Soc. h.e.II,30,43; Soz. h.e.IV,6,15. Die Namen der hohen Beamten hat Epiph.haer.71,1,5 überliefert. Welche Bedeutung Konstantius dieser

Ebenfalls acht Sekretäre mußten die allem Anschein nach lange und heftige Diskussion mitstenographieren[23]. Zum Diskussionsgegner des redegewandten Photin hatte Konstantius Bischof Basilius von Ankyra bestimmt[24], den Nachfolger des ebenfalls wegen Ketzerei abgesetzten Markell, der Photins Lehrer in Ankyra gewesen war.

Basilius galt als einer der führenden Theologen des gemäßigten Origenismus, dem im Orient die Mehrzahl aller Bischöfe anhing.

Wie bei dieser Ausgangslage gar nicht anders zu erwarten, besiegte Basilius in dieser Redeschlacht Photin, der dem sich inzwischen allgemein eingebürgerten Brauch folgend nicht nur exkommuniziert und als Bischof abgesetzt wurde, sondern auch den Weg in die Verbannung antreten mußte, aus der er erst zehn Jahre später nach dem Tode des Konstantius zurückkehren sollte[25]. Aber auch im Exil scheint er noch theologisch auf Griechisch und Latein geschriftstellert zu

---

Synode und der Disputation beigemessen haben muß, läßt sich aus Namen und Stellung der Beamten entnehmen, die Konstantius für besonders befähigt hielt, wie ihre politischen Karrieren zeigen.
1. THALASSIUS: 351-53 praef.praet.orientis, schon 342-43 als Gesandter des Konstantius bei Konstans (u.U. in kirchenpolitischer Mission nach Serdika?) und in anderen diplomatischen Missionen; vgl. JONES, Prosopography 886.
2. DATIAN: schon Ratgeber unter Konstantin, schrieb als Comes 345 im Auftrag des Konstantius an Athanasius (h.Ar.22), 358 Konsul; vgl. JONES, l.c.243f.; OPITZ II,194 nota zu h.Ar.22,1.
3. CEREALIS: 352-53 praef.urb.Rom., 358 Konsul; vgl. JONES, l.c.197-199.
4. TAURUS: vgl. Ath.h.Ar.22 mit Kommentar von OPITZ z.St.; spielte später noch eine wichtige Rolle auf der Synode von Rimini; 361 Konsul; 355-61 praef.praet.It. et Africae; vgl. JONES, l.c.879f.
5. MARCELLINUS: 349 als Comes erwähnt; JONES, l.c.546.
6. EUANTHIUS: Comes; vgl. JONES, l.c.287.
7. OLYMPIUS: unbekannt; vgl. JONES, l.c.645.
8. LEONTIUS: eventuell identisch mit dem praef.urb.Rom., der 356 Liberius verhaften und nach Mailand bringen ließ; vgl. JONES, l.c.503.

23 Namensliste Epiph.haer.71,1; vgl. WIKENHAUSER, l.c. Daß der Sekretär des praef.praet.or., Rufin, dabei war, unterstreicht die Wichtigkeit und den offiziellen Charakter der Disputation. Vgl. A. WIKENHAUSER, Zur Frage nach der Existenz von nizänischen Synodalprotokollen, RQS Suppl. 1913.

24 Soc. h.e. II,30,44 = Soz. h.e. IV,6,15; Epiph.haer.71,1,5. Zu Basilius von Ankyra vgl. SCHLADEBACH, l.c.; JANIN, DHGE VI,1104-07; LE BACHELET, DThC II, 461-463.

25 BARDY, DThC XVI,1533.

haben, was von einer zu dieser Zeit selten unter den Bischöfen anzutreffenden Bildung zeugt. Erhalten ist von seinen Schriften leider nichts[26]. Auch die Markellianer, selbst sein Lehrmeister Markell, haben sich später, aber noch zu seinen Lebzeiten, von ihm und seiner Theologie getrennt[27].

Epiphanius hat nach eigenem Zeugnis etwa fünfundzwanzig Jahre später die Akten der Disputation noch einsehen können[28] und einen wohl nur sehr kleinen Auszug daraus mitgeteilt[29]. Je ein Exemplar der Akten bekamen der Kaiser, die über die Disputation urteilenden Beamten und die Synode unter Leitung des Basilius[30], die aber alle verlorengegangen sind. Sokrates und Sozomenos berichten über die Disputation nach dem ebenfalls als Ganzes verlorengegangenen *Synodikon* des Sabinus[31].

Nach Sokrates/Sozomenos (Sabinus) und Epiphanius muß es sich um eine sehr lange und intensive Diskussion mit sehr vielen Fragen von Basilius an Photin gehandelt haben[32]. In dem bei Epiphanius überlieferten Teil der Disputation geht es vorwiegend um die seit der *formula macrostichos* bekannten

---

26 Soc. h.e.II,30,45; vgl. Soz. h.e.IV,6,16.

27 TETZ, ZNW 64(1973) 75-121. Dort auch der Text der Expositio fidei; die Stellungnahme Markells gegen Photin §4,3 [TETZ,82,67-69]: ἀναθεματίζομέν τε καὶ τοὺς νῦν ἐξελθόντας καὶ λεγομένους 'Ανομοίους καὶ σὺν αὐτοῖς τὴν τοῦ Σαμοσατέως καὶ Φωτείνου παραφροσύνην...

28 Epiph.haer.71,1,8 [HOLL III,250,22f.]: Καὶ γὰρ τῶν <ἀκροατῶν> ἀεὶ πολλάκις πρὸς αὐτὸν ἀντιβαλλόντων, ὡς καὶ ἐν τῇ πρὸς Βασίλειον διαλέξει ηὕρομεν...

29 Epiph.haer.71,2-6. Teilweise schimmert der Charakter der Disputation noch durch. Allerdings handelt es sich aller Wahrscheinlichkeit nach bei den Entgegnungen z.T. auch um eigene Formulierungen des Epiphanius. Daß es sich bei seinem Bericht nur um ein kleines Stück der Disputation handeln kann, vermuten auch GUMMERUS, l.c.27 A.1; SCHLADEBACH, l.c.11-14; TETZ, l.c.

30 Epiph.haer.71,1,6. Daß Basilius auf der Synode eine führende Rolle gespielt hat, läßt sich nicht nur daran ablesen, daß er gegen Photin disputieren mußte. Auch die Wendung εἷς [sc. τόμος] δὲ ἔμεινεν ἐν τῇ κατὰ τὸν Βασίλειον συνόδῳ,... könnte u.U. darauf hindeuten. Die lateinische Übersetzung des PETAVIUS, PG XLII,375C: *alius* (sc. tomus) *penes synodum, cui Basilius intererat, remansit,* - scheint mir den Sinn nur unvollständig wiederzugeben.

31 HAUSCHILD, l.c.122;125.

32 Soc. h.e.II,30,45 [HUSSEY,290]: Μεγίστη δὲ μάχη μεταξὺ τῶν παρ' ἑκατέρου λόγων ἐγένετο. Soz. h.e.IV,6,15 [BIDEZ-HANSEN,146,2f.]: ἐπὶ πολλῶν δὲ πρὸς πεῦσιν καὶ ἀπόκρισιν ἀμφοτέροις προελθόντος τοῦ ἀγῶνος,... Epiph.haer.71,1,6 [HOLL III,250,15f.]: οὐ μικρὰν δὲ διάλεξιν πρὸς τὸν αὐτὸν Βασίλειον ἐποιήσατο,...

Vorwürfe gegen Photin und seine Lehre[33], vor allem gegen seine Unterscheidung zwischen dem ewig bei Gott seienden λόγος auf der einen Seite und dem υἱὸς τοῦ θεοῦ, dem κύριος Ιησοῦς Χριστός auf der anderen und den sich daraus ergebenden Folgerungen, daß der Sohn Gottes nicht von Anfang an existiert haben kann[34], sondern nur der λόγος im Vater war[35]. Erst seit der Geburt aus der Maria, wo sich der λόγος in Fleisch verwandelte, kann er nach Photin als *Sohn* oder *Christus* angesprochen werden[36].

Als Christus ist er gezeugt vom Heiligen Geist, der sich somit größer als der Sohn Gottes erweist[37]. Die ewige Zeugung des Logos lehnt Photin ab.

Bei Photins Lehre handelt es sich um die denkbar radikalsten Konsequenzen aus einer Einhypostasentheologie, die für jeden origenistisch geschulten Theologen schlechterdings unerträglich sein mußten. Basilius hat sich offensichtlich bemüht, diese Ketzereien vor allem mit alttestamentlichen Schriftzitaten zu widerlegen[38], der *formula macrostichos*

---

33 Vgl. im Apparat der Ausgabe von HOLL die Hinweise auf Parallelen zur *formula macrostichos* (im Apparat von HOLL-LIETZMANN allerdings *Symb. Antioch*. genannt).

34 Epiph.haer.71,1,3 [HOLL III,249,19]: (Zusammenfassung der Lehre Photins durch Epiphanius): φάσκει δὲ οὗτος ἀπ' ἀρχῆς τὸν Χριστὸν μὴ εἶναι,... vgl. aus der Disputation haer.71,2,1 [HOLL III,251,5f.]: τὰ μὲν εἰς Χριστὸν [τὴν] διαίρεσιν προσάπτων [sc. Φωτεινος]. haer.71,2,2 [l.c.251,9]: ὁ λόγος ἐν τῷ πατρί, φησίν, ἦν, ἀλλ' οὐκ ἦν υἱός,... haer.71,2,3 [l.c.251,12f.]: (zu Dan. 7,13) οὐχ ὡς τοῦ υἱοῦ ὑπάρχοντος, ἀλλὰ δι' ὃ ἔμελλεν υἱὸς καλεῖσθαι...; haer.71,2,4 [l.c.251,15]: οὔπω δὲ ἦν <υἱός>, λόγος δὲ ἦν,...

35 Epiph.haer.71,2,2 [l.c.251,9f.]: ὁ λόγος ἐν τῷ πατρί, φησίν, ἦν, ἀλλ' οὐκ ἦν υἱός,..., ἐν πατρὶ ὢν ὁ λόγος· haer.71,4,5 [l.c.253,18-20]: ἀλλά φησιν· ὥσπερ διὰ λόγου ὁ ἄνθρωπος πράττει ὃ βούλεται, οὕτως διὰ τοῦ ἰδίου λόγου ὁ πατὴρ διὰ τοῦ ὄντος ἐν αὐτῷ λόγου ἐποίησε τὰ πάντα.

36 Gegen die Vorstellung einer Verwandlung des Logos ins Fleisch haer.71,3, bes. 71,3,7 [l.c.252,19]: οὐχ ὡς αὐτὸς ὑπονοεῖ λόγον ἐκ πατρὸς προελθόντα καὶ εἰς σάρκα μεταβεβλημένον... Zur Vorstellung Photins, daß man erst seit der Geburt durch die Maria vom υἱός sprechen kann haer.71,2,3 [l.c. 251,12-14]: ..., ἀλλὰ δι' ὃ ἔμελλεν υἱὸς καλεῖσθαι μετὰ τὴν Μαρίαν καὶ μετὰ τῆς σαρκὸς ἀνιέναι γεννηθεὶς ὁ Χριστὸς ἐκ πνεύματος ἁγίου καὶ ἀπὸ Μαρίας (vgl. die Zusammenfassung haer.71,1,3).

37 Epiph haer.71,1,3 (aus der Zusammenfassung) [l.c.250,1f.]: τὸ δὲ πνεῦμα τὸ ἅγιόν φησιν, ὡς τολμηρὸς ἀρχιτέκτων, μεῖζον εἶναι τοῦ Χριστοῦ, haer.71.5,5 [l.c.254,18]: (gegen Photin) οὔτε γὰρ μειζότερον τὸ πνεῦμα οὔτε μικρότερον.

38 Was in haer.71,2-5 eventuell auf Epiphanius selbst zurückgehen könnte, bedürfte einer eigenen Untersuchung. Die Verwendung der Schrift-

darin folgend[39]. Epiphanius bringt zu Beginn seines Kapitels über die Ketzerei Photins eine kurze Zusammenfassung von dessen Hauptlehrsätzen, die er aber offensichtlich aus dem von ihm mitgeteilten kurzen Teil des Protokolls jener Diskussion zusammengestellt hat; weitere Nachrichten standen ihm anscheinend nicht zur Verfügung[40].

Wahrscheinlich nach dieser Disputation zum Abschluß der Synode haben die versammelten Bischöfe dem allgemeinen Brauche folgend eine theologische Erklärung abgegeben[41].

Wie schon die Erklärung von Serdika und die *formula macrostichos* beginnt auch diese Ekthesis mit der seit nunmehr einem Jahrzehnt im Orient als allgemeinem Bekenntnis üblichen vierten antiochenischen Formel von 341 mit den Anathematismen von Nizäa[42]. Angeschlossen sind sechsundzwanzig knapp und präzise formulierte Anathematismen, die in wesentlich gestraffterer Form die Erklärungen der *formula macrostichos* gegen Photin und Markell aufnehmen[43], wenn auch die Namen dieser beiden Hauptgegner aller Spielarten origenistischer Theologie selbst gar nicht genannt werden.

---

zitate, die ja auch in der theologischen Erklärung der Synode vorkommen, scheint mir auf Basilius zurückzugehen, vgl. S. 101 A.47. Zu den Schriftzitaten vgl. den Apparat in HOLLs Ausgabe, l.c.251-254.

39 Vgl. den Apparat zum Text. Neu gegenüber der *formula macrostichos* die Argumentation mit Gen.19,24 (vgl. Sirm.I, Anathem.17) und die Diskussion um die innertrinitarische Stellung des heiligen Geistes (Epiph.haer.71,1,3; 71,5f.), ebenso die Polemik gegen die Vorstellung einer Verwandlung des Logos ins Fleisch (vgl. dazu die Typologie vom ersten und zweiten Menschen Epiph.haer.71,3).

40 Epiph.haer.71,1,3; vgl. oben A.29.

41 Text: Ath.syn.27,2ff.; nach Ath. bei Soc. h.e.II,30,5-30; eine lateinische Übersetzung bei Hilar.Syn.38 (PL X,509B-512B). Der lateinische Text des Hilarius ist eine Übersetzung, nicht der Originaltext, wie OPITZ, l.c.254 nota fälschlich annimmt, der Originaltext war griechisch. Eine kritische Ausgabe bei HAHN, l.c. §160, p.196-199. Der Anathematismus Nr.11 bei Athanasius entspricht Nr.23 bei Hilarius, entsprechende Verschiebung in der Zählung. Zählung hier immer nach Ath. Eine deutsche Übersetzung der Anathematismen bei HEFELE, l.c. 642-647.

42 Das Urteil des Athanasius über dauernd neue Formeln der Orientalen syn.27,1 ist ausschließlich durch die Polemik bestimmt. Es handelt sich eben nicht um ein neues Bekenntnis, wie man in der Nachfolge des Athanasius weitgehend behauptet hat. Vgl. z.B. GWATKIN, l.c.150: *"A new creed was also issued, commonly known as the first of Sirmium."*

43 Anath.2; 3; 5; 8; 14; 18; 19; 23; 24; 25; 26; 27. Vgl. SCHWARTZ, GS IV,28; LE BACHELET, DThC II,1817f.; LORENZ, l.c.23; MESLIN, l.c.269.

KELLEYs Vermutung, daß die sechsundzwanzig Anathematismen die Hauptpunkte der Disputation zwischen Photin und Basilius wiedergeben, ist sehr wahrscheinlich[44]. Wie schon bei der *formula macrostichos* will der Orient auch mit dieser theologischen Erklärung dem Westen in der trinitarischen Frage möglichst weit entgegen kommen[45].

Die Anathematismen richten sich vornehmlich gegen Photin und somit natürlich auch gegen Markell. Auffällig ist, daß weniger das von den Abendländern in Serdika angenommene Bekenntnis direkt angegriffen wird. Wenn man natürlich auch an der Lehre von den getrennten trinitarischen Hypostasen und der Unterordnung des Logos unter Gott festhält sowie die Lehre vom ἓν πρόσωπον der Trinität ausdrücklich verurteilt[46], so werden doch Ausdrücke wie οὐσία und ὑπόστασις augenfällig vermieden, dafür aber biblische Bilder, vor allem die Theophanien des Alten Testaments, zur Erklärung der Unterschiede der göttlichen Personen untereinander herangezogen[47].

Offenbar wollte man sich nicht die Möglichkeit verbauen, mit dem Abendland wieder in Gemeinschaft zu treten. Die Durchführung der abendländischen Synodalbeschlüsse von 345 und 347 - nun allerdings mit der tatkräftigen Unterstützung des Kaisers - durch die orientalische Synode in Sirmium sollte zumindest nicht die Spaltung vertiefen.

In den sechsundzwanzig hauptsächlich gegen Photins Lehre, oder was man für die logischen Konsequenzen derselben hielt,

---

44 KELLY, l.c.278.

45 So die opinio communis mit Ausnahme von LOOFS, RE II,30.

46 Vgl. allgemein das Fehlen der Begriffe οὐσία und ὑπόστασις (zu beachten allerdings Anath. 6f. die Verurteilung der Lehre von der Ausdehnung und Zusammenziehung der Usia Gottes). Die Grenze des Entgegenkommens zeigt Anath.18 [HAHN,198]: Εἴ τις ἀκούων κύριον τὸν πατέρα καὶ τὸν υἱὸν κύριον, καὶ κύριον τὸν πατέρα καὶ τὸν υἱόν (ἐπεὶ κύριος ἐκ κυρίου), δύο λέγει θεούς, ἀ.ἔ. οὐ γὰρ συντάσσομεν υἱὸν τῷ πατρί, ἀλλ' ὑποτεταγμένον τῷ πατρί. Vgl. mit Makrostichos 4 [HAHN,193]: οἴδαμεν γὰρ καὶ αὐτόν, εἰ καὶ ὑποτέτακται τῷ πατρὶ καὶ τῷ θεῷ,... und Makrostichos 9 [HAHN,195]: τοῦ δὲ υἱοῦ ὑποτεταγμένου τῷ πατρί,... Anath.19 [HAHN,198]: Εἴ τις τὸν πατέρα καὶ τὸν υἱὸν καὶ τὸ ἅγιον πνεῦμα ἓν πρόσωπον λέγει, ἀ.ἔ.

47 Darauf machen besonders AMANN, DThC XIV,2175-77 und MESLIN, l.c.268-70 aufmerksam. Es handelt sich vor allem um Anath.14-18 (die Belege bei OPITZ, l.c.255 notae). Auffällig ist, daß die sonst im Orient übliche Eikon-Sprache fehlt, vgl. noch Makrostichos, 6.

gerichteten Anathematismen[48] tauchen aber auch neue Themen auf, die in der bisherigen Auseinandersetzung mit Photin nicht in dem Maße deutlich geworden waren, aber z.T. auch schon auf Markell zurückzuführen sind[49]. Auffällig ist, daß neben der speziellen photinischen Trinitätslehre, die streng zwischen Logos und Sohn Gottes unterscheidet[50], auch die eigentlich christologische Frage zur Sprache kommt[51] und die bald heiß umstrittene Frage nach der Stellung des heiligen Geistes innerhalb der Trinität[52].

---

48 Zur eigenen Verteidigung oder gegen Unterstellungen sind gerichtet: Anath.6 (gegen Arianer und gegen die Unterstellung, zu ihnen zu gehören, außerdem der direkte Bezug aufs Nizänum); Anath.24 (gegen die Unterstellung, daß sie den Sohn wie eines der Geschöpfe ansehen und gegen eine Fehlinterpretation des γεννηθεὶς ἐκ θελήματος τοῦ πατρός (vgl. Makrostichos 2;8).
Anath.23 (gegen die Unterstellung, mit der Dreihypostasenlehre eine Dreigötterlehre zu vertreten, vgl. auch Anath.2 gegen die Unterstellung einer Zweigötterlehre).

49 Sondergut gegenüber der *formula macrostichos*: Anath.3; 4; 6; 7; 9; 10; 11-13; 15-17; 20-22. Zu Anath.6f. [HAHN,197]: Εἴ τις τὴν οὐσίαν τοῦ θεοῦ πλατύνεσθαι ἢ συστέλλεσθαι φάσκοι, ἀ.ἔ. 7. Εἴ τις πλατυνομένην τὴν οὐσίαν τοῦ θεοῦ τὸν υἱὸν λέγοι ποιεῖν ἢ τὸν πλατυσμὸν τῆς οὐσίας αὐτοῦ υἱὸν ὀνομάζοι, ἀ.ἔ., vgl. Marcell. fr.67 [KLOSTERMANN, 197,32f.]: ... ἡ μονὰς φαίνεται, πλατυνομένη μὲν εἰς τρίαδα,... [l.c. 198,2f.]: πῶς γαρ, εἰ μὴ ἡ μονὰς ἀδιαίρετος οὖσα εἰς τριάδα πλατύνοιτο,... fr.71 [KLOSTERMANN,198,20-22]: εἰ δὲ ἡ κατὰ σάρκα προσθήκη ἐπὶ τοῦ σωτῆρος ἐξετάζοιτο, ἐνεργείᾳ ἡ θεότης μόνῃ πλατύνεσθαι δοκεῖ ὥστε εἰκότως μονὰς ὄντως ἐστὶν ἀδιαίρετος. Zu Anath.20 [HAHN 198]: εἴ τις τὸ πνεῦμα τὸ ἅγιον παράκλητον λέγων τὸν ἀγέννητον λέγοι θεόν, ἀ.ἔ., vgl. fr.39 [KLOSTERMANN,191,23f.]: ..., ἐξ οὗ δύναται πατὴρ εἶναι, οὐ <γίνεται πατήρ>; τὸ αὐτὸ μέντοιγε καὶ περὶ τοῦ ἁγίου πνεύματος λεκτέον. Bei dem, was nicht ohne weiteres aus Markell erklärbar ist, muß es sich demnach um die von Photin selbst gezogenen Konsequenzen handeln, so wahrscheinlich Anath.4; 9; 10; 11; 12; 13; 15-18; 21; 22, die er vielleicht in dieser Form in der Disputation gegen Basilius vorbrachte. Besonders Anath.15-17 scheinen auf die Disputation hinzudeuten. Allerdings wird man auch mit polemischen Schlußfolgerungen aus den Thesen des Photin durch Basilius rechnen müssen.

50 Im Sondergut gegenüber der *formula macrostichos* Anath.11; 15; 16; 17.

51 Anath.4 [HAHN,197]: Εἴ τις τὸν ἀγέννητον ἢ μέρος αὐτοῦ ἐκ Μαρίας λέγειν γεγεννῆσθαι τολμᾷ, ἀ.ἔ.
Anath.10 [HAHN,197]: Εἴ τις θεὸν καὶ ἄνθρωπον τὸν ἐκ Μαρίας λέγων τὸν ἀγέννητον οὕτω νοεῖ, ἀ.ἔ.
Es war unvermeidlich, daß bei der strengen Einhypostasenlehre, die Photin in der Trinität vertrat, die Frage nach dem auf Erden lebenden Christus und seiner Beziehung zu Gott auftreten und zum Problem werden mußte.

52 Anath.20-22 [HAHN,198f.]: 20. Εἴ τις τὸ πνεῦμα τὸ ἅγιον παράκλητον λέγων τὸν ἀγέννητον λέγοι θεόν, ἀ.ἔ. 21. Εἴ τις, ὡς ἐδίδαξεν ἡμᾶς ὁ κύριος, μὴ ἄλλον λέγοι τὸν παράκλητον παρὰ τὸν υἱόν, ἀ.ἔ. 22. Εἴ τις τὸ πνεῦμα τὸ ἅγιον μέρος λέγοι τοῦ πατρὸς ἢ τοῦ υἱοῦ, ἀ.ἔ. Vgl. Epiph. haer.71,5,5f.; haer.71,1,3.

Gegenüber Photin stellen die orientalischen Bischöfe fest, daß der heilige Geist seine θεότης von Gott hat und weder größer noch kleiner als der Sohn ist[53], aber nicht ἀγέννητον[54], denn dieses Prädikat kommt allein Gott zu. Aber er ist auch kein μέρος τοῦ πατρὸς ἢ υἱοῦ, sondern unterscheidet sich von beiden[55].

Noch findet keine eigene Reflektion über den dritten Artikel statt, aber es geht den in Sirmium versammelten Bischöfen darum, die Konsequenzen einer von Markell herkommenden radikal verstandenen Einhypostasenlehre für den dritten Artikel abzulehnen.

Ebenfalls um die unausweichlichen Konsequenzen dieser Trinitätslehre Photins geht es bei der eigentlichen christologischen Frage. Wie ist die Beziehung zwischen dem ewig im Vater seienden Logos und dem auf der Erde in der menschlichen Welt lebenden Christus zu denken? Gegen die von Photin aufgrund seiner trinitarischen Einhypostasentheologie gezogenen Folgerungen halten die Synodalen von Sirmium fest: der aus Maria geborene Christus ist weder nur einfach Mensch, noch ist er der ἀγέννητος, sondern zugleich θεὸς καὶ ἄνθρωπος[56]. Deshalb darf man auch nicht sagen, daß der ἀγέννητος oder gar ein μέρος von ihm von Maria geboren worden ist[57]. Diese radikalen und aller christlichen Tradition widersprechenden Schlußfolgerungen lassen sich offensichtlich so noch nicht bei Markell nachweisen[58]. Photin hat die äußersten Konsequenzen aus der Einhypostasenlehre des Markell sowohl für die Trinitätslehre als auch für die Christologie gezogen, die auch die abendländische Theologie, selbst auf dem Boden des Serdicense, nicht mehr bereit war zu akzeptieren, und die dann auch Markell abgelehnt hat[59].

---

53 Epiph.haer.71,5,5 (vgl. 71,1,3).
54 Anath.20 (vgl. Anm. 52).
55 Anath.21f. (vgl. Anm. 52).
56 Anath.10 (vgl. Anm. 51).
57 Anath.4 (vgl. Anm. 51).
58 Die Bezeichnung als μέρος ist bei Markell nicht nachweisbar. Eine umfassende Untersuchung der Abhängigkeit Photins von Markell steht noch aus.
59 Vgl. das *Serdicense*, LOOFS, AAB (1909)1ff. und bei Thdt. h.e.II,8; vgl. oben S. 40-42.

Wenn die Anathematismen die Hauptpunkte der Diskussion zwischen Basilius und Photin wiedergeben, muß man annehmen, daß ihre Redaktion im wesentlichen auf Basilius von Ankyra selbst zurückgeht. Sie sprechen die Sprache des gemäßigten antiarianischen Origenismus[60].

Die sirmische Synode von 351 wird häufig als Auftakt zu neuen gemeinsamen Aktionen der *Arianer* und des Kaisers Konstantius gegen Athanasius und die *Orthodoxen* des Westens, also allgemein gegen die Theologie des Abendlandes angesehen[61]. Die Untersuchung der wenigen erhaltenen Quellen gibt keinerlei Anlaß zu dieser weitverbreiteten Vermutung.

Weder handelt es sich bei den in Sirmium versammelten Bischöfen um eine Art Stoßtrupp gegen die *Nizäner*[62], noch um eine neue *antinizänische Koalition*[63], die allein zu dem Zweck angetreten war, das *widerspenstige Abendland zu beugen*[64].

Die sirmische Synode des Jahres 351 hatte das eine Anliegen, Photin abzusetzen, diese Absetzung theologisch zu begründen und gleichzeitig eine Bestimmung des eigenen theologischen Standortes zu geben. Wie die gemäßigten orientalischen Synoden seit Antiochia 341 weiß sich auch diese Synode in der Kontinuität zu Nizäa, was sie durch die Übernahme der nizänischen Anathematismen in ihre theologische Erklärung zum Ausdruck bringt. Die Bischöfe beharren auf der Mehrhypostasentheologie und einer Unterordnung des Sohnes unter den

---

60 Vgl. Anath.1 gegen Arianer.

61 So BARDY in FLICHE-MARTIN III,138-40; GWATKIN, l.c.149; HARNACK, DG II,250; LE BACHELET, DThC II,1817f.; LORENZ, l.c.23; MESLIN, l.c. 268f.; SEECK, GdU IV,138f.; ZEILLER, l.c.267ff.

62 ZEILLER, l.c.271: *"Car, à partir de cette année 351, les évêques Germinius de Sirmium, Ursace de Sigidunum et plus encore Valens de Mursa s'affirment comme les principaux artisans du mouvement qui tend à ruiner définitivement l'oevre du concile de Nicée."*

63 LE BACHELET, DThC II,1817f.

64 HARNACK, DG II,250: *"Schon im Jahre 351 hatten sich die Orientalen zu einer gemeinsamen Action zu Sirmium (2. Synode) unter Führung des beredten Basilius von Ancyra wieder zusammengethan und Ursacius und Valens traten schleunig zu ihnen zurück. Nun galt es, das widerspenstige Abendland zu beugen."* Dieser Vorsatz wäre angesichts der noch völlig offenen Lage zwischen Konstantius und Magnentius einigermaßen unsinnig gewesen.

Vater, vermeiden aber möglichst dem Abendland anstößige Formulierungen[65].

Das Bestreben, mit dem abendländischen Episkopat wieder ins Gespräch zu kommen, ist offensichtlich. Auch enthält sich die Erklärung der Bischöfe jeder Polemik gegen den ungeliebten Patriarchen Athanasius von Alexandria, der sich inzwischen ja längst von Markell getrennt und gerade erst höchste Gunsterweise durch Konstantius erfahren hatte[66]. Im Jahre 351 gab es noch keinerlei Anzeichen eines erneuten Vorgehens gegen Athanasius[67].

Auffällig ist auch, daß die beiden später so einflußreichen pannonischen Bischöfe Valens und Ursacius auf der Synode keine erkennbar hervorragende Rolle gespielt haben[68]. In Germinius besteigt zwar ein Mann den sirmischen Bischofsstuhl, der später eine Zeitlang der homöischen Partei um die Hofbischöfe Valens und Ursacius angehören sollte und als Residenzbischof auch selbst einer jener Hofbischöfe war. Welche Theologie er allerdings zur Zeit der sirmischen Synode vertreten hat, die ihn zum Residenzbischof machte, ist unbekannt. Nach mehr als einem Jahrzehnt sollte man ihn dann un-

65 Vgl. Anm. 46f.

66 Vgl. S. 85f. Im Gegensatz zu dem Brief der Orientalen von 345 (vgl. oben S. 57f.) wird hier kein Hinweis auf Athanasius als mit Markell und Photin in irgendeiner Weise in Gemeinschaft stehend gegeben, was bei der schon 345 von Markell erfolgten Trennung auch wenig Sinn gehabt hätte. Anders LORENZ, l.c.23: *"Aber die Verurteilung und Absetzung Photins soll den Athanasius indirekt treffen."* Von völlig falschen Voraussetzungen aus geht SEECK, GdU IV,135ff. Da er die bei Soc. und Soz. überlieferten falschen Namenslisten (vgl. S. 95f.) für echt hält und annimmt, daß Georg schon in den vierziger Jahren zum Bischof von Alexandria ordiniert wurde (vgl. S. 118-120 A.51f.), meint er, Georg habe als der für Konstantius rechtmäßige Bischof von Alexandria an der Synode teilgenommen. SEECK, l.c.138,30-139,1: *"Als gegen Ende 351 in Sirmium unter den Augen des Kaisers die Synode zusammentrat, welche die Lehren des Photinus verurteilen sollte, durfte er* (sc. Georg) *als stimmberechtigtes Mitglied daran teilnehmen, womit die Giltigkeit seiner Bischofswahl anerkannt war."* Ihm folgt STEIN, l.c. FLEMING, l.c.267 bezieht fälschlich Sulp.Sev.Chron.II,37,5ff. auf die Synode von Sirmium.

67 Vgl. das folgende Kapitel.

68 Gegen ZEILLER, l.c. (vgl. A.62) und MESLIN, l.c.76: *"Le Trio palatin* (sc. Ursacius, Valens, Germinius) *promulga avec les Eusébiens présens à Sirmium une formule de foi..."* Von einem *Trio palatin* kann man frühestens nach der Schlacht von Mursa sprechen. Vgl. auch MESLIN, l.c.268f.

ter den Homousianern antreffen[69].

Nur wenige Jahre später, in seiner wohl zu Beginn 359 im asiatischen Exil abgefaßten Schrift über die orientalischen Synoden (*De Synodis*), in der er die gallischen Bischöfe über die verschiedenen orientalischen Synoden und ihre theologischen Manifeste informieren will, kann der Gallier Hilarius von Poitiers diese Synode und ihre Entscheidungen genau wie die theologischen Erklärungen von Antiochia und Serdika (die der Orientalen!) als orthodox bezeichnen[70].

Am Ende des fünften Jahrhunderts steht die Synode von Sirmium für Vigilius Thapsus, den Verteidiger der Beschlüsse von Chalkedon und antiarianischen Schriftsteller, sogar in einer Reihe mit den Synoden von Nizäa und Alexandria[71].

---

69 MESLIN, l.c.67-71.

70 Hilar.Syn.39 [PL X,512C-513A]: *Necessitas et tempus admonuit eos, qui tum convenerant, per multiplices quaestiones latius ac diffusius expositionem fidei ordinare; quia multis et occultis cuniculis in catholicam domum ea, quae per Photinum renovabatur, haeresis tentaret irrepere: ut per singula genera intemeratae et illaesae fidei, unicuique generi haereticae ac furtivae fraudulentiae contrairetur; essentque tot fidei absolutiones, quotidem essent quaesitae perfidiae occasiones. Ac primum post generalem illam atque indubitatam sacramentorum expositionem, hinc exponendae fidei adversum haereticos coepit exordium.* Es folgt eine detaillierte Auslegung der siebenundzwanzig Anathematismen in bonam partem. Hilar.l.c.62 [PL X, 522A]: *Multifarie, ut intelligitur, episcoporum consiliis atque sententiis quaesita veritas est, et intelligentiae ratio exposita est per singulas scriptae fidei professiones:...* Hierbei handelt es sich um eine Zusammenfassung von Kap. 29-61, in denen die theologischen Erklärungen von Antiochia 341 (Ant II), Serdika or.342 und Sirmium 351 (Sirm I) behandelt werden.

71 Vigil.-Taps.Eutych.5 [PL LXII,136C-D]: *Illius vere catholici concilii apud Sirmium contra Photinum ex toto Oriente congregati, quis sufficiat multiplices fidei sanctiones comprehendere, quae apud Nicaenam synodum, quia talis rei necessitas nulla fuerat, non sunt omnino sancita, quae nullus fidelium audet respuere, aut cunctatur recipere, si non vult cum Photino anathematis eorum sententiae subjacere?* Zur Notwendigkeit neuer Konzilsbeschlüsse auch nach Nizäa vgl. außerdem l.c. [PL LXII, 135D-136A]: *Et quamquam de conciliorum diversis sanctionibus et nominum religiose additis novitatibus ... conscripsimus, a nobis fuerit expressum; tamen et nunc perpauca studio brevitatis inserimus, ex quibus istos clareat nimium imperitos et temerarios esse, qui nesciant, multas fidei constitutiones post Nicaenam synodum contra novorum haereticorum insanas eruptiones, diversis in locis congregatos episcopos edidisse.* Angesichts der Zeugnisse des Hilarius und Vigilius wird deutlich, wie sehr die Kirchengeschichtsschreibung in ihren Urteilen über die Synoden des vierten Jahrhunderts und nicht nur dort seit langem einseitig von Athanasius abhängig ist.

Zu Beginn des Jahres 351, als noch der gesamte Westen von Magnentius beherrscht wurde und der Ausgang der herannahenden Entscheidung zwischen beiden Kaisern offen war, wollten die in Sirmium auf Befehl des Konstantius versammelten Bischöfe den Weg für eine theologische Verständigung mit dem Westen offenhalten. Die politische Entscheidung zu Gunsten von Konstantius fiel am 28. September auf dem Schlachtfeld vor Mursa[72]. Zunächst scheint auch vom Westen, besonders von Rom aus, eine größere Bereitschaft zu einer theologischen Verständigung zwischen Ost und West ausgegangen zu sein; der neue römische Bischof Liberius sah hier offenbar Möglichkeiten. Aber da brach wieder über der Person des Athanasius die Kirche auseinander.

72 SEECK, Regesten, 198; vgl. oben S. 68.

## 5. KAPITEL

## DER BEGINN DER NEUEN AUSEINANDERSETZUNGEN ZWISCHEN ATHANASIUS UND KONSTANTIUS

Noch im Frühjahr 350, nach der Ermordung seines Bruders Konstans, als Konstantius sich langsam zur Auseinandersetzung mit Magnentius rüstete, hatte er Athanasius seiner Huld versichert und ihm seine unanfechtbare Stellung als Patriarch von Ägypten garantiert. Allerdings klingt in seinem Brief deutlich die Warnung vor irgendwelchen Zugeständnissen an Magnentius von der Seite des Athanasius durch[1]. Aber auch die Synode von Sirmium im Frühjahr 351 zeigt noch keinerlei antiathanasianische Tendenzen, wie gezeigt wurde[2].

Seit Anfang des Jahres 353 mehren sich aber für Athanasius die Zeichen, daß Konstantius von neuem gegen ihn vorzugehen beabsichtige und ihn aus Alexandria vertreiben wolle. Ab Herbst 353 ist uns ein inzwischen sehr massives Vorgehen des Kaisers gegen Athanasius durch die Vorgänge auf und neben der Synode von Arles bezeugt, wenn auch bis zur endgültigen Absetzung und Vertreibung des Athanasius aus seiner Bischofsstadt Alexandria durch Konstantius noch zweieinhalb Jahre vergingen. Diese Vertreibung sollte dann allerdings bis zum Tode des Kaisers andauern.

Wie war es zu dieser neuen und schwerwiegenden Konfrontation zwischen Athanasius und dem Kaiser nach der - wenn auch nicht gerade enthusiastischen - Versöhnung des Jahres 346 und den seither kirchenpolitisch eher friedlich vergangenen Jahren gekommen?

Athanasius berichtet selbst an zwei Stellen darüber, aber so unterschiedlich und einander ausschließend, daß aus seinen Berichten allein kein deutliches Bild der Ereignisse zu gewinnen ist.

---

1 Vgl. S. 85f. Anm. 100-102.
2 Vgl. S. 62.

Die Forschung hat im allgemeinen versucht, beide einander ausschließenden Berichte des Athanasius zu kombinieren und zur Ergänzung die altkirchlichen Historiker und einzelne Notizen, besonders aus Liberius und Hilarius, zur Auffüllung des athanasianischen Rahmens heranzuziehen. Allerdings sind die altkirchlichen Historiker wiederum weitgehend von Athanasius abhängig, so daß mit dieser Methode immer wieder nur eine etwas angereicherte Form der athanasianischen Darstellung entsteht, die sich zu wenig der Tendenzen dieses von Athanasius gezeichneten Bildes der Ereignisse bewußt wird[3].

In seiner wenige Jahre nach den Ereignissen in einem Wüstenversteck geschriebenen *Historia Arianorum ad Monachos* berichtet Athanasius den ägyptischen Mönchen über die Ursachen dieses erneuten nun schon dritten Exils[4]. Die *arianischen* Bischöfe waren neidisch darauf, daß er mit mehr als dreihundert Bischöfen aus aller Welt in Gemeinschaft stand[5], und hatten deshalb wieder begonnen, Intrigen gegen ihm beim Kaiser zu spinnen. Auch Valens und Ursacius, die sich erst vor wenigen Jahren zu ihm bekannt und auch noch seine Unschuld beteuert hatten, wechseln nun wieder zu den *Arianern* über und behaupten jetzt, nur aus Furcht vor Konstans 347 in Gemeinschaft mit Athanasius und Julius von Rom getreten zu sein.

Zusammen mit den anderen *arianischen* Bischöfen dringen sie bei Konstantius darauf, endlich gegen Athanasius vorzugehen, weil fast alle Bischöfe schon auf seiner Seite stünden. Aus Ärger darüber, daß beinahe alle Bischöfe in Gemeinschaft mit Athanasius stehen[6], ändert nun auch Konstantius, als er auf seinem Feldzug gegen Magnentius nach Pannonien

3 So im Prinzip BARDY, DHGE IV,1327ff.; ders., FLICHE-MARTIN III,137ff.; LE BACHELET, DThC II,1817ff.; PIGANIOL, l.c.101ff. Nicht direkt von Athanasius abhängig sind Hilarius und Liberius.

4 Ath.h.Ar.28-30

5 Ath.apol.sec.48-50

6 Ath.h.Ar.30,3 [OPITZ II,199,10-16]: καὶ αὐτὸς δὲ διερχόμενος, ὅτε πρὸς Μαγνέντιον ἔσπευδε, καὶ βλέπων τὴν πρὸς Ἀθανάσιον τῶν ἐπισκόπων κοινωνίαν, ὡς ὑπὸ πυρὸς ἀναφθεὶς μετεβάλλετο τὴν γνώμην καὶ οὔτε τῶν ὅρκων ἐμνημόνευσεν, ἀλλὰ καὶ ὧν ἔγραφεν ἐπελάθετο καὶ τῶν πρὸς τὸν ἀδελφὸν καθηκόντων ἀγνώμων γέγονε. καὶ γὰρ καὶ αὐτῷ γράφων καὶ Ἀθανάσιον, ἑωρακὼς ὅρκους δέδωκε, μὴ ἄλλως ποιήσειν, ἢ ὡς ἂν ὁ λαὸς βούλεται καὶ τῷ ἐπισκόπῳ καταθυμίως τυγχάνοι.

kommt, seinen Sinn und vergißt all seine früheren Versprechen und Briefe an Athanasius.

Aus diesem allgemeinen und eher nichtssagenden, offensichtlich propagandistisch gefärbten Bericht des Athanasius läßt sich kaum etwas Konkretes über die Vorgänge entnehmen.

Etwas genauer werden mußte Athanasius nun allerdings in seiner etwa gleichzeitig ebenfalls aus einem Versteck geschriebenen *Apologia ad Constantium*[7].

In dieser Schrift verteidigt sich Athanasius Konstantius gegenüber gegen vier konkret vom Kaiser gegen ihn erhobene Vorwürfe, die zu seiner Absetzung als Bischof von Alexandria durch die Synoden von Arles und Mailand, zu seiner Vertreibung aus Alexandria und zu einer Anklage wegen crimen laesae maiestatis geführt hatten[8].

Von den alten Anklagepunkten, die schon in Tyrus und Serdika gegen ihn vorgebracht worden waren, ist nun keine Rede mehr, wenn auch Athanasius und wie er Hilarius von Poitiers den gegenteiligen Anschein erwecken wollen, um mit Berufung auf das Urteil von Serdika alle Anklagen als haltlos und bereits erledigt erweisen zu können[9].

---

7 Ath.apol.Const., verfaßt in der zweiten Hälfte des Jahres 357, vgl. OPITZ-SCHNEELMELCHER, 279 nota. Allgemein verfügbar bisher nur die Edition von J.M. SZYMUSIAK [SC 56, Paris 1958]. Ich zitiere nach den Korrekturbögen der von OPITZ vorbereiteten Ausgabe, die Prof. D.W. SCHNEEMELCHER mir freundlicherweise zur Verfügung gestellt hat.

8 OPITZ, l.c.

9 So in der ebenfalls im Jahre 357 verfaßten apol.sec. In dieser großen Apologie verteidigt Athanasius sich und seine Haltung nach 352, indem er mit viel Aktenmaterial die alten Vorwürfe von Tyrus und Serdika (Orientalen) widerlegt und seine Rehabilitation in Serdika (Occidentalen), seine Wiedereinsetzung im Jahre 346 und seine Communio mit Valens und Ursacius ab 347 belegt, um das neue Vorgehen gegen sich als gegen die Synodalbeschlüsse von Serdika und gegen alle Abmachungen mit Konstantius zu brandmarken, besonders das Verhalten von Valens und Ursacius.
Von den gegen ihn seit 352 erhobenen Vorwürfen erfährt der Leser allerdings nichts.
Diese Taktik hat Athanasius bereits am Beginn der neuen Auseinandersetzungen angewandt. Der Brief der ägyptischen Synode von 352-53 nimmt nicht zu den aktuellen Vorwürfen gegen Athanasius Stellung, sondern verpflichtet den römischen Bischof auf die Beschlüsse von Serdika. Zu dem Brief der ägyptischen Synode vgl. S. 123-125. Ganz ähnlich ist Hilarius, dem der Brief dieser ägyptischen Synode ja noch vorgelegen haben muß, bei seiner Darstellung des Athanasiusfalles im 1. Teil seines Werkes gegen Valens und Ursacius (vgl. S. 125 Anm. 70

In seiner *Apologia ad Constantium* wehrt sich Athanasius zunächst gegen den Vorwurf, den inzwischen ermordeten Kaiser Konstans gegen seinen älteren Bruder aufgehetzt zu haben und somit schuld am Zerwürfnis der beiden Kaiserbrüder zu sein[10].

Ein weit schwerwiegenderer Vorwurf, mit dem sich Athanasius dann auseinanderzusetzen hat, ist die Anklage wegen angeblicher Konspiration mit dem Mörder des Konstans, dem Usurpator Magnentius[11]. Er beteuert, nie Magnentius gesehen zu haben, nie mit dem Mörder seines Freundes, des Kaisers Konstans, in irgendwelcher Verbindung gestanden zu haben. Das Ganze ist für ihn eine geschickt angelegte Lügenkampagne seiner kirchlichen Gegner, eine Kampagne der *Arianer*. Zwar kann er nicht leugnen, daß Magnentius Legaten an ihn geschickt hatte[12], aber entschieden wehrt er den Vorwurf ab, selbst Briefe an Magnentius gesandt zu haben. Wenn der Kaiser Briefe hätte, was wohl der Fall war, könne es sich nur um geschickte Fälschungen handeln[13], wie es sich ja überhaupt bei allen gegen ihn erhobenen Vorwürfen nur um Fälschungen und üble Machwerke seiner Gegner handelt.

Drittens muß sich Athanasius gegen den offensichtlich aus Kreisen des ägyptischen Episkopats vorgebrachten Vorwurf wehren, die neue große Kirche in Alexandria vor ihren offiziellen Enkainien in Besitz genommen zu haben[14].

---

und die Analyse der Coll.antiar.Paris. auf S. 301ff.) vorgegangen, der ebenfalls das Schwergewicht auf die Beschlüsse von Serdika und die Gemeinschaft mit Valens und Ursacius legt und der neuen Verfolgung und der Rolle, die Valens und Ursacius in ihr spielen, gegenüberstellt (wichtigstes Fragment: Coll.antiar.Paris. B II).
Daraus hat OPITZ, l.c. den Schluß gezogen, daß auch die alten Vorwürfe von Tyrus und Serdika wieder gegen Athanasius geltend gemacht wurden. Hierzu gibt es aber keinerlei Anhaltspunkt.

10 Ath.apol.Const.2-5; vgl. oben S. 46ff.

11 L.c.6-10; vgl. oben S. 71ff.

12 L.c.9,2; vgl. S. 83-85.

13 L.c.11,1 [OPITZ-SCHNEEMELCHER II,285,8-14]: Ὅτι μὲν οὖν μήτε ἔγραψά ποτε ἐκείνῳ μήτε ἐδεξάμην ποτὲ παρ' αὐτοῦ, μάρτυρα τὸν θεὸν καὶ τὸν τούτου λόγον τὸν μονογενῆ αὐτοῦ υἱὸν τὸν κύριον ἡμῶν Ἰησοῦν Χριστὸν ἐπεκαλεσάμην, τὸν δὲ κατειπόντα καὶ περὶ τούτου συγχώρησον ἐρωτηθῆναι δι' ὀλίγων, πόθεν εἰς τοῦτο παρῆλθεν; ἐπιστολῆς ἀντίγραφον φήσειεν ἔχειν; τοῦτο γὰρ ἀπέκαμον οἱ Ἀρειανοὶ θρυλοῦντες. πρῶτον μὲν οὖν κἂν τὰ γράμματα τοῖς ἡμετέροις ὅμοια δεικνύῃ, οὔπω τὸ ἀσφαλὲς ἔχει πλαστογράφοι γὰρ εἰσὶν οἵτινες καὶ τὰς ὑμῶν τῶν βασιλέων χεῖρας πολλάκις ἐμιμήσαντο.

14 L.c.14-18.

Athanasius beteuert, daß er nur aus Not und unfreiwillig wegen der großen Menge von Gläubigen, die am Ostersonntag zur Kirche strömten, die neue große Kirche benutzt hätte. Keine der älteren Kirchen hatte für die Menge der Gläubigen ausgereicht; da kam aus der Volksmenge der Ruf, doch die große Kirche zu benutzen und dort für das Wohl des Kaisers zu beten[15]. So hatte er widerstrebend dem Druck der Menge nachgegeben. Außerdem sei es auch sonst durchaus üblich, Kirchen schon vor den offiziellen Enkainien zu benutzen[16]. Schließlich habe es sich nicht um eine eigenmächtige Weihe der Kirche gehandelt, sondern nur um einen Gottesdienst[17]. Gerade solche großen Festgottesdienste wie am Tage des Festes der Auferstehung Christi sollen doch gemeinsam von der ganzen Gemeinde gefeiert werden[18]. Befolgte er nicht außerdem nur das Gebot des Herrn, wenn er mit seiner Gemeinde in die große Kirche ging? Wenn du aber betest, so geh in deine Kammer und schließ die Tür zu, so lautet das Gebot des Herrn[19]. Es ist doch besser, in einer wenn auch noch ungeweihten Kirche nach dem Befehl des Herrn zu beten als in der offenen Wüste, die bekanntlich nicht abschließbar ist. Und völlig absurd ist es, ihn wegen der in der Kirche gehaltenen Gebete anzuklagen, sie werden einer feierlichen Dedikation der Kirche durch den Kaiser nicht im Weg stehen[20].

Nach dieser etwas verwunderlichen, den Kern des Vorwurfes eher verdeckenden Argumentation kommt er zum vierten für ihn weit gefährlicheren Anklagepunkt. Der Kaiser wirft ihm vor, den Befehl, an den Hof nach Mailand zu kommen, mißachtet zu haben[21]. Athanasius verteidigt sich, er habe die diesbezüglichen Briefe des Kaisers nur für eine freundliche und unverbindliche Einladung gehalten, die aber durch ein Mißverständ-

---

15 L.c.14,4f.

16 L.c.15. Als Beispiele führt Athanasius die Benutzung der alexandrinischen Theonaskirche und der neuen Kirchen in Trier und Aquileia jeweils vor den eigentlichen Enkainien an.

17 L.c.15,5 [OPITZ-SCHNEEMELCHER II,287,22]: ..., καὶ γέγονεν οὐκ ἐγκαίνια, ἀλλὰ σύναξις εὐχῆς.

18 L.c.16.

19 L.c.17,1.

20 L.c.17f.

21 L.c.19-26.

nis zustande gekommen sein muß. Er hatte nie um eine Audienz gebeten, wie der Kaiser vorauszusetzen schien. Daher hatte er auch keine Veranlassung gesehen, dieser Einladung zu folgen und seine Kirche zu verlassen[22]. Bei der angeblichen Bitte um eine Audienz müsse es sich wiederum um eine Fälschung seiner Feinde handeln[23]. Falls er einen direkten Befehl bekommen hätte, am Hof zu erscheinen, wäre er selbstverständlich sofort nach Mailand aufgebrochen.

Weiter verwahrt Athanasius sich gegen die dramatischen Ereignisse des Jahres 356 in Alexandria, die zur Erstürmung der Theonaskirche durch kaiserliche Soldaten am 9. Februar 356 und zu seiner Flucht geführt hatten[24].

Die restlichen Kapitel der Apologie berichten über die Zustände in Alexandria nach seiner Vertreibung bis zum Einzug des neuen Bischofs Georg[25].

Soweit Athanasius selbst.

Seine beiden Berichte, der eine an die ägyptischen Mönche, der andere an den Kaiser, scheinen von völlig verschiedenen Dingen zu reden. Warum berichtet Athanasius seinen Mönchen nichts von den gegen ihn erhobenen Vorwürfen, wenn sie doch alle ausschließlich auf Fälschungen beruhten? Könnte überhaupt etwas die Bosheit seiner Feinde deutlicher veranschaulichen als diese Fälschungen?

Auch seine Verteidigung dem Kaiser gegenüber läßt viele Fragen offen.

Klar ist, daß seine beiden Schriften allein sich nicht zur Rekonstruktion der Ereignisse eignen.

---

22 L.c.19,6 [OPITZ-SCHNEEMELCHER II,290,6-10]: οὐ γὰρ ἔγραψα οὐδὲ τοιαύτην ἐπιστολὴν εὑρεῖν ὁ κατήγορος δυνήσεται. εἰ καὶ ἔδει με γράφειν καθημέραν, ἵνα τὴν ἀγαθήν σου πρόσοψιν θεωρῶ, ἀλλ' οὔτε τὰς ἐκκλησίας καταλιμπάνειν ὅσιον οὐδὲ δι' ὄχλου τῇ σῇ εὐσεβείᾳ γίνεσθαι δίκαιον ἦν, μάλιστα ὅτι καὶ ἀπόντων ἡμῶν ἐπινεύεις ταῖς ἐκκλησιαστικαῖς ἀξιώσεσιν. ἃ μὲν οὖν ἐκέλευσε Μοντάνος, κέλευσον ἀναγνῶναί με·

23 L.c.20,1 [OPITZ-SCHNEEMELCHER II,290,11-16]: Πόθεν δὲ ἆρα καὶ ταύτην τὴν ἐπιστολὴν εὗρον οἱ κατειρηκότες; ἐβουλόμην παρ' αὐτῶν ἀκοῦσαι, τίς αὐτοῖς καὶ ταύτην ἐπιδέδωκε. ποίησον αὐτοὺς ἀποκρίνασθαι. δυνήσῃ γὰρ ἐκ τούτου μαθεῖν ὅτι καὶ ταύτην ἔπλασαν, ὥσπερ κἀκείνη ἐθρύλησαν περὶ τοῦ δυσωνύμου Μαγνεντίου. καταγνωσθέντες δὲ καὶ περὶ ταύτης, εἰς ποίαν ἆρα μετὰ ταῦτα πάλιν ἕλκουσιν ἡμᾶς ἀπολογίαν; τοῦτο γὰρ μεμελετήκασι καὶ ταύτην ἔχουσιν, ὡς ὁρῶ, σπουδὴν πάντα κινεῖν καὶ θορυβεῖν.

24 L.c.25.

25 L.c.28ff.

Die von Athanasius abhängige *Historia Athanasii* bietet zwar einige Fakten der Vorgeschichte und Geschichte des dritten Exils, sagt über die Gründe aber auch nichts[26].

Auch die *Apologia de fuga sua* hilft in dieser Frage nicht weiter, von den Tendenzen der *Apologia secunda* war schon die Rede[27].

Sokrates[28] scheint auch nur das gewußt zu haben, was Athanasius selbst berichtet hat: Nach der Ermordung des Konstans wittern die Feinde des Athanasius eine Chance, ihn als Bischof wieder loszuwerden[29] und reden Konstantius ein, daß Athanasius Libyen und Ägypten vom Reich lostrennen und sich unterwerfen wolle[30]. Der Kaiser beschließt daraufhin, nachdem auch andere Bischöfe abgesetzt worden waren, den Tod des Athanasius. Allerdings vermutet Sokrates dies alles schon für das Jahr 350[31].

Ganz ähnlich berichtet Sozomenos, dem dabei außerdem noch etliche chronologische Fehler unterlaufen, der aber einige Notizen über Sokrates hinaus bietet[32]. Nach der Meinung des Sozomenos geht der Kaiser nach der Überwindung des Magnentius gegen Athanasius vor, gleichzeitig auch die Bischöfe des Orients, die, solange Konstans und Konstantius sich über die Rückkehr des Athanasius geeinigt hatten, nichts gegen Athanasius unternehmen konnten[33]. Das Ziel des Kaisers aber ist es, nach Meinung des Sozomenos, nun den Westen zu aria-

---

26 Hist.Ath.3-6.

27 Vgl. Anm. 9. Zur theologischen Intention der "Apologia de fuga sua" vgl. TETZ, ZKG 90(1979)320-325.

28 h.e.II,25-34. h.e.II,28,1 hält Sokrates Georg schon im Jahre 350 für den amtierenden alexandrinischen Bischof.

29 h.e.II,26,3 [HUSSEY, 265]: καιρὸν δὲ εὔκαιρον οἱ πρὸς Ἀθανάσιον διαφερόμενοι εὑρεκέναι νομίσαντες,...

30 h.e.II,26,3 [HUSSEY, 265f.]: διδάσκουσί τε τὸν βασιλέα Κωνστάντιον, ὡς εἴη πᾶσαν ἀνατρέπων Αἴγυπτον καὶ Λιβύην.

31 h.e.II,26,1.

32 Zum Gesamtzusammenhang vgl. Soz. h.e.IV,1-10.

33 Soz. h.e.IV,3 [BIDEZ-HANSEN, 147,14-19]: λογισάμενοι δὲ καιρὸν ἔχειν εἰς διαβολὴν τῶν ἐναντία φρονούντων οἱ τὴν ἐν Νικαίᾳ πίστιν παραιτούμενοι, ἐπιμελῶς μάλα ἐν τοῖς βασιλείοις ἐπόνουν ἐκβάλλειν τῶν ἐκκλησιῶν πάντας τοὺς πρὸς αὐτῶν καθῃρημένους ὡς ἑτεροδόξευς ὄντας καί, ἐν ᾧ Κώνστας τῷ βιῷ περιῆν, συγκροῦσαι τὰς βασιλείας πρὸς ἑαυτὰς σπουδάσαντας, καθότι τῷ αδελφῷ πόλεμον ἐπήγγελλεν, εἰ μὴ προσδέξεται αὐτούς, ὡς ἐν τοῖς πρόσθεν εἴρεται·

nisieren[34]. Was Athanasius selbst betrifft, scheint Sozomenos aus Athanasius ausgezogen zu haben[35].

Auch Rufin verbindet nur lapidar das erneute Vorgehen gegen Athanasius mit dem Tod des Konstans[36], ebenso Theodoret, der vielleicht die *Apologia ad Constantium* des Athanasius gekannt hat[37].

In keiner der die Ereignisse zusammenfassenden Darstellungen werden die wirklichen Gründe für das erneute Vorgehen des Kaisers gegen Athanasius deutlich. Neben den genannten Quellen müssen bei einem Versuch, die Geschehnisse zu rekonstruieren, noch in anderem Zusammenhang überlieferte Einzelnotizen herangezogen werden, die nicht in allererster Linie die Geschichte des Athanasius im Auge haben.

Die Untersuchung des Überlieferung der sirmischen Synode von 351 hatte gezeigt, daß es offensichtlich bis zur Mitte des Jahres 351 für Konstantius noch keinerlei Veranlassung gab, gegen Athanasius vorzugehen[38]. Seit der siegreichen Schlacht von Mursa gegen Magnentius war Valens zum Berater und Freund des Kaisers geworden, der sich, zusammen mit seinem Freunde Ursacius, auch dauernd in der Umgebung des Kaisers aufgehalten zu haben scheint[39]. Sicher haben beide dem Kaiser gegenüber aus ihrer feindseligen Einstellung zu Athanasius kein Hehl gemacht. Aber man wird, worauf R. KLEIN in

---

34 Soz. h.e.IV,8,5 [BIDEZ-HANSEN, 148,3-6]: ἅμα γοῦν ἀπωλώλει Μαγνέντιος καὶ μόνος Κωνστάντιος τῆς Ῥωμαίων οἰκουμένης ἡγεῖτο, πᾶσαν ἐποιεῖτο σπουδὴν τοὺς ἀνὰ τὴν δύσιν ἐπισκόπους τοῖς ὁμοούσιον εἶναι τῷ πατρὶ τὸν υἱὸν <μὴ> δοξάζουσι συναινεῖν. Die Hinzufügung von μή durch BIDEZ ist aus der Übersetzung Cassiodors gerechtfertigt. Cass.Eccl.V,15,1 [JACOB-HANSLIK, 234]: *Igitur devicto Magnentio, cum solus Constantius Romanorum tenuisset imperium, omni studio laborabat, ut occidentales episcopi consentirent eis, qui consubstantialem esse patri filium denegabant.*

35 Besonders die zweite Hälfte von Soz. h.e.IV,9, die bei Soc. h.e.II,34 nicht überliefert ist, scheint mir direkt aus der von Athanasius abhängigen Hist.Ath. zu stammen, wobei wegen des besseren Erzählflusses nur die Daten weggelassen wurden. Vgl. dazu Hist.Ath.3-6 mit Soz. h.e. IV,9,6-10.

36 Hist.X,20; vgl. oben S. 71 Anm. 36.

37 h.e.II,13. Theodoret erwähnt den ersten Anklagepunkt aus der apol. Const. des Athanasius, in dem man ihm vorwarf, Konstans und Konstantius entzweit zu haben.

38 Vgl. oben S. 105-107.

39 Vgl. oben S. 69f.

aller Deutlichkeit hingewiesen hat, ihren Einfluß auch nicht überschätzen dürfen[40].

Athanasius selbst hat sicher nicht ganz zu unrecht in den beiden pannonischen Bischöfen und ihrem erneuten *Kurswechsel* jedenfalls die Hauptursache seines erneuten Konfliktes mit Konstantius gesehen[41].

Zumindest scheint einigermaßen erkennbar, daß erneute Vorwürfe gegen Athanasius sowohl von seiten des ihm nie freundlich gesonnenen orientalischen Episkopats gekommen sind, der auch die Wiedereinsetzung des Athanasius im Jahre 346 nur sehr widerwillig hingenommen hatte[42], als auch von Konstantius selbst.

Es scheint überhaupt fraglich, ob man bei Valens und Ursacius von einem Kurs- oder gar Parteiwechsel sprechen kann, wie es Athanasius aus polemischen Gründen getan hat, dem hierin die Forschung ziemlich ausnahmslos gefolgt ist[43]. Valens und Ursacius hatten 347 nach zweijährigen Verhandlungen die Gemeinschaft mit Athanasius und Julius wieder aufgenommen, nachdem Athanasius im Osten von Konstantius offiziell rehabilitiert worden war. Ohne Hilfe durch Konstantius blieb ihnen, die sie unter der Herrschaft des Konstans lebten, sowieso keine andere Wahl. Sie haben auch in der Zeit der Ge-

---

40 KLEIN, l.c.86-89. Zu der erstaunlichen Tatsache, daß ihr theologischer Einfluß auf den Kaiser offensichtlich vorerst außerordentlich gering gewesen zu sein scheint, vgl. oben S. 69f.;124. Anders NORDBERG, l.c.44: *"With an imperial victory as the outcome of the battle, Valens personally, together with his confederates, could count on favours from the Emperor, which was soon to be seen in his relations with Athanasius."*

41 Ath.h.Ar.29; vgl. apol.sec.2,3 und apol.Const.1,2. Zur Haltung von Valens und Ursacius nach der Synode von Serdika vgl. auch Hilar.Coll. antiar.Paris. B II,5-9 [FEDER, 140-150] und oben S. 62f.

42 Vgl. oben S. 57ff.

43 So im Prinzip schon Hilarius von Poitiers in seiner Schrift gegen Valens und Ursacius, die etwa gleichzeitig mit den entsprechenden apologetischen Schriften des Athanasius abgefaßt wurde; vgl. Coll.antiar.Paris. B II,5ff. In B II,5,3 [FEDER, 141,16] spricht Hilarius von der Haltung des Valens und Ursacius in den Jahren 353-355 und stellt dem ihre Bitte um Aufnahme in die Gemeinschaft der katholischen Kirche, d.h. in die Gemeinschaft mit Athanasius, gegenüber (Hilar. l.c. B II,6-8.9). Daß die Kursänderung von Valens und Ursacius den Beginn der Aktionen gegen Athanasius bezeichnet, meint auch OPITZ II,87 nota. Vgl. auch das harsche Urteil über die beiden Pannonier bei SEECK, GdU IV,137 (oben S. 63 Anm. 206).

meinschaft mit den Abendländern sicher nie ihre Theologie - d.h. die homöische Trinitätslehre in einer überaus schlichten Form - verleugnet, was wohl auch niemand von ihnen verlangt hat[44].

Wenn beide ab 352 wieder an Aktionen gegen Athanasius beteiligt sind, so ist das kein eigentlicher Parteienwechsel. Daß beide direkt gegen Athanasius intrigierten, ist zwar gut denkbar, aber von der Aufkündigung der Communio mit Athanasius hören wir vorerst noch nichts. Als zusätzliche Antriebskraft hinter den neuen Aktionen gegen Athanasius wird man auch die alten nie ganz begrabenen Feindseligkeiten vermuten dürfen.

Auch Konstantius hatte Athanasius nur wider Willen und auf Druck seines Bruders im Osten wieder aufgenommen und in sein Bistum zurückkehren lassen. Aber er scheint die feste Absicht gehabt zu haben, mit Athanasius auszukommen[45], wenn auch sein Mißtrauen geblieben war[46].

Auch der Tod des Konstans hat daran zunächst nichts geändert[47]. Allerdings hatte Athanasius die bedrohliche Lage, in der Konstantius sich befand, ausgenutzt, dabei durchaus mit der Karte des Magnentius spielend[48]. Außerdem scheint er in Ägypten mit harter Hand gegen kirchliche Gegner vorgegangen zu sein[49].

---

44 KLEIN, l.c.86ff., bes.87 A.168.

45 Zum Brief des Kaisers an Athanasius vgl. oben S. 85f. Im Brief der Synode von Antiochia (Soz. h.e.IV,8,4) beklagen sich die orientalischen Bischöfe, daß Konstantius Athanasius geschützt hatte. Soz. h.e. IV,8,4 [BIDEZ-HANSEN, 147,19-22]: μάλιστα δὲ ἐν αἰτίᾳ ἐποιοῦντο Ἀθανάσιον· οἵ γε ὑπερβολῇ τοῦ περὶ αὐτὸν μίσους οὐδὲ Κώνσταντος περιόντος καὶ Κωνσταντίου φιλεῖν αὐτὸν προσποιουμένου τῆς ἀπεχθείας ἀπέσχοντο, ἀλλὰ...

46 Konstantius ließ auch, nachdem er Athanasius die Rückkehr nach Alexandria gestattet hatte, alle Akten über ihn aufbewahren; vgl. oben S. 63f.

47 Anders LOOFS, RE II,25; JOANNOU, l.c.106. Mit der Schlacht von Mursa verbinden das Vorgehen gegen Athanasius HEFELE, l.c.64f.; STEIN, l.c. 232; LIETZMANN, GaK III,208f. NORDBERG, l.c.44 möchte mit der Erhebung des Gallus zum Caesar des Orients den Beginn der Aktionen gegen Athanasius verbinden. Aber die von Gallus favorisierten Anhomöer treten nie als die Hauptgegner des Athanasius auf. Seine Gegner sind außer den Männern um Valens und Ursacius die Vertreter der origenistischen Tradition.

48 Vgl. S. 85f.

49 Vgl. vor allem Soz. h.e.III,21,3-5; aber auch III,20,5ff.; Soc. h.e. II,23,33-45; II,26,4 (dort auch der Vorwurf, ordnungswidrige Ordinationen durchgeführt zu haben).

Als erstes sind rein kirchliche Aktionen orientalischer Bischöfe gegen Athanasius erkennbar, etwa seit der zweiten Hälfte des Jahres 352. Athanasius spricht selbst nur dunkel von Intrigen gegen seine Person[50].

Aller Wahrscheinlichkeit nach hatte Ostern 352 ein Zwischenfall in Alexandria den Anlaß gegeben, eine Synode gegen Athanasius einzuberufen. Am Osterfest hatte Athanasius die neue große, noch ungeweihte Kirche in Besitz genommen, wohl um seinen Gegnern zuvorzukommen[51].

In Antiochien tritt daraufhin eine Synode von dreißig Bischöfen zusammen, die Athanasius absetzt und an seiner Stelle Georg aus Kappadokien zum Bischof von Alexandria wählt - ein kirchenrechtlich allerdings äußerst fragwürdiges Verfahren[52]. In ihrem Synodalschreiben betonen sie, daß Athanasius

---

50 h.Ar.28-30; ebenso TETZ, l.c.339.

51 Mit SEECK, GdU IV,139;444, erscheint mir Ostern 352 als der wahrscheinlichste Termin (vgl. die chronologischen Betrachtungen bei SEECK, l.c.). Anders OPITZ II,287 nota, der die Usurpation der großen Kirche in Alexandria schon für Ostern 347 - allerdings ohne Begründung - annimmt. Falsch dagegen ist sicher die Annahme SEECKs, l.c., daß diese Kirche Georg gegeben werden sollte, da er von der irrigen Annahme ausgeht, Georg sei schon in den vierziger Jahren zum Bischof gewählt worden (vgl. nächste Anmerkung). Besser die Vermutung von OPITZ, l.c., daß Athanasius die Kirche in Besitz nahm, *"um sie nicht den Gegnern des Athanasius zu belassen"*. Zum chronologischen Ansatz von SEECK auf Ostern 352 paßt auch vorzüglich - was SEECK selbst offenbar nicht aufgefallen ist - der Aufbau der apol.Const., der allem Anschein nach chronologisch ist:
1. Vorwurf der Aufhetzung der beiden Kaiser gegeneinander gehört in die Jahre 340-350 (Kap.2-5).
2. Vorwurf der Konspiration mit Magnentius gehört in das Jahr 350-351 (Kap.6-13).
4. Vorwurf der Befehlsverweigerung gehört in das Jahr 353 (Kap.19-26), die restlichen Kapitel berichten über die Jahre 355-357.
Nach dem chronologischen Aufbau der Apologie bleibt für den 3. Vorwurf der widerrechtlichen Inbesitznahme der großen Kirche nur der Zeitraum zwischen Ende 351 und Frühjahr 353 übrig, also nur die Osterfeste 352 und 353. Da aber anzunehmen ist, daß die antiochenische Synode von 352 (vgl. nächste Anmerkung) bereits über diesen Zwischenfall verhandelt hat, erscheint Ostern 352 als das wahrscheinlichste Datum.

52 Soz. h.e.IV,8,3ff. Jüngst hat KLEIN, l.c.81f., bes. A.160, in der Nachfolge von SEECK, GdU IV,135, und STEIN, l.c.233, diese Synode in die vierziger Jahre des vierten Jahrhunderts datieren wollen. Gegen KLEIN ist vor allem einzuwenden, daß Soz. für den Zeitpunkt der Synode den Tod des Konstans voraussetzt.
1. Soz. ordnet seinen Bericht über die Synode im Gesamtzusammenhang seiner Darstellung in die Zeit der Alleinherrschaft des Konstantius

gegen die kirchlichen Kanones und ohne sich vorher auf einer Synode zu verantworten vom Kaiser in Alexandria wieder als Bischof eingesetzt worden war. Sie rufen alle Kirchen auf,

---

nach dem Tode des Konstans ein (IV,1ff.)

IV,8,1: Anspielung auf die Reise des Kaisers Konstantius nach Gallien und Mailand (Synode Mailand 355), Anspielung auf die Romreise 357 (SEECK, Regesten, 204).

8,2: Tod des Julius und Übernahme des römischen Bischofsstuhles durch Liberius 352 (SEECK, l.c.198f.).

8,3: Der Wechsel auf dem römischen Bischofsstuhl veranlaßt die Gegner des nizänischen Glaubens gegen diesen wieder vorzugehen und zu behaupten, die Vertreter des nizänischen Glaubens (hier ist natürlich vor allem an Athanasius gedacht) hätten noch zu Konstans Lebzeiten (ἐν ᾧ Κώνστας τῷ βίῳ περιῆν [BIDEZ-HANSEN, 147,17], der dann doch wohl als bereits tot angesehen wird!) diesen gegen seinen Bruder aufgehetzt.

8,4: Das trifft besonders auf Athanasius zu, gegen den sie (sc. die Feinde des nizänischen Glaubens) zu Konstans Lebzeiten machtlos waren, und der dann auch noch unter dem Schutz des Konstantius (seit seiner Rückkehr 346) stand. Nun aber (ἀλλὰ συνελθόντες) versammeln sie sich angesichts der neuen Gegebenheiten zu einer Synode.

Ἀλλὰ συνελθόντες [BIDEZ-HANSEN, 147,22] bezieht sich sachlich auf den oben geschilderten römischen Bischofswechsel, der (natürlich auch in Anbetracht der neuen politischen Lage) den Orientalen die Möglichkeit zu neuen Schritten gegen den ungeliebten Athanasius ermöglicht hat, nicht aber auf die Zeit, in der Konstans noch lebte.

2. Die guten Gründe, mit denen SEECK, GdU IV,135 und STEIN, l.c.233 nach KLEIN diese Synode in die vierziger Jahre datiert haben, sind auch nicht auszumachen. SEECK begründet seine Datierung der Synode überhaupt nicht, STEIN, l.c.A.2 beruft sich auf Georg von Alexandria als Teilnehmer der sirmischen Synode von 351 nach der Liste der Teilnehmer, die Soc. h.e.II,29 überliefert hat und nach der von dieser abhängigen Liste Soz. h.e.IV,6,4. Zur Problematik dieser Listen vgl. LOOFS, RE II,30 und oben S. 95 f. und S. 275. Die bei Soz. h.e. IV,8, 3ff. erwähnte antiochenische Synode hat also aller Wahrscheinlichkeit nach erst im Jahre 352 stattgefunden (so auch LORENZ, l.c.24 und GIRARDET, l.c.152). Zur Begründung vgl. LORENZ, l.c.A.9 und die bei Hilar.Coll.antiar.Paris. überlieferten Briefe des Liberius:

Ep.Obsecro (353-54 an Konstantius) [FEDER, 90,9-15]: *Sed multi ecclesiae membra lacerare festinant, qui confinxerunt me litteras subpressisse, ne crimina eius, quem dicebantur condemnasse, apud omnes paterent, quasi illas litteras episcoporum Orientalium et Aegyptiorum, quibus in omnibus eadem <in> Athanasium crimina continebantur. at satis omnibus clarum est nec quisquam negat nos Orientalium litteras intimasse, legisse ecclesiae, legisse concilio atque haec etiam Orientalibus respondisse.*

Ep.Studens paci (aus dem Exil 357 an die orientalischen Bischöfe) [FEDER, 155,7-9]: *Studens paci et concordiae ecclesiarum, posteaquam litteras caritatis uestrae de nomine Athanasi et ceterorum factas ad nomen Iulii bonae memoriae episcopi accepi,...*

Es scheint durchaus wahrscheinlich, daß der bei Sozomenos erwähnte Synodalbrief der Synode von Antiochia mit dem bei Liberius erwähnten

nicht mit ihm, sondern mit dem zum Nachfolger gewählten Georg Gemeinschaft zu halten[53].

Die von Athanasius für die Nachwelt geprägte Sicht einer festen Aktionsgemeinschaft zwischen Konstantius und dem orientalischen Episkopat gegen seine Person hat verdeckt, daß diese antiochenische Synode auch harte Kritik an Konstantius und seiner Kirchenpolitik angemeldet hat[54].

Konstantius indessen, im Westen des Reiches noch mit Magnentius beschäftigt (die Abwesenheit des Kaisers wird den Mut der antiochenischen Synodalen zur Kritik etwas beflügelt haben), hat dann auch die Beschlüsse dieser antiochenischen Synode gegen Athanasius nicht anerkannt, jedenfalls nichts zu deren Durchführung getan! Athanasius kann vorerst unbehelligt weiter in Alexandria als unumstrittener Bischof residieren. Daß Klagen über Athanasius auch in Form von Denunziationen vor Konstantius kamen, wird man vermuten müssen,

---

eigentlich noch an Julius gerichteten Brief identisch ist, auch wenn Soz. den Eindruck erwecken will, daß man in Antiochia bereits über den Tod des Julius informiert war und das zum Anlaß der Synode genommen habe. Chronologisch stimmen die Angaben von Soz. und Liberius jedenfalls überein. Zur chronologischen Übereinstimmung vgl. auch SEECK, l.c. Strikt trennen von der Synode, die an Julius wegen Athanasius schrieb, möchte PIETRI, Question, 119ff. und Roma Christiana, 237, bes. A.3 die bei Soz. h.e.IV,8,3ff. erwähnte antiochenische Synode, die er - ohne nähere Angabe von Gründen - erst 355 ansetzen möchte.

53 Regest Soz. h.e.IV,8,4 [BIDEZ-HANSEN, 147,24-148,1]: οἱ πάντες ἔγραψαν τοῖς πανταχοῦ ἐπισκόποις, ὡς παρὰ τοὺς νόμους τῆς ἐκκλησίας ἐπανῆλθεν εἰς Ἀλεξάνδρειαν, οὐκ ἀναίτιος φανεὶς ἐπὶ συνόδου, ἀλλὰ φιλονικίᾳ τῶν τὰ αὐτὰ φρονούντων· καὶ παρεκελεύοντο μήτε κοινωνεῖν αὐτῷ μήτε γράφειν, ἀλλὰ Γεωργίῳ τῷ πρὸς αὐτῶν κεχειροτονημένῳ. Nach HANSEN, l.c.LIX, aus Sabinus, dagegen aber HAUSCHILD, l.c.125.

54 Konstantius war es schließlich, der ihn παρὰ τοὺς νόμους τῆς ἐκκλησίας [BIDEZ-HANSEN, 147,25f.] wieder eingesetzt hatte und sogar eine Synode über den Fall des Athanasius verhindert hatte; vgl. S. 62 mit Anm. 200.
Dieses Moment ist, soweit ich sehen kann, in der Forschung bisher nicht berücksichtigt worden. Aber ohne Zweifel werfen die orientalischen Bischöfe Konstantius hier vor, daß er den Fall des Athanasius einer Synode hätte überlassen müssen. Bei dieser Kritik der orientalischen Bischöfe an Konstantius handelt es sich um das einzige mir bisher bekannte Beispiel aus den Kämpfen des trinitarischen Streites, bei dem Bischöfe *ihren* Kaiser, d.h. den kirchenpolitisch und theologisch mit der eigenen Gruppe verbundenen Kaiser, wegen der Verletzung kirchlicher Kanones kritisieren. Das Rundschreiben der antiochenischen Synode von 352 bietet so eine interessante Ergänzung zu K. ALANDs Kritik an H. BERKHOFs Konstruktion vom *Byzantinismus* der orientalischen Kirchen. Vgl. ALAND, l.c.

aber Konstantius scheint auf all das nicht gehört zu haben[55].

Sehr erstaunlich ist es, daß die orientalischen Bischöfe sich mit ihren Klagen über Athanasius, d.h. mit ihren Synodalbeschlüssen, an den römischen Bischof wenden.

Aus den umstrittenen und vieldiskutierten Exilsbriefen des Liberius[56] und seinem schon um 354 an Konstantius geschriebenen Brief[57] ergibt sich, daß die auf der antiochenischen Synode versammelten orientalischen Bischöfe sich gegen Ende des Jahres 352 nach Rom gewandt haben, um (dem bereits im Frühjahr 352 verstorbenen) Bischof Julius von Rom über den Fall des Athanasius Mitteilung zu machen[58], wie es trotz der faktisch bestehenden Kirchenspaltung zwischen Orient und Occident in gewissem Rahmen üblich geblieben war[59]. Die Akten aus Antiochia gingen an Julius' Nachfolger Liberius.

---

55 Hierzu gehört z.B. auch der wohl von kirchlicher Seite vorgebrachte Verdacht, Athanasius wolle Ägypten und Libyen vom Reich trennen. Soc. h.e.II,26,3 [HUSSEY, 265f.]: διδάσκουσί(sc. die Feinde des Athanasius unter den orientalischen Bischöfen) τε τὸν βασιλέα Κωνστάντιον, ὡς εἴη πᾶσαν ἀνατρέπων Αἴγυπτον καὶ Λιβύην.

56 Überliefert bei Hilar.Coll.antiar.Paris. B III,1; B VII,8;10;11 [FEDER, 155,1-22;168,4-173,15]. Zur Diskussion über die Exilsbriefe des Liberius, bes. über ihre Echtheit, vgl. S. 271ff.

57 Hilar.Coll.antiar.Paris. A VII.

58 Das Datum kann man nur vermuten. Am wahrscheinlichsten erscheint die Annahme von PIETRI, l.c., daß der Brief der Orientalen erst nach Rom gelangte, nachdem Magnentius nach Gallien geflohen war und Konstantius auch über Rom herrschte, also etwa ab September 352 (SEECK, Regesten, 199). Daß man im Orient zu diesem Zeitpunkt noch nichts vom Tod des Julius wußte, ist angesichts der politischen Wirrnisse dieser Jahre gut vorstellbar. Daß die Orientalen erst, nachdem sie vom Tod des Julius gehört hatten, anfingen, gegen Athanasius vorzugehen, ist eine Folgerung, die Sozomenos wohl aus dem zeitlichen Beieinander der Ereignisse gezogen hat, die aber keineswegs zwingend ist. Soz. h.e. IV,8,2f. [BIDEZ-HANSEN, 147,12-15]: ἐν τούτῳ δὲ Ἰούλιος ἐτελεύτησεν ἐπὶ πεντεκαίδεκα ἐνιαυτοῖς τὴν Ῥωμαίων ἐκκλησίαν ἐπιτροπεύσας, διαδέχεται δὲ τοῦτον Λιβέριος. λογισάμενοι δὲ καιρὸν ἔχειν εἰς διαβολὴν τῶν ἐναντία φρονούντων οἱ τὴν ἐν Νικαίᾳ πίστιν παραιτούμενοι,... Außerdem könnte man für diese Schlußfolgerung des Sozomenos Gründe der literarischen Gestaltung seines Stoffes annehmen, da Julius als Förderer und Schützer des Athanasius zehn Jahre zuvor eine wichtige Rolle gespielt hatte. Daß Sozomenos auch immer seine eigene Beurteilung mit einbringt, wird an der Benennung der Gegner des Athanasius als (τῶν ἐναντία φρονούντων) οἱ τὴν ἐν Νικαίᾳ πίστιν παραιτούμενοι deutlich.

59 Vgl. S. 46ff. über die Synoden von Mailand 345 und Sirmium 347, deren Ergebnisse dem Orient mitgeteilt wurden. Bei dem Brief aus Antiochia handelt es sich um den Synodalbrief, auf den man eine bestätigende Antwort erwartete. Als die Antwort aus Rom nicht so schnell wie er-

Was konnte die orientalischen Bischöfe aber veranlassen, sich über eine reine Mitteilung hinaus im Falle des Athanasius an den römischen Bischof Julius zu wenden, der schon seit 340 eine der stärksten Stützen des Athanasius im Abendland gewesen war und sogar die Jurisdiktionsgewalt über die orientalischen Bischöfe beansprucht hatte, um Athanasius, Markell und andere durch Synoden in den Augen der orientalischen Bischöfe rechtmäßig abgesetzte Bischöfe wieder einzusetzen? Hatte man nicht sogar gegen den Orient im Kanon III von Serdika den römischen Bischof zur Appellationsinstanz für Bischöfe, die durch Synoden rechtmäßig abgesetzt worden waren, gemacht?[60]

Unter den veränderten politischen Verhältnissen wollen die orientalischen Bischöfe eine Bestätigung ihrer Synodalbeschlüsse durch den römischen Bischof als Primas des Abendlandes und somit eine Verurteilung des Athanasius durch den römischen Bischof und damit durch die Kirche des Abendlandes erlangen. Eine besondere Genugtuung wäre es für sie natürlich gewesen, diese Verurteilung des Athanasius von Julius selbst zu bekommen. Aber an seiner Stelle regierte seit dem 17. Mai 352[61] Liberius die Christenheit Roms.

Etwa seit September 352, nachdem Magnentius nach Gallien geflohen war, befand sich auch Rom wieder in der Hand des Konstantius[62]. Inzwischen waren Ende 352 bis Anfang 353 schwerwiegende politische Vorwürfe gegen Athanasius aufge-

---

wartet eintraf, beschwerte man sich gar beim Kaiser. Die Orientalen vermuteten sogar, daß Liberius ihre Briefe unterdrückt hätte. Liberius Ep.Obsecro, Hilar. l.c. A VII,2,1 [FEDER, 90,9-15] (Text in Anm. 52). Die Antwort an die Orientalen hatte sich wahrscheinlich durch die Gesandtschaft des Liberius nach Ägypten und die römische Synode verzögert. Keinesfalls aber haben die Orientalen von Rom eine erneute Untersuchung des Falles gefordert, wie sie dann Liberius tatsächlich durchgeführt hat. Anders SEECK, GdU IV,140: *"Und daß nach den Beschlüssen von Serdika die Orientalen, obgleich sie sich ihnen widersetzt hatten, dennoch seine* (sc. des Liberius) *richterliche Gewalt anriefen, mußte seinen Machtgelüsten schmeicheln und ihn zum Entgegenkommen geneigt machen... Er nahm daher das Richteramt, das sie ihm übertrugen, freudig an..."*

60 Vgl. oben S. 42-46.

61 SEECK, Regesten, 199.

62 SEECK, l.c.

taucht[63], so daß man seitens der orientalischen Bischöfe hoffen konnte, nun endlich auch Konstantius für die Verurteilung des Athanasius zu gewinnen.

Die Erfahrung der vergangenen dreißig Jahre hatte gezeigt, daß Synoden sich in Personalfragen dem ausdrücklichen Wunsch eines Kaisers nicht zu widersetzen pflegten - auch der römische Bischof würde sich wohl kaum einer Verurteilung des Athanasius auf Wunsch des Konstantius widersetzen. Erschwerend kam für die Kirche des Abendlandes dazu, daß Konstantius die Tätigkeit einzelner abendländischer Bischöfe für den Usurpator Magnentius wohl kaum verborgen geblieben war[64] und man allzuleicht in den Verdacht der Konspiration mit dem Usurpator geraten konnte. Da außerdem von den Orientalen schwerwiegende kirchenrechtliche Gründe für die Absetzung des Athanasius geltend gemacht wurden, gegen die der römische Bischof ernstlich kaum etwas einwenden konnte, war die Hoffnung der Orientalen auf eine Verurteilung des Athanasius durch den römischen Bischof und damit durch die Kirchen des gesamten Abendlandes nicht so abwegig.

Bischof Liberius scheint Gefahren wie Chancen dieser Situation sofort erfaßt zu haben. Ihm lag nun aber nicht daran, ein von einer orientalischen Synode ausgesprochenes Urteil einfach für das Abendland zu übernehmen, wie es die orientalischen Bischöfe erhofften.

Schließlich hatte man 342 auf der Synode von Serdika auf Vorschlag des Ossius und Gaudentius beschlossen, daß jeder von einer Synode verurteilte Bischof an den römischen Bischof appellieren dürfe und dieser eine neue Untersuchung anordnen könne[65].

Wohl gleichzeitig[66] mit den Briefen aus Antiochia war in Rom auch ein Synodalbrief einer ägyptischen Synode von acht-

---

63 Vgl. S. 85ff.;108-113.

64 Vgl. S. 71ff.

65 Vgl. S. 42-46.

66 Liberius ep Obsecro, Hilar. l.c. A VII,2,2 [FEDER, 90,15-19]: *Quis* (= *quibus*, sc. den Briefen der Orientalen) *fidem et sententiam non commodauimus nostram, quod eodem tempore octoginta episcoporum Aegyptiorum de Athanasio sententia repugnabat, quam similiter recitauimus atque insinuauimus episcopis Italis.*

zig Bischöfen eingetroffen, die sich für Athanasius erklärten[67].

Die ägyptischen Bischöfe erinnern in ihrem Brief Liberius eindringlich und mit aller Deutlichkeit an die Beschlüsse der Synode von Serdika[68], die Athanasius für rechtgläubig und unschuldig erklärt hatte.

Hier nun sieht Liberius die große Chance, erstmalig den im Kan. III von Serdika formulierten Anspruch Roms, dem der Orient bisher die Anerkennung verweigert hatte, durchzusetzen[69], indem er den Kan. III von Serdika für eine Untersuchung gegen Athanasius anwendet. Bei den Vorbereitungen zur Synode von Serdika war dieser Kanon allerdings speziell dafür entworfen worden, Athanasius gegen den Willen des Konstantius in Alexandria wieder einzusetzen. Der Brief der

---

67 Vgl. die vorige Anm. und Hilar.Coll.antiar.Paris. B III,2,2 [FEDER, 156,4ff.]: *..., dummodo nihil Sardicensi synodo, quod Athanasius absolutus et Arriani damnati fuerant, decerperet, litterae ex Aegypto omni atque Alexandria missae admonebant, quoniam, quales ad Iulium pridem <de> reddenda exulanti Athanasio communione erant scriptae, tales nunc, ut de subiectis* (sc. nach FLEMING, l.c.376 verlorengegangene Briefe der Ägypter an Liberius oder umgekehrt. Anders FEDER, Studien I,168 in Nachfolge von COUSTANT, [PL X,662d], der *subiectis* auf den Brief des Liberius an Konstantius A VII beziehen möchte) *intellegetur ad Liberium datae sunt de tuenda*. Zur Zahl der achtzig Bischöfe der ägyptischen Synode vgl. FLEMING, l.c.226, der in Anlehnung an TILLEMONT, Memoires VII,74 und ROBERTSON, l.c.100, n.10 annimmt, daß es sich hierbei um eine feste Zahl handelt, die soviel wie *alle* meint.

68 Vgl. vorige Anmerkung. Ob diese Synode der achtzig Bischöfe identisch ist mit der Soc. h.e.II,26,4 und Soz. h.e.IV,1 erwähnten ägyptischen Synode, die Athanasius zur Befestigung der Beschlüsse von Serdika einberief, ist nicht sicher auszumachen, aber auch nicht auszuschließen. Beide Kirchenhistoriker vermuten sie jedenfalls nach 350.

69 Das Vorgehen des Liberius in der Athanasiusfrage ist, soweit ich sehe, nie mit einem möglichen Versuch des Liberius in Verbindung gebracht worden, Kan. III von Serdika durchsetzen zu wollen. Nur SEECK, GdU IV,140 sieht hier eine gewisse Verbindung zu Kan. III von Serdika, meint aber, daß die Orientalen an den römischen Bischof appelliert hätten, was nach dem Wortlaut des Kanons aber unmöglich erscheint (vgl. Anm. 59). Appellieren kann nur ein sich ungerechterweise abgesetzt fühlender Bischof (vgl. oben S. 42-46)! CASPAR, l.c.166ff. dagegen meint, daß es Liberius vor allem um eine durch den Kaiser einzuberufende Synode ging und er deshalb in seinem Vorgehen nach außen strikte Neutralität bewahren mußte; ganz ähnlich KLEIN, l.c.137. Nach NORDBERG, l.c.45f., geht es Liberius lediglich um gute Beziehungen zum Orient und zum Kaiser. PIETRI, Roma Christiana I,238, sieht Liberius dagegen ganz auf der Linie der Politik des Julius handeln: *"En tout cas le nouvel évêque romain démarque avec entêtement la politique de son prédécesseur."*

achtzig Bischöfe aus Ägypten gibt Liberius die Möglichkeit, hierin eine Appellation an den Bischof von Rom gemäß Kan. III von Serdika zu sehen[70].

Allerdings scheint Liberius nicht gewillt gewesen zu sein, dem Vorbild seines Vorgängers folgend, unbesehen für Athanasius Partei zu ergreifen[71]. Hier bot sich ihm dagegen die Möglichkeit, in einer erneuten, von Rom geleiteten Untersuchung der Vorwürfe gegen Athanasius, die Kirchen des Morgen- und Abendlandes zusammenzubringen und das unselige Schisma, das seit Serdika nun schon zehn Jahre herrschte, zu überwinden und dem bisher nur auf dem Papier stehenden Anspruch Roms, die Appellationsinstanz für die Bischöfe der ganzen Ökumene zu sein, auch bei den orientalischen Kirchen Geltung zu verschaffen[72].

So gibt sich Liberius zunächst völlig unparteiisch und schickt nach Alexandria eine Delegation mit der Aufforderung an Athanasius, zur Untersuchung der gegen ihn erhobenen Vorwürfe sofort in Rom zu erscheinen[73]. Für den Weigerungsfall

---

70 Ob es sich bei dem Brief der Ägypter um eine eigentliche Appellation an den römischen Bischof gehandelt hat, ist nicht sicher zu entscheiden. Zumindest protestiert Athanasius, den man mit großer Sicherheit hinter diesem Brief vermuten muß, unterstützt von achtzig Bischöfen seiner Diözese gegen das Urteil von Antiochia, indem er sich auf das Urteil von Serdika beruft, anscheinend aber nicht auf die von den Orientalen kirchenrechtlich angefochtene Wiedereinsetzung durch Konstantius, die er aber auch mit gutem Grund und zurecht als die nur leicht verspätete Durchführung der Beschlüsse von Serdika durch den Kaiser des Ostens ansehen konnte. Dieser Synodalbrief hat wahrscheinlich das Schema für des Athanasius eigene spätere Verteidigung in der apol.sec. und auch für die Verteidigung des Athanasius durch Hilarius von Poitiers, der diesen Brief gekannt haben muß, abgegeben; vgl. S. 110 Anm. 9 und S. 325ff.

71 So im Prinzip KLEIN, l.c.; CASPAR, l.c.; FEDER, Studien I,168. JOANNOU, l.c.106f. dagegen sieht Liberius von Anfang an treu an der Seite des Athanasius stehend.

72 Zum Anspruch des Liberius vgl. ep.Obsecro 3,2, Hilar. l.c. A VII,3,2 [FEDER, 91,10-14] : *secutus morem ordinemque maiorum nihil addi episcopatui urbis Romae, nihil minui passus sum. et illam fidem seruans, quae per successionem tantorum episcoporum cucurrit, ex quibus plures martyres extiterunt, inlibatam custodiri semper exopto.* Hierunter ist auch und in der Situation dieses Briefes besonders Kan. III von Serdika zu verstehen.

73 Liberius, ep.Studens paci (357 aus dem Exil an die orientalischen Bischöfe), Hilar. l.c. B III, 1 [FEDER, 155,7-16]: *Studens paci et concordiae ecclesiarum ,posteaquam litteras caritatis uestrae de nomine Athanasi et ceterorum factas ad nomen Iulii bonae memoriae episcopi*

droht er ihm mit Absetzung und Exkommunikation[74].

Athanasius dachte nun allerdings nicht daran, dieser Aufforderung Folge zu leisten[75]. Zwar hatte auch er einst für die Annahme von Kan. III in Serdika gestimmt, aber diesen Kanon gegen sich anwenden zu lassen, war er nun doch nicht bereit. Schließlich konnte man nicht wissen, wie die neue Untersuchung durch den erst kürzlich zum Bischof gewählten Liberius ausgehen würde.

Die von Liberius für diesen Fall angedrohte Verurteilung kam dennoch nicht zustande[76].

Nach Beratung mit seinen Presbytern[77] legte Liberius den Fall einer römischen Synode vor[78], die angesichts des Zeug-

---

*accepi, secutus traditionem maiorum presbyteros urbis Romae Lucium, Paulum et Helianum e latere meo ad Alexandriam ad supradictum Athanasium direxi, ut ad urbem Romam ueniret, ut in praesenti id, quod de ecclesiae disciplina extitit, in eum statueretur. litteras etiam ad eundem per supradictos presbyteros dedi, quibus continebatur, quod, si non ueniret, sciret se alienum esse ab ecclesiae Romanae communione. reuersi igitur presbyteri nuntiauerunt eum uenire uoluisse.* Seit FEDERs Untersuchungen, Studien I,153ff. bezieht die Mehrheit der Forscher, die den Brief für echt hält, diese Passage des Briefes auf die Ereignisse des Jahres 352. JOANNOU, l.c.110, der die Echtheit der Exilsbriefe aus grundsätzlichen Gründen bestreitet, hält auch eine Zitation des Athanasius nach Rom für undenkbar.

74 Vgl. ep.Studens paci (vorige Anmerkung).

75 Vgl. Anm. 73

76 Gegen SEECK, l.c.140f. Erst im Jahre 357 hat sich Liberius in einer völlig anderen Situation von Athanasius losgesagt (vgl. S. 265ff.). Dem scheint zu widersprechen Liberius bei Hilar. l.c. B VII,10 [FEDER, 171,3]: *sicuti teste est omne presbiterium ecclesiae Romanae.* Dagegen spricht aber die eindeutige Erklärung der römischen Synode für Athanasius. Diese Notiz bezieht sich nach FLEMING, l.c.452, dem hier zuzustimmen ist, auf die Verurteilung des Athanasius durch den römischen Klerus nach 355; vgl. S. 265ff. PIETRI, l.c.239 A.2 möchte diese Notiz des Liberius dagegen auf die Versammlung der römischen Presbyter vor der römischen Synode beziehen, die aber keine Exkommunikation aussprechen konnte. Vgl. auch die beiden folgenden Anmerkungen.

77 Liberius, ep.Obsecro, Hilar. l.c. A VII,2,2 [FEDER, 90,13-15]: *at satis omnibus clarum est nec quisquam negat nos Orientalium litteras intimasse, legisse ecclesiae, legisse concilio atque haec etiam Orientalibus respondisse...*

78 Liberius an Ossius (353-54), Hilar. l.c. B VII,6 [FEDER, 167,4f.]: *Inter haec, quia in nullo conscientiam tuam debeo praeterire, multi ex Italia coepiscopi conuenerunt...* Datum: wohl nicht vor Frühjahr 353, vielleicht erst im Sommer, wegen der Hin- und Rückreise der Gesandten des Liberius nach Alexandria. Die Datierung dieser Synode ist aber nicht mit der Gesandtschaft des Athanasius nach Mailand (Hist.Ath.3) zu verbinden, wie es PIETRI, l.c. tut.

nisses der ägyptischen Bischöfe für Athanasius, hinter dem wesentlich mehr Bischöfe als hinter der Anklage standen[79], die Anklagepunkte der antiochenischen Synode gegen Athanasius zu verwerfen beschloß und seiner Absetzung die Zustimmung verweigerte.

Die Berufung der ägyptischen Bischöfe, hinter denen man Athanasius selbst als die treibende Kraft vermuten darf, auf die Beschlüsse von Serdika[80] scheint ebensowenig ihre Wirkung verfehlt zu haben, wie der besondere Einsatz einiger italienischer Bischöfe, etwa des Lucifer von Calaris und des Euseb von Vercelli[81]. Für die römische Synode gilt Georg von Alexandrien als Häretiker[82], ebenso die Athanasius anklagenden orientalischen Bischöfe, die sich auf der Mailänder Synode von 345 sogar geweigert hatten, die Häresie des Arius zu verdammen[83].

Nach der Synode von Rom stehen Liberius und der abendländische Episkopat fest an der Seite des Athanasius, nachdem Liberius durchaus eine Zeitlang geschwankt hatte und aller Wahrscheinlichkeit nach ernsthaft erwogen hatte, Athanasius

---

79 Liberius, ep.Obsecro, l.c. [FEDER, 90,15-21]: *quis fidem et sententiam non commodauimus nostram, quod eodem tempore octoginta episcoporum Aegyptiorum de Athanasio sententia repugnabat, quam similiter recitauimus atque insinuauimus episcopis Italis. unde contra diuinam legem uisum est etiam, cum episcoporum numerus pro Athanasio maior existeret, in parte aliqua commodare consensum.*

80 Vgl. Anm. 66f.

81 Vgl. S. 147ff.

82 Liberius, ep.Obsecro, l.c. [FEDER, 91,23-92,4]: *non est nouum, quod nunc subtiliter et sub occasione nominis Athanasi adtestantur. manent litterae Alexandri episcopi olim ad Siluestrum sanctae memoriae destinatae, quibus significauit ante ordinationem Athanasi undecim tam presbyteros quam etiam diacones, quod Arri heresem sequerentur, ecclesia eiecisse. ex quibus nunc quidam extra ecclesiam catholicam foris positi dicuntur sibi conciliabula inuenisse, quibus adseueratur etiam Georgius in Alexandria per litteras communicare.* Mit FEDER, Studien I, 79 denke ich anhand von Soz. h.e.IV,8, daß es sich bei dem genannten Georg durchaus um Georg von Alexandria handeln könne; anders FLEMING, l.c.234.

83 Liberius, l.c.4,1 [FEDER, 91,18-21]: *..., cum sint ex partibus ipsis quattuor episcopi Demofilus, Macedonius, Eudoxius, Martyrius, qui ante annos octo, cum apud Mediolanium Arri hereticam sententiam noluissent damnare, de concilio animis iratis exierunt?* Vgl. die inhaltliche Interpretation des Vorwurfs *Arri hereticam sententiam noluissent damnare* S. 57.

der Einheit der Kirche zu opfern[84].

Damit war sowohl der Versuch der orientalischen Bischöfe gescheitert, angesichts der veränderten und ihnen inzwischen günstigen politischen Verhältnisse auch vom Abendland und seinem führenden Bischofssitz Rom die Verurteilung des Athanasius zu erlangen, als auch der Versuch des Liberius, die Geltung des Kan. III von Serdika in der ganzen Kirche durchzusetzen und damit die Kirchenspaltung zu überwinden. Die Treue der abendländischen Bischöfe zu den Beschlüssen von Serdika und zur Person des Athanasius hatte sich als stärker erwiesen.

Eingedenk der Unmöglichkeit, gegen den Willen der Orientalen die Rehabilitierung des Athanasius auch im Orient durchzusetzen (mittels Kan. III von Serdika), appelliert Liberius in durchaus richtiger Einschätzung der politischen Lage und unter Hintanstellung seiner Ansprüche als Bischof von Rom an den Kaiser. Alle Akten zum Fall des Athanasius werden abgeschrieben und an den Kaiser geschickt[85], der gebeten wird, nach Aquileia eine Synode über den Fall des Athanasius einzuberufen[86].

Aber auch die orientalischen Bischöfe haben sich, nachdem sie durch Briefe über die Ergebnisse der römischen Synode unterrichtet worden waren[87], an den Kaiser gewandt und wohl eindringlich gefordert, daß Konstantius endlich die Beschlüsse

---

84 So im Prinzip FEDER, Studien I,153ff.; AMMAN, DThC IX,631ff.; CASPAR, l.c.; KLEIN, l.c.; FLEMING, l.c.369,505ff.; LIETZMANN, GaK III,208f. Strikt gegen diese in kleineren Variationen von der großen Mehrheit der Forscher geteilte Auffassung JOANNOU, l.c. Zur Haltung des Liberius vgl. S. 147ff.; 265ff.

85 Liberius, l.c. [FEDER, 90,21-25]: *haec scripta, si deo fidem debet Eusebius, qui missus fuerat, festinans ad Africam nobis reliquit. quae tamen postea omnia scripta, ne ad inpetrandum forte concilium deessent, Uincentius, qui cum ceteris missus fuerat, Arelatum pertulit.* Vgl. FEDER, Studien I,78f.; PIETRI, l.c.

86 Liberius, l.c. [FEDER, 89,19-90,5]: *non Athanasi tantum negotium, sed multa alia in medium uenerunt, propter quae concilium fieri mansuetudinem tuam fueram deprecatus, ut, ante omnia - quod specialiter optat mentis tuae erga deum sincera deuotio - cum fidei causa, in qua prima nobis spes est ad deum, diligenter fuisset tractata, negotia eorum, qui nostram circa deum obseruantiam mirari debent, possent finiri.* Ders., l.c.6 [FEDER, 92,20-93,24].

87 Liberius, l.c.2 [FEDER, 90,15]: *atque haec etiam Orientalibus respondisse.* Vgl. Anm. 59.

der antiochenischen Synode von 352 durchführe. Im Zusammenhang dieser Gesandtschaft an den Kaiser ist dann möglicherweise auch gegen Athanasius der Vorwurf erhoben worden, daß er an der beinahe zum Krieg führenden Entzweiung zwischen Konstans und Konstantius seit 342 Schuld hatte und daß er die Usurpation des Magnentius benutzen wollte, um Ägypten und Libyen vom Reich loszutrennen[88].

Konstantius aber ordnet nicht an, Athanasius gemäß den Beschlüssen von Antiochia einfach abzusetzen, sondern befiehlt ihm, zu einer Untersuchung am Mailänder Hof zu erscheinen.

Am 23. Mai 353 kommt der Silentiarius Montanus mit den entsprechenden Befehlen des Kaisers in Alexandria an[89]. Nur wenige Tage vorher, am 19. Mai 353[90] hatte Athanasius, der sicher sowohl über die römische Synode als auch über die Vorgänge in Mailand durch einen seiner zahlreichen abendländischen Freunde unterrichtet worden war[91], eine Delegation von fünf Bischöfen zur Klärung der Lage an den Hof von Mailand gesandt. Bis zu diesem Zeitpunkt hatte Konstantius noch nichts gegen Athanasius unternommen, sich sogar geweigert, seiner Absetzung durch die antiochenische Synode zuzustimmen.

Als aber die Gesandten des Athanasius nach Mailand kommen, scheint sich die Stimmung am Hof bereits so gegen Athanasius gewandt zu haben, daß ihnen eine eilige Abreise geraten erscheint[92].

Aller Wahrscheinlichkeit nach, man kann hier nur vermuten, hatte inzwischen die von den orientalischen Bischöfen, unter

---

88 Vgl. Anm. 55. Zum Vorwurf, an der Entzweiung der beiden Brüder schuld zu sein, vgl. Ath.apol.Const.2-5 und oben S. 111.

89 Hist.Ath.3; vgl. auch Keph.25 der Festbriefe [LARSOW, 34]; Soz. h.e. IV,9,6; SEECK, Regesten, 199. Zu Montanus vgl. JONES, Prosopography, 608.

90 Vgl. vorige Anmerkung.

91 Es ist nicht unwahrscheinlich, daß Athanasius erst jetzt durch Paulinus von Trier auch die Unterlagen über Valens und Ursacius und die Synoden von 345 und 347 bekommen hatte. Jetzt jedenfalls waren die Akten über die kirchenpolitischen Ereignisse, die sich seit seiner Abreise 346 im Westen abgespielt hatten, wirklich für ihn wichtig. Vgl. S. 83 Anm. 96.

92 Ath.ep.fest.Keph.25 [LARSOW, 34]: *da sie* (sc. die fünf von Athanasius an den Hof gesandten Bischöfe) *sich aber vor den Beleidigungen der Arianer fürchteten, kehrten sie, ohne etwas auszurichten, wieder zurück.*

denen nach dem Zeugnis des Liberius auch ägyptische Bischöfe gewesen sein müssen[93], vorgebrachte Beschuldigung der Konspiration mit Magnentius in den Augen des Kaisers Bestätigung erfahren, so daß er nun von der hochverräterischen Zusammenarbeit zwischen Athanasius und Magnentius überzeugt war[94]. Es waren ihm wohl Briefe des Athanasius an Magnentius in die Hände gefallen, die die Beschuldigungen zu rechtfertigen schienen.

Athanasius hat später dem Kaiser gegenüber versucht, diese Briefe als Fälschungen hinzustellen[95], wobei seine Argumente nicht übermäßig überzeugend klingen. Auch hat er in keiner anderen seiner apologetischen Schriften diese Fälschungen erwähnt, er, der sonst keine Gelegenheit ausläßt, alle Sünden seiner Feinde anzuprangern[96].

Athanasius hat wohl gewußt, daß ihn nicht nur Verhandlungen über kirchliche Angelegenheiten in Mailand erwarteten, sondern eine Anklage wegen Hochverrats. Und dies wußte er lange bevor seine Legaten aus Mailand zurück sein konnten! Er weigert sich, mit Montanus nach Mailand zu gehen, so daß der unverrichteter Dinge abziehen muß[97].

Diese Weigerung, dem Befehl des Kaisers zu gehorchen, gehört dann später mit zu den vier Anklagepunkten, gegen die

---

93 Liberius, l.c. [FEDER, 90,11-13]: ..., *quasi illas litteras episcoporum Orientalium et Aegyptiorum, quibus in omnibus eadem <in> Athanasium crimena continebantur.*

94 Vgl. Soc. h.e.II,23,2.

95 Ath.apol.Const.6;9;11. Am wahrscheinlichsten die Vermutung SEECKs, GdU IV,443, daß Konstantius diese Briefe nach der Flucht des Magnentius nach Gallien in Aquileia, dem Regierungssitz des Magnentius, in die Hände gefallen sind. So im Prinzip, wenn auch etwas unscharf, KLEIN, l.c.53 A.17, der die verschiedenen Forschungsmeinungen nennt. Als typisches Beispiel einer ganz Athanasius folgenden Interpretation der Ereignisse vgl. ROBERTSON, l.c.236: "*a charge* (sc. der Vorwurf der Konspiration mit Magnentius) *absurd in itself, and only to be borne out by forgery, but also amply disproved by his known affection toward Constans, the victim of the 'tyrant'.*"

96 Darauf macht bes. SEECK, l.c.443 aufmerksam.

97 Hist.Ath.3,17-21 [TURNER, 664]: *ex qua re nimis uastatus est episcopus, et omnis populus fatigatus est ualde. ita Montanus nihil agens profectus est, relinquens episcopum Alexandriae.* Daß es dabei seitens der alexandrinischen Bevölkerung wieder einmal nicht ohne allerlei Gewalttätigkeiten abging, bezeugt Ath.ep.fest.Keph.25 [LARSOW, 34]: *In diesem Jahr ging Montanus der Silentiarius vom Palaste zum Bischof, und da ein Tumult entstand, kehrte er unverrichteter Sache zurück.* Vgl. SEECK, l.c.142.

er sich 357 in seiner Apologie an den Kaiser verteidigt[98]. Seine Entschuldigung, daß er das Ganze nur für eine unverbindliche Einladung gehalten habe, um die er nie gebeten hatte und deshalb auch keine Veranlassung sah, seine Kirche in Alexandria zu verlassen[99], ist allerdings unglaubwürdig.

Es ist kaum vorstellbar, daß der Kaiser sich derart mißverständlich ausgedrückt haben könnte. Eher zutreffend nennt die *Historia Athanasii* den Grund, warum er nicht nach Mailand ging: er hatte Angst vor dem Gericht des Kaisers[100].

Und wie berechtigt diese Angst war, sollte die Entwicklung der folgenden Jahre zur Genüge zeigen.

Es ist in diesem Zusammenhang unerheblich, ob Athanasius tatsächlich hochverräterische Beziehungen zu Magnentius hatte. Fest steht, daß er über abendländische Bischöfe Kontakt zu ihm hatte und ein direkter Schriftverkehr sich nicht ausschließen läßt, sondern ziemlich wahrscheinlich ist[101]. Auch haben gerade eng mit Athanasius befreundete Bischöfe des Abendlandes loyal mit Magnentius zusammengearbeitet[102].

Auf der anderen Seite steht fest, daß Athanasius nie offen für Magnentius Partei ergriffen hat oder gar ernstliche Schritte unternommen hat, Ägypten und Libyen auf die Seite des Magnentius zu bringen, wofür er zweifellos die Möglichkeit gehabt hätte. Aber er hat dem in die Enge getriebenen Konstantius Zugeständnisse abgerungen, die über das dem Kaiser auf die Dauer Erträgliche weit hinausgingen[103]. Zumindest hat sich Athanasius dem Verdacht ausgesetzt, mit Magnentius gemeinsame Sache gemacht zu haben[104].

---

98 Ath.apol.Const.19-26; vgl. oben S. 112.

99 Ath. l.c.19-21; vgl. besonders 21,1 [OPITZ-SCHNEEMELCHER II,290,28-32]: Διὰ τοῦτο τοίνυν κἀγώ, ἐπειδὴ ἐκ διαβολῆς ἦν ἡ ἐπιστολὴ καὶ οὐκ εἶχεν οὐδὲ τοῦ ἐλθεῖν πρόσταξιν, ἔγνων ὅτι προαίρεσις οὐκ ἦν τῆς σῆς εὐσεβείας ἐλθεῖν ἡμᾶς παρὰ σέ. τὸ γὰρ μὴ κελεῦσαι πάντως ἐλθεῖν, ἀλλὰ καὶ γράφαι ὡς ἐμοῦ γράφαντος καὶ θέλοντος διορθώσασθαι τὰ δοκοῦντα λείπειν, καίτοι μηδενὸς λέγοντος, φανερὸν ἦν παρὰ γνώμην εἶναι τῆς σῆς ἡμερότητος τὴν κομισθεῖσαν ἐπιστολήν.

100 Hist.Ath.3 [TURNER, 664]: *ex qua re nimis uastatus est episcopus.* Vgl. Soz. h.e.IV,9,6 und Anm. 97.

101 Vgl. Anm. 95.

102 Vgl. S. 83-90.

103 Vgl. S. 86.

104 Amm.XV,7,7 [SEYFARTH I,134,24-28]: *Athanasium episcopum eo tempore*

Und dieser Verdacht mußte bei dem in solchen Fragen äußerst mißtrauischen Kaiser, dem man vorwarf, daß er zu leicht jeder Verdächtigung Glauben schenke[105], zur Gewißheit werden, als Athanasius sich weigerte, am Hof des Kaisers in Mailand zu erscheinen.

Fragen des Glaubens und der christlichen Lehre, vor allem die umkämpften Probleme der Trinitätslehre, haben in dieser Phase des Vorgehens gegen Athanasius keine erkennbare Rolle gespielt. Auch die Synode von Rom, die sich Anfang 353 für Athanasius aussprach, hat sich nicht mit dogmatischen Fragen befaßt, sondern sich in ihren rein disziplinarrechtlichen Beschlüssen einfach denen von Serdika angeschlossen und deshalb den Beschlüssen der antiochenischen Synode nicht folgen können[106].

Daß hinter den Beschlüssen der antiochenischen Synode gegen Athanasius die tiefen dogmatischen Differenzen in der Trinitätslehre standen, und man in Athanasius nicht nur den kirchenpolitischen Gegner, sondern auch den theologischen Führer der Gegenpartei treffen und im wahrsten Sinne des Wortes vernichten wollte, ist wohl nicht zu bezweifeln.

Anscheinend konnten sich die orientalischen Bischöfe aber keine großen Hoffnungen machen, Athanasius als theologischen Ketzer verurteilen zu können, wie das bei Markell und Photin möglich gewesen war.

---

*apud Alexandriam ultra professionem altius se efferentem scitarique conatum externa, ut prodidere rumores assidui coetus in unum quaesitus eiusdem loci cultorum (synodus ut appellant) remouit a sacramento, quod obtinebat.* ČEŠKA, l.c.307 will *scitari* konkret als *spionieren* verstehen. SEYFARTH, l.c.135 (dt. Übersetzung): ... *und versuchte, wie anhaltende Gerüchte besagten, sich in auswärtige Angelegenheiten zu mischen.* In jedem Falle können hier nur seine Beziehungen zu Magnentius gemeint sein.

105 Vgl. Amm. XIV,5, der gegenüber Konstantius allerdings parteiisch und hochgradig voreingenommen ist.

106 Liberius, l.c.2 [FEDER, 90,15-21]: *quis (= quibus,* sc. der Orientalen) *fidem et sententiam non commodauimus nostram, quod eodem tempore octoginta episcoporum Aegyptiorum de Athanasio sententia repugnabat, quam similiter recitauimus atque insinuauimus episcopis Italis. unde contra diuinam legem uisum est etiam, cum episcoporum numerus pro Athanasio maior existeret, in parte aliqua commodare consensum.*

# 6. KAPITEL

## DIE SYNODE ZU ARLES 353

Im Sommer des Jahres 353 war Konstantius, nachdem er bis zum Juli noch in Mailand residiert hatte, zur Verfolgung des Magnentius nach Gallien aufgebrochen, das er seit mehr als zwanzig Jahren nicht mehr betreten hatte[1]. Nach kurzer Zeit war er bereits völlig Herr der Lage und nach dem verzweifelten Selbstmord des Usurpators am 10. August 353 in Lyon Alleinherrscher über das Gesamtreich, wie einst sein Vater nach dem Sieg über Licinius[2].

Im September ist der Kaiser in Lyon nachweisbar[3], im Oktober bezieht er sein Winterlager in Arles[4].

Hier begeht er als festliche Krönung des Sieges über den Usurpator Magnentius am 10. Oktober seine Tricennalien mit prunkvollen Theateraufführungen und Zirkusspielen, wie Ammianus Marcellinus tadelnd berichtet[5].

Über Anhänger und Mitläufer des Magnentius ergeht nun doch ein Strafgericht, über das wir allerdings allein durch Ammianus Marcellinus unterrichtet sind.

Nur auf den Verdacht hin, mit Magnentius konspiriert zu haben, werden militärische Führer und Beamte in die Verbannung oder in den Kerker geschickt[6]. Das ganze Abendland wird nach Sympathisanten des Magnentius abgesucht, und Ammianus Marcellinus weiß das Mißtrauen und die Leichtgläubigkeit des Kaisers, der angeblich jedem Gerücht über Konspiration mit

---

1 SEECK, Regesten, 199. 332 hatte Konstantius kurz seinen älteren Bruder Konstantin II. in Gallien vertreten, seither aber immer im Osten residiert; vgl. MOREAU, JAC II(1959)164 und oben S. 70f.

2 SEECK, l.c. und oben S. 70f.

3 Ebenda.

4 Amm.XIV,5,1.

5 Amm. l.c.

6 Amm.XIV,5,1-9. Gegen das einseitige Bild des Ammianus Marcellinus vgl. SEECK, RE IV,1071f.

Magnentius Glauben schenkte, nicht genug zu brandmarken[7].

So weit Ammianus, dessen Glaubwürdigkeit allerdings, jedenfalls was das Ausmaß der Racheakte gegen Anhänger und Mitläufer des Magnentius betrifft, nicht über jeden Zweifel erhaben ist, wie gerade im Fall des Athanasius deutlich wird.

Betrachtet man bis zu diesem Zeitpunkt im Herbst 353 den Fall des Athanasius, so scheinen zumindest Leichtgläubigkeit und Vertrauen allein auf Gerüchte dem Kaiser nicht ohne weiteres vorgeworfen werden zu können[8]. Bedenkt man außerdem, daß Bischöfe - vor allem aus Gallien - für Magnentius aktiv tätig gewesen waren[9], daß aber im Zusammenhang mit der Magnentiusaffäre offensichtlich nur gegen Paul von Konstantinopel[10], Athanasius von Alexandria und eventuell Paulinus von Trier[11] vorgegangen wurde, erscheint der Bericht des erklärten Konstantius-Gegners Ammianus Marcellinus zumindest übertrieben zu sein[12]. Der erhaltene Teil seines großen Geschichtswerkes beginnt mit den Ereignissen nach der Niederschlagung des Magnentius.

Daß der Kaiser gegen Anhänger des Magnentius bzw. wichtige Persönlichkeiten, die er für Anhänger des Magnentius hielt, vorgegangen ist, steht - schon anhand des Athanasiusfalles - außer Zweifel[13].

In diesem Zusammenhang der Auseinandersetzung des Kaisers mit echten oder vermeintlichen Anhängern und Mitläufern des Magnentius muß nun auch die sogenannte *Synode* von Arles im Herbst des Jahres 353[14] gesehen werden.

Wir wissen von dieser Synode äußerst wenig. Athanasius selbst erwähnt nur die Tatsache, daß in Arles eine Synode

7 Vgl. das ganze 5. Kapitel des XIV. Buches bei Ammian.
8 Vgl. S. 108-132.
9 Vgl. S. 71-90.
10 Vgl. S. 86-88.
11 Vgl. S. 139f.
12 SEYFARTH, l.c.37f.
13 KLEIN, l.c.149f.
14 Das Datum ergibt sich aus der durch Amm. l.c. bezeugten Anwesenheit des Kaisers in Arles von Oktober 353 bis Frühjahr 354 (vgl. SEECK, Regesten, 200) und daraus, daß die Synode sehr bald nach der römischen Synode stattgefunden haben muß, von der die römischen Legaten wohl direkt an den Hof nach Arles gereist waren. Vgl. GAUDEMET, Conciles gaulois, 81.

stattgefunden habe[15]. Ein paar Hinweise finden sich bei Hilarius von Poitiers[16], Liberius von Rom[17] und dem etwa ein halbes Jahrhundert später schreibenden, wohl weitgehend von Hilarius abhängigen Sulpicius Severus[18]. Der eigentliche, wahr-

15 Ath.h.Ar.31,1.

16 Hilar.Coll.antiar.Paris. B I,6 [FEDER, 102,8-16]: *Incipiam igitur ab his, quae proxime gesta sunt, id est ex eo tempore, quo primum in Arelatensi oppido frater et comminister meus Paulinus, ecclesiae Triuerorum episcopus, eorum se perditioni simulationique non miscuit. et qualis fuit illa sententia, exponam, a qua referens uoluntatem indignus ecclesiae ab episcopis, dignus exilio a rege est iudicatus. atque hoc ita fieri non rerum ordo, sed ratio ex praesentibus petita demonstrat, ut ex his primum confessio potius fidei quam fauor in hominem intellegatur, ex quibus in eum, qui adsensus his non est, coepit iniuria.*
Ders., Append.ad Coll.antiar.Paris (Lib.I ad Const.) II,2 [FEDER, 186, 19-187,2]: *Uenio nunc ad id, quod recens gestum est, in quo se etiam professio sceleris [et] ex secreto artis suae dedignata est continere. Eusebius Uercellensis episcopus est uir omni uita deo seruiens. hic post Arelatensem synodum, cum Paulinus episcopus tantis istorum sceleribus contraisset, uenire Mediolanium praecipitur.*
Zur Darstellung der Ereignisse durch Hilarius und zu seinen Tendenzen vgl. S. 164ff.; 325ff.

17 Liberius, ep.Me frater 2 [BULHART, 121]; ep.Obsecro, bei Hilar. l.c. A VII [FEDER, 89,19f.;90,21ff.;92,8ff.]; ep.Nolo te, bei Hilar. l.c. B VII,4 [FEDER, 166,18f.]; ep.Inter haec,bei Hilar. l.c. B VII,6 [FEDER, 167,4ff.].

18 Sulp.Sev.Chron.II,39,1 [HALM, 92,7-12]: *igitur cum sententiam eorum, quam de Athanasio dederant, nostri non reciperent, edictum ab imperatore proponitur, ut qui in damnationem Athanasii non subscriberent, in exilium pellerentur. ceterum a nostris tum apud Arelatem ac Bitteras, oppida Galliarum, episcoporum concilia fuere.*
Nicht ganz klar ist, warum MUNIER in seiner Ausgabe der gallischen Konzilien [CCh 148A, 30] statt des hs. überlieferten Textes *cum sententia eorum* die weder im kritischen Apparat bei HALM, l.c. noch PL XX,150 sich findende Lesart *cum sententia Arrianorum* bietet, ohne seine Abweichung zu den beiden einzigen von ihm angegebenen Ausgaben des Sulpicius Severus zu begründen. Die von ihm unkommentiert benutzte Lesart findet sich allerdings in den Konzilssammlungen von LABBE-COSSARTH II,770 und MANSI II, l.c. GAUDEMET, l.c.82, der nach HALM den Text bietet, hat hier *cum sententia eorum (Arrianorum)*.
Die Notiz Sulp.Sev.Chron.II,37,7 [HALM, 91, 3-9]: *sed pars episcoporum, quae Arrios sequebatur, damnationem Athanasii cupitam accepit: pars coacti metu factione in studia partium concesserant: pauci, quibus fides cara et ueritas potior erat, iniustum iudicium non receperunt: inter quos Paulinus, episcopus Treuerorum, oblata sibi epistola ita subscripsisse traditur, se in Photini atque Marcelli damnationem praebere consensum, de Athanasio non probare.*, scheint mir trotz der Erwähnung des Paulinus nicht zur Synode von Arles, sondern u.U. eher zur Mailänder Synode des Jahres 355 zu gehören; vgl.dazu S. 72 A. 104. Keinesfalls jedoch kann sich diese Notiz auf die sirmische Synode von 351 beziehen, wie FLEMING, l.c.267 vermutet; vgl. oben S. 105 Anm. 66. Die verschiedenen Zeugnisse über die Synode von Arles auch bei GAUDEMET, l.c.81-83.

scheinlich ausführliche Bericht des Hilarius über diese Synode, an der er aber nicht selbst teilgenommen hatte, ist verlorengegangen[19]. Die orientalischen Kirchenhistoriker haben von dieser Synode offensichtlich nie etwas gehört[20].

Nach der Synode in Rom[21] hatte Liberius den bekannten und erprobten Parteigänger des Athanasius, den Bischof Vincentius von Capua[22], und einen anderen campanischen Bischof, den sonst unbekannten Marcellus, mit den Akten der römischen Synode, zu denen auch die Briefe aus Alexandria und Antiochia gehört haben mögen, nach Arles zum Kaiser geschickt, um von ihm die Einberufung eines Reichskonzils nach Aquileia zu erbitten[23].

Inzwischen hatte die Weigerung des Athanasius, am Hof zu erscheinen, den gegen ihn aufgekommenen Verdacht des Hochverrats als hinreichend begründet erscheinen lassen[24]. Konstantius, sowieso gerade damit beschäftigt, gegen die der Konspiration mit Magnentius Verdächtigen vorzugehen[25], wollte den Fall des Athanasius noch während seines Aufenthaltes im Winterquartier in Arles klären. Außerdem lagen auch von kirchlicher Seite zahlreiche Klagen über Athanasius vor[26].

Da es seit Konstantin üblich geworden war, einen amtierenden Bischof nicht einfach vor ein staatliches Gericht zu stellen, sondern ihn vorher durch eine Synode absetzen und exkommunizieren zu lassen[27], versammelte Konstantius die zur Feier seiner Tricennalien wahrscheinlich herbeigereisten Bischöfe zu einer Synode[28], die nur den Zweck hatte, den im

19 Er muß in den heutigen Coll.antiar.Paris hinter B I,7 verloren gegangen sein. Vgl. FEDER, Studien I,83.
20 Allgemein zu dieser Synode LIETZMANN, GaK III,212; MUNIER, l.c.30; GAUDEMET, l.c.81; DE CLERCQ, Ossius, 426ff.; HEFELE-LECLERCQ I/2, 869f.; GWATKIN, l.c.151-155; NORDBERG, l.c.46f.; SEECK, GdU IV,143ff.; GRIFFE, La Gaule I,215f.; PIGANIOL, l.c.105f.; BARDY in FLICHE-MARTIN III,142; SIMONETTI, La crisi, 214ff.
21 Vgl. S. 126-128.
22 Zu Vincentius von Capua vgl. S. 46ff.
23 Vgl. S. 126-128; dazu WOJTOWYTSCH, l.c.118ff.
24 Vgl. S. 128 Anm. 85f. So auch LIETZMANN, l.c. und KLEIN, l.c.54.
25 Vgl. S. 128 Anm. 85f.
26 Vgl. S. 134.
27 Vgl. GIRARDET, l.c.57ff.,155; ders., L'édit d'Arles, 83ff.; vgl. auch oben S. 53 mit Anm. 158.
28 Dies scheint sich fast zu einem festen Brauch entwickelt zu haben. Zum

fernen Alexandria residierenden Athanasius als Bischof abzusetzen und aus der Gemeinschaft der Kirche auszustoßen.

Eigentlich bedurfte Konstantius dieses Schrittes nicht mehr unbedingt, nachdem eine antiochenische Synode Athanasius bereits 352 abgesetzt hatte[29]. Aber weder die römische Synode noch er selbst hatten bisher die Beschlüsse von Antiochia akzeptiert. Außerdem lag dem Kaiser an einer Verurteilung des Athanasius auch und gerade durch den abendländischen Episkopat.

Die in Arles versammelten Bischöfe, über deren Anzahl und Herkunft sich so gut wie nichts ausmachen läßt, haben diesem Wunsch des Kaisers offenbar schnell entsprochen und Athanasius für abgesetzt erklärt. Ganz sicher handelte es sich, abgesehen von den pannonischen Bischöfen Valens und Ursacius, die inzwischen den Kaiser ständig zu begleiten schienen, und vielleicht noch einigen orientalischen Bischöfen, in der Mehrheit um Gallier[30], die, wahrscheinlich zu einem großen

---

Beispiel feierte Konstantin am 25. Juli 325 unmittelbar im Anschluß an das Konzil von Nizäa im nah gelegenen Nikomedien seine Vicennalien im Kreise der Bischöfe, die vorher an der Synode von Nizäa teilgenommen hatten (SEECK, Regesten, 175; vgl. Eus.v.C.III,15). Auch die Tricennalien Konstantins wurden am 25. Juli 335 in Konstantinopel (SEECK, Regesten, 183) im unmittelbaren Anschluß an die vom Kaiser nach Tyrus einberufene Synode gefeiert, an der der Kaiser allerdings selbst nicht teilgenommen hatte. Die Bischöfe kamen jedoch direkt von der Synode zu Tyrus nach Konstantinopel, um das Fest gemeinsam mit dem Kaiser zu begehen (vgl. GIRARDET, Kaisergericht, 73). Ebenso wird man vermuten können, daß Konstantius seine Vicennalien im Oktober 343 in Antiochia ebenfalls im Kreise der in Antiochia immer zahlreich anwesenden Bischöfe gefeiert hat, nach Rückkehr ins Winterquartier von den allsommerlichen Perserfeldzügen.

29 Vgl. S. 118-121.

30 Irrig und nicht vorstellbar die Annahme NORDBERGs, l.c., daß es sich bei der Mehrzahl der Teilnehmer um *Semi-Arianer* gehandelt habe. Ganz abgesehen, daß man diesen ungenauen und in die Irre führenden Begriff überhaupt vermeiden sollte, muß man bei dieser Synode davon ausgehen, daß es sich bei der Mehrzahl ihrer Teilnehmer um gallische Bischöfe gehandelt hat. So auch die Mehrheit der Forscher. Sogenannte *Semi-Arianer* lassen sich unter den gallischen Bischöfen zu diesem Zeitpunkt nicht nachweisen. Auch über die theologische Haltung des gallischen Parteigängers der kaiserlichen Kirchenpolitik, Saturnin von Arles, der allerdings 353 noch nicht sicher bezeugt ist, ist nichts bekannt (vgl. MESLIN, l.c.34-36). Wenn allerdings die Leitung der Synode durch ihn als Ortsbischof nicht sicher ausgeschlossen werden kann, so kann man sie jedoch nicht so selbstverständlich annehmen wie DE CLERCQ, l.c. Als der uns erkennbare führende Mann in allen Verhandlungen erscheint Valens von Mursa.

Teil ohne genaue Kenntnis der Lage, in die Verurteilung des Athanasius einstimmten, wie schon G. BARDY[31] vermutet hat.

Aber es reicht nicht aus, die offensichtlich für Konstantius problemlos verlaufende Verurteilung des Athanasius durch die in Arles versammelten abendländischen Bischöfe nur mit der allgemeinen Unkenntnis vor allem der gallischen Bischöfe zu begründen. Wichtig erscheint der Kontext der Verurteilung des Athanasius. Athanasius sollte offensichtlich als Hochverräter zusammen mit anderen Hochverrätern in Gallien abgeurteilt werden[32].

Konstantius, unterstützt vor allem durch Valens und Ursacius, vielleicht auch schon durch den allerdings erst etwas später sicher bezeugten Ortsbischof Saturnin[33], scheint die Zustimmung der anwesenden Bischöfe zur Absetzung und Verurteilung des Athanasius zum Maßstab ihrer politischen Zuverlässigkeit gemacht zu haben.

Wer nicht unterschrieb, galt - so muß man wohl annehmen - zusammen mit dem alexandrinischen Bischof als mit dem Usurpator Magnentius im Bunde[34].

Ein großer Teil des gallischen Episkopats, der zweifellos mit dem christlichen Usurpator Magnentius als seiner legalen christlichen Obrigkeit zusammengearbeitet hatte, wenn auch nicht nur oder nicht vorrangig in den schon erwähnten brisan-

---

31 G. BARDY, l.c. Die Synode findet in Arles statt, weil hier der Kaiser sein Winterquartier hat und seine Tricennalien zusammen mit dem grossen Sieg über Magnentius feiert.

32 Vgl. dazu den Bericht des Amm.XIV,5. Zu dem Vorwurf des Hochverrats gegen Athanasius vgl. S. 108ff. Ammianus direkt über Athanasius: Amm. XIV,7,7 (Text oben, S. 131/32 Anm. 104). Vgl. auch TIETZE, l.c.31f. Aber unscharf seine Folgerung, l.c.32: *"Diese beiden Argumente Ammians* (sc. Einmischung in Außenpolitik und Wahrsagerei) *legen es nahe, das Motiv eines Vorgehens des Constantius II. gegen Athanasius nicht nur im theologischen Bereich, sondern auch im politischen Bereich zu suchen."* Der *politische Bereich*, was TIETZE offenbar nicht erkannt hat, hat m.E. beim Vorgehen des Kaisers gegen Athanasius eindeutig den Vorrang, wie oben zu zeigen versucht wurde. Zu dem eben zitierten Satz TIETZEs steht in gewisser Spannung, wenn er in dem selben Zusammenhang l.c. sagt: *"Das scharfe Vorgehen des Kaisers gegen Athanasius nach 353 würde sich leichter erklären lassen, wenn nicht nur Zerwürfnisse auf theologischem sondern auch politischem Gebiet zwischen beiden Personen bestanden hätten."* Hat TIETZE die schwerwiegenden politischen Anklagen gegen Athanasius gar nicht zur Kenntnis genommen?

33 Vgl. Anm. 30.

34 Zum sogenannten Edikt von Arles vgl. S. 144f. und S. 184-192.

ten kirchenpolitischen Aktionen gegen Konstantius, hatte also allen Grund zu fürchten, als Magnentiussympathisanten mit verurteilt zu werden. Außerdem ist für die fast widerspruchslose Verurteilung des Athanasius die Tatsache nicht zu gering zu veranschlagen, daß hier ein christlicher Kaiser, der letzte lebende Sohn des großen Konstantin, Alleinherrscher über das ganze Reich wie einst sein Vater, die Verurteilung des alexandrinischen Bischofs forderte[35].

Nur ein einziger Bischof, der Vorsteher der Kirche der gallischen Metropole Trier, Paulinus, widersetzte sich der Verurteilung des Athanasius. Er wurde sofort durch die Synode abgesetzt und anschließend vom Kaiser ins Exil nach Phrygien verbannt[36], wo er einige Jahre später gestorben ist[37]. Nicht ganz klar ist, ob er sein Exil gleich oder erst nach einiger Zeit antreten mußte.

Die Überlieferung berichtet, daß Paulinus abgesetzt und verbannt wurde, weil er sich geweigert hatte, der vom Kaiser geforderten Verdammung des Athanasius durch die Synode von Arles zuzustimmen[38]. Als Bischof der gallischen Residenz aber war Paulinus für Konstantius in jedem Falle auch politisch verdächtig. Sein Lehrer und Vorgänger Maximin war seit 335-

---

35 Spätestens seit Nizäa hatte es sich immer wieder gezeigt, daß die Kaiser auf den Synoden ihren Willen fast widerspruchslos durchsetzen konnten. Das gilt für beide Reichsteile! Gegen eine weit verbreitete Annahme unterscheiden sich hierin die Synoden unter der Herrschaft Konstantius II. in keiner Weise von denen unter dem allgemein viel milder beurteilten Regiment Konstantins.

36 Vgl. Anm. 16. Zum Exil des Paulinus vgl. außerdem Hilar.C.Const.II [PL X,578D]: ..., *post sanctorum virorum exsilia Paulini, Eusebii, Luciferi, Dionysii...* Vgl. dazu die nota von COUSTANT, l.c.: *Paulinum ab Arelatensi synodo anno 353 desinente e sua sede pulsum esse constat tum ex libello ad Constantium, n.8* (d.i. App.ad Coll.antiar.Paris.II,3), *tum maxime ex fragmento I,n,6* (d.i. Coll.antiar.Paris. B I,6),...
Sulp.Sev.Chron.II,39,3 [HALM, 92,16f.]: *ab hoc partium conflictu* (sc. auf der Synode zu Arles) *agitur in exilium Paulinus.*

37 Sulp.Sev.Chron.II,45 [HALM, 99,11f.]: *Paulinus et Rhodanius in Phrygia defuncti:...* Zu Paulinus vgl. STROHEKER, Prosopographie Nr. 288; DUCHESNE, Fastes III,35; WINHELLER, l.c.55f.; EWIG, l.c.37f. Zu den Schwierigkeiten, das Todesdatum genau zu bestimmen unten S. 302 Anm. 269f.

38 Vgl. Anm. 16; 36. Es ist immerhin interessant, daß Paulinus unserer Kenntnis nach der einzige gallische Bischof war, der die Unterschrift gegen Athanasius verweigerte und verurteilt wurde. Vgl. KLEIN, l.c.54.

336 ein enger Freund des Athanasius gewesen und hatte sich außerdem kirchenpolitisch mit Aktionen gegen den orientalischen Episkopat und zugunsten Pauls von Konstantinopel und des Athanasius als besonderer kirchenpolitischer Gegner des Konstantius hervorgetan[39]. Aller Wahrscheinlichkeit nach hatte auch Maximin die aggressiv gegen Konstantius gerichtete Kirchenpolitik des Magnentius entscheidend geprägt[40].

Es gibt keinen Grund anzunehmen, daß Paulinus irgendwie anders zu Athanasius stand als sein Vorgänger Maximin. Athanasius selbst berichtet, daß Paulinus ihm die Akten der abendländischen Synoden, die sich mit der Wiederaufnahme der beiden von den Abendländern in Serdika verurteilten Bischöfe Valens und Ursacius befaßt hatten, zugeschickt hatte[41]. Daß Paulinus bei Konstantius zumindest stark im Verdacht stand, mit Magnentius konspiriert zu haben, wird man daher zumindest vermuten dürfen[42].

Als Verweigerer der Unterschrift unter die Absetzung des Athanasius ist Paulinus also aller Wahrscheinlichkeit nach wegen Konspiration mit Magnentius, also wegen Hochverrats, in die Verbannung geschickt worden.

In diese Situation hinein kamen die beiden Gesandten des römischen Stuhles[43].

---

39 Vgl. oben S. 37 Anm. 89.

40 Vgl. S. 89 mit Anm. 111. Zu den Unsicherheiten, das Todesdatum Maximins zu bestimmen, vgl. oben S. 83 Anm. 96.

41 Ath.apol.sec.58,1; h.Ar.26; dazu oben S. 83 Anm. 96.

42 Vgl. die beiden vorigen Anmerkungen. Daß in Trier 353 eine Widerstandsaktion gegen Magnentius und eindeutig für Konstantius unter Führung eines gewissen Poemenius (vgl. S. 70 Anm. 31) in den letzten Wochen der Herrschaft des Magnentius stattgefunden hat, wird man gegen die oben geäußerte Vermutung nicht ins Feld führen können. Abwegig erscheint mir die Annahme JULLIANs, l.c.157-59, dem DOUAIS, l.c. 443 A.4 folgt, daß es sich bei der Absetzung und Exilierung des Paulinus um einen Konflikt zwischen dem (konstantiustreuen) Bischof von Arles und dem (athanasiustreuen) Bischof Paulinus von Trier gehandelt haben könnte, also um eine Rivalität zwischen den Bischofssitzen Arles und Trier. Rivalitäten zwischen Trier und Arles aber und der Anspruch des Bischofs von Arles auf den gallischen Primat werden erst gegen Ende des Jahrhunderts, wenn nicht erst im fünften Jahrhundert deutlich, als der Sitz des praef.praet.Gall. von Trier nach Arles verlegt worden war. Vgl. hierzu ausführlich DEMOUGEOT, l.c. passim (zahlreiche Literaturangaben!).

43 Falsch dagegen die Auffassung, daß Konstantius auf Bitten des Liberius um ein Konzil die Synode in Arles zusammengerufen habe, wie z.B. GRIF-

Wenig später berichtet Liberius, sich beim Kaiser bitter über die Behandlung seiner beiden Legaten durch die Synode beklagend, daß sie, wie sie ihm in einem Briefe versichert hatten, durchaus bereit gewesen seien, die Forderung der orientalischen Bischöfe und des Kaisers nach einer Verurteilung des Athanasius zu erfüllen. Nur hätten sie als Gegenleistung gefordert, daß die ganze Synode zuvor Arius verurteilen müsse:

> *proposuisse tamen conditionem, ut, si idem Arrii haeresem condemnassent, hoc genere inclinati eorum sententiis obedirent.*[44]

Weiter berichtet Liberius, daß man dieser Forderung seiner Legaten nicht nur allgemein zugestimmt, sondern ihnen die Erfüllung ihrer Forderungen auch schriftlich versichert habe. Dann aber, als man zur Synode zusammengetreten war, weigerte sich die Synode, dieses Versprechen einzulösen mit der Begründung, daß man Arius nicht verurteilen könne, sondern nur Athanasius von der Communio auszuschließen sei:

> *placitum, ut ipsi significant, scriptura teste firmatur, itur in concilium, accipiunt cum deliberatione responsa Arri doctrinam se damnare non posse, Athanasium, <quod solum exigebant, communione esse priuandum>.*[45]

Etwas unklarer, aber in der Sache grundsätzlich mit Liberius übereinstimmend, berichtet Sulpicius Severus über diesen Vorfall:

> *petebatur* (sc. durch jene *nostri*, die nicht gegen Athanasius unterschreiben wollten), *ut priusquam in Athanasium subscribere cogerentur, de fide potius disceptarent, ac tum demum de re cognoscendum, cum de persona iudicium constitisset. sed Valens sociique eius prius Athanasii damnationem extorquere cupiebant, de fide certare non ausi.*[46]

---

FE, l.c. und STEIN, l.c. annehmen. Richtig dagegen TIETZE, l.c.33f., der meint, daß die Synode allein auf die Initiative des Kaisers und völlig unabhängig vom Gesuch des Liberius um ein Konzil zusammentrat. Keinen Anhalt in den Quellen hat die Meinung von NORDBERG, l.c., daß die römischen Gesandten überhaupt erst nach der Synode und nachdem das sogenannte Edikt von Arles bereits ergangen war, in Arles angekommen seien.

44 Ep.Obsecro 5, Hilar. l.c. A VII, 5 [FEDER, 92,12-14].

45 L.c. [FEDER, 92,14-17].

46 Sulp.Sev.Chron.II,39,2 [HALM, 92,12-16].

Zweifelhaft erscheint zunächst der zeitlich ganz nahe bei den Ereignissen liegende Bericht des Liberius. Wie sollten die Legaten überhaupt auf die Idee kommen, von der Synode zu fordern, *Arri haeresem condemnassent*? Auch Valens, Ursacius und alle Orientalen hatten sich auf sämtliche Synoden des vergangenen Dezennium ausführlich von Arius und seinen Lehren distanziert, zuletzt auf der nur etwa zweieinhalb Jahre zurückliegenden Synode von Sirmium im Frühjahr 351[47]. Außerdem war die Mehrzahl der in Arles versammelten Bischöfe Abendländer, die wohl kaum im Verdacht stehen konnten, Arius anzuhängen. Eine derartige Forderung seitens der römischen Gesandten wäre absurd gewesen!

Denkbar ist allerdings, daß die römischen Legaten versucht haben, die Leitung der Synode an sich zu ziehen und die Synodalen auf die Beschlüsse der gerade in Rom abgehaltenen Synode zu verpflichten, d.h. aber auf die Beschlüsse von Serdika, die in Rom auf Wunsch der Ägypter noch einmal ausdrücklich bestätigt worden waren[48].

Doch der vom Kaiser gedeckte Valens konnte und wollte sich natürlich auf diese Forderung nicht einlassen. Auf Befehl des Kaisers war diese Synode nur zusammengetreten, um Athanasius als Bischof von Alexandria abzusetzen[49]. Die Behand-

---

47 Vgl. oben S. 91-107.

48 Vgl. S. 124. Im gleichen Brief, nur wenige Zeilen vorher, behauptet Liberius von den orientalischen Gesandten, die 345 von Antiochia nach Mailand zur abendländischen Synode kamen, *Arri hereticam sententiam noluissent damnare.* Im Zusammenhang der Behandlung der Synode von Mailand war schon vermutet worden, daß es sich auch damals um die Forderung der Abendländer an die orientalischen Gesandten gehandelt haben muß, die Beschlüsse von Serdika (einschließlich des abendländischen Bekenntnisses von Serdika) anzuerkennen; vgl. oben S. 57f.

49 Das bestätigt Liberius l.c. sogar selbst: *accipiunt cum deliberatione responsa Arri doctrinam se damnare non posse, Athanasium quod solum exigebant, communione esse priuandum.* D.h. aber nicht, daß sie Arius aus dogmatischen Gründen nicht verurteilen wollten, wie allgemein angenommen wird, sondern weil die Verhandlungspunkte der Synode, wie inzwischen üblich, vom Kaiser vorgeschrieben waren, nämlich allein die Verurteilung und Absetzung des Athanasius. Vgl. dazu die detaillierte von den Kaisern vorgeschriebene Tagesordnung der Synode von Serdika und die Selbstverständlichkeit, mit der morgen- und auch abendländische Bischöfe sich an die Befehle der Kaiser hielten. Brief der Abendländer von Serdika an Julius von Rom bei Hilar.Coll.antiar.Paris. B II,2,3 [FEDER, 128,4-6]: *Tria fuerunt, quae tractanda erant. nam et ipsi religiosissimi imperatores permiserunt, ut...* Es folgen die auf

lung anderer Fragen lag, so wie die kaiserliche Synodalgewalt sich nun einmal entwickelt hatte, außerhalb ihrer Möglichkeiten.

Ob die Synode sich außerdem mit den Beschlüssen der antiochenischen Synode von 352 befaßt hat und die Wahl Georgs zum neuen Bischof von Alexandria bestätigt hat, ist nicht auszumachen. Es erscheint zwar nicht unmöglich, aber nicht sehr wahrscheinlich, da man in diesem Falle wohl die von den römischen Legaten mitgebrachten Akten, die diese Angelegenheiten betrafen, hätte diskutieren müssen - darüber aber schweigen unsere Quellen.

Auch die beiden Legaten Roms haben der Absetzung des Athanasius zugestimmt[50], ob aus Überzeugung oder aus Furcht vor Verbannung, läßt sich kaum noch feststellen; der Brief des

---

kaiserlichen Befehl zu behandelnden Themenkomplexe. Vgl. dazu oben S. 30. FLEMING, l.c.135-37 folgt dem Bericht des Liberius völlig unkritisch und denkt an eine Art Übereinkunft der beiden Parteien, die dann später von den *Arianern* (so FLEMING immer, während selbst Liberius hier dogmatisch neutral von *Orientalen* redet!) gebrochen wurde. Abwegig auch die Annahme von SEECK, GdU IV,144, daß die Legaten des Liberius mit ihren Forderungen die Synode sprengen wollten. Es war durchaus üblich, sich auf der Grundlage einer theologischen Formel zu einigen. Auf der Basis der Beschlüsse und unter ihnen sicher auch der theologischen Formel von Serdika, die ja gerade erst die Grundlage für die Beschlüsse der römischen Synode abgegeben hatten, wollten die römischen Legaten die Verurteilung des Athanasius möglichst verhindern. Nicht zustimmen kann man daher der Behauptung KLEINs, l.c.54, der anhand von Sulpicius Severus meint, man habe auf seiten der Athanasianer *de fide* disputieren wollen, um von der Sache des Athanasius abzulenken. Woher Sulp.Sev. seine Behauptung hat, daß man zuvor *de fide* disputieren wollte, ist nicht ganz klar. Wahrscheinlich kennt er aus dem zeitlichen Abstand nur eines halben Jahrhunderts noch das als Ganzes inzwischen verlorengegangene Werk des Hilarius, von dem nur noch einige Fragmente vorliegen. Hilarius interpretiert jedenfalls den Athanasiusfall als reine Glaubensangelegenheit. Diese Interpretation ist seit der Synode von Mailand im Jahre 355 die im Westen allgemein verbreitete (vgl. die Briefe des Liberius aus den Jahren 354-55 und S. 147ff.). Außerdem wird Sulpicius Severus aus dem Brief der Synodalen von Serdika an Julius auch die von den Kaisern verordnete Tagesordnung im Blick gehabt haben, die vorschrieb, vor allem anderen *de sancta fide* zu disputieren.

50 Lib.ep.Me frater 2 [BULHART, 121]; Anspielungen in ep.Nolo te, bei Hilar. l.c. B VII,4 [FEDER, 166]; ep.Inter haec, bei Hilar. l.c. B VII,6 [FEDER, 167]; vgl. die Bemerkung des Hilarius im textus narrativus Coll.antiar.Paris. B VII,5 [FEDER, 167]; Ath.apol.Const.27,3. Keinerlei Anhalt an den Quellen hat die Annahme von FLEMING, l.c.235, daß die *Orthodoxen* aufgrund des Versprechens der *Arianer*, Arius zu verdammen, Athanasius verurteilt hätten, also aufgrund einer Täuschung.

Kaisers nach der Synode an Liberius und der Brief der römischen Legaten an ihren Bischof Liberius lassen eher an die nicht unbegründete Furcht vor Verbannung denken[51].

Liberius war von dieser Tat seiner Legaten bitter enttäuscht[52], wie überhaupt vom ganzen Verlauf der Synode, die man besser gar nicht als Synode betrachten sollte. Zwar handelte es sich um eine Bischofsversammlung, aber um eine, die auf Befehl des Kaisers nur zu einem Zweck zusammengetreten war, nämlich Athanasius abzusetzen: ein von Bischöfen gebildeter kaiserlicher Gerichtshof[53].

Sulpicius Severus und Athanasius selbst berichten von einem Edikt, das der Kaiser im Anschluß an diese Synode erlassen hatte: *edictum ab imperatore proponitur, ut qui in damnationem Athanasii non subscriberent, in exilium pellerentur*[54]. Nach Sulpicius Severus handelt es sich bei diesem Edikt einzig und allein um die Forderung des Kaisers an die Bischöfe (gemeint sind die nicht in Arles anwesenden), die damnatio Athanasii durch Unterschrift zu bestätigen. Der Text des Ediktes selbst ist nicht erhalten, Athanasius berichtet

---

51 Die Angst vor der Verbannung sollte man nicht zu gering veranschlagen, besonders da Vincentius als Athanasiusanhänger hinlänglich bekannt war. Nicht unbedingt überzeugen kann daher die allzu sichere Folgerung KLEINs, l.c.54: "*Als jedoch der mit Zustimmung des Kaisers handelnde Pannonier Valens das Verlangen des Vincentius, die damnatio des Athanasius von einer vorherigen Aussprache über die Bekenntnisfrage abhängig zu machen, strikt ablehnte, verweigerte auch jener Athanasiusanhänger, der zugleich als Gesandter des Bischofs von Rom fungierte, seine Unterschrift nicht, gewiß deswegen, weil er die Schuld des Alexandriners nicht leugnen konnte.*"

52 Liber.ep.Inter haec (an Ossius), bei Hilar. l.c. B VII,6,2 [FEDER, 167,9-16]: *de quo* (sc. Vincentius) *quia multum sperabam, quod et causam optime retineret et iudex in eadem causa cum sanctitate tua frequenter resedisset, credideram integrum ius euangeliorum siue legationis posse seruari. non tantum nihil impetrauit, sed etiam ipse in illam ductus est simulationem. post cuius factum duplici merore affectus me moriendum magis pro deo decreui, ne uiderer nouissimus delator aut sententiis contra euangelium commodare consensum.*

53 Vgl. GIRARDET, Kaisergericht, passim, der sich in seiner Arbeit vor allem mit dieser Gerichtsform befaßt hat.

54 Sulp.Sev.Chron.II,39,1. Weder Sulpicius noch Athanasius trennen die beiden Synoden von Arles und Mailand deutlich genug voneinander ab, so daß in ihren Darstellungen nicht recht deutlich wird, im Zusammenhang welcher der beiden Synoden das Edikt eigentlich erlassen wurde; vgl. auch Anm. 59.

aber seinen Inhalt und seine Auswirkungen[55].

Es gibt keinen Hinweis darauf, daß dieses Edikt in irgendeiner Weise auch theologisch qualifiziert war und von den Bischöfen die Unterschrift unter ein orientalisches Synodalbekenntnis verlangte, wie jüngst K.M. GIRARDET ausführlich zu beweisen versucht hat. Dieser Versuch muß allerdings als gescheitert angesehen werden[56].

Aller Wahrscheinlichkeit nach ist dieses Edikt nicht sofort in Kraft getreten[57], allerdings erwähnt Liberius, daß man von italienischen Bischöfen bereits unmittelbar nach der Synode von Arles Unterschriften gegen Athanasius gefordert habe[58].

Das Jahr 354 über ist Konstantius, soweit erkennbar, nicht vorrangig mit kirchlichen Angelegenheiten befaßt. Der Krieg mit den Germanen, die durch seine eigene Taktik gegen Magnentius in Gallien hatten eindringen können[59], und die Affäre um den Caesar des Orients, seinen Vetter Gallus, die erst gegen Ende des Jahres mit dessen Hinrichtung endete[60], bean-

---

55 Ath.h.Ar.31,3-6. Der Bericht des Athanasius bestätigt genau die kurze Notiz des Sulpicius Severus: Von den Bischöfen wurde die Aufkündigung der communio mit Athanasius gefordert, im Weigerungsfalle drohte ihnen Verbannung.

56 GIRARDET, l'édit d'Arles, l.c. Da GIRARDET das Edikt von Arles zutreffend im Zusammenhang auch der Synode von Mailand untersucht hat, folgt die Auseinandersetzung mit ihm im Anschluß an die Behandlung dieser Synode S. 184-192. Vgl. auch MESLIN, l.c.77,171-173, der davon ausgeht, daß allein die Verurteilung des Athanasius gefordert wurde. TIETZE, l.c.34 dagegen folgt dem Ansatz GIRARDETs. Zu dem Edikt vgl. auch KLEIN, l.c.55 A.120, der annimmt, daß es sich um ein schriftlich formuliertes allgemeines Reichsedikt gehandelt haben müsse (die Intentionen des Aufsatzes von GIRARDET gibt er in dieser Anmerkung ungenau wieder). TETZ, TRE IV,339f. schließt sich vorsichtig GIRARDET an.

57 NORDBERG, l.c.; vgl. S. 194-192, aber S. 150.

58 Liber.ep.Obsecro, bei Hilar. l.c. A VII,4 [FEDER, 92,5-7]: *quae ergo potest pax esse, tranquilissime imperator, si exhibitis* (sc. edictis) *episcopi, ut nunc per Italiam factum est, cogantur talium sententiis obedire?* Ungenau dazu FLEMING, l.c.234f.
Liber.ep.Me frater 1,2 (an Euseb von Vercell, nach BARONIUS 353, eher aber 354 verfaßt) [BULHART, 121]: *Cum igitur post legationem Vincentius in illam ductus est simulationem* (sc. auf der Synode zu Arles) *reliqui per Italiam episcopi publica conuentione coacti fuissent sententiis Orientalium obedire,...*

59 Vgl. oben S. 69. Über die Germanenfeldzüge Amm.XIV,10; vgl. SEECK, Regesten, 200.

60 Amm.XIV,11. Zum vermeintlichen Datum der Hinrichtung des Gallus SEECK, l.c.200.

spruchten seine ganze Aufmerksamkeit.

Liberius hat indessen seine Pläne für ein Reichskonzil trotz der Enttäuschung durch die Synode von Arles und des Verhaltens seiner Legaten dort nicht fallengelassen.

## 7. KAPITEL

## DAS KONZIL ZU MAILAND (SOMMER 355)

### *1) Die Vorbereitung der Synode durch Liberius von Rom*

Zum zweitenmal waren die Versuche des Liberius fehlgeschlagen, sich im Fall des Athanasius zu engagieren und bei dieser Gelegenheit auch den Anspruch des römischen Bischofs deutlich zu Gehör zu bringen, in Streitfragen zwischen Bischöfen, besonders in Disziplinarfällen, angerufen zu werden.

Der Kaiser, dessen theologische Ratgeber nie den Beschlüssen der Abendländer von Serdika zugestimmt hatten, hatte wie selbstverständlich sein Recht auf Einberufung einer Synode und Bestimmung des Verhandlungsgegenstandes auch in Arles in dem ihm noch fremden Gallien durchgesetzt. Auch der abendländische Episkopat und letztlich auch Liberius hattem dem Kaiser dieses Recht nie bestritten oder es ihm bestreiten wollen[1].

Aber Konstantius, wahrscheinlich von seinen theologischen Ratgebern darauf aufmerksam gemacht, scheint bemerkt zu haben, daß Liberius hier den im gesamten Orient (mit Ausnahme Ägyptens) nicht anerkannten Anspruch des römischen Bischofs, den ihm die Abendländer in Serdika mit der Protektion des Konstans einst zugebilligt hatten, anmelden wollte - und das ausgerechnet im Fall des Athanasius, für Konstantius also in einem Fall von Hochverrat.

---

1 Vgl. den Brief der Synode von Serdika an Julius von Rom, Hilar. Coll. antiar.Paris. B II,2,3,1 [FEDER, 128,4ff.]: *Tria fuerunt, quae tractanda erant. nam et ipsi religiosissimi imperatores permiserunt, ut de integro uniuersa discussa disputarentur*... Vgl. S. 29-35 (S. 30 der ganze Text).
Zur Bitte des Liberius um ein Konzil in Aquileia vgl. S. 128; 150ff.
Zur Frage des Verhältnisses zwischen Kirche und Staat in der Sicht des abendländischen Episkopats kann im Rahmen dieser Arbeit nicht zusammenfassend Stellung bezogen werden; die Grundzüge werden aber auch so überall deutlich. Ebenso kann hier keine ausführliche Auseinandersetzung mit den bekannten Thesen BERKHOFs erfolgen. Vgl. dazu ausführlich K. ALAND, l.c. und GIRARDET, Historia 26(1977)95-128. Meine eigene Auffassung habe ich kurz skizziert in ZKG 89(1978)395-99.

Verärgert scheint er einen sehr ungnädigen Brief nach Rom geschickt zu haben[2].

Liberius muß sich wenig später gegen die Vorwürfe der Prahlsucht, Ehrsucht und Überheblichkeit, die ihm offenbar vom Kaiser gemacht worden waren, zur Wehr setzen[3].

Überaus interessant aber ist es nun, wie sich Liberius gegen die vom Kaiser gegen ihn erhobenen Vorwürfe verteidigt. Er habe, so schreibt er dem Kaiser, nur seinem Amt gemäß gehandelt, wie es ihm von seinen Vorgängern überliefert ist, und habe keineswegs dabei versucht, den Rechten des römischen Bischofs irgend etwas illegal hinzuzufügen. Allerdings habe er auch von den legitimen Rechten des römischen Bischofs nichts hinwegnehmen lassen:

> *Uidet igitur prudentia tua nihil in animum meum introisse, quod deo seruientibus non dignum fuerat cogitare. testis autem mihi est deus, testis est tota cum suis membris ecclesia me fide et metu in deum meum cuncta mundana, ita ut euangelica et apostolica ratio praecepit, calcare atque calcasse. non furore temerario, sed constituto atque obseruato iure diuino atque in alio ministerio ecclesiasticus uiuens nihil per iactantiam, nihil per gloriae cupiditatem, quod ad legem pertinebat, impleui. ad istud officium - testis est mihi deus meus - inuitus accessi; in quo cupio quidem sine offensa dei, quamdiu in saeculo fuero, permanere. et numquam mea statuta, sed apostolica ut essent semper firmata et custodita, perfeci. secutus morem ordinemque maiorum nihil addi episcopatui urbis Romae, nihil minui passus sum. et illam fidem seruans, quae per successionem tantorum episcoporum cucurrit, ex quibus plures martyres extiterunt, inlibatam custodiri semper exopto.*[4]

---

2 Liber. ep.Obsecro, bei Hilar. l.c. A VII [FEDER, 89,12]: *sermo enim pietatis tuae iam dudum ad populum missus...* Nach SEECK, GdU IV,145 und PW IV,1073 und FEDER, Studien I,78 (vgl. FLEMING, l.c.233) geht es hier um einen Erlaß, wobei SEECK direkt an das Edikt von Arles denkt. Die Schelte des Kaisers als Erlaß oder Edikt anzusehen, sehe ich keinen ausreichenden Grund. Ein derartiges Edikt wäre auch völlig überflüssig, da die römischen Legaten in Arles die Absetzung des Athanasius mit unterschrieben hatten. Außerdem scheint *sermo* in der Bedeutung von *edictum* nicht belegt zu sein. Es muß sich vielmehr um einen Brief an die Bevölkerung von Rom gehandelt haben, ähnlich den bekannten Briefen Julians an verschiedene Städte.

3 Liber. l.c.3 [FEDER, 91,3-6]: *non furore temerario, sed constituto atque obseruato iure diuino atque in alio ministerio ecclesiasticus uiuens nihil per iactantiam, nihil per gloriae cupiditatem, quod ad legem pertinebat, impleui.*

4 Liber. l.c. [FEDER, 90,26-91,14]; vgl. S. 133-146.

Wenn sich Liberius in dieser Form gegen die Vorwürfe von *iactantia* und *cupiditas gloriae* verteidigt, indem er darauf verweist, nur den *mores et ordines maiorum* gefolgt zu sein, so kann sich der Vorwurf des Kaisers eigentlich nur gegen die Ansprüche des Liberius, als Bischof von Rom im Falle des Athanasius als Appellationsinstanz gemäß Kan. III von Serdika zu fungieren, gerichtet haben[5]. Seine Verärgerung über den römischen Bischof steht jedenfalls im Zusammenhang mit der Synode von Arles, auf der es ausschließlich um den Fall des Athanasius gegangen war.

Formal hatte Liberius recht. Athanasius war von einer Synode aus disziplinarrechtlichen Gründen verurteilt worden und hatte, wie es Kan. III von Serdika vorsah, mit Hilfe einer Synode, die in seiner Diözese zusammengetreten war, dagegen an den römischen Bischof appelliert. Aber die Beschlüsse der Abendländer von Serdika waren von den Orientalen nie anerkannt worden. Schon aus diesem Grund konnte der Appellation nach Rom kein Erfolg beschieden sein - schließlich hatten die Berater des Kaisers in theologischen und kirchlichen Dingen in Serdika zu den von den Abendländern Exkommunizierten gehört[6]. Aber vor allem konnte das Vorgehen des Liberius schon deshalb keinen Erfolg haben, weil der Kaiser aufgrund von ihm offenbar überzeugend erscheinenden Argumenten annahm, daß es sich bei Athanasius um einen Fall von Hochverrat handle. Auch war Konstantius nicht gewillt, sich vom römischen Bischof in das seit den Tagen seines Vaters dem Kaiser von

5 Versuche des Liberius, die serdicensischen Kanones, unter ihnen vor allem Kan. III, endlich in Kraft zu setzen, waren schon mehrfach deutlich geworden; vgl. S. 121ff. Da es im Falle des Athanasius um eine Disziplinar- und Personalangelegenheit ging und Athanasius mit den Beschlüssen einer ägyptischen Synode gegen das Urteil der Synode von Antiochia an Liberius appelliert hatte, ist m.E. eine andere Erklärung hier nicht möglich, als daß hier der Anspruch des Liberius, Kan. III von Serdika anzuwenden, mit dem Gerichtsanspruch des Kaisers kollidierte. Der Fall des Athanasius, bei dem es für Konstantius um einen Fall von Hochverrat ging, war sicher die unglücklichste Möglichkeit, endlich Kan. III von Serdika anzuwenden.

6 Vor allem die in Serdika dabeigewesenen Bischöfe Valens und Ursacius werden das durchschaut haben. Zum Protest der Orientalen gegen Kan. III von Serdika vgl. deren Synodalbrief, Hilar. l.c. A IV,1,12 [FEDER, 57,12f.]: *nouam legem introducere putauerunt, ut Orientales episcopi ab Occidentalibus iudicarentur*; vgl. S. 35 mit Anm. 82.

beinahe allen kirchlichen Gruppen zuerkannte Recht, eine Reichssynode einzuberufen und ihr die Verhandlungspunkte zu diktieren, hineinreden zu lassen. Dieses Recht des Kaisers hatte Liberius auch nie ernstlich in Frage gestellt.

So hatte Konstantius in Arles eine Synode einberufen, der er aufgetragen hatte, Athanasius als Bischof von Alexandria abzusetzen und aus der Gemeinschaft der Kirche auszuschliessen, um dann als Laien gerichtlich gegen ihn wegen Hochverrats vorgehen zu können. Erschwerend kam dazu, daß sich Athanasius auch noch der Gerichtsverhandlung entzogen hatte[7]. Nur auf diesem Hintergrund sind die offensichtlich harsche Zurechtweisung des Liberius durch den Kaiser und die mehrfachen Rechtfertigungsversuche des römischen Bischofs erklärlich.

Das Edikt von Arles scheint inzwischen außer in Gallien, worüber aber die Zeugnisse fehlen[8], auch in Italien teilweise zur Anwendung gekommen zu sein. Kaiserliche Beamte fordern von den Bischöfen die Unterschrift unter das Absetzungs- und Exkommunikationsurteil der Synode von Arles gegen Athanasius, wie Liberius an Euseb von Vercellae berichtet[9].

Im Frühjahr oder Sommer des folgenden Jahres[10] bittet aber Liberius erneut den gerade von einem Feldzug gegen die Alamannen zurückgekehrten Konstantius um die Einberufung eines Reichskonzils.

Als Legaten des römischen Bischofs reisen Bischof Lucifer von Calarias auf Sardinien, der römische Presbyter Pancratius und der römische Diakon Hilarius an den Hof nach Mailand,

---

7 Vgl. S. 112ff.

8 DOIGNON, Hilaire, 444f.

9 Vgl. S. 145 Anm. 58. Das Edikt von Arles scheint aber nicht überall durchgeführt worden zu sein. Von etwaigen Maßnahmen gegen Unterschriftsverweigerer ist nichts bekannt.

10 Da ein mehrfacher Notenwechsel zwischen Liberius und Konstantius seit der Synode von Arles (vgl. Liber.Ep.Obsecro 1) angenommen werden muß, kann der Brief kaum vor Frühjahr 354 abgefaßt sein. Seit Sommer 354 residierte Konstantius in Mailand (SEECK, Regesten, 200), dorthin reisen bereits die Legaten des römischen Bischofs. Auf dem Wege nach Mailand besuchen sie im nahe Mailand gelegenen Vercellae Euseb. Ebenso CASPAR, l.c.172. Für eine Delegation des römischen Bischofs Ende 353 bis Anfang 354 nach Arles votieren KRÜGER, Lucifer, 12f.; DIERCKS, l. c. VII.

um einen Brief des Liberius an Konstantius zu überbringen und auch selbst beim Kaiser auf die Einberufung eines Konzils hinzuwirken[11].

Auf dem Weg nach Mailand besuchen sie den Bischof des Nachbarsprengels der kaiserlichen Residenzstadt, Euseb von Vercellae, der als ehemaliger römischer Kleriker wohl gute Beziehungen zu Liberius hatte und mit Lucifer durch die gemeinsame sardinische Herkunft verbunden war[12]. Ihn, der offenbar unter den Bischöfen Italiens großes Ansehen genoß, bittet Liberius, sich der Delegation des Lucifer an den Mailänder Hof anzuschließen[13].

In seinem ersten Brief an Euseb[14], der diesem die Ankunft der römischen Gesandten vermelden sollte, erklärt Liberius auch, warum er gerade Lucifer mit der Bitte um ein neues Konzil an den Hof schicken will. Der Bischof von Calaris, der hier zum erstenmal in der Geschichte des sogenannten *Arianischen Streites* und in den Auseinandersetzungen um Athanasius erwähnt wird[15], hatte *"mit Gottes Hilfe"* nach den Ereignissen der Synode von Arles erkannt, daß es bei den Aktionen gegen Athanasius in Wahrheit gar nicht um die Person des alexandrinischen Bischofs und um die ihm vorgeworfenen Taten gehe, sondern die Person des Athanasius nur ein Vorwand sei, die arianische Häresie mit Gewalt auch in den Kirchen des Abendlandes einzuführen.

---

11 Die Bittschrift ist vollständig erhalten in ep.Obsecro, Hilar. l.c. A VII, außerdem in leicht abweichender Form im Cod.Vatic.Regin.133 s.IX (=V) im Anhang zu den Schriften Lucifers und in dem von V abhängigen Cod.Paris.St.Genovefae 1351 (=G). Nach VG bietet den Text HARTEL (CSEL XIV,327-31). In der gerade erschienenen Lucifer-Edition von DIERCKS (CChr VIII) stehen beide Überlieferungen parallel (S. 311-16). Ich zitiere weiterhin nach der Ausgabe FEDERs.
Zur Rolle Lucifers als Legat des römischen Bischofs vgl. TIETZE, l.c. 59f.; HEFELE, l.c.652ff.; AMANN, DThC IX/2,1032ff.; KRÜGER, Lucifer, 11ff.

12 Zu Euseb von Vercellae vgl. GODET, DThC V/2,1553f.; DE CLERCQ, DHGE XV,1477-83.

13 Die drei diesbezüglichen Briefe des Liberius an Euseb: Me frater (JW 211); Remeante filio (JW 213); Sciebam (JW 215): PL VIII,1349C-1351A; 1355A-1356C; eine kritische Ausgabe bietet BULHART (CChr IX), 121-123; eine deutsche Übersetzung bei WENZLOWSKY, l.c.204f.,212-15.

14 Liber.ep.Me frater [BULHART, 121f.].

15 Zu Lucifer von Calaris vgl. KRÜGER, Lucifer; ders., RE XI,450-52; AMANN, DThC IX/2,1032ff.; mit den vollständigsten Literaturangaben TIETZE, l.c. (Literaturverzeichnis S. 357ff.).

Liberius, enttäuscht über den Ausgang der Synode von Arles[16], hatte sich inzwischen dieser *interpretatio Luciferiana*[17] der Ereignisse angeschlossen und schreibt darüber an Euseb:

> *Cum igitur post legationem Vincentius in illam ductus est simulationem, reliqui per Italiam episcopi publica conuentione coacti fuissent sententiis Orientalium obedire, deo procurante frater et coepiscopus noster Lucifer de Sardinia superuenit. 3. Qui cum latebras causae interioris cognouisset et peruenisset ad eius conscientiam sub occasione nominis Athanasii haereticos haec uelle tentare,...*[18]

Somit ging es also nach Meinung Lucifers im Falle des Athanasius nicht um einen Disziplinarfall, bei dem die Orientalen, wie es bisher die Auffassung des Liberius und der römischen Synode gewesen war, gegen die kirchlichen Kanones gehandelt hatten, sondern um den rechten Glauben selbst[19]. Aber bis zur Zeit noch nach der Synode von Arles sieht auch Liberius in der Athanasiusangelegenheit einen reinen Disziplinarfall.

Seine mit Lucifers Hilfe gefundene neue Einschätzung der Lage, daß es sich im Fall des Athanasius um die Bewahrung des wahren Glaubens handele, gibt ihm nun nicht nur die Möglichkeit, sondern fordert von ihm, den Kaiser um die Einberufung eines neuen Konzils zu bitten. Der eifrige und fanatische Lucifer möchte selbst beim Kaiser im Namen des römischen Bischofs für eine Synode eintreten[20]. Ob Liberius allerdings seinem Anliegen mit der Entsendung des hitzigen,

---

16 Vgl. den Brief des Liberius an Ossius: Inter haec (JW 209), Hilar. l. c. B VII,6, deutsch bei WENZLOWSKY, l.c.202f.

17 Der Begriff ist von mir gewählt.

18 Liber.ep.Me frater 2f. [BULHART, 121].

19 Da Liberius gegenüber Euseb so stark herausstreicht, daß Lucifer erst nach der Synode von Arles und nachdem teilweise das Edikt von Arles durchgeführt worden war, zu dieser Erkenntnis gekommen war, die er von dem Sardinier übernommen hatte, fällt im Nachhinein noch einmal Licht auf die Rolle der römischen Gesandten in Arles: es ging für sie überhaupt nicht um Glaubensfragen, sondern um die Durchsetzung der Rechte des römischen Bischofs; vgl. auch S. 140-146.

20 Liber. l.c. [BULHART, 121,13-122,2]: *pro deuotione fidei suae subire uoluit iustum laborem et ad comitatum religiosi principis pergere, ut tandem exposito ordine totius causae impetraret, ut omnia, quae in medium uenerunt, in coetu possent sacerdotum dei tractari.*

unbedachten und auch theologisch recht ungebildeten Lucifer an den kaiserlichen Hof einen guten Dienst erwiesen hat, sei dahingestellt. Vielleicht sind doch in ihm Zweifel an den diplomatischen Fähigkeiten des Sardiniers aufgestiegen; jedenfalls bittet er Euseb von Vercellae und Fortunatian von Aquileia, die Delegation nach Mailand zu begleiten und zu unterstützen[21]. In einem zweiten Brief bittet er Euseb noch einmal, Lucifer vor dem Kaiser zu unterstützen und besonders auch auf Verfahrensfragen zu achten, um die Verurteilung eines Abwesenden zu verhindern[22]. Große Erleichterung klingt aus seinem dritten Brief an Euseb, den Liberius ihm nach dessen Zustimmung schrieb, die römischen Legaten nach Mailand zu begleiten:

> *Sciebam, domine frater carissime, quod spiritu dei feruens in causa fidei, quae nos potest domino commendare, fratri et coepiscopo nostro Lucifero et Pancratio compresbytero nostro, qui simul erat profectus cum filio meo Hilario diacono, fida dignareris solatia exhibere nec te posses iis denegare, quos sciebas pro deuotione fidei suae tantum laborem itineris suscepisse. 2. Magnum itaque leuamen animus meus ex lectione litterarum tuarum accepit; immo causam ipsam in melius proficere posse deo fauente, quod fratres nostros deserere noluisti, iam iamque confido.*[23]

In seinem Brief an den Kaiser[24], der sich des üblichen höfischen Stils bedient[25], bittet Liberius ihn zunächst auch im Hinblick auf seinen Vater Konstantin, seinem Anliegen Gehör zu geben:

---

21 Vgl. Anm. 13f. Zur von Liberius erbetenen Unterstützung durch Fortunatian vgl. Liber.ep.Sciebam [BULHART, 122f.].

22 Liber.ep.Remeante filio [BULHART, 122,14f.]: *certe dignaris retinere, si leges publicae absenten non condemnant.*

23 Liber.ep.Sciebam [BULHART, 122f.]. Die Verurteilung des Athanasius in absentia sollte später zum Hauptvorwurf gegen die Mailänder Synode und Konstantius werden, dem Lucifer eigens zwei Schriften gewidmet hat: *Quia absentem nemo debet iudicare nec damnare siue de Athanasio I/II*. Zur Inscriptio vgl. DIERCKS, l.c.3. Zum Problem der Verurteilung in absentia vgl. S. 171 Anm. 99.

24 Vgl. Anm. 11. Der Brief wurde als Hauptquelle für die Synode von Arles schon im vorigen Kapitel teilweise analysiert, vgl. S. 133 - 146. Eine kurze inhaltliche Zusammenfassung bei FEDER, Studien I,78-83; zu zahlreichen Einzelproblemen vgl. den Kommentar von FLEMING, l.c.218-40, bei FEDER und FLEMING auch alles zu Text- und Überlieferungsproblemen.

25 FLEMING, l.c.222f.

*Obsecro, tranquillissime imperator, ut mihi benignas aures clementia tua tribuat, quo possit mansuetudini tuae mentis meae propositum apparere. de Christiano enim imperatore et sanctae memoriae filio Constantini hoc ipsud sine cunctatione mereor impetrare;...*[26]

Nachdem Liberius seiner Sorge über die zwischen dem Kaiser und ihm selbst aufgetretenen Unstimmigkeiten Ausdruck verliehen hat, kommt er zum Anlaß seines Schreibens. Vorsichtig macht er darauf aufmerksam, daß er sich unter der von ihm beim Kaiser für Aquileia erbetenen Synode nun doch etwas ganz anderes vorgestellt hatte, als dann in Arles verwirklicht worden war:

*non Athanasi tantum negotium, sed multa alia in medium uenerunt, propter quae concilium fieri mansuetudinem tuam fueram deprecatus, ut, ante omnia - quod specialiter optat mentis tuae erga deum sincera deuotio - cum fidei causa, in qua prima nobis spes est ad deum, diligenter fuisset tractata, negotia eorum, qui nostram circa deum obseruantiam mirari debent, possent finiri.*[27]

In direkter Anlehnung an die von beiden Kaisern einst vorgeschriebene Tagesordnung von Serdika bittet Liberius den Kaiser, für die Tagesordnung der Synode festzusetzen, daß zuerst *de fide*, anschließend *de personis* verhandelt werden solle[28]. Für ihn steht das Recht des Kaisers, nicht nur Synoden einzuberufen, sondern auch deren Verhandlungsgegenstände zu bestimmen, auch hier außer Zweifel.

Nachdem er sich gegen die Vorwürfe der orientalischen Bischöfe verteidigt hat, angeblich deren Briefe zum Fall des Athanasius unterschlagen zu haben[29] und zu den Vorwürfen des Kaisers gegen seine Person Stellung bezogen hat[30], erklärt er, warum auf einer Synode zunächst *de fide* und erst anschließend über die anliegenden Personalfälle, und das heißt

---

26 Hilar. l.c. A VII [FEDER, 89]. Obwohl Konstantius nicht getauft ist, spricht er ihn als *christianus imperator* an. Vgl. dazu GIRARDET, Historia 26(1977)123f.

27 Liber. l.c. [FEDER, 89,19-90,5].

28 Vgl. S. 147 Anm. 1. Auch wenn Liberius hier so formuliert, als hätte er das schon für die Synode in Arles gefordert, so ist diese Forderung doch neu und erst unter dem Einfluß Lucifers entstanden.

29 Liber. l.c. [FEDER, 90,9ff.].

30 Vgl. S. 147-150.

hier vor allem den Fall des Athanasius, verhandelt werden kann. Interessant ist, daß er die orientalischen Kritiker und Gegner des Athanasius nicht wie jener einfach alle als *Arianer* bezeichnet. Aber die athanasianische Sprachregelung wurde dann mit wenigen Ausnahmen bis in die Forschung der jüngsten Gegenwart wirksam[31].

Zunächst spielt Liberius auf den inzwischen beinahe ein Jahrzehnt zurückliegenden Vorfall in Mailand an, als die vier orientalischen Gesandten *Arri hereticam sententiam noluissent damnare, de concilio animis iratis exierunt*[32].

Angesichts dieser Tatsache sei von dem von den Orientalen gewünschten Frieden nicht allzuviel zu halten. Außerdem zeige sich hier ein tiefer Dissens in Fragen des Glaubens. So sei es eben auch nichts Neues, was man jetzt versuche, indem man gegen Athanasius wegen angeblicher Verbrechen vorgehe: *non est nouum, quod nunc subtiliter et sub occasione nominis Athanasii adtestantur.*[33] Die Gegner des Athanasius sind für Liberius auch Feinde des wahren Glaubens - der Fall des Athanasius ist also kein Disziplinarfall, sondern eine Glaubensangelegenheit. Liberius trägt hier offensichtlich dem Kaiser die von Lucifer von Calaris stammende Interpretation der Ereignisse vor, die er inzwischen für sich übernommen hatte. Die Beweise, die er für diese *interpretatio Luciferiana* dem Kaiser gegenüber vorbringt, sind ziemlich gewunden und können die Schwierigkeiten nicht verdecken, die Liberius selbst mit dieser Erklärung des Athanasiusfalles hat.

Merkwürdigerweise beweist Liberius die Behauptung, daß die orientalischen Gegner des Athanasius Häretiker seien,

---

31 Athanasius bezeichnet seine Gegner grundsätzlich als *Arianer* (vgl. KLEIN, l.c. passim und oben), ebenso Lucifer (vgl. den Index in der Edition von HARTEL). Diese Gepflogenheit hat sich z.T. bis in die neueste Forschung durchgehalten, so bei TIETZE, l.c.
Liberius hat zwar nach der Synode von Arles die *interpretatio Luciferiana* der causa Athanasii übernommen, aber eben doch nicht so absolut. Gewisse Zweifel scheinen in ihm geblieben zu sein. Vgl. dazu auch noch nach der Synode von Mailand das Thdt.h.e.II,16 überlieferte Gespräch mit Konstantius, auch wenn Thdt. sicher nicht den authentischen Text bewahrt hat. Dazu auch S. 267-269.

32 Liber. l.c. [FEDER, 91,20f.]; vgl. S. 54-57.

33 L.c. [FEDER, 91,23f.].

mit juristischer Argumentation[34]. In Rom, so Liberius, gebe es Briefe des alexandrinischen Bischofs Alexander aus der Zeit vor der Ordination des Athanasius an den römischen Bischof Silvester, in denen Alexander Silvester mitteilt, daß er elf Presbyter und Diakone aus der Kirche ausgestoßen habe[35]. Diese haben dann, obwohl aus der Kirche ausgeschlossen, Conciliabula abgehalten. Mit diesen Leuten nun stehe Georg in Alexandria in Gemeinschaft[36]. Wenn aber die Bischöfe Italiens, wie gerade geschehen, solchen Leuten gehorchen müßten, könne kein Frieden in der Kirche sein:

> *quae ergo potest pax esse, tranquillissime imperator, si exhibitis episcopi, ut nunc per Italiam factum est, cogantur, talium sententiis obedire?*[37]

Was haben nun aber jene vor nunmehr dreißig Jahren abgesetzten Presbyter und Diakone und Georg mit der Synode von Arles und dem Fall des Athanasius zu tun? Die Argumentation des Liberius erscheint zunächst befremdlich.

Im Jahre 352 war von einer antiochenischen Synode in einem kirchenrechtlich ziemlich zweifelhaften Verfahren Athanasius abgesetzt und Georg an seiner Stelle zum Bischof von Alexandria geweiht worden. Die antiochenische Synode hatte

---

34 Mit aller Vorsicht möchte ich daraus schließen, daß dieser Beweis von ihm selbst stammt und nicht von Lucifer. Für Lucifer waren eben einfach alle Gegner des Athanasius Arianer, wie seine späteren Schriften und sein Brief aus Mailand an Euseb (vgl. S. 174) bezeugen. Schon bisher hatte sich gezeigt und wird noch öfter zu bemerken sein, daß Liberius vor allem juristisch, fast nie theologisch argumentiert. Vgl. dazu auch S. 265ff.; 292-297.

35 Liber. l.c. [FEDER, 91,24-92,2]. Vgl. FLEMING, l.c.232-34. Es können nur Presbyter und Diakone aus Alexandria gemeint sein. FLEMING bezieht die Notiz fälschlich auf Ath.h.Ar.71, wo von abgesetzten Bischöfen die Rede ist. Vgl. Alex.Al.ep.encycl.6 [OPITZ III,7], wo berichtet wird, daß Alexander zwölf Diakone und Presbyter abgesetzt habe.

36 Zum Text FEDER, Studien I, l.c., dagegen SCHWARTZ, GS III,126 (FLEMING hat das übersehen). Inhaltlich kann hier mit FEDER nur Georg von Alexandria gemeint sein, der allerdings nicht erst für die Zukunft als Bischof von Alexandria vorgesehen war, wie FEDER annimmt, sondern seit 352 von den Orientalen gewählt war. Die ganze Argumentation des Liberius gibt nur Sinn, wenn Georg von Alexandria gemeint ist. Um seine Anerkennung als Bischof von Alexandria und die Absetzung des Athanasius dreht sich ja alles. Keinen Sinn dagegen ergibt die Annahme FLEMINGs, l.c.234, daß Georg von Laodicea gemeint sei (so SCHWARTZ). Die Wahrheit der Behauptung des Liberius läßt sich nicht ermitteln.

37 Liber. l.c. [FEDER, 92,5-7].

nach altem Brauch eine Enzyklika verschickt und die Absetzung des Athanasius und die Ordination des Georg allen Kirchen bekanntgegeben. Diese Enzyklika wurde mit der Bitte um Bestätigung noch an Julius von Rom geschickt, der aber inzwischen verstorben war[38]. Nach anfänglichem Schwanken hatte Liberius sich vor allem aufgrund juristischer Argumente[39] auf die Seite des Athanasius gestellt. Die Orientalen, die in Antiochia Georg zum alexandrinischen Bischof geweiht haben, sind es auch, die in Arles ihre Beschlüsse durchsetzen konnten: Athanasius wurde in Arles verurteilt.

Indem sie aber Georg zum Bischof geweiht haben, der mit rechtmäßig aus der Kirche durch Bischof Alexander ausgeschlossenen Anhängern des Arius Gemeinschaft hält[40] (oder hielt?), sind sie selbst zu Häretikern, zu Anhängern des Arius geworden[41]. Die von ihnen betriebene Absetzung des Athanasius wurde dadurch zu einem Angriff auf den wahren Glauben. In diesem Sinne sind die Orientalen für Liberius Arianer, mit denen keine Gemeinschaft möglich ist, ohne daß sie dazu selbst arianische oder angeblich arianische Glaubenssätze vertreten müssen[42].

Ganz leicht ist es Liberius offenbar nicht geworden, sich die *interpretatio Luciferiana* des Athanasiusfalles anzueignen und auf seine Weise, das heißt vor allem juristisch, auch auszudrücken. Aber mit dieser Argumentation kann er die orientalischen Bischöfe sachlich zu Arianern erklären, ohne ihre Synoden und Bekenntnisse des Arianismus verdächtigen zu müs-

---

38 Vgl. S. 121f.

39 Vgl. S. 121ff.; dazu WITTIG, l.c.1ff.

40 Das Präsens ist nicht ganz klar. Wann hatte Georg die Communio mit den vor dreißig Jahren aus der Kirche Ausgestoßenen? Bestand sie 354 noch? Wie lange hatte überhaupt der Ausschluß gedauert? Schließlich waren auf der Synode von Nizäa und danach die meisten Exkommunizierten wieder aufgenommen worden. Vgl. SCHWARTZ, l.c., aber oben Anm. 36.

41 Liber. l.c. *talium* bezieht sich somit ganz allgemein auf alle orientalischen Bischöfe, die die Synode von Antiochia (352) anerkannt hatten, wobei sicher Abendländer wie Valens, Ursacius und Germinius unter *Orientales* mitgerechnet werden müssen.

42 Deshalb nennt er die orientalischen Bischöfe auch nie ausdrücklich *Arianer*, im Gegensatz zu Athanasius und Lucifer in ihren allerdings einige Jahre später verfaßten Exilsschriften; vgl. auch Anm. 31. Besonders Lucifer legt dem Kaiser typisch arianische Stichworte in den Mund, die dieser nie so gesagt haben kann.

sen, das heißt vor allem - und darauf kommt es hier entscheidend an - ohne Konstantius selbst der arianischen Häresie verdächtigen zu müssen.

Der theologische Standpunkt des Kaisers spielt bei der Argumentation des römischen Bischofs gar keine Rolle. Als noch nicht Getaufter war der Kaiser sowieso zur Communio nicht zugelassen, konnte also gar nicht mit Häretikern in Gemeinschaft stehen. Nur über die Frage der sakramentalen Gemeinschaft aber hatte Liberius eine Traditionskette der orientalischen Bischöfe zu Arius konstruiert, nicht über theologische Aussagen oder kirchenpolitische Fraktionsbildungen, wie es zwar im Prinzip ganz richtig ist, hier jedoch außerordentlich künstlich und konstruiert erscheint.

Auf diese Art und Weise kann Liberius in seinem Brief an Konstantius den Eindruck erwecken, als stünde der Kaiser neutral zwischen den kirchlichen Fronten, was natürlich in keiner Weise den sachlichen Gegebenheiten, vor allem im Falle des Athanasius, entsprach, aber dennoch als diplomatisch äußerst geschickt angesehen werden muß.

In diesem Sinne wendet er sich an den Kaiser als an einen scheinbar Unbeteiligten wegen der Vorfälle in Arles[43] und bittet ihn um ein neues Konzil, auf dem zunächst alle Teilnehmer der Expositio fidei von Nizäa zustimmen sollen:

> *Unde iterum atque iterum mansuetudinem tuam et animum tuum deo deuotum rogamus per eius uirtutem, qui se, in defensione tua quantus sit, uniuersis mortalibus adprobauit, ut habens ante oculos eius beneficia, qui imperium tuum in omnibus regit, haec in coetu episcoporum diligenter facias omni cum consideratione tractari, ut pacatis per te deo fauente temporibus, tranquillitate tua consentiente, sic omnia discutiantur, ut, quae iudicio sacerdotum dei confirmata constiterunt omnes in expositionem fidei, quae inter tantos episcopos apud Nicheam praesente sanctae memoriae patre tuo confirmata est, uniuersos consensisse, cum exemplo possint in posterum custodiri, ut ipse saluator, qui desuper mentis tuae propositum intuetur, in tanta rerum expeditione laetetur causam fidei et pacis etiam rei publicae necessitatibus non inmerito praeposuisse.*[44]

---

43 Liber. l.c. [FEDER, 92,8ff.]; vgl. S. 133-146, 147 ff.
44 Liber. l.c. [FEDER, 92,20-93,8].

Der Bezug auf die expositio fidei von Nizäa ist in diesem Zusammenhang und zu diesem Zeitpunkt erstaunlich und wirft Probleme auf. Abgesehen von der schlecht überlieferten Notiz aus dem Brief des Ossius und Protogenes aus Serdika an Julius von Rom[45] handelt es sich überhaupt um die erste Erwähnung des Nizänum im Abendland[46]. Wozu aber eine Bestätigung der fides nicaena?

Der Orient hatte das Nizänum nie direkt aufgegeben und sein Festhalten an den Entscheidungen von Nizäa durch die jeweilige Aufnahme der Anathematismen von 325 in seine Synodalbekenntnisse bekräftigt und damit deutlich gemacht, daß die orientalische Theologie in der Abwehr der arianischen Häresie auf dem Boden der Beschlüsse von Nizäa steht[47].

Etwas anders sah es mit den positiven Formulierungen der fides nicaena aus, aber schließlich waren in den vergangenen Jahren völlig neue Probleme aufgetaucht[48]. Der uns heute so oft als das Zentrum des nizänischen Glaubens erscheinende Begriff ὁμοούσιος wurde von den orientalischen Theologen zwar weitgehend abgelehnt, aber auch die abendländische Theologie hatte nicht am Wortlaut des Nizänum festgehalten. Der Schwerpunkt der theologischen Diskussion hatte sich längst auf die Hypostasenfrage verlagert. Außerdem hatte ja Liberius gerade arianische Lehre den orientalischen Gegnern des Athanasius nicht vorgeworfen.

Die Abendländer hatten im Serdicense dem Nizänum eine ihnen gemäße Auslegung mit deutlicher Betonung der Einhypostasentheologie gegeben, die sich allerdings grundsätzlich von der Übernahme des Antiarianismus der Anathematismen von Nizäa durch die Orientalen unterschied[49].

Einig war man sich auf beiden Seiten nur in der Ablehnung der Extreme zur Linken und zur Rechten, in der Ablehnung des genuinen Arianismus bzw. seiner späteren Weiterentwicklung

---

45 Cod.Veron.LX [TURNER, 644]; vgl. S. 41 Anm. 114.

46 Zur Überlieferung von N im Abendland und zu seiner Stellung in den Coll.antiar.Paris. des Hilar. vgl. S. 301ff.

47 Vgl. S. 3ff.; 35-38; 21-23; 54ff.; 91ff.

48 Z.B. Photin und seine Lehren, die von Orient und Occident (mit unterschiedlicher Intensität) abgelehnt wurden; vgl. S. 57-64; 91ff.

49 Vgl. S. 40f.

im Anhomöismus und in der Ablehnung des Photinianismus, dabei aber immer bereit, sich gegenseitig in eine der beiden extremen Richtungen zu verdächtigen: den Abendländern erschien die origenistische Dreihypostasentheologie der Orientalen als arianisch, den Orientalen die Einhypostasentheologie der Abendländer als sabellianisch (markellianisch) oder photinianisch. Das Nizänum von 325 konnte in dieser Situation kaum noch helfen.

Aus diesem Grund ist zu fragen, was genau Liberius meint, wenn er von der *expositio fidei, quae inter tantos episcopos apud Nichaeam praesente sanctae memoria patre tuo* (sc. in Gegenwart Konstantins) *confirmata est*, spricht[50]. Dem Wortlaut folgend hat die Forschung einhellig an das nizänische Bekenntnis, so wie es 325 formuliert worden war, gedacht und dabei angenommen, daß Liberius die einzuberufende Reichssynode auf dieses Bekenntnis verpflichten wollte, bevor sie überhaupt in die Debatte des Athanasiusfalles einsteigen würde[51].

Die Schlußfolgerung, daß Liberius das ὁμοούσιος gleichsam als Menetekel vor die Synode hinstellen wollte, um so die orientalischen Feinde des Athanasius fernzuhalten und damit seine Verurteilung unmöglich zu machen, liegt nahe[52].

In der Tat würde dann die Vorbereitung des römischen Bischofs zu einem neuen Reichskonzil einen großen Einschnitt in der Geschichte des Kampfes um Athanasius einerseits und die Trinitätstheologie andererseits markieren, wie schon GUMMERUS und in neuerer und neuester Zeit KELLY und DINSEN gemeint haben, indem sie das neue Kapitel der Dogmengeschichte, das zweifellos mit dem Wiederauftauchen der fides nicaena beginnt, mit dem ebenso zweifellos neuen Kapitel der politischen und kirchenpolitischen Geschichte identifizieren, das durch den Beginn der Alleinherrschaft des Konstantius

---

50 Liber. l.c. [FEDER, 93,3f.].

51 So die Forschung, soweit ich sehe, ohne Ausnahme, allerdings mit geringfügigen Nuancierungen. Polemisch etwa die Auffassung von JOANNOU, l.c.118ff., der meint, Liberius wolle eine Synode, "*um den nizänischen Glauben wiederherzustellen.*" - er war eigentlich gar nicht zerstört. Nach PIETRI, l.c.242 wollte Liberius N als theol. Grundlage der Diskussion. Vgl. TIETZE, l.c.35-38.

52 So z.B. JOANNOU, l.c.120.

bezeichnet ist[53].

An diesem eben gezeichneten Bild sind aber einige Zweifel angebracht, wenn auch letzte Klarheit aufgrund der bruchstückhaften Überlieferung nicht zu erlangen ist.

1. Der Text des Nizänum (N) taucht in seiner lateinischen Fassung erst in der zweiten Hälfte der fünfziger Jahre nach der Verabschiedung der sogenannten zweiten sirmischen Formel von 357 auf, dann allerdings mit einem Schlage sehr häufig[54]. Nach allen Zeugnissen scheint das Nizänum vorher im Abendland geradezu unbekannt gewesen zu sein[55]. Fraglich ist, ob es sich unter diesen Umständen als gemeinsame Basis für eine wahrscheinlich überwiegend von Abendländern besuchte Reichssynode geeignet hätte.

2. Von den Synoden unter Konstantin und Konstantius ist kein Beispiel bekannt, bei dem schon vor Beginn der Synode das Synodalbekenntnis einer vorangegangenen Synode als verpflichtende Grundlage angenommen wurde[56].

---

53 GUMMERUS, l.c.32: *"Die Friedenszeit im arianischen Streite war zu Ende, als Konstantius 353 Alleinherrscher im römischen Reich geworden war."* KELLY, l.c.280f.: *"Ein neues Kapitel in der Geschichte der Bekenntnisse und zugleich ein neues Kapitel der Dogmengeschichte wurde mit dem endgültigen Sieg des Konstantius über Magnentius im August des Jahres 353 aufgeschlagen. Bis zu seinem Tode im Jahre 361 regierte Konstantius als einziger Kaiser sowohl im Westen wie im Osten. Als Folge davon ging schnell und eine zeitlang auch entscheidend die Vorherrschaft auf die antiathanasianischen, antiwestlichen Teile der Kirche über."* DINSEN, l.c.111: *"Das außenpolitische Datum 353 markiert, wie schon gesagt - den Beginn einer neuen Phase des Kampfes. In ihr stand - anders als bisher - das Nizänum mit seinem Stichwort homoousios im Zentrum der Auseinandersetzung, wurde es von der einen Seite verteidigt, von der anderen bekämpft:..."*

54 Zur Überlieferung von N vgl. DOSETTI, l.c.31ff. und die S. 4 Anm. 6 genannten Untersuchungen BARDYs. Zur frühesten bekannten Überlieferung von N im Westen bei Hilarius von Poitiers vgl. S. 301ff.; 325ff.

55 Hilar.Syn.91 [PL X,545A]: *Regeneratus pridem et in episcopatu aliquantisper manens, fidem Nicaenam numquam nisi exsulaturus audivi...* Das gilt also für Hilarius noch im Jahre 356! Vgl. die vorige Anmerkung erwähnten Arbeiten von BARDY.

56 Das heißt nicht, daß z.B. Ant II und Ant IV nicht auch immer wieder auf Synoden als Synodalbekenntnisse benutzt und eventuell dann ergänzt wurden, wie schon mehrfach zu beobachten war. Aber allgemein galten die Synodalbekenntnisse als Ergebnis einer Synode und wurden meistens am Ende einer Synode verabschiedet. Die vierte sirmische Formel von 359 bildet hier eine Ausnahme, sie wurde bei der Vorbereitung der Doppelsynode von Rimini und Seleucia aus ganz speziellen Gründen ausgearbeitet.

3. Für die führenden abendländischen Bischöfe scheint noch bis in die Mitte der fünfziger Jahre das Serdicense die legitime Interpretation des Nizänum gewesen zu sein, die für die Abwehr der arianischen Häresie oder was man dafür hielt als besonders geeignet galt, wie die Väter von Serdika unter der Führung des großen Ossius bezeugt hatten[57]. Daß die Formel von Serdika mit der Autorität des hochberühmten Ossius, des Beraters des großen Konstantin, verbunden war, dürfte ihr Gewicht als die rechtmäßige Interpretation von N noch verstärkt haben. Von einem Widerspruch Roms ist nichts bekannt; er ist auch nicht wahrscheinlich. Schließlich hatte einst Ossius auch den Antrag zu Kan. III in Serdika eingebracht[58]. Daß keine abendländische Überlieferung des Serdicense vorhanden ist, liegt an seiner späteren Ächtung und besagt noch nichts über die Rolle des Serdicense in den vierziger und fünfziger Jahren.

4. Der Nachfolger des Julius, Liberius, stand ganz in der Tradition von Serdika[59]. Seine Kirchenpolitik der Jahre 352-354 war, soweit noch erkennbar, vorrangig auf die Durchsetzung der Beschlüsse von Serdika, besonders auf eine Anwendung des Kan. III, ausgerichtet. Da Liberius in erster Linie juristisch argumentiert[60], ist über seinen eigenen theologischen Standpunkt in der Zeit vor seinem Exil keine sichere Aussage zu machen. Es scheint, daß er eine Synode nach dem Vorbild der gescheiterten Synode von Serdika vom Kaiser einberufen lassen wollte[61].

5. Theologischen Einfluß auf Liberius muß in der Zeit nach der Synode von Arles Lucifer von Calaris gewonnen haben, wie Liberius gegenüber Euseb von Vercellae betont[62]; außer Lucifer aber auch der in der gleichen römischen Tradition wie er selbst beheimatete Euseb von Vercellae[63] und Ossius.

---

57 Vgl. S. 159 Anm. 45.

58 Vgl. S. 42-46.

59 PIETRI, l.c.242. Zur engen Übereinstimmung zwischen Ossius und dem römischen Stuhl vgl. den Brief des Liber. an Ossius, Inter haec (JW 209), Hilar. l.c. B VII,6.

60 Vgl. S. 156 bes. Anm. 34.

61 Vgl. S. 29-46.

62 Vgl. S. 152 mit Anm. 18.

63 Vgl. S. 151 Anm. 12. Zu Eusebs Haltung zum Serdicense noch in Alexandria 362 vgl. TETZ, ZNW 66(1975)218.

Wie die spätere Geschichte des Lucifer zeigt[64], war dieser auf die serdicensische Interpretation von N festgelegt, so daß er weder die auf N fußende Ausgleichspolitik des Hilarius von Poitiers zwischen orientalischer und occidentalischer Theologie in den Jahren 358-360, noch die von Athanasius zwar nicht selbst konzipierte, aber mit getragene und durchgesetzte Interpretation akzeptieren konnte, die N auf der Synode von Alexandria 362 erhielt, und die einen tragfähigen Kompromiß zwischen morgen- und abendländischer theologischer Tradition in der Trinitätstheologie ermöglichte.

6. Natürlich konnte Liberius den Kaiser, der von orientalischen Bischöfen theologisch beraten wurde, weder auf das Bekenntnis noch auf die Kanones von Serdika direkt ansprechen; er hätte sich damit sofort der Chancen einer Synode und damit der Unterstützung für Athanasius beraubt, besonders, da Konstantius seine aus Kan. III von Serdika hergeleiteten Ansprüche, im Fall des Athanasius als Appellationsinstanz einzugreifen, so offensichtlich getadelt und zurückgewiesen hatte[65].

Aus den angeführten Gründen erscheint es mir wahrscheinlich, daß Liberius keine Verpflichtung der einzuberufenden Synode auf den Wortlaut der expositio fidei von Nizäa erbitten wollte, sondern daß diese Verpflichtung auf den Glauben von Nizäa eher deklamatorischen Charakter haben sollte, mehr eine Erinnerung an Nizäa, gleichsam als ein Appell an die Einheit der Kirche in Ost und West. In Konstantius sollte die Erinnerung an Nizäa das Gedächtnis an seinen Vater Konstantin beschwören, unter dessen Schirmherrschaft die Synode von Nizäa die Häresie verurteilt und die Einheit der Kirche wiederhergestellt hatte[66].

---

64 Vgl. KRÜGER, l.c.passim; AMANN, DThC IX/2,1032-44; die neuere Literatur bei TIETZE, l.c.357ff.

65 Vgl. S. 147ff.

66 H.v. CAMPENHAUSEN hat überzeugend dargelegt, daß das Berufen auf eine fides nicht unbedingt den Wortlaut einer bestimmten Formel meinen muß. Vgl. dazu heute das übliche Beschwören eines bestimmten Vertrages oder seines *Geistes*, wobei offensichtlich häufig keiner der beteiligten Kontrahenten den geschriebenen Text des jeweiligen Vertrages meint. Vgl. CAMPENHAUSEN, ZNW 63(1972)210ff.; 67(1976)123ff.

Der Glaube von Nizäa aber war für Liberius und den in seinem Auftrag an den Mailänder Hof reisenden Lucifer in den Beschlüssen von Serdika formuliert und ausgesprochen.

### *2) Der Verlauf der Synode*

Scheinbar ohne allzugroße Schwierigkeiten erlangten die Legaten des römischen Bischofs Gehör bei Konstantius, der die Bitte des Liberius um ein Konzil positiv aufnahm. Auch der orientalische Episkopat hatte nämlich inzwischen Konstantius um die Einberufung einer Reichssynode gebeten, um den Fall des Athanasius, nachdem der bereits von mehreren Provinzialsynoden verurteilt worden war, endgültig zu lösen[67].

Auch Konstantius dachte an die Rolle, die sein Vater einst auf den Synoden von Nizäa und Tyrus gespielt hatte, nur sah seine *sancta memoria patris* anders aus, als Liberius sich das in den Anspielungen seines Briefes wohl gedacht hatte, wie seine Legaten bald schmerzlich erfahren sollten.

Gerade als Sieger über die Alamannen vom Rhein nach Mailand zurückgekehrt, versammelt Konstantius wahrscheinlich im Juli oder August 355[68] eine vornehmlich von Abendländern be-

67 Soc. h.e.II,36,2; Soz. h.e. IV,9,1f.; Thdt. h.e.II,15,2. Daß die Synode wegen Athanasius einberufen wurde, bezeugt auch Rufin, Hist.X,21 [MOMMSEN, 987,22]: *Ob hoc* (sc. um die Unterschriften gegen Athanasius zu erlangen) *apud Mediolanum episcoporum concilium conuocatur.* Über die Bemühungen des Liberius, beim Kaiser auf eine Synode hinzuwirken, scheinen die drei griechischen Kirchenhistoriker des fünften Jahrhunderts nichts gewußt zu haben. Konstantius dachte an eine ökumenische Synode, die die verschiedenen Beschlüsse von Provinzialsynoden zum Fall des Athanasius zusammenfassen und damit endgültig klären sollte. Vgl. Konstantius, ep.ad Euseb.3 [BULHART, 120,12-121,18]: *Ob quam causam conuentum sanctorum episcoporum in Mediolanensi placuit fieri ciuitate, eos uel maxime, qui alibi gesta possint facile reuelare; in diuersis quippe prouinciis episcoporum sunt coacta concilia, et quid per singulas concordi unanimitate decreuerunt prudentissimi episcopi, in synodo Mediolanensi perspicue declaratum est.*

68 Seit dem 6. Juli ist Konstantius wieder in Mailand nachweisbar; vgl. SEECK, Regesten, 200. Vor den Frühjahrsfeldzug, also in den Beginn des Jahres, möchten die Synode legen: LE BACHELET, DThC II,1819; CASPAR, l.c.172; MONTES MOREIRA, l.c.83; SEECK, GdU IV,148ff.; in den Sommer (Juli-August) dagegen: KRÜGER, Lucifer, l.c.13 A.2; LIETZMANN, GaK III,212; PIETRI, l.c.244 A.3, um nur einige zu nennen. TIETZE, l.c.60 bleibt angesichts der in der Forschung vertretenen Auffassungen unentschieden, hält den Sommer für das wahrscheinlichste Datum. GWATKIN, l.c.153 denkt an das Ende des Jahres 355.

suchte Synode[69] in der Bischofskirche seiner Residenz Mailand[70].

*"Die Geschichte des Concils von Mailand ist in den Einzelheiten verworren und dunkel"*, wie es G. KRÜGER vor nunmehr fast einem Jahrhundert in seiner Dissertation formuliert hat[71]. Über die eigentlichen Verhandlungen ist so gut wie nichts überliefert, aber die Grundzüge des Ablaufes dieser so folgenschweren Synode lassen sich noch erkennen[72].

Sokrates und Sozomenos berichten aus einer nicht mehr sicher erkennbaren Quelle, daß mehr als dreihundert abendländische und einige orientalische Bischöfe in Mailand zusammengekommen seien[73]. Dagegen gibt eine aus dem Archiv von Vercellae stammende Teilnehmerliste der Synode, die ursprünglich zum Brief der Synode an Euseb gehörte und von BARONIUS mitgeteilt wird[74], nur dreißig Namen von Bischöfen an, die gegen

---

69 Zu den Quellen vgl. Anm. 67.

70 Hilar. Append.ad Coll.antiar.Paris.II,3 [FEDER, 187,17f.]: *dominico*. Zur späteren Verlegung der Synode aus der Kirche in den Palast vgl. Hilar. l.c.

71 KRÜGER, Lucifer, 13.

72 MANSI III,233ff.; J. u. D. COLETI, Vita Luciferi episcopi Calaritani, PL XIII,737ff. Allgemein zur Synode von Mailand vgl. AMANN, DThC IX, 631ff.; LE BACHELET, DThC II,1819; BARDY in FLICHE-MARTIN III,142-47; CASPAR, l.c.172ff.; DE CLERCQ, Ossius, 426ff.; ders., DHGE XV,1477ff.; GWATKIN, l.c.151ff.; HEFELE, l.c.652ff.; KRÜGER, l.c.12ff.; LIETZMANN, GaK III,212f.; LORENZ, l.c.24f.; PIETRI, l.c.241ff.; SEECK, GdU IV, 145ff.; TIETZE, l.c.29ff.,59ff.; STEIN, l.c.234; NORDBERG, l.c.47f.; TILLEMONT VII,534ff.; KLEIN, l.c.51ff.,86-89; LOOFS, RE II,30; SEECK, PW IV,1071ff.

73 Soc. l.c.; Soz. l.c. Zu Vermutungen zur Quelle des Soc. und Soz. vgl. S. 166 Anm. 76.

74 C. BARONIUS, Annales Ecclesiastici III,697. Mir zur Verfügung stand die *nouissima editio aucta et recognita, Antwerpen 1624*. Die Unterschriftenliste war in der Handschrift aus dem Archiv von Vercellae dem Brief der Synode an Euseb angefügt [BULHART, 119], ist aber in der Ausgabe von BULHART nicht berücksichtigt worden. Die Handschrift ist verloren (BULHART, l.c.nota; vgl. MANSI III,237 A.1). BARONIUS, l.c.: *Extat ad hunc in Archivo Ecclesiae Vercellensis, cuius tunc S. Eusebius erat Episcopus, tabula, in qua sunt nomina Episcoporum, qui subscripserunt in Athanasium, inter quos Dionysius adnumeratus legitur, quam hic tibi reddendam putauimus: sic enim se habet posita post epistulam Concilii Mediolanensis ad Eusebium, iam superius recitatam, quae incipit: Non ignorat charissima dilectio tua, etc. Nomina autem ibi scripta sunt isti Caecilian, Valens* (Mursa), *Ursacius* (Sigidunum), *Saturninus* (Arles), *Euthymius, Iunior, Proclus, Marianus, Probus, Gregorius, Victor, Vitalianus, Gaius, Paulus, Germinius* (Sirmium), *Euagrius, Epictetus* (Civita-Vecchia), *Leontius* (ep. Antiochia), *Olym-*

Athanasius unterschrieben hatten. Außerdem ist nur noch die Teilnahme von Lucifer von Calaris und Euseb von Vercell bezeugt. Auch klagt Konstantius in einem Brief, den er direkt von der Synode an den noch abwesenden Euseb schickte, über die geringe Beteiligung an dieser Reichssynode[75]. So ist das Zeugnis des Konstantius in Verbindung mit der von BARONIUS mitgeteilten Liste, über deren Echtheit sich allerdings kaum eine definitive Aussage machen läßt, dem Zeugnis des Sokrates und des von ihm abhängigen Sozomenos vorzuziehen[76].

---

*pius, Tryphon, Dionysius* (Mailand), *Acacius* (Caesarea), *Eustatius, Rotanius* (Rhodanius von Toulouse?), *Olympius, Stratophilus* (Patrophilus von Skythopolis?), *Florentius, Synedius, Quintillus, Capreus. Haec est prima subscriptio, quae postea ex aliis supervenientibus Episcopis aucta est.*

75 Konstansius ep.ad Euseb.3 [BULHART, 121,18-20]: *denique uenientes pauci de prouinciis singulis uoluntate communi unanimes protulerunt et iuxta uenerationem legi debitam firmauerunt.*

76 So vor allem VALESIUS zu Soc. h.e.II,36 [PG LXVII,300]: *Sed vix credibile est, tantum numerum episcoporum ad hoc Mediolanense concilium convenisse. Potius crediderim mendosos esse tam Socratis...* Ihm folgen (zur Vervollständigung der Angaben vgl. Anm. 72) BARDY, l.c.; CASPAR (fragend), l.c.; GUMMERUS, l.c.34; HARNACK, DG II,251 A.1; KRÜGER, l.c.; ROETHE, l.c.92; MONTES MOREIRA, l.c.83f.
Die bei Soc./Soz. überlieferte Zahl der Konzilsteilnehmer akzeptieren: TILLEMONT, HEFELE, LOOFS, SEECK, LIETZMANN, AMANN, NORDBERG, JOANNOU, DIERCKS. PIETRI, l.c.244 A.6 kritisiert KRÜGERs Zweifel an den Angaben von Soc. und Soz. als unbegründet, erwähnt aber nicht die Gründe für die Kritik an der überlieferten Teilnehmerzahl.
Unklar ist, ob Soc. und Soz. die Zahl 300 schon aus einer ihnen vorliegenden Quelle übernommen haben. Unklar ist, ob Sabinus auch über Mailand berichtet hatte. HANSEN und HAUSCHILD, l.c. erwägen dies nicht einmal; zumindest vom Charakter der Synode erscheint es mir aber nicht so ganz ausgeschlossen. Schon KRÜGER fiel auf, daß es im Werk von Sokrates und Sozomenos Parallelen zu den Angaben über die Synode von Mailand gibt. Soc. h.e.I,8 [HUSSEY, 38] (aus Eus.v.C.III,8, aber die dort angegebene Teilnehmerzahl 250 für die Synode von Nizäa korrigierend): ἐπισκόπων μὲν πληθὺς τριακοσίων ἀριθμὸν ὑπερακοντίζουσα ἦν. Vgl. dazu Soz. h.e.I,17 die Angabe von 320 Teilnehmern. Soc. h.e.II, 20,5 (in falschem Verständnis von Ath.apol.sec.48-50, aber doch wohl in bewußter Parallele zu I,8) [HUSSEY, 230]: Ἐκ μὲν οὖν τῶν ἑσπερίων μερῶν περὶ τοὺς τριακοσίους συνῆλθον ἐπίσκοποι,ὥς φησιν Ἀθανάσιος· ... vgl. ebenso Soz. h.e.III,12. Vgl. damit Soc. h.e.II,36,1 [HUSSEY, 301]: τῶν δὲ ἑσπερίων ὑπὲρ τοὺς τριακοσίους ἀπήντησαν.
Sollte u.U. die Mailänder Synode, indem man ihr dreihundert Teilnehmer zuschrieb, eine besondere Dignität als ökumenische Synode bekommen? Allerdings hatten Sokrates und Sozomenos kein Interesse, die Synode von Mailand in eine Reihe derer von Nizäa und Serdika zu stellen. Sicher gehörten viele Teilnehmer der Synode von Mailand zu den Bischöfen, die 342 die Beschlüsse der Abendländer von Serdika mitunterzeichnet hatten. Ob etwa aus diesem Kreis der auffällige Versuch einer

Von den Zeitgenossen hat am ausführlichsten Hilarius von Poitiers in seiner polemischen Schrift *Adversus Valentem et Ursacium I* über die Synode berichtet. Leider ist der wahrscheinlich größte Teil seines Berichtes, dabei auch der über die unmittelbaren Folgen der Synode, verlorengegangen[77]. Ein Augenzeuge allerdings war er nicht[78]. Von Hilarius ist Sulpicius Severus abhängig[79].

Die Berichte in der *Historia Arianorum ad monachos* und der *Apologia de fuga sua* des Athanasius geben wichtige Ergänzungen, besonders über die Folgen der Synode von Mailand, sind aber nicht frei von maßlosen Übertreibungen[80]. Wichtig für Einzelheiten sind auch die polemisch total verzerrten Berichte des einzigen Augenzeugen, von dem wir etwas über die Synode erfahren, des Bischofs Lucifer von Calaris[81]. Einige Ergänzungen liefern noch Hieronymus, Rufin, Theodoret und die Collectio Avellana, in ihr besonders der *Liber precum*[82].

Auch für die Berichte der Zeitgenossen Hilarius, Lucifer und Athanasius ist zu beachten, daß sie zwar nur zwei bis

---

Gleichsetzung der drei Synoden kommt? Auch wäre die Charakterisierung der Mailänder Synode als einer ökumenischen durchaus bei Sabinus denkbar.

77 Hilar. App.ad Coll.antiar.Paris.(Lib.I ad Constantium) II,3 [FEDER, 186,19-187,19]. Der Bericht bricht mit der Verlegung der Synode in den Palast ab.

78 DOIGNONs Vermutung, l.c.446 A.1, daß Martin von Tours als Augenzeuge Hilarius berichtet haben könnte, da er als Mitglied der Scholae Palatinae 355 in Mailand war, sei dahingestellt. Es erscheint auch sehr fraglich, ob Hilarius und Martin einander überhaupt schon vor dem Exil des Hilarius begegnet sind. Vgl. S. 243-247.

79 Sulp.Sev.Chron.II,39,3ff. Zur Abhängigkeit des Sulpicius von Hilarius vgl. FEDER, Studien I,131f.; DOIGNON, l.c.452 A.4.

80 Ath.h.Ar.31-34; fug.passim. Zu den maßlosen Übertreibungen des Athanasius vgl. S. 192 Anm. 213f.

81 Das ganze Exilswerk des Lucifer enthält Anspielungen auf die Mailänder Synode, bes. Athan.I/II; Moriend.; De non Conv.; De non parc. Zu einzelnen Stellen vgl. KRÜGER, l.c.passim und TIETZE, l.c.passim.

82 Hier.Chron. [HELM, 239f.]; Ruf. Hist.X,20f.; Thdt. h.e.II,15. Coll. Avell. (quae gesta sunt inter Liberium et Felicem episcopos) [GUENTHER, 1]; Liber precum 21ff. [GUENTHER, 12ff.]. Der Text der neuen Ausgabe von BULHART [CChr LXIX] ist ein Nachdruck von GUENTHER, nur fehlt der Einleitungsteil aus der Coll.Avell.; ich zitiere deshalb weiterhin nach GUENTHER.
Warum im Liber precum Liberius nicht unter die Exilierten gezählt wird, vgl. S. 284f.

drei Jahre nach den Ereignissen aufgeschrieben worden sind, aber unter neuen und nun wirklich völlig veränderten kirchenpolitischen und theologischen Bedingungen. Im Jahre 357 hatte Konstantius auf Betreiben seiner Berater tatsächlich versucht, das Nizänum auch offiziell abzuschaffen und durch die sirmische Formel von 357 (2. sirmische Formel) zu ersetzen, wodurch völlig neue kirchenpolitische Konstellationen entstehen sollten[83].

Athanasius schreibt über die Synode von Mailand aus seinem Versteck in der Wüste, Hilarius und Lucifer aus dem Exil, wohin letzterer durch die unmittelbaren Folgen der Synode gelangt war, ersterer im weiteren Zusammenhang mit den Ereignissen. Außerdem waren inzwischen auch die beiden wichtigsten kirchlichen Führer des Abendlandes, Ossius und Liberius, im Exil[84]. Daß die existentielle Betroffenheit der Hauptberichterstatter durch die Ereignisse selbst auch auf ihre Berichte gewirkt hat, liegt auf der Hand.

Diese Tatbestände gilt es bei der Beurteilung der zeitgenössischen Quellen unbedingt im Auge zu behalten, von denen die anderen genannten Quellen des ausgehenden vierten und des fünften Jahrhunderts durchweg abhängig sind[85].

Von der Mailänder Synode selbst sind nur vier kurze Briefe erhalten:

1. Der Brief der römischen Legaten unter Führung Lucifers von Calaris an Euseb von Vercellae mit der Bitte, doch zur Unterstützung der Sache des Athanasius nach Mailand zu kommen[86].

2. Brief der Mailänder Synode an Euseb von Vercellae[87].

---

83 Vgl. S. 312-325.

84 Vgl. S. 265-271.

85 Zur Abhängigkeit des Sulpicius von Hilarius vgl. Anm. 79. Thdt. hat nach eigenem Zeugnis Ath.fug.3f. als Hauptquelle benutzt (h.e.II,15, 3). Sozomenos hat sicher Rufin gekannt (daneben natürlich noch andere Quellen, vgl. Anm. 76). Auch die Schriften Lucifers scheinen verschiedentlich benutzt worden zu sein (Coll.Avell.1; Liber precum). Die Forschung hat vorwiegend die verschiedenen Berichte miteinander addiert, um zu einem Gesamtbild der Synode zu kommen. Die verschiedenen Tendenzen und Abhängigkeiten der einzelnen Texte untereinander sind bisher nicht genügend deutlich geworden.

86 BULHART, CChr IX,120.

87 Ebenda, 119.

3. Brief des Kaisers Konstantius an Euseb mit der Aufforderung, auf der Synode zu erscheinen[88].

4. Antwort des Bischofs Euseb von Vercellae an Konstantius[89].

Diese vier Briefe, während der Synode geschrieben, betreffen aber nur deren erste Phase.

Mit aller Vorsicht läßt sich aus dem tradierten Material etwa folgendes Bild der Geschehnisse skizzieren[90].

Die Synode versammelte sich in der Mailänder Bischofskirche[91]. Ob unter Leitung des Ortsbischofs Dionysius, ist zwar nicht überliefert, es scheint aber, als ob er zunächst dem Brauch entsprechend die Leitung der Synode innegehabt hätte, wie aus Äußerungen von Hilarius zu entnehmen ist[92]. Sicher aber hat Valens von Mursa, der das besondere Vertrauen des Kaisers genoß, von Anfang an eine hervorragende Rolle auf der Synode gespielt.

Über die Verhandlungen im einzelnen ist nichts Konkretes überliefert[93]. Einig sind sich alle Zeugnisse, daß die Synode wegen der Athanasiusangelegenheiten vom Kaiser zusammengerufen worden war[94], und daß die orientalischen Bischöfe Ab-

---

88 BULHART, CChr IX,120f.

89 Ebenda, 103.

90 Zu den meist additiv verfahrenen Darstellungen vgl. Anm. 72.

91 Vgl. Anm. 70. Zur Verlegung der Synode in den Palast Hilar. l.c. [FEDER, 187,17f.]: *uerentes igitur illi populi iudicium e dominico ad palatium transeunt*. Vgl. Sulp.Sev.Chron.II,39,4.

92 Dionys will nach Hilarius als erster das von Euseb vorgelegte nizänische Bekenntnis unterschreiben. Hilar. l.c. [FEDER, 187,12]: *Dionisius Mediolanensis episcopus cartam primus accepit*. Vgl. KLEIN, l.c.89.

93 Sie müssen sich aber über eine längere Zeit hingezogen haben und wurden durch die Gesandtschaften der Synode an Euseb unterbrochen. Allem Anschein nach hat man sich gleich am Anfang auf eine Wiederholung der Synodalurteile gegen Markell und Photin geeinigt (vgl. den Synodalbrief an Euseb [BULHART, 119,13-15]: *quod de nomine haereticorum Marcelli et Photini nec non et Athanasii sacrilegi totus prope definiuit orbis*) und dann hauptsächlich über Athanasius verhandelt. Es wäre möglich, daß die Berichte verschiedener Provinzialsynoden bzw. deren Synodalbriefe, eine längere Diskussion erforderten. Konstantius jedenfalls scheint davon auszugehen, daß die Synodalen mit den Beschlüssen verschiedener Privinzialsynoden erst bekanntgemacht werden mußten; vgl. S. 164 Anm. 67.

94 Hilar. l.c. [FEDER, 187,7]: *conuentus, ut in Athanasium subscriberet*; Ruf. Hist.X,21 [MOMMSEN, 987,22]: *Ob hoc* (sc. wegen der Verurteilung des Athanasius) *apud Mediolanum episcoporum concilium conuocatur*. Daß die Synode allein wegen der Athanasiusfrage einberufen wurde, bezeugt

setzung und Exkommunikation des Athanasius forderten[95].

Die Legaten Roms scheinen von Anfang an mit zwei Argumenten versucht zu haben, die Verurteilung des Athanasius zu verhindern. Sie protestierten gegen die ungerechte Verurteilung eines Abwesenden[96] und versuchten gleichzeitig, den Fall des Athanasius als Glaubensangelegenheit zu deklarieren[97]. Mit beiden Argumenten konnten sie sich aber nicht durchsetzen.

Das Argument, daß es ungerecht und gegen die Gesetze sei, einen Abwesenden zu verurteilen, paßte in diesem Falle nicht und dürfte eher peinlich gewirkt haben, da Athanasius seit nunmehr zwei Jahren der Ladung nach Mailand nicht gefolgt war[98], und sowohl weltliches als auch kirchliches Recht in

---

auch Lucif.Athan.I,1 [HARTEL, 66,4]: *Cogis nos, Constanti absentem damnare consacerdoten nostrum religiosum Athanasium...* [HARTEL, 67, 24]: *dedisti praecepta damnandum esse inauditum absentem.* Zu anderen Stellen vgl. den Index HARTEL, 343 (Athanasius) und DIERCKS, 378-80. Auch der Bericht des Sulpicius Severus läßt keinen Zweifel daran, daß die Synode wegen Athanasius einberufen wurde.

95 Soc. h.e.II,36,2; ebenso Soz. h.e.IV,9,2. Etwas anders, aber wesentlich schlechter informiert Thdt. h.e.II,15,2, bei dem der Kaiser nur eine passive, durch die orientalischen Bischöfe bestimmte Rolle spielt. Auch bei der von Thdt. überlieferten Forderung der orientalischen Bischöfe nach der Unterschrift unter die Beschlüsse von Tyrus kann es sich nur um ein aus dem Thdt. vorliegenden Material erklärbaren Irrtum handeln. Seine Beurteilung des Konstantius ist in erster Linie von Athanasius abhängig.

96 Vgl. schon vor der Synode den Brief des Liberius an Euseb 2,2 (Remeante filio) [BULHART, 122]: *Scio enim feruentem spiritum dei esse in te, ut simul cum eis aggrediaris, ut fides, quae ab apostolis tradita est ecclesiae catholicae, nullo modo irrumpi possit - certe dignaris retinere, si leges publicae absentem non condemnant -, ut...*

97 Zu der Erkenntnis Lucifers, daß der Athanasiusfall ein Glaubensfall sei, vgl. S. 90, bes. Anm. 18. Daß er auf der Synode selbst versucht hat, diesen Standpunkt durchzusetzen, vgl. Lucif. ep.ad Eus. [BULHART, 120]. CASPAR, l.c.173: "*Nur die theologisch kundigeren und auf grundsätzliche Fragen eingestellten Kreise des Episkopats witterten hinter dem Personalfall den dogmatischen Konflikt.*" Ob man Lucifer allerdings zu den *theologisch kundigen Kreisen* wird rechnen können, erscheint doch eher zweifelhaft. KLEIN, l.c.55 vermutet, daß Lucifer eine Glaubensdiskussion verlangte, um die Orientalen als Arianer zu erweisen und dadurch die Verurteilung des Athanasius unmöglich zu machen; ganz ähnlich, wenn auch mit grundsätzlich anderer Intention, JOANNOU, l.c.120. Hinter dem Verhalten des Lucifer stehen aber m.E. keine taktischen Erwägungen. Als kompromißloser theologischer Eiferer, dem zu folgen offenbar niemand bereit war, scheint er aufgetreten zu sein. Von daher kann man von den römischen Legaten auch nicht als *Seele des Widerstandes* sprechen, wie LORENZ, l.c. Sie waren die einzigen, die widerstanden, mit sicher von den meisten nicht nachzuvollziehenden Argumenten (so auch KRÜGER, l.c.15).

98 Vgl. S. 112f.; 130f.

einem solchen Falle eine Verurteilung sehr wohl zuließ[99]. Später wurde dieses formaljuristische Argument in der polemischen Auseinandersetzung der Hauptvorwurf gegen die Absetzung des Athanasius[100].

Das zweite Argument, daß es sich bei den Gegnern des Athanasius einschließlich des Kaisers um Anhänger der arianischen Häresie handele[101], dürfte noch schwieriger zu belegen gewesen sein. Der hinter Valens stehende Teil des Episkopats konnte dieses Argument spielend mit dem Hinweis auf die erste sirmische Formel vom Jahre 351 widerlegen. Außerdem ging etwa zur gleichen Zeit, als die Synode in Mailand tagte, der Kaiser mit ziemlicher Härte gegen die Neuarianer Eunomius, Aetius, Eudoxius und deren Anhänger vor[102], die alle den beschwerlichen Weg ins Exil antreten mußten. Angesichts dieser unbestreitbaren Tatsachen und der theologischen Unkenntnis des größten Teils der anwesenden abendländischen Bischöfe

---

99 Vgl. STEINWENTER, l.c.65ff.; anders TIETZE, l.c.36.

100 Vor allem Athanasius selbst übernimmt dieses Argument gegen seine Absetzung und Verurteilung in Mailand. h.Ar.76,4 [OPITZ II,225,24-27]: εἶτα ἐκείνων λεγόντων· "πῶς δύνασαι κατήγορος εἶναι μὴ παρόντος τοῦ κατηγορουμένου; εἰ γὰρ σὺ κατήγορος εἶ, ἀλλ' ἐκεῖνος μὴ παρὼν οὐ δύναται κρίνεσθαι. οὐ γὰρ Ῥωμαική ἐστιν ἡ κρίσις, ἵν' ὡς βασιλεὺς πιστευθῇς, ἀλλά περὶ ἐπισκόπου ἐστὶ τὸ κρίμα. καὶ δεῖ τὴν κρίσιν ἴσην εἶναι τῷ κατηγοροῦντι καὶ τῷ κρινομένῳ."
Seine Vorladung nach Mailand erwähnt Athanasius in seinen polemischen Schriften allerdings nicht. Zu seiner Entschuldigung gegenüber dem Kaiser für sein Nichterscheinen in Mailand (353!) vgl. apol. Const.19-27, dazu S. 112f.
Am ausführlichsten hat Lucifer dieses Argument gegen die Verurteilung des Athanasius benutzt in seinen beiden Exilsschriften *Qia absentem nemo debet iudicare nec damnare - siue de Athanasio* [DIERCKS, 3-132 = HARTEL, 66-208]; vgl. dazu KRÜGER, l.c.24ff., bes.32f.; TIETZE, l.c. 101ff. Auch in seinen anderen Schriften tritt dieser Gedanke immer wieder auf, vgl. die Anm. 94 genannten Indices der beiden Ausgaben. Vgl. auch Liberius bei Thdt. h.e.II,16; dazu S. 267-269.

101 Vgl. den Brief Lucifers an Euseb [BULHART, 120]. Ob und wieweit Lucifer schon auf der Synode selbst den Kaiser in diese Polemik mit einbezogen hat, ist unklar. Die heftigen und maßlosen in diese Richtung zielenden Vorwürfe der Exilsschriften wird man nicht ohne weiteres schon für 355 voraussetzen müssen. Zur Polemik gegen Konstantius als angeblichen Arianer vgl. KLEIN, l.c.passim; TIETZE, l.c. passim.

102 Philost. h.e.IV,8. Die Maßnahmen müssen sich im Zusammenhang und im Anschluß an die Hinrichtung des Gallus abgespielt haben; vgl. SEECK, PW IV,1071ff. Basilius von Ankyra scheint in diesen Auseinandersetzungen das theologische Vertrauen des Kaisers genossen zu haben.

konnte diese Argumentation des Lucifer zu keinem Erfolg führen.

Wie schon in Arles, so erreichte der Kaiser offenbar ohne große Mühe die Unterschriften der meisten Konzilsteilnehmer unter Absetzung und Exkommunikation des Athanasius. Nur die Legaten des römischen Bischofs weigerten sich standhaft[103].

Wohl in Anlehnung an die Tagesordnung von Serdika hatte Liberius gebeten, zunächst *de fide* zu disputieren und erst dann über die anhängigen Disziplinarfälle. Es ist zwar nicht mehr ganz deutlich zu erkennen, jedoch nicht auszuschließen, daß der Kaiser auch in diesem Punkt den Bitten des römischen Bischofs gefolgt war. Der Brief der Synode an den nicht in Mailand erschienenen Euseb deutet an, daß man zu Beginn der Synode die Ketzereien des Markell und Photin verdammte, bevor man den *sacrilegus Athanasius* verurteilte[104]. Wenn es so gewesen wäre, dann hätte Konstantius sich genau an die Tagesordnung von Serdika gehalten, deren erster Verhandlungspunkt *de fide* sich ebenfalls mit den Lehren des Markell von Ankyra befaßt hatte[105].

Der im Auftrag des Liberius von Lucifer unternommene Versuch, die Athanasiusfrage mit der dogmatischen Frage zu verknüpfen, mußte als gescheitert angesehen werden.

Gegen die übliche Gewohnheit wurde der Widerstand der römischen Legaten aber erstaunlicherweise nicht sofort durch ein kaiserliches Machtwort gebrochen. Beide Parteien bitten den aus unbekannten Gründen[106] in Mailand nicht anwesenden Euseb aus dem nahe gelegenen Vercellae, nun doch noch zur Synode zu erscheinen.

---

103 Vgl. Lucif. Brief an Euseb [BULHART, 120]. Ausführlicher dazu die Anm. 72 genannte Literatur.

104 Epistula synodalis [BULHART, 119]; vgl. Anm. 93. Hierher scheint mir u.U. auch Sulp.Sev.Chron.II,37,7 zu gehören, obwohl der eigentliche Bericht über Mailand II,39 steht. Vgl. S. 189 Anm. 195.

105 Vgl. S. 29-33.

106 Sowohl die Vermutung HEFELEs, l.c., daß Euseb den Ausgang der Sache ahnte und deshalb nicht kommen wollte, als auch die Annahme KLEINs, l.c.145 A.258, daß er von der Schuld des Athanasius überzeugt war und deshalb schon nur zögernd auf die Bitten des Liberius reagiert hatte, Lucifer zu begleiten, zur Synode dann aber gar nicht erst erschien, sind reine Spekulationen.

Die Mehrheitsfraktion der Synode schickt als Legaten einen gewissen Eustomius[107] und Germinius, in dem man wohl den Bischof von Sirmium vermuten kann[108], mit einem Brief an Euseb[109]. Die beiden Legaten der Synode sollen Euseb alles berichten, und er möge dann den Beschlüssen *beinahe des ganzen Erdkreises* über die Ketzer Markell und Photin und über den *sacrilegus Athanasius* zustimmen[110]. Anderenfalls möge er ihnen seine Auffassung darlegen[111]. Der Brief zeigt, daß Euseb hohes Ansehen auch bei der antiathanasianischen Partei genoß und offenbar nicht von vornherein den Athanasiusanhängern zugerechnet wurde, obwohl er an der Gesandtschaft des römischen Bischofs an Konstantius teilgenommen hatte[112]. Der Begleitbrief des Kaisers, der wohl den Legaten der Synode mitgegeben wurde, bestätigt dies. Der Kaiser legt dem Bischof seine Gründe für die Einberufung der Synode dar. Ihm geht es um die Einheit der Kirche[113]. Die in Mailand einberufene Synode

---

107 Eudoxium, BULHART, 119 App. Beide Namen kommen in der von BARONIUS mitgeteilten Liste nicht vor.

108 So auch GUMMERUS, l.c.34.

109 Epistula synodica [BULHART, 119]: *Concilium Mediolanense Eusebio fratri in domino salutem.*

110 Ebenda, 1: *Et quia hoc custodire nos, qui ecclesiae catholicae praesumus, diuina domini praecepta docuerunt, ideo plenum sanctitatis et iustitiae arbitrati sumus, ut carissimos coepiscopos nostros Eustomium et Germinium, qui ad concilium conuenimus, ut ad dilectionem tuam pergerent, mitteremus, ut omnia patienter quae aguntur insinuarent et patefacerent, ut nobis coniuncta fides tua pariter atque concordia ea sequantur et, quae deo et unitati placeant, complectantur. 2. Itaque sincerissima prudentia tua, quod specialiter et saluhriter admonemus, audiat supradictos et communicato pariter cum his consilio definiat, quod de nomine haereticorum Marcelli et Photini nec non et Athanasii sacrilegi totus prope definiuit orbis, ne non tam ueritati quam intentioni parere uidearis.*

111 Ebenda, 4: *Quodsi alia quam optamus caritas <tua> putauerit esse faciendum, scito iuxta ecclesiasticam disciplinam id nos definituros, quod regula euangelica iubet, nec nobis postea imputabis, qui infinitam patientiam retinentes fratres nostros memoratos, ad te ut uenirent, deprecati sumus.*

112 U.U. wollte sich Euseb vor der Synode noch nicht festlegen und erst die Anklage der Orientalen genau kennenlernen. Daraus aber zu folgern, daß Euseb von der Schuld des Athanasius überzeugt war, wie KLEIN, l.c. (vgl. Anm. 106) meint, ist zumindest voreilig.

113 Epistula Constantii ad Eusebium [BULHART, 120]: *nam id prudentiae tuae documentis etiam frequenter emissis compertum, cum perspicias id me agere noctibus ac diebus, quod ad uenerabilem cultum proficere posse confido. 2. Quid enim mihi gratius est aut utilius quam deo animum deuouisse, usque adeo, ut huiusmodi studio facilitatem omnem sentiam esse obnoxiam? Itaque ecclesias uenerabiles ex intimo mentis*

soll die Beschlüsse verschiedener Provinzialsynoden für das ganze Reich verbindlich und einheitlich beschließen - und dies, so der Kaiser, sei in aller wünschenswerten Deutlichkeit auch gelungen[114]. Auch Euseb, so wünscht Konstantius, möge sich den Beschlüssen der in Mailand versammelten Bischöfe anschließen[115]. Bei aller Höflichkeit des Kaisers gegenüber dem angesehenen Bischof ist ein drohender Unterton nicht zu überhören: *Nos certe qui esse dei famulos gloriamur, hortamur pariter ac monemus, ut censensui fratrum tuorum adhaerere non differas.*[116]

Euseb hat sich umgehend beim Kaiser für dessen Schreiben bedankt[117]. Da er auch von anderen Bischöfen Briefe bekommen habe und dem Kaiser Gehorsam schulde, scheine es ihm notwendig, so Euseb, so schnell wie möglich selbst nach Mailand zu kommen[118].

Inzwischen hatte auch Lucifer aus ziemlicher Bedrängnis auf der Synode Euseb um sein Kommen gebeten. Sein Kommen, so der sardinische Bischof, würde die arianischen Lehren vertreiben. So wie einst die Ankunft der Apostel den Sturz Simons bewirkte, so würde sein Erscheinen den Valens in die Flucht schlagen und die Werke der Arianer zerstören:

> *Scit enim dominus et Christus eius, quia, sicut in aduentu beatissimorum apostolorum glorificatur dei nomen in ruina Simonis, ita Valente expulso in aduentu tuo dissoluta blasphemantium Arianorum machina penitus destruatur.*[119]

---

*affectu semper intueor earumque unitatem omnibus salutarem cupio recuperare ac firmiter obtinere.*

114 Ebenda, 3 [BULHART, 120f.]: *Ob quam causam conuentum sanctorum episcoporum in Mediolanensi placuit fieri ciuitate, eos uel maxime, qui alibi gesta possint facile reuelare; in diuersis quippe prouinciis episcoporum sunt coacta concilia, et quid per singulas concordi unanimitate decreuerunt prudentissimi episcopi, in synodo Mediolanensi perspicue declaratum est;...*

115 Ebenda, 4: *Quod ergo religioni fuerat consentaneum, eorundem placito corroboratum est, ut ad sanctitatem tuam quatuor de consortio suo censuerint esse mittendos, pariter commonentes te id sequi grauitatem tuam, quod ab utilitatem ecclesiae non abhorret.*

116 Ebenda [BULHART, 121,24-26].

117 BULHART, 103,4f.: *satis cum gaudio litteras tuas accepi.*

118 Ebenda, 103,5ff.

119 Lucif. Brief an Euseb [BULHART, 120,4-8]. Soweit ich sehe, ist dieser Brief vom Sommer 355 das früheste Zeugnis, in dem die Gegner des Athanasius einheitlich und ohne Unterscheidung *Arianer* genannt wer-

Die nun folgenden Ereignisse auf der Synode sind nur schwer zu rekonstruieren.

Allein Hilarius berichtet, daß Euseb, nachdem er den Befehl des Kaisers erfüllend nach Mailand gekommen war, für zehn Tage von den Verhandlungen der Synode ausgeschlossen wurde und auch nach diesen zehn Tagen nur ab und zu je nach Belieben hinzugezogen wurde[120]. Weder ist bekannt, was in diesen zehn Tagen verhandelt wurde, noch wozu man Euseb nach diesen zehn Tagen sporadisch hinzuzog[121]. Hilarius berichtet, daß Euseb auf die Seite Lucifers und der anderen römischen Legaten getreten war[122]. U.U. könnte man darin die Ursache des merkwürdigen Verhaltens der Synode gegenüber Euseb sehen. Ob Lucifer in diesem Stadium an den Verhandlungen der Synode überhaupt noch beteiligt war oder ebenfalls ausgeschlossen war, entzieht sich unserer Kenntnis.

Endlich wurde die Synode zur Unterschrift gegen Athanasius versammelt[123]. Die nun folgende Episode hat wiederum allein Hilarius überliefert.

> *Conuentus, ut in Athanasium subscriberet, ait* (sc. Euseb)*: de sacerdotali fide prius oportere constare; compertos sibi quosdam ex his, qui adessent, heretica labe pollutos. expositam fidem apud Niceam, cuius superius meminimus*[124]*, posuit in medio spondens omnia se, quae postularent, esse facturum, si fidei profes-*

---

den. Diese verkürzende und zusammenfassende Bezeichnung für alle seine Gegner hat dann vor allem Athanasius selbst konsequent in seinen polemischen Schriften angewandt; vgl. Anm. 32.

120 Hilar.App.ad Coll.antiar.Paris. II [FEDER, 186,19-187,19].

121 Die Nachricht des Hilarius ist anderwärtig nicht bezeugt, aber es besteht keine Veranlassung, an ihrer Glaubwürdigkeit zu zweifeln. Woher Hilarius seine Informationen hat, ist unbekannt. So auch DIERCKS, l.c.XI; KRÜGER, l.c.16 A.2. TIETZE, l.c.35 meint, daß diese zehn Tage Wartezeit "*dazu dienen sollten, vor seiner aktiven Teilnahme den künftigen Gang des Konzils endgültig im Sinne der Arianer festzulegen*". Das ist reine Spekulation, die in den Quellen keinen Anhalt hat.

122 Hilar. l.c. [FEDER, 187,6f.]: *adest* (sc. Eusebius) *una cum Romanis clericis et Lucifero Sardiniae episcopo*.

123 Ebenda [FEDER, 187,7]: *conuentus, ut in Athanasium subscriberet,...* Allerdings ließen der Synodalbrief und der Brief des Kaisers an Euseb annehmen, daß dies schon längst geschehen war. Denkbar wäre, daß man wegen der ursprünglich geringen Teilnehmerzahl noch mehrere Bischöfe, wie z.B. Euseb, nachträglich nach Mailand zitiert hatte, wodurch eine neue Unterschriftenaktion nötig wurde.

124 Gemeint ist der Text des Nizänum bei Hilar.Coll.antiar.Paris. B II, 11; dazu S. 301ff.

*sionem scripsissent. Dionisius Mediolanensis episcopus cartam primus accepit. ubi profitenda scribere coepit, Ualens calamum et cartam e manibus eius uiolenter extorsit clamans non posse fieri, ut aliquid inde gereretur. res post clamorem multum deducta in conscientiam plebis est, grauis omnium dolor ortus est, inpugnata est a sacerdotibus fides.*[125]

Dieser Bericht des Hilarius ist, soweit ich sehe, nie angezweifelt worden und bestimmt bis auf den heutigen Tag das recht dramatische Bild von der Synode zu Mailand[126], von der G. KRÜGER gesagt hat, daß sie "*in gewissem Sinne die Bezeichnung 'Räubersynode' ebenso verdienen würde wie die später berüchtigte Synode zu Ephesus vom Jahre 449, mit der sie ausserdem die öcumenische Berufung gemeinsam hat.*"[127]

An das Bild, das Hilarius uns überliefert hat und das seine literarische Gestaltungskraft zeigt[128], sind aber einige Fragen zu stellen.

Zunächst fällt auf, daß keine der anderen zeitgenössischen Quellen, auch nicht die von Hilarius abhängigen, das dramatische Geschehen um das Exemplar des Bekenntnisses von Nizäa und Euseb, den späteren Freund und engen Kampfgenossen des Hilarius, berichten[129]. Vor allem aber ist auffällig, daß der einzige literarisch wirksam gewordene Augenzeuge der Synode, Lucifer von Calaris, ein erbitterter Feind des Valens und in seinen nur wenig später im Exil entstandenen Schriften ein glühender Verehrer und fanatischer Verteidiger des Nizänum, nichts von diesen Ereignissen berichtet. Mit großer

---

125 Hilar. App.l.c. [FEDER, 187,7-19].

126 Vgl. die Anm. 72 genannte Literatur, besonders KRÜGER erzählt ganz nach Hilarius.

127 KRÜGER, l.c.13; vgl. TIETZE, l.c.34-38.

128 Vgl. DOIGNON, l.c.

129 Von der Vita Eusebs aus dem Archiv von Vercellae, MANSI III,247D-250E, kann in diesem Zusammenhang abgesehen werden, sie dramatisiert nochmals den Bericht des Hilarius. Zur Freundschaft zwischen Euseb und Hilarius vgl. das gemeinsame nachexilische Wirken für die Wiederherstellung des nizänischen Glaubens in Italien und bes. die Affäre um Auxentius von Mailand im Jahre 364. Ob sich allerdings Hilarius und Euseb schon vor ihrer jeweiligen Verbannung gekannt haben oder sich im Exil in Kleinasien kennengelernt haben, ist nicht festzustellen. So ist auch nicht unbedingt auszuschließen, daß Hilarius hier einen Bericht von Euseb selbst oder Euseb Nahestehenden benutzt hat. Auch eine bald nach der Synode einsetzende Legendenbildung, besonders natürlich um die Exilierten, ist nicht auszuschließen.

Sicherheit aber kann man annehmen, daß Lucifer, hätte er das von Hilarius Erzählte erlebt, in seinen sehr polemischen Kampfschriften davon gesprochen hätte. In seinen Schriften, die alle aus der Zeit des Exils nach der Mailänder Synode stammen, und in denen er sich immer wieder ausführlich mit der Mailänder Synode befaßt, wird Euseb gar nicht erwähnt, geschweige denn ihm eine besondere Rolle auf der Synode zugesprochen[130].

Es erscheint daher kaum denkbar, daß Lucifer eine derartig dramatische Auseinandersetzung um die fides nicaena auf der Mailänder Synode und die Rolle, die sein Freund und Verbündeter Euseb dabei gespielt hatte, verschwiegen hätte.

Daß beide Männer sich auch 355 schon persönlich kannten, belegt die gemeinsame Reise nach Mailand und Lucifers Brief an Euseb.

Aber nicht nur deshalb stößt die angebliche Vorlage eines Exemplars des Nizänum zur Unterschrift auf der Synode in Mailand im Jahre 355 auf erhebliche Schwierigkeiten[131].

---

130 Vgl. die Register der Ausgaben von HARTEL und DIERCKS. Da Euseb und Lucifer sich später trennten, könnte man darin die Ursache für das Verschweigen Eusebs und seiner Taten auf der Mailänder Synode vermuten. Aber die in Frage kommenden Schriften Lucifers sind alle während seines Exils 356-361 verfaßt worden. Der theologische und kirchenpolitische Bruch zwischen Lucifer und Euseb erfolgte erst 362 nach der alexandrinischen Synode und den damit zusammenhängenden Ereignissen in Antiochia. Vgl. AMANN, DThC IX/2,1032ff.; DE CLERCQ, DHGE XV, 1477ff.; KRÜGER, l.c.passim. Eine spätere Tilgung Eusebs aus Lucifers Werk ist aber kaum denkbar, da er (oder seine Anhänger) dann z.B. auch Athanasius aus Lucifers Werk hätten tilgen müssen. Daß Liberius bei Lucifer nicht erwähnt wird, ist mit den Ereignissen während des Exils des Liberius erklärbar (ebenso wird Ossius nicht erwähnt); vgl. dazu S. 265ff.

131 Wenn LE BACHELET, l.c. meint, daß die Gesandten des römischen Bischofs von der Synode die Approbation der nicänischen Kanones gefordert haben, kann es sich nur um einen Irrtum handeln.

## EXKURS:
## Zur angeblichen Vorlage des Nizänum auf der Synode zu Mailand durch Euseb von Vercellae

Nach übereinstimmender Auffassung der Forschung ist in Mailand im Jahre 355 nach dem Hinweis des Liberius auf das Nizänum als Grundlage der Einheit der Kirche in seinem Brief an Konstantius ein Exemplar des Nizänum zum erstenmal seit der Synode von 325 einer anderen Synode zur Unterschrift vorgelegt und damit zur alleinigen Grundlage des Glaubens erhoben worden[132]. Aus diesem Grund wurde die Mailänder Synode, die sich eigentlich mit dem Fall des Athanasius befaßt hatte, in der dogmengeschichtlichen Forschung zum Wendepunkt, an dem der endgültige Siegeszug der fides nicaena als der verbindlichen Glaubensformel begann, wenn auch vorerst noch durch die kaiserliche Kirchenpolitik unterdrückt, wie der Bericht des Hilarius über die Mailänder Synode und überhaupt die Kirchengeschichte bis zum Tode des Konstantius deutlich machen.

---

132 So KELLY, l.c.280ff., der im wesentlichen Hilarius folgt. Zusammenfassend für die dogmengeschichtliche Forschung sei hier KELLY zitiert, l.c.281f.: "*Die ersten Andeutungen der neuen Rolle, die N zu spielen im Begriff steht, begegnet uns in dem Brief, den der Papst Liberius im Jahre 354 an Konstantius richtete, und der zu der gegen Athanasius auf dem Konzil von Arles erst kurz davor (353) ausgesprochenen Verurteilung Stellung nahm. Liberius verlangte, daß der Kaiser eine allgemeine Synode einberufen sollte, mit dem Ziel, nicht nur die Personalfragen zu entscheiden, sondern auch die in Nizäa gefaßten Beschlüsse zu bestätigen. Als im darauffolgenden Jahr (355) die vorgeschlagene Versammlung in Mailand zusammenkam, legte Eusebius von Vercelli, der die westliche Partei vertrat, ein Exemplar des Nizänum vor und drängte darauf, daß die Delegierten, ehe sie sich mit der übrigen Tagesordnung befaßten, ihre dogmatische Einmütigkeit bezeugen sollten, indem sie das nizänische Bekenntnis durch ihre Unterschrift anerkannten. Valens von Mursa, so wird berichtet, intervenierte mit dramatischer Heftigkeit, indem er einem Prälaten, der gerade seine Unterschrift leisten wollte, die Feder entriß und laut verkündete, daß mit solchen Methoden kein Fortschritt möglich sei. Vorkommnisse wie dieses lassen darauf schließen, daß die Athanasianer, durch das von ihren Gegnern gewonnene Übergewicht und die zunehmende Extravaganz ihrer Ansichten provoziert, beschlossen hatten, offen das nizänische Konzil und sein Bekenntnis als ihren Maßstab der Rechtgläubigkeit zu übernehmen.*"
Ganz ähnlich DINSEN, l.c.111. Für die Seite der sogenannten Profanhistoriker sei hier KLEIN zitiert, l.c.56 (ebenfalls Hilarius folgend): "*Diese Angaben lassen darauf schließen, daß in Mailand tatsächlich über das nicänische Symbol und das* ὁμοούσιος *gesprochen wurde.*" Allerdings hat nach KLEIN das den meisten der anwesenden Bischöfe wohl unbekannte Nicaenum nicht so im Mittelpunkt gestanden, wie es nach dem Bericht des Hilarius scheint. Diese Auffassung, daß in Mailand ein Exemplar von N zur Unterschrift vorgelegt wurde, ist, soweit ich erkennen kann, weder von Theologen noch von Historikern je in Zweifel gezogen worden. Vgl. Lit. A.72.

Seit der Mailänder Synode soll N allgemein als das Banner der Orthodoxie gelten, um das sich die Gegner der Kirchenpolitik und der theologischen Programme des Konstantius und seiner illyrischen und orientalischen Ratgeber sammeln.

Doch wie der ganze Bericht des Hilarius, so scheint auch die Vorlage des nizänischen Symbols durch Euseb auf der Mailänder Synode zweifelhaft.

Es ist bereits dargelegt worden, daß auch Liberius sich in seinem Brief an den Kaiser nicht auf den Text von N von 325 berufen hatte, sondern aller Wahrscheinlichkeit nach auf das Serdicense als der im Abendland geltenden Auslegung von N[133].

Die gleichen Gründe sprechen auch gegen die Vorlage eines Exemplars von N in Mailand, betreffen aber eher das allgemeine Klima, in das N einfach nicht paßt. Aber auch die Situation der Synode selbst gibt Anhaltspunkte, daß Euseb dort nicht N vorgelegt haben kann.

Es gibt keinen konkreten Hinweis, daß etwa das nur wenig später zwischen Abendland und Orient umstrittene ὁμοούσιος in Mailand irgendeine Rolle gespielt hat[134]. Die Exilsschriften des Teilnehmers Lucifer lassen keinerlei Beschäftigung der Synode mit N erkennen, ebenso alle anderen Quellen. Allerdings gehen Lucifer und die späteren Quellen davon aus, daß der Fall des Athanasius nur vorgeschoben war, um den wahren Glauben zu vernichten, unter dem man bald natürlich nur noch die fides nicaena verstand. Aber Lucifer bringt die Mailänder Verhandlungen weder mit dem Text noch mit den charakteristischen Formulierungen von N in Zusammenhang[135]. Aller Wahrscheinlichkeit nach hat Lucifer ebenso wie Hilarius

---

133 Vgl. S. 158-164.

134 Der Begriff taucht nie im Zusammenhang mit den Verhandlungen der Synode auf, gegen KLEIN, l.c.56 (vgl. Anm. 132). Allein eine Verurteilung Markells und Photins wird berichtet. Zum eventuellen theologischen Inhalt des Mailänder Ediktes vgl. den Exkurs S. 184-192.

135 Es ist hier nicht möglich, eine eigene Analyse der Schriften Lucifers vorzulegen. Vgl. TIETZE, l.c.82ff., der auf diese Fragen allerdings nicht eingeht. Vgl. die Stichwörter *Athanasius, Constantius, concilium Mediolanense, concilium Nicaenum* in den Indices der Ausgaben von HARTEL und DIERCKS. Besonders deutlich wird Lucifers Identifizierung seiner und des Athanasius Sache mit dem wahren Glauben Athan.I,20 [HARTEL, 102,14-24 = DIERCKS, 36,33-44]: *Quid est enim dicere: 'Fidem apud Niciam damnate conscriptam et suscipite meam', nisi hoc quod dixit Hieroboas: 'et relinquite deum et seruite simulacris meis'? Quis homo dicis: 'Damnate absentem inauditum innocentem'? Certe is, qui iam fidem apostolicam negaueras atque euangelicam, nempe is, qui traditionem beatorum destruxeras, quantum apud te ac tuos est, apostolorum. inde denique factum est, ut ad tantam uenires uecordiam, quia fueris ut Hieroboas sine deo. ceterum si deum habuisses, si te eius meminisses cultorem, numquam profecto diceres: 'Damnate innocentem, percutite, inauditum absentem consacerdotem uestrum.'* - Die Verurteilung des Athanasius ist also ein Angriff auf das Bekenntnis von Nizäa. Da die Äußerungen Lucifers immer im Lichte seiner Erkenntnis zu sehen sind, daß der Fall des Athanasius in Wahrheit der Fall des wahren Glaubens sei, sind sie für den tatsächlichen Verlauf der Synode kaum zu gebrauchen. Das gilt auch für Moriend.4 [HARTEL, 291,12ff. = DIERCKS, 272], obwohl man dahinter theologische Diskussion vermuten könnte. Wie sehr Lucifer in seinem Sinne interpretiert, wird auch an den zahlreichen angeblichen Zitaten des Kaisers deutlich (s. oben), in denen er ihm die arianischen Kernsätze in den Mund legt, die Konstantius nie gesprochen haben kann. Vgl. TIETZE, l.c.

N erst im Exil im Wortlaut kennengelernt[136]. Euseb selbst berichtet in seinem aus dem Exil an seine Gemeinde geschriebenen Brief mit keinem Wort von seiner angeblichen spektakulären Aktion, N spielt in seinem Brief überhaupt keine Rolle.

Bis zur alexandrinischen Synode von 362 stand Euseb zusammen mit Lucifer ganz in der Tradition von Serdika und hat noch auf der Synode in Alexandria Vorbehalte gegen die Desavouierung des Serdicense zugunsten von N durch Athanasius. Er schließt sich dann aber doch - im Unterschied zu Lucifer - Athanasius an[137].

Unbegreiflich und unglaubhaft erscheint das angebliche Angebot Eusebs, für die Unterschrift der Mailänder Synodalen unter N der Verurteilung des Athanasius zuzustimmen, da nach der gesamten Überlieferung der Schwerpunkt der Verteidigung des Athanasius durch die römischen Legaten gerade auf der Behauptung seiner Unschuld basierte[138].

Wenn Euseb und die Legaten Roms von der Schuld des Athanasius in den ihm zur Last gelegten Fällen überzeugt worden wären, hätten sie die Kopplung der Athanasius- mit der Glaubensfrage fallenlassen müssen. Das angebliche Angebot des Euseb dagegen erscheint in dieser Form beinahe unmoralisch. Außerdem ist es nicht einmal unwahrscheinlich, daß die Synodalen von Mailand - selbst Valens und Ursacius - in der Hoffnung, so Athanasius aus Alexandria vertreiben zu können, auch N unterschrieben hätten, vor allem auch darum, da ihnen durch die bereits am Anfang der Synode einhellig vorgenommene Verurteilung von Markell und Photin keine Gefahr in der Auslegung von N in deren Sinne mehr gedroht hätte. Den Antiarianismus von N konnten sie sowieso jederzeit unterschreiben und hatten dies auf zahlreichen orientalischen Synoden bereits zur Genüge bewiesen[139].

---

83ff. Auf die Unmöglichkeit dieser Zitate im Munde des Kaisers und ihre Funktion in der Polemik Lucifers geht TIETZE, dessen Thema eigentlich das Verhältnis Lucifers zu Konstantius ist, merkwürdigerweise gar nicht ein; er scheint die Problematik dieser angeblichen Konstantiuszitate überhaupt nicht bemerkt zu haben.
Zu beachten ist bei der Intention der Werke Lucifers ferner, daß sie erst einige Jahre später im Exil entstanden sind, zu einer Zeit also, als N seit 357-358 im Mittelpunkt der theologischen Auseinandersetzung stand, nachdem Konstantius mit der zweiten sirmischen Formel versucht hatte, N endgültig abzuschaffen. Vgl. dazu S. 312-325.

136 Der Text von N bei Lucifer, De non parc.XVIII, nach HARTEL nach 358 verfaßt. Zum Vorkommen von N bei Hilarius S. 301ff.

137 Ath.tom.10,3 [OPITZ-SCHNEEMELCHER, 328,14-21] (ich benutze die von OPITZ vorbereitete Ausgabe nach den Druckfahnen): Ἐγὼ Εὐσέβιος ἐπίσκοπος κατὰ τὴν ἀκρίβειαν ὑμῶν τὴν παρ' ἑκατέρων τῶν μερῶν ὁμολογηθεῖσαν ἀλλήλοις συντιθεμένων περὶ τῶν ὑποστάσεων καὶ αὐτὸς συγκατεθέμην. οὐ μὴν ἀλλὰ καὶ περὶ τῆς σαρκώσεως τοῦ σωτῆρος ἡμῶν ὅτι ὁ τοῦ θεοῦ υἱὸς καὶ ἄνθρωπος γέγονεν ἀναλαβὼν πάντα ἄνευ ἁμαρτίας, οἷος ὁ παλαιὸς ἡμῶν ἄνθρωπος συνέστηκε, κατὰ τὸ τῆς ἐπιστολῆς ὕφος ἐπιστωσάμην. καὶ ἐπειδὴ ἔξωθεν λέγεται τὸ τῆς Σαρδικῆς πιττάκιον ἕνεκεν τοῦ μὴ παρὰ τὴν ἐν Νικαίᾳ πίστιν δοκεῖν ἐκτίθεσθαι καὶ ἐγὼ συγκατατίθεμαι, ἵνα μὴ ἡ ἐν Νικαίᾳ πίστις διὰ τούτου ἐκκλείεσθαι δόξῃ μήτε εἶναι προκομιστέον. ἐρρῶσθαι ὑμᾶς ἐν κυρίῳ εὔχομαι.
So auch TETZ, ZNW 66(1975)218. In der Sache ähnlich, aber ohne Angabe von Gründen, MESLIN, l.c.261.

138 Vgl. S. 175f. mit Anm. 125.

139 Vgl. dazu die orientalischen Synoden und ihre theologischen Erklärungen seit 341.

Auch das von Hilarius beschriebene Verhalten des Valens ist eher unglaubwürdig und nur aus der Polemik, die Valens als Arianer und Zerstörer des wahren Glaubens brandmarkt, zu verstehen[140].

Kaum vorstellbar ist auch, daß die Mailänder Bevölkerung wegen der Zurückweisung des nizänischen Glaubensbekenntnisses durch die Bischofsfraktion um Valens in eine derartige Erregung versetzt worden sein kann, wie Hilarius meint. Sogar unter abendländischen Bischöfen war N zu dieser Zeit so gut wie unbekannt, wie Hilarius selbst bezeugt[141]. Unruhen unter der Bevölkerung, mehrfach von Synoden bezeugt, pflegten im vierten Jahrhundert selten dogmatische Ursachen zu haben, sondern resultierten im allgemeinen aus kirchenpolitischen Aktionen gegen angesehene und beliebte Bischöfe und gehören in das Kapitel der kirchlichen Parteikämpfe[142].

Der Bericht über die Mailänder Synode ist, so möchte ich behaupten, von Hilarius nach dem vorliegenden Aktenmaterial selbständig gestaltet worden. Zu einer Zeit, etwa zwei bis drei Jahre nach der Synode von Mailand, als durch die zweite sirmische Formel nun wirklich N beseitigt worden war - eben vor allem durch Valens von Mursa - und aus diesem Grunde für Hilarius der Kampf um N im Moment wichtiger ist als der Fall des in der ägyptischen Wüste bei seinen ihm treu ergebenen Mönchen untergetauchten Athanasius, konzentriert sich Hilarius ganz auf die Frage des nizänischen Glaubens, um den es daher seiner Meinung nach schon in Mailand in erster Linie gegangen sein muß[143]. Eine inzwischen gebildete

---

140 Schließlich trug das Werk des Hilarius den Titel *Adversus Valentem et Ursacium*. Zur Polemik gegen Valens vgl. die Indices zu *Valens* in den Ausgaben der polemischen Schriften von Lucifer und Hilarius.

141 Hilar.Syn.91 (Text Anm. 55).

142 Vgl. ähnliche Vorgänge in Serdika gegen die Orientalen, in Konstantinopel im Zusammenhang mit den verschiedenen Affären des Bischof Paulus und immer wieder in Alexandria.

143 Vgl. S. 325ff. Das Stück über die Synode von Mailand [FEDER, 186,19-187,19] scheint aus dem vorliegenden Briefmaterial zur Synode und eventuellen mündlichen Nachrichten von Hilarius frei komponiert zu sein. Zum literarischen Aufbau und den Tendenzen des Hilarius dabei DOIGNON, l.c. Die inhaltlichen Elemente lassen sich u.U. folgendermaßen herleiten:
1. Die (von Lucifer nicht berichtete) hervorragende Rolle des Euseb auf der Mailänder Synode ergibt sich für den Nichtteilnehmer Hilarius, dem aber die wesentlichen Akten zur Verfügung standen, aus den Briefen des Liberius, Konstantius, Lucifer und des Mailänder Synodalbriefes (welche dieser Briefe u.U. ursprünglich auch noch bei Hilarius überliefert waren, läßt sich nicht mehr feststellen).
2. Daß das Nizänum bereits in Mailand eine besondere Rolle gespielt haben mußte, war angesichts der Situation von 357-358, als Hilarius sein Material zusammenstellte, aus dem Brief des Liberius an Konstantius (Hilar. l.c. A VII) leicht herauszulesen (vgl. S. 158ff.)..
3. Aus demselben Brief war aus dem Bericht über die Synode von Arles (fälschlich) das Angebot der römischen Legaten herauszulesen, Athanasius für N zu opfern.
4. Das angebliche Vorgehen des Valens in Mailand ist schon daher verdächtig, weil es sich bei der Schrift des Hilarius um eine groß angelegte Polemik gegen Valens und Ursacius handelt. Valens' Verhalten seit 357 als treibende Kraft gegen N (vgl. S. 312) konnte es Hilarius als berechtigt erscheinen lassen, ihm einen derartig rüden Angriff auf ein Exemplar von N bereits in Mailand zuzutrauen. →

Legende über die Rolle einzelner dann exilierter Bischöfe auf der Synode mag hierbei geholfen haben.

Ob Euseb überhaupt noch in irgendeiner Form aktiv in die Verhandlungen über Athanasius eingegriffen hat, ist nicht feststellbar. Ein Exemplar des Nizänum ist jedenfalls aller Wahrscheinlichkeit nach den Mailänder Synodalen nicht zur Unterschrift vorgelegt worden.

Erst auf der Synode in Alexandria im Jahre 362 wird das Nizänum durch einen Synodalbeschluß für verbindlich erklärt, worauf M. TETZ mit aller Deutlichkeit hingewiesen hat[144].

Die Verurteilung des Athanasius durch die Mailänder Synode kam offenbar ohne größere Schwierigkeiten zustande. Auch Dionysius von Mailand scheint anfangs unterschrieben zu haben, hat dann aber wohl unter dem Einfluß Lucifers und Eusebs seine Unterschrift wieder zurückgezogen[145]. Außerdem weigerten sich nur noch Lucifer und Euseb sowie die beiden römischen Legaten Pancratius und Hilarius, der Verurteilung des Athanasius zuzustimmen[146].

---

Der Bericht des Hilarius kann daher nicht als authentischer Bericht über die Mailänder Synode angesehen werden, behält seinen Wert aber als Quelle für die Interpretation dieser Synode durch abendländische Theologen.

144 TETZ, l.c.200: "*Im Tom* (sc. Tomus ad Antiochenos von 362) *wird zum erstenmal die Suffizienz des Nicaenum durch einen Synodalbeschluß erklärt.*" Wie allerdings TETZ zu dem von Hilarius berichteten mißglückten Versuch von Mailand steht, ist aus dieser Aussage nicht ersichtlich.

145 Ein Dionysius ist unter den Unterzeichnern des Synodalbriefes an Euseb, vgl. Anm. 74 mit dem Kommentar des BARONIUS. Sulp.Sev.Chron. II,39,4 [HALM, 92,19-22]: *tum Eusebius Vercellensium et Lucifer a Carali Sardiniae episcopi relegati. ceterum Dionysius, Mediolanensium sacerdos, in Athanasii damnationem se consentire subscripsit, dummode de fide inter episcopos quaereretur.* Lucif.Athan.II,8 [HARTEL, 161,28-162,1 = DIERCKS, 90,2-92,5]: *quomodo negare poteris, cum sanctissimum Dionysium Mediolanensium episcopum, qui iam tibi falsa adserenti credens damnauerat Athannasium, cur Arrianus esse noluerit, miseris ad exilium?* Vgl. den Kommentar der COLETI [PL XIII,893 nota d]: *S. Dionysius episcopus Mediolanensis usque ad annum 355, qui in Mediolanensi Concilio hujusce anni ab Arianis deceptus Athanasium damnavit. Sed Eusebii Episcopi Vercellensis callido, prudentique consilio eius subscriptio deleta fuit.* Gerade dies berichtet Hilarius in dem uns erhaltenen Text nicht, es sei denn man wollte *posuit* (sc. Euseb) *in medio spondens omnia se, quae postularent, esse facturum, si fidei professionem scripsissent. Dionisius Mediolanensis episcopus cartam primus accepit* [FEDER, 187,10-12] in dieser Richtung deuten. Vgl. Liber precum 23 [GUENTHER, 12,20-26].

146 Hieron.Chron.ad an. 355 [HELM, 239]: *Eusebius Uercellensis episcopus et Lucifer ac Dionysius Caralitanae et Mediolanensis ecclesiae episcopi, Pancratius quoque Romanus presbyter et Hilarius diaconus distantibus inter se ab Arrianis et Constantio damnantur exiliis.* Vgl.

Gegen die Verweigerer sollte nun jenes schon in Arles erlassene Edikt Anwendung finden, das während der vergangenen zwei Jahre bis zur endgültigen Klärung der Anklagen gegen Athanasius vor einer ökumenischen Synode allem Anschein nach ausgesetzt worden war. Die ökumenische Synode hatte inzwischen getagt und die Absetzung und Exkommunikation des Athanasius bestätigt. Jetzt konnte das kaiserliche Edikt gegen die angewendet werden, die sich geweigert hatten, die Verurteilung und Absetzung des Athanasius zu unterschreiben. So wurde die Synode von Mailand in ihrer zweiten Phase zur Gerichtsverhandlung[147] gegen Dionys, Euseb, Lucifer und die beiden römischen Legaten, die für alle mit der Verbannung endete[148]. Aller Wahrscheinlichkeit nach wurden die Bischöfe als Komplizen des als Hochverräter überführten Athanasius verurteilt[149].

Die Einzelheiten des in Mailand durchgeführten Verfahrens sind häufig beschrieben worden und sollen deshalb hier nicht wiederholt werden[150].

---

Ruf.Hist.X,21, dort werden im Zusammenhang mit der Mailänder Synode noch Paulinus und Rhodanius als standhaft erwähnt. Soc. h.e.II,36,3 spricht von Paulinus, Dionys, Euseb; Soz. h.e.IV,9,3 von Dionys, Euseb, Paulinus, Rhodanius, Lucifer. Nach Sulp.Sev.Chron.II,39,4;6 blieben in Mailand Euseb, Lucifer und Dionys standhaft. Dem entspricht auch, daß der Brief des Liberius, den er nach der Synode an die standhaft Gebliebenen schrieb, an Euseb, Lucifer und Dionys adressiert ist. (Hilar.Coll.antiar.Paris. B VII,2). Paulinus von Trier hatte aller Wahrscheinlichkeit nach schon im Anschluß an die Synode von Arles den Weg ins Exil antreten müssen (vgl. S. 139 Anm. 36f.), Rhodanius erst im Jahr nach der Mailänder Synode (vgl. S. 230ff.). Athanasius, Liber precum, Rufin, Sokrates und Sozomenos unterscheiden nicht genau die einzelnen Anlässe, bei denen zwischen 353 und 356 Bischöfe wegen der Athanasiusfrage verurteilt wurden. Daher auch die verschiedenen Meinungen in der Forschung, wer wann ins Exil mußte.

147 Die Gerichtsverhandlung fand im kaiserlichen Palast statt; vgl. TIETZE, l.c.34-38. Nach Ath.h.Ar.76 trat der Kaiser selber als Ankläger gegen Athanasius auf, was zu den Anklagen, gegen die sich Ath. in apol.Const. verteidigt, sehr gut paßt; vgl. S. 108ff. Daß es sich um eine regelrechte Gerichtsverhandlung handelte, ist auch daraus ersichtlich, daß der Kaiser hinter einem Vorhang den Verhandlungen gegen die drei Bischöfe beiwohnte (Lucif. Moriend. 1.4.), wie bei Strafprozessen üblich; vgl. TIETZE, l.c.34f. bes. A.93; KRÜGER, l.c.

148 Vgl. die Anm. 146 genannten Quellen und Ath.h.Ar.31ff.;46;76; fug.4.

149 So auch SEECK, GdU IV,145ff.

150 Vgl. die Anm. 72 genannten Darstellungen, vor allem TIETZE, l.c.; KRÜGER, l.c.; SEECK, GdU IV,145ff.; KLEIN, l.c.51ff.

Umstritten in der Forschung ist jedoch der Inhalt jenes uns im Text nicht mehr vorliegenden Ediktes, das die juristische Grundlage für die Verbannung der Bischöfe Lucifer, Euseb und Dionys abgab[151].

## EXKURS:
## Zum Edikt von Arles/Mailand in Auseinandersetzung mit K.M. GIRARDET[152]

Da die überlieferten Quellen keine Unterscheidung zwischen dem Edikt von Arles und dem von Mailand zulassen, ist man allgemein zu der Überzeugung gelangt, daß es sich dabei um ein und dasselbe Edikt handelt, das erst nach der Mailänder Synode endgültig in Kraft gesetzt wurde[153].

In der Forschung ist umstritten, ob dieses Edikt nur die Verbannung der Bischöfe anordnete, die ihre Unterschrift unter Absetzung und Exkommunikation des Athanasius verweigerten und deshalb zu Hochverrätern erklärt wurden, oder ob auch die Unterschrift unter eine theologische Formel der dem Kaiser nahestehenden orientalischen Theologen, deren Inhalt dann zu eruieren wäre, gefordert wurde.

Seit TILLEMONT[154] ist in der Forschung immer wieder in Anlehnung an Theodoret[155] und einige weniger deutliche Anspielungen bei Lucifer von Calaris die Auffassung vertreten worden, daß die vornehmlich abendländischen Bischöfe in Mailand auch eine orientalische theologische Formel unterschreiben mußten. So dachte HEFELE[156] an ein *arianisches* Bekenntnis, KRÜGER[157] an ein eher homöisch geprägtes. Etwas vorsichtiger meinte dagegen GUMMERUS[158], daß dieses Bekenntnis irgendwie die Inferiorität des Sohnes betont haben muß, wundert sich aber, daß von diesem Bekenntnis keinerlei Nachrichten überkommen seien. *"Merkwürdigerweise geschieht*

---

151 Wohl in der Form der Relegation, vgl. GRASMÜCK, Exilium, passim; DER KLEINE PAULY IV,1374f.

152 K.M. GIRARDET, Constance II, Athanase et l'édit d'Arles (353) A propos de la politique religieuse de l'empereur Constance II. In: Politique et Théologie chez Athanase de Alexandrie. Zur Auseinandersetzung mit der inhaltlichen Rekonstruktion der von GIRARDET postulierten theologischen Formel vgl. S. 57-61.

153 Vgl. GIRARDET, l.c. Ebenso SEECK, l.c.; KLEIN, l.c.; TIETZE, l.c.; TETZ, l.c.339f.

154 TILLEMONT, l.c.535: *Ils pretendoient y contraindre les Eveſques de confirmer ce qu'ils avoient fait à Tyre contre S. Athanase, et que quand ils auroient chassé ce Saint de l'Eglise, il leur seroit facile de faire un nouveau formulaire de foy.*

155 h.e.II,15,2 [PARMENTIER-SCHEIDWEILER, 128,14-18]: εἰς Μεδιόλανον (πόλις δὲ αὕτη τῆς Ἰταλίας) σύνοδον συναγεῖραι, καὶ πρῶτον μὲν τοὺς συνεληλυθότας ἅπαντας ἀναγκάσαι τῇ παρὰ τῶν ἀδίκων ἐκείνων δικαστῶν ἐν Τύρῳ γεγενημένῃ καθαιρέσει συνθέσθαι, εἶθ' οὕτως Ἀθανασίου τῶν ἐκκλησιῶν ἐξελαθέντος ἑτέραν πίστεως ἐκθέσθαι διδασκαλίαν.

156 HEFELE, l.c.656: *"Edikt arianischen Inhalts."*

157 KRÜGER, l.c.17f.

158 GUMMERUS, l.c.40.

*dieses ersten Versuches des Formelmachens später keine Erwähnung, sondern die sirmische Formel von Jahre 357 erscheint stets als der Ausgangspunkt. Das Glaubensedikt von Mailand mag daher nicht weiter ausgenutzt und verbreitet worden sein.*"[159] Auch FEDER und SCHWARTZ betrachteten das Mailänder Edikt als mit einem Bekenntnis verbunden, HARNACK und LIETZMANN dagegen sahen es ausschließlich gegen Athanasius gerichtet[160].

Zuletzt hat sich ausführlich K.M. GIRARDET in Auseinandersetzung mit M. MESLIN dieses Problems angenommen und sich ebenfalls dafür entschieden, daß dieses Edikt mit einer orientalischen theologischen Formel verbunden gewesen sein müsse. Außerdem hat er den Versuch unternommen, den Inhalt dieser postulierten theologischen Formel zu rekonstruieren[161]. Grundsätzliche Zweifel an seiner Rekonstruktion des Ediktes sind schon oben in anderem Zusammenhang aufgetreten[162].

R. KLEIN hat sich neuestens dagegen den Thesen von M. MESLIN angeschlossen, W. TIETZE diskussionslos die Auffassung GIRARDETs übernommen, M. TETZ sich ihr vorsichtig angeschlossen[163].

Das umstrittene Edikt erwähnen Sulpicius Severus, Athanasius, Lucifer, Hilarius, Rufin. Sozomenos, Theodoret und die Collectio Avellana geben Ergänzungen[164].

---

159 GUMMERUS, l.c.40.

160 FEDER, Studien I,52; SCHWARTZ, GS IV,31 A.1; HARNACK, l.c.; LIETZMANN, l.c.

161 Vgl. Anm. 152.

162 Vgl. S. 59f.

163 KLEIN, l.c.59, bes. A.126; 55 mit A.120. Dort über den Aufsatz GIRARDETs irreführend: "*Girardet interpretiert das Edikt von Arles lediglich als eine Wiederaufnahme des früheren Synodalurteils gegen Athanasius (mit starker Berücksichtigung des Schreibens der Orientalen von Serdica), während er die neu hinzukommenden politischen Vorwürfe gegen diesen wenig heranzieht.*" Daß sich GIRARDET gerade auf einen anderen Synodalbrief stützt, scheint KLEIN völlig entgangen zu sein. Vgl. auch oben S. 59ff. und S. 184, Anm. 152f.

164 Sulp.Sev.Chron.II,39,5 [HALM, 92,25f.]: *illinc epistolam sub imperatoris nomine emittunt, omni prauitate infectam.* Ath.h.Ar.31;33 spricht nicht ausführlich von dem Edikt selbst, wohl aber von seinem Inhalt. Vgl. damit Ath.fug.4. Lucif. De non conv.9 [HARTEL, 19,4 = DIERCKS, 179,63f.]: *edictum, in quo omnia uenena tuae haeresis continentur.* Zahlreiche andere Stellen aus den Schriften Lucifers bei GIRARDET, l.c.67 A.20f. Hilar. Coll.antiar.Paris. B I,4,2 [FEDER, 101,13-18]: *enimuero uersari in sermone hominum iam diu memini quosdam sacerdotum dei idcirco exulare, quod in Athanasium sententiam non ferunt, et hic error probe omnium mentes occupauit, ut sub nomine eius non satis unicuique eorum dignam causam suscepti exilii arbitrentur.* Vgl. Hilar.C.Const.11 [PL X,588B]: *edictis fidem terruisti*; Ruf. Hist.X,20 [MOMMSEN, 987,14-16]: *rursum fuga, rursum latebrae et edicta aduersum Athanasium...* Soz. h.e.IV,9,4 [BIDEZ-HANSEN, 148, 23f.]: καὶ οἱ μὲν ὧδε παρρησιασάμενοι ὑπερορίῳ φυγῇ κατεδικάσθησαν, ...; zu Theodoret vgl. Anm. 155; Coll.Avell.1 [GUENTHER, 1,4-11]: *(Constantius) qui et Athanasium episcopum resistentem haereticis persecutus est et, ut damnaretur ab omnibus episcopis, imperauit. quod etiam metu principis facere temptauerunt omnes ubique pontifices inauditum innocentemque damnantes; sed Liberius Romanus episcopus et Eusebius Uercellensis et Lucifer Caralitanus et Hilarius Pictauensis dare sententiam noluerunt. Hi ergo mittuntur in exilium pro fide seruanda.*

Aus Bemerkungen von Lucifer, Hilarius, Sulpicius Severus und Liberius versucht GIRARDET zunächst das Edikt von Arles/Mailand inhaltlich zu rekonstruieren und in einem zweiten Schritt seine Entstehung zu untersuchen[165].

Sulpicius Severus berichtet im Zusammenhang mit der Synode von Arles von einem kaiserlichen Edikt gegen die, die sich weigerten, gegen Athanasius zu unterschreiben: *edictum ab imperatore proponitur, ut qui in damnationem Athanasii non subscriberent, in exilium pellerentur*[166]. Von der Mailänder Synode berichtet er, daß Valens und andere dort ein kaiserliches Schreiben veröffentlichten: *illinc epistolam sub imperatoris nomine emittunt, omni prauitate infectam,...*[167]

Lucifer berichtet verschiedentlich direkt von einem Edikt[168].

GIRARDET geht davon aus, daß das Edikt von Arles, von dem Sulpicius spricht, mit dem von Mailand identisch ist, von dem Lucifer berichtet, wofür in der Tat gute Gründe sprechen.

Vor allem aus Lucif. De non conv.9 möchte GIRARDET ableiten, daß dieses Edikt nicht nur die Verurteilung des Athanasius beinhaltete, sondern auch theologisch qualifiziert war: *edictum, in quo omnia uenena tua haeresis continentur*[169].

Sulpicius, Liberius und andere Erwähnungen des Ediktes bei Lucifer, so GIRARDET, stützen diese Annahme.

Seiner Meinung nach kann man nun allerdings aus Lucifer nicht einfach den Inhalt des Ediktes ableiten, da Lucifers Berichte allzu polemisch verzerrt sind[170]. Drei Punkte möchte GIRARDET inhaltlich in dem Edikt vermuten:

1. Die Verurteilung des Athanasius.
2. Die Anerkennung Georgs als Bischof von Alexandria[171].
3. Eine dem Abendland halbwegs annehmbare, inhaltlich aber orientalische theologische Formel[172].

Im zweiten Teil seines Aufsatzes (La genèse de l'édit d'Arles (353)) will GIRARDET anhand der Entstehung des Ediktes versuchen, seinen Inhalt zu präzisieren[173].

Methodisch geht er von dem Brief der Mailänder Synode an Euseb aus, der von der Verurteilung Markells, Photins und des Athanasius spricht: *Itaque sincerissima prudentia tua, quod specialiter et salubriter admonemus, audiat supradictos et communicato pariter cum his consilio definiat, quod de nomine haereticorum Marcelli et Photini nec non et Athanasii sacrilegi totus prope definiuit orbis,...*[174] GIRARDET folgert, daß das Edikt inhaltlich mit dem Synodalbrief in Zusammenhang stehen muß, daß also das Edikt in seinem theologischen Teil auch die Verurteilung Markells und Photins gefordert haben muß[175]. Anhand der Namen der drei Verurteilten nimmt GIRARDET an, daß der bei Hilarius fragmentarisch überlieferte Text der theologischen Erklärung einer orientalischen Synode,

---

165 GIRARDET, l.c. Zu den Bemerkungen über das Edikt von Arles bei Liberius vgl. S. 150ff.

166 Chron.II,39,1.

167 Chron.II,39,5; vgl. Anm. 164.

168 GIRARDET, l.c.67 A.20f.

169 HARTEL, 19,4 = DIERCKS, 179,63f.; vgl. Anm. 164.

170 GIRARDET, l.c.70.

171 Zu dieser Forderung der Orientalen vgl. S. 118ff.

172 GIRARDET, l.c.70.

173 Ebenda, 71-83.

174 BULHART, 119,10-15.

175 GIRARDET, l.c.71ff.

die er als Antwort auf die sirmische Synode von 347 auf 347-348 datieren möchte, einen Hinweis auf den theologischen Gehalt des Ediktes von Arles/Mailand geben kann[176].

Vor allem weil im Zusammenhang dieses bei Hilarius nur noch sehr fragmentarisch überlieferten Textes ebenfalls die Namen von Markell, Photin und Athanasius gemeinsam auftauchen und Hilarius auf die scheinbare und verführerisch aussehende Orthodoxie dieses Bekenntnisses ausdrücklich hinweist, möchte GIRARDET den Synodalbrief von 347-348 als theologische Grundlage des Ediktes von Arles/Mailand annehmen: "*L'édit d'Arles (353) exige la signature sous la lettre orientale de 347-48, dont nous avons reconnu comme indice le plus marquant la constellation des noms de Photin, Marcel, Athanase, et qui, comme nous l'avons appris par Hilaire de Poitiers, contenait une confession 'hérétique'.*"[177] Seine Annahme findet GIRARDET auch bei Hilarius und Liberius weitgehend bestätigt[178].

So ist für GIRARDET das Edikt von Mailand identisch mit dem Edikt von Arles, nur vermehrt um die Forderung der Anerkennung Georgs als des legitimen Bischofs von Alexandria. Zusammenfassend formuliert GIRARDET: *..., que les exigences formulées au synode de Milan (355) à l'égard de Lucifer de Cagliari et d'Eusèbe de Verceil (...) sont identiques aux exigences de l'édit d'Arles (353); l'édit d'Arles remonte, quant à son contenu, à une petition(?) de l'épiscopat antiathanasien, pétition qui avait repris le document oriental de 347-48...*[179]

In einem dritten, an dieser Stelle nicht zu untersuchenden Teil[180] geht GIRARDET auf die Hintergründe des im selben Jahr erlassenen Gesetzes CTh XVI,2,12 ein[181] und stellt überzeugend dar, daß dieses Gesetz nur die schon lange geübte Praxis bei Prozessen gegen Bischöfe kodifiziert, daß der Kaiser aber in Mailand gerade nicht nach diesem einige Zeit nach der Synode erlassenen Gesetz vorgeht, da es sich im Fall des Athanasius für Konstantius um einen Fall von *crimen laesae maiestatis* handelte[182].

Es ist hier nicht der Ort für eine bis in alle Einzelheiten gehende Auseinandersetzung mit den Argumenten GIRARDETs, aber einige grundsätzliche Fragen sind m.E. doch zu stellen[183].

Gegen seine von vielen Forschern ebenfalls vertretene, aber m.W. noch nie mit einer so ausführlichen Begründung versehene These, daß das Edikt von Arles/Mailand auch die Unterschrift unter eine theologische orientalische Formel gefordert habe, sprechen beinahe alle Quellen.

Nur Theodoret, für die Ereignisse der Mitte des vierten Jahrhunderts wohl der am wenigsten zuverlässige Zeuge, spricht davon, daß in Mailand von den *Arianern* ein neues Bekenntnis aufgestellt wurde[184]. Sein Bericht ist aber allgemein nicht frei von Fehlern[185].

---

176 Hilar. Coll.antiar.Paris. B II,9,2-4 [FEDER, 146,19-148,8]; vgl. S. 59f.
177 GIRARDET, l.c.77.
178 GIRARDET stützt sich hierbei vor allem auf den Begriff *sententia* (l.c.77-79), den er als theologisch qualifiziert ansehen möchte.
179 Ebenda, 83.
180 *La 'causa Athanasii' et la loi CTh XVI,2,12 (355)*, l.c.83-91.
181 Vgl. S. 192f.; 230ff.
182 GIRARDET, l.c.89-91.
183 Dazu auch MESLIN, Les Ariens, 272f. GIRARDETs weit ausführlichere Argumentation verlangt aber ein direktes Eingehen auf Einzelfragen.
184 Ἑτέραν πίστεως ἐκθέσθαι διδασκαλίαν. Vgl. Anm. 155.
185 So seine Annahme l.c., daß alle Bischöfe das Urteil von Tyrus unterschreiben mußten.

Nach Athanasius wurde von den abendländischen Bischöfen eine Unterschrift gegen ihn und Gemeinschaft mit den *Häretikern* verlangt[186]. Die nach Athanasius von den Bischöfen geforderte Communio kann sich in diesem Falle eigentlich nur auf Georg als den neuen Bischof Alexandrias beziehen. Von einer theologischen Erklärung aber spricht Athanasius im Zusammenhang mit der Mailänder Synode an keiner Stelle, der sonst gerade die Sucht der Orientalen, laufend neue theologische Bekenntnisse aufzustellen, kritisiert und ihnen dabei sogar noch mehr unterschiebt, als sie tatsächlich an Bekenntnisformeln aufgestellt haben[187].

Im Bericht des Hilarius, im sogenannten *Liber primus ad Constantium*[188], ist der wahrscheinlich größere Teil über die Mailänder Synode verlorengegangen, er ist deshalb - darin ist GIRARDET zuzustimmen - gegen seine These nicht ins Feld zu führen.

Im Proömium des nur noch in Fragmenten erhaltenen polemischen Werkes des Hilarius geht es aber nur um die sententia gegen Athanasius[189]. Das ganze Proömium dient dem bemühten Beweis, daß im Urteil gegen Athanasius ein Sieg des Arianismus über den orthodoxen Glaubens geschehen sei. Nur äußerlich gehe es darum, gegen Athanasius vorzugehen, in Wahrheit aber gehe es um den Glauben.

Für Hilarius besteht gerade die Perfidie des Vorgehens der Orientalen darin, daß sie vorgeben, Athanasius wegen der Verletzung kirchlicher Kanones abzusetzen, in Wahrheit aber den wahren Glauben treffen und vernichten wollen. Dies zu enthüllen hat er u.a. überhaupt sein ganzes Werk in Angriff genommen, was wohl kaum nötig gewesen wäre, wenn in Mailand die Unterschrift unter eine theologische Formel gefordert worden wäre[190]. Dieselbe Auffassung über die kaiserlichen Edikte spricht aus seiner nach dem Exil entstandenen Schrift *Contra Constantium*[191].

Auch etwas spätere Quellen, wie Rufin, die Coll.Avell. und Sozomenos, wissen nichts von der Unterschrift unter eine theologische Formel im Zusammenhang mit der Synode von 355, im Gegenteil, sie beziehen das Edikt

---

186 h.Ar.31,3 [OPITZ II,200,5-10]: εἰς δὲ τὰ ἔξω μέρη προστάγματα πάλιν, καὶ νοτάριοι κατὰ πόλιν καὶ παλατινοὶ φέροντες ἀπειλὰς ἀπεστέλλοντο πρός τε τοὺς ἐπισκόπους καὶ τοὺς δικαστάς, ἵν' οἱ μὲν δικασταὶ ἐπείγωσιν, οἱ δὲ ἐπίσκοποι ἢ ἵνα κατὰ Ἀθανασίου γράφωσι κοινωνίαν ἔχοντες πρὸς τοὺς Ἀρειανοὺς ἢ τιμωρίαν αὐτοὶ μὲν ὑπομένωσιν ἐξοριστίας, οἱ δὲ τούτοις συνερχόμενοι λαοὶ δεσμὰ καὶ ὕβρεις καὶ πληγὰς κατ' αὐτῶν καὶ ἀφαίρεσιν τῶν ἰδίων ὑπαρχόντων ἔσεσθαι γινώσκοιεν.

187 So über die verschiedenen orientalischen Synodalbekenntnisse und die verschiedene Benutzung von Ant IV. Vgl. seine jeweilige Kommentierung der Texte syn. 22,1-2; 23,1; 24,1; 25,1; 26,1; 27,1; 28,1; 29,1; 30,1; 31,1.

188 App.Ad Coll.antiar.Paris. II,3 [FEDER, 186,19-187,19].

189 Coll.antiar.Paris. B I,4-6 [FEDER, 101,3-102,16]. Bes. 101,13-18 (Text in Anm. 164).

190 Ebenda [101,27-102,7]: *quamquam enim ex his, quibusque in terris gesta sint, cognosci potuerit longe aliud agi, quam existimabatur, tamen propensiore cura rem omnem hoc uolumine placuit exponere. raptim enim tunc haec per nos ingerebantur, corruptio euangeliorum, deprauatio fidei et simulata Christi nominis blasphema confessio. et necesse fuit in eo sermone omnia esse praepropera, inconposita, confusa, quia, quanto nos inpensiore cura audientiam quaereremus, tanto illi pertinaciore studio audientiae contrairent.* Zur Exegese dieses Textes und den vorgeschlagenen textkritischen Operationen vgl. S. 235 Anm. 63.

191 C.Const.11; vgl. Anm. 164.

ausschließlich auf die Verurteilung des Athanasius[192]. Sulp.Sev.Chron. II,39,1: *edictum ab imperatore proponitur, ut qui in damnationem Athanasii non subscriberent, in exilium pellerentur*[193], zu Arles, spricht ebenfalls nicht von einer theologischen Formel. Ebensowenig ist der Ausdruck l.c.39,5: *illinc epistolam sub imperatoris nomine emittunt, omni prauitate infectam*[194], auf dogmatische Inhalte zu beziehen. Sulpicius kannte bereits die Schriften des Hilarius und wohl auch die des Lucifer, so daß ihm die Identifikation des Athanasiusfalles mit der Sache des wahren Glaubens sicher geläufig war[195].

Der Bericht des Liberius an Euseb von Vercellae über die Durchführung des Ediktes von Arles in Italien vor der Synode von Mailand läßt ebensowenig auf eine Forderung an die italienischen Bischöfe schließen, irgendeine theologische Formel zu unterschreiben[196].

Die Hauptargumente für seine These nimmt GIRARDET aus den maßlos polemischen Exilsschriften des Lucifer von Calaris, der an etwa zehn Stellen auf das kaiserliche Edikt verweist, dem er selbst sein Exil verdankt[197]. An keiner Stelle aber verbindet er es explizit mit einer formulierten theologischen Erklärung. Allerdings identifiziert er es ganz allgemein und selbstverständlich mit arianischer Häresie[198]. Es ist für ihn einfach häretisch, gerade weil es die Verurteilung des Athanasius fordert. Schließlich war es Lucifer, der als erster im Abendland schon 353-354 nach der Synode von Arles zu erkennen gemeint hatte, daß es sich bei der Sache des Athanasius in Wahrheit um die Sache des wahren Glaubens handele[199]. Liberius, Euseb und später dann auch Hilarius waren ihm mit der Zeit in dieser Einschätzung gefolgt. Daß sich diese Sicht durch die Ereignisse in Mailand und sein anschließendes Exil noch verstärkt hat, ist anzunehmen.

---

192 Vgl. Anm. 164.

193 HARTEL, 92,9f.

194 HARTEL, 92,25f.

195 Ein Problem bildet allerdings Sulp.Sev.Chron.II,37,7 [HALM, 91,3-9]: *sed pars episcoporum, quae Arrios sequebatur, damnationem Athanasii cupitam accepit: pars coacti metu et factione in studia partium concesserant: pauci, quibus fides cara et ueritas potior erat, iniustum iudicium non receperunt: inter quos Paulinus, episcopus Treuerorum, oblata sibi epistola ita subscripsisse traditur, se in Photini atque Marcelli damnationem praebere consensum, de Athanasio non probare.* Obwohl uns von einer Verurteilung Photins und Markells in Mailand durch den Synodalbrief berichtet wird, scheint Sulpicius sich hier auf die Synode von Arles zu beziehen, von der eine Verurteilung Photins und Markells sonst nicht berichtet wird; vgl. S. 133ff. Daher scheint mir dieser Text eigentlich zur Synode von Mailand zu gehören und von Sulpicius falsch eingeordnet worden zu sein; vgl. Anm. 104. FLEMING, l.c.267 bezieht diesen Textteil fälschlich auf die sirmische Synode von 351; vgl. S. 105 Anm. 66.

196 Vgl. S. 152 Anm. 18.

197 Vgl. Anm. 164.

198 Die Stellen bei GIRARDET, l.c.67 A.20f. Vgl. bes. De non conv.9 [HARTEL, 19,4 = DIERCKS, 179,63f.]: *edictum, in quo omnia uenena tuae haeresis continentur*; De non parc..16 [HARTEL, 242,21 = DIERCKS, 225,23f.]: *sacrilegum edictum tuum*; Moriend.2 [HARTEL, 287,5 = DIERCKS, 268,35]: *maculato edicto tuo*. GIRARDET, l.c.passim; TIETZE, l.c.82ff.

199 Vgl. S. 152.

So legt er z.B. im Zusammenhang mit der Behauptung der Häresie dieses Ediktes Konstantius typisch arianische Stichworte in den Mund, die dieser nie so gesagt haben kann[200].

Die Äußerungen Lucifers sind aus diesem Grunde für eine Rekonstruktion des Ediktes von Arles/Mailand unbrauchbar[201].

Grundsätzlich wäre gegenüber GIRARDET anhand des erhaltenen Quellenmaterials zu fragen, warum Athanasius und die auf seiner Seite stehenden abendländischen Bischöfe, die sonst die orientalischen theologischen Formeln mit reichlicher Kritik bedenken, gerade in diesem so wichtigen Fall nicht gegen eine aufgezwungene derartige Synodalformel polemisiert haben sollen, ja sie noch nicht einmal ausdrücklich als Formel der Orientalen erwähnt haben sollen, sondern sich mit einigermaßen umständlichen Darlegungen furchtbar viel Mühe geben zu beweisen, daß das Vorgehen des Kaisers gegen Athanasius im Zusammenspiel mit den orientalischen Bischöfen in Wahrheit ein Anschlag nicht auf Athanasius, sondern auf den wahren Glauben ist.

Eine Forderung seitens der Mailänder Synode an die Bischöfe, eine orientalische (häretische) Formel zu unterschreiben, hätte die Verteidiger des Athanasius all ihrer Mühen enthoben - dann wäre das Vorgehen gegen den Glauben offenbar gewesen, selbst wenn man die Formel mit einem beinahe orthodoxen Mäntelchen versehen hätte.

So sehe ich keine ausreichenden Gründe, eine Verbindung des Ediktes von Arles/Mailand mit irgendeiner theologischen Formel anzunehmen.

Trotzdem ist noch kurz auf den Versuch GIRARDETs einzugehen, den Inhalt jener von ihm postulierten Formel mit dem Bruchstück eines bekannten Synodalbekenntnisses zu identifizieren.

Es erscheint methodisch wenig überzeugend, wenn GIRARDET vom Synodalbrief an Euseb ausgeht und daraus folgert, daß eine gemeinsame Verurteilung Markells, Photins und des Athanasius dem Edikt zugrunde gelegen haben muß und daß daher ein bekenntnisähnlicher Text, in dem ebenfalls Markell, Photin und Athanasius verurteilt werden, die Quelle für den theologischen Teil des Ediktes darstellen müßte.

Zunächst erscheint es gar nicht so sicher, daß das Edikt, die von GIRARDET postulierte Gestalt vorausgesetzt, unbedingt auch eine Verurteilung Markells und Photins enthalten haben muß. Beide waren längst verurteilt und abgesetzt. Ihre immer erneute theologische Verdammung war 355 eine Pflichtübung ohne allzu große Relevanz. Diese Pflichtübung scheint fast regelmäßig auf Synoden vorgekommen zu sein, so wie man sich auch regelmäßig von den Sätzen des Arius distanzierte, schon um nicht in irgendwelchen Verdacht zu fallen.

---

200 De non conv.12 [HARTEL, 26,24-26 = DIERCKS, 185,38-41]: ... *per quam expresseris uenena dogmatis tuae dicens: 'erat quando non erat, et factus est ex nihilo, et non est una potentia patris et filii'.* Die Zahl ähnlicher angeblicher Zitate, die Lucifer Konstantius in den Mund legt, ließe sich beliebig vermehren. Es handelt sich dabei um theologische Schlußfolgerungen Lucifers, die mit den theologischen Auffassungen des Kaisers auch nicht das Geringste mehr gemein haben: Wer Athanasius verfolgt, ist ein Arianer, als solcher vertritt der Kaiser natürlich die theologischen Kernsätze des Arius. Leider ist TIETZE in seiner Lucifer-Monographie auf die angeblichen Konstantiuszitate nicht eigens eingegangen. Vgl. KLEIN, l.c.57-59; 121-125.

201 So im Prinzip auch MESLIN, l.c.272f. und KLEIN, l.c. (vgl. vorige Anmerkung).

Aber dem Kaiser ging es nur um die Verurteilung des Athanasius und um die Einheit der Kirche auf möglichst breiter Grundlage[202], so daß die Schlußfolgerung, daß eine theologische Formel der Synode von Mailand, die in das Edikt aufgenommen zu denken wäre, unbedingt eine Verurteilung von Markell, Photin und Athanasius beinhalten müßte, weil diese im Synodalbrief an Euseb gemeinsam genannt werden, nicht unbedingt zwingend ist[203]. Außerdem war Photin bereits vom Abendland verurteilt worden[204]. Die Verurteilung Markells als Lehrer Photins hatte man im Abendland zwar aus Treue zu den Beschlüssen von Serdika unterlassen, aber Athanasius hatte längst die Gemeinschaft mit ihm abgebrochen[205]. 355 lag keine Notwendigkeit mehr vor, die es ratsam hätte erscheinen lassen, die Verurteilung Markells und Photins noch in ein kaiserliches Edikt aufzunehmen.

GIRARDET meint nun, daß der Brief einer orientalischen Synode, von dem uns geringfügige Bruchstücke und über den uns ein Bericht des Hilarius erhalten ist[206], und den G. als Antwortbrief einer orientalischen Synode auf die Beschlüsse der sirmischen Synode von 347 ansieht, als theologisches Bekenntnis in das Edikt von Arles/Mailand gehört.

Ich habe oben versucht zu beweisen, daß dieses Bruchstück in die orientalische Diskussion um die Rückkehr des Athanasius nach Alexandria im Jahre 345-346 gehört[207]. Aus dieser speziellen Situation heraus geschrieben eignet es sich in keiner Weise für die Bedürfnisse der Orientalen im Jahre 355. Auch kommen die Namen von Markell, Photin und Athanasius nicht gemeinsam und etwa formelhaft vor, sondern Hilarius berichtet nur, daß die orientalischen Bischöfe durch die Verurteilung Photins auch Athanasius theologisch diskriminieren wollten, indem sie über Markell eine Verbindung zwischen Athanasius und Photin konstruierten[208].

---

202 Vgl. den Brief des Konstantius an Euseb [BULHART, 120]. Diesem Ziel sollten später die zweite und vierte sirmische Formel dienen; vgl. S. 312ff.; 352ff.

203 Auch in Sirmium war 351 ausdrücklich nur Photin, Markell dagegen indirekt verurteilt worden; vgl. S. 91ff.

204 345 in Mailand, 347 in Sirmium; vgl. S. 57-64.

205 Um die Genehmigung für die Rückkehr nach Alexandria zu bekommen; vgl. S. 53-64.

206 Hilar.Coll.antiar.Paris. B II,9,2-4 [FEDER, 146-148]; die Bruchstükke einer theologischen Erklärung B II,9,4,2 [FEDER, 147,25-29]: *profitemur enim ita: unum quidem ingenitum esse deum patrem et unum unicum eius filium, deum ex deo, lumen ex lumine, primogenitum omnis creaturae, et tertium addentes spiritum sanctum paracletum,...* Vgl. S. 57-61.

207 Vgl. S. 57-64.

208 Hilar. l.c.2 [FEDER, 146,19-147,4]: *Illud autem esse cognitum cunctis oportet nullam umquam aduersus Marcellum praeter eam, quae Sardicensibus est dissoluta sententiis, deinceps synodum fuisse contractam neque tum, cum de Fotino decretum ab Occidentalibus est et ad Orientales relatum, aliquod in eum expressum fuisse iudicium, sed homines mente callidos, ingenio subtiles, malitia pertinaces, occasionem reuoluendi eius, quod Athanasii absolutione est dissolutum, quaesisse iudicii et rescribentes de Fotino Marcelli mentionem uelut institutionum talium magistri addidisse, ut emortuam de Athanasio ipso iam tempore quaestionem et ueritatis iudicio consepultam rursus in publicam recordationem causae nouitas excitaret et subrepens per Fotini damnationem Marcelli nomen inueheret. extat autem in superioris epistulae corpore Marcellum ab Arrianis occasione libri, quem de subiectione domini Christi ediderat, una cum Athanasio fuisse damnatum.*

Athanasius hatte damals sofort die Konsequenzen gezogen und sich von Markell getrennt. Gegen ihn lagen auf kirchlicher Seite seit der antiochenischen Synode von 352 ausschließlich Disziplinarklagen vor[209].

Aber auch wenn das nicht der Fall wäre, ist es sehr unwahrscheinlich, daß man angesichts neuerer umfassender theologischer Formeln wie z.B. Sirm I ausgerechnet auf eine inzwischen beinahe zehn Jahre alte, mit ganz konkretem und längst hinfälligem Anlaß geschriebene Formel zurückgegriffen hätte.

Es ist GIRARDET nicht gelungen, überhaupt den Nachweis zu führen, daß das Edikt von Arles/Mailand mit einer theologischen Formel verbunden war. Auch der Versuch, diese Formel mit einem bekannten theologischen Text zu identifizieren, kann nicht als überzeugend angesehen werden. *"So bleibt als Ergebnis, daß weder in Arles noch in Mailand die dem Kaiser vertrauten pannonischen Bischöfe ihren Amtskollegen eine Glaubensformel zur Unterzeichnung vorlegten. Noch galt das Bekenntnis von Sirmium aus dem Jahre 351, das sich ebenso antiarianisch gab wie seine Vorgänger von Antiochia."*[210]

### *3) Die Folgen der Synode von Mailand*

Zunächst findet das Edikt von Mailand gegen die drei Bischöfe Dionys von Mailand, Lucifer von Calaris und Euseb von Vercellae Anwendung. Der römische Diakon Hilarius wird sogar noch körperlich gezüchtigt[211]. Von anderen Bischöfen, die aufgrund dieses Ediktes in die Verbannung mußten, hören wir vorerst nichts, es scheinen aber, wenn überhaupt, nur ganz wenige gewesen zu sein[212].

Berichte des Athanasius über Exekutionen an abendländischen Bischöfen[213] lassen sich nicht verifizieren und scheinen stark übertrieben, wie er überhaupt den Eindruck erwecken will, daß eine große Schar von Bekennerbischöfen aufgrund des Ediktes von Mailand Leiden bis hin zum Martyrium erdulden mußten[214].

Athanasius hat auch überliefert, wie das Edikt in enger

---

209 Zu den Anklagen des orientalischen Episkopats gegen Athanasius vgl. S. 108ff.

210 KLEIN, l.c.59.

211 Ath.h.Ar.41. Zu den juristischen Hintergründen CASPAR, l.c.175 A.1.

212 Zu Rhodanius, Ossius, Hilarius und Liberius vgl. S. 223ff., 265ff. Über einige andere eventuell im Zusammenhang mit dem Mailänder Edikt exilierte Bischöfe vgl. PIETRI, l.c.245 A.4.

213 h.Ar.31ff.; über Exekutionen h.Ar.34,2.

214 h.Ar.31ff. CASPAR, l.c.174 nennt es eine *"publizistisch höchst wirksame Schilderung"* des Athanasius, die aber maßlos übertrieben ist, um den Eindruck einer großen Bekennerschar zu erwecken.

Zusammenarbeit zwischen Bischöfen der kaisertreuen Mehrheitspartei und der staatlichen Administration durchgeführt wurde[215]. Die Aburteilungen fanden offenbar genau nach dem im Gesetz CTh XVI,2,12 vom 23. September 355 vorgeschriebenen Verfahren statt, wonach Bischöfe nur von Bischöfen gerichtet werden durften[216], wenn auch die Darstellung des Athanasius dies nicht ganz deutlich werden läßt. Er berichtet, daß den Bischöfen überall durch die jeweilige staatliche Obrigkeit das Edikt zur Unterschrift vorgelegt wurde. Kleriker, wahrscheinlich Bischöfe, überwachten die Unterschriften[217]. Athanasius sieht in seiner polemisch gefärbten Darstellung ihre Rolle nur als die von Einpeitschern und Aufpassern. Sie hatten dagegen wohl die Funktion, eventuelle Unterschriftsverweigerer sofort auf einer Art Synode abzusetzen, um sie dann als Laien der staatlichen Gerichtsbarkeit zu übergeben[218].

Daß das Edikt auf keinen nennenswerten Widerstand stieß, bezeugt Athanasius selbst, indem er mehrmals die große Zahl der von ihm unter Zwang abgefallenen Bischöfe erwähnt[219].

Im Abendland scheint das Mailänder Edikt nach den Ereignissen auf der Synode selbst vorerst fast gar nicht, zumindest nicht spektakulär, angewandt worden zu sein. Die führenden Bischöfe des Westens, der beinah hundertjährige Ossius und Liberius von Rom, die beide das Edikt nicht unterzeichnet hatten, werden in Ruhe gelassen und nicht zur Unterschrift unter das Mailänder Edikt gezwungen[220]. Nirgendwo im Abendland erhebt sich seitens der Kirche und ihres Episkopats Protest gegen das Vorgehen des Kaisers auf der Mailänder Synode[221].

---

215 h.Ar.31-33.

216 Vgl. GIRARDET, l.c.83ff.

217 h.Ar.31,4 [OPITZ II,200,10-12]: οὐκ ἠμελεῖτο δὲ τὸ πρόσταγμα· καὶ γὰρ εἶχον οἱ ἀποσταλέντες μεθ' ἑαυτῶν κληρικοὺς Οὐρσακίου καὶ Οὐαλέντος, ἵνα καὶ παροξύνωσι καὶ ἀμελοῦντας τοὺς δικαστὰς κατενέγκωσι τῷ βασιλεῖ.

218 Vgl. schon ähnlich in Antiochia 344 und öfter. Zu offenbar ganz ähnlichen Verfahren vgl. vorige Anmerkung.

219 h.Ar.31f.

220 Zu den späteren Prozessen gegen Ossius und Liberius vgl. S. 265ff.; 312ff.

221 Zum allgemein angenommenen Widerstand des gallischen Episkopats unter

Auch scheint man innerhalb des Abendlandes, selbst des Episkopats, über die Ereignisse in Mailand nur schlecht oder gar nicht informiert gewesen zu sein. Selbst Liberius, der den zum Exil verurteilten Kollegen einen Trostbrief schreibt[222], scheint über den Verlauf der Synode nur sehr oberflächlich informiert gewesen zu sein. Er bittet jedenfalls die drei in Mailand abgesetzten Bischöfe um genauere Information[223].

Da er trotz des Urteils von Mailand weiterhin solidarisch zu Euseb, Lucifer und Dionys steht und auch die Communio mit ihnen nicht aufgibt[224], erwartet er auch für sich bald die Verweisung ins Exil[225]. Aber seine Vorahnungen sollten nicht so bald in Erfüllung gehen.

Konstantius hatte seine beiden Hauptziele erreicht. Der abendländische Episkopat hatte in seiner überwältigenden Mehrheit Athanasius die sakramentale Gemeinschaft aufgekündigt und ihn beinah einstimmig abgesetzt. Außerdem hatte die Synode von Mailand auch die Gemeinschaft zwischen den Kirchen des Morgen- und Abendlandes wieder herstellen können. Das wichtigste Anliegen des Kaisers[226], die Einheit der Kirche, war damit endlich Wirklichkeit geworden. Die wenigen Dissidenten waren aus ihren Stellungen entfernt - im Moment regte sich kein ernst zu nehmender Widerstand.

Daß Liberius, Ossius und sicher auch noch andere Bischöfe im Moment noch nicht gewillt waren, das Edikt von Mailand zu unterschreiben, hat den Kaiser vorerst anscheinend nicht sonderlich beunruhigt[227].

---

Führung des Hilarius von Poitiers vgl. S. 210ff. und H.C. BRENNECKE, Konstantin II. und der gallische Episcopat, Miscellanea Historiae Ecclesiasticae VI, Congrès de Varsovie 1978, Brüssel 1983, S. 216-222.

222 Überliefert bei Hilar. l.c. B VII,2 [FEDER, 164-166]. Wohl unmittelbar nach der Synode verfaßt, bevor Euseb, Lucifer und Dionys ins Exil abreisten.

223 Ebenda, 166,8-10: *et quia cupio, quae gesta sunt in ipsa congressione, fidelius scire, obsecro sanctitatem uestram, uniuersa fideliter litteris intimare dignemini.*

224 Ebenda, 164-166.

225 Ebenda, 165.

226 Vgl. den Brief des Kaisers an Euseb [BULHART, 120f.].

227 Hieraus ließen sich auch Schlüsse auf die Einstellung des Kaisers zum römischen Bischofsamt und seinen Ansprüchen ziehen. Vgl. auch S. 147ff.

Noch aber saß, wenn auch von Orient und Occident relativ isoliert, Athanasius unangefochten auf dem Bischofsthron von Alexandria. Ihn nun endgültig mit der Zustimmung der Kirchen aus Ost und West von seinem Stuhl zu verjagen und wegen Hochverrats vor Gericht zu stellen, war der sehnliche Wunsch des Kaisers.

Die Ereignisse in Alexandria seit Sommer 355, die am 8.-9. Februar 356 zum Sturm auf die Theonaskirche und zur Flucht des Athanasius führen, sind im Rahmen dieser Arbeit nicht darzustellen und auch schon oft beschrieben worden[228].

Alexandria sollte trotzdem nicht zur Ruhe kommen, hier hat Konstantius sein Ziel nicht erreicht. Aus einem Versteck in der Wüste fing Athanasius bald an, seine polemischen Schriften zu versenden. In die theologischen und kirchenpolitischen Kontroversen hat er allerdings bis zum Tode des Konstantius im Jahre 361 nicht mehr gestaltend eingreifen können.

Der mehr als zwanzigjährige Streit um die Person des Athanasius schien damit zunächst beendet. Aber die Erkenntnis des Lucifer, daß die Sache des Athanasius auch die Sache des wahren Glaubens sei, fand in den folgenden Jahren bei Lucifer selbst und bei Hilarius von Poitiers ihren sehr unterschiedlichen literarischen Niederschlag.

Allerdings waren inzwischen nun wirklich theologische Probleme in das Zentrum der Auseinandersetzungen gerückt, die völlig neue theologische und auch kirchenpolitische Möglichkeiten zwischen Orient und Occident eröffnen sollten. Athanasius war an diesen Entwicklungen nicht beteiligt und konnte sich ihnen erst später anschließen. Auch die bisherigen kirchlichen Führer des Abendlandes, Liberius und Ossius, haben die kommende Entwicklung nicht entscheidend beeinflussen können.

Für die theologische und kirchenpolitische Entwicklung - und es erscheint hier wichtig, die Bedeutung beider Aspekte zu sehen - wird für beinahe ein Jahrzehnt im Abendland der uns sonst kaum bekannte Hilarius, Bischof von Poitiers in Aquitanien, zur beherrschenden Gestalt.

228 Hist.Ath.4. Vgl. die ausführlichen Darstellungen der in A.72 genannten Werke.

# II. TEIL

## HILARIUS VON POITIERS UND KONSTANTIUS II.
## VON DER MAILÄNDER SYNODE (355)
## BIS ZUM TODE KAISER KONSTANTIUS' II. (361)

# 1. KAPITEL

# GALLIEN NACH DER SYNODE VON MAILAND

## *1) Die Folgen der Usurpation des Magnentius in Gallien*

Seit der Usurpation des Magnentius hatte Konstantius sich für einige wenige Jahre im Westen des Reiches aufgehalten, hier zunächst in Arles[1], dann in Mailand[2] residiert, von wo er zu den jährlichen Feldzügen gegen die ins Reich eingefallenen Germanen aufbrach[3].

Bis Ende des Jahres 359[4] blieb der Schwerpunkt des Reiches im Westen. Allerdings residierte der Kaiser seit Ende des Jahres 357 wieder in Sirmium, seiner an der Grenze zwischen Morgen- und Abendland gelegenen Residenz[5].

Ebenso hatte sich der geographische Schwerpunkt der theologischen und kirchenpolitischen Auseinandersetzungen, in deren Zentrum die umstrittene Person des alexandrinischen Patriarchen Athanasius stand, seit Beginn der fünfziger Jahre in den mit den ursprünglichen theologischen Anliegen der Auseinandersetzung wenig vertrauten Westen verlagert.

Wie anhand der beiden Synoden von Arles und Mailand deutlich geworden war[6], ging es im Moment nur noch um die Person des Alexandriners, gegen dessen Verurteilung sich auch im Westen kaum Widerstand geregt hatte.

Für die nächsten Jahre sollte Gallien und der gallische Episkopat eine hervorragende Rolle in den kirchenpolitischen und auch theologischen Auseinandersetzungen spielen, die in eigenartigem Kontrast zu der bisher wenig hervorragenden oder

---

1 SEECK, Regesten, 200; vgl. auch S. 133ff.

2 L.c.200-204.

3 Ebenda.

4 L.c.207.

5 L.c.204. Von hier aus führt er vor allem gegen die Sarmaten Krieg, nachdem er der germanischen Front unter Julians Schutz einigermaßen sicher sein konnte.

6 Vgl. S. 133ff.; 147ff.

bemerkenswerten Rolle des gallischen Episkopats steht, sieht man von den Aktivitäten des Trierer Bischofs quasi als des abendländischen Hof- und Residenzbischofs einmal ab.

In den Auseinandersetzungen um Athanasius war allein Paulinus von Trier verurteilt worden[7]; jedenfalls ist kein anderer Name eines gallischen Bischofs überliefert.

Nach der Usurpation des Magnentius waren die beiden gallischen Diözesen nicht zur Ruhe gekommen. Konstantius hatte gegen Magnentius rechtsrheinische Germanen zu Hilfe gerufen und ihnen dafür einen Streifen linksrheinischen Gebietes versprochen. Von dort aus drangen sie nun ungehindert auf Raubzügen bis tief in gallisches Gebiet hinein. Ebenso marodierten ehemalige Soldaten des Magnentius, die sich Konstantius nicht ergeben hatten und die Rache des Kaisers fürchteten, durch die gallischen Provinzen[8].

Der seit den Germaneneinfällen des dritten Jahrhunderts anhaltende Niedergang besonders der ehemaligen großen gallischen Städte schritt unter diesen Umständen weiter fort. Es ist hier nicht möglich, den desolaten Zustand Galliens in der Mitte des vierten Jahrhunderts ausführlich darzustellen; dazu liegen ausführliche Einzeluntersuchungen und Gesamtdarstellungen vor, die sich auf Berichte vor allem des Ammianus Marcellinus, Julian, Libanius und Zosimus stützen[9].

Entsprechend den politischen und wirtschaftlichen Verhältnissen Galliens scheinen auch die kirchlichen gewesen zu sein. Unsere Kenntnisse der kirchlichen Strukturen Galliens, seines Episkopats und des Ausmaßes seiner Christianisierung im vierten Jahrhundert sind außerordentlich gering[10], für

---

7 Vgl. S. 139f.

8 v. BORRIES, PW X,33.

9 Zur Lage Galliens in der Mitte des vierten Jahrhunderts vgl. die ausführlichen Darstellungen von JULLIAN, Histoire VII; SEECK, GdU IV, 249ff.; v. BORRIES, PW X,26ff.; BIDEZ, Julian, 146ff.; vor allem aber DEMOUGEOT, RAC VIII,822-927. Umstritten ist bei den genannten Arbeiten vor allem die Rolle des Konstantius bei der Herbeirufung der Germanen gegen Magnentius. SEECK, ganz Ammian folgend, verdammt diese Handlungsweise schärfstens, v. BORRIES, l.c.33 dagegen sieht das als normalen und üblichen militärischen Schritt an.

10 Vgl. DEMOUGEOT, l.c.899ff.; GRIFFE, La Gaule I,171ff.; PALANQUE, in FLICHE-MARTIN III,216ff; ders., in: Hilaire et son temps, 11-17; DUCHESNE, Fastes I-III, passim.

einige Einzelfälle wird noch darauf zurückzukommen sein. Es gab noch keine ausgebildete Metropolitanstruktur, überhaupt keinen führenden gallischen Bischofssitz[11]. Nur von wenigen Städten kann man halbwegs sicher sagen, ob sie überhaupt bis zur Mitte des Jahrhunderts schon einen Bischof hatten[12]; und die wenigen Nachrichten werden noch unsicherer, da die berühmte und umstrittene Bischofsliste einer angeblichen Kölner Synode des Jahres 346, auf die sich die Forschung für die Ermittlung der Bischofssitze des vierten Jahrhunderts bisher weitgehend gestützt hatte[13], nicht mehr als echt gelten kann und somit auch keine Auskunft über die gallischen Bischofssitze des Jahres 346 geben kann[14].

Hilarius von Poitiers und Phoebadius von Agen z.B. scheinen in der Mitte der fünfziger Jahre die jeweils ersten Bischöfe ihres Sprengels gewesen zu sein, und das gilt für viele Bischöfe, deren Namen im Laufe des vierten und fünften Jahrhunderts in Gallien auftauchen[15].

Auch die ersten Klöster entstanden in Gallien erst nach der Regierungszeit Konstantius II[16].

Auf die Unkenntnis der westlichen und besonders der gallischen Bischöfe in dogmatischen Fragen und besonders, was die Probleme des trinitarischen Streites betrifft, war schon verschiedentlich hingewiesen worden[17].

Wie indessen überall im Reich hatten auch die gallischen Bischöfe nicht nur eine kirchliche Funktion, sondern wirkten in Verwaltung und Justizapparat der Provinzen mit[18], wodurch sie automatisch auch in die jeweiligen politischen Verwicklungen hineingezogen werden mußten. So erscheint auch ein

---

11 DEMOUGEOT, l.c.; PALANQUE, l.c.

12 Vgl. außer der in Anmerkung 10 genannten Literatur noch HARNACK, Mission II,872ff.

13 Alle Anmerkung 10 und 12 genannten Arbeiten setzen wenigstens die Echtheit der Liste voraus.

14 Zum Beweis der Unechtheit nicht nur der Synodalakte, sondern auch der mit den Ortsnamen verbundenen Bischofsliste und ihrer frühmittelalterlichen Entstehung vgl. H.C. BRENNECKE, ZKG 90(1979)176ff.

15 Vgl. DUCHESNE, Fastes, passim. Zu Phoebadius vgl. GLÄSER, l.c.

16 Vgl. DEMOUGEOT, l.c.899ff. und den Sammelband ST. MARTIN ET SON TEMPS.

17 Vgl. S. 4, Anm. 6; S. 81f.

18 Vgl. DEMOUGEOT, l.c.902f.

politisches Engagement einiger gallischer Bischöfe für Magnentius als sehr wahrscheinlich[19].

Notwendigerweise mußte also jede politische Erschütterung auch im relativ noch wenig christianisierten und dementsprechend wenig kirchlich organisierten Gallien direkte Auswirkungen auf die Kirche und ihre organisatorische Spitze, den Episkopat, haben, besonders, da Konstantius diesem von Anfang seiner Regierung an seine Aufmerksamkeit zuwendete, wie die Synoden von Arles und Mailand gezeigt hatten.

Daß der gallische Episkopat seit den mit der Usurpation des Magnentius zusammenhängenden Ereignisse für Konstantius in besonderem Maße verdächtig war, läßt sich zwar bloß vermuten, die schnelle Verurteilung des Paulinus in Arles unmittelbar nach dem Sieg über Magnentius spricht hier allerdings eine deutliche Sprache[20].

### *2) Die Usurpation des Silvanus*

Die Usurpation des romanisierten Franken Silvanus[21], der am 11. August 355 in Köln[22] den Purpur nahm, hat keine direkt erkennbaren Auswirkungen auf die Kirchenpolitik des Konstantius in Gallien gehabt; jedenfalls berichten die wenigen erhaltenen Quellen[23] nichts darüber. Auswirkungen auf das politische und auch kirchenpolitische Klima in Gallien dagegen

19 Vgl. S. 71-90.
20 Vgl. dazu S. 133ff.
21 Die Quellen zu Silvanus bei JONES, Prosopography, 840f.
22 Das Datum hat SEECK wahrscheinlich gemacht; vgl. SEECK, Regesten, 201 (dort auch ein Hinweis auf seinen Aufsatz in Hermes 41, S. 501); ders., PW IV,1077; ders., GdU IV,466f. (zu 231,1).
23 Vor allem Amm. XV,5,1-6,4. Vgl. noch Aur.Vict.Caes.42,14-17; Ps.Aur. Vict.Epit.42,10; Juln.Imp.or.I,48 [WRIGHT I,124f.]; or.II,98cd [WRIGHT I,260f.]; ep.ad Ath.273f. [WRIGHT II,256-59]; Zonar. XIII,9 p 19c [DINDORF III,202,8ff.]: Vgl. außerdem verstreute Bemerkungen bei Hier.Chron. [HELM, 239]; Soc. h.e.II,32,11; Soz. h.e.IV,7,4; Thdt. h.e.II,16,21 (Konstantius erwähnt hier die Niederwerfung des Silvanus im Gespräch mit Liberius); Chron.min.I [MOMMSEN, 522,67]. Zu den Quellen über Silvanus vgl. LIPPOLD, Der kleine Pauly V,198; NUTT, Antichthon 7(1973)80-89; WAAS, l.c.23-28, und von den älteren SEECK, PW III/1,125f.; ders., PW IV,1076f.; ders., GdU IV,227ff. (mit Anmerkungen 466ff.); STEIN, l.c.219.

wird man durchaus vermuten dürfen[24].

Die Hauptquelle für die Geschichte dieser wieder in Gallien ausbrechenden Usurpation ist Ammianus Marcellinus, der als junger Soldat selbst an der Beseitigung des Usurpators teilgenommen hatte[25].

Die Ereignisse sind nach Ammian häufig in der modernen Forschung berichtet worden[26], so daß ein paar Hinweise genügen.

Silvanus, ein von fränkischen Eltern abstammender römischer Offizier, der aber allem Anschein nach bereits römische Bildung genossen hatte[27], war als Truppenführer an der Usurpation des Magnentius beteiligt gewesen[28]. Unmittelbar vor der Schlacht bei Mursa war er 351 mit seinen Truppen zu Konstantius übergewechselt und hatte dadurch einen entscheidenden Anteil am Sieg über Magnentius[29]. Konstantius hatte ihn bald darauf und sicher auch aus Dank für seine Verdienste bei der Schlacht von Mursa zum magister peditum erhoben[30]. Wohl schon 353[31] hatte Konstantius ihn nach Gallien kommandiert, um die immer wieder einfallenden Germanen zurückzudrängen[32]. Silvanus scheint dabei trotz der späteren Kritik Julians recht erfolgreich gewesen zu sein[33].

---

24 Daß Silvanus Sympathisanten gehabt hat, geht aus Amm. XV,6,1-4 hervor.

25 Amm.XV,5,22 (am Anfang des Wir-Berichtes) [SEYFARTH I,126,27-30]: *post haec ita digesta protinus iubetur exire tribunis et protectoribus domesticis decem, ut postularat, ad iuuandas necessitates publicas ei coniunctis, inter quos ego quoque eram cum Veriniano collega, residuis omnibus ab imperatore delectis.*

26 Vgl. JULLIAN, Histoire VII,165-69; BIDEZ, Julian, 120f.; JONES, The Later Roman Empire, 115ff.; STEIN, l.c.; SEECK, l.c. (vgl. Anm. 23).

27 Aur.Vict.Caes.42,15 [PICHLMEYER-GRÜNDEL, 128,21f.]: *Is namque Silvanus in Gallia ortus barbaris parentibus ordine militiae,...* Ps.Aur. Vict.Epit.42,11 [PICHLMEYER-GRÜNDEL, 169,27f.]: *Quamquam barbaro patre genitus, tamen institutione Romana satis cultus et patiens.*

28 Er befehligte als Tribun die Schola palatina der Armaturae. Vgl. SEECK, PW III/1,125 (dort die Quellen); JONES, Prosopography, 840f.

29 SEECK, l.c.; ders., PW IV,1067. Zur Schlacht von Mursa vgl. S. 68 Anm. 23.

30 DEMANDT, PW Suppl.XII,567.

31 LIPPOLD, l.c.

32 Amm.XV,5,2; Zonar. XIII,9 p19c [DINDORF III,202,8-11]; NUTT, l.c.81 mit A.18. So auch die Anm. 23 genannte Literatur.

33 Amm.XV,5,4 [SEYFARTH I,120,25-27]: *memorato itaque duce Gallias ex re publica discursante barbarosque propellente iam sibi diffidentes et trepidantes...* Zur Kritik Julians an den Erfolgen des Silvanus vgl. Juln.Imp.or II,98D [WRIGHT I,260]. Julian wirft Silvanus vor, die

Nach Ammian wurde aus Neid gegen ihn am Hofe eine Intrige angezettelt. Silvanus, aus Angst vor den Gerichten des Kaisers, tat dann das, dessen man ihn beschuldigte, und nahm gleichsam prophylaktisch den Purpur, nachdem er von den Intrigen gegen seine Person gehört hatte[34].

Das Ende dieser nur achtundzwanzig Tage währenden Herrschaft[35], die zu beenden Ammian selbst unter dem Kommando des Ursicinus mitgewirkt hatte, ist bekannt und braucht hier nicht ausführlich dargestellt zu werden.

Am Bericht des Ammianus Marcellinus sind nun aber einige Zweifel angebracht, obwohl ihm die Forschung bisher weitgehend gefolgt ist[36]. Das Urteil HARNACKs, "*Ammian ist gewiß ein Schriftsteller von hoher Unparteilichkeit...*"[37], wird man heute nicht mehr so leicht nachsprechen können. Die Arbeiten von THOMPSON, VOGT, BLOCKLEY, DREXLER und ROSEN[38] haben die Tendenzen des Ammian aufgedeckt, die sich bei ihm wie bei jedem anderen spätantiken Historiker finden. Besonders bei Ammians Urteilen über Konstantius und Julian ist sein Standpunkt stärker zu berücksichtigen, wie besonders ROSEN eindrücklich gezeigt hat[39].

Auffällig an seinem Bericht über die Usurpation des Silvanus ist seine völlig unterschiedliche Beurteilung der Person des Usurpators, worauf bisher, wenn ich recht sehe, niemand aufmerksam gemacht hat[40].

---

Germanen mit Geld befriedet zu haben, statt sie mit dem Schwert zu unterwerfen.

34 Amm.XV,5,3-16, die Usurpation selbst ebenda, 5,16. Vgl. Aur.Vict.Caes. 42,16; Zonar.XIII,9 p19c [DINDORF III,202,13-16].

35 Zur Dauer der Herrschaft des Silvanus Aur.Vict.Caes.42,16; Ps.Aur. Vict.Epit.42,10; Hier.Chron [HELM, 239]; SEECK, l.c.

36 Fast ausnahmslos die Anm. 26 genannte Litertur.

37 HARNACK, RE IX,610,43-45.

38 THOMPSON, l.c.; J.VOGT, Abh.Akad.d.Wiss. und der Lit. Mainz 1963, 8. Heft; BLOCKLEY, Latomus 31(1972)433ff.; ders., Ammianus Marcellinus - A Study of his Historiography and Political Thought, l.c.; DREXLER, l.c.; ROSEN, l.c.

39 ROSEN, l.c.

40 Deutlich erkennbar ist, daß Ammian zunächst Silvanus positiv beurteilt, in dem Bericht über die von ihm selbst miterlebte Aktion des Ursicinus dagegen absolut negativ. Aus diesen und anderen stilistischen Gründen wird man den Bericht des Ammian über die Silvanususurpation aufteilen müssen in einen Rahmenbericht, den Ammian als Historiker schreibt (XV,5,1-21;5,32-6,4) und einen eigenen Erlebnisbericht

Mögen Intrigen beim Entschluß des Silvanus zur Usurpation auch eine Rolle gespielt haben, so spricht doch alles dafür, daß er sich aus eigenen Stücken zur Auflehnung gegen Konstantius entschloß[41].

---

über die von Ursicinus geleitete Aktion gegen Silvanus (XV,5,22-31), in dem er in der 1. Person Plural spricht (Wir-Bericht).
Im Rahmenbericht spricht Ammian
1. positiv von den militärischen Fähigkeiten des Silvanus: 5,2: *Silvanus pedestris militiae rector ut efficax ad haec corrigenda principis iussu perrexit.*
2. betont er seine aufrichtige und ehrliche Art: 5,3: *hoc impetrato, cum ille nihil suspicans simpliciter praestitisset, seruabat epistulas, ut perniciosum aliquid in tempore moliretur.*
3. Während Silvanus dem Staate dient und die Barbaren schon fast vertrieben hat, sinnen seine Gegner Übles gegen ihn: 5,4: *memorato itaque duce Gallias ex re publica discursante barbarosque propellente iam sibi diffidentes et trepidantes idem Dynamius inquietius agens ut uersutus et in fallendo exercitatus fraudem comminiscitur impiam...*
4. er ist unschuldig: 5,5: *insons.*
5. er ist eher furchtsam: 5,7: *timidior.*
6. er ist ein Feldherr von Verdienst: 5,32: *dux haud exilium meritorum.*
7. nur um sein Leben zu retten, hat er sich zur Usurpation entschlossen: 5,32: *ut tueri possit salutem ad praesidia progressus ex trema.*
8. er wurde zur Usurpation gezwungen: 6,2: *non cupiditate, sed necessitate compulsum.*
9. Seine Treue zu Konstantius sieht man an dem Donativum wenige Tage vor der Usurpation (6,3).
Ganz anders dagegen im Wir-Bericht.
1. auf dem Zug nach Köln fühlt Ammian sich gleichsam wilden Tieren vorgeworfen: 5,23:*et quamquam ut bestiarii obiceremur intractabilibus feris.*
2. Silvanus ist ein ehrgeiziger Feldherr: 5,24: *ambitiosus magister armorum.*
3. Silvanus ist ein lächerlicher hochmütiger Augustus: 5,27: *adorare sollemniter anhelantem celsius purpuratum...*
Der Wir-Bericht scheint die Meinung des Ammian im Jahre 355 oder bald danach über Silvanus wiederzugeben. Sicher hat er jedenfalls diesen Bericht lange vor seinem eigentlichen Geschichtswerk verfaßt und ihn dann eingefügt. Die positive Charakterisierung im Rahmenbericht hat m.E. die Funktion, die Hofintrigen am Hofe des Konstantius und dessen Mißtrauen und Grausamkeit - ein Thema, das sich durch das gesamte XIV. und XV. Buch hindurch verfolgen läßt - zu untermalen. Zur Charakterisierung des Konstantius durch Ammian und zu den dabei verwandten Stilmitteln vgl. ROSEN, l.c.
Aus diesen Gründen sind am Bericht des Ammian, daß Silvanus durch das Mißtrauen und allerlei Hofintrigen zur Usurpation gezwungen worden war, erhebliche Zweifel angebracht.

41 Vgl. dazu aus anderer Sicht NUTT, l.c., der von den Widersprüchen zwischen Ammian und Julian in der Beurteilung des Silvanus ausgeht. Bei NUTT auch eine Auseinandersetzung mit den mehr militärischen Thesen von W. den BOER, AClass 3(1960)105-09.

Als sicher muß jedenfalls gelten, daß Silvanus die Usurpation schon vorher geplant und vorbereitet hatte[42]. Außerdem schien die Situation für eine Machtergreifung in Gallien nicht ungünstig. Als oberster Befehlshaber war Silvanus unter vielen germanischen Soldaten selbst germanischer Abstammung. Außerdem waren seine Aktionen gegen die von Osten her eindringenden Germanen erfolgreich, wodurch er seine Stellung unter den Truppen befestigen konnte. Vor fünf Jahren erst hatte er sich aktiv an der Revolte des Magnentius gegen Konstantius beteiligt. Sein Tribun Laniogaisus war ebenfalls Offizier des Magnentius gewesen und scheint sogar an der Ermordung des Konstans beteiligt gewesen zu sein[43]. Sicher dienten unter Silvanus viele Soldaten des Magnentius. Daß die gallischen Truppen fest hinter Silvanus standen, bezeugt Ammianus selbst[44].

Die Prozesse nach der Niederschlagung der Usurpation, wenn auch der Bericht des Ammianus maßlos übertrieben ist[45], beweisen zumindest, daß Silvanus auch im zivilen Bereich Anhänger gehabt haben muß[46].

Ob die Usurpation des Silvanus auf die Verwaltung Galliens während seiner kurzen Regierungszeit überhaupt irgendwelchen Einfluß gehabt hat und außerhalb Kölns oder höchstens der germanischen Provinzen überhaupt bemerkt worden ist, läßt sich nicht mehr ermitteln[47].

---

42 Zur Chronologie vgl. NUTT, l.c.

43 Amm.XV,5,16; eine andre Namensform bietet Zos., vgl. SEYFARTH I,280 A.87.

44 Amm.XV,5,25;29;30. Nur zwei Truppenteile stehen nicht hinter Silvanus.

45 Zu den maßlosen Übertreibungen des Ammianus, die angeblich zahllosen Maiestätsprozesse unter Konstantius betreffend, vgl. ROSEN, l.c.228ff. und passim.

46 So auch NUTT, l.c.80ff.

47 Merkwürdigerweise hat man in Kampanien eine Inschrift mit seinem Namen gefunden (CIL X,6945 = DESSAU, 748). SEECK, PW IV,1077 vermutet, daß u.U. die kirchlichen Auseinandersetzungen zwischen Konstantius und den abendländischen Bischöfen in Mailand gleich nach der Synode eine (freilich kleine) Protestbewegung hervorgebracht habe, die aus kirchenpolitischer Gegnerschaft zu Konstantius Anlehnung bei der gallischen Usurpation des Silvanus suchte. Allerdings ist von irgendeinem größeren Protest gegen die Beschlüsse von Mailand nichts festzustellen, vgl. S. 192-195. Der Fund nur einer Münze bietet für solche Schlußfolgerungen auch eine zu schmale Basis.

Die Frage, ob Silvanus Christ war, läßt sich aus der kurzen Notiz über seine Ermordung, während er in einer christlichen Kapelle Schutz sucht, nicht endgültig klären[48]. Irgendwelche Beziehungen zum gallischen Episkopat sind jedenfalls anhand der wenigen verfügbaren Quellen nicht festzustellen. Zumindest scheint es nicht unwahrscheinlich, daß er Christ war, wie schon Magnentius vor ihm[49]. In diesem Falle hätte er automatisch im Bereich des Gerichtswesens mit den Bischöfen zusammengearbeitet.

Nur wenige Monate nach der Ermordung des Silvanus und der Niederschlagung seines Aufstandes werden zwei gallische Bischöfe nach Exkommunikation durch eine von Parteigängern des Konstantius geleitete Synode in Béziers auf Befehl des Konstantius durch den neuen Beherrscher Galliens, seinen Caesar Julian, in die Verbannung geschickt: Rhodanius von Toulouse und Hilarius von Poitiers[50]. Zu beachten sind bei Hilarius, über dessen Exil wir etwas besser unterrichtet sind[51], die ungewöhnlich milden Exilsbedingungen, die in auffälliger Übereinstimmung mit der selbst von Gegnern des Konstantius hervorgehobenen milden Bestrafung der Silvanusanhänger stehen[52], in ebenso auffälligem Gegensatz zu den weitaus härteren Exilsbedingungen der in Arles und Mailand verurteilten abendländischen Bischöfe[53].

Es scheint nicht ausgeschlossen, daß zwischen der mißlungenen Usurpation des Silvanus und dem Exil des Hilarius ein Zusammenhang besteht, wie H. CHADWICK vermutet[54].

---

48 Amm.XV,5,31 [SEYFARTH I,130,9-11]: *regia penetrata Siluanum extractum aedicula, quo exanimatus confugerat, ad conuenticulum ritus Christiani tendentem densis gladiorum ictibus trucidarant.*

49 So die Mehrheit der Gelehrten. SCHÄFERDIEK, RAC X,497, hält einen sicheren Schluß auf das Christentum allein aus Amm.XV,5,31 für fragwürdig.

50 Über die Synode von Béziers vgl. S. 230ff.

51 Vgl. S. 335ff.

52 Die Milde des Kaisers bei der Bestrafung der Silvanusanhänger hebt besonders Julian, l.c. hervor. Allerdings ist zu berücksichtigen, daß es sich dabei um einen Panegyricus auf Konstantius handelt. Im Gegensatz dazu Amm.XV,6. Zur Glaubwürdigkeit Ammians vgl. Anm. 40; 45.

53 Vgl. S. 192-195. Allerdings muß man bei Ath. und Lucif. mit erheblichen Übertreibungen rechnen.

54 Vgl. S. 239f. Zur angeblichen Rolle des Hilarius nach der Synode von Mailand in Gallien vgl. S. 210-222; vgl. CHADWICK, RGG III,317

Vor allem war es das Anliegen Konstantius', die politischen Verhältnisse in Gallien zu ordnen und zu stabilisieren. Auch die Germanengefahr war nach der Ermordung des Silvanus keineswegs abgeflaut, im Gegenteil.

Die Wirren in der Militärführung Galliens nutzend, hatten germanische Gruppen zahlreiche römische Städte am Rhein eingenommen, schon im November 355 Köln, und unternahmen von dort aus Raubzüge nach Gallien[55].

Konstantius brauchte dringend einen energischen Feldherrn zum Schutz der gallischen Ostgrenze, wollte aber keinen, bei dem neuerliche Usurpationsgelüste im fernen Gallien aufkommen würden. Selbst konnte er sich schon wegen der dauernden persischen Gefahr an der Ostgrenze des Reiches nicht für längere Zeit in Gallien aufhalten. So bestimmte er seinen letzten noch lebenden Vetter Julian zum Caesar und schickte ihn auf Anraten seiner Frau Eusebia, ungeachtet der schlechten Erfahrungen, die er mit Julians älterem Bruder Gallus als Caesar des Orients gemacht hatte, als seinen Vertreter nach Gallien[56].

Am 6. November 355[57] wurde Julian, der für den bisher kinderlosen Kaiser als vorerst einziger Thronerbe und somit auch ganz selbstverständlich als Caesar in Frage kam, in Mailand von Konstantius zum Caesar erhoben[58]. Ammian hat die vom Kaiser bei dieser Gelegenheit gehaltene Rede überliefert[59]. Schon am 1. Dezember reist Julian, bis über Lamellum vom Kaiser begleitet, nach Gallien ab[60]. Während der Reise erfährt er bei Turin vom Fall Kölns[61].

Ab Dezember 355 residiert Julian in Vienne, der Hauptstadt der diocesis Viennensis, für das Jahr 356 bekleidet er zum erstenmal zusammen mit seinem kaiserlichen Vetter das Konsu-

---

55 U.a. Amm.XV,8,1;19. Vgl. dazu die Darstellungen von BIDEZ, l.c.139ff., 146ff; SEECK, GdU IV,249ff.; STEIN, l.c.221; v. BORRIES, l.c.32 (bei allen vier Autoren auch reichliche Angaben über alle die Lage in Gallien berührenden Quellen: Julian, Libanius, Zosimus etc.).

56 Amm.XV,8,1.

57 SEECK, Regesten, 201.

58 v. BORRIES, l.c.26ff.

59 Amm.XV,8,5-14.

60 SEECK, Regesten, 201.

61 Amm.XV,8,19.

lat[62]. Seine Aufgaben halten sich in dem seit Diokletian für einen Caesar üblichen Rahmen. Aktiv beteiligt er sich an Verwaltung und Gerichtsbarkeit[63]. Schon im folgenden Frühjahr kann er erste militärische Erfolge über die Germanen erringen[64]. Man wird sicher sagen können, daß sich unter seiner Regentschaft die Lage in Gallien militärisch und wirtschaftlich in jeder Hinsicht besserte, und Julian, bisher in Regierungsgeschäften in keiner Weise erfahren, großes Ansehen genoß[65].

Offiziell und nach außen war Julian bis zur Usurpation der Macht in Gallien Christ[66] und hat als Caesar auch die Kirchenpolitik seines Vetters in Gallien durchgeführt. So müssen ihn seine Aufgaben als Caesar auch direkt mit den kirchlichen Angelegenheiten Galliens in Berührung gebracht

---

62 SEECK, Regesten, 202; v. BORRIES, l.c.32.

63 So gegen die polemischen und kritiklos Ammian und Julian folgenden Darstellungen von SEECK und BIDEZ schon v. BORRIES, l.c. und ROSEN, l.c.77.

64 Amm.XVI. Vgl. v. BORRIES, l.c. und die großen Juliandarstellungen von GEFFCKEN, SEECK, BIDEZ und BROWNING.

65 Vgl. die vorige Anmerkung genannte Julianliteratur. Die Menge der Literatur über Julian ist unübersehbar und kann und soll hier nicht herangezogen werden. Die uns erhaltenen Quellen, vor allem Julian selbst, sein Freund Libanius und sein Verehrer Ammianus Marcellinus, bieten ein äußerst einseitiges Bild dieses in der Tat außergewöhnlichen Kaisers. Seit dem Ende des vergangenen Jahrhunderts, als man zwar den christlichen Schriftstellern mit aller zur Verfügung stehenden kritischen Schärfe zu Leibe rückte, den heidnischen dagegen merkwürdigerweise geradezu blindlings vertraute, folgte man ihnen auch bedingungslos in ihrer Julianpanegyrik. So bieten die sonst überaus gelehrten Arbeiten von SEECK, GEFFCKEN und BIDEZ weitgehend eine unkritische Nacherzählung der antiken heidnischen Historiker, sind letztlich gelehrte Panegyrici. Ihnen muß man neuerdings BROWNING als Spätling zugesellen. Nur bei dieser total unkritischen Sicht der heidnischen Historiker konnte es zu dem beinahe rührend anmutenden Urteil HARNACKs über Julian (RE IX,611,48-51) kommen: "*Aber zur Rechtfertigung Julians: die hohen Vorzüge seines Charakters sind sein Eigentum gewesen; für seine nicht geringen und offenkundigen Fehler und Mängel ist vor allem seine Erziehung, seine Zeit und Umgebung verantwortlich zu machen.*" Der hervorragende kritische Artikel von v. BORRIES, der 1919 erschien, hat leider wenig Spuren in der sehr stark von BIDEZ geprägten Forschung hinterlassen. Seit Ammian kritischer gesehen wird, scheint sich auch ein kritischeres Verständnis der Person Julians anzubahnen; vgl. die genannten Arbeiten von BLOCKLEY, DREXLER, ROSEN. Zur Forschungslage vgl. R. KLEIN (Hrsg.), Julian Apostata (1978) mit Aufsätzen etwa der letzten einhundert Jahre. Zum bisher herrschenden Julianbild vgl. bes. die Einleitung von R. KLEIN, S.1-23.

66 Vgl. die Anm. 64 genannte Literatur.

haben. Als Vertreter des Kaisers mußte er den Beschlüssen von Synoden Gesetzeskraft verleihen und sie durchsetzen. Aus seiner Zeit als Caesar ist in Gallien nur die Synode von Béziers bekannt, die Hilarius von Poitiers absetzte. Julian hat hier auch wirklich die Beschlüsse der Synode durchgeführt und Hilarius in den Orient verbannt, wenn auch nach Meinung des Hilarius nur, weil er von der Synode getäuscht worden war[67].

Bei seinem direkten Eingreifen in Verwaltungs- und Rechtsfragen wird Julian ganz natürlich auch sonst in engere Berührung mit gallischen Bischöfen gekommen sein, Beziehungen, die ihm später einmal noch sehr nützlich werden sollten[68].

### *3) Der gallische Episkopat nach der Synode von Mailand. Gab es einen organisierten Widerstand gallischer Bischöfe unter der Führung des Bischofs Hilarius von Poitiers gegen die Kirchenpolitik des Kaisers Konstantius?*[69]

Aufgrund einer Bemerkung, die Hilarius von Poitiers Jahre später, wohl nach seiner Rückkehr aus dem Exil[70] über den Beginn seiner Verbannung im Jahre 356 gemacht hat, nahm die kirchenhistorische Forschung, seit es überhaupt eine solche gibt, an, daß nach der Synode von Mailand eine größere Anzahl gallischer Bischöfe offen in Opposition zu den Beschlüssen

---

67 Hilar.Lib.ad Const. (Lib.II ad Const.)2 [FEDER, 198,2ff.]. Über die Ursachen seiner Verbannung schreibt Hilarius an Konstantius: *exulo autem non crimine, sed factione et falsis nuntiis synodi ad te imperatorem pium, non ob aliquam criminum meorum conscientiam per impios homines delatus. nec leuem habeo querellae meae testem dominum meum religiosum Caesarem tuum Iulianum, qui plus in exilio meo contumeliae a malis, quam ego iniuriae, pertulit;...*

68 Über die Haltung gallischer Bischöfe und bes. des Hilarius zur Usurpation des Julian im Februar 360 vgl. S. 360-367.

69 Vgl. H.C. BRENNECKE, Konstantius II und der gallische Episcopat, in: Miscellanea Historiae Ecclesiasticae VI, Congrès de Varsovie 1978, Brüssel 1983, S. 216-222. Gegenüber der Warschauer Communication habe ich meine Auffassungen in einigen Punkten zu berichtigen.

70 Zur umstrittenen Datierung von C.Const. vgl. S. 218.

der Synoden von Arles und Mailand getreten sei - und damit in Opposition zur Kirchenpolitik des Konstantius:

> *Ego, Fratres, ut mihi omnes, qui me vel audiunt vel familiaritate cognitum habent, testes sunt, gravissimum fidei periculum longe antea praevidens, post sanctorum virorum exsilia Paulini, Eusebii, Luciferi, Dionysii, quinto abhinc anno, a Saturnini et Ursacii et Valentis communione me cum Gallicanis episcopis separavi, indulta caeteris consortibus eorum resipiscendi facultate: ut nec pacis abesset voluntas, et principalium morborum foetida, et in corruptionem totius corporis membra proficientia desecarentur; si tamen hoc ipsum beatissimis confessoribus Christi editum decretum tum a nobis manere placuisset. Qui postea per factionem eorum pseudoapostolorum ad Biterrensem synodum compulsus, cognitionem demonstrandae hujus haereseos obtuli. Sed hi timentes publicae conscientiae, audire ingesta a me noluerunt.*[71]

Leider gibt es kein anderes Zeugnis für diesen Widerstand gallischer Bischöfe gegen die Kirchenpolitik des Konstantius nach 355.

In der Forschung wurde Hilarius von Poitiers in zweifacher Hinsicht mit diesem Widerstand verbunden: nur durch ihn war überhaupt etwas davon bekannt; außerdem gilt seit alters Hilarius als Initiator und Führer dieses Widerstandes, obwohl er selbst davon nichts berichtet und sonst keine Quellen zur Verfügung stehen: "*Hilarius huius auctor merito videri potest ac moderator praecipuus, quamvis hanc gloriam sibi ipse soli non arroget*", so hatte schon P. COUSTANT am Ende des 17. Jahrhunderts in seiner Ausgabe der Schriften des Hilarius geurteilt[72], ohne allerdings eine Begründung für sein Urteil abzugeben[73]. Bis heute ist man ihm in seiner Einschätzung der Rolle des Hilarius im Gallien nach der Mailänder Synode weitgehend gefolgt[74].

Zunächst gilt es zu fragen, woher dieses verbreitete Bild von der Rolle des Bischofs von Poitiers kommt, da er selbst

---

71 C.Const.2 [PL X,578CD-579A].

72 COUSTANT, PL IX,137.

73 COUSTANT, l.c.: *Neque alia videtur causa, cur in eum nominatim Saturninus tantum odium conceperit, ut non longe post intervallo illum Biterras venire cogeret, et inde in Phrygiam confictis calumniis amandaret.* COUSTANT schließt aus der Verurteilung des Hilarius bereits auf seine Führerrolle in diesem "Widerstand".

74 Zuletzt TIETZE, l.c.242f.; GLÄSER, l.c.21-23.

nichts davon berichtet; dann aber überhaupt nach Funktion und Hintergründen dieses allgemein angenommenen gallischen Widerstandes.

Von keinem altkirchlichen Schriftsteller ist uns irgendetwas Konkretes über die Stellung des Bischofs von Poitiers vor seiner Wirksamkeit im Exil bekannt; er selbst berichtet ebenfalls so gut wie nichts[75]. Seine vielfältigen Tätigkeiten im Exil und sein Wirken zur Wiederherstellung der Kirche in Gallien nach dem für so viele abendländische Bischöfe katastrophalen Konzil von Rimini und besonders nach dem Tode des Konstantius haben Hilarius schon für die nur wenig später lebenden Schriftsteller zu einem der Hauptkämpfer gegen den Arianismus von Anfang an gemacht[76]. Schon für die Zeitgenossen galt er wegen der unter Konstantius erlittenen Verbannung als confessor[77]. Weiterhin galt er als der eigentliche Führer der Kirche Galliens: *illud apud omnes constitit unius Hilarii beneficio Gallias nostras piaculo haeresis liberatas.*[78]

Seit dem 5. Jahrhundert entstehen Sammlungen der Werke des Hilarius zur polemischen Auseinandersetzung im Kampf mit den westgotischen sogenannten Arianern in Gallien, zu Beginn des sechsten Jahrhunderts in der Auseinandersetzung mit sogenannten germanischen Arianern in Nordafrika und Italien - Hilarius galt inzwischen als der abendländische Führer im Kampf gegen den Arianismus.[79]

---

75 Vgl. das folgende Kapitel.

76 Sulp.Sev.Chron.II,45 [HALM, 98]: *Is ubi extremum fidei periculum animaduertit.* Zur Rolle des Sulpicius für die Ausbildung einer Hilariuslegende vgl. DOIGNON, Hilaire, 69. Facund.Iust.X,6,5 [CLEMENT-VAN DER PLAETSE, 320,38f.]: *Nam beatus Hilarius, Arianorum potentissimus atque acerrimus expugnator.* Zur Rolle, die Hilarius schon in der historischen und hagiographischen Entwicklung des vierten Jahrhunderts spielt, vgl. DOIGNON, l.c.430: "*L'histoire et l'hagiographie ecclésiastiques, qui connaissent un grand essor à la fin du quatrième siècle, utilisent le 'Liber adversus Valentem et Vrsacium' et mettent en relief le rôle joué par Hilaire dans l'histoire religieuse de l'Occident au cours des années 355-56.*"

77 Hier.Apol.Ruf. [PL IX,203B]; ders., ep.LXXXIII ad Magnum [PL IX,203B]; Ruf.de adult. [PL IX,204A]; Aug.c.Julium I,3,9 [PL IX,204BC]; Facund. Moc.I,4; [PL IX,205A] (vgl. vorige Anm.). Eine bequeme Zusammenstellung aller altkirchlichen Zeugnisse über Hilarius PL IX,203-207/08.

78 Sulp.Sev.Chron.II,45,7; vgl. Facund. (vgl. Anm. 76) *gubernator ecclesiae.*

79 DOIGNON, l.c.; HOLL, l.c.174ff.

Die entscheidende Prägung dieses Hilariusbildes für dessen weitere hagiographische Entwicklung hat etwa zwei Jahrhunderte nach dem Tode des aquitanischen Bischofs Venantius Fortunatus in seiner weitgehend auf Sulpicius Severus fußenden[80] *Vita Sancti Hilarii*[81] gegeben. J. DOIGNON hat gezeigt, wie Venantius Fortunatus nach vorgegebenen Schemata das Bild des Hilarius als *miles Christi* zeichnet, *"donnant au 'saint' la stature d'un 'chef de guerre' qui se dresse contre les 'ennemis de la foi'."*[82] Natürlich hat für Venantius Fortunatus Hilarius von Anfang an mit aller Kraft gegen den von Konstantius im Abendland eingeführten Arianismus gekämpft.

> *V(14) Igitur Constantii imperatoris tempore cum Arriana haeresis venenata de radice flore toxico pullularet, tunc uir sanctissimus timore nudus fidei fervore vestitus quasi signifer belligerator per medias acies inter hostiles fremitus inter haereticos gladios se ingerebat, Christi caritate securus, nihil de sua morte formidans, illud solum metuens, quod absit, praeiudicio religionis inlato ne viverit. (15) Hinc a Valente et Vrsatio, qui prava credulitate ecclesiam dei turbare pertinaciter insistebant, imperatori persuasum est, ut virum eruditissimum de quo loquimur et Dionysium Mediolanensem et Eusebium Vercellensem exilio condemnaret. Nihil enim poterat ante insuperabilem sancti Hilarii facundiam haereticus obtinere. (16) Sperans hostis fidei aliquas se nebulas splendori catholico posse praetendere, si retrusus exilio talis uir a certamine defuisset: quoniam, ut dictum est, quis perversus voluit confligere ac si mutus et claudus nec verba poterat proferre nec currere, sed quasi natans in pelagis ante fluctum eius eloquentiae mergebatur.*[83]

Durch das ganze Mittelalter hindurch hat dieses Bild vom *miles Christi Hilarius* die Hilariushagiographie geprägt und in der Neuzeit die historische Forschung bis in die Gegenwart beeinfluß[84], bei französischen Forschern gelegentlich um nationale und patriotische Züge angereichert[85]. Aus der großen Menge der Beispiele seien hier nur aus unserem

80 Vgl. den Apparat in der Edition von KRUSCH; DOIGNON, l.c.

81 MG AA IV,2 [KRUSCH, 1-11].

82 DOIGNON, l.c.424, vgl. ders., l.c.69 und 423ff.

83 Fort.Hil.V(14-16) [KRUSCH, 2,35-3,8]. Vgl. auch III(9); VIII(27) [KRUSCH, 4,12f.]: *beatus athleta Christi Hilarius.*

84 Vgl. DOIGNON, l.c.

85 So DOIGNON, l.c.423 und MESLIN, zuletzt: Hilaire et la crise, 19.

Jahrhundert die beiden bekannten französischen Historiker C. JULLIAN (1926) und E. GRIFFE (1947) zitiert. Über die Rolle des Hilarius schreibt JULLIAN[86]:

> "..., *Hilaire entra dans l'Église comme dans la fournaise d'une bataille, mais sans perdre un instant la vision nette des choses, le sens et l'audace des actes nécessaires, soldat au moment opportun de la rencontre, général à l'affût de toutes les occasions de victoire. Il sut trouver pour les âmes timorées de ses frères en épiscopat, les sentiments qui groupent les hommes, les formules qui fixent le dogme, les œuvres qui favorisent les résistances. La Gaule chrétienne recevait enfin, un siècle et demi après Irénée, le nouveau chef qui ranimerait sa vie.*"

Ganz ähnlich, vielleicht die patriotische Komponente noch etwas stärker betonend, sieht GRIFFE die Rolle des Bischofs von Poitiers[87]:

> (S.218) "*Sauf Paulin, les évêques de Gaule présents aux conciles d'Arles et de Milan avaient courbé la tête sous la violence de la tempête, mais, dans le secret de leur coeur, la plupart restaient fidèles à Athanase et au concile de Sardique. Pour se ressaisir, il leur fallait un chef en qui s'incarnerait l'indépendance de la religion en face de la toute-puissance impériale et qui saurait revendiquer les droits de l'Eglise et de la vérité. Au lendemain du concile de Milan, ce chef allait apparaître dans la personne de l'évêque de Poitiers, saint Hilaire.*"
> (S.224) "*Tel était l'homme qui allait se lever pour contrecarrer la politique religieuse de Constance et des évêques pannoniens auxquels s'était rallié l'évêque d'Arles, Saturnin. Jusqu'alors il n'était guère connu de ses collègues de l'épiscopat. Il allait se révéler à eux comme un chef courageux qui ne recule pas devant la lutte et comme un écrivain qui met tout son talent au service de l'orthodoxie et de la liberté ecclésiastique.*"
> (S.224) "*Hilaire estima que le moment de résister était venu et il fut dès lors, en Gaule, l'âme de cette résistance.*"

---

86 JULLIAN, l.c.177 (ohne Belege!).

87 GRIFFE, La Gaule I,218,224. (Bei der Beurteilung der Sicht von GRIFFE wird man die Entstehungszeit des Bandes - die 1. Auflage erschien 1947, Imprimatur vom Jan. 1946! - nicht außer Betracht lassen dürfen. Der Text der 1. Auflage wurde unverändert in die hier zitierte 2. Auflage von 1964 übernommen.) Vgl. auch die Darstellungen von BARDY, RHEF 27(1941)5-25; ders., in FLICHE-MARTIN III,144; CEILLER, l.c.IV,2f.; DOUAIS, l.c.25ff.; PIGANIOL, l.c.107; REINKENS, l.c.99ff.; TILLEMONT, l.c.VII,439f.; THOUVENOT, l.c.; WATSON, l.c.XII; ZEILLER, L'empire, 242; VIEHAUSER, l.c.18 (sehr phantasievoll); LE BACHELET, DThC II,

Diese Auffassung von der führenden Rolle des Bischofs Hilarius von Poitiers in diesem "Widerstandskampf" gegen Konstantius entstammt ausschließlich der hagiographischen Tradition[88].

Über Form und Inhalt dieses angeblich von Hilarius geführten Widerstandes dagegen herrscht in der Forschung weit größere Unklarheit[89]. Allgemein wurde angenommen, Hilarius habe Ende 355 oder zu Beginn des Jahres 356 irgendwo in Gallien, vielleicht sogar in Paris, eine Synode gallischer Bischöfe versammelt, die Saturnin von Arles, Valens und Ursacius absetzte und exkommunizierte[90].

Ganz abgesehen davon, daß es für diese Synode kein direktes Zeugnis gibt, wird man fragen müssen, ob der bisher noch nie irgendwie hervorgetretene Hilarius, Bischof einer zwar nicht unbedeutenden Stadt der Provinz Aquitania II, die aber doch eher an der Peripherie des christlichen Gallien lag,

---

1821; FEDER, Studien I,53; LIETZMANN, PW VIII,1601-04; BORCHARDT, l. c.21f.; MÖHLER, Athanasius II,133.

88 So sehen im Prinzip auch DOIGNON, l.c.423f. und MESLIN, l.c.19 die Rolle der hagiographischen Tradition bei der Beurteilung des Hilarius in der modernen Forschung. Beide sehen in ihm dennoch den Führer jener Opposition gegen Konstantius; vgl. auch MESLIN, Les Ariens, 35.

89 So TIETZE, l.c.242. Abzulehnen ist dagegen sein Erklärungsversuch, l.c.243: *"Der Grund für den Widerstand des Hilarius gegen die Religionspolitik des Constantius lag darin, daß er die Verknüpfung der Verbannung des Athanasius mit der Ablehnung des nicänischen Bekenntnisses durch die Arianer, so wie es in Mailand geschehen war, erkannte, und beides nachzuvollziehen sich weigerte."* Es gibt keine Anhaltspunkte dafür, daß Hilarius schon 355-356 jene *interpretatio Luciferiana* des Athanasiusfalles als Glaubensfall angenommen hätte. Vgl. S. 230ff. und GLÄSER, l.c.21-23.

90 MANSI III,251f. verweist unter der Überschrift *"Galliarum incerti loci concilium forte Pictavis seu Tolosae habitum anno 355"* auf einen Hinweis zu diesem Konzil bei DE PRATO in dessen Edition des Sulpicius Severus von 1741 (die Ausgabe DE PRATOs war mir nicht zugänglich). Bis zu Beginn dieses Jahrhunderts war die gallische Synode 355-356 allgemein anerkannt. WATSON, l.c.XII dachte an eine private Aktion des Hilarius, ähnlich dachte REINKENS an eine Briefaktion des Hilarius, durch die Saturnin (den er fälschlich als gallischen Metropoliten betrachtet) von der Gemeinschaft ausgeschlossen wurde, l.c.111. Eine derartige Aktion ist aber wohl kaum denkbar. Eine ordentliche gallische Synode unter Hilarius' Leitung nehmen an u.a. ANTWEILER, l.c.22; SMULDERS, Doctrine, 37; ZEILLER, l.c.242; DOIGNON, l.c.461. BLAISE, l.c.12; GLÄSER, l.c.132 A.126; LE BACHELET, DThC VI,2390. LIETZMANN, PW VIII,1601-04 und GLÄSER denken dabei sogar an eine Synode in Paris, ohne diese Vermutung aber irgendwie zu begründen.

eine größere repräsentative Synode zusammenbringen konnte. Und wie kann man es sich vorstellen, daß er eine ausdrücklich gegen die Kirchenpolitik des Kaisers gerichtete Synode versammelte, nachdem weder in Arles noch in Mailand sich bei den gallischen Bischöfen Neigung zum Widerstand gegen die Kirchenpolitik des Konstantius, die in Gallien vor allem durch Saturnin, den Bischof der Metropole Arles, vertreten wurde, gezeigt hatte?

Unter den Schriften des Hilarius von Poitiers ist eine als *Liber I ad Constantium* überlieferte Schrift erhalten, die bis zu Beginn unseres Jahrhunderts als der von Hilarius entworfene und formulierte Synodalbrief dieser sonst unbekannten Synode an Konstantius galt[91].

Im Jahre 1907 bewies der Benediktiner A. WILMART, daß es sich bei der als *Liber I ad Constantium* überlieferten Schrift nicht um ein selbständiges Werk des Hilarius handele, sondern um ein früh abgesprengtes Stück seines ursprünglich recht umfangreichen Werkes *Adversus Valentem et Ursacium*, von dem nur Fragmente erhalten sind.

Nach den Untersuchungen WILMARTs bietet der *Liber I ad Constantium* den bisher verloren geglaubten Brief der abendländischen Synode von Serdika an Konstantius und ein fragmentarisches Stück Kommentar des Hilarius, in dem er u.a. über die Ereignisse auf der Mailänder Synode des Jahres 355 berichtet[92].

WILMARTs Forschungsergebnisse zum sogenannten *Liber I ad Constantium* sind seither von der übergroßen Mehrzahl der Gelehrten akzeptiert worden[93]. Somit kann diese Schrift nicht

---

91 FEDER, 181-87 (Appendix ad Coll.antiar.Paris. Oratio Sardicensis ad Constantium Imperatorem et textus narratiuus). Vgl. FEDER, Studien I, 133-51.

92 WILMART, RBen 24(1970)149-79;291-317. Vgl. auch S. 259ff.

93 Gegen WILMARTs Identifizierung des *Liber I ad Constantium* mit einem Teil des nur fragmentarisch überlieferten Werkes *Adversus Valentem et Ursacium* vor allem JULLIAN, l.c.VII,178; PIGANIOL, l.c.92 A.4; HOLMES, l.c.148 (dessen 1911 erschienenes Werk allerdings auf älteren Vorlesungen von 1907-08 basiert). LE BACHELET korrigierte in seinem Hilariusartikel von 1925 seine 1920 im Arianismusartikel (DThC II,1821) vorgetragene Auffassung im Sinne der Forschungen WILMARTs. JOANNOU, l.c.123 scheint die gesamte Forschung seit Beginn dieses Jahrhunderts nicht zur Kenntnis genommen zu haben. Er bezeichnet ohne jede Erwäh-

mehr als der Synodalbrief jener unbekannten Synode des Jahres 355 oder 356 angesehen werden und fällt überhaupt als Beweis für eine gallische Synode gegen die Kirchenpolitik des Konstantius aus.

Als einzige Quelle für jenen gallischen Widerstand gegen Konstantius und die ihm ergebenen Bischöfe bleibt also nur die oben zitierte Bemerkung aus C.Const.2.

Das zweite Kapitel dieser maßlos zornigen und polemisch gegen den Kaiser gerichteten Schrift weist aber sowohl innere Unstimmigkeiten als auch Widersprüche zu anderen Hilariusschriften auf.

Seine Behauptung, die Gefahr für den Glauben schon lange vorhergesehen zu haben[94], steht im Widerspruch zu seinem eigenen Zeugnis Syn.91: *fidem nicaenam numquam nisi exsulaturus audivi*[95]. In dieser sehr ausgewogenen, etwa zwei Jahre vor C.Const. entstandenen Schrift an seine gallischen Kollegen[96] ist keine Rede davon, daß Hilarius schon zur Zeit der Mailänder Synode über die anstehenden theologischen Probleme Bescheid wußte. Erst als er im Jahre 356 ins Exil mußte, hat er das Nizänum kennengelernt. Mit keinem Wort erwähnt er andere tiefere Einblicke in die theologischen und kirchenpolitischen Auseinandersetzungen vor seiner Verbannung nach Asien.

Die sachlich informierende Schrift *De synodis*, die an seine gallischen Bischofskollegen gerichtet war, unter denen man wohl seine Mitstreiter von 355-56 zu suchen hätte, verdient in diesem Punkt sicher mehr Vertrauen als seine polemischen Entgleisungen in *Contra Constantium*, wo er - bei dieser Art von Polemik ganz natürlich und bis auf den heutigen Tag üblich - seinen Standpunkt als von ihm schon seit jeher

---

nung der Arbeiten von WILMART, FEDER u.a. den *Liber I ad Constantium* als Brief des Hilarius (daß JOANNOU ihn auch noch fälschlich als *Apol.I ad Constantium* bezeichnet und ohne Verweis auf die seit 1916(!) vorliegende kritische Ausgabe FEDERs ausschließlich nach der irreführenden und unglücklichen Zählung der Fragmente bei Migne zitiert, hätten wenigstens die postumen Herausgeber seines auch sonst an Oberflächlichkeit kaum zu überbietenden Werkes verbessern sollen).

94 PL X,578D: *gravissimum fidei periculum longe antea praevidens...*

95 PL X,545A.

96 Zur Datierung und Charakterisierung der Schrift *De synodis* vgl. S. 346ff.

vertreten beschreibt. Nach C.Const. hat es für Hilarius nie eine Änderung seiner Position gegeben - seine erhaltenen Schriften belehren uns aber eines Besseren[97].

Weiter ist zur Beurteilung von C.Const.2 die Datierung dieser Schrift notwendig. Allgemeine Auffassung ist, Hilarius habe dieses Pamphlet unmittelbar nach seinem gescheiterten Versuch, eine Audienz beim Kaiser zu erlangen, noch im Orient (Konstantinopel?) sozusagen im ersten Zorn geschrieben[98]. Für diese Datierung, die sich vornehmlich auf C.Const.2 stützt, gibt es m.E. nicht genug Gründe[99]. Neben inhaltlichen Schwierigkeiten[100] steht dagegen vor allem das nur um etwa dreißig Jahre jüngere Zeugnis des Hieronymus aus dem Jahre 392, nach dem die Schrift erst nach dem Tode des Kaisers erschien, also frühestens Ende 361[101].

Dem Urteil des Hieronymus, des nur wenig jüngeren Zeitgenossen des Hilarius, möchte ich hier folgen und annehmen, daß Hilarius seine Schrift gegen Constantius in der zweiten Hälfte des Jahres 361 in Gallien verfaßt hat, beim plötzlichen Tode des Kaisers am 3. November aber noch nicht vollendet hatte[102].

Die Zeitangabe *quinto abhinc anno*, die sich somit nicht auf das Datum der Verbannung des Euseb, Dionysius, Lucifer und Paulinus im Jahre 355 (353) beziehen kann, sondern auf seine und der gallischen Bischöfe Trennung von Saturnin, Valens und Ursacius, weist dann in das Jahr 357 oder frühestens auf das Ende von 356, jedenfalls auf einen Zeitpunkt, als

---

97 Wie stark Hilarius seinen Standpunkt theologisch und kirchenpolitisch zwischen 356 und 361 verändert hat, zeigt die Entwicklung vom Matthäuskommentar zu *De trinitate*, *De synodis* und *Ad Constantium*.

98 So die opinio communis seit COUSTANT, *Praevia dissertatio in Librum contra Constantium* [PL X,571B-577/78AB]. Vgl. S. 360ff.

99 COUSTANT hatte *quinto abhinc anno* (PL X,578D) auf die Synode von Mailand und die Verurteilung der Bischöfe dort bezogen, entsprechend auch seine Zeichensetzung in dem von ihm erstellten Text.

100 Dazu S. 360ff.

101 Hier.Vir.Ill.100 [HERDING, 56,28-57,2]: *Est eius et 'ad Constantium' libellus, quem viventi Constantinopoli porrexerat, et alius 'in Constantium' quem post mortem eius scripsit*. Zu den Versuchen, die Nachricht des Hieronymus mit dem allgemein anerkannten Datum für die Abfassung der Schrift 360 zu harmonisieren, vgl. schon COUSTANT, l.c.

102 Zum Datum des Todes Konstantius' II. vgl. SEECK, Regesten, 208.

Hilarius bereits im Exil war[103].

Mit dieser zunächst befremdlichen Feststellung läßt sich eine Notiz aus Syn.2 in Übereinstimmung bringen:

> *gratulatus sum in Domino, incontaminatos vos et illaesos ab omni contagio detestandae haereseos perstitisse, vosque comparticipes exsilii mei, in quod me Saturninus, ipsam conscientiam suam veritus, circumvento imperatore, detruserat, negata ipsi usque hoc tempus toto iam triennio communione, fide mihi ac spiritu cohaerere: et missam proxime vobis ex Sirmiensi oppido infidelis fidei impietatem, non modo non suscipisse, sed nuntiatam etiam significatamque damnasse.*[104]

Hilarius dankt seinen gallischen Amtsbrüdern, daß sie - offenbar doch nach seiner Abreise ins Exil[105] - die Communio mit Saturnin von Arles aufgekündigt hatten und nun auch die zweite sirmische Formel vom Sommer 357 einmütig zurückgewiesen haben[106].

Syn.2 gibt keinen Anhaltspunkt dafür, daß Hilarius sich gemeinsam mit den gallischen Bischöfen schon nach der Synode von Mailand von Saturnin, Valens und Ursacius getrennt hätte. Im Gegenteil! Die geschlossene Haltung eines Teils des gallischen Episkopats gegen Saturnin von Arles ist nach Syn.2 offensichtlich eine große und freudige Überraschung für Hilarius, der über die Haltung seiner gallischen Amtsbrüder in ziemlicher Sorge gewesen war[107]. Wie aber kann Hilarius

---

103 Vgl. auch Anm. 99. *quinto abhinc anno* ist auf *separavi* zu beziehen. Die Übersetzung wurde dann lauten: ...*nachdem ich die Gefahr für den Glauben lange vorhergesehen hatte, und nachdem auch die heiligen Männer Paulinus, Euseb, Lucifer und Dionys in die Verbannung geschickt worden waren, habe ich mich vor nunmehr mehr als vier Jahren zusammen mit den gallischen Bischöfen von der Gemeinschaft mit Saturnin, Ursacius und Valens getrennt.* Zu dieser Form der Datumsangabe vgl. DOIGNON, l.c.456 A.3.

104 PL X,481A.

105 Ebenda: ...*negata ipsi usque hoc tempus toto iam triennio communione.*

106 Ebenda: ...*et missam proxime vobis ex Sirmiensi oppido infidelis fidei impietatem, non modo non suscepisse, sed nuntiatam etiam significatamque damnasse.* Zur sirmischen Synode von 357 und ihrer Formel vgl. S. 312ff.

107 Vgl. Syn.1 [PL X,479B-480B]: *Constitutum mecum habebam, Fratres carissimi, in tanto silentii vestri tempore nullas ad vos ecclesiastici sermonis litteras mittere. Nam cum frequenter vobis ex plurimis Romanarum provinciarum urbibus significassem, quid cum religiosis fratribus nostris Orientis episcopis fidei studiique esset, quantaque, sub occasione temporalium motuum, diabolus venenato ore atque*

angesichts der Tatsache, daß die Exkommunikation Saturnins durch einen wohl größeren Teil des gallischen Episkopats in der Zeit seines Exils geschah, C.Const.2 sagen, daß er gemeinsam mit den gallischen Bischöfen sich von Saturnin getrennt habe?[108] Zunächst besteht natürlich keine Gemeinschaft zwischen Hilarius und Saturnin, der ihn in Béziers exkommuniziert hatte[109].

Aber obwohl Hilarius in Asien im Exil lebt, steht er in engem brieflichen Kontakt mit seinen gallischen Mitbischöfen[110] und weiß sich mit ihnen in dauernder fester und auch

---

*lingua mortiferae doctrinae sibila protulisset; verens ne in tanto ac tam plurium episcoporum calamitosae impietatis vel erroris periculo, taciturnitas vestra de pollutae atque impiatae conscientiae esset desperatione suscepta (nam ignorare vobis frequenter admonitis non licebat), mihi quoque apud vos tacendum arbitrabar, dominicae sententiae admodum memor, qua post primam atque iteratam conventionem, eos, qui etiam sub testimonio Ecclesiae inobedientes exsisterent, haberi sicut ethnicos publicanosque jussisset (Matth.XVIII,15 et seqq.).* Syn.2 [PL X,481]: *Sed beatae fidei vestrae litteris sumptis, quarum lentitudinem ac raritatem de exsilii mei et longitudine et secreto intelligo constitisse; gratulatus sum in Domino, incontaminatos vos et illaesos ab omni contagio detestandae haereseos perstitisse, vosque comparticipes exsilii mei, in quod me Saturninus, ipsam conscientiam suam veritus, circumvento imperatore detruserat, negata ipsi usque hoc tempus toto jam triennio communione, fide mihi ac spiritu cohaerere: et missam proxime vobis ex Sirmiensi oppido infidelis fidei impietatem, non modo non suscepisse, sed nuntiatam etiam significatamque damnasse. Necessarium mihi ac religiosum intellexi, ut nunc quasi episcopus episcopis mecum in Christo communicantibus salutaris ac fidelis sermonis colloquia transmitterem: et qui per metum incertorum, conscientiae tantum antea meae, quod ab his omnibus essem liber, gratulabar, nunc iam communis fidei nostrae integritate gauderem. O gloriosae conscientiae vestrae inconcussam stabilitatem! O firmam fidelis petrae fundamine domum! O intemeratae voluntatis illaesam imperturbatamque constantiam!*

108 Auffällig ist in der Adresse von Syn. (PL X,479B), daß die Bischöfe der Viennensis (I/II), Narbonensis und Maxima Sequanorum fehlen. In der Provinz Maxima Sequanorum ist vor Mitte des fünften Jahrhunderts noch kein Bischof nachweisbar (DUCHESNE, Fastes III,198ff. Zur von DUCHESNE p.212 (Pancharius von Besancon) und p.224 (Iustinian von Basel) herangezogenen Teilnehmerliste der angeblichen Kölner Synode von 346 vgl. meinen S. 201 Anm. 14 genannten Aufsatz). Daß die Bischöfe der Viennensis und Narbonensis weiterhin auf der Seite Saturnins standen, wäre immerhin denkbar.

109 Hilarius war von der Synode zu Béziers exkommuniziert und abgesetzt worden.

110 Hilar.Syn.1f. (vgl. Anm. 107); Hilar. Ad Const.(Lib.II)2,1 [FEDER, 197,17-198,2]: *Episcopus ego sum in omnium Galliarum ecclesiarum atque episcoporum communione, licet exilio, permanens et ecclesiae adhuc per presbyteros meos communionem distribuens.*

sakramentaler Verbundenheit. Die geistige und sakramentale Gemeinschaft zwischen ihm und den gallischen Bischöfen ist so eng, als ob er selbst in Gallien wäre oder sie bei ihm im Exil[111]. Indem durch seine Presbyter in seiner Kirche in Poitiers die Gemeinschaft gefeiert wird, ist er es eigentlich selbst, der die Communio austeilt, auch wenn er zur Zeit im fernen Asien im erzwungenen Exil leben muß[112].

Aus dieser engen Verbundenheit mit dem gallischen Episkopat und seiner Kirche in Poitiers über die räumliche Trennung hinweg kann er sagen, daß er mit den gallischen Bischöfen zusammen die Gemeinschaft mit Saturnin von Arles gelöst habe, indem er sich der Entscheidung seiner Kollegen anschließt.

In den neuen Verhältnissen, die er, aus dem asiatischen Exil zurückgekehrt, in Gallien vorfindet, scheint Hilarius seine Opposition gegen die Kirchenpolitik des Konstantius und damit auch die Trennung von Saturnin so weit wie möglich vorverlegen zu wollen[113], bzw. er drückt sich bewußt etwas undeutlich aus, so daß dieser Eindruck entstehen kann.

Ein organisierter Bischofswiderstand der gallischen Bischöfe unter Führung des Bischofs von Poitiers nach den Ereignissen der Mailänder Synode und vor allem gegen das Edikt

---

111 Vgl. Syn.2 [PL X,491A]: *comparticipes mei.*

112 Vgl. Anm. 110.

113 C.Const.2 (der Text in seinem Zusammenhang S. 211): *Qui postea per factionem eorum pseudoapostolorum ad Biterrensem synodum compulsus, cognitionem demonstrandae hujus haereseos obtuli.*
*Postea* muß nicht unbedingt auf *quinto abhinc anno...separavi* und das damit zusammengehörige *editum decretum tum a nobis manere placuisset* bezogen werden. Mit *Qui postea...* beginnt ein neuer Gedanke. *Postea* wäre dann auf *ad Biterrensem synodum compulsus...obtuli* zu beziehen. Die Übersetzung könnte dann etwa so lauten: *Nachdem ich durch die Machenschaften dieser Falschapostel zur Synode nach Biterra getrieben worden bin, habe ich später* (ob Hilarius hier auf seinen verunglückten Versuch in Konstantinopel anspielt?) *eine Untersuchung angeboten, um diese Häresien darzulegen.* C.Const.2 muß also nicht so interpretiert werden, daß die Trennung von Saturnin schon vor der Synode von Béziers und der Verbannung des Hilarius stattgefunden haben muß. Allerdings läßt Hilarius diese Deutung durchaus zu. Zu erinnern ist, daß C.Const. nicht an den Kaiser, sondern eine Schrift an seine gallischen Mitbischöfe ist. Hilarius scheint es jedenfalls für notwendig zu halten, sie davon zu informieren, daß er mit zu denen gehört, die sich von Saturnin getrennt hatten. Vielleicht war das nicht allen ganz klar, weil er schließlich zu jener Zeit in Asien im Exil war?

von Arles/Mailand kann somit nicht als wahrscheinlich angesehen werden. Erst nach der Absetzung und Verurteilung des Hilarius im Jahre 356, vielleicht sogar erst nach der Aufforderung, die zweite sirmische Formel vom Sommer 357 zu unterschreiben[114], die auch die Mehrheit der orientalischen Bischöfe nicht gewillt war hinzunehmen[115], haben gallische Bischöfe in Gemeinschaft mit dem im Exil lebenden Hilarius von Poitiers und sicher auf seinen Rat hin[116] sich von dem gallischen Vertreter der kaiserlichen Kirchenpolitik, Saturnin von Arles, getrennt und sind so in Opposition zur Kirchenpolitik des Konstantius getreten[117].

Es bleibt aber die Frage, warum dann Hilarius durch die Synode von Béziers abgesetzt und von dem gerade einige Monate als Caesar in Gallien residierenden Julian ins Exil nach Asien verbannt worden ist.

---

114 Die beiden Zeitangaben *triennio* (Syn.2 aus dem Jahre 359) und *quinto abhinc anno* (C.Const.2, Ende 361) ließen diesen Schluß zu. Dagegen spricht aber, daß Hilar.Syn.2 die Trennung der gallischen Bischöfe von Saturnin und ihre Ablehnung der zweiten sirmischen Formel deutlich zeitlich voneinander scheidet: Syn.2 [PL X,481A]: ..., *negata ipsi usque hoc tempus toto iam triennio communione, fide mihi ac spiritu cohaerere: et missam proxime vobis ex Sirmiensi oppido infidelis fidei impietatem, non modo non suscepisse, sed nuntiatam etiam significatamque damnasse.*

115 Vgl. S. 335ff.

116 Vgl. die Interpretation des *Liber I adversus Valentem et Ursacium* S. 325ff.

117 Zur Opposition der gallischen Bischöfe gegen die zweite sirmische Formel im Jahre 357-58 vgl. S. 326ff.

## 2. KAPITEL

# HILARIUS VON POITIERS UND DIE SYNODE VON BEZIERS

### *1) Vorgeschichte*

Erst seit im Jahre 356 eine Synode in Biterra (Béziers)[1] den Bischof der wichtigen aquitanischen Stadt Pictavi (Poitiers) exkommunizierte und vom Bischofsamt absetzte, und der neuernannte Caesar des Abendlandes, Julian, ihn ins Exil nach Phrygien geschickt hatte, erschien Hilarius von Poitiers für gut ein Jahrzehnt, das ihm noch zum Leben vergönnt sein sollte, plötzlich als einer der führenden Männer der abendländischen Kirche, ungefähr in dem Augenblick, als in Alexandrien Bischof Athanasius in die ägyptische Wüste flüchten mußte[2], von wo aus er bis zum Tode des Kaisers Konstantius im Jahre 361 nur noch mit seinen aus dem Versteck gesandten polemischen Schriften in die kirchlichen Auseinandersetzungen eingreifen konnte.

*"Durch Thaten, Leiden und Schriften der Athanasius des Abendlandes"*, so hat KARL HASE[3] den Bischof von Poitiers einst genannt. Es gibt kaum eine Schrift über Hilarius, die diese einprägsame Charakteristik nicht wiederholt. Ob und wieweit sie wirklich angemessen ist, mag hier vorerst auf sich beruhen; die charakteristischen Unterschiede in Theologie, kirchenpolitischer Taktik und kirchenpolitischen Zielen zwischen dem Aquitanier Hilarius und dem etwas älteren Alexandriner Athanasius, der von Hilarius offensichtlich nie etwas gehört hat[4], sind allerdings nicht zu verkennen.

---

1 Zur Datierung dieser Synode vgl. unten S. 230 Anm. 42.
2 Seit Februar 356 mußte sich Athanasius versteckt halten; vgl. S. 195.
3 Mir steht zur Verfügung K. HASE, Kirchengeschichte, 10. Aufl. 1877, S. 136f.
4 Hilarius von Poitiers wird von Athanasius nie erwähnt, auch nicht im Zusammenhang mit den aus dem Westen verbannten Bischöfen; vgl. MÜLLER, Lexikon Athanasianum.

Während der fünf Jahre von 356-361 hat Hilarius, obwohl im Exil, der abendländischen und hier naturgemäß besonders seiner gallischen Heimatkirche die entscheidenden Impulse gegeben und so für diese Jahre eine weit bedeutendere Rolle für die abendländische Kirche gespielt als z.B. der römische Bischof Liberius.

Abgesehen von seinen zehn letzten Lebensjahren ist man über Hilarius von Poitiers außerordentlich schlecht informiert, im Gegensatz zu anderen führenden Bischöfen des vierten Jahrhunderts wie Athanasius oder Ambrosius[5]. Aus den sehr dürftigen Angaben seiner eigenen Werke und denen der Zeitgenossen und späteren Historiker[6] läßt sich nur entnehmen, daß Hilarius irgendwann im ersten Viertel des vierten Jahrhunderts in Pictavi (Poitiers) geboren wurde[7]. Aufgrund seiner

---

5 WATSON, l.c.II: *"Hilary of Poitiers, the most impersonal of writers, is so silent about himself, he is so rarely mentioned by contemporary writers - in all the voluminous works of Athanasius he is never once named, - and the ancient historians of the Church knew so little concerning him beyond what we, as well as they, can learn from his writings, that nothing more than a very scanty narrative can be constructed from these, as seen in the light of the general history of the time and combined with the few notices of him found elsewhere."*
Trotzdem hat es seit der *Vita S. Hilarii* des Venantius Fortunatus [KRUSCH, 1-11 = PL IX,183-199], die historisch weitgehend wertlos ist, zahllose Versuche gegeben, diese Lücke auszufüllen. Zu älteren Versuchen dieser Art vgl. REINKENS, l.c.XIII-XXXVII. Seit dem 19. Jahrhundert sind vor allem zu nennen die Biographien von VIEHAUSER, l.c.; REINKENS, l.c.; WATSON, l.c.Iff.; ANTWEILER, l.c.I,16ff.; BARDY, RHEF 27(1941)5-25; MESLIN, Hilaire de Poitiers; BLAISE, l.c. Ausführlich diskutiert alle biographischen Angaben der antiken Quellen und der bisherigen Forschung BORCHARDT, l.c., zur Zeit vor dem Exil bes. 1-17. Zum neuesten Stand der Forschung vgl. MESLIN in: HILAIRE ET SON TEMPS, 19-42, für die Zeit vor dem Exil bes. 19-26; DOIGNON, Hilaire, passim, dort die reichhaltigsten Literaturangaben. Wichtig zur Vita des Hilarius sind außerdem die großen Lexikonartikel von LOOFS, RE VIII,57-67; RE XXIII,644 (Nachtrag mit einigen Selbstkorrekturen); ANTWEILER, LThK V,337f.; LIETZMANN, PW VIII,1601-04; CAZENOVE, DCB III,54-66; LE BACHELET, DThC VI,2388-2462; KANNENGIESSER, DS VII/1, 466-499. Keinen Wert für die Forschung haben die populären, meist mit erbaulicher Zielsetzung verfaßten Lebensbeschreibungen des Hilarius wie z.B. von BARBIER; BERTRAM; CAZENOVE; DORMAGEN; GIRARD; HANSEN; LARGENT.

6 Vgl. hierzu die geistvolle und kenntnisreiche, aber für die vorexilische Zeit des Hilarius auch nicht weiterhelfende Zusammenstellung von COUSTANT, *Vita Sancti Hilarii Pictaviensis episcopi ex ipsius scriptis ac veterum monumentis nunc primum concinnata* - [PL IX,125-184]; ders.; *Selecta veterum testimonia de Sancto Hilario* - [PL IX,203-08].

7 Hier.ep.ad Gal.II,3 [PL XXVI,355B]; Fort.Carm.II,19 [PL LXXXVIII,

unzweifelhaft hohen Bildung und einer Notiz der historisch sonst völlig belanglosen *Vita Sancti Hilarii* des Venantius Fortunatus vermutet man allgemein, daß er aus einer vornehmen aristokratischen Familie stammte[8]. Daß er eine gute rhetorische und philosophische Bildung genoß, ist schon anhand seiner Schriften deutlich[9].

Jedenfalls als Erwachsener ließ er sich taufen[10]. Alle Spekulationen über seinen Beruf und seine sonstigen Lebensumstände vor seiner Wahl zum Bischof von Pictavi sind letztlich nicht auf Quellen gegründet[11].

Meistens wird angenommen, daß er aus einer heidnischen Familie kam und erst als Erwachsener den Weg zum Christentum fand[12].

---

109B]; VIII,1 [PL LXXXVIII,261C]. Vgl. Fort.Hilar. III(6) [KRUSCH, 2, 7]: *Igitur beatus Hilarius Pictavorum urbis episcopus regionis Aquitaniae oriundus.*

8 Fort.l.c. [KRUSCH, 2,8-10]: *apud Gallicanas familias nobilitatis lampade non obscurus, immo magis prae ceteris gratia generositatis ornatus, nitore pectoris addito, quasi refulgens lucifer inter astra processit.* Diese Auffassung hat sich trotz mancher Kritik an der historischen Glaubwürdigkeit des Fort. bei fast allen Historikern durchgesetzt. Für absolut vertrauenswürdig hält von den neueren Gelehrten, soweit mir erkennbar, nur BLAISE, l.c.11 die Vita des Venantius Fortunatus. THOUVENOT, BSAO 10(1970)452 nimmt an, daß Hilarius aus einer Familie der römischen Verwaltungsaristokratie stammte, ebenso HEINZELMANN, l.c.119f.;192.

9 Zu seiner *Eruditio et Eloquentia* vgl. die von COUSTANT zusammengetragenen *Selecta veterum testimonia* [PL IX,203-08]; ders., PL IX,128D-133B und allgemein die Anm. 5 angegebene biographische Literatur. Zu Hilarius' Kenntnis der antiken heidnischen und christlichen (lateinischen) Literatur vor seinem Exil vgl. DOIGNON, l.c.passim.

10 Im Jahre 359 schreibt Hilarius über den Beginn seines Exils: *Regeneratus pridem, et in episcopatu aliquantisper manens...* (Syn.91). Spekulationen über eine genaue Datierung von Taufe und Antritt des Bischofsamtes, wie sie immer wieder unternommen werden, sind haltlos. Eine Übersicht über die verbreiteten Meinungen bei BORCHARDT, l.c.10f.

11 SMULDERS, l.c.38 vermutet z.B., daß Hilarius vor seiner Bischofswahl höherer Verwaltungsbeamter, vielleicht Jurist war, ebenso ANTWEILER, LThK V,337f. und HEINZELMANN, l.c. unter Berufung auf FONTAINE. Diese Vermutung hat ein großes Maß an Wahrscheinlichkeit für sich, da seit dem vierten Jahrhundert besonders im Westen Bischöfe in immer größerem Maße aus den Reihen der Aristokratie und der höheren Verwaltungsbeamten gewählt wurden (Ambrosius!). Vgl. dazu STROHEKER, l.c.5ff.; HEINZELMANN, l.c.passim. Außerdem galt Aquitanien als Zentrum der gallischen Aristokratie, vgl. STROHEKER, l.c.20. So wäre es durchaus vorstellbar, daß man den Bischofssitz der für Aquitanien wichtigen und großen Stadt Pictavi einem erfahrenen Verwaltungsfachmann der ortsansässigen Oberschicht anvertraut hätte. Die Quellen selbst lassen aber keinerlei Schluß in dieser Richtung zu.

12 Anders Fort.Hilar.III(7) [KRUSCH, 2,10-12]: *Cuius a cunabulis tanta*

Geraume Zeit nach seiner Taufe wurde er wahrscheinlich nicht allzu lange vor 356 zum Bischof seiner Heimatstadt Pictavi (Poitiers) gewählt[13].

Als Hilarius unter der Herrschaft des Konstantius Chlorus oder, was noch wahrscheinlicher ist, unter der Herrschaft Konstantins des Großen in Pictavi geboren wurde, war dies eine völlig neue, erst vor wenigen Jahren auf den Trümmern der alten aquitanischen Metropole Limonum errichtete Stadt, die kaum noch etwas mit jener gemein hatte.

Das alte Limonum (Lemonum)[14] hatte schon in vorrömischer keltischer Zeit einige Bedeutung gehabt und im ersten Jahrhundert n.Chr. unter römischer Herrschaft einen großartigen Aufschwung genommen[15]. Als wichtigste Stadt Aquitaniens zählte es zu den größten[16] und einflußreichsten Städten Galliens und besaß sogar das größte Amphitheater der gallischen Provinzen[17].

Seit dem zweiten Jahrhundert hatte die Bedeutung von Limonum langsam zugunsten von Bordeaux abgenommen[18]. Bei den Germaneneinfällen in der zweiten Hälfte des dritten Jahrhun-

---

*sapientia primitiva lactabatur infantia, ut iam tunc potuisset intellegi, Christum in suis causis pro obtinenda victoria necessarium sibi iussisse militem propagari.* Ihm folgt COUSTANT, PL IX,126B-128D. Die ältere Diskussion bei REINKENS, l.c.3ff., die wichtigsten Auffassungen in der neueren Diskussion bei BORCHARDT, l.c.1ff. Zur hier nicht zu erörternden Frage einer *Bekehrung* des Hilarius und ihres Niederschlages im Prolog von *De trinitate* vgl. vor allem BOULARAND, BLE 62 (1961)81-104 und DOIGNON, l.c.27-156, dort eine ausführliche Analyse des Prologs von Trin. S.100-156, eine kritische Ausgabe des Textes des Prologes mit französischer Übersetzung S.86-99; vgl. auch DOIGNON, REAug 1969,185-93. Der Text des Prologes jetzt in der Ausgabe von SMULDERS (CCh 62)1-15.

13 Vgl. Anm. 5.

14 Zur Schreibweise vgl. THOUVENOT, BSAO 8(1965)7-22.

15 Vgl. THOUVENOT, l.c.; BOISSONADE, l.c.1ff.; AUBER, l.c.; LECLERCQ, DACL XIV/1,1252-1340 (mit zahlreichen Literaturangeben); CLAUDE, l.c. 27-40; 47-49 (reiche Literaturangaben); DOIGNON, Hilaire, 27ff.

16 Nach CLAUDE, l.c.29f. umschloß Limonum einen bebauten Raum von etwa 100 ha, über die Bevölkerungszahl wagt er keine Angaben zu machen. Die Schätzung von JULLIAN, der 40.000 bis 60.000 Einwohner annimmt, hält CLAUDE jedenfalls für zu hoch.

17 Nach CLAUDE, l.c.29 bot das Amphitheater etwa 40.000 Menschen Platz. Zu den reichen archäologischen Funden in Poitiers vgl. LECLERCQ, l.c.; THOUVENOT, l.c.; DOIGNON, l.c.; CLAUDE, l.c. Man fand dort u.a. Thermen, mehrere Äquadukte und ein ausgebautes Kanalnetz von 57 km Länge.

18 DOIGNON, l.c.29 mit zahlreichen Literaturhinweisen zur Geschichte von Poitiers.

derts teilte Limonum offenbar das Schicksal vieler anderer gallischer Städte[19]. Ausgrabungen haben gezeigt, daß das alte blühende große Limonum offenbar total zerstört wurde[20].

Aber sehr bald wurde auf den Ruinen eine völlig neue Stadt errichtet, allerdings wesentlich kleiner[21] als das alte Limonum, und ringsum durch eine zehn Meter hohe Mauer befestigt[22]. In der Mitte des vierten Jahrhunderts gehörte jedenfalls Pictavi, wie die Stadt nun hieß[23], wieder zu den wichtigsten Städten Aquitaniens, galt sogar als die am besten befestigte Stadt Galliens; ein wichtiger Militärstützpunkt[24].

Seit der Reichsreform unter Kaiser Diokletian gehörte Pictavi zur Provinz Aquitania II in der dioecesis Viennensis[25]. Die Hauptstadt der Provinz Aquitania II war aber das inzwischen Pictavi an Bedeutung überlegene Bordeaux.

Lange umstritten war die Frage, seit wann es in Pictavi eine christliche Gemeinde gegeben hatte[26]. Wie in vielen Städten des alten Gallien, so behauptete im Mittelalter auch die Kirche von Poitiers, eine apostolische Gründung zu sein[27]. Ob es vor der Zerstörung Limonums in der zweiten Hälfte des dritten Jahrhunderts dort schon Christen gegeben hat, läßt sich nicht mehr ausmachen, jedenfalls gibt es dafür bisher

---

19 Vgl. DEMOUGEOT, l.c.849f.

20 Auf dem gesamten Stadtgebiet des alten Limonum hat man bei Grabungen eine der zweiten Hälfte des dritten Jahrhunderts zugehörige Brandschicht entdeckt. Vgl. CLAUDE, l.c.32. Damit können die von LECLERCQ, l.c.1260 an der totalen Zerstörung von Limonum geäußerten Zweifel als ausgeräumt gelten.

21 Vgl. DEMOUGEOT, l.c.; CLAUDE, l.c.32ff. CLAUDE schätzt das neuerbaute Pictavi auf etwa 42-43 ha bebauter Fläche, DEMOUGEOT auf etwa 50 ha.

22 Zu der in dieser Höhe und Breite einmaligen Stadtmauer im Gallien des vierten Jahrhunderts vgl. CLAUDE, l.c.33f.

23 Zum Namenswechsel und den verschiedenen Namensformen vgl. CLAUDE, l. c.36.

24 CLAUDE, l.c.37ff.

25 DEMOUGEOT, l.c.851ff.

26 AUBER und CHAMARD hatten das Christentum in Poitiers bis in das zweite Jahrhundert zurückdatieren wollen, dagegen hatten AIGRAIN und DUCHESNE heftig opponiert. Zur Debatte über die Ursprünge des Christentums in Poitiers vgl. die je die konträren Standpunkte darstellenden und zusammenfassenden Berichte von AUTEXIER, BSAO 5(1959)9-26; CLAUDE, l.c. 36ff.; DOIGNON, l.c.30ff. (mit der gesamten Literatur zu dieser Frage).

27 Zu den mittelalterlichen Bischöfen von Poitiers vgl. DUCHESNE, Fastes II,75ff.; zur Legende von der apostolischen Gründung DOIGNON, l.c. 30ff.

weder literarische noch archäologische Zeugnisse[28]. Auch das Pictavi des beginnenden vierten Jahrhunderts scheint den archäologischen Funden nach überwiegend heidnisch gewesen zu sein[29].

Es läßt sich nur konstatieren, daß Hilarius der erste sicher bezeugte Bischof von Poitiers ist und aller Wahrscheinlichkeit nach wirklich der erste Bischof von Poitiers war[30], wie überhaupt erst seit der Mitte des vierten Jahrhunderts eine größere Zahl von Bischofssitzen in Gallien nachweisbar ist[31]. Für die Provinz Aquitania II sind für die Zeit um 350 bis 360 als Bischöfe nur noch Phoebadius[32] als ebenfalls wohl erster Bischof von Agen und Paternus von Périgueux sicher nachweisbar[33].

Über Hilarius' Tätigkeit als Bischof vor seinem Exil ist so gut wie nichts bekannt[34]. Sicher ist, daß er theologisch schriftstellerte, sein Matthäuskommentar ist der Zeit vor dem Exil zuzuschreiben[35], vielleicht auch der Anfang seiner um-

---

28 Vgl. CLAUDE; DOIGNON; LECLERCQ, l.c.

29 CLAUDE, l.c.33ff. macht darauf aufmerksam, daß zu Beginn des vierten Jahrhunderts alle Tempel in Pictavi wieder aufgebaut, z.T. sogar vergrößert wurden.

30 Diese Auffassung hat sich seit DUCHESNE allgemein durchgesetzt; anders CLAUDE, l.c.36f. Zu den Legenden seines angeblichen Vorgängers Maxentius, eines Bruders Maximins von Trier vgl. Vita Maximini 2, AS Mai VII 20C. Zu eventuell tatsächlich vorhandenen Beziehungen zwischen Trier und Poitiers DOIGNON, l.c.32f.

31 Um die Mitte des vierten Jahrhunderts sind überhaupt nur ganz wenige Bischöfe Galliens namentlich und mit ihrem Sitz bekannt, wenn die Angaben der angeblichen Liste der Kölner Synode von 346 zu streichen sind; vgl. DUCHESNE, Fastes, passim. Athanasius überliefert aus der Zeit um 345 apol.sec.49,1 die Namen von 34 gallischen Bischöfen, die nach der Synode von Serdika mit ihm in Gemeinschaft standen. Viel mehr Bischöfe wird es zu diesem Zeitpunkt in Gallien noch nicht gegeben haben; vgl. DUCHESNE, Fastes I,1ff.; GRIFFE, La Gaule I,171ff.; PALANQUE, in:FLICHE-MARTIN III,216ff. Zur Ausbreitung des Christentums in Aquitanien vgl. DUCHESNE, Fastes II,1-15

32 DUCHESNE, Fastes II,63. Zu Phoebadius von Agen und seiner theologischen und kirchenpolitischen Rolle vgl. S. 319ff. und GLÄSER, l.c.

33 DUCHESNE, l.c.87. Zu Paternus von Périgueux vgl. MESLIN, Ariens, 34-36; MONTES MOREIRA, l.c.96.

34 Vgl. S. 224 Anm. 5; vor allem DOIGNON, l.c., passim.

35 *Commentarius in Evangelium Matthaei* [PL IX,917-1079], jetzt ed. DOIGNON (SC 254/258), Paris 1978/79. Die Datierung des Matthäuskommentars vor das Exil gilt als unbestritten. Vgl. bes. BARDENHEWER III,371; SCHANZ, l.c.280-82; LOOFS, RE VIII,58-60; LE BACHELET, l.c.2399f.; KANNENGIESSER, l.c.469-74; GRIFFE, l.c.159; GALTIER, l.c.15-35. Die schon häufig zitierte Arbeit von DOIGNON, Hilaire, ist ganz wesentlich

fänglichsten und bekanntesten Schrift, die unter dem Namen *De trinitate* in zwölf Büchern erhalten ist, deren allergrößten Teil er allerdings im Exil in Kleinasien verfaßte[36].

Ob Hilarius an den Synoden von Arles im Jahre 353 und Mailand im Jahre 355 schon als Bischof teilgenommen hat, läßt sich nicht sagen. Es erscheint mir zwar eher unwahrscheinlich, ist aber keineswegs unmöglich, da über seine kirchenpolitische Stellung im Jahre 353, falls er da schon Bischof von Poitiers war, oder im Jahre 355 zur Zeit der Mailänder Synode nichts bekannt ist[37]. Seine vielzitierte Aussage, erst 356 zum erstenmal vom Nizänum etwas gehört zu haben, schließt dagegen nicht unbedingt aus, daß er über die kirchenpolitischen Auseinandersetzungen durchaus informiert war, wenigstens soweit sie sich im Westen abgespielt hatten[38]. Er selbst gibt auf diese Fragen aber keine Antwort. Allem Anschein nach hat sich Hilarius wie überhaupt die übergroße Mehrzahl der gallischen Bischöfe zunächst nicht gegen die Kirchenpolitik des Kaisers Konstantius gewehrt oder gar nach der Synode von Mailand einen Widerstand gallischer Bischöfe

---

eine Untersuchung über den Matthäuskommentar, vor allem S. 159-420, dort auch alle irgendwie wichtige Literatur. Der neueste Forschungsstand jetzt in Einleitung und Kommentar der neuen Ausgabe von DOIGNON.

36 SMULDERS, CCh 62,1ff.; GRIFFE, l.c.236-39; DOIGNON, Hilaire, 83;101; SIMONETTI; StUrbino 39(1965)274-300; GALTIER, l.c.35; BORCHARDT, l.c. 42. Da aber die Argumentation dafür von einer engen Berührung zu Stükken der Coll.antiar.Paris. ausgeht (vgl. DOIGNON), die dabei aber als sicher vorexilisch angesehen werden, erscheint sie zweifelhaft. Zur Datierung der Coll.antiar.Paris. vgl. S. 325ff.

37 Ohne einsichtigen Grund nimmt WATSON, l.c.Xf. an, daß Hilarius auf der Synode von Arles anwesend war: "*It is impossible to say whether Hilary was present at the Council or no. It is not probable that he was absent: and his ignorance, even later, on important points in the dispute shews that he may well have given an honest verdict against Athanasius.*" WATSON geht dabei, so ist zu vermuten, von der falschen Annahme aus, daß zur Synode von Arles alle gallischen Bischöfe versammelt waren. Ebensowenig kann man aus für Arles nicht bezeugten Teilnahme schließen, daß er 353 noch nicht Bischof war, wie es häufig geschieht. Festzuhalten ist nur:
1. Es gibt keine Nachricht darüber, ob Hilarius in Arles und Mailand dabei war oder nicht.
2. Es gibt keinen Hinweis, daß in Arles oder Mailand die gallischen Bischöfe vollzählig versammelt waren; vgl. S. 133ff., 147ff.

38 Selbst völlige Unkenntnis in den dogmatischen Fragen (vgl. Syn.91!) ließe sich durchaus mit einer Teilnahme an den Synoden von Arles und Mailand vereinbaren, da dort nicht über theologische Fragen gesprochen wurde; vgl. S. 133ff., 147ff.

gegen diese Politik angeführt, wie ich oben versucht habe deutlich zu machen[39].

Die kirchenpolitisch wichtige Rolle des Hilarius beginnt erst mit seinem Exil. Bei den überaus dürftigen Kenntnissen über das Leben des Hilarius und seine Tätigkeit als Bischof von Poitiers vor Beginn seines Exils im Jahre 356 erscheint es methodisch nicht statthaft, die Bedeutung, die Hilarius während und nach seinem Exil vor allem für die gallische Kirche hatte, einfach in die fast ganz und gar unbekannte vorexilische Zeit zurückzuprojizieren[40].

## *2) Die Synode von Biterra (Béziers)* [41]

Im Jahre 356[42] wurde Hilarius von einer in Béziers in der Narbonensis[43] allem Anschein nach unter der Leitung des Bi-

---

39 Vgl. S. 210-222.

40 Daß man aus Hilarius' kirchenpolitischer Stellung im und nach dem Exil nicht einfach Rückschlüsse auf sein Verhalten für die vorexilische Zeit ziehen kann, ist deutlich. Außerdem ist plötzlicher Frontenwechsel aus uns nicht mehr in jedem Fall deutlichen Motiven in der Kirchenpolitik jener Jahre häufig bezeugt (Liberius von Rom, Fortunatian von Aquileia, Ossius, Valens, Ursacius, Saturnin v. Arles?, um nur einige Namen zu nennen. Vgl. auch die fast widerspruchslose Verurteilung des Athanasius in Arles und Mailand im Gegensatz zu der langen Liste der mit Athanasius in Gemeinschaft stehenden abendländischen Bischöfe. Apol.sec.49,1: 34 gallische Bischöfe; apol.sec.50,1: 15 italienischen Bischöfe, abgesehen von denen, die schon in Serdika unterschrieben hatten).

41 Concilia Gallica [MUNIER, 31]; Conciles gaulois du IV^e siècle [GAUDEMET, 85-87]; MANSI III,251-54; DOUAIS, l.c.; HEFELE-LECLERCQ I/2, 885; GRIFFE, La Gaule I,224ff.; BORCHARDT, l.c.24ff.; DOIGNON, l.c. 455ff.; JULLIAN, Histoire VII,184-86; PIGANIOL, l.c.105-07; MESLIN, Hilaire et la crise, 23-26; REINKENS, l.c.107ff.; SCHANZ, l.c.277f.; TILLEMONT, l.c.VII,442f.,749 n.5; WILMART, RBen 25(1908)225-29; TIETZE, l.c.242ff.

42 Die erste Hälfte des Jahres 356 ergibt sich für die Synode von Béziers aus der Anwesenheit Julians in Südfrankreich zur Zeit der Synode (Hilar. Ad Const.2 [FEDER, 198]). Aus Sulp.Sev.Chron.II,41,1 ergibt sich, daß Hilarius bei der Eröffnung der Synode von Rimini am 27.9.359 (SEECK, Regesten, 206) schon über drei Jahre im Exil lebte. Die Synode muß also zwischen der Ankunft Julians in Vienne im Dezember 355 und September 356 stattgefunden haben. Da Julian schon im Juni 356 Vienne verließ (Amm.XVI,2,2), muß die Synode zwischen Januar und Mai/Juni stattgefunden haben; vgl. TILLEMONT, l.c.749 n.5; DOIGNON, l.c.461 A.3.

43 Zur Geschichte und Bedeutung von Béziers in der Antike vgl. CLAVEL, l.c.; DOIGNON, l.c.466 A.1.

schofs Saturnin von Arles tagenden Synode als Bischof von Poitiers abgesetzt und durch ein kaiserliches Urteil nach Asien in die Verbannung geschickt[44]. Mehr als vier Jahre mußte er im Exil bleiben, bis er endlich 360 in das inzwischen von Julian nach seinem Putsch als Augustus regierte Gallien zurückkehren konnte[45].

Die Exilszeit hat durch die Begegnung mit der orientalischen Theologie entscheidenden Einfluß auf sein theologisches Denken gehabt und Hilarius zu dem wichtigen Kirchenpolitiker und kirchlich-theologischen Vermittler zwischen Orient und Occident werden lassen.

Im Exil sind seine wichtigsten Schriften entstanden: *De trinitate*[46]; *De synodis*[47]; *Liber ad Constantium imperatorem*[48] und der größte Teil des historisch-polemischen Werkes *Adversus Valentem et Ursacium*, von dem in den Collectanea antiariana Parisina Fragmente erhalten sind[49].

Warum aber wurde Hilarius in Béziers von einer Synode verurteilt? Warum wurde er gleich anschließend von Konstantius, als dessen Stellvertreter der erst seit wenigen Monaten in Gallien residierende Caesar Julian fungierte[50], ins Exil nach Asien geschickt, wo er sich aber - im Unterschied etwa zu den nach der Synode von Mailand verbannten Bischöfen - ziemlich frei bewegen konnte?

So leicht und einleuchtend auf den ersten Blick beide Fragen beantwortbar erscheinen und von der Forschung auch weitgehend beantwortet wurden, so erstaunlich ist es andererseits

---

44 Hier.Vir.Ill.100 [HERDING, 56,20-22]: *Hilarius, urbis Pictavorum Aquitanicae episcopus, factione Saturnini, Arelatensis episcopi, de synodo Biterrensi Phrygiam relegatus.* Vgl. Ruf.Hist.X,21; Sulp.Sev.Chron. II,39,7; Coll.Avell.1; Liber precum, 24; Soz. h.e.IV,9,4; Hier.Chron. ad an.356; vgl. auch die Anm. 41 genannte Literatur.

45 Zu den mit der Rückkehr des Hilarius nach Gallien zusammenhängenden Problemen S. 359 Anm. 119; S. 360ff.

46 PL X,25-472; CCh, 62-62A [SMULDERS] 1979/80.

47 PL X,479-548. Eine kritische Ausgabe fehlt bisher. Die Vorbereitungen zu einer Ausgabe im CSEL durch K. HOLL jun. waren bis zum Ausbruch des Krieges ziemlich weit gediehen. K. Holl wurde als Soldat ein Opfer des Krieges; seine Witwe versuchte, die Ausgabe noch weiter zu betreuen, bis in den Wirren des Kriegsendes alle Vorarbeiten verlorengingen. Von Plänen für eine kritische Edition ist mir sonst nichts mehr bekannt.

48 FEDER, 197-205.

49 FEDER, 42ff.

50 Zu Julian als Caesar in Gallien vgl. S. 208-210 mit Lit.

daß weder Hilarius selbst in seinen Schriften, noch die übrigen alten Schriftsteller eine eindeutige Antwort geben.

Die altkirchlichen Schriftsteller und Historiker haben Hilarius in die Reihe der Bischöfe eingereiht, die wegen ihres Eintretens für Athanasius, und das heißt für die Späteren: wegen ihres Einsatzes für den nizänischen Glauben, ins Exil mußten[51]. Da Hilarius zumindest seit seinem Exil auf der Seite des Athanasius und der anderen Verbannten stand[52], ist dieser Erklärungsversuch auch ganz begreiflich. Aber schon bei den Schriftstellern des fünften Jahrhunderts scheint es in dieser Frage gewisse Unsicherheiten gegeben zu haben. Nur Sulpicius Severus und Coll.Avell.1 sagen eindeutig, daß Hilarius ins Exil mußte, weil er die Verurteilung des Athanasius verweigerte[53].

Hieronymus, Rufin und Sozomenos zählen zwar Hilarius unter den von Konstantius in die Verbannung geschickten Bischöfen auf, wissen aber offensichtlich die Ursache seiner Verbannung nicht mehr genau[54].

---

51 Vgl. S. 231 Anm. 44. Zur behaupteten Identität zwischen der Sache des Athanasius und der fides nicaena vgl. S. 108ff. u.ö.

52 Vgl. die Exilsschriften. Seine Stellung zu Athanasius scheint auch im Exil nicht immer ganz eindeutig gewesen zu sein.

53 Sulp.Sev.Chron.II,39,7 [HALM, 93,2-7]: *Liberius quoque urbis Romae et Hilarius Pictauorum episcopi dantur exilio. Rhodanium quoque, Tolosanum antistitem, qui natura lenior non tam suis uiribus quam Hilarii societate non cesserat Arrianis, eadem conditio implicuit, cum tamen hi omnes parati essent Athanasium a communione suspendere, modo ut de fide inter episcopos quaereretur.*
Coll.Avell.1 *(Quae gesta sunt inter Liberium et Felicem episcopos)* [GUENTER 1,2-11]: *Temporibus Constantii imperatoris filii Constantini durior orta est persecutio Christianorum ab impiis haereticis Arrianis annitente Constantio, qui et Athanasium episcopum resistentem haereticis persecutus est et, ut damnaretur ab omnibus episcopis, imperauit. quod etiam metu principis facere temptauerunt omnes ubique pontifices inauditum innocentemque damnantes; sed Liberius Romanus episcopus et Eusebius Uercellensis et Lucifer Caralitanus et Hilarius Pictauensis dare sententiam noluerunt. hi ergo mittuntur in exilium pro fide seruanda.* Vgl. auch KLEIN, l.c.126 A.224.

54 Hier.Vir.Ill.100 (vgl. Anm. 44); Hier.Chron.ad an 356 [HELM, 240, 10f.]: *Hilarius episcopus Pictauensis factione Saturnini Arelatensis episcopi reliquorumque, qui cum eo erant, Arrianorum ante triennium in Frygiam pulsus libros de nostra religione componit.*
Ruf.Hist.X,21 [MOMMSEN, 987,22-988,3]: *Ob hoc apud Mediolanium episcoporum concilium convocatur. plures decepti, Dionysius uero, Eusebius, Paulinus, Rhodanius et Lucifer dolum esse in negotio proclamantes adserentesque, quod subscriptio in Athanasium non aliam ob causam*

Athanasius, der mehrmals in seinen polemischen und apologetischen Schriften der um seinetwillen ins Exil getriebenen Bischöfe gedenkt, erwähnt Hilarius an keiner Stelle, hat von ihm wohl nie gehört[55].

Auch Hilarius selbst äußert sich über die Ursachen seines Exils nur beiläufig und eher dunkel.

Am Ende seiner Exilszeit überreichte er in Konstantinopel etwa um die Jahreswende 359/60 dem Kaiser eine Schrift mit der Bitte, seinen Glauben darlegen zu dürfen, um den Kaiser von seiner Orthodoxie zu überzeugen[56]. Am Anfang dieser Schrift stellt er sich dem Kaiser als gallischer Bischof vor und erwähnt bei dieser Gelegenheit auch die Umstände seines Exils:

> *Episcopus ego sum in omnium Galliarum ecclesiarum atque episcoporum communione, licet exilio, permanens et ecclesiae adhuc per presbyteros meos communionem distribuens. exulo autem non crimine, sed factione et falsis nuntiis synodi ad te imperatorem pium, non ob aliquam criminum meorum conscientiam per impios homines delatus. nec leuem habeo querellae meae testem dominum meum religiosum Caesarem tuum Iulianum, qui plus in exilio meo contumeliae a malis, quam ego iniuriae, pertulit; in promtu enim sunt pietatis uestrae litterae. falsa autem eorum omnia, qui in exilium meum procurauerunt, non in obscuro sunt. ipse quoque uel minister uel auctor gestorum omnium intra hanc urbem est. circumuentum te Augustum inlusumque Caesarem tuum ea confidens conscientiae meae condicione patefaciam, ut, si indignum aliquid non modo episcopi sanctitate, sed etiam laici integritate gessisse docear, non iam sacerdotium per ueniam expectem, sed intra paenitentiam laici consenescam.*[57]

---

*quam destruendae fidei moliretur, in exilium trusi sunt. his etiam Hilarius iungitur ceteris vel ignorantibus vel non credentibus fraudem.*
Soz. h.e.IV,9,4 [BIDEZ-HANSEN, 148,21-24]: ἐπὶ καθαιρέσει τε τῆς ἐν Νικαίᾳ πίστεως ταῦτα σπουδάζεσθαι παρὰ τοῦ βασιλέως καὶ τῶν τὰ Ἀρείου φρονούντων. καὶ οἱ μὲν ὧδε παρρησιασάμενοι ὑπερορίῳ φυγῇ κατεδικάσθησαν, σὺν τούτοις δὲ καὶ Ἱλάριος.

55 Vgl. MÜLLER, Lexikon Athanasianum.

56 *Sancti Hilarii Liber ad Constantium imperatorem, quem et Constantinopoli ipse tradidit (Liber II ad Constantium)* [FEDER, 197-205]. Der Charakter der Schrift, die keine Rechtfertigungsschrift des Hilarius gegen die Beschlüsse der Synode von Béziers ist, sondern nach den Ereignissen von 359 den Versuch einer theologischen Annäherung zwischen Orient und Occident machen will, ergibt sich vor allem aus Kap. 10. Eine Analyse dieser kleinen Schrift S. 355-358.

57 FEDER, 197,17-198,15.

Hilarius ist also der Auffassung, daß er aufgrund falscher Berichte einer Synode an den Kaiser, also aufgrund von Denunziation, in die Verbannung geschickt worden sei.

Aus der zu Beginn des Jahres 359 an seine gallischen Mitbischöfe adressierten Schrift *De synodis*[58] geht hervor, daß diese Synode in Biterra (Béziers) in der Narbonensis unter dem Vorsitz des Bischofs Saturnin von Arles stattgefunden hatte, der auch inzwischen durch seine Unterstützung der zweiten sirmischen Formel von 357 nicht nur für den Abendländer Hilarius, sondern auch für die Mehrheit der orientalischen Bischöfe als Ketzer erwiesen war[59].

> *... vosque comparticipes exsilii mei, in quod me Saturninus, ipsam conscientiam suam veritus, circumvento imperatore detruserat, ... Mansit namque, atque etiam nunc permanet, post synodi Biterrensis professionem, in qua patronos hujus haereseos ingerendae quibusdam vobis testibus denuntiaveram, innocens, inviolata, religiosa.*[60]

Hilarius ist zum Erscheinen auf dieser Synode gezwungen worden und hat offenbar weder dort noch später irgendwann eine Gelegenheit zur Verteidigung gehabt.

> *Qui postea per factionem eorum pseudoapostolorum ad Biterrensem synodum compulsus, cognitionem demonstrandae hujus haereseos obtuli. Sed hi timentes publicae conscientiae, audire ingesta a me noluerunt.*[61]

Die altkirchlichen Schriftsteller, die die Verurteilung und Verbannung des Hilarius überhaupt erwähnen, haben offensichtlich auch nur diese seine eigenen Bemerkungen gekannt, jedenfalls keine Akten der Synode oder aus der Sicht des Saturnin

58 Zu *De synodis* vgl. S. 346-358.

59 Über die Theologie des Saturninus von Arles ist so gut wie nichts bekannt; vgl. MESLIN, Ariens, 35. Anhand der Liste der gallischen Unterzeichner von Serdika, auf der ein Σατορνῖλος (apol.sec.49,1 Nr.109) genannt wird, vermutet HOLMES, l.c.45, daß es sich dabei um Saturnin von Arles handelt, der 343 noch auf der Seite der Athanasianer stand. Die Identität jenes Σατορνῖλος mit Saturnin von Arles ist zwar nicht unmöglich, aber nicht zu beweisen. Jedenfalls erscheint er seit 353 an der Seite der Hofbischöfe Valens, Ursacius und Germinius und tritt später als Vertreter der homöischen Theologie hervor.

60 Syn.2 [PL X,481AB].

61 C.Const.2 [PL X,579A].

von Arles verfaßte Schriftstücke eingesehen[62]. Hilarius erwähnt sonst in seinen erhaltenen Werken weder die für ihn schicksalhafte Synode von Béziers noch die genauen Umstände seines Exils[63].

Aus der Kombination der wenigen Notizen über die Synode von Béziers mit der These von der führenden Rolle des Hilarius in einem gallischen Widerstandskampf gegen die Kirchenpolitik des Kaisers Konstantius und der ihn umgebenden Bischöfe[64] hat sich in der Forschung seit COUSTANT ein relativ einheitliches Bild über die Synode von Béziers und die Ursachen der Verbannung des Hilarius ergeben[65].

Aus Rache[66] für seine Exkommunikation durch Hilarius habe

---

62 Sulp.Sev. fußt weitgehend auf Hilarius, vgl. S. 167 Anm. 79. Besonders deutlich auch die Abhängigkeit des Hieronymus von Hilarius.

| Hilar.Const.2 [FEDER, 198,2f.] | Hier.Chron. [HELM, 240,10f.] | Hier.Vir.Ill.100 [HERDING, 56,20f.] |
|---|---|---|
| exulo autem non crimine sed factione et falsis nuntiis synodi ad te imperatorem pium | Hilarius episcopus Pictavensis factione Saturnini Arelatensis episcopus...in Frygiam pulsus | Hilarius, urbis Pictavorum Aquitanicae episcopus, factione Saturnini, Arelatensi episcopi, de synodo Bitterensi Phrygiam relegatus |

63 Hilar.Coll.antiar.Paris. B I,5 [FEDER, 101,19-102,7] wird seit MARX und WILMART, die aber schon auf COUSTANT fußen, allgemein auf die Ereignisse der Synode von Béziers bezogen; WILMART, RBen 25(1908)225-29; RBen 24(1907)149-179,291-317; FEDER, Studien I,82f.,114ff.; FLEMING, l.c.250ff., DOIGNON, l.c.455ff.; TIETZE, l.c.; schon MARX, l.c.401f. Diese These erscheint aber fragwürdig. Die Interpretation von B I,5 hängt von zwei Vorentscheidungen ab:
1. von der Datierung der Schrift *Adversus Valentem et Ursacium I*, zu der dieses Fragment aller Wahrscheinlichkeit nach gehört haben muß, in die Zeit unmittelbar nach der Synode von Béziers,
2. von der seit WILMART, l.c. üblichen und auf DUCHESNE zurückgehenden Textkonjektur. DUCHESNE und WILMART, denen FEDER, FLEMING und DOIGNON (letzterer mit Zögern) gefolgt sind, wollen S. 101,28 statt des eindeutig überlieferten Textes: *quibusque in terris gesta sint* lieber lesen: *ex aliquibus, quae Biterris gesta sint*. Für diesen relativ starken Eingriff in den Text besteht aber m.E. keinerlei Notwendigkeit, da der überlieferte Text nicht nur inhaltlich gut paßt, sondern als Redewendung in ähnlicher Form häufig belegt ist, vgl. LEWIS-SHORT, ad vocem 'terra'. Eine ausführliche Interpretation des Proömium B. I auf S. 331ff.

64 Vgl. dazu und zur Begründung der Ablehnung dieser These S. 210-222.

65 Vgl. COUSTANT, PL IX,141.

66 So MANSI, l.c. (mit Zitaten von SIRMOND und BINIUS), REINKENS, l.c.; GRIFFE, l.c.; GAUDEMET, l.c.; SCHANZ, l.c.; KANNENGIESSER, l.c. u.v.a. Daß man Saturnin, über den man so gut wie nichts weiß, ein derart persönliches Motiv gegen Hilarius unterstellt hat, kann nur auf die nega-

Saturnin, der Gallien dem Arianismus unterwerfen wollte[67], Hilarius zur Synode von Béziers gezwungen, wo er die Verurteilung des Athanasius unterschreiben sollte[68].

Nachdem Hilarius, der erkannt hatte, daß es in Wirklichkeit um die Beseitigung des nizänischen Glaubens ging[69], dies verweigerte, wurden Julian gegenüber erfundene politische Verdächtigungen gegen Hilarius vorgebracht[70], aufgrund derer Hilarius von Konstantius verurteilt wurde, nach Asien ins Exil zu gehen[71]. Mit ihm mußte Rhodanius von Toulouse die Reise in die Verbannung antreten, aus der er nicht mehr in die Heimat zurückkehren sollte[72].

---

tive Charakteristik, die Saturnin durch Sulpicius Severus erfahren hat, zurückgeführt werden: Chron.II,40,4 [HALM, 93,28f.]: *Gallias nostras Saturninus Arelatensium episcopus, homo impotens et factiosus, premebat.*
Chron.II,45,6 [HALM, 98,31-99,3]: *resistebat sanis consiliis Saturninus Arelatensium episcopus, uir sane pessimus et ingenio malo prauoque. uerum is praeter haeresis infamiam multis atque infandis criminibus conuictus ecclesia eiectus est.*

67 So besonders SCHANZ, l.c.; MUNIER, l.c.; BORCHARDT, l.c., wobei stillschweigend politische Gegnerschaft zu Athanasius und Übereinstimmung mit Konstantius als Arianismus angesehen werden. Falsch auch die Annahme von REINKENS und SCHANZ, l.c., daß Saturnin als Metropolit von Arles gegen Hilarius vorging. Erst seit um 400 Arles Sitz des Praef. Praet.Gall. geworden war, entwickeln sich langsam Primatsansprüche der Bischöfe von Arles; vgl. ARNOLD, RE II,56-59; LOENING, l.c.468; STROHEKER, l.c.19; vgl. oben S. 199-202.

68 So die opinio communis, die auf Sulp.Sev. zurückgeht; vgl. die Anm. 41 angegebene Literatur und S. 232 Anm. 53.

69 So TIETZE, l.c. Seine Auffassung beruht auf der Anm. 63 kritisierten Interpretation von Coll.antiar.Paris. B I,5,2, ähnlich GLÄSER, l.c. 21-23. Zur Interpretation vgl. unten S. 325ff.

70 Hilar. Ad Const.2.

71 Hier.Vir.Ill.100; Hier.Chron.ad an. 356; vgl. BORCHARDT, l.c.24ff.

72 Ob Rhodanius von Toulouse tatsächlich zusammen mit Hilarius von Poitiers auf der Synode von Béziers verurteilt wurde, ist nicht ganz deutlich. Trotz der widersprüchlichen Überlieferungen, die H. CROUZEL, BLE 77(1976)173-90 aufgezeigt hat, hält die große Mehrheit der Forscher an dieser klassischen These fest.
Nach CROUZEL gibt es drei Überlieferungen über das Exil des Rhodanius:
1. Hieronymus ordnet in seiner Chronik Rhodanius zusammen mit Paulinus von Trier als Opfer der Synode von Arles ein (Chron.ad an. 354 [HELM, 239,16f.]).
2. Ruf.Hist.X,21, der allerdings die Ereignisse von Arles und Mailand nicht deutlich voneinander trennt, sondern nur deutlich Hilarius von den Opfern der beiden Synoden absondert, ebenso wie der von ihm hier abhängige Soz. h.e.IV,9,3 zählen Rhodanius zu den Opfern von Arles/Mailand (nicht ausschließlich als Opfer der Synode von Mailand, wie CROUZEL meint).
3. Nur Sulp.Sev.Chron.II,39,7 verbindet die Verbannung des Rhodanius

Soweit das relativ einheitliche Bild der älteren Forschung. H. CHADWICK[73] hat angenommen, daß Hilarius wegen Beteiligung am Putsch des Silvanus verurteilt wurde. Daß Hilarius vor allem aus politischen Gründen verurteilt wurde, betont neuerdings auch R. KLEIN[74], wogegen W. TIETZE, dessen Arbeit die letzte größere Untersuchung ist, die sich mit dieser Frage befaßt hat, konsequent an dem seit COUSTANT überlieferten Bild der Ereignisse festhält[75].

Ungeachtet der nun schon über beinahe drei Jahrhunderte andauernden relativ großen Einmütigkeit in der Frage des Exils des Hilarius, enthält das von der Forschung gezeichnete Bild doch einige gravierende innere Widersprüche. Hilarius beteuert, aufgrund falscher Beschuldigungen ins Exil geschickt worden zu sein[76]. Wenn aber Hilarius die Unterschrift unter die Verurteilung des Athanasius verweigert hätte, hätte es keiner zusätzlichen politischen Anschuldigungen oder gar Denunziationen bedurft, ihn zu verurteilen! Wie die Ereignisse

---

mit der des Hilarius.
Untauglich scheint CROUZELs Hinweis auf Hilar.C.Const.11 als Beleg für die Exilierung des Rhodanius durch die Synode von Béziers. Aus der Reihenfolge der Opfer der Kirchenpolitik des Konstantius in C.Const. 11, in der *die Kirche von Toulouse* an letzter Stelle nach Rom genannt wird, folgert CROUZEL, daß Hilarius hier die zeitliche Reihenfolge der Verbannungen eingehalten hat. Da aber die Verurteilung und Exilierung des Liberius erst gegen Ende des Jahres 356 stattgefunden haben kann (vgl. S. 265ff.) und die Flucht des Athanasius auch nicht chronologisch eingeordnet ist, kann dieses Argument nicht überzeugen. Anhand der zur Verfügung stehenden Quellen wird man nicht entscheiden können, wann und in welchem Zusammenhang Rhodanius von Toulouse den Weg in die Verbannung antreten mußte.

73 RGG III (3. Aufl.), 317.

74 KLEIN, l.c.125f.: "*Wegen nicht klar erkennbarer Verdachtsmomente, die wohl in der Hauptsache politischer Natur waren, war er im Jahre 356 durch die Synode von Béziers abgesetzt und vom Kaiser nach Kleinasien verbannt worden.*" Vgl. auch l.c.126 A.224; MESLIN, Hilaire et la crise, 25.

75 TIETZE, l.c.243: "*Der Ablauf des Konzils von Biterrae und die Vorgänge um die Verbannung des Hilarius sind nicht mehr genau erhellbar. Der Grund für den Widerstand des Hilarius gegen die Religionspolitik des Konstantius lag darin, daß er die Verknüpfung der Verbannung des Athanasius mit der Ablehnung des nikänischen Bekenntnisses durch die Arianer, so wie es in Mailand geschehen war, erkannte, und beides nachzuvollziehen sich weigerte.*" Vgl. auch BORCHARDTs Kritik an der Hypothese CHADWICKs, l.c.30f. (mit einer Übersicht über die Forschungsmeinungen).

76 Ad Const.2.

in Arles und Mailand deutlich gezeigt haben, hätte die Weigerung, Athanasius zu verurteilen, völlig ausgereicht, um Hilarius durch eine Synode absetzen und anschließend durch ein kaiserliches Gericht aburteilen zu lassen. Die Verweigerung der Unterschrift unter die Absetzung des Athanasius galt bereits als schwerwiegendes politisches Verbrechen, wie die Fälle des Euseb, Lucifer, Dionys und Paulinus deutlich machen[77].

Wenn andererseits Hilarius die Unterschrift gegen Athanasius verweigert und deshalb ins Exil geschickt worden wäre, könnte er doch wohl kaum behaupten, wegen falscher Anklagen verurteilt worden zu sein. Keiner der wegen Solidarität mit Athanasius verurteilten Bischöfe hat behauptet, aufgrund falscher Anklagen verurteilt worden zu sein.

Im Zusammenhang seiner Verurteilung spricht Hilarius auch nie von Athanasius oder stellt eine Beziehung zwischen seiner Verurteilung und dem Fall des Athanasius her[78].

Aus den wenigen Äußerungen des Hilarius über die Synode von Béziers und seine anschließende Verbannung ergibt sich, daß Hilarius nicht in Verbindung mit dem Fall des Athanasius, d.h. wegen Verweigerung der Verurteilung und Absetzung des Athanasius verurteilt wurde, und daß somit die Synode von Béziers im Jahre 356 nicht als eine der Folgesynoden der Reichssynode von Mailand zur Durchführung des Mailänder Ediktes angesehen werden kann[79].

Der Fall des Hilarius[80] muß in dieser Hinsicht von den Fällen des Paulinus, Euseb, Lucifer, Dionys und den etwas

77 Vgl. S. 192ff.

78 So auch KLEIN, l.c.; vgl. Anm. 63.

79 Das hatte ich noch in meinem S. 210 Anm. 68 genannten Kurzvortrag vermutet.

80 Das juristische Verfahren gegen Hilarius scheint mit dem gegen Euseb, Lucifer, Dionys und Paulus übereinzustimmen; sie sind alle nach CTh XVI,2,12 verurteilt worden, anders der Fall des Athanasius selbst; vgl. S. 187f.; 192f. Wieder juristisch ganz anders geht der Kaiser gegen Ossius und Liberius einige Zeit später vor. Liberius wurde eigenartigerweise vor seiner Verbannung nicht von einer Synode abgesetzt; ob man bei Ossius überhaupt von Exil oder Verbannung sprechen kann, ist fraglich. Andererseits verlangte der Kaiser unseres Wissens nur von Ossius und Liberius im Exil die Unterschrift unter eine theologische Formel, von keinem der anderen verbannten Bischöfe wird das sonst berichtet. Vgl. zum Fall des Liberius und Ossius S. 265ff.

anders gelagerten Fällen des Ossius und des Liberius getrennt werden.

Völlig unvorstellbar ist somit auch, daß Hilarius wegen seines Eintretens für das nizänische Bekenntnis verurteilt wurde[81].

Auf der Synode von Béziers kann es nicht um dogmatische Fragen gegangen sein, auch wenn Hilarius das Geschehen dort Jahre später so deutet, allerdings ohne irgendwelche genaueren Angaben zu machen. Die theologische und kirchenpolitische Stellung, die Saturnin von Arles seit der sirmischen Synode von 357 und besonders seit den Ereignissen von Rimini 359 und Konstantinopel zu Anfang des Jahres 360 einnahm, gaben Hilarius gewissermaßen das Recht, von ihm als Häretiker zu sprechen, den er schon im Jahre 356 bekämpft hatte. Über den Inhalt der Verhandlungen von Béziers aber geben die Bemerkungen des Hilarius in Syn.2 und C.Const.2 keine verwertbare Auskunft[82].

Mit aller Vorsicht wird man folgende Vermutungen über die Synode von Béziers wagen dürfen: Zu Beginn des Jahres 356, nicht lange nachdem der neue Caesar Julian sein Amt in Gallien angetreten hat[83], scheint irgendjemand den Bischof der militärisch und wirtschaftlich wichtigen aquitanischen Stadt

---

81 MUNIER, l.c.; KANNENGIESSER, l.c.; zuletzt TIETZE, l.c.243.

82 Vor allem wäre zu fragen, welche dogmatischen Fragen man in Béziers 356 hätte verhandeln können. Eine Forderung an die gallischen Bischöfe, die 1. sirmische Formel von 351 zu unterschreiben, die noch immer die theologische Grundlage der Orientalen bildete, hätte wohl kaum Anlaß zu tiefgreifenden Kontroversen gegeben. Hilarius kann die 1. sirmische Formel im Exil bald sehr positiv beurteilen; vgl. S. 349. Über den Inhalt der Häresie von Béziers sagt Hilarius nichts. Syn.2 [PL X,481B]: ..., *in qua patronos hujus haereseos ingerendae quibusdam vobis testibus denuntiaveram,...* Am wahrscheinlichsten erscheint es, daß *hujus haereseos* sich auf die 2. sirmische Formel von 357 bezieht, zu deren Ablehnung Hilarius in Syn.2 die gallischen Bischöfe beglückwünscht, die aber von Saturnin unterschrieben worden war. Zu C.Const.2 vgl. S. 210f. Auch hier nur ganz allgemein der Vorwurf der Häresie gegenüber der Synode von Béziers, aber ohne inhaltliche Füllung. Zu beachten ist, daß C.Const. erst nach der endgültigen Wendung des Kaisers zur homöischen Theologie, die auch Saturnin inzwischen vertrat, geschrieben wurde. Erst jetzt (und vom Herrschaftsgebiet Julians aus) ist der Kaiser für Hilarius ein Häretiker. Seine Häresie ist die in Nike endgültig angenommene homöische Formel, auf die sich C.Const. bezieht. Vgl. dazu S. 360ff.

83 Zum Datum vgl. Anm. 42.

Poitiers[84], den aus der Oberschicht seiner Heimatstadt stammenden Hilarius, bei Julian politisch denunziert zu haben. Daß diese Denunziation politischer Natur war, ist nach den turbulenten Ereignissen der Magnentius- und Silvanususurpation in Gallien[85] nur allzu verständlich und scheint auch in den Worten des Hilarius selbst mehrfach anzuklingen[86]. Es erscheint nicht ganz unwahrscheinlich, daß es sich um den Vorwurf der Konspiration mit Silvanus gehandelt hat[87]. Ob dieser Vorwurf gegen Hilarius auch nur irgendwie gerechtfertigt war, wissen wir nicht, Hilarius hat es jedenfalls stets verneint[88].

Julian hält sich genau an das in solchen Fällen schon seit langem übliche, aber erst seit September 355 kodifizierte Verfahren: gegen einen amtierenden Bischof kann und darf er nicht gerichtlich vorgehen[89]. Aus diesem Grunde beruft er in Béziers eine Synode als Bischofsgericht über Hilarius ein und befiehlt ihm, dort zu erscheinen[90]. Die Synode leitet der

---

84 Vgl. S. 226f.

85 Zur Rolle einiger Bischöfe bei der Usurpation des Magnentius vgl. S. 71-90; zur Usurpation des Silvanus S. 202-210.

86 Ad Const.2.

87 Vgl. CHADWICK, RGG III (3. Aufl.), 317 und oben S. 207f.

88 Ad Const.2 [FEDER, 198,3ff.]: *non crimine, sed factione et falsis nuntiis ... non ob aliquam criminum meorum conscientiam ... falsa autem eorum omnia ... circumuentum te Augustum inlusumque Caesarem tuum ...*

89 CTh XVI,2,12 vom 23. September 355 [MOMMSEN I/2,838f.]: *Mansuetudinis nostrae lege prohibemus in iudiciis episcopos accusari, ne, dum adfutura ipsorum beneficio inpunitas aestimatur, libera sit ad arguendos eos animis furialibus copia. Si quid est igitur querellarum, quod quispiam defert, apud alios potissimum episcopos convenit explorari, ut opportuna adque commoda cunctorum quaestionibus audientia commodetur.*
*INTERPRETATIO. Specialiter prohibetur, ne quis audeat apud iudices publicos episcopum accusare, sed in episcoporum audientiam perferre non differat, quidquit sibi pro qualitate negotii putat posse conpetere, ut in episcoporum aliorum iudicio, quae adserit contra episcopum, debeant definiri.*
Zu CTh XVI,2,12 als juristische Grundlage für das Vorgehen gegen Bischöfe vgl. vor allem GIRARDET, Constance II,84ff., der mit zahlreichen Beispielen belegt, daß dieses Gesetz nur die seit Konstantin übliche Praxis kodifiziert und nicht eigens gegen Athanasius oder die Orthodoxie erlassen wurde. Auf die Bedeutung dieses Gesetzes für den Fall des Hilarius macht auch DOIGNON, l.c.461 aufmerksam. Aus DOIGNON, l.c.461 A.4 entnehme ich, daß der mir unzugängliche da PRATO dieses Gesetz als eigens gegen Athanasius und seine Parteigänger erlassen interpretierte.

90 Ein Bischof von Béziers ist für diese Zeit nicht nachweisbar (DUCHESNE, Fastes I,309f.). Unbekannt ist auch, warum Béziers für die Synode

seit dem Aufenthalt des Konstantius in Gallien ihm vertraute Bischof Saturnin aus der kaiserlichen Residenz Arles im Auftrage des Kaisers, als dessen Stellvertreter Julian in Vienne residiert[91].

Die vom Kaiser oder seinem Stellvertreter Julian einberufene Synode setzt nach inzwischen hinlänglich bekanntem Verfahren Hilarius als Bischof von Poitiers ab[92] und übergibt ihn der staatlichen Gerichtsbarkeit des Kaisers, der ihn zur Verbannung nach Asien verurteilt[93].

In der Nachrichtenübermittlung zwischen den Höfen von Vienne und Mailand scheinen bei dieser Gelegenheit Probleme aufgetaucht zu sein[94].

Wohl noch im Sommer, ohne vorher noch einmal nach Poitiers zurückkehren zu können, mußte Hilarius aller Wahrscheinlich-

---

gewählt wurde. Daß Hilarius nicht freiwillig dort erschien, bezeugt er selbst C.Const.2 [PL X,579A]: *ad Bitterensem synodum compulsus.*

91 Zu den juristischen Hintergründen dieser Synoden, die als kirchliches Gericht wie ein kaiserliches consilium funktionierten, vgl. GIRARDET, l.c. und Kaisergericht, passim.

92 Das ergibt sich aus der seit Konstantin üblichen Praxis der Rechtsprechung dieser Synoden, die nur Absetzung und Exkommunikation beschliessen konnten; vgl. GIRARDET, l.c.
Vgl. dazu Hilar.Aux.7 [PL X,614A]: *Primumque, ut in foro solet, de persona calumniatus est, damnatum quondam me a Saturnino, audiri ut episcopum non oportere.*
Die Mehrheit der Gelehrten hat dagegen aus Ad Const.2,1 [FEDER, 197, 17-198,2]: *episcopus ego sum in omnium Galliarum ecclesiarum atque episcoporum communione...*, geschlossen, daß Hilarius als Bischof nicht abgesetzt wurde, auch weil von keinem Nachfolger etwas bekannt sei. Völlig unbegründet die Annahme von GRIFFE, l.c., daß Konstantius die Absetzung des Hilarius nicht gewagt habe. Die Absetzung des Hilarius nimmt auch KLEIN, l.c.126 A.224 an.

93 Die Synode konnte Hilarius nicht zum Exil verurteilen, wie BORCHARDT, l.c.28 annimmt, das konnte nach Absetzung und Exkommunikation durch eine Synode erst ein staatliches Gericht; vgl. GIRARDET, l.c. Diese Aufgabenverteilung zwischen der Synode als Bischofsgericht und staatlichem Gericht beim Vorgehen gegen Bischöfe schimmert auch bei Hilarius selbst durch. Vgl. seinen Bericht über die Verurteilung des Paulinus Coll.antiar.Paris. BI,6 [FEDER, 102,11-13]: *et qualis fuit illa sententia, exponam, a qua referens uoluntatem indignus ecclesiae ab episcopis, dignus exilio a rege est iudicatus.* Über seine eigene Verurteilung Ad Const.2,2 [FEDER, 198,12-14]: *..., ut, si indignum aliquid non modo episcopi sanctitate, sed etiam laici integritate gessisse doceam,...*

94 Hilar.Ad Const.2,1 [FEDER, 198,5-8]: *nec leuem habeo quaerellae meae testem dominum meum religiosum Caesarem tuum Iulianum, qui plus in exilio meo contumeliae a malis, quam ego iniuriae, pertulit; in promtu enim sunt pietatis uestrae litterae.* Zu möglichen Spekulationen über die Rolle Julians im Hilariusprozeß BORCHARDT, l.c.28-30.

keit nach die Reise ins Exil antreten[95].

Anders als die im Zusammenhang mit dem Fall des Athanasius verurteilten Bischöfe genießt Hilarius im Exil relativ große Privilegien. Er kann sich frei bewegen, Kontakte zu orientalischen Bischöfen anknüpfen und an der Synode von Seleucia teilnehmen. Später gelingt es ihm sogar, in Konstantinopel dem Kaiser zu begegnen[96]. Ebenfalls im Gegensatz zu den im Zusammenhang mit Athanasius verurteilten abendländischen Bischöfen kann Hilarius noch zu Lebzeiten des Kaisers Konstantius in seine gallische Heimat zurückkehren[97].

Nur bei der Annahme, daß Hilarius wegen des Verdachtes politischer Umtriebe ins Exil mußte, ist sein Vorwurf, wegen falscher Verdächtigungen böser Menschen unschuldig im Exil zu sein, und die daraus resultierende Bitte an den Kaiser, ihm die Rückkehr in die Heimat zu erlauben, erklärbar[98].

---

95 Vgl. den Exkurs S. 243-247. Eine Rückkehr nach Poitiers vor Antritt des Exils ist kaum vorstellbar, wird aber häufig angenommen, um nach der Synode von Béziers noch das Treffen mit Martin (vgl. Exkurs) und die Abfassung des *Liber primum adversus Valentem et Ursacium* unterzubringen. So seit den Untersuchungen WILMARTs und FEDERs zu den Coll. anriar.Paris. die meisten. Zum Forschungsstand BORCHARDT, l.c.30ff. Anders MESLIN, Hilaire et la crise, 25.

96 Hierin liegt ein besonderer Unterschied zur Behandlung der in Arles und Mailand Verurteilten. Könnte man die milde Form des Exils, die Hilarius zu ertragen hatte, u.U. mit der von Julian (allerdings in einem Panegyricus auf Konstantius) gelobten Milde des Kaisers bei der Bestrafung der Silvanusanhänger in Zusammenhang bringen? Vgl. oben S. 207f.

97 Zur Rückkehr des Hilarius in das inzwischen von Julian allein beherrschte Gallien vgl. S. 360ff.

98 Vgl. Hilar.Ad Const.2. Ein von SMULDERS, BijPhTh 39(1978)234-43 veröffentlichtes, bisher unbeachtetes Fragment der sog. *Apologia responsa* des Hilarius, auf das mich Prof. Smulders freundlicherweise aufmerksam machte, scheint dagegen in eine andere Richtung zu weisen. Das Fragment gehört zu den Bemerkungen, die Hilarius seiner Schrift *De synodis* zur Erklärung für Lucifer von Calaris beigefügt hatte (dazu unten S. 366). Ich gebe den Text dieses *Responsum apologeticum Vbis* nach der kritischen Edition von SMULDERS, l.c.239 (dort auch die hss. Bezeugung):
*1 Caput omne hoc si diligentius lectum ab Hilario esset vel*
*2 intellectum, scisset quid esset pro omousion pugnare et*
*3 arrianos damnare, neque me diaconus inauditum episcopum*
*4 absentem rescissae impiae damnationis vestrae et defensae*
*5 dominicae causa fidei exulantem damnasset.*
Außer der interessanten und bisher unbekannten Tatsache, daß Hilarius von Leuten um Lucifer, wohl wegen seiner Beziehungen zu den Homöusianern, exkommuniziert worden ist (dazu SMULDERS, l.c.), sagt Hilarius hier, daß er ins Exil mußte, weil er den Glauben verteidigt und sich

Im Exil nun entfaltet Hilarius eine großartige theologische und kirchenpolitische Tätigkeit, deren publizistischer Niederschlag sich in den an seine Mitbischöfe im fernen Gallien gerichteten Schriften findet und die auch in der Tat in Gallien eine enorme kirchenpolitische Wirkung gehabt hat.

## EXKURS:
## Hilarius von Poitiers und Martin von Tours

Zu den mit der weitgehend unbekannten Tätigkeit des Bischofs von Poitiers vor seinem Exil zusammenhängenden Problemen gehört die vieldiskutierte Frage seines ersten Zusammentreffens mit Martin, dem späteren Bischof von Tours und Begründer des Mönchtums in Gallien, der dann zum wichtigsten Heiligen des fränkischen Reiches werden sollte und bis auf den heutigen Tag seine große Popularität bewahrt hat[99].

Die wichtigste Quelle über Martin von Tours ist die *Vita Sancti Martini* des Sulpicius Severus[100]. Sie berichtet, daß Martin nach der Entlassung aus seinem Militärdienst in der Schola unter Julian[101] zu Hilarius nach Poitiers gegangen sei und dort noch vor dessen Exil Schüler des Bischofs wurde und in den Klerus der Kirche von Poitiers als Exorzist aufgenommen wurde: 5,*1. Exinde, relicta militia, sanctum Hilarium Pictauae episcopum ciuitatis, cuius tunc in Dei rebus spectata et cognata fides habebatur, expetiit et aliquandiu apud eum commoratus est. 2. Temptauit autem idem Hilarius inposito diaconatus officio sibi eum artius inplicare et ministerio uincire diuino. sed cum saepissime restitisset, indignum se esse uociferans, intellexit uir altioris ingenii, uno eum modo posse*

---

geweigert hatte, Lucifer zu verurteilen. Daß Hilarius in seinen späteren Schriften, zu denen diese Bemerkungen für Lucifer gehören, sein Exil nachträglich mit der Frage des Glaubens verbunden hat, war schon beobachtet worden (vgl. S. 210ff.). Unklar allerdings bleibt, ob die Verurteilung des Lucifer auf der Synode von Béziers selbst eine Rolle gespielt hat, wie der Text suggeriert (dagegen spricht m.E. Ad Const.2), oder ob auch diese Behauptung zur nachträglichen Deutung seines Exils gehört. In dieser Deutung war der Fall des Athanasius und der seinetwegen Exilierten zum Glaubensfall a priori geworden. Daß Hilarius im Exil auf seiten des Athanasius und der anderen wegen Athanasius Verbannten stand, steht anhand des *Liber I adversus Valentem et Ursacium* fest. Außerdem wird man bei der Interpretation dieses Fragments beachten müssen, daß es sich um ein apologetisches an Lucifer gerichtetes Schreiben handelt! Aus den angeführten Gründen möchte ich vermuten, daß die Aussagen des *Responsum apologeticum Vbis* über die Ursachen des Exils wahrscheinlich zur nachträglichen Deutung dieses Exils durch Hilarius gehören.

99 AMANN, DThC X/1,211-14; BERNOULLI, RE XII,389-91; FONTAINE, DSp X (1980)687-94; vgl. auch den Sammelband *Saint Martin et son temps*.

100 HALM, 109-39; FONTAINE I,248-317. Über Sulp.Sev. als Verfasser der Vita vgl. die ausführliche Einleitung von FONTAINE I,17ff.; wichtige Literatur zu Martin ebenda, 13-15.

101 Mart.2,2 [FONTAINE I,254]: *Ipse, armatam militiam in adulescentia secutus, inter scholares alas sub rege Constantio, deinde sub Iuliano Caesare militauit*. Vgl. den Kommentar z.St. FONTAINE II,436-44.

*constringi, si id ei officii imponeret, in quo quidam locus iniuriae uideretur. Itaque exorcistam eum esse praecepit. Quam ille ordinationem, ne despexisse tamquam humiliorem uideretur, non repudiauit*[102].

Die *Vita S. Martini* des Sulpicius Severus hat seit jeher wegen verschiedener chronologischer Unstimmigkeiten in sich selbst und im Verhältnis zu anderen Quellen über das Leben Martins von Tours Anlaß für lebhafte wissenschaftliche Debatten gegeben[103]. Inzwischen hat sich aber über die chronologischen Hauptprobleme der *Vita S. Martini* des Sulpicius Severus vor allem im Verhältnis zu den Angaben Gregors von Tours[104], des berühmten Nachfolgers des Martin auf dem Bischofssitz von Tours, ein gewisser Konsens gebildet[105]. Demnach muß Martin um 316-317 in Pannonien geboren sein. Etwa 331 trat er in die Armee ein, in der er nach seiner Taufe um 334 noch zweiundzwanzig Jahre[106] gedient hat. Als Offizier der kaiserlichen Garde ist er unter Julian in der zweiten Hälfte des Jahres 356 anläßlich der ersten Kampagne Julians gegen die Germanen bei Worms auf seinen Wunsch hin aus der Armee entlassen worden und begab sich von dort unmittelbar zu Hilarius nach Poitiers, dessen Schüler er wurde[107].

Neben den zahlreichen mit den Jugendjahren Martins verbundenen chronologischen Schwierigkeiten, auf die hier nicht näher einzugehen ist[108], wirft dieses Treffen zwischen Hilarius und Martin im Jahre 356 zahlreiche nicht nur chronologische Probleme auf[109].

Im Frühjahr 356 war Hilarius bereits von der Synode von Béziers abgesetzt und anschließend zur Verbannung nach Asien verurteilt worden[110]. Frühestens im Sommer[111] 356 kann aber Martin, an dessen Dienst unter

---

102 Mart.5,1.

103 Vgl. schon COUSTANT in der von ihm zusammengestellten Vita des Hilarius [PL IX,138-40] und da PRATOs ausführlichen Kommentar zu seiner Ausgabe des Sulp.Sev. von 1741 (mir nicht zugänglich). Ausführliche Diskussion aller chronologischen Probleme der Vita Martini bei BABUT, Saint Martin de Tours, Pari 1912 (war mir ebenfalls leider nicht zugänglich. Ich zitiere nach Angaben der sich eindringlich mit den seinerzeit viel Anstoß erregenden Thesen BABUTs auseinandersetzenden Literatur); AMANN, l.c.; JULLIAN, REA 12(1910)260-280; 24(1922)37-47, 123-128, 229-235, 306-312; 25(1923)49-55, 139-143, 234-250; DELEHAYE, AB XXXVIII(1920)5-136 (Versuch einer Chronologie, 19ff.); GRIFFE, La Gaule I,217ff.; ders., BLE 62(1961)114-118; FONTAINE in: SAINT MARTIN ET SON TEMPS, 189-236; ders. in seiner Edition, passim. I,171ff. ein Überblick über die Forschung; ders., DSp X(1980)687ff.

104 Greg.-T. Hist.I,36,39 (im Zusammenhang dieses Exkurses sind nur die Angaben Gregors über den jungen Martin berücksichtigt).

105 Zusammenfassend FONTAINE in: SAINT MARTIN ET SON TEMPS, 189-236, der die verschiedenen Auffassungen referiert.

106 Mart.3,5 möchte GRIFFE statt *biennium* lieber *vicennium* lesen; vgl. BLE 62(1961)114-118 und schon La Gaule I,271ff.

107 So die allgemein akzeptierte Chronologie, aus Mart.I-V und den übrigen Angaben bei Sulp.Sev. und Greg.-T. gewonnen; vgl. FONTAINE, l.c. und den Kommentar in Bd.II-III seiner Edition.

108 Gegen Sulp.Sev.Mart. hat sich der frühere Geburtstermin um 316/317 durchgesetzt; vgl. FONTAINE, l.c.; dagegen DELEHAYE, l.c., der für die Zeit um 335 eintritt.

109 Vgl. die Anm. 103 genannten chronologischen Untersuchungen und MESLIN, Hilaire et la crise arienne, 25.

110 Vgl. S. 230-243.

111 Nach Amm.XVI,2,2 brach Julian erst Juni 356 von Vienne auf, kam am 24. Juni nach Autun und kann kaum vor August/September in Worms gewesen sein; vgl. JULLIAN, REA 12(1910)264. An dem von Amm. überlie-

Julian m.E. nicht sinnvoll gezweifelt werden kann[112], seinen Abschied genommen und nach Poitiers gereist sein. Die *Vita S. Martini* will aber den Eindruck eines längeren Beisammenseins der beiden Männer erwecken[113].

Die häufig vertretene Auffassung, daß Hilarius erst am Ende des Jahres ins Exil abgereist sei[114], widerspricht nicht nur antiken Reisegewohnheiten[115], sondern auch den sonst bekannten Gepflogenheiten bei der Exekution von Verbannungsurteilen an Bischöfen, die in den nicht wenigen bekannten Fällen jeweils sofort durchgeführt worden sind, wie es jedenfalls den Anschein hat[116]. Außerdem hat diese Auffassung keinen Anhalt in den Quellen; sie scheint eigens dazu konstruiert, um den Besuch des Martin bei Hilarius noch zu ermöglichen und Hilarius auch noch die Gelegenheit zu geben, einige meist als vorexilisch angesehene Schriften zu verfassen[117].

Wenn aber Hilarius sehr bald nach der Synode von Béziers ins Exil abreiste, und Martin erst nach dem Aufbruch Julians von Vienne die Armee bei Worms verließ[118], kann er keinen längeren Aufenthalt mehr bei Hilarius in Poitiers vor dessen Abreise ins Exil gehabt haben. Der Auffassung des Sulpicius Severus über die Beziehung der beiden Hauptpersonen der gallischen Kirche im vierten Jahrhundert schon vor dem Exil des Hilarius ist merkwürdigerweise der sonst sowohl in seiner *Vita S. Hilarii* als auch in seiner *Vita S. Martini* völlig von Sulpicius Severus abhängige Venantius Fortunatus nicht gefolgt. Seiner Auffassung nach, die m.E. als bewußte Korrektur des Sulpicius Severus angesehen werden muß, wurde Hilarius erst nach seinem Exil der Lehrer des Martin[119]. Auch Gregor von

---

ferten Datum für das Eintreffen Julians in Autun zu zweifeln, wie das JULLIAN, l.c.270ff. tut, scheint mir nicht möglich.
DE JONGE, l.c.13 weist allerdings darauf hin, daß es sich bei dem 24. Juni um den Festtag der Fortuna handelt.

112 Wegen der chronologischen Probleme hatte COUSTANT, l.c. gezweifelt, ob Martin überhaupt noch unter Julian gedient hatte. Ihm war man in der Forschung früher oft gefolgt und konnte dann den Besuch des Martin bei Hilarius ohne Schwierigkeiten vor das Exil legen. So zuletzt noch ENSSLIN, PW XIV/2,2020-22.

113 Mart.5,1 [FONTAINE I,262]: *et aliquandiu apud eum commoratus est.* Auch die Aufnahme in den Klerus als Exorzist (5,2) und die kurze Zeit später berichtete Abreise zu den Eltern (5,3), wobei Hilarius als in Poitiers zurückbleibend gedacht wird, stützen diese Annahme.

114 So u.a. JULLIAN, l.c.270ff.; FONTAINE II,542-47; ders. in: SAINT HILAIRE ET SON TEMPS, 70. Vgl. oben S. 230-243.

115 Diese Auffassung würde eine Abreise aus Poitiers im Winter verlangen; vgl. DOIGNON, l.c.510 A.2.

116 Euseb, Lucifer und Dionys hatten allem Anschein nach keine Möglichkeit mehr, nach Abschluß der Mailänder Synode und vor Antritt des Exils in ihre Heimatstädte zurückzugehen und dort noch unbehelligt zu wirken.

117 Vgl. Anm. 95.

118 Über das Datum der Entlassung vgl. JULLIAN, l.c.; FONTAINE, passim; DOIGNON, l.c.510 mit A.1; MESLIN, l.c.

119 Fort.Hilar.IX(33) [KRUSCH, 5,3ff.]: *(33) Itaque dum regrederetur ad propria, tunc beatus Martinus aeque meritorum lumen non absconsum, qui ab Hilario exorcista est postea institutus, cognito adventu eius, Romam festinanter occurrit. Quem cum praeterisse cognosceret est usque Gallias consecutus. (34) Neque enim Martinus, qui adhuc cathecuminus Christum clamyde sua tectum videre meruit, illi devotus occur-*

Tours, obwohl er die *Vita S. Martini* des Sulpicius Severus kennt, weiß nichts von einer Reise Martins nach Poitiers vor dem Exil des Hilarius[120].

Die Forschung hat mir ganz wenigen Ausnahmen trotz aller chronologischen Schwierigkeiten bisher am Bericht des Sulpicius Severus über die Begegnung zwischen Hilarius und Martin im Sommer 356 festgehalten[121].

Warum aber soll Martin nach seiner Entlassung aus dem Militärdienst direkt zu dem gerade auf einer Synode verurteilten Bischof von Poitiers gefahren sein?[122] Seit Sulpicius Severus hat man diese Frage mit dem Hinweis auf die hervorragende Rolle, die Hilarius angeblich 355/56 in der gallischen Kirche gespielt hatte, beantwortet[123]. Nach allgemeiner Auffassung hatte Martin u.U. als Gardeoffizier in Vienne die Verhandlungen der Synode von Béziers miterlebt und war seither für den die wahre Lehre verteidigenden Hilarius so begeistert, daß er in ihm seinen künftigen Lehrmeister sehen wollte[124]. J. FONTAINE, der Herausgeber und Kommentator der *Vita S. Martini*, der mit dieser Lösung verbundenen politischen Schwierigkeiten bewußt, hält Martin für einen Gesandten Julians, der mit dem berühmten Bekennerbischof über die aufgrund der Ereignisse von Béziers entstandenen Probleme, die auch vor den in Gallien stehenden Trup-

---

*reret, nisi per omnia mysteriis plenum in eo spiritum praevidisset. Nec mirum si ille qui deum prius vidit in paupere, postea ipsum habitare cognosceret in doctore.*

Zur Abhängigkeit des Venantius Fortunatus von Sulpicius Severus bis in die Einzelformulierungen vgl. den Apparat in der Ausgabe von KRUSCH.

120 Greg.-T.Hist.I,36 berichtet von der Geburt des hl. Martin, I,37 über Jakob von Nisibis und Maximinus von Trier, I,38 über das Exil des Hilarius und die Rückkehr nach Gallien im Jahre 360, I,39 erwähnt Martin erst nach der Rückkehr des Hilarius aus dem Exil [BUCHER I, 42,5-9]: *Tunc iam et lumen nostrum exoritur, novisque lampadum radiis Gallia perlustratur, hoc est eo tempore beatissimus Martinus in Gallias praedicare exorsus est, qui Christum, Dei filium, per multa miracula verum Deum in populis declarans, gentilium incredulitatem avertit.*

121 COUSTANT hatte an Sulp.Sev. gezweifelt [PL IX,138]: *Immo etiam antea, si Sulpicio non neganda fides, tanta fuit Hilarii fama, ut nec Martinum ad Rhenum militantem fugerit, quo minus eum spiritalis vitae sibi ducem deligeret.* BABUT hatte eine Verbindung von Hilarius und Martin vor dem Exil des Hilarius abgelehnt (nach DOIGNON, l.c.507 A.4). Zuletzt hat aus chronologischen Erwägungen MESLIN, l.c. ein Treffen zwischen Hilarius und Martin im Sinne des Sev. vor dem Exil des Hilarius für unmöglich erklärt, da nach Sulp.Sev.Chron.II,42,2 Hilarius spätestens im Sommer Gallien verlassen haben muß.

122 Es hätte sich dabei um offene Solidarisierung eines Gardeoffiziers mit einem wahrscheinlich wegen Teilnahme an hochverräterischen Umtrieben verurteilten Bischof gehandelt. Dieses Problem sieht auch FONTAINE, Hilaire et Martin, 70. Er sieht es als einen Affront gegen den arianischen Konstantius an, wenn Martin sich dem Führer der Orthodoxen in Gallien zuwendet. FONTAINE übersieht dabei den eigentlichen politischen Aspekt, den das weit über einen kirchenpolitischen Affront hinaus gehabt hätte, da Hilarius - zumindest offiziell - wegen politischer Delikte verurteilt wurde, soweit sich erkennen läßt.

123 FONTAINE, l.c.; DOIGNON, l.c.510.

124 So FONTAINE, l.c., der in diesem Punkt die opinio communis wiedergibt.

pen nicht halt machten, verhandeln sollte[125].

Auch FONTAINE geht dabei von der Rolle des vorexilischen Hilarius als Streiter wider den Arianismus und die Kirchenpolitik des Konstantius bei seiner Deutung der Motive des Martin für die Reise zu Hilarius aus. Wenn aber, wie oben gezeigt wurde, nicht davon ausgegangen werden kann, daß Hilarius als führender Gegner der Kirchenpolitik des Konstantius in Gallien nach der Synode von Mailand anzusehen ist, sondern seine Verurteilung aller Wahrscheinlichkeit nach auf politischen Anklagen beruhte, erscheint die Vermutung FONTAINEs doch zweifelhaft. Eher wäre in diesem Falle die Annahme von R. LORENZ denkbar, daß Hilarius in Poitiers schon monastische Lebensformen eingeführt hatte und Martin deshalb zu ihm wollte[126]. Allerdings gibt es in den Quellen keinerlei Anhalt für diese Annahme, die, wenn auch nicht unmöglich, so doch besser in die nachexilische Zeit des Hilarius paßt[127].

Sulpicius Severus bezieht die Reise Martins zu Hilarius und seine Schülerschaft bei dem Bischof von Poitiers in diesem Zeitpunkt allein auf die Rolle, die Hilarius seiner Meinung nach schon vor dem Exil im Kampf gegen den Arianismus gespielt hatte: ..., *sanctum Hilarium Pictauae episcopum ciuitatis, cuius tunc in Dei rebus spectata et cognita fides habebatur,...*

Es ist durchaus denkbar, daß Martin von den Verhandlungen und Ergebnissen der Synode zu Bêziers gehört hat, da er offenbar zum Begleitkommando Julians gehörte. Angesichts des politischen Charakters der Verurteilung des Hilarius wäre es, in modifizierter Annahme der Thesen FONTAINEs, auch denkbar, daß Martin zu Verhandlungen (politischer Art!) mit Hilarius vor dessen Exil zusammengetroffen wäre. Angesichts der chronologischen und sachlichen Schwierigkeiten und der überlieferten Quellen erscheint es aber nicht möglich, daß Martin zwischen der Verurteilung des Hilarius auf der Synode zu Bêziers und seiner Abreise ins Exil nach Phrygien als Schüler des Hilarius bei ihm in Poitiers gelebt hat und von ihm in den Klerus der Kirche von Poitiers als Exorzist aufgenommen wurde.

Zum Schüler und Kleriker des Hilarius ist Martin, der spätere Bischof von Tours, aller Wahrscheinlichkeit nach erst nach der Rückkehr des Hilarius aus dem Exil ab 360/61 geworden[129].

---

125 FONTAINE, l.c.71; ders. in: SAINT MARTIN ET SON TEMPS, 208. FONTAINE geht von der führenden kirchenpolitischen Rolle des Hilarius für Gallien in den Jahren 355/56 aus. Selbst bei dieser Annahme wäre ein derartiges Vorgehen kaum denkbar. Auch scheint FONTAINE hier schon einen tiefen Dissens zwischen Konstantius und seinem Caesar Julian vorauszusetzen, wie es die spätere konstantiusfeindliche Berichterstattung des Ammian und des Julian selbst suggerieren, denen die moderne Literatur in diesem Punkt häufig etwas unkritisch gefolgt ist. Ein Dissens zwischen dem Augustus und seinem Caesar ist für 356 aber nicht zu belegen.

126 LORENZ, ZKG 77(1966)12. Das erwägt FONTAINE, l.c. zusätzlich.

127 Erst im Exil hat Hilarius orientalische Formen kirchlichen Lebens kennengelernt. Auch bei Euseb von Vercell läßt sich die Einführung monastischer Lebensformen erst für die Zeit nach seinem Exil sicher nachweisen. Vgl. LORENZ, l.c.; DE CLERCQ, DHGE, XV,1478; GODET, DThC V/2,1553.

128 Mart.5,1. Zur Sicht des Hilarius bei Sulp.Sev. S. 210ff. Zum Ausdruck *spectata et cognita fides* DOIGNON, l.c.455ff.

129 So auch MESLIN, l.c. Ziemlich phantastisch die Annahme JULLIANs, REA 12(1910)273, daß die Mart.5 berichtete Reise nach Pannonien im Auftrag des Hilarius zu Konstantius ging, um dem Kaiser den *Lib. I adv. Valentem et Ursacium* als Verteidigungsschrift des Hilarius zu überbringen.

## 3. KAPITEL

## DER SOGENANNTE LIBER ADVERSUS VALENTEM ET URSACIUM

### 1) *Die Collectanea antiariana Parisina*

a) Die Überlieferung[1]

Dem neuerwachten philologischen Interesse und historischen Spürsinn der Humanisten des fünfzehnten und sechzehnten Jahrhunderts, die Europas Bibliotheken auf der Suche nach Handschriften antiker Autoren durchstöberten und dabei manch bisher unbekannten oder vergessenen Schatz hoben, verdanken wir die Wiederentdeckung vieler mittelalterlicher Handschriften und manche erstmals auf miteinander verglichenen Handschriften fußende kritische Edition einiger antiker christlicher Schriftsteller.

So waren auch seit Ende des fünfzehnten Jahrhunderts die ersten Ausgaben der Schriften des Hilarius von Poitiers entstanden[2].

Wohl eher zufällig stieß der gelehrte Humanist P. PITHOU (PITHOEUS) im Jahre 1590[3] in einer Pariser Bibliothek, deren Namen aber wegen des Zustandes und der Ordnung der dort gelagerten Schätze FABER schamhaft meinte verschweigen zu müssen[4], auf eine unbekannte mittelalterliche Handschrift. FEDER vermutet, daß es sich bei der schlampig geführten Bibliothek

---

1 Ausführlich *N. FABRI in Fragmenta Hilarii Praefatio* [PL X,887-916]; COUSTANT, *In Fragmenta Sancti Hilarii Praefatio* [PL X,619-27]; SCHIKTANZ, l.c.1ff.; FEDER,XXff.; FEDER, Studien I, passim; DOIGNON, l.c. 426ff.; BORCHARDT, l.c.31ff.

2 COUSTANT, PL IX,11ff.

3 Zum Datum FABER, PL X,913CD; SCHIKTANZ, l.c.2ff.; FEDER,XXXVII; FEDER, Studien I,15. Bei FLEMING, l.c.6 kann es sich bei der Angabe *"But in the fifteenth century, P. Pithoeus discovered a collection of fourth century documents..."*, wohl nur um einen bei der Korrektur übersehenen Schreibfehler handeln.

4 FABER, l.c.913D: *Adderem hoc loco unde haec etiam fragmenta eruit, nisi bonis viris ejusmodi rerum cognitionem profitentibus ruborem suffundere vererer,...*

um die von St. Victor in Paris gehandelt haben müsse[5].

Es war eine qualitativ ziemlich minderwertige Handschrift des fünfzehnten Jahrhunderts, die unter anderen Werken des vierten und fünften Jahrhunderts auch eine Reihe von Dokumenten zu den kirchenpolitischen Auseinandersetzungen der vierziger, fünfziger und sechziger Jahre des vierten Jahrhunderts enthielt[6].

Die Dokumente waren teilweise von einem Autor des vierten Jahrhunderts kommentiert. Bei ihnen handelte es sich um Synodalbriefe, Synodalbekenntnisse, Briefe von Bischöfen, unter denen die Briefe des Bischofs Liberius von Rom eine zentrale Stellung einnahmen, einen Brief Konstantius II. und längere und kürzere Kommentare zu den einzelnen Stücken. Zum Teil sehr bruchstückhaft, ließ die ganze Sammlung auf den ersten Blick jeden inneren Zusammenhang vermissen[7].

Der erste Teil dieser relativ unvermittelt nebeneinander gestellten Einzelstücke trug weder Titel noch Überschrift, der umfangreichere zweite Teil dagegen war überschrieben: *Incipit Liber secundus Hilarii Pictavensis provinciae Aquitaniae, in quo sunt omnia, quae ostendunt uel quomodo, quibusnam causis, quibus instantibus sub imperatore Constantio factum est Ariminense concilium contra formellam Nicheni tractatus, qua universae haereses comprehensae erant.*[8]

Am Schluß des letzten Fragments der zweiten Gruppe stand: *Explicit Sancti Hilarii liber ex opere historico.*[9]

Ein großer Teil der Aktenstücke war bis dahin völlig unbekannt[10]. P. PITHOU erkannte die Bedeutung seines Fundes

5 FEDER, Studien I,16.

6 Zu dem wahrscheinlich in den Wirren der französischen Revolution verlorengegangenen Codex Pithoeanus vgl. FEDER,XXXVII; ders., Studien I, 15-17; SCHIKTANZ, l.c.14ff.

7 Eine Übersicht der Fragmente nach der Ordnung FABERs bei FEDER, XXI-XXV; ders., Studien I,3f., nach der ursprünglichen Ordnung der HS ebenda, 5-7.

8 FEDER,XX; ders., Studien I,2.

9 Ebenda.

10 In der jetzt maßgeblichen Ausgabe FEDERs die Fragmente A I; A II; A III; A IV,1; A IV,3; A V,2,3,4; A VI; A VIII; A IX,2; B I; B II,5,7, 9,11; B III,1,2; B IV,1,2; B V; B VI; B VII,1,3,5,7,9; B VIII,1,2. Schon diese Aufzählung macht den großen Wert dieser Sammlung für die historische Forschung deutlich.

für die Geschichte der kirchlichen Wirren des vierten Jahrhunderts und beschloß, die Handschrift zu edieren. Da er aber nur die eine sehr junge und äußerst mangelhafte Handschrift zur Verfügung hatte, verschob er vorerst die Edition in der Hoffnung, den Archetyp der Handschrift noch ausfindig machen zu können[11]. Diese Hoffnung sollte sich aber für ihn nicht mehr erfüllen. Noch ehe die Ausgabe ganz fertig gemacht werden konnte[12], starb PITHOU im Jahre 1596[13].

Sein Freund N. FABER (LE FEVRE) übernahm die Fertigstellung der Edition, die 1598 zu Paris erschien und anscheinend schon im selben Jahr die ersten Nachdrucke erlebte[14].

In seiner Edition hatte FABER die Einzelstücke nicht in der durch die Handschrift überlieferten Reihenfolge gegeben. Anhand von Vergleichen zwischen den beiden Gruppen war er zu der Überzeugung gelangt, daß beide zu einem Werk des Hilarius von Poitiers gehört hatten, dessen Beginn das erste Fragment der zweiten Gruppe darstellt, das unschwer als Proömium einer größeren Schrift zu erkennen ist[15]. Außerdem paßt das erste Stück der ersten Gruppe, der Brief einer Pariser Synode von 360/61, nahtlos an das letzte Fragment der zweiten Gruppe, den Brief der Legaten der Synode von Seleucia (359) mit anschließendem Kommentar[16]. Aus diesem Grund vertauschte FABER in seiner Edition die beiden Fragmentgruppen der Handschrift[17]. Für seine Ausgabe hatte FABER noch eine vielleicht von PITHOU selbst angefertigte Abschrift des Codex Pithoeanus benutzt, die zahlreiche Notizen und Glossen PITHOUs enthält[18].

Die Ausgabe von 1598 erschien unter dem Titel: *B. Hilarii*

---

11 FABER, l.c. 914AB.

12 FABER, l.c.913CD: ..., *hisque fragmentis tantum non ad umbilicum perductis, vir immortalitate dignissimus ad meliorem vitam assumptus est.* Zum falschen Verständnis dieser Stelle bei SCHIKTANZ, l.c.3; vgl. JÜLICHER, ThLZ 30(1905)655.

13 SCHIKTANZ, l.c.3; FEDER, Studien I,15.

14 SCHIKTANZ, l.c.2ff.; FEDER, Studien I,2-5, 17-19. Daß schon im Jahre 1598 mehrere Drucke erschienen, erwähnt JÜLICHER, ThLZ 39(1914)109.

15 In der Ausgabe FEDERs B I [FEDER, 98-102].

16 Der Brief der Pariser Synode (A I) [FEDER, 43-46] ist die Antwort auf das Rundschreiben von Rimini (B VIII,1) [FEDER, 174-77].

17 Zur Ausgabe FABERs vgl. SCHIKTANZ, l.c.1ff.; FEDER, Studien I,2f., 17f.

18 Cod.Paris.lat.1700 (C); vgl. FEDER, Studien I,17; FEDER, XXXVIIf.

*Pictavensis Provinciae Aquitaniae Episcopi ex Opere Historico Fragmenta nunquam antea edita.*

Der Titel *ex opere historico fragmenta* blieb für die Zukunft für die Sammlung allgemein gültig.

Die Ausgabe FABERs blieb, häufig nachgedruckt, für die nächsten hundert Jahre die entscheidende, obwohl J. SIRMOND nur wenige Jahre nach der ersten Edition eine weitere Handschrift der Fragmente gefunden hatte, die z.T. weit bessere Lesarten als T enthalten haben muß, aber in der Anordnung der Stücke offenbar T genau entsprach. Schon Ende des siebzehnten Jahrhunderts war diese Handschrift nicht mehr auffindbar, nur noch einige Lesarten durch SIRMOND, BALUZE und HARDOUIN überliefert[19], deren Wert aber unsicher, da nicht mehr nachprüfbar ist.

1693 veröffentlichte P. COUSTANT im Rahmen der großen Kirchenväterausgaben der Mauriner die Werke des Hilarius, unter ihnen auch die *fragmenta ex opere historico*[20]. Gegenüber der Ausgabe FABERs, der sich im großen Rahmen an die Anordnung der Stücke in der Handschrift gehalten hatte und nur die beiden Gruppen vertauscht hatte, versuchte COUSTANT, einen inneren Zusammenhang der Fragmente durch chronologische Anordnung herzustellen. Für die Textherstellung stützte er sich dabei auf die Handschriften T, C und S, soweit deren Lesarten überliefert waren, auf die Ausgabe von FABER und für einige auch sonst überlieferte Stücke auch auf die Parallelüberlieferungen. Diese Ausgabe blieb bis in unser Jahrhundert verbindlich und hat bis heute wegen der zahlreichen Anmerkungen und des reichen und ungemein gelehrten historischen Kommentars von COUSTANT ihren Wert behalten.

1730 erschien durch SCIPIO MAFFEI eine Neuauflage, die von MIGNE 1844/45 nachgedruckt wurde[21], und nach der zumindest im französischen Sprachraum noch heute häufig zitiert wird.

---

19 Cod.Remensis S.Remigii; vgl. FEDER,XXXV-XXXVII; ders., Studien I,13-15.

20 COUSTANT, PL X,619-27. Col.625f. eine Synopse der Ausgaben FABERs und COUSTANTs. Zur Ausgabe COUSTANTs vgl. SCHIKTANZ, l.c.; FEDER, LIIf.; ders., Studien I,18f.

21 PL X,627-724; vgl. FEDER,LIIf.; ders., Studien I,18f.

Zu Beginn dieses Jahrhunderts konnte der Jesuit A.L. FEDER bei den Vorbereitungen für seine kritische Ausgabe der Fragmente in der Kirchenväterausgabe der Wiener Akademie der Wissenschaften endlich den Archetyp der bisher benutzten Handschriften auswerten. M. SCHIKTANZ hatte 1905 in seiner Breslauer Dissertation, wenn ich recht sehe als erster, auf den Cod.Parisin.Armamentarii lat.483 (448 T.L) saec.IX (=A) als den Archetyp von T und S aufmerksam gemacht[22]. FEDER war im gleichen Jahr unabhängig von SCHIKTANZ auf diese Handschrift gestoßen[23], die zwar seit dem achtzehnten Jahrhundert bekannt war, aber nie für die neuen Ausgaben der Fragmente herangezogen worden war, die immer wieder einfach nach COUSTANT neu gedruckt wurden[24].

FEDERs kritische Ausgabe, die im Kriegsjahr 1916 erschien[25], nachdem ihr drei vorbereitende historische Abhandlungen vorausgegangen waren[26], muß heute als die allein gültige angesehen werden.

In der Anordnung der Fragmente folgt FEDER nun erstmalig genau der in den Handschriften überlieferten Reihenfolge[27]. Die in den Handschriften zuerst überlieferte titellose Serie nennt er Serie A, die ausdrücklich dem Hilarius zugeschriebene Serie B[28]. Um einer Interpretation der Sammlung nicht vorzugreifen, wohl aber ihren Charakter deutlich werden zu lassen, nennt FEDER die Fragmentensammlung *Collectanea antiariana Parisina*[29], was sich zumindest im deutschsprachigen Bereich weitgehend durchgesetzt hat.

Inhaltlich gruppieren sich die Dokumente mit den teilweise sie begleitenden Kommentaren um drei Schwerpunkte:

1. Die Synode von Serdika und ihre Folgen; der Fall des Athanasius[30].

---

22 SCHIKTANZ, l.c.22-29.
23 FEDER, Hist. Jahrbuch, München 1906, 950f.
24 Vgl. SCHIKTANZ, l.c.; FEDER,XXV-XXXV, LIIf.; ders., Studien I,7-13, 17-19.
25 CSEL LXV (= FEDER). Die Collectanea antiariana Parisina (Fragmenta historica), S.43ff.
26 Studien zu Hilarius von Poitiers I-III, Wien 1910-12.
27 FEDER, XXIII-XXV; ders., Studien I,5-7.
28 FEDER, l.c.
29 FEDER, XXIIf.; ders., Studien I,4f.
30 A IV,1,2,3; A VII (vgl. nächste Anm.); B I; B II,1-11.

2. Der Fall des Liberius und die Liberiusbriefe[31].

3. Die Doppelsynode von Rimini/Seleukia und ihre Folgen besonders für die Kirchen des Abendlandes[32].

Dazu kommen einige Einzelstücke aus späterer Zeit[33], die aber im weiteren Zusammenhang mit den Folgen der Synode von Rimini stehen.

Größere Teile, wie der Bericht über die Synode von Arles (353) und die Synode von Mailand (355) sind teilweise oder ganz verloren[34]. Aber um eine durchgehende Darstellung der Ereignisse von 342-360, jeweils durch Dokumente untermauert, scheint es sich nicht gehandelt zu haben[35].

b) Der Forschungsstand

Seit ihrem ersten Bekanntwerden haben die Collectanea antiariana Parisina eine überaus lebhafte und häufig nicht von Polemik freie wissenschaftliche Diskussion ausgelöst, die um die letzte Jahrhundertwende ihren Höhepunkt hatte.

Nach den Untersuchungen WILMARTs und FEDERs, die im großen und ganzen heute akzeptiert werden, ist die Diskussion nicht mehr wesentlich weitergegangen, obwohl gerade die Ergebnisse ihrer Untersuchungen, um nur diese beiden in der neueren Hilariusforschung hervorragenden Gelehrten zu nennen, viele neue Fragen aufgeworfen haben, die sich in den seither vergangenen mehr als sieben Jahrzehnten eher noch vermehrt haben.

Es kann an dieser Stelle allerdings keine detaillierte Forschungsgeschichte der Collectanea antiariana Parisina seit ihrem ersten Auftauchen im Jahre 1590 gegeben werden. Nur zum Verständnis des heute weitgehend als opinio communis geltenden Standes der Forschung sollen die wichtigsten Schritte auf dem Weg zu einem Verständnis dieser Fragmentensammlung mitgeteilt werden.

---

31 A VII (gehört eher zum Fall des Athanasius); B III,1,2; B VII,1-11.

32 A I; A V,1-4; A VI; A VIII; A IX; B VIII.

33 A II; A III; B IV; B V; B VI.

34 Zu den offensichtlich ausgefallenen Stücken SCHIKTANZ, l.c.133f.; FEDER, Studien I,184f.

35 Es ist auffällig, daß zu den Ereignissen zwischen 357 und 359 jegliche Dokumente fehlen. Dazu S. 325ff.; 346ff.

Die wissenschaftliche Auseinandersetzung drehte sich vor allem um drei mit den Fragmenten verbundene Problemkreise.

1. Die Frage der Echtheit der ganzen Sammlung bzw. einzelner Teile.

2. Die Frage nach der Zusammengehörigkeit der beiden in der handschriftlichen Überlieferung getrennten Gruppen (bei FEDER Serie A und B).

3. Das Problem der Echtheit und Interpretation der Liberiusbriefe, nach deren Zeugnis Liberius im Exil nicht nur Athanasius verurteilt, sondern auch eine (wenn, welche?) häretische Glaubensformel unterschrieben haben soll[36].

Die Diskussion über das Liberiusproblem sollte sich dabei als die wichtigste und mit besonderer Heftigkeit geführte herausstellen. Von der Sicht des jeweiligen Gelehrten in der Liberiusfrage, die durchaus nicht immer und in erster Linie durch historische Forschung, sondern oft weit mehr durch dogmatische Vorentscheidungen geprägt war und ist, wurde weitgehend auch die Sicht der anderen mit den Collectanea zusammenhängenden Problemen bestimmt[37].

Zunächst stellte sich für die Herausgeber die Frage, ob diese Fragmente irgendwie im bisher bekannten Werk des Hilarius unterzubringen waren.

In seinem Katalog der christlichen Schriftsteller, den er im Jahre 392, also nur knapp fünfundzwanzig Jahre nach dem Tod des Hilarius, in Bethlehem verfaßte, berichtet Hieronymus über die literarische Tätigkeit des Hilarius:

> *Est eius et 'ad Constantium' libellus, quem viventi Constantinopoli porrexerat, et alius 'in Constantium' quem post mortem eius scripsit, et liber 'adversum Valentem et Ursacium', historiam Ariminensis et Seleuciensis synodi continens,...*[38]

---

36 Vgl. S. 265ff.

37 Die Diskussion, da ganz von der Liberiusfrage bestimmt, hat sich bis in dieses Jahrhundert fast ausschließlich unter katholischen Gelehrten abgespielt. Die wenigen Nichtkatholiken, die sich mit den Problemen der Collectanea befaßt haben, referieren nur. Das ist angesichts des protestantischen Anteils an der Forschung zum vierten Jahrhundert und hier besonders zu allen mit dem arianischen Streit und der kaiserlichen Religionspolitik in Verbindung stehenden Problemen um so erstaunlicher.

38 Hier.Vir.Ill.100.

Rufin bestätigt, daß Hilarius ein Werk über die Synode von Rimini und Seleucia verfaßt habe, in das, als er es auf einer Synode vorlegen mußte, Fälschungen eingefügt worden waren, deretwegen er von der Synode als Ketzer verurteilt wurde:

> *Hilarius, Pictauiensis episcopus, confessor fidei catholicae fuit. Hic cum ad emendationem eorum qui Ariminensi perfidiae subscripserant, libellum instructionis plenissime conscripsisset, cumque libellus ipse in manus inimicorum et maliuolorum, ut quidam dicebant, corrupto notario, alii uero alia occasione narrabant (quid interest?), tamen cum in manus inimicorum, ipso ignorante, uenisset, ita ab his corruptus est, illo sancto uiro nihil penitus sentiente, ut postea, cum ad concilium episcoporum secundum ea quae se in libello ipsius nouerant corrupisse, haereticum eum inimici arguere coepissent, et ipse libelli sui fidem pro sui defensione flagitaret, de domo sua prolatus libellus talis inuentus est, quem ipse non agnosceret, faceret tamen eum excommunicatum de concilii conuentione discedere. Verum quia uiuenti et adhuc in corpore posito res quamuis scelerata et inaudita contigerat, doli cogniti factio deprehensa, retecta scelerum machina potuit emendari: adhibita curatio est adsertionibus satisfactionibus et omnibus his quae uiuentes pro se facere possunt. Nam mortui pati nihil refutant.*[39]

39 Ruf. De adult.libr.Orig.11 [SIMONETTI, 14]. Der ewas wunderlichen Geschichte hat schon Hieronymus heftig widersprochen und Rufin aufgefordert, anzugeben, wann und wo diese Synode gewesen sein soll. Hier. Ruf. II,19 [PL XXIII,463BC-464A]: *venit ad Latinos, et primum ponit Hilarium confessorem, quod post Ariminensem synodum liber illius falsatus ab haereticis sit. Et ob hanc causam cum in consilio episcoporum ei quaestio moveretur, proferri librum de domo sua jusserit: qui, nesciente se, in scriniis suis haereticus tenebatur. Cumque prolatus fuisset, et ab omnibus haereticus judicatus, auctor libri excommunicatus, de concilii conventione discesserit. Et tantae auctoritatis se putat, et cum hoc familiaribus suis narrat somnium, nemo ei contra confessorem ista simulanti audeat contradicere. Responde, quaeso; synodus, a qua excommunicatus est, in qua urbe fuit? Dic episcoporum vocabula: profer sententias subscriptionum, vel diversitatem, vel consonantiam. Doce qui eo anno consules fuerint, quis imperator hanc synodum iusserit congregari: Galliaene tantum episcopi fuerint, an et Italiae, et Hispaniae: certe quam ob causam synodus congregata sit. Nihil horum nominas, sed virum eloquentissimum, et contra Arianos Latini sermonis tubam, ut Originem defendas, excommunicatum a synodo criminaris. Sed confessoris calumnia utcunque toleranda est.* Es kann sich bei Rufin dabei u.U. um eine Verwechslung mit den Ereignissen des Jahres 364 in Mailand handeln, die vielleicht so erzählt wurden, vgl. den Kommentar z.St. Allerdings ist Hilarius in Mailand nicht exkommuniziert worden. Sollte sich in dem von Rufin Erzählten ein Anklang an die inzwischen durch ein neu gefundenes Stück der apologetica

Schon in seiner Edition von 1598 hielt FABER die Fragmente für Teile dieses bis dahin verlorengeglaubten Werkes des Hilarius, dem er beide Fragmentserien zurechnete[40]. In der historisch kenntnisreichen Einleitung zu seiner Ausgabe versuchte er, die Fragmente in ein solches historisches Werk einzuordnen[41]. Nur den Brief *Studens paci*, der Liberius schwer belastete und so gar nicht zu dem sonst von Liberius Berichteten zu passen schien, hielt er für eine Fälschung[42].

Die Liberiusbriefe und die früher angenommene Datierung der Synode von Serdika in das Jahr 347[43], die sich mit den Fragmenten nicht ohne weiteres vereinbaren ließ, nährten aber weiterhin Zweifel an der Echtheit der Dokumente und an Hilarius als Autor der Sammlung[44].

Wie FABER hielt auch COUSTANT, allerdings nach mancherlei Zweifel, die Fragmente für Teile des als Ganzes verlorengegangenen Werkes des Hilarius[45], das er seiner Meinung nach im Jahre 360 kurz vor seiner Rückkehr nach Gallien noch in Konstantinopel verfaßt hatte; den Brief *Studens paci* hielt auch er für eine Fälschung[46]. Seine Auffassung beherrschte mit nur geringfügigen Variationen die Forschung bis zum Beginn dieses Jahrhunderts[47].

Umstritten blieb immer die leidenschaftlich diskutierte Frage nach der Echtheit der Liberiusbriefe. Nicht nur die

---

responsa des Hilarius an Lucifer erwiesene Exkommunikation des Hilarius durch Luciferianer erhalten haben? Vgl. dazu SMULDERS, BijPhTh 39(1978)234-43. Die Existenz eines Buches über die Synode von Rimini und Seleukia setzt auch Hieronymus in seiner Kritik an Rufin voraus. Der Bericht des Rufin gilt als Beleg für alle, die die inkriminierenden Liberiusbriefe als spätere Fälschungen erweisen wollen. Vgl. dazu S. 265ff.

40 PL X,889BC.

41 PL X,889D-913A.

42 PL X,891B.

43 Vgl. S. 25-29.

44 Ein forschungsgeschichtlicher Überblick in Auswahl auch bei SCHIKTANZ, l.c.123ff.

45 PL X,619-26; vgl. SCHIKTANZ, l.c.

46 PL X,678, nota q.

47 Vgl. TILLEMONT, l.c.VII,454f. Außer in der Liberiusfrage unterscheiden sich die Auffassungen untereinander vor allem darin, ob man die Fragmente für Teile eines in sich abgeschlossenen Werkes (REINKENS, l.c.210ff.) oder für eine Materialsammlung eines noch unvollendeten Werkes halten sollte (so VIEHAUSER, l.c.47ff.). Beispiele bei SCHIKTANZ, l.c.

Echtheit der Liberiusbriefe, sondern die Echtheit aller Fragmente mit der einzigen Ausnahme des Proömium (B I), lehnte der Jesuit STILTINCK in seinem Beitrag über Liberius in den Acta Sanctorum ab[48]. Für jedes Fragment und jeden der kommentierenden Texte versuchte er nicht ohne Schärfe gegen COUSTANT nachzuweisen, daß keines dieser Stücke zu einem Werk des Hilarius gehört haben könne[49]. Für ihn steht fest, daß die Liberiusbriefe, soweit sie irgendwie ein negatives Licht auf den römischen Bischof werfen, unecht sein müssen und daß deswegen auch alles andere unecht sein muß[50].

Die radikale Kritik STILTINCKs, die er in der Auseinandersetzung mit COUSTANT an den Fragmenten übte, hat ihre Wurzeln neben dem Hauptanliegen STILTNICKs, Papst Liberius von jeglichem Verdacht reinzuwaschen, Athanasius verurteilt oder gar eine häretische Formel unterschrieben zu haben, nicht zuletzt auch in Animositäten zwischen Bollandisten und den von ihnen des Jansenismus verdächtigten Maurinern[51]. STILTINCKs radika-

---

48 AS Sept.VI,574-580.

49 L.c. §§ 9-28.

50 L.c.577 § 20. Als Probe seiner Argumentation sei hier sein Kommentar zu dem besonders umstrittenen Brief *Studens paci* des Liberius zitiert: *Ad quartum igitur transeo* (sc. Fragment IV in der Zählung von COUSTANT = B III), *cum hoc sequatur in codice MS. Nescio sane, qua aequitate Fragmentum istud, inepto calumniatore dignum, indignum erudito episcopo, attribuere S. Hilario potuerint editores. Epistula est Liberii papae nomine conficta, quam supposititiam esse, et a calumniatore confictam, fatetur et late probat ipsi Coustantius. Quid igitur dicent vindices hujus Hilariani Operis? Eratne tantae simplicitatis S. Hilarius, ut Epistulam tam clare Liberio suppositam pro sincera habere potuerit, et Operi suo inserere ad ignominiam praeclari Pontificis, qui Ecclesiam Catholicam contra impetus Arianorum egregie defendebat, et lapsum episcoporum Ariminensis concilii prudenter reparabat, quando istud Opus scripsisse dicitur Hilarius? Hoc si dixerint, maculam aspergunt famae sanctissimi doctoris. Neque enim hic ignorare poterat, Liberium, saltem usque ad exsilium suum, Athanasii fuisse defensorem fortissimum: nihilo magis poterat non perspicere, secundum fictitiam Epistolam jam initio Pontificatus sui Liberium recessisse a communione S. Athanasii, et communionem Orientalium Arianorum fuisse amplexum. Non erit, opinor, defensor tam impudens inepti Operis, quod posterioribus seculis pro S. Hilario alii composuerunt, ut ea aliave similia dicere praesumat.* Vgl. auch zu den anderen umstrittenen Liberiusbriefen (B VII) § 23 S.578.

51 Zu den Auseinandersetzungen zwischen Jesuiten und Benediktinern im Frankreich des 17. und 18. Jahrhunderts vgl. BAUDOT, DThC X/1,405ff.; HEER, LThK VII,191f.

le Kritik konnte sich zwar nicht durchsetzen, hat aber immer Anhänger gehabt[52].

Bis zu Beginn des zwanzigsten Jahrhunderts galten die *fragmenta ex opere historico* weitgehend unbestritten nach COUSTANT als Teile eines verlorengegangenen historisch-politischen Werkes *Adversus Valentem et Ursacium*, das Hilarius 359/60 in Konstantinopel verfaßt und dem er später noch einige Dokumente beigefügt hatte[53].

Gewisse Unsicherheiten blieben allerdings bei der Zuordnung der ersten anonym überlieferten Serie zu diesem Werk. So sprach E. SCHWARTZ die erste Serie auf jeden Fall dem Hilarius ab und hielt sogar die Verfasserschaft der zweiten Serie für unsicher. Er hielt die sogenannten *fragmenta historica* für die aus zwei gegeneinander gerichteten Schriften herausgepflückten Aktenstücke[54].

Durch neue Untersuchungen von MARX, WILMART und FEDER im ersten Jahrzehnt dieses Jahrhunderts wurde die Forschung an den Fragmenten auf eine völlig neue Grundlage gestellt, die die Sicht des arianischen Streites, soweit er das Abendland betraf, nicht unwesentlich veränderte.

Ein kleiner Aufsatz des Kaplans B. MARX in der Tübinger Theologischen Quartalsschrift, sicher auch wegen seines umständlichen Titels zunächst wenig beachtet, ließ die trotz mancher Kritik doch herrschende opinio communis über die hilarischen Fragmente mit einem Male auseinanderbrechen[55].

MARX hatte festgestellt, daß Teile des *Liber I ad Constan-*

52 Vgl. SCHIKTANZ, l.c.; LOOFS, RE VIII,65f.

53 Zusammenfassung des Forschungsstandes um die Jahrhundertwende bei SCHIKTANZ, l.c., dazu die Rezension von JÜLICHER, ThLZ 30(1905)654f.; LOOFS, l.c., der sich von einer neuen kritischen Ausgabe der Fragmente im CSEL auch neue Anstöße für die Forschung erhoffte. Etwas abweichend von der allgemeinen Auffassung DUCHESNE, der in einem brillanten kleinen aus dem Stegreif gehaltenen Vortrag auf dem 5. Internationalen Kongreß Katholischer Gelehrter zu München am 26.9.1900 die Auffassung vertrat, daß die Schrift des Hilarius, aus der die Fragmente stammen, ein Aktendossier des Hilarius für seine Verteidigung auf der Mailänder Synode 364 war: *"Je crois plutôt que c'est un dossier justicatif, un livre bleu de s.Hilaire."* (Akten 58) Allerdings hat DUCHESNE das nie näher präzisiert oder begründet und später dann die Thesen WILMARTs übernommen.

54 SCHWARTZ, GS I,125; III,56,71.

55 MARX, ThQ 28(1906)390-406.

*tium* und der Fragmente I und II (B I,II) der hilarianischen Fragmentensammlung sich eng mit Stellen der dem Gregor von Elvira zugeschriebenen Schrift *De fide orthodoxa contra Arianos*[56] und der gegen die zweite sirmische Formel von 357 gerichteten Schrift *Contra Arianos* des aquitanischen Bischofs Phoebadius von Agen[57] berührten[58]. Besonders auffällig dabei ist, daß die Berührung mit dem zweiten Fragment (B II) ausschließlich Teile des von Hilarius stammenden verbindenden Kommentars betreffen[59]. Zwar ist *De fide orthodoxa contra Arianos* erst nach 360 zu datieren[60], aber die kleine Schrift *Contra Arianos* des Phoebadius von Agen dagegen mit großer Sicherheit auf 358[61].

Völlig außer Zweifel steht seit den Untersuchungen von MARX, daß Phoebadius und Gregor Hilarius benutzt und ausgeschrieben haben[62]. Somit können zumindest Fragment I und II (B I,II) nicht zu der bisher einheitlich angenommenen Schrift *Adversus Valentem er Ursacium* aus dem Jahre 360 gehören. "*Vor der Hand läßt sich also die Schlußfolgerung wohl nicht mehr umgehen: Die Schrift, aus der die Fragmente I und II stammen, lag dem Bischof Phoebadius von Agentum bereits vor, als er seine Broschüre gegen die zweite sirmische Formel schrieb: sie muß nach diesem Zeugen spätestens im Jahre 357 verfaßt und veröffentlicht worden sein.*"[63]

Gegen die bisher übliche Interpretation, die vor allem das Proömium aus der Situation des Hilarius in Konstantinopel im Jahre 360 erklärte[64], versucht nun MARX, das Proömium aus der Situation unmittelbar nach der Synode von Béziers, bevor Hilarius ins Exil abreiste, verständlich zu machen[65].

---

56 BULHART, 214ff.

57 PL XX,13-30. Vgl. GLÄSER, l.c.16f.; eine dogmengeschichtlich unbefriedigende Analyse der Schrift ebenda, 95ff.

58 MARX, l.c.391-395 mit zahlreichen Belegen.

59 L.c.392.

60 L.c.395; BARDENHEWER, Geschichte III,396f. Nach GUMMERUS, l.c.174, der die Schrift für ein Werk des Phoebadius hält, ist sie gegen die vierte sirmische Formel von 359 gerichtet.

61 BARDENHEWER, Geschichte III,395f.; ALTANER/STUIBER, Patrologie, 367. GLÄSER, l.c.16;26 möchte sie u.U. noch in das Jahr 357 datieren.

62 MARX, l.c.392.

63 L.c.395.

64 Vgl. SCHIKTANZ, l.c.57-61.

65 MARX, l.c.396-402; vgl. S. 235 Anm. 63f. und S. 301ff.

Er folgert, daß Hilarius schon vor der Synode von Béziers das Material gesammelt hatte[66], um es dort für seine Verteidigung vor Saturnin zu gebrauchen. Nach dem für ihn negativen Ausgang habe er es dann zu einer Schrift ausgearbeitet, die in Spanien und Gallien bald bekannt, aber insgesamt nur wenig verbreitet war[67].

Etwa gleichzeitig mit B. MARX hatte der im englischen Exil lebende französische Benediktiner A. WILMART, allem Anschein nach im Rahmen von Vorarbeiten zu einer Ausgabe der dogmatischen Werke des Phoebadius von Agen, Gregor von Elvira und Faustinus im CSEL, die aber nie erschien[68], sich aufgrund der vielen textlichen und sachlichen Berührungen ebenfalls mit dem *Liber I ad Constantium* und den Fragmenten befaßt, ohne aber die Ergebnisse von MARX zu kennen[69].

WILMART ging von der Analyse des sog. *Liber I ad Constantium* aus[70], einer kleinen Schrift, die zusammen mit den beiden anderen Konstantiusschriften[71] zumindest seit Beginn des sechsten Jahrhunderts in antiarianischen Sammlungen überliefert und sowohl handschriftlich, wie auch durch andere Schriftsteller bezeugt ist[72]. Auffällig aber ist, daß Hiero-

---

66 MARX, l.c.403-406. MARX geht von der engen Beziehung zwischen dem *Lib. I ad Constantium*, den er noch für eine selbständige Schrift des Hilarius ansieht, und den zur Synode von Serdika gehörenden Stücken aus und folgert, daß Hilarius bei der Abfassung des *Lib. I ad Constantium* die Serdikaakten schon gekannt haben muß.

67 MARX, l.c. vermutet, daß die anschließend bald erfolgte Verbannung des Hilarius und die durch die zweite sirmische Formel 357 entstandene völlig neue kirchenpolitische Situation der Verbreitung der Schrift hinderlich war. Über das Verhältnis zu den anderen Fragmenten und ob noch andere Fragmente als I und II (B I,II) zu der Verteidigungsschrift von 356 gehört haben können, sagt MARX nichts.

68 WILMART, SAW 159,1(1907)1-34.

69 WILMART, RBen 24(1907)149-179, 291-317.
Nach der Unterschrift S. 317 wurde das Manuskript im Januar 1907 abgeschlossen. Daher ist es nicht verwunderlich, daß WILMART nur noch den Titel des Aufsatzes von MARX zur Kenntnis nehmen, ihn aber nicht mehr verarbeiten konnte; die Kritik von JÜLICHER, ThLZ 33(1908)78, ist in diesem Punkte überflüssig.

70 PL X,557-564; jetzt FEDER, 181-87.

71 *Liber (II) ad Constantium* [PL X,563-72]; jetzt FEDER, 197-205; *Contra Constantium imperatorem* [PL X,577-610].

72 Zur Überlieferung WILMART, l.c.151ff.; FEDER, Studien I,133ff. Zu den Sammlungen der hilarianischen Schriften vgl. HOLL jun., l.c.174ff.; zum Cod.Basil.St.Petri D 182 aus dem Anfang des sechsten Jahrhunderts HOLL, l.c.1ff.; FEDER, Studien III,1ff. Für das sechste Jahrhundert

nymus, der das literarische Schaffen des Hilarius ziemlich genau verzeichnet, diese Schrift nicht kennt[73]. Sulpicius Severus hat sie auf jeden Fall benutzt; ob sie allerdings unter die drei Bücher zu zählen ist, in denen nach Sulpicius Hilarius bei Konstantius um eine Audienz bat, scheint mir gegen WILMART eher fraglich[74]. Wie auch MARX kam WILMART zu dem Ergebnis, daß Phoebadius und Gregor von Elvira diese Schrift gekannt haben müssen[75].

WILMART gliedert sie in zwei Hauptteile: den Brief einer Synode an einen Kaiser und einen Kommentar, der anschließend auf die Synode von Arles (353) anspielt und über die Synode von Mailand ausführlicher berichtet[76]. Aufgrund einer eingehenden Analyse beider Teile der Schrift kommt WILMART zu der revolutionären Erkenntnis, daß es sich bei dem Synodalbrief um den bisher verlorengeglaubten[77] Brief der Synode der Occidentalen von Serdika an Konstantius handeln müsse, den Euphrates von Köln und Vinzenz von Capua in Begleitung des Ge-

---

bezeugt Fulgentius Ferrandus (PL LXVII,922D) die Kenntnis des *Liber I ad Constantium*.

73 Vir.Ill.100 bezieht sich Hieronymus nur auf den sogenannten *Liber (II) ad Constantium* und *C.Const.* [HERDING, 56f.]: *Est eius et 'ad Constantium' libellus, quem viventi Constantinopoli porrexerat, et alius 'in Constantium' quem post mortem eius scripsit,...*

74 Chron.II,45,3 [HALM, 98,18-21]: *is ubi extremum fidei periculum animaduertit, Occidentalibus deceptis Orientales per scelus uinci, tribus libellis publice datis audientiam regis poposcit, ut de fide coram aduersariis disceptaret.*
Gegen WILMART, l.c.157, dem sich FEDER, Studien I,133ff. anschließt, scheint mir die Notiz des Sulp.Sev. keineswegs zwingend auf den *Liber I ad Const.* zu deuten. Sulp. hat nur sehr oberflächliche Kenntnis der Schriften des Hilarius (die Forderung nach einer Audienz findet sich nur im *Lib. II ad Const.*). U.U. könnte sich seine Charakteristik auch auf Coll.antiar.Paris. B I,5 beziehen, falls er *audientia* schon irrtümlich für *Audienz* gehalten hätte. B I,5 [FEDER, 102,4-7]: *et necesse fuit in eo sermone omnia esse praepropera, inconposita, confusa, quia, quanto nos inpensiore cura audientiam quereremus, tanto illi pertinaciore studio audientiae contrairent.*
In diesem Falle bezögen sich die Bemerkungen des Sulp.Sev. außer auf *Liber II ad Const.* und *C.Const.* auch auf jene bei Hieronymus l.c. genannte Schrift *Adversus Valentem et Ursacium*, was als Möglichkeit durchaus einzukalkulieren ist.

75 WILMART, l.c.159-61.

76 Der Synodalbrief §§ 1-5 [FEDER, 181-84,13]; § 6f. über den Fall des Athanasius und die Synode zu Arles [FEDER, 184,15-186,2]; § 8 über die Synode von Mailand [FEDER, 186,19-187,19].

77 Vgl. TURMEL, Revue Catholique des Eglises 3(1906)353, worauf WILMART, l.c.172 A.1 hinweist.

nerals Salia 344 nach Antiochia gebracht hatten[78].

Daß Hilarius der Verfasser des begleitenden Textes ist, unterliegt keinem Zweifel.

Brief und Kommentar müssen zu einem größeren Werk des Hilarius gehört haben, aus dem sie sich aus unbekannten Gründen spätestens am Ende des fünften Jahrhunderts gelöst haben[79]. Nach Form und Inhalt sind die Fragmente der als Ganzes verlorengegangenen Schrift *Adversus Valentem et Ursacium*, besonders das Fragment II (B II), das die Akten über Serdika enthält, mit dem sogenannten *Liber I ad Constantium* eng verwandt. In sie muß auch ursprünglich der Brief der Synode von Serdika an Konstantius gehört haben[80].

Nach WILMART handelt es sich bei dem *Liber I ad Constantium* um den Schluß des zweiten Fragments (B II) über die Synode von Serdika mit der Überleitung zu den Ereignissen in Arles und Mailand und ist somit aus der Liste der selbständigen Schriften des Hilarius zu streichen[81].

Da auch WILMART wie schon MARX die Abhängigkeit des Phoebadius und Gregor von dieser Schrift und den Fragmenten I und II bemerkt, folgert er genau wie MARX daraus, daß Hilarius vor seiner Abreise im Jahre 356 eine Schrift zu seiner Verteidigung verfaßt habe, die alle Fragmente enthielt, die zu der Zeit von Serdika bis zur Synode von Mailand gehören[82].

Dieses Werk war in Gallien bereits 357 bekannt: es handelt sich um den von Hieronymus bezeugten *Liber adversus Valentem et Ursacium*, zu dem allerdings auch die Fragmente über die Doppelsynode von Rimini und Seleukia gehört haben müssen. Deswegen postuliert WILMART einen ersten Teil dieses Werkes, der 356 in Gallien entstand, den er *Liber primus adversus*

---

78 WILMART, l.c.167ff. und die Zusammenfassung 316f. Zum politischen Hintergrund und zur Interpretation des Briefes vgl. oben S. 46-53.

79 Fulgentius Ferrandus, l.c. und der Cod.Basil.St.Petri D 182 sind die frühesten Zeugnisse einer getrennten Überlieferung. Da die Notiz des Sulp.Sev. nicht sicher auf den *Liber I ad Constantium* zu beziehen ist, kann die Abfassungszeit der Chronik nicht als terminus ante quem für die Herauslösung des *Lib. I ad Const.* aus dem Gesamtverband von *Adversus Valentem et Ursacium* angesehen werden.

80 Hilar. Coll.antiar.Paris. B II,11,6 [FEDER, 154,18-25]; vgl. FEDER, Studien I,185.

81 WILMART, l.c.passim und 316f.

82 Ebenda, 301ff.

*Valentem et Ursacium* nennt und einen später entstandenen *Liber secundus*[83]. Großen Wert legt WILMART darauf zu beweisen, daß besonders das Proömium (B I) in Gallien abgefaßt wurde, wobei er sich ähnlicher Argumente bedient wie ein Jahr zuvor MARX[84].

Wurden seine revolutionären Thesen zu den Fragmenta historica trotz ihres überaus gründlichen Beweisganges zunächst auch mit Skepsis aufgenommen[85], so sollten sie sich in ihrer Aufnahme und geringfügigen Nuancierung durch den Herausgeber der Fragmente, A.L. FEDER, endgültig durchsetzen.

A.L. FEDER hat in den Vorarbeiten zu seiner kritischen Neuausgabe der Fragmente, aufbauend auf den Untersuchungen von MARX und vor allem WILMART, dessen Ergebnisse er fast ganz und gar übernahm, die *Collectanea antiariana Parisina*, wie man die Fragmenta historica seither nach seinem Vorschlag nennt, erneut einer kritischen Überprüfung unterzogen[86].

Da FEDERs Ergebnisse weitgehend anhand der Argumentation von WILMART entstanden, braucht seine hier nicht im einzelnen nachgezeichnet zu werden[87]. Die Collectanea sind nach FEDER Bestandteile jenes uns nicht mehr vorliegenden, aber von Hieronymus bezeugten *Liber adversus Valentem et Ursacium*, der aber aus zumindest zwei, wahrscheinlich drei ursprünglich unabhängig voneinander entstandenen Büchern bestanden haben muß. Den ersten Band schrieb Hilarius unmittelbar vor seiner Abreise ins Exil gleich nach der Synode von Béziers zu seiner Rechtfertigung. Erhalten davon sind in den Coll. die Fragmente A IV (Brief der Synode der Orientalen von Serdika), B I (Proömium), B II (Akten zur Synode von Serdika und zum Fall des Athanasius) und der sogenannte *Liber I ad Constantium*. Dieses Werk war 357 in Gallien bekannt.

Nach der Synode von Rimini und Seleukia gab Hilarius 359/360 den zweiten Band heraus, von dem in den Coll. die Frag-

83 WILMART, l.c.301ff.

84 Ebenda, 311ff.; vgl. WILMART, RBen 25(1908)225-29; vgl. dazu oben S. 235 Anm. 63f.

85 Vgl. die Rezension von JÜLICHER, ThLZ 33(1908)77f.

86 FEDER, Studien zu Hilarius von Poitiers I, SAW 162,4; bes. S. 113f.

87 Zu FEDERs Interpretation der Collectanea zusammenfassend l.c.113ff, 151-53; zu seiner an WILMART angelehnten Interpretation des *Liber I ad Const.* l.c.133-51.

mente B VIII (Brief der Legaten von Seleukia mit Kommentar), B III (Brief des Liberius an die orientalischen Bischöfe), B VII (Briefsammlung des Liberius mit verbindendem Kommentar), A V (Brief der Synode von Rimini mit Kommentar und Protokoll von Nike), A VI (Brief der Synode von Rimini an Konstantius), A VII (Brief des Liberius an Konstantius), A VIII (Brief des Konstantius an die Synode von Rimini) und A IX (Akten der Synode von Rimini) erhalten sind[88].

Nach 367, eventuell postum, wurden die Akten, die die Zeit nach 360 betreffen, angefügt[89] und die drei Teile zum *Opus historicum adversus Valentem et Ursacium* vereinigt[90].

Die Thesen von WILMART und FEDER gelten seither als Grundlage für jede Beschäftigung mit den hilarianischen Fragmenten und damit für jede Beschäftigung mit den kirchlichen Wirren unter der Regierung Konstantius II., da diese Fragmente unsere Hauptquelle darstellen.

Bis auf wenige Ausnahmen haben diese Thesen keinen Widerspruch erfahren[91]. WILMART und FEDER gelang es sogar, die meisten Vertreter der alten Hypothese über die Fragmente von ihren Ergebnissen zu überzeugen[92]. Umstritten bleiben aber

---

88 Die Echtheit aller Liberiusbriefe kann seit FEDER als erwiesen gelten, FEDER, l.c.153 und unten S. 271ff. Zu den Hintergründen der Synode von Rimini und Seleukia vgl. S. 352ff.

89 A I (Brief der Synode von Paris an die orientalischen Bischöfe); A II (Brief Eusebs von Vercelli an Gregor von Elvira); A III (Symbol des Germinius von Sirmium); B IV,1 (Brief des Liberius an die Bischöfe Italiens); B IV,2 (Brief der Bischöfe Italiens an die illyrischen Bischöfe); B V (Brief von Valens und Ursacius an Germinius); B VI (Brief des Germinius an Rufinian).

90 Ein Rekonstruktionsversuch der drei Teile des *Opus historicum adversus Valentem et Ursacium* bei FEDER, 191-92 und ders., Studien I,185f.

91 Vgl. FLEMING, l.c.535ff. mit einem Überblick über die jüngere Forschungsgeschichte. Geringfügige Abweichungen zu FEDER über die Vollständigkeit des zweiten Buches und die Frage, ob ein drittes Buch als selbständiges existiert hat, fallen in diesem Zusammenhang nicht ins Gewicht.
GRIFFE, La Gaule I,230ff. läßt Teil I ganz zu Anfang des Exils abgefaßt sein, aber ebenfalls als Antwort auf die Beschlüsse von Béziers. Vgl. außerdem MESLIN, Hilaire et la crise, 25f.; DUVAL, La manoeuvre, 51ff.; BARDY, in: FLICHE-MARTIN III,131; KANNENGIESSER, l.c.474-76; DOIGNON, l.c.426ff.; TIETZE, l.c.242-44; SIMONETTI, Studi Urbinati 39(1965)274-300; BORCHARDT, l.c.24ff.

92 Z.B. CHAPMAM, RBen 27(1910)22ff., 172-303, 325-351; LOOFS, RE XXIII, 645; JÜLICHER, ThLZ 39(1914)107-109; SCHANZ, l.c.286-90; BARDENHEWER, Geschichte III,381-85; LE BACHELET, DThC VI,2391. - Als Gegner der

weiterhin die Liberiusbriefe[93].

Allerdings sind in bezug auf Datierung und Zusammensetzung der einzelnen Teile des *Liber adversus Valentem et Ursacium* an der von WILMART und FEDER vorgeschlagenen Konstruktion Zweifel angebracht, die sich etwa in drei Gruppen gliedern lassen:

1. Ist eine Schrift des Hilarius *Liber I adversus Valentem et Ursacium* mit dem von WILMART und FEDER angenommenen Inhalt und dem ihr daraufhin zugeordneten Material so denkbar?

2. Sind die Liberiusbriefe mit dem überaus polemischen Kommentar des Hilarius in einer Schrift gegen die Beschlüsse der Doppelsynode von Rimini und Seleukia vorstellbar?

3. Welcher Anlaß lag der Abfassung dieses Werkes zugrunde, welchem Zweck sollte es dienen?

Da die Liberiusbriefe im Rahmen der Coll. zweifelsohne ein besonderes Gewicht haben und die Beantwortung der drei Fragenkomplexe wesentlich von der Interpretation dieser Briefe abhängt, muß ihre Untersuchung zur Überprüfung der Thesen von WILMART und FEDER als vorrangig angesehen werden.

## *2) Der Fall des Liberius*

### a) Das Exil in Thrakien (356-358)

Das Edikt von Arles und Mailand scheint - gegen den dramatischen Bericht des Athanasius[94] - nur in ganz wenigen Fällen angewandt worden zu sein[95]. Vor allem gegen den Inhaber des wichtigsten Bischofssitzes des Abendlandes - Liberius von Rom - wollte Konstantius zunächst offenbar Pressionen vermeiden. Er hoffte, von ihm freiwillig die Unterschrift unter die Verurteilung des Athanasius zu bekommen. Aber der vom Mailänder

---

Thesen von WILMART und FEDER habe ich nur finden können JULLIAN, Histoire VII,178 A.2; PIGANIOL, l.c.92 A.4, 107; JOANNOU, l.c.123 (zum sogenannten *Liber I ad Constantium*), der aber die gesamte Diskussion seit der Jahrhundertwende nicht zu kennen scheint.

93 Vgl. S. 265ff.

94 Ath. h.Ar.34f.

95 Vgl. S. 192-195.

Hof nach Rom gesandte Eusebius konnte bei Liberius nichts erreichen[96].

Erst nachdem Athanasius in Alexandria von seinem Bischofssitz vertrieben worden war, verlangt Konstantius auch von den führenden Repräsentanten der abendländischen Kirche definitiv die Verurteilung des Alexandriners[97].

In der zweiten Hälfte des Jahres 356, also nachdem bereits in Alexandria am 15. Juni Georg die Kirchen in Besitz genommen hatte[98] und als Hilarius bereits im Exil war, läßt Konstantius den römischen Bischof in einer Nacht- und Nebelaktion an den Hof nach Mailand bringen[99]. Ammianus Marcellinus berichtet, daß der Präfekt Leontius[100] ihn aus Furcht vor der immer zu Tumulten bereiten römischen Bevölkerung, die ihren

---

96 Ath. h.Ar.35,4-38. Der Bericht scheint stark legendarisch ausgeschmückt.

97 Athanasius mußte am 9. Februar 356 fliehen (SEECK, Regesten, 202; Hist.Ath.5). Ath.h.Ar.39,1 [OPITZ II,205,2]: λοιπὸν δ' ἐγεγόνει καὶ ὁ κατὰ Ἀλεξάνδρειαν διωγμός, bezieht sich auf die Ereignisse in Alexandria im Sommer 356 (Hist.Ath.5f.).

98 Hist.Ath.6; SEECK, Regesten, 202.

99 Amm.XV,7,6-10 [SEYFARTH I,134,22ff.]: *Hoc administrante Leontio Liberius Christianae legis antistes a Constantio ad comitatum mitti praeceptus est tamquam imperatoriis iussis et plurimorum sui consortium decretis obsistens in re, quam breui textu percurram. Athanasium episcopum eo tempore apud Alexandriam ultra professionem altius se efferentem scitarique conatum externa, ut prodidere rumores assidui, coetus in unum quaesitus eiusdem loci cultorum (synodus ut appellant) remouit a sacramento, quod obtinebat. dicebatur enim fatidicarum sortium fidem quaeue augurales portenderent alites scientissime callens aliquotiens praedixisse futura; super his intendebantur ei alia quoque a proposito legis abhorrentia, cui praesidebat. hunc per subscriptionem abicere sede sacerdotali paria sentiens ceteris iubente principe Liberius monitus perseueranter renitebatur nec uisum hominem nec auditum damnare nefas ultimum saepe exclamans aperte scilicet recalcitrans imperatoris arbitrio. id enim ille Athanasio semper infestus, licet sciret impletum, tamen auctoritate quoque potiore aeternae urbis episcopi firmari desiderio nitebatur ardenti, quo non impetrato Liberius aegre populi metu, qui eius amore flagrabat, cum magna difficultate noctis medio potuit asportari.*
Vgl. Soz. h.e.IV,11,3 (zur Analyse des Sozomenostextes vgl. S. 288-292. Die zweite Hälfte des Jahres 356 ergibt sich für die Verbannung des Liberius gegen die bisherige Tradition, die das Exil des Liberius einhellig schon für das Jahr 355 annahm, daraus, daß Amm. Leontius als römischen Stadtpräfekten angibt. Vgl. CHASTAGNOL, Préfecture, 151; ders., Fastes, 139-47; PIETRI, Roma Christiana, 245ff. (dort ein Überblick über die ältere Forschung).

100 Zu Leontius vgl. CHASTAGNOL, l.c.; JONES, Prosopography, 503 (Flavius Leontius, 22).

offenbar beliebten Bischof nicht ohne weiteres hätte verhaften lassen, heimlich bei Nacht abholen ließ[101].

In Mailand fanden zwischen dem Kaiser und Liberius Gespräche statt, bei denen Konstantius den römischen Bischof von der Schuld des Athanasius zu überzeugen versuchte. Theodoret hat uns ein Protokoll überliefert, dessen Echtheit zwar umstritten ist[102], das aber einige der bekannten Vorwürfe des Konstantius gegen Athanasius und die typische, schon mehrfach beobachtete, eher formaljuristische Argumentation des Liberius aufweist.

Liberius beharrt darauf, daß Athanasius nicht ungehört und in Abwesenheit verurteilt werden darf[103] und besteht gegenüber dem Kaiser darauf, daß Athanasius das Recht habe, gegen jede Verurteilung durch eine Synode an ihn, den römischen Bischof, zu appellieren[104]. Folgerichtig verlangt er eine

---

101 Vgl. Anm. 99. Über die schnell zu Tumulten bereite stadtrömische Bevölkerung Amm.XIV,6,1; XV,7.

102 Thdt. h.e.II,16. Der Text mit gegenübergestellter deutscher Übersetzung bei H. RAHNER, Kirche und Staat, 124-31. Für die Echtheit des Protokolls treten z.B. ein: CASPAR, l.c.176; HERRMANN, l.c. und TIETZE, l.c.268-70.
Für unecht halten es DUCHESNE, MAH 28(1908)57 A.1, und LIETZMANN, GaK III,213. Für im Kern echt, wenn auch nicht im vollen Wortlaut, hält es KLEIN, l.c.140f. Eine Übersicht über die verschiedenen Auffassungen bei KLEIN, l.c.140 A.250 und PIETRI, l.c.248.
Das bei Ath.h.Ar.35-41 Berichtete ist nach CASPAR, PIETRI und KLEIN historisch wertlos und gehört zum Genus der Hagiographie.
Daß Athanasius in seiner Polemik bis auf das Niveau ordinärster Zoten herabsteigen konnte, zeigt seine widerliche Polemik gegen die kaiserlichen Eunuchen, die OPITZ im Kommentar z.St. in unbegreiflichem Euphemismus als *kräftiger Sarkasmus* bezeichnet. Ath.h.Ar.38,3 [OPITZ II,204,22-25] (ich zitiere nur einen Satz - es geht im gleichen Stil dann weiter): εὐνοῦχοι δὲ ἦσαν οἱ καὶ ταῦτα καὶ τὰ κατὰ πάντων κινοῦντες (sc. die gegen Liberius und andere Orthodoxe vorgingen). καὶ τὸ παράδοξον τῆς ἐπιβουλῆς τοῦτό ἐστιν, ὅτι ἡ ἀρειανὴ αἵρεσις ἀρνουμένη τὸν υἱὸν τοῦ θεοῦ ἐξ εὐνουχῶν ἔχει τὴν βοήθειαν, οἵτινες ὡς τῇ φύσει οὕτως καὶ τὴν ψυχὴν ἀρετῆς ἄγονοι τυγχάνοντες οὐ φέρουσιν ἀκούειν ὅλως περὶ υἱοῦ.

103 h.e.II,16,8 [PARMENTIER-SCHEIDWEILER, 132,14-16]: Λιβέριος· "Οὐδέ ποτε κατὰ πρόσωπον κέκριται ὁ ἄνθρωπος· ὅσοι γὰρ τότε συνελθόντες κατεψηφίσαντο αὐτοῦ, ἀναχωρήσαντος Ἀθανασίου ἐκ τοῦ κριτηρίου, κατεψηφίσαντο."
16,20 [134,17-19]: Λιβέριος εἶπεν· "Βασιλεῦ, οὐδέ ποτε ἠκούσαμεν, μὴ παρόντος τοῦ ἐγκαλουμένου, κριτοῦ ἀνοσιότητα καταγγέλλοντος, ἰδίαν ἔχθραν εἰσφέροντος πρὸς τὸν ἄνθρωπον."

104 16,2 [131,18-23]: Λιβέριος ἐπίσκοπος εἶπεν· "Βασιλεῦ, τὰ ἐκκλησιαστικὰ κρίματα μετὰ πολλῆς δικαιοκρισίας γίνεσθαι ὀφείλει. διόπερ εἰ δοκεῖ σου τῇ εὐσεβείᾳ, κριτήριον συσταθῆναι κέλευσον· καὶ εἰ ὀφθείη

Bischofssynode unter seiner Leitung, die in Alexandria selbst den Fall des Athanasius untersuchen soll[105]. Der Kaiser dagegen beharrt auf der Verbindlichkeit der gegen Athanasius gefällten Synodalurteile[106].

Das bei Theodoret überlieferte Gespräch dreht sich ausnahmslos um juristische Probleme[107], und der Fall des Athanasius erscheint auch aus der Sicht des Liberius als reine Disziplinarangelegenheit[108]. Von Glaubensdingen ist zwischen Liberius und Konstantius nicht die Rede[109]. Auch wirft Liberius, sonst in diesem Gespräch mit Vorwürfen gegen den Kaiser und die von ihm geübte Synodalgerichtsbarkeit nicht gerade zurückhaltend[110], dem Kaiser an keiner Stelle vor, den Glauben zu unterdrücken oder ein häretisches Bekenntnis einführen zu wollen[111].

---

Ἀθανάσιος ἄξιος καταδίκης, τότε κατὰ τὸν τῆς ἐκκλησιαστικῆς ἀκολουθίας τύπον ἐξενεχθήσεται ἡ κατ' αὐτοῦ ψῆφος. οὐδὲ γὰρ οἷόν τε καταψηφίσασθαι ἀνδρὸς ὃν οὐκ ἐκρίναμεν."
HERRMANN, l.c. will ἐκκλησιστικὴ ἀκολουθία als *kirchliches Gewohnheitsrecht* interpretieren. M.E. spielt Liberius hier auf das ihm durch die Synoden von Arles und Mailand und durch den Kaiser verwehrte Recht an, den Fall des Athanasius nach Kan. III von Serdika zu verhandeln.

105 16,16 [133,23-134,8].

106 16,19 [134,14f.]: Ὁ βασιλεύς· "Τὰ ἤδη τύπον ἐσχηκότα ἀναλύεσθαι οὐ δυνατόν ἐστι· τῶν γὰρ πλειόνων ἐπισκόπων ἡ ψῆφος ἰσχύειν ὀφείλει. Vgl. auch 16,3 [132,1f.]; 16,7 [132,11-13].

107 Nur an einer Stelle erwähnt Liberius völlig nebenbei, daß er Athanasius für unschuldig hält, 16,22 [135,9f.]: ..., ἵνα μὴ τὸν μὴ ἁμαρτήσαντα ἄνδρα χαραχθῆναι δοκιμασθῇ.

108 16,2.4.6.8.10f.16.20.

109 16,14 [133,18-20]: Λιβέριος· "Οὐ διὰ τὸ ἐμὲ μόνον εἶναι ὁ τῆς πίστεως ἐλαττοῦται λόγος· καὶ γὰρ κατὰ τὸ παλαιὸν τρεῖς μόνοι εὑρίσκονται ἀντιστάντες προστάξει."
Ὁ τῆς πίστεως λόγος richtet sich nicht auf Dinge des Glaubens, sondern meint die den kirchlichen Kanones gemäße Rechtsgrundlage des Vorgehens gegen Athanasius.
16,16 [134,2f.]: βεβαιοῦσαν τὴν πίστιν τὴν κατὰ Νίκαιαν ἐκτεθεῖσαν meint die Pistis von Nizäa sozusagen als gemeinsame Grundlage eines neuen Konzils, d.h. rechtlich soll die Synode von Mailand rückgängig gemacht werden und so verfahren werden, wie es Liberius schon vor der Mailänder Synode in seinem Brief an Konstantius gefordert hatte (vgl. S. 147ff.).

110 16,4 [132,4-6]: Λιβέριος ἐπίσκοπος εἶπεν· "Ὅσοι ὑπέγραψαν, οὐκ αὐτόπται τῶν γεγενημένων ἦσαν, ἀλλὰ διὰ δόξαν καὶ φόβον καὶ ἀτιμίαν τὴν παρὰ σοῦ." (vgl. 16,6; 16,16: ἀλόγως).

111 Ein weiterer Hinweis darauf, daß es in Mailand und Arles nicht um eine orientalische theologische Formel, sondern allein um die Angelegenheit des Athanasius gegangen war, vgl. S. 133ff., 147ff.

Nach vergeblichen Versuchen des Kaisers, bei denen auch angeblich wieder Bestechung eine Rolle spielte[112], Liberius zur Unterschrift unter die Beschlüsse der Synode von Mailand zu bewegen, wird Liberius wegen Ungehorsams gegenüber Befehlen des Kaisers und wegen seiner Weigerung, die Beschlüsse der Synode von Mailand anzuerkennen[113], nach Beröa in Thrakien verbannt[114], wo der dortige Bischof Demophilus ihn umstimmen soll[115].

An seiner Stelle wird sein Diakon Felix zum römischen Bischof ordiniert.

Wichtig für die Beurteilung der kirchenpolitischen Schritte des Kaisers erscheint dabei, daß in Rom gerade kein theologischer Parteigänger der homöischen Hofbischöfe eingesetzt wurde, sondern ein in römischer theologischer Tradition stehender Diakon aus dem Klerus des Liberus[116]. Das unterstreicht erneut, daß es bei der Absetzung und Verbannung des Liberius nicht um Glaubensfragen oder gar die Durchsetzung einer bestimmten theologischen Richtung ging, wie Athanasius auf der einen und von ganz anderen theologischen Voraussetzungen her der homöusianische Sabinus auf der anderen Seite meinen[117].

Im Gang des Verfahrens unterscheidet sich der Prozeß gegen Liberius, wenn man hier überhaupt von einem Prozeß reden kann, von allen bisher bekannten Prozessen gegen Bischöfe im Rahmen der theologischen und kirchenpolitischen Auseinandersetzungen seit der Synode von Nizäa. Liberius wird nicht vor eine vom Kaiser einberufene Synode zitiert und von ihr (im Auftrag des Kaisers) abgesetzt und exkommuniziert, bevor er von einem kaiserlichen Gericht verurteilt wird, ins Exil zu gehen.

---

112 Vgl. den legendenhaften Schluß des Protokolls bei Thdt. h.e.II,16, 27-29.

113 Vgl. Amm.XV,7,6-10 (der Text Anm. 99).

114 Thdt. h.e.II,16,27; Soz. h.e.IV,11,3.

115 Zur Rolle des Demophilus vgl. Lib.ep.Pro deifico 2 [FEDER, 169].

116 Zu Felix II. MOMMSEN, GS VI,570-81; PIETRI, l.c.249f. (mit weiterführenden Literaturangaben). Daß Felix kein Vertreter der Hoftheologie genannt werden kann, betont KLEIN, AtPav 57(1979)109f.

117 Ath. h.Ar.35-41; Sabinus bei Soz. h.e.IV,11,1-3. Zur von Athanasius' völlig verschiedener Sicht des Sabinus vgl. S. 291f.

Trotz des erst im September 355 erlassenen Gesetzes, das die Bischöfe weltlichen Gerichten entzog, wird Liberius als amtierender Bischof vom Kaiser ins Exil geschickt[118]. Zwar gilt im Moment Felix für den Kaiser als Bischof von Rom[119]; er scheint aber von Konstantius von Anfang an als eine Art von Vertretung für Liberius angesehen worden zu sein. Von Beginn der Verbannung des Liberius an hatte Konstantius wohl eine "Umkehr" bei Liberius erwartet und dafür seine Rückkehr auf den Stuhl Petri in Rom vorgesehen[120].

Inzwischen hatte sich allerdings, während die Gegner der kaiserlichen Kirchenpolitik im Exil waren, die Situation gründlich verändert. Konstantius wollte auch in Fragen des Bekenntnisses die Einheit der Kirchen von Morgen- und Abendland zu einer Reichskirche ohne Rücksicht auf unterschiedliche gewachsene theologische Traditionen herstellen. Als weniger theologisch gebildeter, dafür aber um so eifrigerer Christ wollte er ein Bekenntnis aller Kirchen in Ost und West, das auf rein biblischer Grundlage formuliert und daher für alle annehmbar sein sollte.

Nicht nur die Unterschrift unter die Verurteilung des Athanasius, sondern auch die Unterschrift unter eine von den Hofbischöfen ausgearbeitete theologische Formel verlangte der Kaiser nun von Liberius[121].

Liberius hat beide Forderungen erfüllt[122] und durfte nach zweijährigem Exil nach Rom zurückkehren, wo er am 2. August

118 Also gegen CTh XVI,2,12.
119 Vgl. CTh XVI,2,13 vom 10.11.356 und CTh XVI,2,14 mit der Adresse *Felici episcopo* vom 6.12.356. In das Jahr 356 datiert die Gesetze SEECK, Regesten, 203.
120 Vgl. die Coll.Avell.1,3 (Quae gesta sunt) von Konstantius anläßlich seines Rombesuches im Mai 357 überlieferten Worte [GUENTHER I,2,3-6]: *post annos duos uenit Romam Constantius imperator; pro Liberio rogatur a populo. qui mox annuens ait 'habetis Liberium, qui, qualis a uobis profectus est, melior reuertetur'.* Eine ausgeschmückte Version dieser Episode Thdt. h.e.II,17 mit der charakteristischen Änderung, daß Liberius allein auf die Bitten der Römerinnen zurückkehren darf. Bei Soz. h.e.IV,11,12 dagegen wird in dem Wort des Kaisers die Rückkehr des Liberius von dogmatischen Zugeständnissen abhängig gemacht. Vgl. dazu S. 288ff. und KLEIN, l.c., der die falsche Folgerung zieht, daß Liberius zum Zeitpunkt des Rombesuchs des Konstantius schon eine theologische Formel unterschrieben hätte.
121 Insofern ist die Tendenz bei Soz. (Sabinus) nicht ganz falsch.
122 Vgl. S. 292ff.

358 eintraf, von der Bevölkerung begeistert aufgenommen[123].

Felix mußte Rom verlassen und hatte noch eine Zeitlang eine Gemeinde Getreuer außerhalb der eigentlichen Stadt, bis nach seinem Tod Liberius doch noch für eine kurze Zeit unangefochten den Stuhl Petri einnehmen konnte. Obwohl er sich besonders nach dem Tode des Konstantius eifrig für die Anerkennung des Nizänum einsetzte, hat er in der kirchlichen und theologischen Entwicklung des Abendlandes keine führende Rolle mehr gespielt[124].

Sein Nachgeben im Falle der Verurteilung des Athanasius und seine Unterschrift unter eine "häretische" Formel der Hofbischöfe ist ihm schon von den Zeitgenossen übel vermerkt worden[125] und seither Quelle ständiger Auseinandersetzungen, die bis heute nicht frei von konfessionellen Empfindlichkeiten sind. Die immer wieder umstrittenen Fragen sind:

1. Hat Liberius im Exil Athanasius verurteilt?

2. Hat er in diesem Zusammenhang eine "häretische" theologische Formel unterschrieben?

3. Falls er eine solche Formel unterschrieben hat, ist zu fragen, um welche orientalische theologische Formel der fünfziger Jahre es sich dabei gehandelt haben kann[126].

Die von mir schon angedeutete Antwort auf diese Fragen gilt es vor allem anhand der überlieferten Briefe des Liberius und äußerer Zeugnisse zu überprüfen und zu belegen.

### b) Die Exilsbriefe

In den Coll.antiar.Paris. des Hilarius sind vier Briefe des Liberius aus seinem Exil überliefert, von deren Beurteilung die Antwort auf die eben gestellten Fragen vorrangig ab-

---

123 Hier.Chron. [HELM, 237,24]: *Romam quasi uictor intrauerat*; vgl. SEECK, Regesten, 205.

124 Zusammenfassend CASPAR, l.c.187ff.; PIETRI, l.c.263ff.

125 Besonders bei Hieronymus; vgl. S. 286. Die spätere Legende, die Liberius als Verfolger und Ketzer zeichnet (dazu DÖLLINGER, Papstfabeln, 126ff.), hat ihre Ursache nicht im zeitweiligen Nachgeben des Liberius gegenüber den Forderungen des Konstantius, wie ich ZKG 90(1979) 193-95 zu zeigen versucht habe.

126 In Frage kommen nur die drei sirmischen Formeln von 351, 357 und 358.

hängig ist[127]. Da alle vier Briefe nur hier überliefert sind, hat man sie weitgehend bis in unser Jahrhundert alle vier für unecht erklärt und damit auch die Behauptung, daß Liberius im Exil Athanasius verurteilt und eine häretische Formel unterschrieben habe, für gegenstandslos erklären wollen[128]. Vor allem in seiner Echtheit bestritten wurde der erste Exilsbrief *Studens paci* an den orientalischen Episkopat, da er besonders schlecht in die bekannten Ereignisse seit 352 und in das gewünschte Liberiusbild zu passen schien[129]. Seit den Untersuchungen von SCHIKTANZ, DUCHESNE, WILMART, GUMMERUS und FEDER[130] kann an der Echtheit aller vier Exilsbriefe und des sie begleitenden Kommentars des Hilarius nicht mehr gezweifelt werden[131].

---

127 *Studens paci*, Coll.antiar.Paris. B III,1 [FEDER, 155], *Pro deifico*, ebenda B VII,8 [FEDER, 168-70], *Quia scio*, ebenda B VII,10 [FEDER, 170-72], *Non doceo*, ebenda B VII,11 [FEDER, 172-73]. Genaue Inhaltsangaben bei SCHIKTANZ, l.c.79ff., 92ff.; FEDER, Studien I,153ff.; ein ausführlicher Kommentar bei FLEMING, l.c.365ff., 435ff.

128 Z.B. STILTINCK (vgl. S. 257 Anm.48-50), der dazu gleich alle Fragmente mit Ausnahme des Proömium für unecht erklärte. Für unecht halten die Briefe u.a. auch JUNGMANN, l.c.; SALTET, l.c.; SAVIO, l.c.; SINTHERN, l.c.; CHAPMAN, l.c.; GLORIEUX, l.c. Unter nichtkatholischen Gelehrten, soweit mir bekannt, nur KRÜGER, RE XI,450-56 und ThLZ 27 (1912)332. In jüngster Zeit hat wieder JOANNOU, l.c.124ff., ohne auf die Forschung der vergangenen einhundert Jahre einzugehen, alle vier Briefe für unecht erklärt. Auf die z.T. sehr unterschiedlichen Versuche, die Unechtheit der Briefe zu verteidigen, ist hier nicht einzugehen, sie müssen alle als mißlungen gelten.

129 Die Argumente bei SCHIKTANZ, l.c.79ff. Diese These wurde besonders im neunzehnten Jahrhundert häufig vertreten, z.B. von HEFELE, l.c. §§ 73, 81.

130 DUCHESNE, MAH 28(1908)31-78; WILMART, RBen 25(1908)361-67 (hierbei handelt es sich um keine eigene Untersuchung von WILMART, der sich nur den Ergebnissen von DUCHESNE anschließt und seine RBen 24(1907) 149-79, 291-317 ausgeführte Auffassung über die Briefe entsprechend korrigiert); GUMMERUS, l.c.passim; SCHIKTANZ, l.c.; FEDER, Studien I.

131 HALLER, l.c.503 (Anm. zu S. 71f.): *"Die Frage ist entschieden, und die Apologeten, unter denen F. Savio in vorderster Reihe focht, werden verstummen müssen, seit Feder, S.J., SB Wien 165,127ff. die Echtheit der viel umstrittenen Hilarius-Fragmente endgültig erwiesen hat."* Außer JOANNOU sehe ich in jüngster Zeit keinen Apologeten der Unechtheit der Briefe mehr. Eine vielleicht nicht ganz uninteressante Kuriosität ist es, daß WILMART die beiden in deutscher Sprache verfaßten Dissertationen von GUMMERUS und SCHIKTANZ kannte, von diesen Anfängerarbeiten sich aber nicht überzeugen ließ, dazu bedurfte es erst der unumstrittenen Autorität des berühmten DUCHESNE.

Umstritten bleibt jedoch ihre Interpretation und damit die Interpretation der übrigen zeitgenössischen oder nur wenig späteren Zeugnisse[132]. Bei einigen Gelehrten, die die Echtheit der Briefe vertreten, sind dabei apologetische Tendenzen nicht zu übersehen, die die Auseinandersetzung mit den Zeugnissen nicht unwesentlich erschweren[133].

*"Die Liberiusfrage, insbesondere die Frage nach den vier den Papst belastenden Briefen, will die Forschung durchaus nicht in Ruhe lassen. Es vergeht kein Jahr, daß nicht einer oder mehrere das Wort nehmen, um Echtheit oder Unechtheit der Briefe zu verfechten und daraus Schlüsse über das Verhalten des Papstes zu ziehen"*, konnte G. KRÜGER 1912 im Rückblick auf nur ein Jahrzehnt Forschung[134] resümieren. Seither ist es in der Diskussion um die Liberiusbriefe ruhiger geworden. Diese Diskussion allein bis zum Beginn des ersten Weltkrieges nachzuzeichnen, würde eine eigene Monographie erfordern[135].

---

132 Dazu S. 284ff.

133 Seit die Echtheit der Briefe in der kath. Forschung weitgehend anerkannt wird, wird meist der Versuch gemacht, Liberius von einem eventuellen dogmatischen Fehltritt von vornherein zu entlasten. Seine Unterschrift unter eine "häretische" Formel wird grundsätzlich nicht in Erwägung gezogen. Interessant dagegen die Überzeugung KRÜGERs, der die Briefe für unecht hielt, daß, wenn die Briefe echt wären, Liberius die zweite sirmische Formel von 357 unterschrieben haben müßte (RE XI,453). Eine ernsthafte Auseinandersetzung mit dieser These KRÜGERs aus dem Jahre 1902 sucht man in der bis zum Beginn des Weltkrieges im Jahre 1914 immer mehr anschwellenden Diskussion um die Briefe vergeblich.

134 ThLZ 37(1912)332.

135 Die fast unübersehbare Literatur zum Liberius-Problem kann man am übersichtlichsten in drei zeitliche Perioden gliedern:
1. Diskussion seit Bekanntwerden der Briefe bis zum I. Vaticanum (1598-1870).
2. Die durch das I. Vaticanum ausgelöste Debatte (1870 bis etwa 1900).
3. Die Diskussion seit der weitgehenden Anerkennung der Echtheit der Briefe in der katholischen Forschung (um 1900-1914).
Der Ausbruch des ersten Weltkrieges brach diese besonders seit dem Erscheinen der Dissertation von SCHIKTANZ im Jahre 1905 mit großer Heftigkeit und enormem Aufwand geführte Diskussion ab. Allein zwischen 1905 und 1914 erschienen die Untersuchungen von DUCHESNE, WILMART, SCHIKTANZ, SALTET, SAVIO, SINTHERN, CHAPMAN, FEDER. Das Erscheinen der kritischen Edition im CSEL im Jahre 1916 markiert in diesem Falle eigenartigerweise das Ende einer wissenschaftlichen Diskussion, die seither nicht wieder aufgenommen wurde.
Ausführliche Übersichten über den Forschungsstand zur ersten Epoche

Abgesehen von einigen Apologeten des Liberius, die keinerlei Nachgeben des römischen Bischofs in der Athanasiusfrage und auch keine Konzessionen des Liberius in dogmatischen Fragen zugeben möchten[136], haben auch viele der Bestreiter der Echtheit der bei Hilarius überlieferten Exilsbriefe anhand der Überlieferung bei Sozomenos angenommen, daß Liberius vor seiner Rückreise nach Rom im Jahre 358 die homöusianische dritte sirmische Formel, die sich gegen die anhomöische Theologie des Eudoxius und Aetius richtete, unterschrieben habe[137].

Dabei wurde vor allem viel Mühe auf den Nachweis der fak-

---

bei Hefele, l.c. Zum jeweiligen Forschungsstand vgl. JUNGMANN, l.c.; KRÜGER, RE XI,450ff. (seine Rezension der Monographie von SAVIO, ThLZ 37(1912)332 gibt einen Überblick über die Diskussion seit dem Erscheinen seines Artikels in der RE im Jahre 1902); BARDENHEWER, Geschichte III,587; HEFELE-LECLERCQ I/2, § 81; FEDER, Studien I, 153ff.; SCHIKTANZ, l.c.
Einen guten Überblick zum aktuellen Forschungsstand vermitteln auch FEDERs Rezensionen über *Neue Literatur zur Liberiusfrage*, ThRe IX (1910)105-09 und gleichsam als Nachtrag dazu seine Rezension zu SAVIOs dritter Liberius-Monographie von 1911, die hauptsächlich gegen seine Studien I gerichtet war (ThRe XVI(1917)110-12).
Die umfassendste Forschungsübersicht bei AMANN, DThC IX,631ff.(1926). Zum heutigen seither wenig veränderten Stand der Forschung vgl. HAMMAN, in: HILAIRE ET SON TEMPS, 43-50, und PIETRI, l.c.237ff.

136 Z.B. JUNGMANN, der in diesem Zusammenhang zu den übelsten Polemikern der neueren Zeit zu rechnen ist. Das ganze Problem ist für ihn überhaupt kein historisches, sondern ein polemisches. Schon bei Beginn seiner weitschweifigen Untersuchung, die vom Forschungsstand von 1881 wenig wirkliche Kenntnisse verrät, steht das Ergebnis und auch die Qualifikation derer fest, die etwa zu einem anderen Ergebnis kommen sollten: "*Adversarii S. Sedis et infallibilitatis osores usque ad dies nostros Liberium accusant, quod in heresim Arianam lapsus eamque subscriptione Symboli haeretici publice confessus sit.*" (S. 1f.) Besonders protestantische Autoren, wie D. BLONDEL (1590-1665) und B. BASNAGE (1580-1652), gelten für ihn als *Ecclesiae hostes* (S. 46). Sämtliche Nachrichten über ein Nachgeben des Papstes sind Fälschungen oder Irrtümer. So kommt er zu der von Anfang an feststehenden Schlußfolgerung (S. 82): "*Omnibus igitur perpensis statuimus, lapsum Liberii Pontifices esse fictivum, Liberium nec in haereticam incidisse pravitatem, nec perfidiae haereticorum manus dedidisse; Pontificem hunc revera nulli formulae Sirmiensi subscripsisse nec alii documento, quo a professione vocis homousios per Nicaenos Patres sancita recederet; nec eum S.Athanasium damnasse vel cum arianis communionem iniisse.*"
Für etwaige Zweifler fügt er noch beruhigend hinzu: "*Caeterum, etiamsi Athanasium Liberius condemnasset et cum Arianis communionem iniisset, propterea tamen nullatenus a fide defecisset*", was anschließend in für den Leser erstaunlicher Weise bewiesen wird.

137 Vgl. die Anm. 135 aufgezählten Forschungsübersichten.

tischen Orthodoxie der dritten sirmischen Formel auch von denen verwandt, die sonst die Häresie der Homöusianer und der von ihnen vertretenen Formeln nicht genug tadeln können[138]. Teilweise muß sogar der Eindruck entstehen, daß diese theologische Deklaration der Homöusianer gerade durch die Unterschrift des Liberius vom Makel der Häresie gereinigt und orthodox geworden ist[139].

Die Gelehrten, die seit Anfang dieses Jahrhunderts für die Echtheit der vier Exilsbriefe eingetreten sind, haben aufgrund der Namensliste, die Hilarius als Liste der Bischöfe überliefert, die die *perfidia* verfaßt hatten, die Liberius unterschrieben hat[140], und bei der es sich um eine Liste der Teilnehmer der sirmischen Synode von 351 gegen Photin handelt[141], angenommen, Liberius habe im Frühjahr 357 die erste sirmische Formel von 351 unterschrieben[142].

Meistens hat man das mit der von Sozomenos berichteten Unterschrift des Liberius unter die dritte sirmische Formel von 358 kombiniert und angenommen, daß Liberius zuerst im Frühjahr 357 die erste sirmische Formel unterschrieb, aber erst, nachdem er im Frühjahr 358 auch noch die dritte sirmische Formel unterschrieben hatte, nach Rom abreisen durfte, wo er am 2. August 358 eintraf[143].

In neuerer Zeit, nachdem durch das I. Vaticanum das Interesse an der Liberiusfrage außerordentlich belebt worden war[144], haben, wenn ich richtig sehe, nur die beiden nicht römisch-katholischen Gelehrten GUMMERUS und HALLER angenommen, daß Liberius im Exil die überall als häretisch angesehene sogenannte zweite sirmische Formel von 357 unterschrieben habe, ohne allerdings Beweise für diese von der römisch-katholischen Forschung bis heute einhellig abgelehnte Behaup-

---

138 In besonderer Ausführlichkeit bei SINTHERN, l.c.

139 Vgl. bei JOANNOU, l.c.124 die Überschrift zum Bericht Ath.h.Ar.41,3 und Soz. h.e.IV,15: *"Liberius korrigiert die Glaubensformel der Homöusianer und versöhnt sie mit dem nizänischen Glauben."*

140 Hilar.Coll.antiar.Paris. B VII,9 [FEDER, 170,3-5].

141 Zur Identifikation der Namensliste vgl. S. 95f.

142 So seit FEDER die opinio communis.

143 Vgl. vorige Anm. Zum Datum der Rückkehr des Liberius SEECK, Regesten, 205.

144 Vgl. AMANN, l.c.

tung zu liefern[145]. Wohl auch wegen der fehlenden Beweise hat diese Auffassung bisher keine Nachfolger gefunden.

Trotzdem stößt die heute weit verbreitete Meinung, Liberius habe zu Beginn seines Exils Athanasius verurteilt und die gegen Photin gerichtete erste sirmische Formel unterschrieben und sei nach Unterschrift unter die dritte sirmische Formel im Frühjahr 358 nach Rom zurückgekehrt, schon äußerlich bei näherer Untersuchung der Quellen auf Schwierigkeiten.

Es gibt sonst keinerlei Hinweis darauf, daß einer der verbannten abendländischen Bischöfe in Verbindung mit der geforderten Trennung von Athanasius die erste sirmische Formel unterschreiben sollte. Konstantius hatte, seitdem er das Abendland beherrschte, nie versucht, die sirmische Formel von 351 in der abendländischen Kirche durchzusetzen[146]. Ausserdem scheint die Forderung nach einer Unterschrift unter diese Formel im Jahre 357 nicht mehr recht wahrscheinlich.

Auch der Bericht des Sozomenos, h.e.IV,11.15, über Liberius' Unterschrift unter die dritte sirmische Formel stößt zunächst schon auf chronologische Schwierigkeiten.

Einigermaßen gesichert scheint der 2. August als Tag der Ankunft des Liberius in Rom zu sein[147]. Fest steht, daß unmittelbar vor Ostern 358 (12. April) die Synode der Homöusianer in Ankyra getagt hat[148]. Konstantius kam erst im Juni vom Sarmatenfeldzug nach Sirmium zurück[149]. Bei den Entfernungen von Ankyra nach Sirmium und von Sirmium nach Rom hätten die Gesandten von Ankyra sofort nach Ostern in Richtung Sirmium abreisen und sich dort mit dem ebenfalls bereits anwesenden Liberius treffen müssen. Der nicht mehr junge Liberius hätte

145 GUMMERUS, l.c.57f.; HALLER, l.c.503f. Allerdings kann man HALLER kaum zustimmen, daß die Frage, welche Formel Liberius im Exil unterschrieb, *höchstens dogmengeschichtlich* interessant sei, angesichts der enormen kirchenpolitischen Bedeutung der sirmischen Formel für die kirchliche Parteibildung in den kommenden Jahren. Was heißt in diesem Zusammenhang überhaupt *höchstens*?

146 Vgl. S. 133ff.

147 SEECK, Regesten, 205. Über die relativ größere Sicherheit bei überlieferten Tagesangaben, zwar im Zusammenhang mit Gesetzen gemeint, aber auch sonst gültig, vgl. ebenda, 96ff.

148 Epiph. haer.73,2. Das Osterdatum nach LIETZMANN-ALAND, Zeitrechnung, 21.

149 SEECK, Regesten, 205.

nach der frühestens Mitte bis Ende Juni möglichen Synode von Sirmium aus Rom bis zum 2. August nur in Eilmärschen erreichen können[150]. Diese Vorstellung von Bischöfen, die mit der Geschwindigkeit kaiserlicher Kuriere durch die Lande hetzen, scheint mir unmöglich.

Daß Liberius aber eine orientalische Formel unterschrieben hat, bezeugt er mehrfach selbst und wird auch von den alten Schriftstellern verschiedentlich erwähnt[151]. Vor der Untersuchung der einzelnen äußeren Zeugnisse sollen aber zuerst die Briefe des Liberius selbst sprechen.

Die vier Exilsbriefe können nicht beinahe gleichzeitig im Frühjahr 357 in Beröa geschrieben worden sein, wie die moderne Forschung übereinstimmend annimmt[152]. Zwischen der Abfassung der einzelnen Briefe müssen jeweils längere Zeiträume angenommen werden, so daß sie sich, da Liberius frühestens im Herbst 356 in Beröa angekommen sein kann[153], etwa über die Zeit von Anfang 357 bis Frühjahr 358 erstrecken müssen[154].

In seinem in der Forschung besonders umstrittenen ersten Brief *Studens paci*[155], einer Art Enzyklika an den orientalischen Episkopat, teilt Liberius den orientalischen Bischöfen mit, daß er auf ihre Briefe hin die Gemeinschaft mit Athanasius gelöst habe[156]. Diplomatisch meisterhaft erweckt er den

---

150 Von Ankyra nach Sirmium sind es etwa 1300 km, von Sirmium nach Rom nach Rom reichlich 1000 km. Mehr als 30-40 km Tagesleistung wird man kaum annehmen können; auch scheinen die reisenden Bischöfe ihre Reisen häufig unterbrochen zu haben (sonntags!).

151 *Ep.Pro deifico* [FEDER, 168-70]; *Quia scio* [FEDER, 170-72]; *Non doceo* [FEDER, 172f.]. Die Unterschrift unter eine orientalische theologische Formel erwähnen ausdrücklich Hier.Chron.ad an. 349; Vir.Ill.97; Philost. h.e.IV,3; Coll.Avell.1,3 (Quae gesta sunt); Ruf.Hist.X,23; Soz. h.e.IV,15.

152 So seit FEDER; vgl. PIETRI, l.c.

153 Der Präfekt Leontius ist erst ab Juni 356 bezeugt; vgl. CHASTAGNOL, Préfecture, 151. Vom Abtransport in Rom bis zur Ankunft in Beröa in Thrakien (etwa 1500 km!) muß man schon angesichts der Ereignisse in Mailand und eines ziemlich sicheren Aufenthaltes bei Fortunatian in Aquileia bestimmt drei Monate rechnen.

154 Spätestens Ende Mai/Anfang Juni muß Liberius nach Rom abgereist sein. Der wahrscheinlich letzte Brief *Non doceo* kann aber gut noch Ende 357 geschrieben worden sein.

155 Hilar.Coll.antiar.Paris. B III,1 [FEDER, 155].

156 Ebenda B III,1,3 [FEDER, 155,16-22]: *sectus denique litteras caritatis uestrae, quas de nomine supradicti Athanasii ad nos dedistis, sciatis his litteris, quas ad unanimitatem uestram dedi, me cum omnibus uobis et cum uniuersis episcopis ecclesiae catholicae pacem habere, supradictum autem Athanasium alienum esse a communione mea siue*

Anschein, daß er schon zu Beginn seines Episkopats, als eine antiochenische Synode ihn aufgefordert hatte, ihren Rundbrief mit der Verurteilung des Athanasius zu unterschreiben, sich von Athanasius getrennt hätte. Zumindest hatte er ihm angedroht, die Gemeinschaft mit ihm zu lösen, falls Athanasius nicht zur Untersuchung seines Falles in Rom erscheinen würde[157].

Das Zeugnis einer ägyptischen Synode für Athanasius hatte ihn damals umgestimmt[158]. Das, wie überhaupt die Ereignisse der vergangenen fünf Jahre, die ihn ins Exil gebracht hatten, übergeht er in diesem Brief völlig.

Der Brief an den orientalischen Episkopat muß etwa im Frühjahr 357 geschrieben sein[159]. Nur eine kurze Zeit des Exils und der Überzeugungsarbeit des Bischofs Demophilus hatten genügt, um von Liberius die Unterschrift unter die Verurteilung des Athanasius zu erlangen, von dessen Unschuld, was die vom Kaiser und dem orientalischen Episkopat vorgebrachten Anklagepunkte betraf, er offenbar nie restlos überzeugt war[160].

Sein Freund Fortunatian von Aquileia, der schon in Mailand die Gemeinschaft mit Athanasius abgebrochen hatte und aller Wahrscheinlichkeit nach den Hauptanteil an der sehr schnellen Umstimmung des Liberius trug, hatte den Brief verschiedenen orientalischen Bischöfen und auch dem Kaiser zugeschickt[161].

---

*ecclesiae Romanae et a consortio litterarum et ecclesiasticarum.*

157 Er verbindet seine Drohung von 352/53, Athanasius zu exkommunizieren (Vgl. S. 121-127), geschickt mit der nun nach fünf Jahren vollzogenen Trennung. [FEDER, 155,13-16]: *litteras etiam ad eundem per supradictos presbyteros dedi, quibus continebatur, quod, si non ueniret, sciret se alienum esse ab ecclesiae Romanae communione. reuersi igitur presbyteri nuntiauerunt eum uenire noluisse. secutus denique...* (vgl. Anm. 156). Zur zeitlichen Bedeutung von *denique* FLEMING, l.c.370. Daß dieser Brief aus der Exilszeit ist, hat zuerst GUMMERUS, l.c.57 A.5 bemerkt.

158 Ep.Obsecro 2,2 [FEDER, 99,13-18]; vgl. S. 121ff.

159 So seit FEDER die opinio communis.

160 Zu seiner 352/53 angeordneten Untersuchung des Athanasiusfalles vgl. Amm.XV,7,9 und oben S. 121ff.

161 Ebenda B III,2 [FEDER, 156,1f.]: *quin etiam Fortunatianus episcopus epistulam eandem rursum diuersis episcopis mittens nihil profecit.* Ebenda B VII,8,1,2 [FEDER, 168,13-16]: *litteras adaeque super nomine eius, id est de condempnatione ipsius, per fratrem nostrum Fortunatianum dedi perferendas ad imperatorem Constantium.* Vgl. B VII,10,1, 2 [FEDER, 170,16-171,3].

Aber die ersehnte Erlaubnis zur Heimkehr blieb noch aus[162].

Hilarius berichtet, daß für Potamius und Epiktet die Verurteilung des Athanasius allein nicht ausreichte, sie verlangten von Liberius außerdem eine förmliche Trennung von den Beschlüssen von Serdika, an die die ägyptische Synode Liberius mit aller Deutlichkeit erinnert hatte, als er Athanasius mit der Exkommunikation gedroht hatte[163].

Im zweiten bei Hilarius überlieferten Exilsbrief[164], wieder ein Rundschreiben an die orientalischen Bischöfe, vornehmlich aber an die Bischöfe am Hof gerichtet[165], erinnert Liberius daran, daß er die Communio mit Athanasius gelöst habe[166]. Er entschuldigt sich noch einmal dafür, am Anfang seines Pontifikats als treuer Nachfolger seines Vorgängers Julius die Gemeinschaft mit Athanasius vorerst aufrecht erhalten zu haben[167].

Im zweiten Teil seines Briefes teilt er den Bischöfen mit, daß er nach Erklärung durch Demophilus das in Sirmium beschlossene Bekenntnis angenommen und unterzeichnet habe:

> *Nam ut uerius sciatis me ueram fidem per hanc epistulam meam proloqui, dominus et frater meus communis Demofilus quia dignatus est pro sua beniuolentia fidem uestram et catholicam exponere, quae Syrmio a pluribus fratribus coepiscopis nostris tractata, exposita et suscepta est ab omnibus, qui in praesenti fuerunt, hanc ego libenti animo suscepi, in nullo contradixi, consensum accomodaui, hanc sequor, haec a me tenetur.*[168]

Abschließend bittet er die Bischöfe, und hier dürften wohl

---

162 Vgl. die Bitten um Rückreiseerlaubnis in den Briefen B VII,8;10;11 und vorige Anm. B III,2.

163 Ebenda B III,2 [FEDER, 155,24-156,9]. Die Bemerkung kann sich nur auf Obsecro 2,2 (vgl. Anm. 158) beziehen. Falsch FLEMING, l.c.375. *nunc* ist zu *pridem* in Beziehung zu setzen im Sinne von *einst...nun (dann)* und kann sich aus der Sicht von 357 wohl auf die Ereignisse von 352 im Verhältnis zu den noch früheren unter Julius (pridem) geschehenen beziehen.

164 Pro deifico [FEDER, 168-70].

165 Ebenda [FEDER, 169,14-170,1].

166 Ebenda [FEDER, 168,12f.]; vgl. Anm. 161.

167 Ebenda [FEDER, 168,9-11]: *ego Athanasium non defendi, sed, quia susceperat illum bonae memoriae Iulius episcopus, decessor meus, uerebar, ne forte in aliquo praeuaricator iudicarer.*

168 Ebenda [FEDER, 169,4-13]. Die in der Handschrift wohl von einem früheren Schreiber hinzugefügten Anathemata sind hier auszulassen. Vgl. FEDER, l.c.; FLEMING, l.c.443-45.

die Bischöfe in der näheren Umgebung des Kaisers gemeint sein, sich für die Erlaubnis seiner Heimkehr einzusetzen[169].

Daß es sich bei der von Hilarius beigefügten Liste mit Namen von Bischöfen, die dieses Bekenntnis verfaßt haben sollen, um eine Liste mit Teilnehmern der sirmischen Synode von 351 handelt, war schon erwähnt worden[170].

Einige Zeit später[171] schrieb Liberius einen dritten, nun schon flehentlichen Brief direkt an Valens, Ursacius und den Residenzbischof Germinius, die drei wichtigsten Bischöfe im Umkreis des Kaisers, die er darum bittet, sich beim Kaiser für die Erlaubnis seiner Rückkehr nach Rom einzusetzen[172]. Wieder verweist er auf seine inzwischen erfolgte Trennung von Athanasius und entschuldigt sich, daß er seine Aufkündigung der Communio mit Athanasius nicht schnell genug an den Hof gemeldet hatte, weil er gehofft hatte, daß auch seine Legaten und die anderen Exilierten aus der Verbannung zurückkehren würden[173]. Über Fortunatian und direkt über den Hofbeamten Hilarius[174] hatte er sein Rundschreiben auch dem Kaiser zugehen lassen[175]. Der Ton des Briefes zeigt Liberius ziemlich verzweifelt über seine Lage im Exil[176].

Im Zustand tiefster Niedergeschlagenheit bittet Liberius seinen ehemaligen Legaten nach Arles, den wegen seiner Nachgiebigkeit auf der Synode von Arles von ihm selbst einst bitter getadelten Vincentius von Capua, nun doch seitens des italienischen Episkopats gemeinsam bei Konstantius für ihn vorstellig zu werden[177].

---

169 Vgl. Anm. 165.

170 Vgl. S. 95f.

171 Da sein Drängen um Rückkehrerlaubnis hier wesentlich stärker als im vorigen Brief ist, würde ich diesen dritten Brief eher später datieren.

172 *Quia scio*, ebenda B VII,10 [FEDER, 170-72].

173 Ebenda [FEDER, 171,4-7].

174 Ebenda [FEDER, 171,8ff.]. Zu dem nur hier erwähnten cubicularius Hilarius vgl. JONES, Prosopography, 434.

175 Ebenda. Liberius spricht in keinem der vier Briefe davon, daß er dem Kaiser selbst geschrieben habe. Konstantius scheint nur die Rundbriefe bekommen zu haben, was angesichts des großen Briefes *Obsecro* von 354 und der persönlichen Unterredung mit dem Kaiser in Mailand merkwürdig ist.

176 Vgl. den ganzen zweiten Teil [FEDER, 171,8-172,12].

177 *Non doceo*, ebenda B VII,11 [FEDER, 172f.]. Zur Kritik des Liberius am

Die totale Verzweiflung und Hoffnungslosigkeit, die aus diesem Brief spricht[178], läßt vermuten, daß es sich bei diesem Brief um den letzten erhaltenen Exilsbrief handelt, wahrscheinlich Ende 357 oder zu Beginn des Jahres 358 geschrieben.

Die vier Briefe bezeugen eindeutig, daß Liberius schon am Anfang seines Exils die geforderte Verurteilung des Athanasius und damit auch seine Zustimmung zu den Beschlüssen der Synode von Mailand gegeben hatte und - als das für die Erlaubnis der Rückkehr nach Rom nicht ausreichte - sich von den Beschlüssen der Abendländer von Serdika gelöst und eine ihm zur Unterschrift vorgelegte theologische Formel unterschrieben hat.

Der Brief *Pro deifico* kann aus chronologischen Gründen nicht vor Sommer oder Herbst 357 in Beröa verfaßt worden sein[179]. Die Formulierung *dominus et frater meus communis Demofilus quia dignatus est pro sua beniuolentia fidem uestram et catholicam exponere, quae Syrmio a pluribus fratribus et coepiscopis nostris tractata, exposita et suscepta est, ab omnibus qui in praesenti fuerunt*[180], hat nur Sinn, wenn nicht ein Jahre zurückliegendes Ereignis gemeint ist, wie die Synode von 351, die die sogenannte erste sirmische Formel annahm[181].

---

Verhalten des Vincentius vgl. *Nolo te*, ebenda B VII,4 [FEDER, 166]; *Inter haec*, ebenda B VII,6 [FEDER, 167]; vgl. S. 133ff.

178 Ebenda [FEDER, 172,18-173,3]: *insidiae hominum malorum bene tibi cognitae sunt, unde ad hunc laborem perueni; et ora, ut det dominus tolerantiam. dilectissimus filius meus Urbicus diaconus, quem uidebar habere solatium, a me per Uenerium agentem in rebus sublatus est.* Ebenda [FEDER, 173,13-15]: *ego me ad deum absolui. uos uideritis, si uolueritis me in exilio deficere, erit deus iudex inter me et uos.*

179 Der mehrfache Verweis auf einen schon an die orientalischen Bischöfe ergangenen Brief, womit m.E. nur *Studens paci* (B III,1) gemeint sein kann, setzt einen längeren Zeitraum seit der Abfassung des ersten Briefes voraus, da Liberius ja eigentlich schon Antwort und irgendeine Reaktion des Kaisers auf seinen Brief erwartet hatte. Frühjahr und Sommer 357 aber war Konstantius in Italien, wohin ihm der Brief *Studens paci* anscheinend auch geschickt worden war, daher Fortunatian von Aquileia als Überbringer (FEDER, 168,14-16).

180 Ebenda B VII,8,2,1 [FEDER, 169,5-8].

181 *Pluribus fratribus et coepiscopis nostris* verlangt, daß Abendländer dabei waren, da Liberius die fides der Orientalen ausdrücklich *fides uestra* nennt. Ebensowenig paßt zur sirmischen Synode von 351 *ab omnibus qui in praesenti fuerunt*, da es dort zumindest die Exkommunikation des Photin gab. Sowohl die Anwesenheit von Abendländern, als

Liberis kann mit der von ihm nachträglich unterschriebenen Formel hier eigentlich nur die sogenannte zweite sirmische Formel vom Herbst 357 meinen, die Konstantius auf den Rat seiner Hofbischöfe als Einigungsformel, die alle anstehenden theologischen Probleme ausklammert, für Morgen- und Abendland verbindlich hatte einführen wollen[182]. Nur an der Unterschrift unter diese Formel konnten Epiktet und Potamius, die maßgeblich an ihrer Ausarbeitung beteiligt waren, ein Interesse haben[183].

Auch daß Liberius seinen dritten Brief *Quia scio*, der ganz sicher nicht vor der zweiten Hälfte des Jahres 357 geschrieben sein kann[184], an Ursacius, Valens und Germinius, die wichtigsten und energischsten Vertreter der Theologie und Politik der zweiten sirmischen Formel[185] schickt und sich ausdrücklich auf die sakramentale Gemeinschaft mit ihnen, Epiktet und Auxentius, ebenfalls typische Vertreter dieser Theologie, beruft, kann nur heißen, daß er, vielleicht noch im Herbst 357, nach Erklärung und Deutung ihres theologischen Inhalts durch Demophil von Beröa, die zweite sirmische Formel unterschrieben hat[186].

---

auch die hervorgehobene Einmütigkeit in der Annahme einer fides paßt nur auf die sirmische Synode von 357 und auf ihre sogenannte zweite sirmische Formel. Vgl. Hilar.Syn.11 das Proömium [PL X,487A]: *Cum nonnulla putaretur esse de fide disceptatio, diligenter omnia apud Sirmium tractata sunt et discussa,...*
Wenn hier die zweite sirmische Formel auch als "orientalische" Formel bezeichnet wird, so ist damit nicht gemeint, daß sie von orientalischen Theologen verfaßt wurde. Ich behalte diese leicht irreführende Bezeichnung aber trotzdem bei, weil diese Formel von Hilarius in seiner Schrift *De synodis seu de fide Orientalium* überliefert ist und ein orientalisches theologisches Anliegen, nämlich eine subordinatianische Mehrhypostasentrinitätslehre, vertritt, allerdings in westlichem lateinischem Gewande.

182 Zur dritten sirmischen Synode von 357 und ihrer Formel, der sogenannten zweiten sirmischen Formel, vgl. S. 312ff.

183 Zu Potamius von Lissabon vgl. MONTES MOREIRA, l.c. Besonders zu der Bemerkung des Hilarius B III,2 [FEDER, 155,24-156,9] vgl. MONTES MOREIRA, l.c.96ff.; MESLIN, Les Ariens, 31-34 (Potamius), 37-39 (Epiktet).

184 *Quia scio*, direkt an die drei Hofbischöfe, ist erst nach den beiden bis dahin ergebnislosen Rundschreiben an die orientalischen Bischöfe denkbar.

185 Hilar.Syn.11 [PL X,487A]: ..., *diligenter omnia apud Sirmium tractata sunt discussa, praesentibus sanctissimis fratribus et coepiscopis nostris, Valente, Ursacio et Germinio.*

186 Die zweite sirmische Formel wurde zur Unterschrift herumgeschickt; vgl. Hilar.Syn.2; 27.

Dagegen spricht auf den ersten Blick die von Hilarius überlieferte Liste der Bischöfe, die jene perfidia verfaßt haben sollen, die Liberius angenommen hat[187], die aber nur zu den Beschlüssen der sirmischen Synode von 351 und ihrer sogenannten ersten sirmischen Formel gehören kann[188]. Diese Liste hat die meisten Verteidiger der Echtheit der vier Briefe dafür eintreten lassen, daß Liberius die erste sirmische Formel unterschrieb[189]. Die aufgezeigten chronologischen und inhaltlichen Gegengründe können durch die hier überlieferte Liste der Bischöfe, die die erste sirmische Formel von 351 verfaßt hatten, nicht beseitigt werden. Viel eher ist es vorstellbar, daß Hilarius, der die erste sirmische Formel auch nicht *perfidia* genannt hätte[190], sich hier irrt und bei der Abfassung seiner Schrift wirklich meinte, eine Namensliste der Unterzeichner der zweiten sirmischen Formel vor sich zu haben[191]. Dieser Irrtum wäre um so leichter verständlich, als über die sirmische Synode von 351 im Abendland und auch bei Hilarius so gut wie nichts bekannt war[192] und anhand des Stichwortes *fides apud Syrmiam descriptam* leicht eine Verwechslung vorkommen konnte.

Keine Aussage machen die vier Exilsbriefe des Liberius darüber, ob er am Ende seines Exils noch die homöusianische sogenannte dritte sirmische Formel unterschrieb, da sich das

---

187 B VII,9 [FEDER, 170,3-5]: *Perfidiam autem apud Syrmium descriptam, quam dicit Liberius catholicam, a Demofilo sibi expositam, hi sunt, qui conscripserunt:...*

188 Vgl. S. 95f.

189 Vgl. PIETRI, l.c.; HAMMAN, l.c. opinio communis seit FEDER.

190 Zur positiven Würdigung der ersten sirmischen Formel durch Hilarius vgl. S. 106 Anm. 70.
Besonders angesichts der opinio communis, daß der Teil von *Adversus Valentem et Ursacium*, der die Liberiusbriefe enthalten haben soll, 359-60 nach der Synode von Seleukia und nachdem sich Hilarius bereits sehr eng mit den Homöusianern verbunden hatte, entstanden sein soll, ist es unmöglich anzunehmen, daß er zu dieser Zeit die erste sirmische Formel *perfidia* genannt hätte.
Zur Datierung von *Adversus Valentem et Ursacium* vgl. S. 301ff.

191 So schon GUMMERUS, l.c.58 A.1, dessen Bemerkungen zu dieser Liste in der Forschung völlig untergegangen sind, obwohl seine Dissertation aus dem Jahre 1900 immer wieder zitiert wird.

192 *Adversus Valentem et Ursacium* scheint über die sirmische Synode von 351 kein Material geboten zu haben. Zur Unbekanntheit der Synode und ihrer Beschlüsse schon bei den Zeitgenossen vgl. S. 94 Anm. 14.

erst nach der Abfassung der Briefe zugetragen haben könnte[193].

Die Briefe des Liberius selbst geben zu der Vermutung Anlaß, daß er in Beröa die zweite sirmische Formel vom Sommer 357 bald nach ihrer Abfassung unterschrieben hat[194].

c) Die äußeren Zeugnisse

Dieses an den Briefen des Liberius gewonnene Ergebnis gilt es auch an den übrigen zeitgenössischen oder nur wenig späteren Überlieferungen zu prüfen.

In seiner Schrift *De synodis* aus dem Jahre 359, in der Hilarius die verschiedenen orientalischen Bekenntnisse und auch die von Lateinern verfaßte zweite sirmische Formel behandelt, erwähnt er Liberius weder im Zusammenhang mit dieser noch im Zusammenhang mit der ersten sirmischen Formel von 351[195].

Daß Liberius irgendwelche Konzessionen gegenüber den Forderungen des Konstantius für die Erlaubnis seiner Rückkehr nach Rom gemacht hat, geht dagegen ziemlich eindeutig aus Hilar.C.Const.11 hervor: *Vertisti deinde usque ad Romam bellum tuum, eripuisti illinc episcopum; et o te miserum, qui nescio utrum maiore impietate relegaveris quam remiseris!*[196]

Die Hintergründe der Rückkehr des Liberius nach Rom sind nach Auffassung des Hilarius mit mehr *impietas* befleckt als die Art und Weise, wie Konstantius ihn vorher in die Verbannung geschickt hatte[197].

Als Hilarius 361 seinen polemischen Traktat *Contra Constantium* verfaßte, hätte er die Unterschrift des Liberius

---

193 Vgl. die Analyse von Soz. h.e.IV,11-15 S. 288-292.

194 Ohne die irrtümlich von Hilarius angehängte Liste der Verfasser der ersten sirmischen Formel käme man überhaupt nicht auf den Gedanken, daß Liberius im Exil diese Formel von 351 unterschrieben haben könnte.

195 Hilar.Syn.11; 38.

196 PL X,589A.

197 Liberius war wegen der Forderung nach seiner Unterschrift unter die Absetzung und Exkommunikation des Athanasius in die Verbannung geschickt worden, nach Erfüllung weitergehender Forderungen (Verurteilung des Athanasius und Unterschrift unter ein "häretisches" Bekenntnis) zurückgekehrt. Wenn Hilarius die Forderung nach der Unterschrift unter eine theologische Formel für noch häretischer hält als die Forderung nach der Verurteilung des Athanasius, kann es sich eigentlich nur um die zweite sirmische Formel handeln; vgl. Anm. 190. Bei dieser rein polemischen Schrift wird man mit Interpretationen überhaupt sehr vorsichtig sein müssen.

unter die erste oder gar die von ihm selbst mit vertretene dritte sirmische Formel, noch dazu nach den Ereignissen von Rimini, Nike und Konstantinopel, nicht als *impietas* (sc. des Kaisers, der Liberius zu dieser Unterschrift gezwungen hat) charakterisieren können, ohne gegenüber seinen sich inzwischen in arger Bedrängnis und heftiger Opposition zu Konstantius befindlichen homöusianischen Freunden total unglaubwürdig zu werden[198]. Da Liberius aber vor den Ereignissen von Rimini und dem, was darauf folgen sollte, nach Rom zurückgekehrt war und seitdem eindeutig für das Nizänum eintrat, kann aus dieser Bemerkung nur gefolgert werden, daß Hilarius auch 361 der Auffassung war, daß Liberius, um nach Rom zurückkehren zu können, gezwungen wurde, außer den Athanasius verurteilenden Beschlüssen von Mailand auch die häretische zweite sirmische Formel zu unterschreiben. Folgerichtig wird Liberius bei Hilarius auch nicht unter den für den Glauben Verbannten aufgezählt[199].

Athanasius, der die Verbannung des Liberius mehrfach erwähnt[200], deutet an zwei Stellen an, daß Liberius den Lasten des Exils nicht gewachsen war und die Forderungen der Arianer erfüllte[201]. Nicht ganz deutlich wird bei Athanasius allerdings, worin die Erfüllung dieser Forderungen durch Liberius bestand. Sicher in der Unterschrift gegen ihn selbst. Von der Unterschrift unter eine theologische Formel spricht Athana-

---

198 Zu den Ereignissen nach Rimini und Seleukia vgl. S. 352ff. Hilarius hatte schon vor der Synode von Seleukia der dritten sirmischen Formel von 358 (dazu die ganze Schrift *De synodis*) zugestimmt, auf der Synode selbst hat er aller Wahrscheinlichkeit nach die zweite antiochenische Formel von 341 mit unterschrieben; dazu S. 354 Anm. 96.

199 Hilar.Const.2. Zur Interpretation dieses Textes vgl. S. 210ff.

200 Ath.apol.sec.89,3; h.Ar.35-41; fug.4.

201 Ath.apol.sec.89,3 [OPITZ II,167,18-20]: ὅτε δὲ καὶ λογισμοῖς ἔπειθον καὶ ἐξορισμὸν ὑπέμειναν καὶ Λιβέριός ἐστιν ὁ τῆς Ῥώμης ἐπίσκοπος· εἰ γὰρ καὶ εἰς τέλος οὐχ ὑπέμεινε τοῦ ἐξορισμοῦ τὴν θλῖψιν, ὅμως διετίαν ἔμεινεν ἐν τῇ μετοικίᾳ γιγνώσκων τὴν καθ' ἡμῶν συσκευήν. h.Ar.41,3 [OPITZ II,206,11f.]: ὁ δὲ Λιβέριος ἐξορισθεὶς ὕστερον μετὰ διετῆ χρόνον ὤκλασε καὶ φοβηθεὶς τὸν ἀπειλούμενον θάνατον ὑπέγραψεν. Gegen den Kommentar von OPITZ z.St. 167 paßt die Zeitangabe aus apol. sec.89 sehr gut zu den bekannten Ereignissen. Athanasius scheint angenommen zu haben, daß das Nachgeben des Liberius auch am Ende seines Exils geschah, und er anschließend sofort nach Hause durfte. So entsteht zwischen den beiden Texten kein Widerspruch. OPITZ z.St. 206 geht davon aus, daß Liberius schon 355 ins Exil mußte.

sius allerdings nicht ausdrücklich[202].

Hieronymus, der als junger Mann in Rom die Verschleppung des Liberius, die Episode des Episkopates des Felix und die Rückkehr des beliebten Bischofs Liberius im Jahre 358 miterlebt hat[203] und darum in der Liberiusfrage nicht von Hilarius abhängig sein muß, sagt eindeutig, daß Liberius seine Rückkehr nach Rom der Unterschrift unter eine häretische Glaubensformel verdankte: *Liberius taedio uictus exilii et in heretica prauitate subscribens Romam quasi uictor intrauerat.*[204]

Außerdem weiß Hieronymus, daß Fortunatian von Aquileia ihn zu dieser Unterschrift überredet hatte: *et in hoc habetur detestabilis* (sc. Fortunatian), *quod Liberium, Romanae urbis episcopum, pro fide ad exilium pergentem primus sollicitavit et fregit et ad subscriptionem hereseos compulit.*[205]

*Heretica pravitas* und *heresis* lassen dabei unwillkürlich eher an die zweite als an die erste oder gar dritte sirmische Formel denken, aber eine endgültige Entscheidung wird man aus den Bemerkungen des Hieronymus allein nicht treffen können[206].

Rufin, der keine genauen Nachrichten hat, weiß nur, daß Liberius heimkehren durfte, weil er dem Kaiser die geforderte Unterschrift gab[207].

In dem dem Libellus precum vorgeschalteten Bericht *Quae gesta sunt inter Liberium et Felicem episcopos*, der etwa um 370 entstanden ist[208], heißt es über das Exil des Liberius: *post annos duos uenit Romam Constantius imperator; pro Liberio rogatur a populo. qui mox annuens ait 'habetis Liberium,*

---

202 Unklar ist, wie gut er in seinem Versteck über die außerägyptischen Ereignisse informiert war.

203 CAMPENHAUSEN, Lateinische Kirchenväter, 109ff.

204 Hier.Chron.ad. an. 349 [HELM, 237,22-24].

205 Vir.Ill.97.

206 Auch der Sprachgebrauch in den beiden angeführten Werken des Hieronymus gibt keine endgültige Klarheit. In Vir.Ill. erscheinen aus dem hier interessierenden Zeitraum als Häretiker z.B. Photin (107), Eunomius (120) und Markell (86); nicht ausdrücklich Basilius von Ankyra, der allerdings 91 *Macedonianae partis princeps* genannt wird, Theodor von Heraclea (92) und Euseb von Emesa (93), die führenden Homöusianer. Dagegen aber Chron.ad an. 342 [HELM, 235,23]: *haeresis Macedoniana*; ad an. 347 [HELM, 236,20]: *Eusebius Emisenus Arrianae signifer factionis,...*

207 Ruf.Hist.X,28.

208 GUENTHER I,1-4. Zur Datierung FEDER, Studien I,155.

*qui, qualis a uobis profectus est, melior reuertetur'. hoc autem de consensu eius, quo manus perfidiae dederat, indicabat.*[209]

In der hier überlieferten Bemerkung des Kaisers, aus der hervorgeht, daß er schon bei seinem Besuch in Rom im Mai 357 von der Umkehr des Liberius wußte, hat man eine Bestätigung dafür gesehen, daß Liberius nicht die zweite sirmische Formel unterschrieben haben kann, da sie erst im Herbst 357 aufgestellt wurde[210]. Konstantius spricht aber von keiner theologischen Formel. Wie anhand der Briefe des Liberius bereits wahrscheinlich gemacht wurde, hatte Liberius offenbar schon bald nach seiner Ankunft in Beröa Athanasius verurteilt[211]. Das wird dem Kaiser bei seinem Besuch in Rom bereits bekannt gewesen sein. Ursprünglich hatte Konstantius sicher nicht vor, Liberius, nachdem er das Geforderte gegeben hatte, wegen der Unterschrift unter eine theologische Formel noch länger in der Verbannung zu behalten[212].

Jedenfalls kann dieses Zitat des Konstantius keinen Beweis dafür liefern, daß Liberius die erste sirmische Formel im Exil unterschrieben hat.

Der anhomöische Kirchenhistoriker Philostorgios berichtet recht genau, daß Liberius nicht nur Athanasius verurteilte, sondern auch das Homoousion, womit eigentlich nur seine Unterschrift unter die zweite sirmische Formel gemeint sein kann:

> Ἐν ᾧ καὶ τὸν Ῥώμης ἐπίσκοπον Λιβέριον, ὑπὸ Ῥωμαίων ἐπιζητούμενον σφόδρα, τῆς φυγῆς κατάγει καὶ ἀποδίδωσι τοῖς αἰτησαμένοις. τηνικαῦτα δὲ οὗτός φησι καὶ Λιβέριον κατὰ τοῦ ὁμοουσίου καὶ μὴν καὶ κατά γε τοῦ Ἀθανασίου ὑπογράψαι, ὁμοίως δὲ καὶ τὸν ἐπίσκοπον Ὅσιον, συνόδου τινὸς ἐνταῦθα συστάσης καὶ εἰς ὁμοφωνίαν αὐτοὺς ὑποσπασαμένης· ἐπεὶ δὲ ὑπέγραψαν, τὸν μὲν Ὅσιον εἰς τὴν ἑαυτοῦ παροικίαν Κουδρούβην τῆς Ἱσπανίας ἐπανελ-

209 Ebenda, § 3 [GUENTHER I,2,3-7].
210 FEDER, l.c.
211 Vgl. S. 270.
212 Vgl. das "Protokoll" des Gespräches zwischen Konstantius und Liberius, Thdt.h.e.II,16; dazu S. 265ff.

θεῖν καὶ τοῦ θρόνου ἄρχειν, Λιβέριον δὲ τῆς Ῥωμαίων Ἐκκλησίας.[213]

Daß Philostorgios der Meinung gewesen ist, Liberius habe die zweite sirmische Formel unterschrieben, geht auch aus der Zusammenstellung von Liberius mit Ossius hervor, an dessen Unterschrift unter die Formel von 357 kein Zweifel möglich ist[214].

Wegen seiner Parteinahme für die Homöer hat man das Zeugnis des Philostorgios zu Unrecht nie als ganz vollwertig anerkennen wollen. Zumindest scheint er präzisere Kenntnisse über die Vorgänge auf und nach der sirmischen Synode von 357 zu haben als seine lateinisch schreibenden abendländischen Kollegen. Außerdem steht sein Zeugnis in keinem Widerspruch zu den besprochenen 'orthodoxen' Zeugnissen.

Unabhängig von den vier bei Hilarius überlieferten Briefen ist für die Liberiusfrage der Bericht Soz. h.e.IV,11.15 wichtig[215].

Aus h.e.IV,15 hat man, völlig unabhängig von der Diskussion um die Echtheit der Liberiusfrage und den sich daraus ergebenden Konsequenzen, gefolgert, daß Liberius vor seiner Rückreise nach Rom in Sirmium zu den Mitunterzeichnern der dritten sirmischen Formel gehörte, die unter Federführung des Basilius von Ankyra gegen die blasphemia von Sirmium (357) ebenfalls in der Kaiserresidenz angenommen wurde[216]. Sozomenos berichtet sogar, daß die Formel durch Liberius noch in orthodoxem Sinn verbessert wurde[217].

Aber schon die mögliche Chronologie der Ereignisse zwischen der Synode von Ankyra und der Rückkehr des Liberius nach Rom hatte hier erhebliche Zweifel aufkommen lassen[218].

---

213 Philost. h.e.IV,3 [BIDEZ-WINKELMANN, 60,1-8].

214 Vgl. S. 312ff.

215 BIDEZ-HANSEN, 152,17-154,12; 158,1-31.

216 Vgl. S. 274/275 Anm. 137-139; S. 276/277 mit Anm. 147-150.

217 h.e.IV,15,3. Nach allem, was überhaupt über Liberius bekannt ist, scheint mir das außerordentlich unglaubwürdig zu sein. Es gibt keinen erhaltenen Text des Liberius, der sich mit theologischen Fragen ernsthaft auseinandersetzt. Der in den Exilsbriefen sichtbar werdende psychische Zustand des im Exil lebenden Liberius läßt eine führende Rolle auf der sirmischen Synode von 358 außerdem unvorstellbar erscheinen.

218 Vgl. S. 276f.

Der gesamte Bericht des Sozomenos von dem Beginn des Exils des Liberius bis zu seiner Rückkehr nach Rom ist aus verschiedenen Quellen zusammengesetzt und enthält innere Widersprüche, die aber bisher nicht beobachtet wurden; jedenfalls wurden sie noch nie für die Frage nach der Unterschrift des Liberius unter die dritte sirmische Formel ausgewertet.

Soz. h.e.IV,11-15 gliedert sich folgendermaßen:

11,1: Verbindungsstück im Anschluß an den Bericht über die Synode von Mailand und die Ereignisse in Alexandria.

11,2-3: (Sabinus) Bericht über die Vorbereitungen des Konstantius zur Synode von Sirmium 357, die mit der Verbannung des Liberius verbunden werden. Weil Liberius die kaiserliche Hoftheologie ablehnt, muß er in die Verbannung[219].

11,4a: Ergänzung des Sozomenos, daß auch die Athanasiusangelegenheit ein Grund für die Verbannung des Liberius war.

11,4-11: (Sozomenos) Die Verbannung des Liberius nach Theodoret (unter Benutzung von Sokrates und Rufin).

11,12: (Sabinus?) Sachlich direkt an 11,3 anschließender Bericht über den Rombesuch des Kaisers. Er verspricht, die Bitte um Rückberufung des Liberius zu erfüllen, wenn Liberius sich der Theologie der Hofbischöfe anschließt[220].

---

219 Mit HANSEN [BIDEZ-HANSEN, LIX] meine ich gegen HAUSCHILD, l.c., daß dieses Stück aus Sabinus stammt. Gegen HANSEN und HAUSCHILD ist aber zu betonen, daß es sich hierbei gerade um einen sehr parteiischen Text handelt, der außerordentlich gut in die von HAUSCHILD herausgearbeitete Tendenz des Sabinus paßt. Liberius wird hier nicht wegen seines Eintretens für Athanasius, für den Sabinus als Homöusianer wohl kaum besondere Sympathien aufgebracht haben wird, ins Exil geschickt, sondern wegen seiner Gegnerschaft gegen die homöischen Hoftheologen. Wie man diesen Bericht "neutral" oder "unparteiisch" nennen kann, ist mir unklar: h.e. IV,11,3 [BIDEZ-HANSEN, 152,26-153,3]: Μένων δὲ ἐπὶ τῆς αὐτῆς γνώμης, πρὶν εἰς Ῥώμην ἐλθεῖν καὶ τὴν εἰωθυῖαν Ῥωμαίοις ἐπιτελεῖν πομπὴν κατὰ τῶν νενικημένων, μετακαλεσάμενος Λιβέριον τὸν Ῥώμης ἐπίσκοπον ἔπειθεν ὁμόφρονα γενέσθαι τοῖς ἀμφ' αὐτὸν ἱερεῦσιν, ὧν ἦν καὶ Εὐδόξιος. ἀνταίροντα δὲ καὶ ἰσχυριζόμενον μήποτε τοῦτο ποιήσειν προσέταξεν εἰς Βεροίην τῆς Θρᾴκης ἀπάγεσθαι.

220 Wegen des direkten Anschlusses an 11,3 und der Übereinstimmung in der theologischen Zielsetzung (Liberius soll sich der Theologie der ho-

12,1-2: Bericht über Leontius von Antiochien (zum Verständnis des Folgenden hier eingeschoben).

12,3-4: (Sabinus) Eudoxius und seine Usurpation des Bischofsthrones von Antiochien.

12,5: (Sabinus) Antiochenische Synode von 357/358, die der zweiten sirmischen Formel zustimmt.

12,6: (Sabinus) Bruchstück über die sirmische Synode von 357.

12,7: (Sabinus) Brief der 12,5 genannten Synode von Antiochia an Valens, Ursacius und Germinius[221].

13: (Sabinus) Brief des Georg von Laodicea; Synode von Ankyra (Ostern 358) und Gesandtschaft der Synode an Konstantius.

14: (Sabinus) Brief des Kaisers Konstantius gegen Eudoxius.

15,1: (Sabinus)[222] Konstantius versammelt nach seiner Rückkehr aus Rom eine Synode in Sirmium.

15,2-3a: Synode Sirmium 358 mit der dritten sirmischen Formel.

15,3b: Eudoxius verbreitet Gerüchte, daß Liberius gegen das *Homoousios* unterschrieben habe.

15,4-6: Rückkehr des Liberius.

Aus dem Liberius-Bericht des Sozomenos lassen sich relativ leicht die Stücke 12,1-2, 13, 14 herausnehmen. Da der Liberius-Bericht mit den Vorbereitungen zur sirmischen Synode von 357 begann und die Verbannung des Liberius von Sabinus in diesem Zusammenhang gesehen wurde, wird man 12,3-7 in diesem Zusammenhang lassen müssen[223]. Es handelt sich dabei um

---

möischen Hoftheologen anschließen). Ebenda [154,8-12]: ὡς δὲ εἰσήλαυνεν εἰς Ῥώμην ὁ βασιλεὺς καὶ πολὺς ἦν ὁ ἐνθάδε δῆμος περὶ Λιβερίου ἐκβοῶν καὶ δεόμενος αὐτὸν ἀπολαβεῖν βουλευσάμενος μετὰ τῶν συνόντων αὐτῷ ἐπισκόπων ἀπεκρίνατο μετακαλεῖσθαι αὐτὸν κὰι τοῖς αἰτοῦσιν ἀποδώσειν, εἰ πεισθείη τοῖς συνοῦσιν αὐτῷ ἱερεῦσιν ὁμοφρονεῖν.

221 h.e.IV,12,3-7 sind Bruchstücke über die sirmische Synode von 357 und die ihr folgende antiochenische Synode von Anfang 358 unter der Leitung des Eudoxios durcheinander geraten. HANSEN (BIDEZ-HANSEN, LIX) rechnet daher nur IV,12,5.7 zu Sabinus, HAUSCHILD, l.c.125 dagegen IV,12,3-5.7.

222 HANSEN gegen HAUSCHILD; vgl. Anm. 219.

223 Gegen HANSEN und HAUSCHILD, auch wenn das Stück IV,12,3-7 in sich durcheinander geraten ist.

Bruchstücke eines Berichtes über die Synode von Sirmium, den Fall des Ossius und der mit der sirmischen Synode zusammenhängenden antiochenischen Synode. Die Usurpation des Eudoxius kann auch in diesem Zusammenhang erzählt worden sein.

15,1a, mit der Rückkehr des Kaisers aus Rom beginnend, scheint mir direkt aus dem jetzt chaotischen Durcheinander von Kap. 12 herausgerissen zu sein. Wegen der Zeitangabe οὐ πολλῷ δὲ ὕστερον[224] ἐπανελθὼν ἐκ τῆς Ῥώμης εἰς Σίρμιον ὁ βασιλεύς, kann 15,1 nur aus dem jetzt zerstörten Bericht über die sirmische Synode von 357 herausgebrochen worden und von Sabinus nachträglich mit dem Bericht über die sirmische Synode von 358 verbunden worden sein[225]. Auch 15,3b kann wegen der Erwähnung des Ossius nicht zu einem Bericht über die sirmische Synode von 358 gehören, sondern gehört ebenfalls zu dem zerstörten Bericht über die Synode von 357 und der deren Beschlüssen zustimmenden antiochenischen Synode[226].

Auf der Basis der hier vorgelegten literarkritischen Operationen möchte ich schließen, daß dem Sabinus ein Bericht über die sirmische Synode von 357 vorgelegen hat, der ähnlich aufgebaut gewesen sein muß wie der bei Philostorgios überlieferte[227], nach dem Liberius genau wie Ossius die zweite sirmische Formel unterschrieben hat.

Im Interesse seiner homöusianischen Partei und deren Versuchen, sich mit Rom zu verständigen[228], hat Sabinus dann, vielleicht aufgrund von Einwänden aus den eigenen Reihen gegen Liberius, ihn zu einem Vertreter der homöusianischen

224 BIDEZ-HANSEN, 158,1. Das kann sich inhaltlich nur auf die Ereignisse anläßlich des Kaiserbesuches in Rom und die Usurpation des antiochenischen Bischofssitzes durch Eudoxios beziehen. Alles in Kap. 13f. Berichtete spielt sich lange nach der Rückkehr des Kaisers aus Rom ab. ab.

225 h.e.IV,15,1 muß ursprünglich im jetzt zerstörten Zusammenhang 12,3-7 gestanden haben, wohl nach dem Bericht von der Usurpation des Eudoxios, aber vor 12,6 (Ossius).

226 h.e.IV,15,3b [BIDEZ-HANSEN, 158,16-19]: ἡνίκα γὰρ τὴν Ὁσίου ἐπιστολὴν ἐδέξαντο Εὐδόξιος καὶ οἱ σὺν αὐτῷ ἐν Ἀντιοχείᾳ τῇ Ἀετίου αἱρέσει σπουδάζοντες, ἐλογοποίουν ὡς καὶ Λιβέριος τὸ ὁμοούσιον ἀπεδοκίμασε καὶ ἀνόμοιον τῷ πατρὶ τὸν υἱὸν δοξάζει. (Vgl. 12,6).

227 Philost. h.e.IV,3 berichtet zusammen von den Unterschriften des Ossius und Liberius unter die zweite sirmische Formel, wie es die Vorlage des Sabinus anscheinend getan hat. Danach (IV,4) über die Usurpation des Eudoxios und die Synode in Antiochia.

228 Vgl. HAUSCHILD, l.c.

dritten sirmischen Formel von 358 gemacht, indem er die Stükke mit dem Namen des Liberius aus dem Zusammenhang eines Textes über die sirmische Synode von 357 herausbrach (15,1. 3b) und in einen Bericht über die sirmische Synode der Homöusianer von 358 einpaßte.

Sozomenos hat den Text des Sabinus, so ist zu vermuten, als glaubwürdig in seine Kirchengeschichte übernommen. Das Abendland hat offensichtlich nie etwas davon gewußt, daß Liberius die dritte sirmische Formel von 358 unterschrieben haben soll[229].

Somit kann der bisher noch nie in dieser Form angezweifelte Bericht des Sozomenos nicht als Beweis dafür gelten, daß Liberius im Frühjahr 358 vor seiner Abreise nach Rom die dritte sirmische Formel unterschrieben hat[230]. Im Gegenteil, die literarkritische Analyse hat noch mehr Indizien dafür geliefert, daß Liberius im Exil seine Unterschrift unter die zweite sirmische Formel vom Herbst 357 gegeben hat.

d) Liberius und die sirmische Formel von 357

Nach der etwas umständlichen Untersuchung aller Zeugnisse zum Nachgeben des Liberius gegenüber den Forderungen des Kaisers kann man mit ziemlicher Wahrscheinlichkeit etwa folgendes Resümee ziehen: Bald nach seiner Ankunft im befohlenen Ort seiner Verbannung, in Beröa in Thrakien, hat Liberius die geforderte Unterschrift unter die Verurteilung des Athanasius gegeben.

Wegen der von Konstantius mit den Bischöfen seines Vertrauens geplanten Einheitsformel, die alle theologischen Differenzen beseitigen und endlich den kirchlichen Frieden zwischen Morgen- und Abendland auch innerlich wiederherstellen sollte, durfte Liberius aber vorerst noch nicht nach Rom zurückkehren. Wahrscheinlich noch im Herbst 357 unterzeichnete er nach Rücksprache mit Demophil von Beröa und vielleicht auch Fortunatian von Aquileia die im Sommer von den illyri-

229 Vgl. S. 284-287.
230 Liberiusapologeten wie JUNGMANN, die überhaupt keine dogmatische Konzession des Liberius zulassen wollen, halten auch den Bericht des Sozomenos für eine Fälschung.

schen Hofbischöfen aufgestellte zweite sirmische Formel. Aber auch jetzt dauerte es noch mindestens ein halbes Jahr, bis der immer verzweifelter werdende Liberius endlich die Erlaubnis zur Heimreise bekam.

Am 2. August, nach etwa zweijähriger Abwesenheit, durfte er Rom wiedersehen.

Die homöusianische Synode von 358 hat aller Wahrscheinlichkeit nach erst nach der Abreise des Liberius aus dem Osten in Sirmium getagt[231].

Es genügt nun aber nicht, seine Unterschrift unter die zweite sirmische Formel und unter die Absetzung und Exkommunikation des Athanasius allein unter dem psychologischen Gesichtspunkt seiner Verzweiflung über das Exil und der Angst vor eventuellen härteren Strafen zu sehen. Wenn auch physischer Terror m.E. gegen ihn nicht angewandt worden ist, so ist psychischer Druck natürlich nicht auszuschließen. Auch das reicht aber nicht zur Erklärung seines Handelns.

Ein erster Anhaltspunkt, um seine so bald erfolgte Unterschrift gegen Athanasius zu erklären, wäre, daß Liberius nie wirklich restlos von der Unschuld des Athanasius überzeugt war[232]. Als offenbar besser juristisch denn theologisch Gebildetem werden ihm die Argumente des Kaisers durchaus einleuchtend gewesen sein. Außerdem hatte er - im Unterschied etwa zu Lucifer - den Fall des Athanasius von Anfang an nur in zweiter Linie als theologisches Problem betrachtet. Wenn auch Lucifer ihm zeitweilig suggeriert hatte, daß es nicht eigentlich um Athanasius, sondern in Wahrheit um den wahren Glauben, die fides nicaena, gehe, so konnten Fortunatian von Aquileia und Demophil von Beröa (Konstantius wird in ihm sicher einen entsprechend profilierten Mann ausgesucht haben) den theologisch offenbar wenig gebildeten und daher leicht beeinflußbaren Liberius sicher auch unschwer vom Gegenteil überzeugen[233], daß es nämlich bei der Verurteilung des Athanasius wirklich nur um seine angeblichen Verbrechen gegenüber Kirche und Reich ging.

---

231 Zur Datierung der Synode vgl. S. 340 Anm. 22.
232 Vgl. S. 121ff.
233 Zu seiner theologischen Beeinflußbarkeit vgl. S. 150-157.

Liberius war es bei seiner Auseinandersetzung mit dem Kaiser und bei seiner Ablehnung der Beschlüsse von Mailand in erster Linie weniger um Athanasius, sondern um die kirchliche Gerichtsbarkeit und die Anerkennung von Kan. III von Serdika gegangen.

Daß die kirchliche Gerichtsbarkeit nicht eigentlich in Gefahr war, werden ihm Fortunatian und Demophil gerade am Fall des Athanasius einerseits und an dem nach der Mailänder Synode zum Schutze der kirchlichen Gerichtsbarkeit neu erlassenen Gesetz andererseits anschaulich vor Augen geführt haben[234]. Bei Athanasius handelte es sich um einen Fall von Hochverrat, für den die kirchlichen Gerichte nun einmal nicht zuständig waren - und Liberius wird dagegen kaum Argumente gehabt haben. Daher ist auch das von Hilarius berichtete dezidierte Verlangen an Liberius verständlich, sich in der Frage des Athanasius von den Beschlüssen von Serdika zu trennen, weil Athanasius inzwischen wegen völlig anderer Vergehen angeklagt war, für die die Beschlüsse von Serdika einfach nicht mehr zutreffend waren[235]. Diese Argumentation scheint Liberius am ehesten umgestimmt zu haben, was man auch an seinen Versuchen, durch seine Unterschrift seine Legaten freizubekommen[236], die ja demnach wegen eines Irrtums in der Verbannung waren, sehen kann. Gerade dieser Versuch, auch für seine Legaten die Freiheit zu erlangen, zeigt, daß Liberius hier nicht aus Angst handelt.

Auch seine Unterschrift unter die zweite sirmische Formel scheint erklärbar und darf nicht von der Beurteilung dieser Formel als einer häretischen her gesehen werden, die sie sehr bald durch die meisten Zeitgenossen und vor allem dann die späteren Theologen durchaus zurecht erfahren hat[237].

Liberius war ein abendländischer Theologe mit wenig Kenntnis der theologischen Tradition. Die mehrfach von ihm zitier-

---

234 CTh XVI,2,12.

235 Zu den Anklagen, die sich total von denen unterschieden, die auf den Synoden von Tyrus und Serdika gegen Athanasius vorgebracht worden waren, vgl. oben S. 108ff.

236 Ep. *Quia scio* 1,3 [FEDER, 171,4-7].

237 Vgl. S. 332-334.

te *fides nicaena*[238] war für ihn einfach das, was man im Abendland immer geglaubt hatte[239]. Keinesfalls stand im Zentrum dieses Glaubens das ὁμοούσιος, wie die seit 358 durch die griechischen Homöusianer eröffnete Debatte, durch die dann endlich das ὁμοούσιος von Nizäa seinen Platz und seine eigentliche inhaltliche Füllung bekam, vermuten lassen könnte. Die theologische Spekulation um die göttliche Usia in der Trinität war den Abendländern bis zu dieser Zeit sowieso fremd geblieben.

Die zweite sirmische Formel war offenbar mit besonderer Berücksichtigung des Abendlandes bewußt von lateinisch sprechenden abendländischen Theologen konzipiert und formuliert worden, um endlich auch den abendländischen Episkopat für die kaiserliche Kirchenpolitik auf dem Boden einer reichskirchlichen Normaltheologie zu gewinnen, nachdem inzwischen alle ernsthaften Opponenten vorerst ausgeschaltet worden waren[240].

Die zweite sirmische Formel konnte mit ihren Anklängen an die gebräuchlichen Taufsymbole[241] und mit ihren biblischen Bezügen[242] von den meisten abendländischen Bischöfen eigentlich nicht guten Gewissens abgelehnt werden. Für einen abendländischen Bischof von den theologischen Qualitäten des Liberius war jedenfalls das in dem Bekenntnis enthaltene Verbot, über οὐσία überhaupt zu disputieren und die beiden umstrittenen Begriffe ὁμοούσιος und ὁμοιούσιος wegen ihres unbiblischen Charakters zu verwenden, kein Grund, dieses Bekenntnis abzulehnen[243].

---

238 Ep. *Obsecro* 6 [FEDER, 93,1ff.]; Thdt. h.e.II,16 passim; vgl. S. 158-160, 268 Anm. 109.

239 Vgl. Hilar.Syn.91 [PL X,545A]: *fidem Nicaenam numquam nisi exsulaturus audivi: sed mihi homousii et homoeusii intelligentiam Evangelia et Apostoli intimaverunt.*

240 Vgl. S. 312ff.

241 Hilar.Syn.11 [PL X,487-89]: *Unum constat Deum esse omnipotentem et patrem, sicut per universum orbem creditur: et unicum filium ejus Jesum Christum Dominum salvatorem nostrum, ex ipso ante saecula genitum. ... Paracletus autem Spiritus per Filium est; qui missus venit iuxta promissum, ut Apostolos et omnes credentes instrueret, doceret, sanctificaret.*

242 Ausdrücklich zitiert werden Joh 20,17; Röm 3,29; Jes 53,8; Joh 14,28; Luk 1,31; Mt 28,19.

243 Ebenda [488A]: *Sed et caetera convenerunt, nec ullam habere potuerunt discrepantiam. Quod vero quosdam aut multos movebat de substantia,*

Da es andererseits den genuinen Arianismus, wie er in den Anathematismen von Nizäa verurteilt war, nicht vertritt, sondern deutlich ablehnt[244], konnte geschickte Deutung, wie sie Liberius sicher durch Demophilus von Beröa zuteil wurde, dieses Bekenntnis durchaus als mit der *fides nicaena* in Übereinstimmung befindlich interpretieren. Und hatte nicht Ossius, für Liberius Garant des wahren Glaubens und sozusagen die Verkörperung der *fides nicaena*, hatte nicht auch er die Formel von Sirmium angenommen?[245]

Den Propagandaeffekt der Unterschrift des Ossius unter die zweite sirmische Formel hat man offenbar ganz bewußt eingesetzt[246] und bei Liberius sicher in besonderem Maße. Daß ausserdem für die geforderte Unterschrift die ersehnte Heimreise als Lohn winkte, wird man zwar nicht ganz übersehen, aber auch nicht zu hoch veranschlagen dürfen.

Billige Kritik an Liberius verbietet sich ebenso wie eine die Fakten verschleiernde Apologie. Er hat nicht unter Zwang und wider sein Gewissen nachgegeben und aus Schwäche oder Angst vor weiterem Exil oder gar dem Tod[247] die geforderten Unterschriften gegeben, wie ein unter Folter erpreßtes Geständnis. Aufgrund der beschränkten ihm offenstehenden Informationsmöglichkeiten, seiner Unsicherheit in theologischen Fragen, seiner von Anfang an nicht ganz ausgeräumten Zweifel an der Unschuld des Athanasius und vor allem aufgrund seiner auch sonst bezeugten Beeinflußbarkeit durch geschickte und überzeugende Argumente tat er das, was er in diesem Moment

---

*quae graece usia appellatur, id est (ut expressius intelligatur), homousion, aut quod dicitur homoeusion, nullam omnino fieri oportere mentionem,...* Tatsächlich ist die Ablehnung der zweiten sirmischen Formel z.B. durch den gallischen Episkopat auf Vermittlung aus dem Orient durch den dort im Exil lebenden Hilarius von Poitiers zurückzuführen. Vgl. S. 325-334.

244 Die in Nizäa ausdrücklich verurteilten als typisch arianisch geltenden Begriffe kommen auch nicht andeutungsweise in positiver Form vor.

245 Vgl. S. 323f.

246 Sicher hat man mit bewußter Zielrichtung auf den abendländischen Episkopat den Anschein erweckt, daß Ossius mit zu den Verfassern der Formel gehörte, wie auch Hilarius annahm; vgl. Syn.11 die Überschrift [PL X,487A]: *Exemplum Blasphemiae apud Sirmium per Osium et Potamium conscriptae*.

247 So Ath. h.Ar.41. Verfehlt auch die überflüssige Polemik KLEINs, AtPavia 57(1979)110 zu Liberius' angeblicher 'Schwachheit'.

für völlig richtig und legitim hielt.

Die sich in seinen Briefen zeigende zunehmende Verzweiflung rührt allein daher, daß sich trotz der gegebenen Unterschriften die Rückkehr nach Rom noch längere Zeit hinauszögerte.

### *3) Die Rolle der Liberiusbriefe in den Collectanea antiariana Parisina*

Von dreizehn sicher von Liberius überlieferten Briefen sind allein neun ganz oder fragmentarisch in den Coll.antiar.Paris. des Hilarius von Poitiers überliefert[248].

Bei dem Versuch der Rekonstruktion der *libri tres adversus Valentem et Ursacium*, von denen in den Coll.antiar.Paris. Reste vorliegen[249], hat FEDER in der Nachfolge von WILMART diskussionslos und mit erstaunlicher Selbstverständlichkeit die acht Briefe der Jahre 353-58 dem *liber secundum adversus Valentem et Ursacium* zugeordnet, der seiner Meinung nach gegen die Beschlüsse der Doppelsynode von Rimini und Seleukia gerichtet, Ende 359 oder Anfang 360 von Hilarius noch im Exil verfaßt worden war[250].

Da FEDER wie auch MARX, WILMART und DUCHESNE[251] annahm, daß Hilarius den ersten Teil seines Werkes schon 356 noch vor Antritt seines Exils in Gallien verfaßt hatte[252], ergab sich für ihn beinahe zwangsläufig, die Liberiusbriefe dem zweiten Teil des Werkes aus dem Jahre 359/60 zuzuweisen.

---

248 Coll.antiar.Paris. A VII; B III,1; B IV,1; B VII,2.4.6.8.10.11. Eine interessante Frage ist, warum gerade die drei Briefe an Euseb von Vercellae aus dem Jahre 355 [BULHART, 121-123] (nur der an Euseb und die anderen Verbannten von Mailand gerichtete Brief *Quamuis sub imagine* [FEDER, 164-66] ist bei Hilarius überliefert), von Hilarius nicht mit aufgenommen wurde. Zur Zeit der Abfassung seines Werkes kannte Hilarius diese Briefe offenbar nicht, was für das Abfassungsdatum seiner Schrift mit ein Indiz sein könnte.

249 Vgl. S. 248ff.

250 FEDER, Studien I,153ff., 185. Nur der Brief B IV,1 [FEDER, 156f.] aus der nachexilischen Zeit (362/63) gehört nach FEDER, l.c. in den dritten Teil der *Libri III adversus Valentem et Ursacium* aus dem Jahr 366/67.

251 Vgl. S. 248ff.

252 FEDER, l.c.113ff., 151-53.

Das in sich geschlossene Liberius-Dossier B VII [FEDER, 164-173] kann man nicht gut auseinanderreißen und etwa chronologisch auf die beiden Werke von 356 und 359/60 verteilen. Deshalb gehören nach der Rekonstruktion von FEDER auch die mit den Synoden von Arles und Mailand verbundenen Briefe oder Brieffragmente des Liberius[253] mit zu dem Werk gegen die Beschlüsse der Synode von Rimini und Seleukia, obwohl die Geschichte der Synoden von Arles und Mailand mit den dazugehörigen Dokumenten ausdrücklich von FEDER dem von ihm postulierten Liber primus aus dem Jahre 356 zugeordnet worden waren[254]. Weil aber die Exilsbriefe von 357 in dem Dossier B VII fest mit den früheren Briefen verbunden sind, blieb FEDER keine andere Wahl; er mußte das ganze Liberius-Dossier dem Werk des Hilarius von 359/60 zuweisen. Allenfalls hätte er den in der Serie A völlig getrennt überlieferten Brief des Liberius an Konstantius aus dem Jahre 354, in dem Liberius um die Einberufung einer Reichssynode bittet[255], dem Werk von 356 zuschreiben können, zu dessen Charakter, wie FEDER das Werk verstand, er auch vortrefflich passen würde. Merkwürdigerweise hat er dies nicht einmal erwogen.

Eine gewisse Verlegenheit bei der Einordnung der Liberiusbriefe in den Rahmen der *libri tres adversus Valentem et Ursacium* ist bei FEDER nicht zu verkennen.

Sind die acht in Frage kommenden Briefe von Liberius aber überhaupt in einem Werk gegen die Beschlüsse der Synoden von

---

253 Ep. *Obsecro* (an Konstantius) von 354/55 (A VII) [FEDER, 89-93]; Ep. *Quamvis* (an Euseb, Dionys, Lucifer) aus dem Jahre 355 (B VII,2) [FEDER, 164-66]; Ep. *Nolo te* (Fragment an Caecilian) aus dem Jahre 353/54 (B VII,4) [FEDER, 166]; Ep. *Inter haec* (an Ossium) aus dem Jahre 353/54 (B VII,6) [FEDER, 167].

254 Coll.antiar.Paris. B I,6,1 [FEDER, 102,8-11]: *Incipiam igitur ab his, quae proxime gesta sunt, id est ex eo tempore, quo primum in Arelatensi oppido frater et comminister meus Paulinus, ecclesiae Triverorum episcopus, eorum se perditioni simulationique non miscuit.* Ebenda Appendix II,3 [FEDER, 186,19ff.]: *Uenio nunc ad id, quod recens gestum est, in quo se etiam professio sceleris [et] ex secreto artis suae dedignata est continere. Eusebius Uercellensis episcopus est uir omni uita deo seruiens. hic post Arelatensem synodum, cum Paulinus episcopus tantis istorum sceleribus contraisset, uenire Mediolanium praecipitur...* (folgt der unvollständige Bericht über die Synode von Mailand). Vgl. FEDER, l.c.; WILMART, l.c.; MARX, l.c.

255 Ep. *Obsecro*; vgl. Anm. 253. Zur Interpretation dieses Briefes vgl. S. 147ff.

Rimini und Seleukia, das zur Beseitigung besonders der Folgen der abendländischen Synode von Rimini dienen sollte, überhaupt denkbar?

Zunächst erscheint es sehr verwunderlich, daß dieses Buch, das die Geschichte der genannten Doppelsynode enthalten hat, ein so relativ umfangreiches Liberius-Dossier enthalten haben soll.

Liberius hatte weder mit den Vorbereitungen zu dieser Doppelsynode noch mit ihr selbst irgend etwas zu tun. 358/59, als diese Synode vorbereitet wurde, war Liberius, der gerade wieder nach Rom hatte zurückkehren können, vollauf damit beschäftigt, sich mit dem während seines Exils zum Bischof eingesetzten ehemaligen Diakon Felix auseinanderzusetzen, der offenbar nicht die Absicht hatte, bei der Rückkehr des Liberius im Sommer 358 sang- und klanglos von seinem Posten abzutreten.

In Rimini ist Rom nicht einmal durch Legaten präsent[256]. Von daher ist es schwer vorstellbar, warum Hilarius zur Auseinandersetzung mit den Beschlüssen von Rimini und Seleukia das sachlich mit den von Hilarius hier behandelten Problemen nicht zu verbindende Liberius-Dossier eingefügt haben soll.

Eine durch Akten dokumentierte Darstellung des Liberiusfalles paßte nicht mehr in die kirchenpolitisch unendlich erregte Situation von 359/60. Inzwischen waren alte Fronten längst verschwunden und neue entstanden.

Die Geschichte des Liberius, sein zunächst standhaftes Eintreten für Athanasius, dann sein Nachgeben im Exil und seine Unterschrift unter die zweite sirmische Formel - das alles war kirchenpolitisch inzwischen uninteressant geworden. Liberius bemühte sich indessen nach den Auseinandersetzungen mit Felix redlich, zwischen den Parteien in Rom und Italien zu vermitteln und stand dabei nach den Ereignissen von Rimini fest an der Seite der Nizäner.

Schon in seiner im Jahre 359 entstandenen Schrift *De synodis* hatte Hilarius den für ihn inzwischen erledigten Liberiusfall nicht einmal mehr erwähnt[257].

---

256 Vgl. S. 352 die Anm. 89 genannte Literatur.
257 Obwohl er sich dort ausführlich mit der sirmischen Synode von 357 und

Angesichts dieser Dinge erscheint es kaum vorstellbar, daß die Liberiusbriefe dem *liber secundus adversus Valentem et Ursacium* aus dem Jahre 359/60, so wie ihn FEDER zu rekonstruieren versucht hat, angehört haben können.

Der Fall des Liberius gehört historisch und vom Thema der Auseinandersetzung her, in die Liberius verwickelt war, in erster Linie in die Auseinandersetzungen zwischen Konstantius und Athanasius.

Weil er sich geweigert hatte, die Verurteilung des Athanasius zu unterschreiben, hatte Liberius schließlich, etwa ein Jahr nach der Mailänder Synode, den Weg ins Exil antreten müssen und dort dann bald die geforderte Unterschrift geleistet.

Das bestätigen die bei Hilarius überlieferten Briefe des römischen Bischofs. Vier der acht in Frage kommenden Briefe befassen sich mit dem Fall des Athanasius im Zeitraum der Synoden von Arles und Mailand (353-355)[258]. Vier Briefe sind aus der Exilszeit überliefert[259], auch in ihnen steht der Fall des Athanasius eindeutig im Vordergrund[260].

Der Fall des alexandrinischen Bischofs aber und besonders die Geschichte der Synoden von Arles und Mailand waren von Hilarius im ersten Teil seines Werkes *Adversus Valentem et Ursacium* behandelt worden. Inhaltlich würden die Liberiusbriefe mit dem sie begleitenden Kommentar[261] zweifellos viel besser in den ersten Teil der *libri adversus Valentem et Ur-*

---

ihrer theologischen Formel auseinandersetzt; vgl. Hilar.Syn.1ff., dazu S. 346ff.

258 Vgl. Anm. 253.

259 Ep. *Studens paci* (B III,1) [FEDER, 155f]; ep. *Pro deifico* (B VII,8) [FEDER, 168-70]; ep. *Quia scio* (B VII,10) [FEDER, 170-72]; ep. *Non doceo* (B VII,11) [FEDER, 172f.].

260 Vgl. S. 271ff.

261 B III,2 [FEDER, 155,26]: *sicut in Ariminensi synodo continetur* ist für FEDER, l.c.167 ein Beweis dafür, daß die Liberiusbriefe in den zweiten Teil des hilarianischen Werkes von 359/60 gehörten.
Mit SCHIKTANZ, l.c.85 A.1 halte ich dies für eine in den Text gelangte Glosse, die m.E. auf den zweiten Teil des Werkes, der über die Synode von Rimini und Seleukia handelt, verweist. Die Glosse eines Abschreibers oder des Redaktors, der die drei Teile zu einem Werk vereinigt hat, würde dann gerade darauf hinweisen, daß die Liberiusbriefe nicht in dem Buch über die Synode von Rimini und Seleukia gestanden haben, sondern daß dort irgendeine Notiz über den Liberiusfall gewesen sein muß.

*sacium* passen als in den zweiten, in dem von Athanasius nicht mehr die Rede ist.

Dem steht allerdings die bisher unwidersprochene Datierung des Liber primus in das Jahr 356 im Wege, da die Briefe - und hier ist kein Zweifel möglich - in die Zeit bis mindestens Ende 357, vielleicht sogar bis an den Anfang 358 gehören[262].

Die Liberiusbriefe müssen aber mit in den *libri adversus Valentem et Ursacium* gestanden haben. Ein anderes Werk des Hilarius kommt für ihre Unterbringung nicht in Frage.

Anhand der Überlieferung der Liberiusbriefe bei Hilarius muß gefragt werden, ob die Gründe für die Datierung des ersten Teils des Werkes in das Jahr 356, wie sie von MARX[263] zuerst vorgebracht worden sind und mit kleinen Abweichungen seit den Untersuchungen von WILMART und FEDER[264] vor einem Menschenalter unverändert gelten, wirklich ausreichend sind, oder ob die durch die Überlieferung der Liberiusbriefe in den Fragmenten entstandenen Zweifel an der bisher gültigen Datierung des Liber primus in die Zeit vor dem Exil des Hilarius sich auch an anderer Stelle erhärten lassen.

### *4) Zur Datierung des sogenannten Liber primus adversus Valentem et Ursacium*

MARX und WILMART folgend hatte FEDER den Liber primus in das Jahr 356 datiert. Diese Datierung begründet er vor allem mit der Bezeugung des Werkes durch Phoebadius von Agen und Gregor von Elvira und durch seine ebenfalls weitgehend von MARX und WILMART übernommene Interpretation des Proömium (B I) dieses Werkes[265].

Wenn Phoebadius von Agen und Gregor von Elvira das Werk des Hilarius gekannt haben, woran nicht zu zweifeln ist[266],

262 Zu meiner von DUCHESNE, WILMART und FEDER etwas abweichenden Datierung der Briefe vgl. S. 271ff.

263 Vgl. S. 258-260.

264 Vgl. S. 260-265.

265 FEDER, l.c.113ff.

266 Phoebadius, *Contra Arianos* [PL XX,13-31]; Gregor Iliberritanus, *De Fide orthodoxa contra Arianos* [CChr LXIX, BULHART, 217-247]. Zu den Abhängigkeiten beider Schriften von Hilarius vgl. MARX, l.c.; WIL-

so beweist das vorerst nur - und darauf war es MARX ursprünglich auch allein angekommen -, daß nicht alle im sogenannten *opus historicum* überlieferten Fragmente zu einem im Jahre 359 oder 360 von Hilarius in Konstantinopel verfaßten Werk gehören können, wie es seit COUSTANT die einhellige Auffassung war[267].

Die Benutzung des Liber primus durch Phoebadius von Agen und Gregor von Elvira dagegen beweist nicht, wie FEDER meint, daß Hilarius dieses Werk noch vor Antritt seines Exils im Jahre 356 in Gallien verfaßt haben muß. Sie besagt lediglich, daß Phoebadius dieses Werk gekannt hat, als er 358 oder spätestens 359 seine kurze Schrift *Contra Arianos* zusammenstellte[268].

Auch daß Hilarius im Proömium Paulinus von Trier als noch lebend voraussetzt[269], besagt relativ wenig für die von FEDER vertretene Datierung der Schrift, da Paulinus aller Wahrscheinlichkeit nach erst 358 im Exil gestorben ist[270]. Außerdem gibt das Todesdatum des Paulinus, selbst wenn es genau bekannt wäre, keinerlei Auskunft darüber, wann Hilarius, der sich zu dieser Zeit ebenfalls im Exil in Phrygien aufhielt, davon überhaupt erfahren hat. Mit Verzögerung von vielen Monaten wird man unter den gegebenen Umständen sicher rechnen müssen.

Für die Abfassung des Liber primus noch in Gallien unmittelbar nach der Synode von Béziers zeugt nach übereinstimmender Auffassung von MARX, WILMART und FEDER[271] aber in aller-

---

MART, RBen 24(1907)159-61, 302-05; FEDER, l.c.

267 MARX, l.c.395; vgl. oben S. 258-260.

268 Gegen FEDER, l.c. kann *Contra Arianos* nicht schon 357 von Phoebadius verfaßt sein. Erst im Oktober war die Synode in Sirmium. Aller Wahrscheinlichkeit nach hat Phoebadius mit der Niederschrift erst nach der gallischen Synode vom Frühjahr 358 (Hilar.Syn.28) begonnen, die sich gegen die Beschlüsse von Sirmium gewandt hatte. Vgl. ALTANER-STUIBER, 367; BARDENHEWER, Geschichte III,395f. PALANQUE, in: FLICHE-MARTIN III,222, hält *Contra Arianos* für ein Rundschreiben der gallischen Bischöfe. Die Schrift des Gregor ist später verfaßt worden und kommt deshalb hier nicht in Betracht. Anders GLÄSER, l.c.24ff.; vgl. unten S. 324 Anm. 366.

269 B I,6 [FEDER, 102,8-11]; vgl. oben Anm. 254.

270 STROHEKER, l.c. Prosopographie Nr. 288; vgl. S. 139 Anm. 254.

271 MARX, l.c.; WILMART, l.c.311f.; FEDER, l.c.; vgl. DOIGNON, Hilaire, 444ff.

erster Linie das wahrscheinlich nicht ganz vollständig erhaltene Proömium[272].

Seit FEDERs Untersuchungen ist es allgemein üblich geworden, das Proömium (B I) als literarischen Reflex auf die Ereignisse bei der Synode von Béziers zu verstehen und somit das Proömium auch als Quelle für diese uns sonst so unbekannte Synode anzusehen[273].

Nach FEDERs Auffassung hatte Hilarius in Béziers seine Verteidigung gegen die Anschuldigungen des Saturnin nicht vorbringen können und zu diesem Zweck anschließend den Liber primus verfaßt. Im Proömium fordert er nach Meinung FEDERs eine Audienz bei Konstantius, um ihm zu enthüllen, daß es bei den Anklagen gegen Athanasius in Wahrheit gar nicht um Athanasius, sondern um den Glauben, genauer um das nizänische Bekenntnis, gehe[274].

Nach dem eigenen Zeugnis des Hilarius sind ihm diese theologischen Erkenntnisse, die sich mit denen des Lucifer in der Zeit vor der Mailänder Synode decken, erst im Exil aufgegangen[275].

Aber auch der Wortlaut des Proömium läßt diese Interpretation FEDERs m.E. nicht zu.

An keiner Stelle ist im Proömium überhaupt von der Synode von Béziers die Rede, die Hilarius als Bischof absetzte und somit die Möglichkeit bot, ihn in die Verbannung zu schikken[276]. Anscheinend hat die Synode von Béziers in der ganzen Schrift keine Rolle gespielt, wurde u.U. nicht einmal erwähnt[277].

---

272 Der am Schluß angekündigte Bericht über die Synode von Arles ist ausgefallen; vgl. FEDER, l.c.184f.

273 DOIGNON, l.c. Dagegen vgl. oben S. 259; 263. Interessant ist, daß die älteren Gelehrten im Proömium keinerlei Anspielungen auf die Synode von Béziers entdecken konnten; vgl. JÜLICHER, ThLZ 33 (1908)78. SCHIKTANZ, l.c.60 hatte dagegen in B I Konstantinopolitaner Lokalkolorit wahrnehmen wollen.

274 FEDER, l.c.114f. FEDER verkennt, daß es für Konstantius bei Athanasius um Hochverrat und nicht um eine Glaubensangelegenheit ging. Außerdem geht er selbstverständlich davon aus, daß Hilarius wegen seiner Treue zu Athanasius verurteilt worden war.

275 Syn.91.

276 Zu der von DUCHESNE und WILMART vorgeschlagenen und von FEDER übernommenen Konjektur vgl. S. 235 Anm. 63.

277 Jedenfalls finden sich keine Spuren mehr in den Fragmenten. Wenn die

Ebensowenig geht es im Proömium um eine Forderung des Hilarius nach einer Audienz bei Konstantius, bei der er den wahren Sachverhalt der kaiserlichen Kirchenpolitik darlegen wollte[278].

Das psychologische Argument, daß das Proömium den Eindruck mache, der Verfasser befinde sich in seinem Heimatland, sehe ich nachzuempfinden mich nicht in der Lage. M.E. ließe sich sogar eher folgern, daß der Verfasser des Proömium sich gerade fern seiner Heimat befinde[279], jedenfalls läßt der Text keinen sicheren Rückschluß auf den Abfassungsort des Proömium zu.

Nicht mit den Ereignissen auf der Synode von Béziers befaßt sich das Proömium, sondern es hat die Lage der ganzen Kirche, nicht einmal allein auf das Abendland beschränkt, seit den Synoden von Arles und Mailand und der Vertreibung des Athanasius vor Augen.

Mit seiner Schrift will Hilarius, so das Proömium, die unterschiedlichen Hintergründe der Verbannungen von Bischöfen, die sich geweigert hatten, die Verurteilung des Athanasius zu unterschreiben, aufklären[280]. Die Art und Weise der kaiserlichen Gerichtsbarkeit gegen Athanasius auf der Synode zu

---

Annahme stimmt, daß Hilarius aus anderen Gründen, die primär nichts mit der Athanasiusangelegenheit zu tun hatten, ins Exil mußte, wäre das nicht verwunderlich. Allerdings wäre denkbar, daß mit dem verlorengegangenen Teil über die Synode von Mailand [FEDER, 187] auch ein Bericht über die Synode von Béziers verlorengegangen wäre, was ich aber für unwahrscheinlich halte.

278 Vgl. B I,5,3 [FEDER, 102,4-7]: *et necesse fuit in eo sermone omnia esse praepropera, inconposita, confusa, quia, quanto nos inpensiore cura audientiam quaereremus, tanto illi pertinaciore studio audientiae contrairent.*
Gegen FEDER, l.c. möchte ich mit WILMART, l.c. *audientia* hier im eigentlichen Sinn annehmen und mit *Gehör, Aufmerksamkeit* übersetzen. (WILMART wandte sich damit gegen die Vermutung von SCHIKTANZ, daß Hilarius hier auf sein Audienzgesuch bei Konstantius im Jahre 360 in Konstantinopel anspielt.)

279 Zumindest läßt sich aus B I,4,1 [FEDER, 101,3-5] nicht folgern, daß Hilarius sich entfernt von den eigentlichen Schauplätzen des Geschehens in Gallien aufhält, wie FEDER annimmt.

280 B I,4,2 [FEDER, 101,13-18]: *enimuero uersari in sermone hominum iam diu memini quosdam sacerdotum dei idcirco exulare, quod in Athanasium sententiam non ferunt, et hic error prope omnium mentes occupauit, ut sub nomine eius non satis unicuique eorum dignam causam suscepti exilii arbitrentur.*

Mailand will er dabei übergehen[280a], da es ihm vor allem um die dahinter stehenden Fragen des Glaubens gehe:

Obwohl man aus dem, was überall im Reich passiert ist[281], leicht hat erkennen können, daß es sich nicht eigentlich um den Fall des Athanasius handele, sondern in Wahrheit um *corruptio euangeliorum, deprauatio fidei et simulata Christi blasphema confessio*[282], will er besondere Mühe darauf verwenden, diese Zusammenhänge darzulegen. Schon vorher hatte er in einer kürzeren und nicht genau argumentierenden Schrift auf diese Zusammenhänge hingewiesen[283].

Gerade die starke Betonung darauf, daß es sich beim Fall des Athanasius in Wirklichkeit um einen Angriff auf den wahren Glauben handele, läßt bei Hilarius eher eine spätere Abfassung des Werkes während seines Exils vermuten. Mit den weitgehend unbekannten Ereignissen auf der Synode von Béziers kann diese Schrift auch deshalb nichts zu tun haben, weil es auf der Synode zu Béziers, wenn die oben vorgetragene Argumentation richtig ist, gerade nicht um den Fall des Athanasius gegangen war[284].

Gegen FEDERs Interpretation des Proömium läßt sich aus ihm kein Hinweis darauf entnehmen, daß Hilarius den Liber primus

---

280a B I,5,1 [FEDER, 101,19-27]: *Praetermitto autem, licet potissima regi sit deferenda reuerentia - quia enim a deo regnum est -, non tamen aequanimiter iudicium eius episcopalibus arbitriis admitti, quia Caesaris Caesari, deo autem reddenda, quae dei sunt. taceo imperatoris sublata causae cognitione iudicium, non quaeror extorqueri de absente sententiam, quamuis apostolo dicente: ubi fides est, ibi et libertas est pati istud simplicitas sacerdotalis non debeat; sed haec, non quia contemnenda sunt, uerum quia his grauiora sint subiecta, praetereo.*

281 So würde ich die von WILMART und DUCHESNE veränderte Phrase *quamquam enim ex his, quibusque in terris gesta sint,...* [FEDER, 101,27f.] (vgl. den Apparat z.St.) wiedergeben; vgl. dazu S. 235 Anm. 63.

282 Ebenda [101,27-102,4]: *quamquam enim ex his, quibusque in terris gesta sint, cognosci potuerit longe aliud agi, quam existimabatur, tamen propensiore cura rem omnem hoc uolumine placuit exponere. raptim enim tunc haec per nos ingerebantur, corruptio euangeliorum, deprauatio fidei et simulata Christi nominis blasphema confessio.* *Blasphema confessio* setzt irgendein häretisches Bekenntnis voraus. Allgemein ist mit *Blasphemia* bei Hilarius immer die zweite sirmische Formel von 357 gemeint (vgl. Syn.11 u.ö.).

283 Ebenda B I,5,3 [FEDER, 102,4]: *et necesse fuit in eo sermone*; vgl. ebenda, 102,2f.: *raptim enim tunc haec per nos ingerebantur*. FEDER, l.c. denkt hierbei an die verhinderte Verteidigungsrede vor der Synode zu Béziers.

284 Vgl. S. 230ff.

gleich nach der Synode von Béziers noch in Gallien verfassen konnte[285].

Die einzig legitime Aussage, die man anhand des Proömium über die Datierung des Liber primus machen kann, ist, daß er nach der Synode von Mailand und den ihr unmittelbar folgenden Ereignissen abgefaßt wurde[286].

Mit FEDERs Argumentation läßt sich lediglich das Jahr 355 als terminus post quem und 358/59 als terminus ante quem (Benutzung durch Phoebadius) für die Abfassung des Liber primus bestimmen.

Im Zusammenhang des großen und in sich ziemlich geschlossenen Dossiers über die Synode von Serdika, zu dem noch der in der Serie A einzeln überlieferte Brief der orientalischen Synode und der Brief der Abendländer an Konstantius hinzuzunehmen sind[287], überliefert Hilarius auch die lateinische Fassung des Nizänum (N)[288]. Der Text des Nizänum war im Abendland, wie BARDY gezeigt hat, seit 325 weitgehend unbekannt geblieben[289]. Hilarius liefert an dieser Stelle die früheste uns bisher bekannte lateinische Bezeugung von N[290].

Noch in der zweiten Hälfte der fünfziger Jahre ist N dann, z.T. abhängig von Hilarius, mehrfach im Abendland bezeugt[291].

Es ist nach seinen eigenen Worten unwahrscheinlich, daß Hilarius schon in Gallien der Text des Nizänum bekannt war und er schon vor seiner Abreise ins Exil eine Interpretation zum Nizänum geben konnte, wie sie in den Fragmenten seines

---

285 Vgl. auch JÜLICHER, l.c.

286 B I,5 [FEDER, 101,19ff.] ist mit ziemlicher Sicherheit auf die Synode von Mailand zu beziehen.

287 B II [FEDER, 103-154]; A IV [FEDER, 48-78]; Appendix (*Liber I ad Constantium*) [FEDER, 181-187].

288 B II,10 [FEDER, 150].

289 Vgl. S. 3, 13, 31, 81, 161, 181, 201 u.ö.

290 DOSETTI, l.c.31ff. Es handelt sich um die erste Bezeugung von N nach Euseb (OPITZ III, Urk.22). Es muß auch ursprünglich lateinische Exemplare gegeben haben, von denen aber nichts mehr bekannt ist.
Diese Beurteilung der Überlieferung von N hängt von der Datierung von Ath.decr. ab. Aus mancherlei hier nicht zu erörternden Gründen vermute ich gegen OPITZ (II,2 App.) und TETZ (TRE IV,344), daß decr. etwa ein Jahrzehnt später zu datieren ist, also um 360/61. Bei der Datierung von OPITZ, der SCHWARTZ zustimmt, wäre N wenigstens im griechischen Bereich schon einmal um 350 bezeugt.

291 DOSETTI, l.c. Alle Bezeugungen von N nach 358.

Liber primus vorliegt[292].

Für das Abendland galt bisher das Serdicense als legitime Auslegung von N, das selbst nicht benutzt wurde[293]. Der Text von N, namentlich die Verwendung des bis dahin auch von Athanasius möglichst umgangenen ὁμοούσιος, ist erst nach dem provozierenden Verbot der Begriffe ὁμοούσιος und ὁμοιούσιος durch die Beschlüsse der sirmischen Synode von 357 und ihrer theologischen Deklaration, der sogenannten zweiten sirmischen Formel, nachweisbar[294].

Besonders auffällig ist nun, daß Hilarius N im Zusammenhang mit Aktenstücken über die Synode von Serdika und die sich aus den Ereignissen von Serdika ergebende Kirchenspaltung überliefert[295]. An dieser Stelle hätte man das im Westen

---

292 Vgl. Syn.91. Der Kommentar in B II,9. 11 setzt eine Auseinandersetzung mit orientalischer Theologie voraus, wobei hier noch ein großer Abstand zu den Kenntnissen und dem theologischen Standpunkt besteht, den die Schrift *De synodis* aus dem Jahre 359 zeigt. Schon aus diesem Grund scheint mir die Abfassung in Gallien vor dem Exil undenkbar. Von großem Interesse wäre die Frage, wo Hilarius N kennengelernt hat, auf die aber eine Antwort anhand der zur Verfügung stehenden Quellen nicht möglich ist.

293 Vgl. Anm. 289.

294 DOSETTI, l.c. DOSETTI hält die Schrift des Hilarius der opinio communis folgend 356 verfaßt. Alle anderen lateinischen Bezeugungen von N erst nach 358. Anders vermutet DINSEN, l.c.111ff., daß seit 350 N und mit ihm das ὁμοούσιος in den Mittelpunkt der Debatte gerückt war. Ihr zeitlicher Ansatz ist dabei abhängig von der Datierung von Ath. decr. durch OPITZ. Leider geht sie bei Hilarius nicht auf die Überlieferung und Kommentierung von N in den Collectanea ein, was angesichts des Kommentars zum ὁμοούσιος in B II,11 schade ist.

295 B II,1: Enzyklika der Abendländer von Serdika (ohne die theologische Erklärung von Serdika).
B II,2: Brief der Synode der Abendländer an Julius von Rom.
B II,3: Namen der exkommunizierten Orientalen.
B II,4: Unterschriften der Abendländer unter die Beschlüsse von Serdika.
B II,5: Zusammenfassender Kommentar des Hilarius über den Fall des Athanasius, über Markell und Photin und die Bitte von Valens und Ursacius um Wiederaufnahme in die Gemeinschaft der abendländischen Kirchen.
B II,6: Brief von Valens und Ursacius an Julius von Rom.
B II,7: Zwischenbemerkung zum zeitlichen Abstand der Briefe von Valens und Ursacius an Julius und Athanasius.
B II,8: Brief von Valens und Ursacius an Athanasius.
B II,9: Kommentar des Hilarius zum Fall Photin, zu Valens und Ursacius, zur Abkehr des Athanasius von Markell und zum Fragment einer theologischen Formel der Orientalen.
B II,10: Nizänum.
B II,11: Auslegung des Nizänum gegen die Glaubensformulierung der Orientalen aus B II,9.

bis dahin anscheinend bekanntere Serdicense erwartet[296]. Aber Hilarius überliefert offensichtlich bewußt den Synodalbrief der Abendländer ohne die dazugehörige theologische Erklärung[297] und bringt statt dessen den bisher weitgehend unbekannten Text von N.

Das setzt für Hilarius voraus, daß das Serdicense inzwischen für ihn theologisch nicht mehr tragbar war[298]. Diese Auffassung hat Hilarius aber erst im Exil vertreten, nachdem er dort angefangen hatte, orientalische Theologie kennenzulernen und sich mit ihr auseinanderzusetzen. Als Hilarius 356 nach der Synode von Béziers den Weg in die Verbannung antreten mußte, war ihm die Theologie des Serdicense sicher noch nicht theologisch anstößig.

Schon die Überlieferung des Nizänum in diesem Zusammenhang des Liber primus weist auf eine spätere Abfassung des Liber primus hin, wahrscheinlich erst nach der sirmischen Synode von 357 und ihrer theologischen Formel. Das wird unterstrichen durch die umständliche und ausführliche Interpretation, die Hilarius dem Nizänum gibt.

In seiner Auslegung von N insistiert er gerade auf die im Abendland weniger bekannten und dort auch weniger interessierenden präzisierenden Distinktionen des Bekenntnisses und zeigt damit bereits eine Auseinandersetzung mit den theologischen Hintergründen des trinitarischen Streites. Diese kann

---

296 Text bei LOOFS, AAB 1909 Nr.1,1-39; vgl. oben S. 40-42. Wie weit der genaue Wortlaut des Serdicense bekannt und verbreitet war, läßt sich nicht sagen. Nach LOOFS, l.c. haben noch Phoebadius und Gregor von Elvira N im Sinne des Serdicense gedeutet. Vgl. auch das Zögern von Euseb von Vercellae, 362 in Alexandria gegen das Serdicense Stellung zu beziehen (S. 180 Anm. 137).

297 Vgl. S. 40-42.

298 Anders als Athanasius, dem aus seiner letztlich doch origenistischen Tradition das Serdicense wohl von Anfang an theologisch problematisch war, der aber 342 in Serdika aus eher taktischen Gründen wohl doch zugestimmt hatte, kam Hilarius ganz aus abendländischer Tradition, die im Serdicense eine ihr gemäße Form der Trinitätslehre vertreten sah. Mit dieser Kritik am Serdicense schert Hilarius bewußt aus der Front der abendländischen Normaltheologie aus. Das Serdicense bekommt für ihn einen beinahe häretischen Anstrich, wie alles, was von N abweicht. [FEDER, 151,2f.]: *nam quae apud Nicheam ordinata est, plena atque perfecta est et omnibus undique,...* vgl. dagegen den Brief des Ossius und Protogenes an Julius von Rom aus dem Jahr 342 [TURNER I/2,644].

er nur im Orient im Gespräch mit orientalischer Theologie geführt haben[299].

U.U. könnte seine Auslegung an einigen Stellen gegen die zweite sirmische Formel gerichtet sein bzw. deren Kenntnis voraussetzen. Jedenfalls interpretiert er anscheinend in ih-

---

299 B II,11,2-6 [FEDER, 151-54]. Hilarius setzt sich hier mit einer in B II,9,4,2 [FEDER, 147,26-29] mitgeteilten orientalischen Formel von 345 (vgl. S. 57ff., 184 ff.) auseinander: *unum quidem ingenitum esse deum patrem et unum unicum eius filium, deum ex deo, lumen ex lumine, primogenitum omnis creaturae, et tertium addentes spiritum sanctum paracletum.*
Diese Formel hatte Hilarius schon in B II,9 [FEDER, 148f.] für ein arglistiges Täuschungsmanöver erklärt. Sein Hauptanliegen ist es zu beweisen, daß Gegnerschaft zu Athanasius und Häresie identisch sind, eine von ihm später allerdings aufgegebene Position. Wichtig erscheint bei diesem Beweisgang des Hilarius, daß die Glieder dieser sicher unvollständigen Formel alle auch in N enthalten sind, und Hilarius darlegen will, daß diese Formel trotzdem häretisch ist. Auf diese Weise kann er die Notwendigkeit der im Abendland wenig verstandenen erklärenden Zusätze in N hervorheben.
So beweist er B II,11,2 [FEDER, 151,12-152,2] die Notwendigkeit der in dem orientalischen Bekenntnis fehlenden Zusätze *hoc est de substantia patris* und *natum, non factum:*
*At uero haec perfidia, non fides, 'deum ex deo' dicens et 'primogenitum' commendans et trinitatis nomen instituens uirus suum sub modestia religiosae moderationis obscurat dicens 'deum ex deo', 'lumen ex lumine', ut per occasionem confessionis istius ex deo ac lumine deus ac lumen factus a deo, non genitus de deo, id est non de substantia paternae aeternitatis, extiterit ac sic contumelia patris uilescat et filius, si deus ortus ex nihilo est, in 'primogeniti' uero confessione ordinem quendam ab eius ortu creandis mundi rebus assignent, ut, quia mundus ex tempore est, tamen, licet mundo prior sit, Christus ex tempore sit et non aeternitas in eo <ante> tempora, sed ordo in tempore sit creatis ac per hoc aliquid, quod ante eum sit, relinquatur, qui esse coepit ex tempore, <et> dissoluatur in Christo omne, quod deus est, cum in eo non extantis aliquando Mariae ortus a tempore sit.* Die Interpretation von Christus als *factus a deo* ist Unterstellung. Zu *unius substantiae cum patre, quod Graeci dicunt 'omousion'* vgl. B II,11,5,3 [FEDER, 153,21-154,8]: *'unius' autem 'cum patre substantiae', quod Graeci dicunt 'omousion', ita est: aeternitas sola sui similis est et, quod est semper, in deo est. ne qua igitur labes in dominum Iesum Christum hereticae prauitatis incideret, idcirco in eo essentiae ueritas explicatur. essentia enim ex eo, quod semper est, nuncupatur. quae quia extrinsecus opis ad continendam se numquam eguerit, et 'substantia' dicitur, quod intra se id, quod semper est, et in aeternitatis suae uirtute subsistat. ac sic, quod ait: ego et pater unum sumus, et: qui me uidit, uidit et patrem, et rursum: ego in patre et pater in me, et illud: ego de patre exiui aequalis in utroque, id est in deo, qui innascibilis est, et in deo, <qui genitus est,> una atque eadem in utroque substantia aeternitatis expletur.*
Vgl. auch den Kommentar von FLEMING, l.c.334ff.

rem Sinn die kurzen und eigentlich theologisches Allgemeingut beinhaltenden Bekenntnisformulierungen der Orientalen von 345, was ihm allerdings Mühe bereitet[300].

Das orientalische Normalbekenntnis, die vierte antiochenische Formel von 341 mit ihren antiarianischen Anathemata oder eine andere der üblichen orientalischen Formeln, kann er mit seiner Kritik nur schwerlich vor Augen haben[301].

Anhand dieser Beobachtungen scheint es wahrscheinlich, daß der *Liber primus adversus Valentem et Ursacium* von Hilarius nicht im Jahre 356 in Gallien verfaßt wurde, wie allgemein angenommen wird, sondern erst während der Exilszeit des Hilarius, wahrscheinlich nach der Verabschiedung der zweiten sirmischen Formel im Herbst 357.

---

300 Hilarius polemisiert merkwürdigerweise nicht gegen ein allgemein anerkanntes orientalisches Bekenntnis, etwa die von ihm selbst mitgeteilte, in Serdika von den Orientalen angenommene vierte antiochenische Formel (A IV,2), sondern gegen ein paar sehr allgemeine Formeln, die sich sowohl in N finden (um zu beweisen, daß N ohne seine Präzisierungen häretisch ausdeutbar ist), als auch in der zweiten sirmischen Formel. Will Hilarius vielleicht damit beweisen, daß die Orientalen im Grunde schon immer die Häresie der zweiten sirmischen Formel vertreten haben? Der direkte Vergleich mit der zweiten sirmischen Formel müßte dann in den Fragmenten verlorengegangen sein. Kenntnis der zweiten sirmischen Formel scheinen mir anzudeuten [FEDER, 151,6f.]: *haec uero simplicitate blanditur primum adserens nos ita credere, quod absit a quoquam*; vgl. damit Hilar.Syn.11 (2. sirmische Formel) [PL X,488A]: *Sed et caetera convenerunt, nec ullam habere potuerunt discrepantiam. Quod vero quosdam aut multos movebat de substantia, quae graece usia appellatur, id est (ut expressius intelligatur) homousion, aut quod dicitur homoeusion nullam omnio fieri mentionem; nec quemquam praedicare ea de causa et ratione quod nec in divinis Scripturis contineatur, et quod super hominis scientiam sit, nec quisquam possit nativitatem Filii enarrare,...*
Ebenda [FEDER, 153,1-7]: *Quin etiam haud dissimilis in trinitatis nuncupatione falsitatis eorum contextus est. ubi enim diuersis substantiis filium a patre impio et maledicto ore disciderint et in separatis duobus adsistat auctoritas, tertia dinumeratur in spiritu, ut, cum sint pater in filio et filius in patre et spiritus sanctus accipiat ex utroque, in eo, quod spiritus exprimitur sanctae huius <trinitatis> inuiolabilis unitas, heretica parte parturiat trinitas pronuntiata discidium.*
Vgl. damit Hilar.Syn.11 [PL X,489A]: *Nulla ambiguitas est, majorem esse Patrem. Nulli potest dubium esse, Patrem honore, dignitate, claritate, majestate, et ipso nomine patris majorem esse Filio, ipso testante, 'Qui me misit, major me est (Joan. XIV,28). Et hoc catholicum esse, nemo ignorat, duas personas esse Patris et Filii, majorem Patrem, Filium subjectum cum omnibus his quae ipsi Pater subjecit.*

301 Schon wegen der sonst regelmäßig überlieferten antiarianischen Anathematismen.

Hilarius hat diese Schrift gegen die Theologie der neuen kaiserlichen Einheitsformel gerichtet[302], deren Häresie er anhand des Falles des Athanasius auch historisch zurückverfolgen will.

Wenn der Liber primus aber erst nach der sirmischen Synode von 357 verfaßt wurde, gibt es keinen Grund mehr, ihm nicht auch die Liberiusbriefe aus den Jahren 353-57 zuzurechnen, die thematisch jedenfalls viel eher in den Liber primus als in den Liber secundus über die Synoden von Rimini und Seleukia passen.

Zeigt nicht besonders anschaulich der Fall des römischen Bischofs Liberius, der zunächst wegen seiner Weigerung, Athanasius zu verurteilen, ins Exil geschickt wurde, dort aber eine häretische Glaubensformel unterzeichnen mußte, daß es nur oberflächlich um Athanasius in Arles und Mailand gegangen war, in Wahrheit dagegen um den wahren apostolischen Glauben in der kirchlichen Auseinandersetzung der Bischöfe mit Konstantius ging?

Verurteilung des Athanasius und Häresie werden so am Beispiel des Liberius für Hilarius identisch[303], der selbst ja nicht wegen seiner Treue zu Athanasius den Weg ins Exil hatte antreten müssen[304].

Der *Liber primus adversus Valentem et Ursacium* von Ende 357 oder Anfang 358, zu dem die Fragmente A IV, A VII, B I, B II, B III und B VII gehört haben müssen, dazu der getrennt überlieferte sogenannte *Liber I ad Constantium*, hat das Geschehen von der Synode von Serdika bis zur sirmischen Synode von 357 und bis zur Unterschrift des Liberius unter ihre Formel zum Inhalt gehabt - die Zeit der Verstrickung des Abend-

---

302 Zu Charakter und Absicht der Schrift vgl. S. 325-334.

303 Dies zu beweisen ist das Anliegen des durch den Text des Nizänum unterbrochenen kommentierenden Blocks B II,9.11. Die These hatte schon vor der Mailänder Synode Lucifer aufgestellt, von dem sie Liberius übernommen hatte (vgl. S. 152f.). Hilarius versucht als erster, sie mit Hilfe von orientalischem Material zu belegen.

304 Da Hilarius selbst nicht durch die Athanasiusangelegenheit belastet war, konnte er leichter mit den Homöusianern Kontakte aufnehmen, ohne daß der alexandrinische Bischof zwischen ihnen stand und sich so mit den Homöusianern auf wirklich theologische Fragen konzentrieren.

landes und besonders auch Galliens[305] in die theologischen und kirchenpolitischen Auseinandersetzungen um die Person des Athanasius und um die in der Person des Liberius besonders deutlich daran anknüpfenden ersten Versuche des Kaisers, nach der Beseitigung des Athanasius eine neue reichskirchliche Einheitstheologie durchzusetzen.

### *5) Die sirmische Synode von 357 und ihre theologische Formel*[306]

Um Anliegen und Charakter des zeitlich und inhaltlich so definierten *Liber primus adversus Valentem et Ursacium* näher bestimmen zu können, erscheint es notwendig, die bisher nur gestreiften kirchenpolitischen und theologischen Hintergründe im Zusammenhang zu sehen.

Schon mehrfach war von der Synode die Rede, die im Sommer, oder wahrscheinlicher im Herbst 357, in der kaiserlichen Residenz zu Sirmium[307] tagte und eine theologische Formel beschloß, die eine tiefe Zäsur in der bisherigen theologischen Entwicklung darstellt.

Mit der sirmischen Synode und ihrer theologischen Formel ändert die seit mehr als zwanzig Jahren andauernde Kontroverse ihr Thema. Es geht nun nicht mehr um die Person des Athanasius und um seine Absetzung, sondern um die Frage einer verbindlich vom Kaiser vorgeschriebenen reichskirchlichen

---

305 Vgl. die besondere Betonung der Ereignisse von Arles, mit deren Darstellung das Werk ursprünglich beginnen sollte (B I,6).

306 Zu den mit der Synode von Sirmium zusammenhängenden historischen und theologischen Fragen vgl. AMANN, DThC XIV/2,2178-80; BARDY, in: FLICHE-MARTIN III,152f.; CASPAR, l.c.181f.; DE CLERCQ, Ossius, 445ff. (besonders alle mit der Unterschrift des Ossius unter die Formel von Sirmium zusammenhängenden Probleme); GUMMERUS, l.c.52ff.; GWATKIN, l.c.162f.; HARNACK, DG II,253ff.; HEFELE-LECLERCQ I/2, § 78 (die gesamte Literatur bis zum Beginn dieses Jahrhunderts); KELLY, l.c. 280ff. (zur theologischen Deklaration); KLEIN, l.c.60-68; LE BACHELET, DThC II,1823f.; LIETZMANN, GaK III,217-19; LOOFS, RE II,33; MESLIN, Les Ariens, 270-79; MONTES MOREIRA, l.c.106ff. (Frage der Verfasserschaft der theologischen Deklaration); SEECK, PW IV/1,1081f.; TIETZE, l.c.38-42; ZEILLER, Origines, 276-79.

307 Zum Datum KLEIN, l.c.163 A.132. Auf Sommer 357 datiert die Synode die Mehrheit der älteren Forscher. Wegen des Itinerar des Kaisers (SEECK, Regesten, 204) scheint aber das Herbstdatum wahrscheinlicher.

Theologie. Für Hilarius gehören beide Fragen zusammen. Die, die jetzt eine häretische Glaubensformel durchsetzen wollen, sind dieselben, die vorher die Verurteilung des Athanasius verlangt und deshalb Bischöfe ins Exil geschickt haben. So hatte sich ihre Häresie für ihn schon bei ihrem Kampf gegen Athanasius seit der Synode von Serdika, die Athanasius in allen Dingen rehabilitiert hatte, gezeigt.

Tatsächlich wechselt hier aber das Thema der Kirchenpolitik des Kaisers, von Athanasius ist bis zum Tode des Konstantius nicht mehr die Rede.

Im Frühjahr 357 hatte Konstantius zum erstenmal als Kaiser Rom besucht und dort mit aller Prachtentfaltung des zwanzigsten Jahrestages seiner Erhebung zum Augustus gedacht[308]. Einen vollen Monat blieb er in der ewigen Stadt[309] und gab auch hier Beweise seiner großen Frömmigkeit; er ließ den Altar der Victoria als heidnische Greuel aus dem Senat entfernen[310].

Nachrichten von Unruhen an der Donaugrenze[311] veranlassen ihn am 29. Mai zum Aufbruch in Richtung Osten[312]. Nach Verhandlungen mit Quaden und Sarmaten scheint Konstantius erst im Oktober wieder in seiner Residenz Sirmium eingetroffen zu sein[313].

Hierhin hatte er eine vor allem von Abendländern und vielleicht auch einigen Orientalen besuchte Synode geladen[314], wohl nachträglich zur Feier seines zwanzigjährigen Regierungs-

---

308 Amm.XVI,10; SEECK, Regesten, 204; ders., PW IV/1,1081; vgl. KLEIN, AtPavia 57(1979)98ff.

309 SEECK, ebenda; KLEIN, ebenda.

310 Symmachus, Rel.III,6 [KLEIN, 102]; Ambr. Ep.XVIII [KLEIN, 154]; KLEIN, AtPavia 57(1979)89ff.

311 Amm.XVI,10,30.

312 Ebenda, vgl. SEECK, Regesten, 204.

313 SEECK, l.c.

314 Daß Konstantius die Synode selbst berufen hat, vgl. Soz. h.e.IV,11. Daß er an ihr auch teilgenommen hat, scheint schon wegen der verabschiedeten theologischen Deklaration wahrscheinlich, obwohl es kein absolut sicheres Zeugnis für seine Anwesenheit gibt; vgl. Hilar.Syn. 78. Nach Soz. h.e.IV,11,2; 15,1 nur abendländische Bischöfe. Anwesenheit orientalischer Bischöfe vermuten z.B. AMANN und KLEIN, Constantius, 132. Die Teilnahme des Eudoxius scheint mir durch Soz. h.e.IV, 15,3b eigentlich ausgeschlossen, anders KLEIN, l.c.; GUMMERUS, l.c.; MESLIN, l.c.277 A.81. Zur Zuordnung von Soz. h.e.IV,11,2f., 15,1.3b zu einem Bericht über die sirmische Synode vgl. S. 288-292.

jubiläums als Augustus und als Fest zum ohne Krieg erlangten Frieden an der Donaugrenze. Seit Konstantin war es üblich geworden, Regierungsjubiläen mit Synoden zu verbinden[315].

Die Synode tagte unter der Leitung des Ortsbischofs Germinius und der bewährten Ratgeber des Kaisers, Valens und Ursacius[316]. Als Teilnehmer werden noch Potamius von Lissabon und der an den sirmischen Hof zitierte inzwischen uralte Ossius, der sich immer noch standhaft weigerte, der Verurteilung des Athanasius zuzustimmen[317], genannt.

Nach zwanzig z.T. sehr schweren Jahren hatte Konstantius 357 den Höhepunkt seiner Macht erreicht. Das Reich schien äußerlich und innerlich gefestigt und befriedet. Die Perser gaben gerade für eine Weile Ruhe; Friede herrschte an der Donaugrenze[318]; und Julian hatte die Verhältnisse in Gallien inzwischen auch stabilisieren können[319]. Mehrere Usurpationen hatte Konstantius glücklich überstanden; endlich schien seine Herrschaft unangefochten zu sein.

Und auch die kirchlichen Angelegenheiten, die ihm zweifellos besonders am Herzen lagen, hatten sich offensichtlich zum Besten gewendet. Der einzig wirklich gefährliche Störenfried auf einem Bischofsthron, Athanasius, war zwar nicht gefangen, sondern saß irgendwo in der ägyptischen Wüste versteckt, war aber fürs erste unschädlich gemacht[320], und Ägypten konnte etwas zur Ruhe kommen[321].

Die Absetzung und Exkommunikation des Athanasius war alles in allem ohne ernsthaften Widerstand, der eventuell hätte ge-

---

315 Vgl. S. 136/37 Anm. 28.

316 Hilar.Syn.11 [PL X,487A]: *Cum nonnulla putaretur esse de fide disceptatio, diligenter omnia apud Sirmium tractata sunt et discussa, praesentibus sanctissimis fratribus et coepiscopis nostris, Valente, Ursacio et Germinio*. Vgl. auch Syn.81.

317 Vgl. Hilar.Syn.3;11. Zur Rolle des Ossius auf der sirmischen Synode DE CLERCQ, l.c.459ff., zu Potamius von Lissabon MONTES MOREIRA, l.c. 106ff. (beide Monographien mit ausgedehnter Darstellung der Sekundärliteratur und Auseinandersetzung mit ihr).

318 SEECK, Regesten, 204; ders., RE IV/1,1081f.

319 Zu Julians Erfolgen im Jahre 357, bes. seinem Sieg bei Straßburg, vgl. BIDEZ, Julian, 159ff.; BROWNING, Julian, 120ff.; v.BORRIES, PW X,33-37; BOWERSOCK, l.c.33ff.

320 Hist.Ath.6.

321 Wie trügerisch diese Hoffnung allerdings war, sollte schon im kommenden Jahr deutlich werden; vgl. Hist.Ath.6.

fährlich werden können, durchgesetzt worden. Die abendländischen Bischöfe hatten bis auf ganz wenige Ausnahmen der Verurteilung des Athanasius zugestimmt. Auch der zunächst widerstrebende Bischof von Rom, dem wichtigsten Bischofssitz des Abendlandes, hatte endlich die Verurteilung des gefährlichen alexandrinischen Patriarchen unterzeichnet. Damit schien nun endlich auch das Abendland der kaiserlichen Kirchenpolitik gewonnen.

Diese von ihm so ersehnte neu gewonnene Einheit der Kirche wollte Konstantius auch durch eine theologische Grundsatzerklärung zum Ausdruck bringen, auf deren Grundlage sich alle Kirchen des Morgen- und Abendlandes verständigen konnten, die aber so viel ausdeutbaren Raum lassen sollte, daß jede orthodoxe Kirche auch ihre theologische Tradition in ihr irgendwie wiederfinden konnte.

Man geht sicher nicht fehl in der Annahme, daß Konstantius sich in dieser, seiner Meinung nach nur ihm zukommenden Aufgabe, die Kirchen des Morgen- und Abendlandes zu einen, als der wahre Erbe seines großen Vaters und Vollender von dessen letztlich gescheiterter Kirchenpolitik ansah.

So wie Konstantin, nachdem er Licinius überwunden und das Reich geeint hatte, auf der unmittelbar seinen Vicennalien vorangehenden Synode[322] den in Nizäa versammelten Vätern das nizänische Glaubensbekenntnis gegeben hatte, das sich allerdings bisher nicht sonderlich bewährt hatte, so wollte Konstantius, der nun nach ebenso zwanzig Jahren seiner Herrschaft als Augustus alle Feinde überwunden zu haben schien und endlich auch das Reich in seiner Hand vereinigt hatte, der Kirche wie einst sein Vater eine neue von allen akzeptierte Formel geben[323].

Daß dieser Versuch in diesem Moment mißlingen mußte, erklärt sich schon dadurch, daß die kirchenpolitisch zwar er-

---

322 Die Synode von Nizäa war am 20. Mai 325 feierlich durch den Kaiser eröffnet worden, am 19. Juni war der Beschluß über das Bekenntnis von Nizäa gefaßt worden. Am 25. Juli versammelte Konstantin in Nikomedien anläßlich der Feier seiner Vicennalien die Konzilsväter um sich (Eus. v.C.III,15); vgl. SEECK, Regesten, 175.

323 Diese natürlich nicht zu beweisende Parallelität legt sich nahe, wenn man bedenkt, wie sehr Konstantius bedacht war, in allem als der wahre Erbe seines Vaters zu gelten; vgl. KLEIN, Victoriaaltar, XIff.

fahrenen, theologisch aber weniger gebildeten Bischöfe Valens, Ursacius und Germinius vom Kaiser mit dieser schwierigen Aufgabe betraut wurden. Aber sie besaßen das Vertrauen des Kaisers, und ihre schlichte Theologie wird auch den persönlichen Glaubensüberzeugungen des Kaisers am nächsten gekommen sein.

Man wird davon ausgehen können, daß das von ihnen unter Mitarbeit ihres gebildeteren spanischen Kollegen Potamius von Lissabon[324] ausgearbeitete theologische Manifest ganz dem entsprach, was auch der fromme Kaiser glaubte[325]. Wie bei den Fähigkeiten seiner Verfasser nicht anders zu erwarten, ist der theologisch eher dürftige Text in der Art und Weise seiner Formulierung dagegen ein taktisches Meisterwerk:

Es gibt einen Gott, den Allmächtigen und Vater und seinen einzigen Sohn Jesus Christus, unseren Herrn und Erlöser, der aus Gott vor aller Zeit gezeugt wurde[326]. Aber von zwei Göttern darf man nicht reden[327]. Über die *Usia* oder *Substantia* des Vaters und des Sohnes solle man sich nicht den Kopf zerbrechen und besonders die der Bibel gänzlich fremden Ausdrükke ὁμοούσιος und ὁμοιούσιος ganz und gar vermeiden[328]. Menschliche Weisheit vermag über das Geheimnis der Zeugung des Sohnes nichts zu sagen[329]. Allein darüber besteht kein

---

324 Zum Problem der Verfasserschaft des Potamius vgl. MONTES MOREIRA, l. c. (dort die gesamte, vor allem auch die z.T. etwas nationalistisch-apologetisch gefärbte spanische und portugiesische Diskussion). Sicher ist, daß Hilarius beide für die Verfasser der sirmischen Formel hielt (Syn.3;11), wobei vor allem bei Ossius starke Zweifel angebracht sind. Potamius ist auch sonst theologisch schriftstellernd hervorgetreten; MONTES MOREIRA, 219ff.

325 Text Hilar.Syn.11; eine griechische Übersetzung Ath.syn.28; Soc. h.e. II,30,31-41; ein Regest Soz. h.e.IV,6,9f.; vgl. HAHN, l.c. § 161, S. 199-201 (ich zitiere im folgenden nach HAHN).

326 HAHN, 200: *Unum constat Deum esse omnipotentem et Patrem, sicut per universum orbem creditur, et unicum Filium ejus Jesum Christum, Dominum, salvatorem nostrum, ex ipso ante saecula genitum.*

327 Ebenda: *duos autem deos nec posse nec debere praedicari, quia ipse Dominus dixit* (folgt Joh 20,17).

328 Ebenda: *Sed et caetera convenerunt nec ullam habere potuerunt discrepantiam. Quod vero quosdam aut multos movebat de substantia, quae Graece usia appellatur, id est, ut expressius intelligatur, homousion, aut quod dicitur homoeusuion, nullam omnino fieri oportere mentionem, nec quemquam praedicare: ea de causa et ratione, quod nec in divinis scripturis contineatur,...*

329 Ebenda: *et quod super hominis scientiam sit, nec quisquam possit na-*

Zweifel: Vater und Sohn sind zwei Personen und der Sohn ist in allem dem Vater untergeordnet[330]. Trotzdem ist der Sohn auch Gott[331]. Er ist Mensch geworden von der Jungfrau Maria und hat als Mensch gelitten[332]. Christus hat sodann den heiligen Geist geschickt, so daß die Trinität eine vollständige und vollkommene ist[333].

In ihren eigentlichen Glaubensaussagen enthält diese theologische Erklärung im wesentlichen traditionelle Elemente[334]. Auffällig ist der häufige Schriftbezug[335]. Hier in Sirmium wird eine theologische Deklaration von einer Synode angenommen, die nicht mehr in Kontinuität zu den bisherigen orientalischen theologischen Formeln steht, wie sie seit 341 publiziert worden waren.

Neu ist die starke Betonung der Einzigkeit Gottes und der Verschiedenheit von Vater und Sohn[336]. In immer neuen hauptsächlich biblisch begründeten Formulierungen wird die Ver-

---

*tivitatem Filii enarrare, de quo scriptum est: 'generationem ejus quis enarrabit?'* (Jes 53,8) *Scire autem manifestum est solum Patrem, quomodo genuerit Filium suum, et Filium, quomodo genitus sit a Patre.*

330 Ebenda, 200f.: *Nulla ambiguitas est, majorem esse Patrem: nulli potest dubium esse, Patrem honore, dignitate, claritate, majestate et ipso nomine Patris majorem esse Filio, ipso testante: 'qui me misit, major me est.'* (Joh 14,28) *Et hoc catholicum esse nemo ignorat, duas personas esse Patris et Filii, majorem Patrem, Filium subjectum cum omnibus his, quae ipsi Pater subjecit;...*

331 Ebenda, 201: *Filium autem natum esse ex Patre, Deum ex Deum, lumen ex lumine, cujus Filii generationem, ut ante dictum est, neminem scire, nisi Patrem suum;...*

332 Ebenda, 201: *ipsum autem Filium Dei, Dominum et Deum nostrum, sicuti legitur, carnem vel corpus, id est, hominem suscepisse ex utero virginis Mariae, sicut angelus praedicavit. Ut autem scripturae omnes docent, et praecipue ipse magister gentium, apostolus, hominem suscepisse de Maria virgine, per quem compassus est.*

333 Ebenda: *Illa autem clausula est totius fidei et illa confirmatio, quod trinitas semper servanda est, sicut legimus in evangelio: 'ite et baptizate omnes gentes in nomine Patris et Filii et Spiritus sancti.' Integer, perfectus numerus trinitatis est. Paracletus autem Spiritus per Filium est, qui missus venit juxta promissum, ut apostolos et omnes credentes instrueret, doceret, sanctificaret.*

334 Ebenda, 200f.: *Deum esse omnipotentem et Patrem... et unicum Filium ejus Jesum Christum, Dominum, salvatorem nostrum, ex ipso ante saecula genitum... Patrem initium non habere, invisibilem esse, immortalem esse, impassibilem esse, Filium autem natum esse ex Patre, Deum ex Deo, lumen ex lumine,...*

335 Vgl. Anm. 242.

336 Vgl. Anm. 330.

schiedenheit zwischen Gott-Vater und Gott-Sohn betont[337].

Das Verbot, über *Usia/Substantia* zu spekulieren und die Begriffe ὁμοούσιος und ὁμοιούσιος überhaupt zu gebrauchen, richtet sich gegen die gesamte theologische Tradition. Mit dem Verbot des ὁμοούσιος hebt zum erstenmal eine Synode offiziell einen Begriff des Bekenntnisses von Nizäa auf[338]; aber die Beschlüsse von Sirmium richten sich auch, das sollte man nicht übersehen, gegen jede aus der origenistischen Tradition hervorgegangene orientalische Theologie[339].

Eudoxius und die anhomöische antiochenische Synode zu Beginn des Jahres 358 haben diese theologische Deklaration wegen ihrer Ablehnung der Begriffe ὁμοούσιος und ὁμοιούσιος und wegen ihrer starken Subordination des Sohnes unter den Vater zwar ausdrücklich begrüßt und angenommen[339a], dennoch wird man bei der zweiten sirmischen Formel nicht von einer anhomöischen theologischen Formel sprechen können[340]. Die Theologie der eigentlichen Anhomöer war den Verfassern der zweiten sirmischen Formel völlig fremd und wurde von ihnen wie auch von Konstantius als Arianismus heftig abgelehnt[341].

---

337 Dazu die Zitate Jes 53,8 und Joh 14,28. Zum Gebrauch von Joh 14,28 in der Diskussion um die Trinität vgl. MONTES MOREIRA, l.c.143 A.148.

338 Auch die seit Nizäa sonst zu jedem orientalischen Synodalbekenntnis gehörenden nizänischen Anathematismen sind nicht mit in den Text aufgenommen.

339 Dieser Aspekt wird meist zu wenig beachtet. Selbst den Anhomöern ging es in der Theologie um die οὐσία. Zur Theologie der Anhomöer vgl. zusammenfassend DINSEN, l.c.112-114.

339a Soz. h.e.IV,12,7 [BIDEZ-HANSEN, 155,11-14]: ὡς κατωρθωκόσι δὲ περὶ τούτου τὰ Ὁσίου γράμματα πρὸς αὐτοὺς ἐπιστολὴν διεπέμψαντο, Οὐαλέντι καὶ Οὐρσακίῳ καὶ Γερμανίῳ χάριν ὁμολογοῦντες καὶ τοῦ ὀρθῶς δοξάζειν τοὺς ἐν τῇ ὐύσει τὰς ἀφορμὰς αὐτοῖς ἀνατιθέντες.

340 Anders die opinio communis, vgl. BARDY, GUMMERUS; GWATKIN, MESLIN, GLÄSER, l.c.24f. Gegen die anhomöische Interpretation der Formel spricht außer der Ablehnung des Usia-Begriffes vor allem, daß der Unterschied zwischen Gott-Vater und Gott-Sohn biblisch und nicht in erster Linie vom Gegensatz γεννητός - ἀγέννητος her begründet wird, wie bei den Anhomöern, vgl. DINSEN, l.c.
LOOFS, l.c. sieht in der sirmischen Formel einen Rückzug auf vornizänische Positionen. LIETZMANN, l.c. hatte schon erkannt, daß Valens und Ursacius hier keine anhomöische Theologie vertreten, sondern daß die Theologie der Anhomöer sich in diesem Moment mit den kirchenpolitischen Intentionen von Valens und seinen Freunden treffen konnte. Daß die sirmische Formel nicht die anhomöische Theologie vertritt, betont auch KLEIN, l.c.63f. Völlig unzureichend die Analyse der Formel bei GLÄSER, l.c.

341 KLEIN, l.c.65-67, anders GLÄSER, l.c.

Das theologische Manifest von Sirmium ist, und darin wird man den Verfassern Geschick zubilligen müssen, ausdrücklich von Abendländern für Abendländer verfaßt. Bei den Orientalen, mit denen die theologische Verständigung bisher immer gut funktioniert hatte, brauchte Konstantius, wie er irrtümlich meinte, keinen Widerstand gegen eine einheitliche theologische Formel, die seiner eigenen Frömmigkeit verwandt war, zu befürchten.

Nachdem der Westen Athanasius verurteilt hatte, galt es nun, ihn auch theologisch für die Sache einer Reichstheologie zu gewinnen. Daher eine vornehmlich von Abendländern besuchte Synode in Sirmium, die eine typisch abendländische Deklaration beschloß, die zunächst durchaus Aussicht hatte, bei einer großen Zahl der occidentalischen Bischöfe auch Anklang zu finden[342].

Die Begriffe ὁμοούσιος und ὁμοιούσιος und die Spekulationen über *Usia/Substantia* hatten bei den abendländischen Bischöfen nie besonderes Interesse hervorgerufen[343]. Gegen das Verbot, diese Begriffe zu benutzen, war im Westen kein besonderer Widerstand zu erwarten; kaum einem abendländischen Bischof wäre das als Verstoß gegen den Glauben von Nizäa bewußt gewesen[344]. Die typischen arianischen Formeln, die die Anathemata von Nizäa verdammen, finden sich in der zweiten sirmischen Formel nicht, und ihr auffälliger Biblizismus konnte im Abendland überall mit lebhafter Zustimmung rechnen[345].

Schon lange hat man bemerkt, daß der einzige sehr bald nach der Proklamation der Deklaration von Sirmium im lateinischen Westen unternommene Versuch einer Widerlegung, die kurze Schrift *Contra Arianos* des Phoebadius von Agen, vornehmlich mit Material aus Tertullians Schrift zur Trinitätslehre, *Adversus Praxean*, argumentiert[346].

---

342 Gegen KELLY, l.c.284 lassen sich keine Spuren davon finden, daß die sirmische Formel im Abendland sofort *"eine ungeheure Unruhe"* erregte.

343 Vgl. Anm. 289.

344 Ebenda.

345 Zum im Abendland viel stärker ausgeprägten Biblizismus vgl. allein die Schriften Lucifers.

346 PL XX,13-30. Zur ausgiebigen Benutzung von Tert.Prax. vgl. BARDENHEWER, Geschichte III,395f.; WILMART, SAW 159,1(1907)7; GLÄSER, l.c. 95ff. bes. 105. Nach BARDENHEWER machen allein die Zitate aus Prax.

Das hat seinen Grund nicht nur darin, daß Tertullian in *Adversus Praxean* die abendländische Trinitätslehre formuliert hatte. Bekanntlich argumentiert Tertullian gegen eine Form von Monarchianismus, bei der Christus und Gott nahezu identisch werden[347]. Der größte Teil der Schrift *Adversus Praxean* beschäftigt sich damit, zu beweisen, daß Gott und sein Sohn zwei verschiedene Personen seien[348] und daß der Sohn dem Vater untergeordnet ist[349]. Nach Tertullian darf man zwar nicht von zwei Göttern reden, dennoch kommt Christus auch der Titel Gott zu[350].

Dies sind aber auch Schwerpunkte der Erklärung von Sirmium. Abgesehen von den ganz traditionellen, zu jedem Bekenntnis gehörenden Formulierungen[351] hat beinahe jede Phrase der zweiten sirmischen Formel in Tertullians *Adversus Praxean* und in der etwas jüngeren unter Tertullians Namen verbreiteten Abhandlung *De Trinitate* des Novatian Parallelen[352].

---

etwa ein Drittel des Textes aus.
Da die von WILMART angekündigte Ausgabe im CSEL nie erschien und eine für CChr vor fast zwanzig Jahren bereits angekündigte Ausgabe (DEKKERS, Clavis, 109) auch noch nicht erschienen ist, liegt bis heute keine moderne kritische Ausgabe vor (die Ausgabe mit französischer Übersetzung von A. DURENGUES, Agen 1927, war mir nicht zugänglich).

347 Prax.1f. (Die in den folgenden Anmerkungen angeführten Stellen aus Tert.Prax. erheben keinerlei Anspruch auf Vollständigkeit, sondern sollen nur einen Eindruck vermitteln.)

348 Prax.2; 4f.; 9-12; 14; 21-25.

349 Prax.9.

350 Prax.13; 19.

351 Vgl. Anm. 241.

352 Das Verbot, die Begriffe ὁμοούσιος und ὁμοιούσιος zu gebrauchen, entstammt in der sirmischen Formel dem aktuellen Anlaß und findet natürlich bei Tertullian keine Parallele. Es bleiben als Hauptgedanken der sirmischen Formel:
1. *duos autem deos nec posse nec debere praedicari.*
2. *maiorem esse patrem, filium subiectum.*
3. *manifestum est solum patrem, quomodo genuerit filium suum, et filium, quomodo genitus sit a patre.*
4. *duas personas esse patris et filii.*
5. *quod trinitas semper servanda est... Integer, perfectus numerus trinitatis est.*

Ad 1. vgl. Prax.13, bes.13,6 [CChr II,1175,41f.]: *Duos tamen deos et duos dominos nunquam ex ore nostro proferimus.*
XIX,8 [1185,45-47]: *Et tamen ne de isto scandalizentur, rationem reddimus qua Dii non duo dicantur nec Domini sed qua Pater et Filius duo,...*
Ad 2. und 3. vgl. Prax.IX,2 [1168,13-18]: ...*sicut ipse* (sc. Filius) *profitetur: 'quia Pater maior me est'* (Joh 14,28). *A quo et minoratus*

---

*canitur in psalmo: 'Modico quid citra angelos'* (Ps 8,6). *Sic et Pater alius a Filio dum Filio maior, dum alius qui generat, alius qui generatur, dum alius qui mittit, alius qui mittitur, dum alius qui facit, alius per quem fit.*
Ad 4. sind die Stellen so zahlreich, daß sie in diesem Rahmen nicht einzeln aufzuzählen oder zu zitieren sind, vgl. besonders Prax.II, IV, V, IX-XII, XIV, XV, XXI-XXV.
Ad 5. vgl. Prax.XXXI.
Vgl. auch die gegen Sabellianer gerichteten Passagen aus Novatian, *De Trinitate*, vor allem Kap.XXVI-XXIX. Gegen die Vorstellung von zwei Göttern: XXVIf.
Zum Unterschied zwischen Vater und Sohn und der Unterordnung des Sohnes unter den Vater vgl. XXVI,8 [DIERCKS, 62f.] (mit Zitation von Joh 14,28; 20,17);
XXVII,2 [DIERCKS, 64,3-7]: *Si enim erat, ut haeretici putant, Pater Christus, oportuit dicere 'Ego Pater unus sum'. At cum 'Ego' dicit, deinde Patrem infert dicendo 'Ego et Pater', proprietatem personae suae, id est Filii, a paterna auctoritate discernit atque distinguit.*
XXVII,6 [DIERCKS, 64,23-25]: *Denique nouit hanc concordiae unitatem et apostolus Paulus, cum personarum tamen distinctione.*
XXVII,12 [DIERCKS, 65,54-60]: *Et sanctificatum se a suo Patre esse proponit. Dum ergo accipit sanctificationem a Patre, minor Patre est; minor autem Patre consequenter <non Pater> est, sed Filius. Pater enim si fuisset, sanctificationem dedisset, non accepisset. Et nunc autem profitendo se accepisse sanctificationem a Patre, hoc ipso quo Patre se minorem accipiendo ab ipso sanctificationem probat, Filium se esse, non Patrem, monstrauit.*
XXX,18 [DIERCKS, 77,79-84]: *Cuius sic diuinitas traditur, ut non aut dissonantia aut inaequalitate diuinitatis duos deos reddidisse uideatur. Subiectis enim ei quasi Filio omnibus rebus a Patre, dum ipse cum his quae illi subiecta sunt Patri suo subicitur, Patris quidem sui Filius probatur, ceterorum autem et Dominus et Deus esse reperitur.*
Vgl. dazu HAHN, 201: *Et hoc catholicum esse nemo ignorat, duas personas esse Patris et Filii, majorem Patrem, Filium subjectum cum omnibus his, quae ipsi Pater subjecit.*
Zum Unterschied zwischen *Gezeugtem* und *Ungezeugtem* vgl. XXXI,6-11 [DIERCKS, 76,33-48]: 6. *Si enim natus non fuisset, innatus comparatus cum eo qui esset innitatus, aequatione in utroque ostensa, duos faceret innatos et ideo duos faceret deos.*
*7. Si non genitus esset, collatus cum eo qui genitus non esset et aequales inuenti, duos deos merito reddidissent non geniti atque ideo duos Christus reddidisset deos.*
*8. Si sine origine esset ut Pater inuentus et ipse principium omnium ut Pater, duo faciens principia duos ostendisset nobis consequenter et deos.*
*9. Aut si et ipse Filius non esset, sed Pater generans de se alterum filium, merito collatus cum Patre et tantus denotatus duos Patres effecisset et ideo duos approbasset etiam deos.*
*10. Si inuisibilis fuisset, cum inuisibili collatus par expressus duos inuisibiles ostendisset et ideo duos comprobasset et deos.*
*11. Si incomprehensibilis, si et cetera quaecumque sunt Patris, merito, dicimus, duorum deorum quam isti confingunt controuersiam suscitasset.*

Das heißt, daß die abendländischen Verfasser der sirmischen Formel die für ihre Theologie brauchbaren subordinatianischen gegen die monarchianische Theologie des Praxeas gerichteten Formulierungen Tertullians und Novatians, die im Westen bekannt waren, für ihr theologisches Manifest benutzten.

Daß die Verfasser des Manifestes von Sirmium dabei nicht immer unbedingt die Intention ihrer Quelle wiedergaben und das für ihre Zwecke nicht Brauchbare wegließen, wird niemanden erstaunen.

Zumindest klangen die einzelnen Formulierungen des sirmischen Manifestes mit ihren Anklängen an Tertullian und Novatian der großen Menge der theologisch weniger gebildeten Bischöfe des Abendlandes vertraut und annehmbar, sicher jedenfalls nicht im Widerspruch zur üblichen lateinischen "Orthodoxie". Da es keine der in Nizäa und seither immer wieder verurteilten arianischen Kernsätze enthielt, auch die anhomöische Theologie in keiner Weise aufgenommen hatte, konnte man diese Formel im lateinischen Westen unmöglich als "arianisch" ansehen[353].

Zusätzlich hatte man sich etwas noch Wirksameres als die inhaltlichen Anklänge an Tertullian ausgedacht, um dieser

---

353 Vgl. S. 292-297; anders die Mehrheit der Forscher (z.B. AMANN, BARDY, GWATKIN, HARNACK, KELLY, MESLIN, ZEILLER, GLÄSER). Als Beispiel GUMMERUS, l.c.57: *"Alles in Allem: offen haben sich die Urheber der Formel auch hier nicht hervorgewagt, aber die Verhüllung ist eine sehr durchsichtige. Ohne den Arianismus direkt zum Ausdruck zu bringen, ist die Formel ein Toleranzedikt für ihn, während die nizänische Partei von der Toleranz ausgeschlossen wird."*
Warum aber, so wird man gegen GUMMERUS fragen müssen, sollten die Bischöfe in Sirmium eigentlich nicht ihre theologische Überzeugung ausgesprochen haben? Ist es überhaupt denkbar, daß die außerdem vom Kaiser in jeder Hinsicht unterstützte Gruppe ihren wahren Glauben "verhüllt" und unter orthodox klingenden Formeln verbirgt? Aus Angst vor wem eigentlich? Auch wird man Valens und Ursacius kaum unterstellen können, daß sie selbst der Meinung waren, eigentlich Ketzer zu sein und deshalb ihre wahren Ansichten verhüllen wollten. Im Gegensatz dazu wird man doch davon ausgehen müssen, daß die Bischöfe von Sirmium unter der Leitung von Valens und Ursacius subjektiv von der Orthodoxie ihrer Theologie und damit auch ihrer Formel überzeugt waren.
Der immer wieder zustimmend zitierte Satz von GUMMERUS zeigt, wie durch die Vorstellung vom Nizänum als absoluter und eigentlich überall akzeptierter Norm die Sicht auch bei einem so hervorragenden Dogmengeschichtler wie diesem finnischen Theologen verstellt sein kann.

theologischen Deklaration unter dem abendländischen Episkopat Anerkennung zu verschaffen: der greise Ossius unterschrieb sie. So erschien die Formel von Sirmium nun unter der Autorität seines Namens, der für das Abendland weithin als Garant für den wahren in Nizäa und Serdika bekannten Glauben stand[354]. Eine von Ossius unterschriebene Glaubensformel konnte wohl kaum im Widerspruch zur wahren *fides nicaena* stehen.

Die Unterschrift des Ossius unter die zweite sirmische Formel, über die man unendlich viel gerätselt hat[355], wird man weder mit dem hohen Alter des spanischen Bischofs noch mit Zermürbung durch den Aufenthalt am Hofe in Sirmium[356] oder gar physischem Zwang[357] entschuldigen müssen. Schließlich blieb Ossius in der Athanasiusfrage fest und weigerte sich, seinen alten Freund zu verurteilen[358].

Man wird annehmen können, daß Ossius, den die theologischen Spekulationen um die Frage der göttlichen *Usia* und um die damit verbundenen Begriffe sein ganzes Leben über, trotz seiner kirchenpolitischen Wirksamkeit unter Konstantin und Konstans auch im Orient, wohl weniger interessiert haben[359], diese biblisch orientierte, an Tertullian angelehnte Formel freiwillig und guten Glaubens unterschrieben hat[360], wie

---

354 Zu allen in diesem Zusammenhang Ossius betreffende Fragen vgl. DE CLERCQ, Ossius, 459ff.

355 Ein Überblick über die Diskussion bei DE CLERCQ, l.c.500ff.

356 Vgl. Ath. h.Ar.42ff.; Soz. h.e.IV,6,13. Besonders der Bericht des Athanasius hat die Darstellung bis heute weitgehend geprägt.

357 Soc. h.e.II,31,1ff.

358 Ath. h.Ar.45,5; vgl. OPITZ II,209 nota.

359 Als theologischer Berater Konstantins hatte Ossius ganz sicher auch Einfluß auf die Formulierungen des Briefes Konstantins an Alexander und Arius (Eus. v.C.II,65ff.), in dem Konstantin die Sache, um die es im trinitarischen Streit ging, als unbedeutend und geringfügig ansah. Auch war Ossius sicher gehalten, diese Sicht in Antiochia und Alexandria zu vertreten. Sein Brief an Konstantius von 356 (h.Ar.44), dessen Echtheit in der bei Athanasius überlieferten Form nicht ganz sicher ist, zeigt eher Interesse an Rechtsfragen als an theologischen Gedanken. Seine Anpassungsfähigkeit an theologische Synodalerklärungen beweist auch seine Zustimmung zu den Synodalbekenntnissen von Antiochia (324/25), Nizäa und Serdika, die je aus völlig verschiedenen theologischen Traditionen kamen und nur in ihrem Antiarianismus untereinander verbunden waren.

360 Vgl. auch CASPAR, l.c.182: *"Erscheint es nicht möglich, daß der alte Mann, der durch die standhafte Weigerung, Athanasius preiszugeben,*

auch der im Exil in Beröa in Thrakien lebende Liberius[361].

Mit der Unterschrift der beiden wichtigsten abendländischen Bischöfe, wobei man Ossius als angeblichen Mitverfasser der Formel in den Vordergrund rückte, stand ihrer Anerkennung im Abendland eigentlich nichts im Wege.

Der Aufforderung an die Bischöfe, das überall herumgeschickte Manifest von Sirmium zu unterschreiben, scheint auch kaum Widerstand entgegengesetzt worden zu sein - von irgendwelchen Zwangsmaßnahmen gegen etwaige Unterschriftverweigerer ist jedenfalls nichts überliefert[362].

Nur in Gallien verurteilt eine Synode von Bischöfen, die mit dem im asiatischen Exil lebenden Bischof Hilarius von Poitiers nicht nur weiterhin in sakramentaler Gemeinschaft[363], sondern auch in dauerndem Briefwechsel[364] steht, das sirmische Manifest schon um Ostern 358 und beharrt auf dem Nizänum als alleiniger Glaubensnorm[365]. Einer aus dieser Gruppe, der Bischof Phoebadius aus Agen, der aquitanischen Nachbardiözese des Hilarius, schrieb wahrscheinlich im Anschluß an diesen Synodalbeschluß seine Widerlegung des sirmischen Manifestes[366].

Der eigentliche Protest gegen die Beschlüsse von Sirmium aber ging nicht vom Abendland aus, sondern sicher zur großen

---

*doch noch denselben starren Kopf und festen Willen, wie in seinem großen Briefe an Konstantius vom Vorjahre, bewies, den Rückzug von allen nicht biblischen Aussagen über Vater und Sohn, wie ihn die zweite sirmische Formel forderte, bewußt und ernsthaft im Interesse des Kirchenfriedens gebilligt hat?"*

361 Vgl. S. 292-297.

362 Hilar.Syn.2; 27; C.Const.26 [PL X,601B]: *Mandas tibi subscriptiones Afrorum, quibus blasphemiam Ursacii et Valentis condemnaverant, reddi*, bezeugt nur den inzwischen üblichen Unterschriftszwang für alle Bischöfe. Unklar ist, ob das Berichtete gleich nach Verabschiedung der Formel passiert ist oder wesentlich später, als die aus dem Orient kommende Opposition im Abendland Fuß gefaßt hatte. Die Opposition des Gregor von Elvira (GUENTHER I,15) scheint in eine etwas spätere Zeit zu gehören.

363 Hilar.Ad Const.2.

364 Hilar.Syn.1f.

365 Zum Datum vgl. Hilar.Syn.28. Die gallische Synode fand also etwa gleichzeitig mit der ebenfalls die Beschlüsse von Sirmium ablehnenden Synode von Ankyra (Epiph.haer.73,2) statt. Vgl. GLÄSER, l.c.31ff., der die Synode für Anfang 358 annimmt.

366 GRIFFE, La Gaule I,239f. Anders GLÄSER, l.c.24ff., der annimmt, daß "Contra Arianos" vor der Synode der Gallier verfaßt wurde. Zu "Contra Arianos" als Widerlegung der 2. sirmischen Formel vgl. GLÄSER, l.c. 95ff.

Überraschung und Enttäuschung des Kaisers, wie eigentlich alle theologischen Denkanstöße des vierten Jahrhunderts, vom Orient, als die Anhomöer um Eudoxios diese Formel annahmen[367]

Wie aber war es in Gallien zu dem isolierten Protest gegen das Manifest von Sirmium und zum Bekenntnis zu den bisher im Westen weitgehend unbekannten Formulierungen von Nizäa gekommen?

Wie kam es dazu, daß ausgerechnet der theologisch nur mittelmäßig gebildete Bischof der abgelegenen aquitanischen Stadt Aginnum so schnell eine Widerlegung des sirmischen Manifestes verfaßte?

### 6) *Der Liber primus adversus Valentem et Ursacium*

Die Untersuchung der Fragmente des Hilarius war zu dem Ergebnis gelangt, daß der *Liber primus adversus Valentem et Ursacium* auch die Liberiusbriefe enthalten haben muß und somit erst nach der sirmischen Synode vom Herbst 357 abgefaßt worden sein kann, nachdem Liberius seine Unterschrift unter das theologische Manifest von Sirmium gegeben hatte[368].

Da Phoebadius von Agen diese Schrift des Hilarius bereits kannte, als er seine kleine Abhandlung *Contra Arianos* verfaßte, wie seine intensive Benutzung des Hilarius beweist[369], muß der *Liber adversus Valentem et Ursacium* noch unter dem Eindruck der Ereignisse auf und nach der Synode von Sirmium von Hilarius verfaßt und nach Gallien geschickt worden

---

367 Auf einer Synode in Antiochia Anfang 358; Soz. h.e.IV,12; vgl. Anm. 339a. Anders GLÄSER, l.c.37f., der unter Berufung auf Hilarius die Beschlüsse der antiochenischen Synode als von der gallischen abhängig annimmt.

368 Vgl. S. 292-312.

369 Vgl. S. 258-265. Eine alle Aspekte behandelnde ausführliche Analyse des *Liber I adversus Valentem et Ursacium*, allerdings unter der Voraussetzung seiner Abfassung im Jahre 356 in Gallien vor Antritt des Exils, bei DOIGNON, l.c.468-513. Dort vor allem eine theologische Würdigung der verbindenden Texte des Hilarius. Da ich Anlaß, Abfassungsdatum und Bestand des 'Liber primus' anders als DOIGNON bestimme, kann eine Auseinandersetzung zu Einzelfragen seiner interessanten Interpretation hier entfallen.

sein[370], so daß er im Frühjahr 358 den Teilnehmern einer an einem unbekannten Ort in Gallien tagenden Synode vorgelegen hat.

Daß Hilarius aus seinem Exil verschiedentlich mit seinen gallischen Kollegen Briefe austauschte, ist sicher bezeugt[371].

Wenn der *Liber primus adversus Valentem et Ursacium* eine Schrift ist, die Hilarius Ende 357/Anfang 358 aus seinem phrygischen Exil anläßlich der Verabschiedung der zweiten sirmischen Formel auf der Synode zu Sirmium an seine gallischen Mitbischöfe geschrieben hat, kann es sich bei ihr nicht um eine Apologie des Hilarius in eigener Sache handeln, die sich besonders mit den Ereignissen auf der Synode von Béziers auseinandersetzen wollte.

Anhand der erhaltenen Fragmente, die nach meiner Auffassung zu dieser Schrift gehört haben müssen[372], kann man ihren Inhalt etwa folgendermaßen rekonstruieren:

Nach einer über sein Anliegen Auskunft gebenden Einleitung[373] berichtet Hilarius zunächst über die Synode von Arles, auf der Paulinus von Trier abgesetzt wurde[374]. Der eigentliche Bericht ist leider verlorengegangen[375]. Um zu beweisen, daß es bei dem Fall des Athanasius in Wahrheit gar nicht um die längst widerlegten Anklagen gegen Athanasius geht, sondern um einen Angriff auf den wahren Glauben, wie er von den Vätern in Nizäa festgesetzt worden war, unterbricht Hilarius die chronologische Fortsetzung seiner Schrift mit einem ausführlichen Rückgriff auf die Synode von Serdika und die dieser Synode folgende Zeit bis zur Restitution des des Athanasius auf dem Stuhl von Alexandria im Jahre 346[376].

---

370 Vgl. S. 301-312. Daß Hilarius, der inzwischen offenbar in Kleinasien gute Kontakte geknüpft hatte, sehr schnell auch die letzten Exilsbriefe des Liberius bekommen hat, die anscheinend alle als Rundbriefe im Orient herumgeschickt wurden, ist durchaus vorstellbar.

371 Hilar.Syn.1; 5.

372 A IV; A VII; B I; B II; B III; B VII; Lib. I ad Const. (Appendix).

373 B I,1-5.7.

374 B I,6.

375 FEDER, Studien I,184f.

376 B II. Von dem Bericht über die Rückkehr des Athanasius nach Alexandria selbst ist allerdings nichts mehr erhalten. Es ist aber mit einiger Wahrscheinlichkeit anzunehmen, daß auch sie, durch entsprechende Dokumente untermauert, berichtet war, da sonst der Bericht über die Restitution des Valens und Ursacius keinen Sinn hätte.

In diesem chronologischen Rückgriff teilt Hilarius die Synodalbriefe der beiden getrennten Synoden von Serdika und den Brief der Abendländer an Julius von Rom mit[377], drei Dokumente, die seiner Meinung nach die Unschuld des Athanasius zur Genüge beweisen[378]. Aber Hilarius faßt noch einmal alle durch die Synode widerlegten Anklagen gegen Athanasius kurz zusammen und redet den Bischöfen, die Athanasius verurteilt haben, ins Gewissen. Wie konnten sie nur in Arles den alexandrinischen Bischof verurteilen, obwohl seine Unschuld längst erwiesen war und er mit den führenden Bischöfen des Abendlandes in Gemeinschaft stand:

> *Respicite in caelum et astra, uos sacerdotes, et in eum, qui ex nihilo fecit illa, cum libertate fidei et spei, quam accepistis, intendite recordantes talem uobis futuri in uos iudicii formam esse propositam: quo iudicio iudicaueritis, iudicabitur de uobis. haec quaerenti mihi respondete: 'Athanasium quo iudicio damnastis?' dicetis nempe: 'episcoporum' et haec confessionis uestrae erit uenia. 'secuti', inquit, 'sumus sanctam iudiciorum sub episcopali communione reuerentiam'. sed ignorasse uos negabitis Athanasio, cuius damnationem a uobis Ualens, Ursacius, Saturninus exegerunt, ab Ossio, Maximino, Iulio redditam communionem? non facio conparationem; rogo, quae uestra de crimine Athanasii sententia fuit.*[379] *...quid est, quod*

377 A IV; B II,1.2-4.

378 B II,5,1f. Merkwürdigerweise greift Hilarius nur auf die Anklagen der orientalischen Synoden von Tyrus und Serdika zurück, die für die Abendländer seit ihren Beschlüssen von Serdika als erledigt galten; vgl. S. 29ff.
Auf die neuen Anklagen gegen Athanasius, die vom Kaiser und vom orientalischen Episkopat gegen ihn vorgebracht wurden, geht Hilarius nicht ein. Er folgt damit dem Argumentationsschema, das Athanasius selbst in seiner *Apologia secunda* angewandt hat und das dem Brief der ägyptischen Synode von 352-53 an Liberius, den Hilarius wohl gekannt hat, zugrunde gelegen hatte. Die *Apologia secunda* wird Hilarius nicht gekannt haben, als er 357 seine Schrift an die gallischen Bischöfe zusammenstellte, da sie etwa gleichzeitig im Wüstenversteck des Athanasius entstand. Eher scheint mir denkbar, daß Hilarius anhand des Briefes der achtzig ägyptischen Bischöfe (vgl. S. 123-127) zu einem ähnlichen Aufbau seiner Schrift kam wie Athanasius, der diesen Brief der ägyptischen Synode sicher veranlaßt hatte, der somit das Grundmuster seiner Verteidigung innerhalb der Kirche darstellt. Ganz anders verteidigt er sich dagegen gegenüber Konstantius, vgl. die Apologie an Konstantius. Vgl. S. 108ff.

379 Es ist nicht recht vorstellbar, daß Hilarius die neuen Anklagen gegen Athanasius nicht gekannt hatte. Sie fallen in seiner Argumentation einfach fort, als ob auch sie durch die Beschlüsse von Serdika erledigt worden wären und nur in böser Absicht von den Orientalen

*secuti estis? falsis episcopis auctoritatem datis, ueris negatis; quae sunt, non esse decernitis, iudicatis autem illa, quae non sunt. sed ut subiectioni huic crediderítis, credo, carcer exegit, custos institit, tortor incubuit, gladius pependit, ignis ambussit. in non extantibus iudicandis episcopalem apud uos auctoritatem inprobitas optinuit, in ueritate optinenda sanctitas fidem perdidit. o ueros Christi discipulos! o dignos successores Petri atque Pauli!*[380] *o pios ecclesiae patres! o ambitiosos inter deum plebemque legatos, ueritatem uos Christi falsitati hominum uendidisse!*[381]

Hilarius fährt fort mit dem Fall des Markell von Ankyra und dem seines Schülers Photin und den erfolglosen Versuchen der Synoden von Mailand und Sirmium, Photin abzusetzen[382].

Da auf beiden Synoden auch die Angelegenheiten der von den Abendländern in Serdika exkommunizierten Bischöfe Ualens und Ursacius verhandelt worden waren, teilt Hilarius auch die Briefe der beiden Pannonier an Athanasius und Julius von Rom mit, in denen sie Athanasius für unschuldig erklären und darum bitten, die Gemeinschaft mit ihm wieder aufnehmen zu können[383].

Weiter berichtet Hilarius, daß sich in dieser Zeit Athanasius von der Gemeinschaft mit Markell gelöst habe[384].

Trotzdem versuchen immer wieder einige orientalische Bischöfe, ihn der Ketzerei des Markell und sogar des Photin zu verdächtigen[385].

Für Hilarius ist allerdings inzwischen erwiesen, daß die orientalischen Bischöfe, die Athanasius der Häresie bezichtigen wollen, in Wirklichkeit selbst Häretiker sind und schon damals, als die Verhandlungen gegen Photin in Mailand und Sirmium stattfanden, die Häresie des Arius vertreten haben[386], was er an dem Bruchstück einer nun allerdings völlig traditionellen Formel, die keinerlei Merkmale von Häresie aufweist,

---

wieder aufgetischt worden wären. Vgl. S. 108ff.

380 Eine Anspielung auf das Verhalten des Liberius wird man hierin nicht sehen können, da für Hilarius offenbar alle Bischöfe *successores Petri atque Pauli* sind, vgl. DOIGNON, l.c.484 A.2.

381 B II,5,3 [FEDER, 141,8-142,8].

382 B II,5,4; 9,1-3 (vgl. S. 56ff., 91ff.).

383 B II,6-8 (vgl. S. 62f.).

384 B II,9,1-3 (vgl. S. 62f.).

385 Ebenda.

386 B II,9,4-7.

zu beweisen versucht[387]. Diese war von den Orientalen damals den Abendländern zugeschickt worden. Somit ist sein Hauptanliegen erfüllt: die Gegner des Athanasius sind als Häretiker erwiesen - Unterschrift unter die Absetzung und Exkommunikation des Athanasius erweist sich somit als Häresie[388]. Inzwischen ist die Häresie der Athanasiusfeinde immer deutlicher hervorgetreten.

Gegen diese Häresie wurde einst die Synode von Nizäa einberufen und beschloß das nizänische Glaubensbekenntnis[389], dessen Text Hilarius seinen gallischen Mitbrüdern mitteilt und anschließend interpretiert[390], indem er an ihm die Häresie der Athanasiusfeinde aufzeigt[391]. Die Glaubensformel der Orientalen aus den vierziger Jahren interpretiert er dabei im Sinne der neuen sirmischen Deklaration von 357[392].

Bei seiner Erklärung des Glaubens von Nizäa legt Hilarius besonderen Wert auf die Bedeutung des ὁμοούσιος: *aeternitas sola sui similis est et, quod est semper, in deo est*[393].

---

387 B II,9,4 (vgl. S. 58ff., 309 Anm. 299f.).

388 Ebenda [FEDER, 147,23-148,8]: *Nam tertius mihi locus praestat, ut fidem, quam epistulae primordio condiderunt, fraudulentam, hereticam et uerbis blandientibus ueneno interiore suffusam esse demonstrem. profitemur enim ita: unum quidem ingenitum esse deum patrem et unum unicum eius filium, deum ex deo, lumen ex lumine, primogenitum omnis creaturae, et tertium addentes spiritum sanctum paracletum, ut, cum securitas legentium uel indoctorum simplicitas tam mollibus fuerit intercepta principiis uno eodemque subscriptionis elicitae adsensu in Fotini animaduersionem, in Athanasii reatum, in damnationem fidei catholicae transeatur. et spero, quod non exiguam partem cognitionis istius synodus Serdicensis adtulerit, ubi insectatione Arrianorum omnia in Athanasium crimina conficta esse monstrantur et uis adhibita plebi dei, ut in pestiferam letalis doctrinae coniuentiam transirent. rem tamen omnem, quia causa postulat, breuiter dicam.*

389 B II,9,6 [FEDER, 149,5-10]: *Cum igitur patribus nostris cognitum fuisset et Arrios duos profanissimae fidei praedicatores extitisse seque longius non iam opinio, sed iudicium labis istius tentendisset, ex omnibus orbis partibus in unum aduolant Nicheamque concurrunt, ut exposita fide populis et in luce intellegentiae cognitionis diuinae itinere directo intra ipsos auctores suos emergentis mali seminaria necarentur.* Vgl. B II,7. Zu *Arrios duos* FLEMING, l.c.344f.

390 B II,10.11.

391 B II,11,1-4; vgl. S. 307-311.

392 Vgl. S. 309 Anm. 299f.

393 B II,11,5,3 [FEDER, 153,21-23]: *'unius' autem 'cum patre substantiae', quod Graeci dicunt 'omousion', ita est: aeternitas sola sui similis est et, quod est semper, in deo est.* Vgl. Anm. 299, dort der Text in seinem Zusammenhang. Hiermit ist zu vergleichen die völlig andere Interpretation des Nizänum und besonders des ὁμοούσιος, die Hilarius nur

Ebenso geht er ausdrücklich auf den Begriff der *substantia* ein[394]. Beide Begriffe waren gerade von der Synode von Sirmium 357 als unbiblisch verboten worden.

Athanasius aber ist für ihn der Gewährsmann des nizänischen Glaubens[395]. Im Anschluß teilt er zum Fall des Athanasius noch den Brief der abendländischen Synode von Serdika an Konstantius mit[396].

Indem er den mit dem Bericht über die Synode von Arles begonnenen Faden wieder aufnimmt, bringt Hilarius anschließend die zu ihrem größeren Teil wahrscheinlich verlorengegangene Darstellung der mit der Synode von Mailand im Jahr 355 verbundenen Ereignisse[397], wobei die Kennzeichnung der Athanasiusfeinde als Häretiker vorausgesetzt ist.

Inwiefern die Unterschrift gegen Athanasius mit der arianischen Häresie identisch ist, zeigt Hilarius anschließend am Beispiel des Liberius, der nach der Synode von Arles[398] und bei den Vorbereitungen zur Synode von Mailand[399] ganz auf seiten des Athanasius und des nizänischen Glaubens stand, im Exil dann aber schwach geworden war und erst die Verurteilung des Athanasius, dann die häretische Formel von Sirmium unterschrieben hatte[400].

Nachdem sie bei der Verurteilung des Athanasius so wenig Widerstand gezeigt hatten[401], will Hilarius die gallischen

---

wenig später Syn.67-71;77;82-85 unter dem Einfluß homöusianischer Theologie gibt. Vgl. auch S. 346ff. Daraus scheint deutlich, daß Hilarius bei der Abfassung des Liber primus noch keine allzu engen theologischen Kontakte mit Homöusianern gehabt hat. Wahrscheinlich gab erst ihre Ablehnung der blasphemia von Sirmium Anfang 358 für Hilarius den Anstoß, sich ihnen enger anzuschließen.

394 Ebenda [FEDER, 153,21-154,8]; vgl. Anm. 299.

395 B II,11,6 [FEDER, 154,18-23]: *Huius igitur intimandae cunctis fidei Athanasius, in Nichea synodo diaconus, deinceps Alexandriae episcopus, uehemens auctor extiterat et Arrianam pestem in tota Aegypto ueri tenax uicerat atque ob id coniuratis in eum testimoniis falsitas est criminum conparata. res postea fidelibus iudicium disiudicata sententiis.*

396 App. ad Coll.antiar.Paris.(Lib.I ad Const.) I,1-5.

397 Ebenda II,3.

398 Vgl. A VII; B VII,3.4.5.6. (Vgl. S. 133ff., 147ff.).

399 A VII. (Vgl. S. 147ff.)

400 B III,1.2; B VII,7-11 (vgl. S. 265ff.). Nach B II,11 muß ein erklärender Teil zum Fall des Liberius ausgefallen sein, wahrscheinlich auch am Ende von B VII.

401 Vgl. S. 133ff.

Bischöfe mit seiner Schrift dazu auffordern, auf keinen Fall der häretischen sirmischen Formel zuzustimmen, die inzwischen überall im Reich zur Unterschrift herumgeschickt wurde und deren Text er deshalb nicht extra in seiner Schrift mitgeteilt haben muß[402], sondern den Glauben von Nizäa fest zu bewahren.

Der *Liber primus adversus Valentem et Ursacium* erweist sich somit als ein Mahn- und Informationsschreiben an die weitgehend weder mit den Hintergründen der Verurteilung des Athanasius noch mit denen der theologischen Kontroversen vertrauten gallischen Bischöfe[403].

Hilarius spricht hier ausdrücklich selbst auch als Bischof und versucht, ihnen die verwickelten theologisch-politischen Zusammenhänge[404] klarzumachen. Unwissenheit kann falsches Handeln nicht mehr entschuldigen[405]. Als Bischof hat er ge-

---

402 Daß die sirmische Formel den Galliern Anfang 358 vorlag, bezeugt Hilar.Syn.2.

403 Insofern ist SCHWARTZ recht zu geben, daß es sich hier nicht um ein historisches, sondern um ein polemisches Werk, nämlich gegen die zweite sirmische Formel, handelt (GS III,71): "*Ein schlechteres Attribut als 'historica' konnte für diese Excerpte gar nicht gefunden werden; man hätte 'polemica' sagen sollen. Immer wieder muß es eingeschärft werden, daß Aktensammlungen, die publiziert werden, nicht historischen, sondern politischen und polemischen Zwecken dienen, daher werden die Urkunden gruppiert nach dem Gang der advokatorischen Rede, nicht nach der Folge, die der Geschichtsforscher wünschen möchte.*" Den informatorischen Charakter der Schrift an die gallischen Bischöfe, der angesichts ihrer mangelnden Kenntnisse besonders wichtig war, übersieht SCHWARTZ.

404 B I,4 [FEDER, 101,3-18]: *Proferre igitur in conscientiam publicam opus tempto graue et multiplex, diabolica fraude perplexum, hereticorum parte subtile, dissimulatione multorum ac metu praeiudicatum, locorum, in quibus gesta res est nosque agimus, disparatione peregrinum, tempore antiquum, silentio nouum, pridem simulata rerum pace praeteritum, proxime impia fallacissimorum hominum calliditate renouatum hocque, quo etiam in Romani imperii negotiis quies carpitur, rex angitur, palatium feruet, episcopi circumcursant, officiales magistri uolitant, aduersos apostolicos uiros officiorum omnium festinatione turbatur. ita ubique agitur, trepidatur, instatur, ut plane iniquitatem huius adsertionis optinendi labor et cura prodiderit. enimuero uersari in sermone hominum iam diu memini quosdam sacerdotum dei idcirco exulare, quod in Athanasium sententiam non ferunt, et hic error prope omnium mentes occupauit, ut sub nomine eius non satis unicuique eorum dignam causam suscepti exilii arbitrentur.*

405 B I,3,2 [FEDER, 100,16-19]: ..., *hereseos piaculo non fide mea, quae utique esset obnoxia, sed simplicitate ignorantium non tenerer, probitatem sub difficultate publicae intellegentiae mentirer. haec enim <in> simplicitate cordis per fidem et spem Christi caritas manens non tulit.*

genüber seinen gallischen Brüdern die seelsorgerliche Pflicht zur Aufklärung und stellt deshalb seine Schrift unter das Pauluswort 1 Kor 13,13: *manet autem fides, spes, caritas.*[406]

Offensichtlich ist es ihm selbst, der noch nicht allzulange im Exil lebte und dort versucht hatte, sich in die Hintergründe der theologischen und kirchenpolitischen Kontroversen zu vertiefen, nicht ganz leicht gefallen, die Zusammenhänge zu durchschauen und darzustellen[407]. Allein gründliche Information aber ist für ihn der Weg, die *corruptio euangeliorum, deprauatio fidei* und *Christi nominis blasphema confessio*[408] abzuwehren und zu überwinden. Aber der Leser soll sich anhand der Akten ein eigenes und unabhängiges Urteil bilden können. Daß er seinen Lesern damit einiges an eigener Mitarbeitet zumutet, ist ihm durchaus bewußt:

> *et cum tam grauis rei negotium tractetur, oportet et unumquemque his modo curam cognoscendis rebus inpendere, ut iudicio deinceps proprio consistens opinionem non sequatur alienam.*[409]

So sind die gallischen Bischöfe über die Hintergründe der Verfolgung des Athanasius, wie Hilarius sie meinte sehen zu müssen, und vor allem über die Zusammenhänge zwischen der Verfolgung des Athanasius und der neu hervorgesprossenen Häresie von Sirmium unterrichtet worden[410]. Besonders wichtig erscheint dabei, daß Hilarius seinen gallischen Mitbrüdern den in Gallien offenbar nicht bekannten Text des Nizänum mitteilt und die seit der Blasphemie von Sirmium besonders wichtigen, aber den Bischöfen in Gallien weitgehend unverständ-

406 B I,1.

407 Vgl. B I,4 (Text Anm. 404); B I,7 [FEDER, 102,17-23]: *Atque hoc etiam non inutiliter admonebo, ut ad omne hoc uolumen diligens intentio adhibeatur. omnia enim sunt et separanda temporibus et distinguenda iudiciis et secernenda personis et uerborum diiudicanda uirtutibus, ne forte tot epistulis, tot synodis tunc frequenter ingestis pernicioso ante finem fastidio expleatur. agitur autem in his, quae cognitio dei expetenda sit, quae spes aeternitatis, in quo perfecta ueritas statu haereat.*
Woher Hilarius seine Quellen hatte, ist im einzelnen nicht mehr zu ermitteln. Wahrscheinlich liefen schon damals verschiedene Aktensammlungen um, die alle verloren sind.

408 Zu den Begriffen vgl. B I,5 [FEDER, 102,3f.] und Anm. 282.

409 B I,7,2 [FEDER, 102,23-26].

410 Hierzu eignet sich natürlich der Fall des Liberius ganz besonders.

lichen Passagen zusätzlich interpretiert[411].

Der wahrscheinlich zu Anfang des Jahres 358 nach Gallien gesandte *Liber primus adversus Valentem et Ursacium* enthält somit die erste abendländische lateinische Interpretation des Bekenntnisses von Nizäa. So beginnt mit Hilarius die für uns erkennbare Rezeption des Nizänum, das sich von nun an im ganzen Abendland für die Zukunft durchsetzen sollte[412]. Da das Nizänum während der ersten dreißig Jahre nach seiner Annahme durch die Synode von Nizäa im Abendland gar keine Rolle gespielt hat und fast ganz und gar unbekannt war, beginnt mit dieser Schrift des Hilarius an seine gallischen Mitbrüder überhaupt eigentlich erst die Wirkung des Nizänum für das lateinisch sprechende Abendland.

Sein Verdienst ist es natürlich auch, daß diese Wirkung des Nizänum für die lateinische Kirche im theologisch bisher weniger hervorragenden Gallien begann, wahrscheinlich im abgelegenen Aquitanien.

Seine Schrift, der offenbar schon eine andere vorangegangen war[413], so ist mit großer Wahrscheinlichkeit zu vermuten, hat um die Osterzeit 358 eine an unbekanntem Ort tagende Synode gallischer Bischöfe veranlaßt, die zweite sirmische Formel abzulehnen und allein das Bekenntnis von Nizäa als Glaubensgrundlage anzuerkennen.

---

411 Text: B II,10, Interpretation: B II,11. Hilarius interpretiert das Nizänum hier im Gegensatz zu der B II,9,4 mitgeteilten orientalischen Formel; vgl. S. 306-310. Ähnliche Formulierungen kann Hilarius etwas später in *De synodis* als völlig orthodox interpretieren; vgl. S. 346ff.

412 Etwa gleichzeitig oder wenig später taucht das Nizänum auch bei Lucifer und Marius Victorinus auf. Wie es genau dazu kam, und wer als erster den Anstoß gegeben hat, ist nicht mehr genau feststellbar. Am wahrscheinlichsten erscheint, daß das ausdrückliche Verbot, den Begriff ὁμοούσιος zu gebrauchen, im Zusammenhang mit einer als häretisch empfundenen theologischen Formel, bei einigen Theologen eine Besinnung auf das eigentliche Nizänum ausgelöst hat. Gegenseitige Abhängigkeiten müssen hierbei nicht angenommen werden, sind anhand der wenigen zur Verfügung stehenden Quellen jedenfalls nicht nachweisbar. Hilarius jedenfalls scheint mit zu denen zu gehören, die angesichts der blasphemia von Sirmium das Nizänum entdeckten.

413 B I,5,2 [FEDER, 102,2-7]: *raptim enim tunc haec per nos ingerebantur, corruptio euangeliorum, deprauatio fidei et simulata Christi nominis blasphema confessio. et necesse fuit in eo sermone omnia esse praepropera, inconposita, confusa, quia, quanto nos inpensiore cura audientiam quaereremus, tanto illi pertinaciore studio audientiae contrairent*. Vgl. S. 304 Anm. 278.

Gestützt auf das Werk des Hilarius verfaßte Phoebadius von Agen eine Gegenschrift[414], in der man u.U. den Brief der gallischen Synode von Ostern 358 sehen kann.

Die durch Hilarius an den Hintergründen der theologisch-politischen Kontroverse interessierten gallischen Bischöfe bitten ihren Mitbruder im Exil nun sogar, sie doch ausführlicher über die theologischen Entwicklungen im Orient zu informieren[415].

Die Freude, die Hilarius über die Entscheidung seiner gallischen Mitbischöfe empfand, die in seinen Augen in der Athanasiusfrage noch so schmählich versagt hatten[416], ist verständlich[417]. Seine Hoffnungen sollten nicht trügen: Gallien blieb auch in den schweren kirchenpolitischen Auseinandersetzungen der nächsten Jahre dem nizänischen Bekenntnis im grossen und ganzen treu, bedurfte dabei aber doch noch sehr der Hilfe und Unterstützung seines im Exil theologisch gewachsenen Bischofs Hilarius.

---

414 PL XX,13-30; vgl. S. 319f.

415 Syn.5 [PL X,483BC-484A]: *Et quidem quamvis in omnibus, quae gessistis et geritis, constantem fidei vestrae libertatem et securitatem testemini; tamen etiam in eo ferventis spiritus ardorem probatis, quod nonnulli ex vobis, quorum ad me potuerunt scripta deferri, quae exinde Orientales in fidei professionibus gerant et gesserunt, significari vobis humilitatis meae litteris desiderastis: etiam hoc mihi onus imperitissimo atque indoctissimo omnium ex affectu charitatis addentes, ut quid ipse super omnibus dictis eorum sentiam indicem; cum difficillimum sit sensum ipsum propriae meae fidei, secundum intelligentiae interioris affectum loquendo proferre, nedum modo facile sit intelligentiam eorum quae ab aliis dicuntur exponere.*

416 S. 328f. mit Anm. 381. Zu seiner großen Sorge vor neuerlichem Versagen der gallischen Bischöfe, daß sie etwa doch die sirmische Formel angenommen haben könnten, vgl. Syn.1 [PL X,479B-480B].

417 Syn.2 [PL X,481AB]: *Sed beatae fidei vestrae litteris sumptis, quarum lentitudinem ac raritatem de exsilii mei et longitudine et secreto intelligo constitisse; gratulatus sum in Domino, incontaminatos vos et illaesos ab omni contagio detestandae haereseos perstitisse, vosque comparticipes exsilii mei, in quod me Saturninus, ipsam conscientiam suam veritus, circumvento imperatore detruserat, negata ipsi usque hoc tempus toto jam triennio communione, fide mihi ac spiritu cohaerere: et missam proxime vobis ex Sirmiensi oppido infidelis fidei impietatem, non modo non suscepisse, sed nuntiatam etiam significatamque damnasse. Necessarium mihi ac religiosum intellexi, ut nunc quasi episcopus episcopis mecum in Christo communicantibus salutaris ac fidelis sermonis colloquia transmitterem: et qui per metum incertorum, conscientiae tantum antea meae, quod ab his omnibus essem liber, gratulabar, nunc jam communis fidei nostrae integritate gauderem. O gloriosae conscientiae vestrae inconcussam stabilitatem! O firmam fidelis petrae fundamine domum! O intemeratae voluntatis illaesam imperturbatamque constantiam!*

## 4. KAPITEL

# DAS ENDE DES EXILS - HILARIUS IN SELEUKIA UND KONSTANTINOPEL

### 1) *Hilarius von Poitiers und die Homöusianer*

In der Zeit zwischen der Abfassung des *Liber primus adversus Valentem et Ursacium* und der getrennt tagenden Reichssynode von Rimini und Seleukia fällt die wichtigste theologische und kirchenpolitische Entscheidung des Hilarius, über die wir nur durch einen geringen literarischen Niederschlag im Werk des Hilarius selbst unterrichtet sind, da sie sich nicht in dem erhofften und geplanten Maße auswirken konnte.

In diese Zeit fällt nämlich die für Hilarius folgenschwere Begegnung mit den orientalischen Theologen aus der Tradition des Origenes, die unter den Orientalen Nizäa noch am nächsten standen, und die man wegen eines ihrer theologischen Schlagworte bald Homöusianer genannt hat. Dieser Gruppe rechtsorigenistischer Theologen hat sich Hilarius 358 angeschlossen[1].

Der erste Teil seiner Schrift gegen Valens und Ursacius hatte zwar gezeigt, daß er sich in der relativ kurzen Zeit, die er im orientalischen Exil gelebt hatte, einige theologische Kenntnisse und solche über die kirchenpolitischen Hintergründe der Auseinandersetzungen angeeignet hatte, deutet aber noch nicht auf direkten Kontakt mit den Homöusianern hin[2].

Bereits zu Beginn des Jahres 359 - also nur ein gutes Jahr später - steht er ganz auf ihrer Seite und versucht, seinen gallischen Amtsbrüdern die homöusianische Theologie nahe zu

---

1 Vgl. S. 344ff.

2 Dazu seine Interpretation des Nizänum in Coll.antiar.Paris B II,11; vgl. S. 325f.

bringen, die für ihn jetzt orthodox ist[3]. Allerdings behält er ihnen gegenüber durchaus einen eigenen theologischen Standpunkt[4], so daß man ihn nicht direkt als Vertreter der homöusianischen Theologie ansehen kann.

Im Rahmen dieser Arbeit ist es nicht möglich, die Entstehung der homöusianischen Partei und ihrer theologischen Position im einzelnen darzustellen, ebensowenig die Rolle dieser Theologie für Hilarius[5].

Aber um die kirchenpolitische Rolle des Hilarius in diesem Zusammenhang verstehen zu können, müssen die theologischen Hintergründe wenigstens gestreift werden.

Die sirmische Formel von 357 hatte den scharfen Protest des im Orient im Exil lebenden Hilarius hervorgerufen. Seine energische schriftliche Intervention hatte die Ablehnung dieser theologischen Deklaration durch eine gallische Synode bewirkt. Daß im Orient noch kein Protest gegen diese Formel laut wurde, darf zunächst nicht erstaunen, sie wird dort wenig oder fast gar nicht bekannt gewesen sein, da sie allem Anschein nach nur für das Abendland bestimmt, jedenfalls nach unserer Kenntnis nur dort zur Unterschrift vorgelegt werden sollte[6] und auch entsprechend formuliert war, wie zu zeigen versucht wurde.

Allein die Tatsache, daß eine von Eudoxios in Antiochia einberufene Synode die Formel von Sirmium ausdrücklich betonte und bestätigte, verbunden mit Unregelmäßigkeiten und Aus-

---

3 Dies ist der Sinn seiner Schrift *De synodis*; zu den Hintergründen ihrer Abfassung vgl. S. 346-352.

4 Vgl. besonders Syn.79-91.

5 Vgl. das trotz mancher Mängel und im einzelnen überholten Positionen noch immer grundlegende Werk von GUMMERUS, hierzu besonders S. 62ff. Zu den dogmengeschichtlichen Hintergründen außerdem AMANN, DThC XIV/2, 1790-96; DINSEN, l.c.136ff.; HARNACK, DG II,252-56; KELLY, l.c.285; LOOFS, DG 252; ders., RE II,32-34; LE BACHELET, DThC II,461-63; MESLIN, Ariens, 279-82; SCHLADEBACH, passim; SMULDERS, Théologie, 47ff. Zu Hilarius und der Theologie der Homöusianer vgl. LE BACHELET, DThC VI,2388ff. passim; LOOFS, RE VIII,57ff.; KANNENGIESSER, DS VII/1, 466ff.; SMULDERS, Théologie, passim; LÖFFLER, Trinitätslehre, passim; ders., ZKG 71(1960)26-36; JACOBS, l.c.; BORCHARDT, l.c.passim; GALTIER, Hilaire, passim; ders., Greg 40(1959)609-23; GUILLOU, in: HILAIRE DE POITIERS, EVEQUE ET DOCTEUR, 39-58; MOINGT, in: HILAIRE ET SON TEMPS, 159-73.

6 Soz. h.e.IV,12,7.

schreitungen in Antiochia, an denen der nach Auffassung seiner Nachbarbischöfe nicht rechtmäßig auf den Bischofsthron der syrischen Metropole gelangte Eudoxios keineswegs unschuldig war, haben orientalische Bischöfe auf die zweite sirmische Formel aufmerksam werden lassen[7]. Sonderlich interessiert hat die in orientalischen Augen eher primitive theologische Deklaration von Sirmium die morgenländischen Theologen allerdings nicht. Sie war verdächtig, weil Eudoxios und seine von der breiten Mehrheit des orientalischen Episkopats abgelehnten anhomöischen Gesinnungsgenossen sie so ausdrücklich begrüßt hatten[8].

Georg von Laodicea, zu dem sich anscheinend einige aus Sorge vor den Unruhen in Antiochia geflüchtet hatten, schrieb darauf an einige der führenden orientalischen Bischöfe und bat dringend, die Situation in Antiochia zu klären und die schwer geprüfte Stadt vom Makel der Häresie zu befreien[9].

Unmittelbar vor Ostern 358 lud Basilius von Ankyra zu den

---

7 Soz. h.e.IV,13,1. Der Brief des Georg Soz. h.e.IV,13,2-3. Die Reaktion h.e.IV,13,4. Theodoret wertet die Vorgänge eher als Disziplinarfall. Anders Hilar.Syn.3 [PL X,482B-483A]: *Nam fidei vestrae imperturbatae inconcussaeque fama, quosdam Orientalium episcopos sero iam ad aliquem pudorem nutritae exinde haereseos auctaeque commovit: et auditis iis quae apud Sirmium conscripta impiissime erant, irreligiosorum audaciae quibusdam sententiarum suarum decretis contradixerunt. Et licet non sine aliquo aurium scandalo et piae sollicitudinis offensione restiterint: tamen adeo restiterunt, ut ipsos illos, qui tunc apud Sirmium in sententiam Potamii atque Osii, ita et ipsi sentientes confirmantesque, concesserant, ad professionem ignorantiae errorisque compellerent; ut ipsi rursum subscribendo damnarent quod fecerant. Quod utique ideo fecerunt, ut aliud ante damnarent.*
Mit dieser Behauptung, der GLÄSER, l.c.37 unkritisch folgt, will Hilarius offenbar den Galliern die orientalischen Bischöfe sympathisch machen, da sie wahrscheinlich alle Orientalen als arianische Ketzer ansahen. Daß die Synode von Ankyra nicht durch die gallische Synode inspiriert war, zeigt Syn.28 (sie tagte etwa gleichzeitig mit der gallischen). Die Synode von Ankyra trat nicht in erster Linie wegen der Beschlüsse von Sirmium zusammen; vgl. GUMMERUS, l.c.62, 80f.

8 In dem Schreiben der Synode von Ankyra, Epiph.haer.73,2-11, werden die Ereignisse von Sirmium nur ganz beiläufig erwähnt. Keiner der Anathematismen richtet sich direkt gegen die Formel von Sirmium.

9 Soz. h.e.IV,13. Unklar ist, warum der bei Epiph.haer.73,2,8 erwähnte Brief nach HOLL III,270 App. nicht mit dem bei Soz. h.e.IV,13 identisch sein soll. Wenn SCHWARTZ, GS IV,32 meint, daß auch hier die theologischen Gründe nur vorgeschoben waren, um die Rivalitäten der orientalischen Bischöfe untereinander zu verschleiern, so ist dies sicher übertrieben.

Feierlichkeiten einer Kirchweihe eine Synode nach Ankyra ein. Wegen der kühlen Jahreszeit kamen aber nur zwölf Bischöfe in Ankyra zusammen[10]. Sie arbeiteten dort unter der Federführung des gewandten und theologisch gebildeten Basilius ein Grundsatzdokument aus, indem sie sich sowohl gegen die anhomöische Theologie, die in Antiochia gelehrt wurde, als auch gegen die "sabellianischen" Irrtümer absetzten. In neunzehn paarweise gegen "sabellianische" und anhomöische Irrtümer gerichteten Anathematismen präzisieren sie ihren Standpunkt[11].

Das umstrittene Verhältnis zwischen Gott-Vater und Gott-Sohn drückt diese Deklaration als ὅμοιος κατ' οὐσίαν aus, eine Formulierung, die in der origenistischen Tradition üblich war und die auch Athanasius, der bisher ebenfalls den ungeliebten Ausdruck ὁμοούσιος τῷ πατρί aus dem Nizänum vermieden hatte, vor allem in den Arianerreden benutzte[12]. Von daher allerdings auf eine Abhängigkeit der theologischen Deklaration, die die zur Kirchweihsynode in Ankyra kurz vor Ostern 358 versammelten zwölf orientalischen Bischöfe unter Federführung des Basilius verfaßten, von den Arianerreden des Athanasius zu schließen, wie es seit GUMMERUS allgemein der Brauch ist, muß als abwegig gelten[13].

Der Anschluß dieser Deklaration an die origenistische Tradition wird vor allem darin deutlich, daß man sich auf die Bekenntnisse von Antiochia (341), Serdika (342) und Sirmium (351) als Grundlage des Glaubens stützte[14].

---

10 Soz. h.e.IV,13,4. Zum Synodalbrief von Ankyra vgl. vor allem GUMMERUS, l.c.66ff. (auf ihn stützen sich mehr oder weniger alle neueren Darstellungen); KELLY, 285; SMULDERS, Théologie, 47-52; DINSEN, l.c.136-39; AMANN, DThC XIV/2,2180f.; HADOT, Marius Victorinus, 54-58.

11 Epiph.haer.73,10,1-11;11.

12 Soz. h.e.IV,13,4 [BIDEZ-HANSEN, 156,9f.]: ..., ἐν αἷς συνεδόκει ὅμοιον εἶναι κατ' οὐσίαν τῷ πατρὶ τὸν υἱόν.
Zu den athanasianischen Parallelen vgl. GUMMERUS, l.c.; DINSEN, l.c.; LECLERCQ, l.c.904 A.1.

13 So seit GUMMERUS LOOFS, HARNACK, LECLERCQ, DINSEN. Diese Abhängigkeitsthese stützt sich auf eine frühe Datierung der Arianerreden um 339/40; dagegen OPITZ II,231 nota. Auch bei einer angenommenen frühen Datierung der Arianerreden ist kaum anzunehmen, daß Basilius sich gerade seinen Hauptgegner theologisch zum Vorbild genommen haben soll. Eher handelt es sich hier wohl um beiden gemeinsames origenistisches Erbe, wie aus der Benutzung des Euseb von Caesarea deutlich wird.

14 Epiph.haer.73,2,10; Soz. h.e.IV,13,4. Daß mit der Formel von Antiochia hier nur die sogenannte zweite antiochenische Formel gemeint sein kann,

Seit dieser Synode spricht man von den orientalischen Bischöfen, die sich dieser Theologie verpflichtet fühlten und sich um Basilius von Ankyra scharten, als von den "Homöusianern" oder, da in der werdenden Reichskirche ein theologisch-kirchenpolitisches Parteienspektrum entstand, dessen verschiedene Parteien nicht nur durch theologische Gemeinsamkeiten zusammengehalten wurden, auch von der "homöusianischen Partei"[15].

Der Beschluß einer zwölfköpfigen Synode allein konnte aber in den antiochenischen Angelegenheiten[16] nichts bewirken. Ohne den starken Arm der politischen Macht, das heißt ohne den Arm des Kaisers, war in dieser Reichskirche unter Konstantius fast nichts mehr zu bewirken: *"Mais dans cet 'Empire chrétien', la politique est le relais indispensable de la théologie."*[17]

So ging eine Gesandtschaft der drei führenden Männer der Synode, Basilius von Ankyra, Eustathius von Sebaste und Eleusius von Kyzikos an den Hof nach Sirmium, wo sie kaum vor Mitte Juni eingetroffen sein können[18]. Dem großen diplomatischen Geschick des Basilius gelang es hier, den Kaiser von ihrem theologischen und kirchenpolitischen Kurs zu überzeugen[19]. Die schon beinahe erfolgreichen Versuche des Gesandten der anhomöischen Synode von Antiochia, den Kaiser wegen der demonstrativen Annahme der zweiten sirmischen Formel durch die antiochenische Synode zu gewinnen, wurde von Basilius vereitelt[20].

---

zeigt Hilar.Syn.29-33. Ebenso GUMMERUS, LOOFS, MESLIN gegen HARNACK.

15 GUMMERUS; DINSEN, l.c.

16 Zu den Ereignissen in Antiochia SCHWARTZ, GS IV,32ff.

17 MESLIN, Ariens, 280.

18 Soz. h.e.IV,13,5f.; Thdt h.e.II,25; Philost. h.e.IV,8. Das Datum ergibt sich daraus, daß die Bischöfe erst nach Ostern (12.4.) von Ankyra abgereist sein können. Vor Mitte Juni war auch Konstantius aus dem Sarmatenfeldzug nicht nach Sirmium zurückgekehrt (SEECK, Regesten, 205). Schon vor der Delegation war aus Antiochia Asphalius (Soz. h.e. IV,13,6) als Delegierter der anhomöischen antiochenischen Synode eingetroffen. Er hatte bereits Briefe vom Kaiser für Antiochien empfangen und war im Begriff aufzubrechen, als die Bischöfe aus Ankyra ankamen. Der Kaiser muß also bereits eine Weile in Sirmium gewesen sein, als die Delegation aus Ankyra eintraf.

19 Soz. h.e.IV,13,5f.; Hilar.Syn.78 (vgl. S. 344 den Text); Philost. h.e.IV,8.

20 Soz. h.e.IV,13,6.

In einem Brief an Eudoxios bekennt sich Konstantius eindeutig zum ὅμοιος κατ' οὐσίαν und verurteilt die theologischen "Sophistereien" von Aetius und Eunomius, die beide Antiochia verlassen müssen, und denen Eudoxios bald folgen sollte[21].

Der Kaiser berief an den Hof eine Synode[22], auf der Basilius auf die Forderung von Valens, Ursacius und Germinius hin seine Theologie ausführlich darzulegen hatte[23]. Diese als Ganzes nicht erhaltene Darlegung scheint nicht nur präziser als die theologische Erklärung von Ankyra gewesen zu sein; hier taucht auch der Begriff ὁμοιούσιος, den es aber schon vorher gegeben haben muß, für uns erstmalig auf[24].

Im ganzen ist, wie man dem aus Hilarius einigermaßen zu rekonstruierenden Argumentationsgang entnehmen kann[25], das Bestreben nach größerer Annäherung an die klassische abendländische Position im Rückgriff auf die gemeinsam angenommenen Formulierungen des Nizänum festzustellen[26]. Die ausdrückliche Verurteilung des ὁμοούσιος, die noch auf der Synode von Ankyra beschlossen worden war, unterbleibt[27]. Wieder beruft

---

21 Soz. h.e.IV,14; vgl. SCHWARTZ, GS IV,32ff.; LIETZMANN, GaK III,222; KLEIN, Constantius, 89f.

22 Da nach Hilar.Syn.81 die auf der Synode verlesene theologische Erklärung, die sich durchaus von der Deklaration von Ankyra unterscheidet, erst noch in Sirmium vor Beginn der Synode ausgearbeitet wurde, wird die Synode nicht vor Mitte bis Ende Juli zusammengetreten sein. Die übliche Datierung der Synode in das Frühjahr 358 hat ihren Grund allein in der Notwendigkeit, die Anwesenheit des Liberius bei dieser Synode auch zeitlich zu ermöglichen, da seine Rückkehr nach Rom am 2. August als sicher gelten muß. Zur Diskussion um die aus Soz. h.e.IV,15 gefolgerte Teilnahme des Liberius an dieser Synode vgl. S. 288ff. Als Terminus ante quem für diese Synode ergibt sich der 24. August, als Nikomedien, wo die nächste Reichssynode geplant war, durch ein Erdbeben zerstört wurde (SEECK, Regesten, 205).
Zu der theologischen Erklärung und der sogenannten dritten sirmischen Formel vgl. AMANN, l.c.; KELLY, l.c.; SMULDERS, l.c.; KLEIN, l.c.90 (dort ist einiges durcheinandergeraten); LOOFS; HARNACK; MESLIN; LIETZMANN; am ausführlichsten GUMMERUS, l.c.80ff.; DINSEN, l.c.140-42.

23 Hilar.Syn.81.

24 Vgl. die zweite sirmische Formel. Im Referat des Hilar. geht es hauptsächlich um den Begriff ὁμοιούσιος. Vgl. Syn.71-76, 81.

25 Der Argumentationsgang des Basilius zu ὁμοούσιος Hilar.Syn.67-71, zu ὁμοιούσιος Syn.71-76; vgl. auch Syn.81-86 (Argumente des Hilarius gegen die Ablehnung des ὁμοούσιος durch die Homöusianer). Der Brief des Basilius ist außerdem zu erschließen aus Marius Victorinus, Adv.Arium I; vgl. HADOT, Marius Victorinus, 58-70.

26 So GUMMERUS, DINSEN, SMULDERS.

27 Zur Verurteilung des ὁμοούσιος in Ankyra Epiph.haer.73,11,10 (ὁμοούσιος = ταυτοούσιος).

man sich auf die Bekenntnisse der antiochenischen Kirchweihsynode und der Synoden von Serdika und Sirmium (351) als gemeinsame Grundlage[28]. Der Begriff ὁμοούσιος wird zwar nicht verurteilt, aber in der ausführlichen Darlegung abgelehnt, nicht nur wegen der sabellianischen und markellianischen Irrtümer, die dieser Begriff impliziert[29], sondern weil die Väter von Nizäa zur Übernahme dieses Begriffes gezwungen worden waren und weil eine Synode in Antiochia den Ketzer Paul von Samosata wegen des Homoousios verurteilt und abgesetzt hatte[30].

---

28 Das sind die von Hilar.Syn.29-61 mitgeteilten und kommentierten orientalischen Glaubenserklärungen.

29 Hilar.Syn.67-71, 82-86; vgl. GUMMERUS, SMULDERS. Zur Bedeutung der zweiten antiochenischen Formel für die Homöusianer vgl. HAUSCHILD, l.c.

30 Hilar.Syn.81 [PL X,534A-C]: *De homousio vero, quod est unius essentiae, tractantes, primum idcirco respuendum pronuntiastis, quia per verbi huius enuntiationem substantia prior intelligeretur, quam duo inter se partiti essent. Intelligo vitium in intelligentia. Et profanus hic sensus est, et communi judicio ab Ecclesia respuendus. Secundo quoque id addidistis, quod patres nostri, cum Paulus Samosateus hereticus pronuntiatus est, etiam homousion repudiaverint: quia per hanc unius essentiae nuncupationem solitarium atque unicum sibi esse Patrem et Filium praedicabat. Et hoc sane nunc quoque profanissimum Ecclesia recognoscit, Patrem et Filium in his nominum professionibus ad unionis ac singularis solitudinem negata personarum proprietate revocare. Tertio etiam haec causa improbandi homousii commemorata a vobis est: quia in synodo, quae apud Nicaeam fuit, coacti patres nostri propter eos qui creaturam Filium dicebant, nomen homousii indidissent: quod non recipiendum idcirco sit, quia nusquam scriptum reperiretur. Quod a vobis dictum satis miror. Si enim homousion propter novitatem repudiandum sit; vereor ne et homoeusion periclitetur; quia nusquam scriptum reperiatur.*
Zu der hier erstmals auftretenden Behauptung, daß Paul von Samosata wegen des Begriffes ὁμοούσιος abgesetzt wurde, vgl. ebenfalls aus dem Athanasius aber nicht vorliegenden Brief des Basilius Ath.syn.41ff. Eine ausführliche Darstellung der Diskussion um diese von den Homöusianern in Sirmium vorgebrachte und offenbar ausreichend belegte Behauptung bei DINSEN, l.c.41ff. Gegen DINSEN, die hier BARDY, LOOFS und RIEDMATTEN folgt, sind m.E. an der Glaubwürdigkeit dieser von den Homöusianern vorgebrachten Behauptung starke Zweifel angebracht. Zunächst ist das Argument den Homöusianern überaus dienlich. Ausbleibender Protest gegen diese Desavouierung des 'homousion' besagt m.E. gar nichts. Hilarius scheint von der Gelehrsamkeit der Homöusianer viel zu fasziniert gewesen zu sein, um hier kritisch anzusetzen; auch standen ihm als Abendländer kaum Möglichkeiten zur Verfügung, diese Behauptung nachzuprüfen. Ebenso ging es dem offensichtlich über diese Behauptung ziemlich schockierten Athanasius. Es erscheint schwer vorstellbar, daß Euseb oder andere Orientalen dieses Argument gegen das 'homousion', wenn sie es gekannt hätten, nicht schon in Nizäa vorgebracht hätten. Solange nicht irgendwelche anderen Indizien dafür auf-

Aus Hilarius' Referat der Epistula Sirmiensis erfahren wir zum erstenmal, daß Paul von Samosata im Zusammenhang mit der Benutzung des Begriffes ὁμοούσιος abgesetzt worden sein soll[31]. Hilarius, der natürlich über die beinahe ein Jahrhundert zurückliegenden Vorfälle keine Kenntnisse hatte, referiert den Bericht des Basilius, dem vielleicht Akten beigelegt waren, ohne Argwohn. Athanasius dagegen muß voller Erstaunen zugeben, noch nie etwas davon gehört zu haben[32]. Natürlich kann er die offenbar mit Beweismaterial untermauerte Behauptung des Basilius nicht anzweifeln - da er noch dazu im Moment die Möglichkeit der Nachprüfung nicht hatte[33]. Wie unangenehm ihm aber diese Behauptung ist, daß das ὁμοούσιος von einer unstreitig orthodoxen Synode verdammt worden sein soll, können seine eher hilflosen Ausgleichsversuche nicht verdecken[34].

So hatte Basilius ein sichtlich sehr schlagkräftiges Argument gegen das ὁμοούσιος, schlagkräftiger als alle theologischen Argumente, ins Feld geführt[35].

Als theologische Deklaration wird von Basilius und seinen Freunden der Synode ein Papier vorgelegt, das die Verurteilung des Paul von Samosata aus dem Jahre 268, die Formel der antiochenischen Kirchweihsynode von 341, der sirmischen Synode von 351 mit ihren vor allem antiphotinischen Anathematismen und zwölf der neunzehn Anathematismen von Ankyra enthält[36].

Auch Ursacius, Valens und Germinius mußten diese Synodal-

---

tauchen, daß Paul von Samosata den Begriff ὁμοούσιος wirklich benutzt hat und auch deswegen verurteilt wurde, wird man bei den offenbar von den Homöusianern 358 in Sirmium vorgelegten Beweisen von Fälschungen sprechen müssen, die den Begriff unmöglich machen sollten.

31 Nur Hilarius gibt die Argumentation der ep.Sirmiensis des Basilius wieder, wie DINSEN bewiesen hat. Athanasius hatte wohl nur Berichte über die Ereignisse zur Verfügung; vgl. DINSEN, l.c.41ff.

32 Ath.syn.43,1.

33 Mit OPITZ II,231 nota wird man *De synodis* am besten um 361 datieren. Allerdings ist es durchaus möglich, daß Athanasius noch im Exil war.

34 Ath.syn.43,2f.

35 Vgl. Hilar.Syn.81; zu den theologischen Argumenten DINSEN, l.c.140-42. Daß dieses Argument besonders wirksam war, beweist die eher verlegene Reaktion des Athanasius.

36 DINSEN, l.c.140.

deklaration unterschreiben[37] und entschuldigten sich für die von ihnen ausgearbeitete sirmische Formel von 357 damit, daß sie gar nicht gewußt hätten, was es mit den Begriffen ὁμοούσιος und ὁμοιούσιος eigentlich auf sich habe, und überhaupt hätten sie beide für identisch gehalten. Hilarius, der besonders Valens und Ursacius für die Ursache allen Übels in der Kirche hält[38], weist diese Entschuldigung höhnisch als unbefriedigend und unglaubwürdig zurück[39].

Ohne Widerrede wird die theologische Deklaration in Sirmium angenommen[40].

Die homöusianische Partei des Basilius, die sicher in ihren theologischen Ansichten die Mehrheit des orientalischen Episkopats vertrat und am ehesten die Aussicht zu einer theologischen Verständigung mit dem Abendland bot, schien mit der ausdrücklichen Zustimmung des Kaisers zu ihrem theologischen Programm einen großen Sieg errungen zu haben[41].

Eine neue Absetzungs- und Verbannungswelle ging nun durch den Orient[42]. Basilius scheint den Sieg seiner Richtung am Hof in jeder Hinsicht kirchenpolitisch ausgenutzt zu haben. Siebzig Bischöfe, also wesentlich mehr als je wegen ihrer Treue zu Athanasius ihren Bischofssitz verlassen mußten, wurden, wie Philostorgios berichtet, ins Exil geschickt. Merkwürdigerweise vermerken die *orthodoxen* Kirchenhistoriker diese Verfolgungswelle nur am Rande oder gar nicht[43].

---

37 Hilar.Syn.3.

38 Vgl. den von Hier.Vir.Ill.100 bezeugten Titel seines Werkes: *Adversus Valentem et Ursacium.*

39 Hilar.Syn.79.

40 Zur Frage nach der Teilnahme des Liberius an dieser Synode und seines angeblichen Einflusses auf die Formulierung der dritten sirmischen Formel vgl. S. 288-292.

41 Die Motivation des Kaisers kann man nur ahnen. Vielleicht hatte ihm Basilius klar gemacht, daß hinter dieser Theologie die Mehrheit der Bischöfe stand. Außenpolitisch war Konstantius trotz seines strahlenden Einzugs in Sirmium im Juni (Amm.XVII,13,34) in großer Bedrängnis (SEECK, PW IV,1083f.; KLEIN, l.c.64 bezieht diese Schwierigkeiten unter Berufung auf SEECK irrtümlich schon auf 357).

42 Philost. h.e.IV,8ff.; SEECK, PW IV,1083ff.

43 Soz. h.e.IV,14 (Brief des Konstantius an Eudoxios). Damit ist zu vergleichen, wie Athanasius sonst ausführlich von Verfolgungen des Konstantius gegen die mit ihm verbundenen Bischöfe spricht; vgl. auch die Schriften Lucifers und Hilar.C.Const.

Athanasius und Hilarius scheinen jedenfalls gegen dieses Eingreifen des Staates in kirchliche Angelegenheiten keine Einwände gehabt zu haben. Im Gegenteil![44] Hilarius, der sich inzwischen im Exil den Homöusianern angeschlossen hatte, bringt Anfang 359 in seinem Brief an seine gallischen Mitbischöfe seine große Freude darüber zum Ausdruck, daß auch der Kaiser die Bischöfe um Basilius unterstütze und ihre theologischen Ansichten teile:

> *Antea enim in obscuro atque in angulis Dominus Christus Dei esse secundum naturam filius negabatur: et essentiae inops paternae, accepisse cum creaturis originem de non exstantibus praedicabatur. At vero nunc publicae auctoritatis professione haeresis prorumpens, id quo antea furtim mussitabat, nunc non clam victrix gloriabatur. Quibus enim antea cuniculis in catholicam Ecclesiam non tentavit irrepere? Quas non exseruit, falsae religionis blandimento, saeculi potestates? Homines enim perversi eo usque proruperant, ut cum hoc ipsi praedicare publice non auderent, Imperatorem tamen fallerent ad audiendum. Fefellerunt enim ignorantem regem, ut istiusmodi perfidiae fidem bellis occupatus exponeret, et credendi formam Ecclesiis nondum regeneratus imponeret. Contradicentes episcopos ad exsilium coegerunt. Coegerunt enim nos ad voluntatem exsulandi, dum impietatis imponunt necessitatem. Sed exsulemus semper, dummodo incipiat verum praedicari. Domino enim gratias, quod ignorationem per vos admonitus Imperator agnovit, et errorem non suum, sed adhortantium, per has fidei vestrae sententias recognovit: et se invidia apud Deum atque homines impiae voluntatis exemit, cum legationem vestram honorifice habens, falsitatem eorum, quorum auctoritate in invidiam deducebatur, coacta a vobis ignorantiae suae professione, cognovit.*[45]

Im Laufe des Jahres 358 muß Hilarius, der sich im Exil weitgehend frei bewegen durfte, homöusianische Theologen kennengelernt haben[46]. Die näheren Umstände lassen sich nicht ermitteln, weder wo noch durch wen Hilarius zuerst homöusiani-

---

44 Dieser Aspekt ist zu bedenken, wenn man Hilarius zu einem Theologen stempelt, der die Freiheit der Kirche von staatlichem Eingreifen gefordert haben soll, wie das BERKHOF und RAHNER in grandioser Einseitigkeit getan haben, und wie es in der Hilariusforschung immer wieder anklingt.

45 Hilar.Syn.78 [PL X,530C-531B].

46 Seine Schrift *De synodis* setzt genaue und gründliche Kenntnisse der homöusianischen Theologie und ihrer führenden Vertreter (Syn.79ff.) voraus. Auch scheint Hilarius sehr schnell an die Akten von Ankyra und Sirmium gekommen zu sein.

sche Theologie kennengelernt hat. Das weit höhere Spekulationsniveau dieser Theologie - auf einige ihrer klassischen Dokumente war er schon bei der Abfassung seines *Liber I adversus Valentem et Ursacium* gestoßen[47] - wird diesen hoch gebildeten Mann schnell interessiert haben, auch wenn in seiner Schrift gegen Valens und Ursacius noch nichts davon zu merken ist; dort herrscht noch das Mißtrauen gegen alle orientalische Theologie vor[48]. Wahrscheinlich bedurfte es nur des persönlichen Kennenlernens dieser nicht nur theologisch interessanten, sondern auch religiös und geistlich überzeugenden homöusianischen Theologen[49], um bei Hilarius den Wunsch nach näherem Kontakt zu wecken.

Andererseits wird es seitens der Orientalen die Kontaktaufnahme außerordentlich erleichtert haben, daß Hilarius nicht wegen der Athanasiusaffäre im Exil war[50], also in dieser Hinsicht für die mehrheitlich gegen Athanasius eingestellten Bischöfe nicht von vornherein negativ vorgeprägt war.

Schon seine bedeutendste Schrift, *De trinitate*, zeigt Einflüsse homöusianischer Theologie[51].

Sehr schnell hat sich Hilarius eine Kopie der Deklaration von Ankyra und der sogenannten *epistula Sirmiensis* zu beschaffen gewußt[52]. Sein Brief an die im Sommer 358 in Sirmium als Führer der Homöusianer aufgetretenen Bischöfe Basilius, Eustathius und Eleusius zeigt Vertrautheit nicht nur mit der homöusianischen Theologie, sondern auch mit ihren führenden Repräsentanten und deren Kirchenpolitik[53].

---

47 Z.B. das Bekenntnis der Orientalen zu Serdika,Coll.antiar.Paris. A IV, 2.

48 Vgl. die Interpretation zu Coll.antiar.Paris. B II,9,4 in B II,9,5ff. und B II,11; vgl. S. 328-334.

49 Man denke nur an Kyrill von Jerusalem.

50 Vgl. S. 230ff.

51 SMULDERS, in: HILAIRE ET SON TEMPS, 175-212; JACOBS, 16ff.

52 Hilar.Syn.81, 90.

53 Syn.78-91 ist ein Brief des Hilarius an die Führer der Homöusianer (JACOBS, 133 A.1), wohl vom Sommer 358, in dem er die Orientalen von der orthodoxen Verwendbarkeit des Begriffes ὁμοούσιος überzeugen will. Er hat diesen Brief dem Schreiben an die gallischen Bischöfe eingefügt, sicher auch, um deren Mißtrauen gegen seine Interpretation des ὁμοιούσιος als orthodox zu zerstreuen. Vgl. auch Hilar.Syn.77 [PL X, 530B]: *Exposita, Charissimi, unius substantiae quae graece homousion dicitur, et similis substantiae, quae homoeusion appellatur, fideli*

An zwei Stellen wird die in ihrer Genesis nicht mehr zu durchschauende theologische Übereinstimmung und kirchenpolitische Verbindung zwischen dem gallischen Exulanten Hilarius von Poitiers und den orientalischen Homöusianern deutlich: in seiner an die gallischen Mitbischöfe gerichteten Schrift *De synodis* und in seiner Teilnahme an der orientalischen Reichssynode in Seleukia auf der Seite der homöusianischen Fraktion[54].

### *2) De Synodis seu de fide Orientalium*[55]

Nachdem Hilarius lange keine Antwort auf seine offenbar zahlreichen Briefe an seine gallischen Mitbischöfe bekommen hatte[56], erreicht ihn in der zweiten Hälfte des Jahres 358, eher gegen Ende des Jahres[57], die freudige Nachricht, daß die gallischen Bischöfe nicht nur die Gemeinschaft mit Saturnin von Arles aufgehoben, sondern auch die Beschlüsse der

---

*ac pia intelligentia; et vitiis, quae ex verborum vel brevitate subdola, vel periculosa nuditate accidere possint, absolutissime demonstratis: reliquus mihi sermo ad sanctos viros Orientales episcopos dirigendus est; ut quia jam de fide nostra nihil inter nos suspicionis relictum est, ea quae adhuc in suspicionem ex verbis veniunt purgentur: et dabunt veniam, ex communis conscientia fide secum liberius locuturo.*

54 Vgl. S. 352ff.

55 PL X,479-548. Vgl. auch S. 231 Anm. 47. Von den Vorbereitungen zu einer kritischen Ausgabe ist nur die maschinenschriftliche Berliner Habilitationsschrift von K. HOLL über die Überlieferungsgeschichte von *De synodis* erhalten, die er als Vorarbeit zu seiner Edition verfaßt hatte: *Untersuchungen zur Überlieferungsgeschichte des Hilarius von Poitiers (De synodis, contra Constantium, contra Auxentium)*. Herrn Professor D.W. Schneemelcher danke ich, daß er mir das Manuskript dieser ungedruckten Arbeit zur Verfügung gestellt hat.
Eine ausführliche Inhaltsangabe von *De synodis* bei GUMMERUS, l.c. 108ff.; BORCHARDT, l.c.139ff.; MESLIN, Hilaire et la crise, 26ff. KANNENGIESSER, DS VII/1,475ff. übergeht die Schrift ganz. Eine gründliche Analyse bei JACOBS, l.c.

56 Hilar.Syn.1.

57 Nach Syn.28 war die Synode der gallischen Bischöfe auch um Ostern 358, also gleichzeitig mit der Synode von Ankyra. Den Brief der Gallier kann Hilarius in Phrygien frühestens nach drei Monaten erhalten haben. Daß den in ganz Kleinasien herumreisenden Hilarius der Brief seiner gallischen Mitbrüder auf dem kürzesten Weg erreichte, ist ebenfalls kaum annehmbar. Anders LE BACHELET, DThC VI,2391ff., der annimmt, Hilarius hätte den Brief schon im März 358 bekommen. Ihm folgt MESLIN.

sirmischen Synode von 357 und deren theologisches Manifest zurückgewiesen haben[58].

Auf die Bitte der gallischen Bischöfe hin, ihnen doch Genaueres über die Glaubensaussagen der Orientalen mitzuteilen[59], antwortet Hilarius in einer breit angelegten und außerordentlich sorgfältig konzipierten und gegliederten Schrift an die gallischen Bischöfe[60], die unter dem Titel *De synodis* überliefert ist[61]. Neben ihrer leider bisher viel zu wenig gewürdigten dogmengeschichtlichen Bedeutung[62] sind die kirchenpolitischen Implikationen dieser Schrift außerordentlich interessant, auch wenn ihr nicht die von Hilarius erhoffte Wirkung zuteil geworden ist.

Hilarius liefert seinen Kollegen nicht einfach eine mehr oder weniger kommentierte Aneinanderreihung theologischer Synodalerklärungen aus dem Orient, sondern er trifft eine gezielte Auswahl, die bei modernen Interpreten manches Rätselraten hervorgerufen hat[63].

Das Anliegen des Hilarius ist es nicht, einfach den Wunsch der gallischen Bischöfe nach Information zu befriedigen. Er will - und dazu soll seine kleine Schrift an die gallischen Bischöfe helfen - auf der inzwischen geplanten großen Reichssynode eine einheitliche Front von Abendländern und homöusianischen Orientalen herstellen, um so die unselige seit Serdika andauernde Kirchenspaltung endlich von innen her, das heißt theologisch, zu überwinden[64]. Hilarius will nicht ein-

---

58 Syn.2; vgl. S. 334 Anm. 417.

59 Syn.5; vgl. S. 334 Anm. 415. Die eher kirchenpolitischen Hintergründe kannten die gallischen Bischöfe bereits aus *Liber I adversus Valentem et Ursacium*.

60 Zur Adresse Syn.1 Vgl. S. 220 Anm. 108. Der Bischof Rhodanius von Toulouse war ebenfalls im Exil, vgl. S. 236 Anm. 72. In der Narbonensis scheint Saturnin von Arles die Bischöfe hinter sich gehabt zu haben.

61 PL X,479A: *Sancti Hilarii Liber de Synodis seu de fide orientalium.* Nach HOLL, l.c.140-44 hat die Schrift ursprünglich keinen Titel gehabt, es handelte sich um eine epistula ad episcopos Gallicanos, wie HINKMAR die Schrift auch betitelt. So auch SMULDERS, BijPhTh 39(1978) 234ff. Zur Überlieferung vgl. HOLL, l.c.57-144, 202-222.

62 Vgl. GUMMERUS; BORCHARDT, l.c.; zur dogmengeschichtlichen Bedeutung vgl. die Dissertation von JACOBS.

63 Vgl. vor allem MESLIN, l.c., der die innere Logik der Komposition nicht sieht.

64 GUMMERUS, l.c.114; JACOBS, l.c.70-74.

fach eine kirchenpolitische Koalition zwischen Abendländern und Homöusianern aufbauen, sondern Abend- und Morgenland in der Frage des Glaubens, konkret in der Frage, wie die Beziehung zwischen Gott-Vater und seinem Sohn Jesus Christus, unserem Herrn und Heiland, zu denken und auszusagen sei.

Zu diesem Zweck muß er vor allem das alte Mißtrauen der Abendländer gegenüber den Orientalen abbauen und ihnen erklären, daß die Theologoumena der Homöusianer orthodox interpretierbar sind, besonders der Begriff ὁμοιούσιος = *similis substantiae* recht verstanden den Glauben von Nizäa korrekt wiedergibt.

Diesem Zweck ist die Komposition von *De synodis* untergeordnet.

Eine Basis für gemeinsames kirchenpolitisches Handeln auf der zu erwartenden Reichssynode legt Hilarius, indem er in seiner Schrift von der gemeinsamen beiderseitigen Ablehnung der zweiten sirmischen Formel ausgeht[65]. Dazu teilt er den Galliern das in Ankyra und Sirmium gegen die Anhomöer Beschlossene mit[66].

Neben dem durch die Ereignisse des Sommers 358 in Sirmium überholten Brief der Synode von Ankyra[67] liegen ihm dabei als aktuelle, den neuesten Stand der Diskussion wiedergebende und vom Kaiser approbierte Dokumente die Beschlüsse der sirmischen Synode vom Sommer 358 samt dem Brief des Basilius vor[68]. Anhand dieses jetzt verbindlichen Textes, auf dem alle Vorbereitungen einer Reichssynode fußen müssen, erfüllt Hilarius die Bitte seiner gallischen Mitbrüder. Daher übersetzt er zuerst nach Text und Interpretation der sirmischen Blasphemie die Anathematismen der Homöusianer in der seit der sirmischen Synode vom Sommer 358 geltenden Form[69].

Wenn Hilarius anschließend die seit Nizäa von verschiedenen orientalischen Synoden verabschiedeten Bekenntnisse be-

---

65 Hilar.Syn.3; 9-11.
66 Hilar.Syn.9; 12-27.
67 Hilar.Syn.90; vgl. GUMMERUS, l.c.110 A.3.
68 Vgl. S. 335ff..
69 Hilar.Syn.13-27 mit Interpretation des Hilarius; die Anathemata von Ankyra Epiph.haer.73,2,10-11; zu den Auslassungen in Sirmium gegenüber Ankyra Hilar.Syn.90.

spricht, ist es überhaupt nicht verwunderlich, daß er nicht alle seither verabschiedeten Bekenntnisformulierungen behandelt[70]. Hilarius übermittelt und kommentiert nur die ausdrücklich in Ankyra und Sirmium 358 approbierten Bekenntnisse: die zweite antiochenische Formel[71], das Bekenntnis der Orientalen von Serdika[72], das Bekenntnis der Synode, die 351 in Sirmium gegen Photin abgehalten wurde, samt deren Anathematismen[73]. Diese von den Homöusianern erneut bestätigten Formeln erklärt er den gallischen Bischöfen ausdrücklich als rechtgläubig[74] und verteidigt ihnen gegenüber auch die Notwendigkeit zu immer neuer Bekenntnisbildung in den orientalischen Kirchen[75].

Anhand der Argumentation des ihm vorliegenden Basiliusbriefes, den jener in Sirmium auf Verlangen von Valens, Ursacius und Germinius vorlegen mußte[76], verteidigt Hilarius das ὁμοιούσιος als orthodox und weist auf die Gefahren hin, die eine falsche Auslegung des ὁμοούσιος mit sich bringen können[77]. Hilarius scheint hier ganz und gar der Argumentation des Basilius zu folgen[78]. Um bei seinen gallischen Amtsbrüdern aber nicht den Verdacht aufkommen zu lassen, er habe das ὁμοούσιος, für das er erst vor kurzem so intensiv eingetreten war[79], zugunsten des ὁμοιούσιος aufgegeben, fügt er dem Brief nach Gallien noch ein Schreiben an, das er nach der

---

70 Vgl. dag. MESLIN, l.c.

71 Hilar.Syn.29-33; zur Interpretation vgl. oben S. 7-16; JACOBS, l.c. 137ff.

72 Hilar.Syn.34-37; zur Interpretation vgl. oben S. 35-38; JACOBS, l.c. 157ff.

73 Hilar.Syn.38-61; zur Interpretation vgl. oben S. 91-107; JACOBS, l.c. 182ff.

74 Vgl. GUMMERUS, MESLIN, BORCHARDT und JACOBS, l.c.

75 Hilar.Syn.28 [PL X,501B-502A]: *Sed iam superioribus diversisque temporibus, multis his causis postulantibus, fides alias necesse fuerit conscribi, quae quales sint, ex ipsis intelligetur.*
Syn.63 [PL X,522C]: *Nihil autem mirum videri vobis debet, Fratres charissimi, quod tam frequenter exponi fides coeptae sunt: necessitatem hanc furor haereticus imponit.*
Vgl. SIEBEN, Konzilsidee, 202f. Ob man allerdings mit SIEBEN, l.c. von einem "Unverständnis" des Hilarius gegenüber dem Nicaenum sprechen kann, scheint mir zweifelhaft.

76 Hilar.Syn.81.

77 Hilar.Syn.67-71; vgl. DINSEN, l.c.140-42.

78 So DINSEN, l.c.

79 Zum Lib.adv.Valentem et Ursacium; vgl. S. 325ff.

sirmischen Synode vom Sommer 358 an die Führer der Homöusianer geschrieben hatte[80].

In diesem Brief akzeptiert er ausdrücklich die von den Homöusianern in Sirmium vorgetragene Interpretation des ὁμοιούσιος. Die dort vorgebrachte Ablehnung des Begriffes ὁμοούσιος greift Hilarius noch einmal auf[81] und versucht die orientalischen Bischöfe davon zu überzeugen, daß auch der Begriff ὁμοούσιος durchaus rechtgläubig interpretierbar ist und richtig interpretiert dasselbe bedeutet, wie der von ihnen bevorzugte Begriff ὁμοιούσιος. Die Reichssynode, so ist seine Bitte an die Führer des orientalischen Episkopats, möchte beschließen, daß ὁμοούσιος und ὁμοιούσιος dasselbe meinen und so erlauben, daß beide Begriffe nebeneinander als rechtgläubig angesehen werden:

> *Decernatur nihil differre, unius et similis esse substantiae. Sed homousion potest male intelligi? Constituatur qualiter bene possit intelligi. Unum atque idem pie sapimus. rogo ut unum atque idem quod sapimus, pium inter nos esse velimus. Date veniam, Fratres, quam frequenter poposci: Ariani non estis: cur negando homousion censemini Ariani?*[82]

Der Versuch des Hilarius, zum erstenmal eine wirkliche theologische Aussöhnung zwischen den Abendländern und den nichtarianischen Theologen des Orients einzuleiten und beide Gruppen auch kirchenpolitisch auf der bevorstehenden Reichssynode zu einer Koalition zusammenzubringen[83], hatte in dem Moment, als Hilarius seinen Brief nach Gallien schickte, große Aussichten auf Erfolg. Der Kaiser hatte die Sache der Homöusianer zu der seinen gemacht - der Einfluß des Basilius von Ankyra hatte die illyrischen Hofbischöfe mit ihrer so ganz anderen, 357 aber zunächst nicht aussichtslosen homöischen Einheitspolitik in den Hintergrund gedrängt[84]. Die Homöusianer

---

80 Hilar.Syn.78-91; vgl. JACOBS, l.c.133 A.1. Hilar.Syn.77 [PL X,530B]; vgl. Anm. 53.

81 Hilar.Syn.80-87.

82 Hilar.Syn.88 [PL X,541A].

83 So ist es nicht verwunderlich, daß Hilarius Personen, vor allem Athanasius, nicht erwähnt, weil er sich damit jede Möglichkeit verbaut hätte, mit den Homöusianern eine Koalition einzugehen. Anders MESLIN, l.c., der das Hilarius vorwirft.

84 Vgl. S. 335ff.

waren durchaus geneigt, die ihnen von Hilarius in Namen des Abendlandes gebotene Hand anzunehmen, wie seine Teilnahme auf der Synode von Seleukia deutlich macht.

Leider wissen wir nicht, wie die von Hilarius angesprochenen gallischen Bischöfe auf seine Schrift reagiert haben. Ungewiß ist auch, ob sie seinen Brief noch erhalten haben, bevor die Ereignisse auf der abendländischen Synode in Rimini alle Hoffnungen des Hilarius zunichte machen sollten[85].

Als erster abendländischer Theologe hat Hilarius bei der Vorbereitung zur geplanten Reichssynode von 359 theologisch einen Weg zur Überwindung der seit Serdika bestehenden Spaltung der Kirche gewiesen, der sich unter den 358/59 waltenden Umständen auch kirchenpolitisch hätte durchsetzen lassen[86]. Die Reichskirche unter der Führung des Kaisers war dabei eine von Hilarius als selbstverständlich vorausgesetzte Institution, die in Frage zu stellen ihm nicht in den Sinn kam.

Wegen dieses theologischen Ausgleichsversuches zwischen den Kirchen des Orients und des Occidents, dem der notwendige und die theologischen Argumente ergänzende kirchenpolitische Schritt zur Schaffung der Einheit folgerichtig nach- und untergeordnet war, hat man in jüngerer Zeit Hilarius auch einen ökumenischen Theologen genannt[87].

Da sein Versuch, auf der Grundlage einer die Gemeinsamkeiten der Kirchen von Ost und West stark hervorhebenden Theologie auch eine kirchenpolitische Einheit herzustellen, von vornherein in dieser Reichskirche mit der Haltung des Kaisers dazu stehen oder fallen mußte, konnte eine nur wenig verän-

---

85 Nicht in Betracht kommt hier die Kritik des Lucifer von Calaris, gegen die sich Hilarius nach 361 durch schriftliche Erläuterungen zu seinem Text zur Wehr setzen mußte. Wie HOLL, l.c.202ff., besonders 219f., anhand der Textüberlieferung deutlich gemacht hat, handelt es sich bei den seit der Edition von COUSTANT *Sancti Hilarii apologetica ad reprehensores libri de synodis responsa* genannten Bemerkungen (PL X,545C-548C) nicht um Bruchstücke einer sonst verlorengegangenen Schrift, wie bis heute noch oft behauptet wird, sondern um Ergänzungen, die Hilarius selbst für Lucifer seinem Text hinzugefügt hatte. So auch SMULDERS, ZKG 78(1967)362; BijPhTh 39(1978)234ff.

86 JACOBS, l.c. 136.

87 Vgl. den Titel der Dissertation von JACOBS: *Hilary of Poitiers and the Homoeousians: a Study of the Eastern Roots of his Ecumenical Trinitarianism*. Der Gedanke zieht sich durch die ganze Arbeit von JACOBS.

derte kirchenpolitische Lage am Hof das ganze große und zunächst erfolgversprechende Einigungswerk des Hilarius zum Einsturz bringen, wie es tatsächlich eigentlich schon im Mai 359 geschehen sollte.

Erst der Tod des Kaisers und die kurze Zeit der heidnischen Restaurationspolitik unter Julian, der an den inneren kirchlichen Vorgängen nicht interessiert war, sollte die theologische Einigung zwischen den Kirchen des Morgen- und Abendlandes in den von Hilarius vorgezeichneten Bahnen, aber mit einer Hilarius noch nicht zur Verfügung stehenden schärferen theologischen Terminologie möglich machen[88].

Er selbst war an diesen Entwicklungen, die nur gut drei Jahre nach seinem eigenen Vorstoß erfolgten, nicht mehr beteiligt.

### *3) Hilarius von Poitiers und die Doppelsynode von Rimini und Seleukia - der Liber ad Constantium Imperatorem*

Es erscheint hier nicht notwendig, die vielbeschriebenen Ereignisse der Doppelsynode von Rimini und Seleukia erneut darzustellen[89], die in ihren verschiedenen Phasen eine katastrophale Niederlage für die homousianischen Abendländer ebenso wie für die homöusianische Mehrheit des orientalischen Episkopats geworden war und nun ganz deutlich gezeigt hatte, was kaiserliche Kirchenleitung heißt. Konsequenzen haben dar-

88 Vgl. TETZ, ZNW 66(1975)194-222; ABRAMOWSKI, ThPh 54(1979)41-47.

89 Zur Doppelsynode von Rimini und Seleukia und deren Vorgeschichte vgl. FRITZ, DThC XIII/2,2708-2711; ders., DThC XIV/2,1786-1790; HEFELE-LECLERCQ I/2,929-955; MESLIN, Les Ariens, 285-91; BARDY, in: FLICHE-MARTIN III,161ff.; LIETZMANN, GaK III,224ff.; LOOFS, RE II,35f.; LE BACHELET, DThC II,1826ff.; ZEILLER, Origines, 282ff.; HARNACK, DG II, 256ff.; KELLY, l.c.285-92; TIETZE, l.c.42-50; GLÄSER, l.c.39-70; SIMONETTI, La crisi, 313ff. Zu den Akten von Rimini Y.-M. DUVAL, manoeuvre; ders., RBen 82(1972)7-25.
Zur vierten sirmischen Formel vom 22. Mai 359 als Vorbereitung der Synode und der damit verbundenen Ausschaltung des Einflusses der Homöusianer und besonders des Basilius von Ankyra auf die kaiserliche Kirchenpolitik vgl. außer der oben genannten Literatur noch AMANN, DThC XIV/2,2181-83. Die Formel Ath.syn.8, HAHN, § 163, bei KELLY, l.c. 286f. Text mit deutscher Übersetzung.

aus weder morgen- noch abendländische Theologen gezogen.

Anfangs hatte es so ausgesehen, als würden sich in Rimini die abendländischen Homousianer gegen die von Valens und Ursacius vorgelegte vierte sirmische Formel durchsetzen können. Auch in der orientalischen Parallelsynode in Seleukia hatten die Homöusianer, die ebenfalls nicht gewillt waren, diese Formel zu akzeptieren, unter der Führung von Basilius von Ankyra eine große Mehrheit. Aber unter psychischem und physischem Zwang schließlich hatten sich die Bischöfe von Rimini der von Valens und Ursacius betriebenen Einigungspolitik, die eben keine echte theologische Übereinkunft anstrebte, gebeugt und die Formel von Nike angenommen[90].

Somit hatten Valens und Ursacius, nachdem die zweite sirmische Formel sich als undurchsetzbar erwiesen hatte, eine verwandte Formel durchgesetzt, in der Christus einfach mit einer alle Probleme umgehenden Formel ὅμοιος κατὰ τὰς γραφάς bezeichnet und wieder der Gebrauch des Wortes οὐσία in der trinitarischen Spekulation verboten wurde[91].

Hilarius selbst hatte auf kaiserlichen Befehl[92] an der Synode der Orientalen in Seleukia teilgenommen und sich dort der homöusianischen Mehrheitsfraktion angeschlossen. Nachdem er vor der Synode öffentlich ein Bekenntnis abgelegt hatte, aus dem hervorging, daß er nicht des Sabellianismus verdächtig sei, was nichts anderes bedeutet, als daß er sich von dem Verdacht reinigen mußte, Anhänger des Markell zu sein, wofür

---

90 Hilar.Coll.antiar.Paris. A V,3: Gesta nicaena; dazu FEDER, Studien I, 74ff.; FLEMING, l.c.204ff.; ebenda, A VI: Brief der Synode an Konstantius nach Annahme der Formel von Nike; dazu FEDER, Studien I,77f.; FLEMING, l.c.210ff.

91 Text nach Ath.syn.8,4 [OPITZ II,235,28-30]: γεγεννημένον δὲ μονογενῆ, μόνον ἐκ μόνου τοῦ πατρός, θεὸν ἐκ θεοῦ, ὅμοιον τῷ γεννήσαντι αὐτὸν πατρὶ κατὰ τὰς γραφάς, οὗ τὴν γένεσιν οὐδεὶς ἐπίσταται εἰ μὴ μόνος ὁ γεννήσας αὐτὸν πατήρ.
8,7 [OPITZ II,236,10-15]: τὸ δὲ ὄνομα τῆς οὐσίας διὰ τὸ ἁπλούστερον παρὰ τῶν πατέρων τεθεῖσθαι, ἀγνοούμενον δὲ ὑπὸ τῶν λαῶν σκάνδαλον φέρειν, διὰ τὸ μήτε τὰς γραφὰς τοῦτο περιέχειν ἤρεσε τοῦτο περιαιρεθῆναι καὶ παντελῶς μηδεμίαν μνήμην οὐσίας ἐπὶ θεοῦ εἶναι τοῦ λοιποῦ διὰ τὸ τὰς θείας γραφὰς μηδαμοῦ περὶ πατρὸς καὶ υἱοῦ οὐσίας μεμνῆσθαι. ὅμοιον δὲ λέγομεν τὸν υἱὸν τῷ πατρὶ κατὰ πάντα ὡς καὶ αἱ ἅγιαι γραφαὶ λέγουσί τε καὶ διδάσκουσι.

92 Sulp.Sev.Chron.II,42,1-4. MESLIN, Hilaire et la crise, 35, denkt bei dem Befehl an Hilarius, zur Synode in Seleukia zu erscheinen, an einen Irrtum der Administration.

man im Orient alle Homousianer hielt, wurde er von der homöusianischen Mehrheit der Synode in die Communio aufgenommen[93].

An den Debatten der Synode scheint er sich aber nicht beteiligt zu haben[94]. Sein angeblicher Einfluß auf die homöusianische Mehrheitsfraktion wird in der älteren Forschung gern überschätzt[95].

Aller Wahrscheinlichkeit nach hat auf der Synode der energische abendländische Vertreter des Nizänum, Hilarius von Poitiers, mit der homöusianischen Fraktion der Synode die Formel der antiochenischen Kirchweihsynode von 341 angenommen, die er schon in seiner nach Gallien gesandten Schrift *De synodis* für orthodox erklärt hatte[96].

Mit der Gesandtschaft der Homöusianer an den kaiserlichen Hof ging Hilarius nach Abschluß der Synode nach Konstantinopel[97].

Offenbar wollte Hilarius den Kaiser direkt nicht nur um seine Entlassung aus dem Exil bitten, sondern auch einen neuen Vorstoß für das von ihm vor der Synode von Rimini und Seleukia in Angriff genommene Einigungswerk zwischen abendländischen Homousianern und morgenländischen Homöusianern unternehmen, auch wenn die kirchenpolitische Situation eigentlich schon seit den Ereignissen des 22. Mai 359 in Sirmium[98] dafür nicht mehr so günstig waren wie noch vor einem Jahr, als sich

93 Sulp.Sev.Chron.II,42,4-5. Zum Bericht des Sulp.Sev. vgl. MESLIN, l.c.
94 Zur Teilnahme an der Synode Hilar.C.Const.12ff., wo Hilarius eine zwar sehr einseitige, aber interessante Darstellung gibt.
95 Z.B. REINKENS, l.c.194f.: "*Wir müssen aber hier des h. Hilarius gedenken. Die Acacianer hatten seine Entfernung nicht gefordert; er war bei allen Sitzungen zugegen. Er trat nicht öffentlich auf, richtete keine Rede an die Versammlung und hielt genau seine Stellung inne, die er als einziger Occidentale in dieser Synode der Orientalen einzunehmen hatte. Doch hat er im vertraulichen Verkehre die Majorität ohne Zweifel gestärkt und Einzelnen die klare Auffassung erleichtert.*" Auch sonst ist von einem Einfluß des Hilarius im Orient nichts zu spüren; sein Syn.78-91 erhaltener Brief an die Homöusianer hat keine erkennbaren Spuren hinterlassen.
96 Soc. h.e.II,39,19-21; Soz. h.e.IV,22,9; vgl. seine positive Interpretation der zweiten antiochenischen Formel in Syn.31-33; dagegen aber C.Const.23.
97 Sulp.Sev.Chron.II,45,3.
98 Am 22. Mai 359 wurde in Sirmium die sogenannte vierte sirmische Formel verfaßt; vgl. Anm. 89.

Konstantius ganz auf die Seite der Homöusianer gestellt hatte[99].

Noch konnte Hilarius nicht wissen, daß die Delegierten der Synode von Rimini inzwischen am 10. Oktober in Nike der dort von Valens vorgelegten Formel zugestimmt hatten, und auch die übrigen in Rimini zurückgehaltenen Bischöfe nacheinander ihre Unterschrift gaben[100]. Am 31. Dezember 359 gaben dann auch die homöusianischen Legaten der Synode von Seleukia ihre Unterschrift unter die homöische Formel von Nike[101].

Hilarius scheint in Konstantinopel keine Aufforderung bekommen zu haben, sich den Legaten der beiden Synoden anzuschließen und auch zu unterschreiben.

In diese Situation in Konstantinopel gehört der einzige bekannte Versuch des Hilarius, mit Konstantius selbst in Kontakt zu kommen.

Wohl noch in den letzten Wochen des Jahres 359 richtet Hilarius an den sich gerade in der Hauptstadt aufhaltenden Kaiser eine kleine Schrift mit der Bitte um eine Audienz[102].

---

99 Vgl. S. 335ff.; 346ff.

100 SEECK, Regesten, 206.

101 Soz. h.e.IV,23,8.

102 *Sancti Hilarii Liber ad Constantium Imperatorem, quem et Constantinopoli ipse tradidit* (Liber II ad Constantium) [FEDER, 198-205]. Zu Titel, Inhalt und Überlieferung der kleinen Schrift FEDER, Studien III,1-16.
Da Konstantius nur von November 359 bis Februar 360 (SEECK, Regesten, 207) in Konstantinopel nachweisbar ist, und auch Hilarius selbst nicht vor November 359 in der Hauptstadt eingetroffen sein kann (die Synode in Seleukia hatte bis 1. Oktober gedauert), muß die Abfassung dieser Schrift in diesen Zeitraum von etwa drei Monaten fallen. Inhaltlich läßt dieses Audienzgesuch sich besser vor dem 31. Dezember 359 (an diesem Tag unterschrieben auch die homöusianischen Gesandten die Formel von Nike) unterbringen. Möglicherweise hat Hilarius die Schrift verfaßt, bevor die Unterschrift der Synodalen von Rimini unter die Formel von Nike wahrscheinlich irgendwann im Dezember in Konstantinopel bekannt wurde (Hilar.Coll.antiar.Paris. A VI). Zur Zeit der akakianischen Januarsynode in Konstantinopel konnte Hilarius keine Hoffnung mehr haben, Konstantius zu einer Vereinigungspolitik von Homousianern und Homöusianern zu bewegen. Die von Hilarius als gegenwärtig tagend erwähnte Synode (Ad Const.8 [FEDER, 203,8]: *praesente synodo, quae nunc de fide litigat*) kann m.E. nicht die Synode von Januar 360 sein, auf die auch kaum der Ausdruck *synodus dissidens* [FEDER, 204,17f.] passen würde. Man wird hierbei eher an die dauernd seit Ankunft der verschiedenen Delegationen in Konstantinopel tagenden Bischöfe denken können. So auch FEDER, l.c. An die Synode vom Januar 360 und damit an eine Abfassung zu Anfang 360 denken BORCHARDT, l.c.; LOOFS, l.c. und MESLIN, l.c.

Den Kaiser redet er mit aller Hochachtung und im gebührenden höfischen Stil an[103]. Um zweierlei bittet Hilarius den Monarchen: um Klärung seines persönlichen Falles[104] und um eine Gelegenheit, vor dem Kaiser und der gerade am Ort tagenden Synode über die Frage des Glaubens reden zu dürfen[105].

Die Möglichkeit, über die Gründe seines seiner Meinung nach ungerechterweise über ihn verhängten Exils zu sprechen, bieten sich um so mehr an, als gerade Saturnin von Arles, auf dessen Initiative hin er vor nunmehr bald vier Jahren abgesetzt und verurteilt worden war, sich ebenfalls im Moment in Konstantinopel aufhält[106].

Wesentlich wichtiger aber ist es Hilarius, über die aktuelle Glaubenssituation, nämlich über das immer noch nicht beseitigte Schisma zwischen Ost und West, zu reden[107] und über die allgemein unbefriedigende Situation, die durch das Aufstellen immer neuer Bekenntnisse entstanden ist[108]. Mehrfach verweist in diesem Zusammenhang Hilarius auf das Nizänum als die Grundlage des Glaubens, an der nicht gerüttelt werden darf[109].

---

103 Vgl. TIETZE, l.c.245-48; SETTON, l.c.98ff.

104 Ad Const.2.

105 Ad Const.8f. Die Glaubensangelegenheiten sind ihm dabei wichtiger als sein persönlicher Fall; vgl. Ad Const.3.

106 Ad Const.2,2 (vgl. S. 233 mit Anm. 57). Zum Exil des Hilarius und zur Intention von Ad Const.2 vgl. S. 230ff.

107 Ad Const. 10 [FEDER, 204,12-18]: *Audi, rogo, ea, quae de Christo sunt scripta, ne sub <eis> ea, quae non scripta sunt, praedicentur. summitte ad ea, quae de libris loquuturus sum, aures tuas. fidem tuam ad deum erigas. audi, quod proficit ad fidem, ad unitatem, ad aeternitatem. loquuturus tecum sum cum honore regni et fidei tuae omnia ad Orientis et Occidentis pacem proficientia, sub publica conscientia, sub synodo dissidenti, sub lite famosa.*

108 Ad Const.5-7; vgl. aber Syn.63, wo Hilarius die verschiedenen Bekenntnisse seinen gallischen Amtsbrüdern gegenüber positiv beurteilt.

109 Ad Const.5 [FEDER, 200,8f.]: *Conscii enim nobis inuicem sumus post Niceni conuentus synodum nihil aliud quam fidem scribi.*
So ist es ein Irrtum, wenn MESLIN, l.c., TIETZE, l.c. und SIEBEN, l.c.203f. annehmen, daß Hilarius sich hier auf ein weniger brisantes Taufbekenntnis zurückziehen wolle. Nizänum und der in der Taufe angenommene Glaube sind identisch: 7,1 [FEDER, 202,13-20]: *...tutissimum nobis est primam et solam euangelicam fidem confessam in baptismo intellectamque retinere nec demutare, quod solum acceptum atque auditum habeo, bene credere, non ut ea, quae synodo patrum nostrorum continentur, tamquam inreligiose et impie scripta damnanda sint, sed quia per temeritatem humanam usurpantur ad contradictionem, quod ob hoc sub nomine nouitatis euangelium negaretur, ut periculose tamquam sub emendatione innouetur,...*

Um den im Orient weit verbreiteten Verdacht auszuräumen, daß man im Westen das Nizänum im Sinne Markells und Photins interpretiere, distanziert er sich ausdrücklich von diesen beiden Theologen[110], wie er es schon auf der Synode zu Seleukia getan hatte[111].

Die kleine Schrift *Ad Constantium imperatorem* zeigt sich so nur in zweiter Linie und eher beiläufig als der Versuch des Hilarius, vom Kaiser die Aufhebung seines von ihm als ungerecht empfundenen Exils zu erlangen.

Vielmehr ist sie der kirchenpolitische Ausdruck für die von Hilarius seit 358 konsequent vertretene theologische Linie zur Einigung der Kirche über eine echte theologische Verständigung zwischen den homousianischen Abendländern und den homöusianischen Orientalen gegen den Anhomöismus eines Aetius und Eunomius und den Homöismus einiger illyrischer und gallischer Bischöfe im Umkreis des kaiserlichen Hofes und die mit diesen kirchenpolitisch gemeinsam agierende Gruppe um Acacius[112].

Mit dieser Schrift versucht Hilarius, den Kaiser für sein Versöhnungsprogramm zu gewinnen; denn nur mit dem Kaiser war ein derartiges Programm auch zu verwirklichen - darüber waren sich alle kirchenpolitischen Gruppierungen im klaren[113].

---

110 Ad Const.9 [FEDER, 204,1-11]: *Sed memento tamen neminem hereticorum esse, qui se nunc non secundum scripturas praedicare ea, quibus blasphemat, mentiatur. hinc enim Marcellus 'uerbum dei' cum legit, nescit. hinc Fotinus 'hominem Iesum Christum' cum loquitur, ignorat. hinc et Sabellius, dum quod et ego et pater unum sumus non intellegit, sine deo patre et sine deo filio est. hinc et Montanus per insanas feminas suas 'paraclytum alium' defendit. hinc et Manicheus et Marcion legem odit, quia littera occidet et mundi princeps diabolus est. omnes scripturas sine scripturae sensu loquuntur et fidem sine fide praetendunt. scripturae enim non in legendo sunt, sed in intellegendo neque in praeuaricatione sunt, sed in caritate.*

111 Sulp.Sev.Chron.II,42,4f.; vgl. Anm. 93.

112 Vgl. die Anm. 89 angegebene Literatur und KLEIN, Constantius, 93ff.

113 Dem Problem nicht angemessen TIETZE, l.c.247f.: "*Im Liber ad Constantium scheint Hilarius die reale Gegebenheit zu akzeptieren, so die enge Verknüpfung von Kaisertum und Kirche im Bereich der Glaubensfragen, von Kaisertum und Synoden, von Einheit des Glaubens und Frieden des Reiches. Die Frage des Zueinander beider Bereiche wird nicht grundsätzlich aufgegriffen, ja unter dem Eindruck einer 'eusebianischen Theologie' verschließt Hilarius sogar die Augen vor den Ereignissen, die seinem eigenen Modell widersprechen.*"
Der auch von MESLIN, l.c. in diesem Zusammenhang benutzte Begriff

Da es Hilarius bei seinem Vorstoß allein um die Einigung zwischen den gespaltenen Kirchen ging und darum, den Kaiser dafür zu gewinnen, ist es nicht verwunderlich, daß Hilarius sich in seinem Audienzgesuch weder für den aus Alexandria vertriebenen Athanasius noch auch nur mit einem Wort für seine in der Folge der Synode von Mailand ins Exil getriebenen abendländischen Mitbischöfe Paulinus, Lucifer, Dionysius, Euseb und Rhodanius einsetzt.

Die anfängliche Unterstützung des Basilius und der Homöusianer durch den Kaiser gab Hilarius zunächst noch Anlaß zu Hoffnung[114]. Aber - was Hilarius in Seleukia offensichtlich noch nicht ganz klar geworden war - Konstantius hatte sich inzwischen - und nun endgültig - auf die Seite der homöischen Bischöfe aus dem Umkreis seines Hofes geschlagen[115].

Seine Bitte um Rederecht vor dem Kaiser und den in Konstantinopel tagenden Bischöfen wurde Hilarius nicht erfüllt. Die theologischen Ratgeber des Konstantius, die sich sicher noch gut erinnerten, wie Basilius von Ankyra den Kaiser für sich und seine homöusianische Partei gewonnen hatte[116], wollten ein derartiges Risiko wahrscheinlich nicht noch einmal eingehen.

Konstantius konnte nach der Synode, die im Januar 360 in Konstantinopel zusammengetreten war, seine Politik für die Überwindung der Kirchenspaltung als gelungen ansehen. Seine kirchenpolitischen Wünsche nach Einheit der einen Reichskirche hatten sich durch die Doppelsynode von Rimini und Seleukia in seinen Augen erfüllt.

---

*eusebianisch* scheint hier ungeschickt. Über die Rolle des Kaisers in der Kirche gab es quer durch alle theologischen und kirchenpolitischen Lager und Gruppen keine grundsätzlichen Meinungsverschiedenheiten! Vgl. auch S. 368-371.

114 Vgl. Hilar.Syn.78 und S. 343f.

115 Vgl. KLEIN, l.c.64ff., 93ff. Über die Gründe, die Konstantius dazu bewogen haben, diese zunächst nur von einer kleinen Minderheit von Bischöfen unterstützte Theologie zur offiziellen Reichstheologie zu machen, kann man nur spekulieren. Allerdings ließ die sirmische Formel von 359 breite Auslegungsmöglichkeiten zu und kam damit dem Wunsch des Kaisers sicher entgegen. Man kann auch vermuten, daß diese Art Theologie den persönlichen Glaubensüberzeugungen des Konstantius nahe kam.

116 Vgl. S. 340ff.

Am 15. Februar 360 weihte er - sicher im Kreise seiner homöischen Bischöfe aus Morgen- und Abendland - die von seinem Vater begonnene große Kirche in Konstantinopel ein[117].

Überall im Orient wurden indessen die Gegner dieser Befriedungspolitik, unter ihnen die Führer der Homöusianer, von ihren Bischofssitzen vertrieben[118].

Wir wissen nicht, wie lange sich Hilarius noch in Konstantinopel aufgehalten hat, ob er überhaupt noch die Synode, die im Januar dort tagte, miterlebt hat.

Am Anfang des Jahres 360 scheint er, ohne eine ausdrückliche Genehmigung dazu bekommen zu haben, in seine gallische Heimat aufgebrochen zu sein[119].

---

117 SEECK, Regesten, 207.

118 Soz. h.e.IV,24; vgl. die Anm. 89 angegebene Literatur.

119 Zur Rückkehr nach Gallien vgl. Sulp.Sev.II,45,3f. Dem widerspricht Sulp.Sev. Mart.6,7. Die Mehrzahl der Forscher hat sich dem Bericht des Sulpicius in der Chronik angeschlossen. Angesichts der Ereignisse in Konstantinopel, die den Freunden und Verbündeten des Hilarius Absetzung und Exil brachte, scheint eine Erlaubnis zur Rückkehr nach Gallien durch den Kaiser ausgeschlossen. Seine eigenmächtige Rückreise scheint Hilarius selbst anzudeuten. C.Const.11 [PL X,588A]: *Postquam omnia contulisti arma adversum fidem Occidentis, et exercitus tuos convertisti in oves Christi: fugere mihi sub Nerone licuit.* So im Prinzip auch LOOFS, LIETZMANN, MESLIN. Dagegen zuletzt DUVAL, At-Pavia 48(1970)251-75, der in diesem Punkt aber nicht überzeugt. Dort auch eine ausführliche Auseinandersetzung zu allen mit der Rückkehr des Hilarius aus dem Exil verbundenen Problemen; zu den unterschiedlichen Auffassungen auch BORCHARDT, l.c.63.

## 5. KAPITEL

## DIE RÜCKKEHR NACH GALLIEN - AUSBLICK

Der Versuch des Hilarius, seine ökumenische Theologie dem Kaiser selbst vorzutragen und so eine Lösung der theologischen und kirchenpolitischen Probleme im Sinne der Homousianer und der Homöusianer zu erlangen, war gescheitert. Dieser Versuch stellt seine letzte direkte Auseinandersetzung mit der Kirchenpolitik des Konstantius als des Alleinherrschers des Imperium Romanum dar.

Mit der Rückkehr des Hilarius aus dem orientalischen Exil beginnt für einige Jahre noch einmal ein völlig neuer Abschnitt seiner Wirksamkeit, der nicht mehr direkt von der Kirchenpolitik des Konstantius bestimmt und daher nicht mehr Thema dieser Untersuchung ist.

Da aber die kirchenpolitischen Aktivitäten des in den Westen zurückgekehrten Hilarius an den Folgen der Kirchenpolitik des Konstantius gegenüber dem Abendland entstanden und notwendig wurden, soll wenigstens ein abschließender Ausblick auf sie gegeben werden.

Bei diesen Aktivitäten des Hilarius handelt es sich also weitgehend um Vergangenheitsbewältigung; Konstantius selbst spielte hierbei keine Rolle mehr.

Im Februar 360, etwa zu der Zeit, als Konstantius nach den Enkainien der großen Kirche von Konstantinopel zum Perserfeldzug aufgebrochen war, hatte Julian in Paris sich zum Augustus ausrufen lassen[1]. Konstantius erfuhr davon erst im März im Feldlager in Caesarea in Kappadokien[2].

Es ist nicht unwahrscheinlich, daß Hilarius sich auf die Nachricht von der Usurpation des Julian nach Gallien aufge-

---

1 Zur Usurpation des Julian vgl. v. BORRIES, PW X,39ff.; BIDEZ, Julian, 195ff.; BOWERSOCK, l.c.46ff.

2 SEECK, Regesten, 207.

macht hat[3]. Etwa gegen die Mitte des Jahres 360 wird er in Gallien eingetroffen sein.

Wie schon Magnentius[4] und vielleicht auch Silvanus[5] scheint auch Julian, in Wirklichkeit längst Heide, versucht zu haben, den besonders seit der Synode von Rimini in allerdings nicht offener Opposition zu Konstantius stehenden Episkopat für sich gegen Konstantius zu gewinnen und auch propagandistisch - sogar in Richtung Orient - zu benutzen[6]. Allein der Versuch homousianisch gesinnter Abendländer, die mehr oder weniger erzwungenen Beschlüsse von Rimini, d.h. die Annahme der homöischen Formel von Nike, wieder rückgängig zu machen, mußte unter den neuen politischen Verhältnissen beinahe zwangsweise eine politische Option für den Usurpator Julian bedeuten. Auf diesem Hintergrund ist die in ihrer unmäßigen Polemik so befremdliche Schrift *Contra Constantium*[7], die aller Wahrscheinlichkeit nach erst in Gallien 360/61 entstanden ist, mit der Polemik Julians gegen Konstantius zusammen zu sehen[8]. Mit einer ausschließlich theologischen Deutung

---

3 Hilarius wird ebenfalls im März von der Usurpation des Julian erfahren haben - um diese Zeit muß er nach Westen abgereist sein. Zum Reiseweg und dem von der Vita Martini berichteten Aufenthalt in Italien vgl. DUVAL, l.c.

4 Vgl. S. 65-90.

5 Vgl. S. 202-210.

6 So v. BORRIES, l.c.43; vgl. auch die Rückkehrerlaubnis für die unter Konstantius verbannten Bischöfe (Ruf. Hist.X,28), nachdem Julian die Alleinherrschaft angetreten hatte. Nach Amm.21,2,4,5 besuchte Julian Epiphanias 361 vor Beginn des Feldzuges gegen Konstantius den christlichen Gottesdienst, um die christlichen Soldaten für sich zu gewinnen.

7 *Sancti Hilarii contra Constantium Imperatorem liber unus* [PL X,577-606]. Trotz des einleuchtenden Vorschlages von DOIGNON, Oikoumené, 484f., nach dem handschriftlichen Befund dieses Pamphlet besser *In Constantium* zu nennen, bleibe ich bis zum Erscheinen einer verbindlichen kritischen Edition bei dem bisher üblichen Titel.

8 So KLEIN, l.c.102f., 126f.; PIGANIOL, l.c.118f. (Das von KLEIN, l.c. 103 A.193 angegebene Zitat von PIGANIOL findet sich in dessen Werk auf S. 118, nicht auf S. 107, wie bei KLEIN irrtümlich zu lesen ist.) Zur Datierung des Pamphletes, das meist als noch in Konstantinopel abgefaßt angesehen wird, vgl. auch oben S. 216-218. Auffällig ist, daß Hilarius bei der Abfassung dieser Schrift offenbar keine so engen Kontakte mit Homöusianern gehabt hat, wie sie noch der Brief der Synode von Paris (Coll.antiar.Paris. A I) zeigt, oder im Moment keinen Wert auf sie legt. C.Const.18 [PL X,595B]: *Sed similitudo tibi placet* (als Vorwurf an Konstantius)*; ne audias, Ego et Pater unum sumus (Joh.10, 30)?* Vgl. damit Coll.antiar.Paris. A I,2 [FEDER, 44,12-19]: ..., *similitudinem quoque eius ad deum patrem non inuiti audientes - quippe cum*

dieser Schrift sollte man daher vorsichtig sein[9].

Während der gesamten Regierungszeit Julians scheint Hilarius - nach vierjährigem Exil - in Gallien und Norditalien damit beschäftigt gewesen zu sein, die kirchenpolitischen Entscheidungen des Konstantius rückgängig zu machen[10]. Angesichts der plötzlichen Heimreise des Hilarius Anfang 360, seiner rastlosen Tätigkeit zur Beseitigung der Beschlüsse von Rimini und seiner plötzlich so polemischen Schrift gegen Konstantius ist nicht daran zu zweifeln, daß Hilarius die Usurpation des Julian bejaht und mit seinen Mitteln auch unterstützt hat.

Konstantius ist jetzt für ihn der eigentliche Usurpator, der illegitime Erbe des großen Konstantin:

---

*imago inuisibilis dei sit -, sed eam solam similitudinem dignam ad patrem intellegentes, quae dei ueri sit ad deum uerum, ita ut non unio diuinitatis, sed unitas intellegatur, quia unio sit singularis, unitas uero secundum natiuitatis ueritatem plenitudo nascentis sit, maxime <cum> dominus ipse Iesus Christus ad discipulos suos sit professus dicens: ego et pater unum sumus.* Vgl. auch seine Kritik an der zweiten antiochenischen Formel C.Const.23, die er 359 in Seleukia mit unterschrieben hatte.

9 Verfehlt die in der Tradition von BERKHOF stehende Interpretation von TIETZE, l.c.260: *"Ein Weisungsrecht in Glaubensfragen auf seiten des Kaisers oder einer anderen Person gegenüber den Bischöfen lehnt Hilarius grundsätzlich ab, auch wenn er diese Aussage nicht expressis verbis macht. Die Trennung zwischen Kirche und Staat ist für Hilarius letztlich begründet in der Unterordnung aller Fragen des kirchlichen und weltlichen Lebens unter das Problem der Sicherung der Erlösung durch Christus."*
Zur Polemik des Hilarius gegen Konstantius TIETZE, l.c.248-60; OPELT, VigChr 27(1973)203-217; KLEIN, l.c.126ff.

10 Sulp.Sev.Chron.II,45. Vgl. DUVAL, AtPavia 48(1970)267ff. Eine ausschließlich politische Interpretation dieser Vorgänge bei KLEIN, l.c. 102f.: *"Es ist bekannt, daß die Mehrheit der einst in Ariminum versammelten Bischöfe, vor allem jene aus dem gallischen Bereich, sofort nach ihrer Rückkehr sich von der ihnen abgenötigten Nikeformel lossagten. Besonders der aus Konstantinopel über Rom nach Gallien zurückreisende Hilarius, der weiterhin enge Verbindungen zu den abgesetzten Bischöfen des Ostens unterhielt, war seit dem Jahre 360 unablässig darauf bedacht, seine Amtskollegen gegen das Einigungswerk des Constantius aufzuwiegeln. Da er seine Tätigkeit vorwiegend im gallischen Bereich entfaltete, ist an einem Zusammenspiel mit dem auf eine wirksame propagandistische Hilfe bedachten Julian gegen Constantius nicht zu zweifeln."* Daß es dagegen Hilarius natürlich in erster Linie um den theologischen Aspekt ging, war aus *De synodis* und *Ad Constantium* deutlich geworden. Keine politische Gegnerschaft also, die die theologischen Motive vorschiebt, sondern eigentlich theologische Gegnerschaft, die sich der politischen Gegner bedient und sie auch unterstützt.

*Audi verborum sanctam intelligentiam, audi Ecclesiae imperturbatam constitutionem, audi patris tui professam fidem, audi humanae spei confidentem securitatem, audi haereticae damnationis publicum sensum, et intellige te divinae religionis hostem, et inimicum memoriis sanctorum, et paternae pietatis haeredem rebellem.*[11]

Angesichts der herrschenden politischen Lage sind diese Sätze als offenes politisches Bekenntnis für Julian anzusehen, den wahren Erben Konstantins[12].

Zur Information über die Ereignisse in Rimini verfaßte Hilarius seine von Rufin und Hieronymus erwähnte Schrift über die Doppelsynode von Rimini und Seleukia[13], von der sich Teile in den Coll.antiar.Paris. erhalten haben[14].

Für die Abfassung dieses *Liber secundus adversus Valentem et Ursacium* hatte Hilarius die Akten der Synode von Rimini

---

11 C.Const.27 [PL X,603A].

12 Die christenfeindlichen Maßnahmen Julians beginnen erst langsam seit 362 und vorwiegend im Orient; vgl. v. BORRIES, l.c.

13 Vgl. S. 248ff.

14 Es handelt sich dabei um folgende Fragmente:
A V,1: Brief der Synode von Rimini; vgl. FEDER, Studien I,75; FLEMING, l.c.189-202.
A V,2: Bericht des Hilarius über die Delegation der Synode von Rimini an Konstantius; vgl. FEDER, l.c.75f.; FLEMING, l.c.202-204.
A V,3: Bericht über die Vorgänge in Nike; FEDER, l.c.76; FLEMING, l.c. 204-08.
A V,4: Bericht des Hilarius; FEDER, l.c.76f.; FLEMING, l.c.208.
A VI: Brief der Synode von Rimini nach der Unterschrift unter die Formel von Nike an Konstantius; FEDER, l.c.77f.; FLEMING, l.c.210-17.
A VIII: Brief des Konstantius an die Synode von Rimini vom 27. Mai 359; FEDER, l.c.80; FLEMING, l.c.240-45.
A IX,1: Stellungnahme der Homousianer von Rimini; FEDER, l.c.80f.; FLEMING, l.c.245.
A IX,2: Hilarius über die Vorgänge vom 21. Juli 359 in Rimini; FEDER, l.c.80f.; FLEMING, l.c.247.
A IX,3: Verurteilung der Häretiker auf der Synode von Rimini am 27. Juli 359; FEDER, l.c.81; FLEMING, l.c.247-49.
B VIII,1: Brief der Legaten der Synode von Seleukia; FEDER, l.c.110f.; FLEMING, l.c.463-73.
B VIII,2: Kommentar des Hilarius; FEDER, l.c.111ff.; FLEMING, l.c. 473ff.
B VIII,2 bildet den wichtigsten Teil dieser uns nur in diesen wenigen Fragmenten erhaltenen Schrift. Zum *Liber secundus adversus Valentem et Ursacium* vgl. FEDER, l.c.121ff., 152; BORCHARDT, l.c.165ff.; jetzt vor allem DUVAL, in: HILAIRE ET SON TEMPS, 51-103. Zu einem neu gefundenen Fragment, von dem DUVAL erwägt, ob es auch zum Liber secundus gehört haben könnte, DUVAL, RBen 82(1972)7-25. Daß die Liberiusbriefe nicht in den Liber secundus gehören, meint auch DUVAL, in: Hilaire et son temps, 98ff., erwägt aber nicht, ob sie u.U. dem Liber primus angehören könnten. Vgl. dazu oben S. 297-301.

zur Verfügung, deren Existenz Y.-M. DUVAL nachgewiesen hat[15].

Die genaue Abfassungszeit dieser Schrift, die DUVAL vor wenigen Jahren umfassend kommentiert hat[16], ist nicht zu ermitteln. Da von den erhaltenen Stücken das jüngste, der Brief der Synode an den Kaiser, nach Unterzeichnung der Formel von Nike, also sicher nach dem 10. Oktober 359, aber wahrscheinlich kaum vor Dezember des Jahres verfaßt sein kann, ist der Liber secundus des Hilarius auf jeden Fall erst 360, vielleicht nachdem Hilarius Konstantinopel verlassen hatte, entstanden[17]. Angesprochen sind die Legaten von Rimini, die mit den Acacianern in Konstantinopel Gemeinschaft aufgenommen hatten[18]. Sie und mit ihnen alle Bischöfe, die in Rimini nachgegeben hatten, will Hilarius davon überzeugen, daß sie in der Formel von Nike einem Betrug von Valens und Ursacius aufgesessen sind[19]. Mit seiner Schrift will er sie zur Annahme des Nizänum bringen.

Bei allen Bemühungen des Hilarius, die Ergebnisse der Synode von Rimini rückgängig zu machen, ließ er aber sein großes Ziel, die theologische Versöhnung zwischen Homousianern und Homöusianern, nicht aus den Augen, was im Abendland nicht überall akzeptiert wurde.

Das wichtigste erhaltene Zeugnis dafür ist der Brief einer Synode von Paris, die nach der Rückkehr des Hilarius aus dem

---

15 DUVAL, l.c.81ff.

16 DUVAL, l.c., bes. 98-103.

17 Anders FEDER, l.c.121f.: "*Der Begleittext* (sc. B VIII,2) *muß kurz nach den Vorgängen von Nice in Thrazien und Konstantinopel (359) in letzter Stadt geschrieben sein. Auf diese weist ziemlich deutlich die frische und erregte Schilderung der Ereignisse, die sich daselbst nach der Ankunft der riminensischen Legaten abspielten.*"
Die direkte Anrede der riminensischen Legaten weist nicht unbedingt darauf hin, daß Hilarius die Schrift noch in Konstantinopel verfaßt hatte. Ebensowenig muß die Schrift vor dem 31.12.359 (Unterzeichnung der Formel von Nike durch die Legaten der Homöusianer) verfaßt worden sein, wie FEDER, l.c. annimmt, weil davon nichts berichtet wird. Die verschiedenen theologischen Erwägungen zur Formel von Nike und die Zusammenstellung der Akten lassen eher an einen etwas späteren Zeitpunkt denken. In Konstantinopel wird Hilarius auch kaum Gelegenheit gehabt haben, die Akten der ersten sessio von Rimini mit der Verurteilung des Valens und Ursacius zu bekommen (A V; IX). Außerdem muß diese Schrift später abgefaßt sein als Ad Const.

18 Hilar.Coll.antiar.Paris. B VIII,2.

19 Vgl. DUVAL, l.c.

Orient 360 oder 361 getagt haben muß[20]. Die Teilnehmer dieser Synode scheinen den Liber secundus des Hilarius noch nicht ganz gekannt zu haben[21]. Die gallischen Bischöfe bedanken sich bei den orientalischen Mitbrüdern[22] für Briefe, die diese Hilarius nach Gallien mitgegeben hatten, und aus denen sie hatten erkennen können, daß man sie mit Täuschung dazu gebracht hatte, den Begriff οὐσία aufzugeben[23].

Unter Verurteilung der *sabellianischen Ketzerei*, d.h. der Theologie des Markell, bekennen sie sich zum ὁμοούσιος in einem für die Homöusianer annehmbaren Sinn, indem sie auch den Begriff *Similitudo* als orthodox anerkennen[24]. Die Führer der homöischen Hofpartei werden von ihnen wie auch von den orientalischen Bischöfen aus der Kirchengemeinschaft ausgeschlossen[25], ebenso Saturnin von Arles, aber anscheinend eher wegen

---

20 Coll.antiar.Paris. A I (der Text auch MUNIER, 32-34 und GAUDEMET, 92-99). Zu der Synode, von der sonst nichts bekannt ist, vgl. HEFELE-LECLERCQ I/2 § 84; BLAISE, Hilaire, 14; BARDY, in: FLICHE-MARTIN III, 238f.; HOLMES, l.c.179. Abzulehnen ist die Vermutung von BLAISE, l.c. 14, daß es sich hierbei um ein gallisches *Nationalkonzil* gehandelt habe; ebenso PALANQUE, HILAIRE ET SON TEMPS, 14, der annimmt, daß Hilarius in Paris eine Art Metropolitenstellung für Gallien eingenommen habe. Für beide Vermutungen gibt es keinerlei Anhaltspunkte (ebenfalls ein Nationalkonzil nimmt GLÄSER, l.c.71ff. an, auf dem seiner Meinung nach aber Phoebadius eine führende Rolle spielte). Im vierten Jahrhundert kann man weder von einem gallischen Nationalkonzil noch von einem gallischen Metropoliten sprechen.
Zum Brief der Synode FEDER, l.c.62-64; FLEMING, l.c.57-82.

21 Eventuell hat Hilarius Teile seiner Schrift schon der Synode vorgelegt; vgl. A I,4 [FEDER, 45,8-15]: *Itaque, carissimi, cum ex litteris uestris in 'usiae' silentio fraudem se passam simplicitas nostra cognoscat, etiam pietatem eorum, qui de Arimino Constantinopolim reuerterunt, conuentos, sicut epistola uestra contenta testatur, neque eos ad tantarum blasphemiarum dampnationem potuisse compellere fidelis dominici praedicator frater noster Hilarius nuntiauerit, nos quoque ab his omnibus, quae per ignorantiam perpere gesta sunt, referimus.*

22 Unter *Orientales* sind hier die inzwischen weitgehend ihrer Bischofssitze beraubten Homöusianer zu verstehen, die in Seleukia die Mehrheitsfraktion gebildet hatten; vgl. FLEMING, l.c.60f., der die Homöusianer allerdings immer *Semiarianer* nennt.

23 A I,1 [FEDER, 43,18-20]: *ex litteris enim uestris, quas dilecto fratri et consacerdoti nostro Hilario credidistis, fraudem diaboli et conspirantia aduersus ecclesiam domini haereticorum ingenia cognouimus,...* Vgl. auch A I,4 (Anm.21). Ob Hilarius diese Briefe der Orientalen in seine Schrift aufgenommen hat, ist nicht mehr auszumachen. Man könnte annehmen, daß B VIII,1 (Brief der Legaten von Seleukia) zu diesen Briefen gehörte.

24 A I,2 [FEDER, 44,4-19]..

25 A I,4 [FEDER, 45,15-19].

verschiedener Verfehlungen als wegen Ketzerei[26].

Ausdrücklich beruft sich der Synodalbrief mehrfach auf Hilarius als Vermittler der hier bezeugten Communio zwischen Orientalen und Abendländern[27].

Lucifer und die um ihn gescharten Rigoristen haben diese Versöhnungspolitik des Hilarius bekämpft und ihn sogar exkommuniziert, wie aus einem jüngst von P. SMULDERS gefundenen und edierten Fragment hervorgeht[28].

Die Synode von Paris, der Residenz Julians, kann dort nur mit dessen ausdrücklicher Billigung stattgefunden haben; ebenso war eine wirksame Absetzung des Saturninus von Arles ohne die Unterstützung des Usurpators nicht möglich.

So wird man auch in der demonstrativen Kontaktaufnahme einer mit Julians Billigung stattfindenden Synode zu durch Konstantius gerade gemaßregelten orientalischen Bischöfen einen politischen Akt sehen müssen[29].

Wir haben keine Nachrichten darüber, ob Hilarius die Kontakte mit den orientalischen Bischöfen später noch weiter gepflegt hat. An der seit der Synode von Alexandria 362 von Athanasius betriebenen Aussöhnungspolitik zwischen Homousianern und Homöusianern und der endgültigen Lösung des Problems, eine gemeinsame Terminologie für die trinitarische Frage zu finden, war er jedenfalls nicht mehr beteiligt, obwohl er durch Euseb von Vercell zumindest davon gehört haben muß[30].

Das Exil im Orient hatte ihn geprägt und zu dem Theologen und führenden abendländischen Kirchenmann werden lassen, als der er dann in die Geschichte eingegangen ist - seine als

---

26 A I,4,4 [FEDER, 46,1-7].

27 A I,1,4. Daß sich die Bischöfe von Paris in Gemeinschaft mit den Orientalen befinden, ergibt sich aus den gemeinschaftlichen Exkommunikationen (vgl. Anm. 25) und aus A I,3 [FEDER, 45,19-46,1].

28 BijPhTh 39(1978)234-43. Der Text des von SMULDERS, l.c. publizierten Fragments oben S. 242 Anm. 98.

29 Vgl. MESLIN, l.c.; KLEIN, l.c.162 (vgl. besonders das in Anm. 10 oben wiedergegebene Zitat).

30 Zu seiner Zusammenarbeit mit Euseb von Vercellae gegen Auxentius von Mailand vgl. Hilar.Aux.13; Ruf. Hist.X,32f. Zu Euseb auf der Synode von Alexandria 362 vgl. TETZ, ZNW 66(1975)218f. Zur Entstehung der neunizänischen Differenzierung der trinitarischen Begrifflichkeit vgl. ABRAMOWSKI, ThPh 54(1979)41-47.

Strafe gedachte Verbannung hatte sich in dieser Hinsicht zumindest ins Gegenteil verkehrt und ihm und der abendländischen Kirche großen Gewinn gebracht.

Auch was er im Orient theologisch gelernt und an geistlichem Leben der östlichen Kirchen erfahren durfte, hat er im heimatlichen Gallien gepflegt und weitergegeben, wie sein großer Psalmenkommentar und seine Bemühungen um monastische Ideen und die Einführung von Hymnen im Kult auch der abendländischen Kirche zeigen.

Viel Zeit war ihm nicht mehr vergönnt. Bald nach seiner letzten spektakulären kirchenpolitischen Aktion gegen den homöischen Bischof Auxentius von Mailand[31] ist er, nur wenig mehr als ein Jahrzehnt nach seinem ersten uns sichtbaren Auftreten in den kirchenpolitischen Auseinandersetzungen unter der Alleinherrschaft Konstantius II., in noch nicht hohem Alter 367 oder 368 gestorben[32].

31 BORCHARDT, l.c.179-82.
32 BORCHARDT, l.c.183; GOEMANS, in: HILAIRE ET SON TEMPS, 107-11.

## SCHLUSS

Die Untersuchungen zur Bischofsopposition gegen Konstantius II. und besonders seine Kirchenpolitik von 340 bis 361 ergeben am Ende bei allen Unterschieden der Einzelprobleme, bei allen dramatischen und menschlichen Höhe- und Tiefpunkten, ein erstaunlich einheitliches Bild.

Das Verhältnis von dem im Kaiser repräsentierten Staat zu der in ihren Bischöfen sichtbaren Kirche zeigt sich nicht anders als unter dem großen von der Geschichte viel gelobten Vater des von ihr mit relativ großer Einmütigkeit verurteilten Konstantius.

Seine Politik ging in den vom Vater eingeschlagenen Bahnen weiter, auch die von ihren Bischöfen geführte Kirche folgte willig und nicht ungern den seit Konstantin vorgezeichneten Linien.

Nur ein Menschenalter nach dem Ende der letzten schrecklichen Verfolgung unter Diokletian, an die sich die älteren der Bischöfe noch erinnern konnten, sind römischer Staat und christliche Kirche total miteinander verbunden - nahezu identisch. Wie selbstverständlich nimmt Konstantius, dem Vorbild seines Vaters folgend, die Herrschaft über die Kirche in Anspruch. Er beruft Synoden, deren Leitung er selbst übernimmt oder vertrauenswürdigen Beamten überträgt, und beteiligt sich als Ungetaufter an dogmatischen Entscheidungen.

Auch im schärfsten Gegensatz zu einzelnen Entscheidungen des Kaisers oder zu ihm überhaupt stellt die Kirche diese Rechte des Kaisers in keinem Punkt in Frage.

Für die Bischöfe in Ost und West ist es selbstverständlich, daß der ungetaufte Kaiser Synoden einberuft und führend an der Lösung von Glaubensfragen beteiligt ist. Eine Diskussion um die Grenzen staatlicher Macht in der Kirche findet auch bei den schärfsten Gegnern des Konstantius nicht statt. Keiner unter den Bischöfen in der Mitte des vierten Jahrhunderts fordert etwa die Trennung von Kirche und Staat oder gar die totale Freiheit gegenüber der kaiserlichen Macht - im Gegenteil, die Benutzung des staatlichen Machtapparates zur Durchsetzung des als richtig und gut Erkannten ist selbstverständlich und wird nirgends diskutiert.

Nur mit Hilfe des Kaisers Konstans im Rahmen seines politischen Kampfes gegen seinen Bruder Konstantius wird in Serdika can. III durchgesetzt, der den römischen Bischof zur obersten Appellationsinstanz für die Kirchen des Morgen- und Abendlandes erklärt. Schon der erste Versuch des Liberius, diesen Kanon auch gegen den Willen des Kaisers durchzusetzen, scheitert. Ohne Hilfe des staatlichen Armes ist die Kirche nicht mehr in der Lage, irgendeinen Synodalbeschluß in die Praxis umzusetzen.

Die Opposition einiger abendländischer Bischöfe gegen Konstantius bricht am Fall des Athanasius auf, den man ungerecht behandelt wähnt.

Erst am Ende der Regierungszeit des Konstantius geht es bei der Opposition morgen- und abendländischer Bischöfe gegen seine Kirchenpolitik auch um theologische Fragen. Das vom Kaiser gewünschte einheitliche Glaubensbekenntnis für die einheitliche Reichskirche ist für eine große Zahl von Bischöfen häretisch.

Die grundsätzliche Frage, ob der Kaiser überhaupt das Recht habe, in den Prozeß der Bildung von Glaubensnormen einzugreifen, kommt auch unter den Gegnern des im Moment vom Kaiser favorisierten Bekenntnisses nicht zur Sprache.

Die Opposition gegen die Kirchenpolitik des Konstantius erweist sich somit nie als grundsätzlich. Sie ist von Anfang an eingebettet in die Kämpfe verschiedener kirchlicher Parteien untereinander. Bei allem persönlichen Mut und großer Risikobereitschaft einiger Beteiligter fehlt dieser Opposition ganz die ekklesiologische Dimension. Bischöfe opponieren gegen Konstantius nicht wegen seines Anspruchs, die Kirche total zu regieren, sondern weil er im Moment eine als häretisch geltende Gruppe bevorzugt oder unterstützt. So ist diese Opposition gegen Konstantius vielfach mit dem Versuch verbunden, ihn auf die eigene Seite zu ziehen. Der Kampf gegen den Kaiser wird so eigentlich zum Kampf um den Kaiser.

Opponiert wird nur gegen den häretischen Kaiser; der totale Machtanspruch des orthodoxen Kaisers wird nie in Frage gestellt. So ist auch der häufige Wechsel der gegen den Kaiser opponierenden Gruppen zu begreifen.

In dieser parteiorientierten Opposition gegen Konstantius können Bischöfe auch rein politisch taktisch vorgehen, indem sie sich mit politischen Feinden des Konstantius verbünden, die an ihrem theologischen oder kirchenpolitischen Anliegen kein Interesse haben, wie vor allem am Beispiel des Magnentius und Julian, aber auch des Konstans gezeigt wurde.

In das Bild dieses noch völlig unreflektierten Verhältnisses zwischen Staat und Kirche paßt bei aller Großartigkeit seiner theologischen und kirchlichen Anliegen auch Hilarius von Poitiers. Die Position des Kaisers in der Kirche hat er bei aller Opposition gegen dessen Einzelentscheidungen nie in Frage gestellt.

Aus wahrscheinlich politischen Gründen aus Gallien verbannt, hat er im Exil für den seiner Meinung nach ungerecht verurteilten Athanasius Partei ergriffen und die vom Kaiser zunächst gebilligte und unterstützte Häresie der zweiten sirmischen Formel bekämpft.

Bei aller Opposition gegen die Beschlüsse von Mailand und Sirmium erwartet er eine Klärung der kirchlichen Angelegenheiten vom Kaiser allein. Als Konstantius sich den Homöusianern anschließt, zu denen Hilarius inzwischen aus theologischen Erwägungen gestoßen war, sieht er darin eine freudig zu ergreifende Chance für die Einheit der Kirche und findet es anscheinend völlig normal, daß nun seine homöusianischen Freunde sich rücksichtslos gegen andere kirchliche Gruppen des staatlichen Armes bedienen. Noch in Konstantinopel versucht er, den Kaiser für seine und der Homöusianer Pläne für die Einheit der Kirche zu gewinnen.

Erst nachdem alle Bemühungen um den Kaiser gescheitert waren, wird er zum wütenden Kritiker an Konstantius und unterstützt aller Wahrscheinlichkeit nach die gegen Konstantius gerichtete Politik Julians, der in Wahrheit längst zum Heidentum übergetreten war und die Kirche haßte und verachtete. In seinem Kampf gegen Auxentius versucht Hilarius sogar, die staatliche Gewalt gegen einen als häretisch empfundenen Bischof auf den Plan zu holen.

Auch für den theologisch überragendsten Kopf der abendländischen Kirche in der Mitte des vierten Jahrhunderts, der die theologischen und kirchenpolitischen Probleme so scharf wie kein anderer sah und den einzig möglichen Weg zur Überwindung der Spaltung der Christenheit eingeschlagen hatte, nämlich den der theologischen Verständigung, bildet das Verhältnis zwischen Staat und Kirche noch kein Problem. Staatliche Macht kann und soll nach seiner Meinung für das als "orthodox" Erkannte eingesetzt werden, also gegen alle Häresie.

Die Problematik des Verhältnisses von staatlicher Macht und kirchlichem Verkündigungsauftrag sollte erst späteren Generationen - und auch da nur selten - bewußt werden.

# LITERATURVERZEICHNIS

Die christlichen griechischen Schriftsteller und ihre Schriften werden im Text und in den Anmerkungen nach G.W.H. LAMPE, A Patristic Greek Lexicon, Oxford 1968, die nichtchristlichen nach H.G. LIDDELL/R. SCOTT, A Greek-English Lexicon, Oxford 1968, abgekürzt; die lateinischen christlichen Schriftsteller nach A. BLAISE, Dictionnaire Latin - Francais des auteurs chrétiens, Strassburg 1954; die nichtchristlichen nach Ch. LEWIS/ Ch. SHORT, A Latin Dictionary, Oxford 1975.

Die Abkürzungen werden im Literaturverzeichnis nicht eigens aufgeführt. Allgemein wurden die Abkürzungen nach der RGG benutzt, Periodica werden nach dem Abkürzungsverzeichnis der Bibliographia Patristica abgekürzt. Bei Zitaten von Quellen wird außer dem Verfasser und dem Titel der Schrift die benutzte Ausgabe nur durch den Namen des Herausgebers gekennzeichnet.

Bei selbständigen Schriften erscheint der Titel abgekürzt, bei Aufsätzen werden nur der Name des Verfassers und der Fundort genannt.

## *1. Quellen*


AMMIANUS MARCELLINUS

Römische Geschichte, lateinisch und deutsch und mit einem Kommentar versehen von W. SEYFARTH. Erster Teil, Darmstadt $1975^3$.

AURELIUS VICTOR

Liber de Caesaribus, Epitome de Caesaribus, ed. F. PICHLMAYR, Leipzig 1970.

ATHANASIUS ALEXANDRINUS

-: Werke, Band II/1: Die Apologien, Hrsg. H.-G. OPITZ, Berlin 1935ff.
Apologia de fuga sua
Apologia secunda
Historia Arianorum
De synodis
Apologia ad Constantium
Tomus ad Antiochenus

-: Apologie a l'empereur Constance. Apologie pour sa fuite, ed. J.M. SZYMUSIAK, SJ (SC 56), Paris 1958.

-: Die Festbriefe des Heiligen Athanasius Bischofs von Alexandria aus dem Syrischen übersetzt und durch Anmerkungen erläutert von F. LARSOW, Leipzig/Göttingen 1852.

-: St. Athanasius. Select Works and Letters, ed. A. ROBERTSON (NPNF II/4), Grand Rapids 1975.

LES CANONS DES SYNODES PARTICULIERS

Fonti IX. Discipline générale antique ($IV^e$-$IX^e$ s.) Tom. I/2, ed. P.P. JOANNOU, Rom 1962.

CASSIODORUS SENATOR

Historia ecclesiastica tripartita, rec. W. JACOB et R. HANSLIK (CSEL 74), Wien 1952.

CODEX THEODOSIANUS
Theodosiani libri XVI cum Constitutionibus Sirmondianis, ed. adsumpto apparatu critico P. KRÜGERI/Th. MOMMSEN, I/2 Textus cum apparatu, Berlin 1954[2].

COLLECTIO AVELLANA
Epistulae imperatorum pontificum aliorum inde ab a. CCCLVII vsque ad a. DLIII datae. Avellana quae dicitur collectio, ed. O. GUENTHER (CSEL 35,1), Wien 1895.

CONCILES GAULOIS
Conciles Gaulois du IVe siècle. Texte latin de l'édition C. MUNIER. Introduction, Traduction et notes par J. GAUDEMET (SC 241), Paris 1977.

CONCILIA GALLIAE
Concilia Galliae A.314 - A.506. Cura et studio C. MUNIER (CChr 148 A), Turnholti 1963.

CHRONICA MINORA
Chronica minora saec. IV.V.VI.VII ed. Th. MOMMSEN, Vol. I (MGH aa IX/1), Berlin 1892.

ECCLESIAE OCCIDENTALIS MONUMENTA
Ecclesiae occidentalis monumenta iuris antiquissima. Canonum et conciliorum graecorum interpretationes latinae..., ed. C.H. TURNER, Oxford 1899ff.

EPIPHANIUS
Epiphanius (Ancoratus und Panarion) III, Panarion haer. 65-80, De fide, Hrsg. K. HOLL (GCS 37), Leipzig 1933.

EUSEBIUS CAESARIENSIS
-: Über das Leben des Kaiser Konstantin, Eusebius Werke I/1, ed. F. WINKELMANN (GCS), Berlin 1975.
-: Gegen Marcell. Über die kirchliche Theologie. Die Fragmente Markells, Eusebius Werke IV, ed. E. KLOSTERMANN, 2. Auflage G.C. HANSEN (GCS), Berlin 1972.

EUSEBIUS VERCELLENSIS
Eusebii Vercellensis episcopi quae svpersvnt, ed. V. BVLHART (CChr IX), Turnholti 1957.

EUTROPIUS
Breviarium ab urbe condita, ed. F. RÜHL, Stuttgart 1972.

FACUNDUS EPISCOPUS
Liber contra Mocianum Scholasticum, ed. J.-M. CLEMENT O.S.B. et R. vander PLAETSE (CChr 90 A), Turnholti 1974, 401-416.

FULGENTIUS FERRANDUS
Ep. VI ad Pelagium et Anatolium Diaconos urbis Romae, in: PL LXVII, 921D-928B.

GREGORIUS ILIBERRITANUS
-: Gregorii Iliberritani episcopi quae supersunt, ed. V. BULHART (CChr LXIX), Turnholti 1967.
-: De fide orthodoxa contra Arianos, 217-247.

GREGORIUS TURONENSIS
Gregorii episcopi Turonensis Historiarum libri decem. Vol. I: lib. I-V, ed. R. BUCHNER (Freiherr vom Stein-Gedächtnisausgabe 2), Darmstadt 1977[5].

HIERONYMUS
-: De viris inlustribus, ed. W. HERDING, Leipzig 1924.
-: Die Chronik des Hieronymus (Hieronymi chronicon), Eusebius Werke VII, ed. R. HELM (GCS 47), Berlin 1956.
-: Apologia adversus libros Rufini, in: PL XXIII,415-518.

HILARIUS PICTAVIENSIS
-: Sancti Hilarii Pictaviensis episcopi opera omnia, in: PL IX/X.
-: De Trinitate libri duodecim, in: PL X,9-471.
-: Liber de Synodis seu Fide Orientalium, in: PL X,471ff.
-: Apologetica ad reprehensores libri de Synodi responsa, PL X,546ff.
-: Libri duo ad Constantium Augustum, in: PL X,553ff.
-: Liber contra Constantium, in: PL X,571ff.
-: Liber contra Arianos vel Auxentium, in: PL X,605ff.
-: Quindecim Fragmenta ex Opere Historico, in: PL X,619ff.
-: S. Hilarii episcopi Pictaviensis opera IV: Tractatus mysteriorum. Collectanea antiariana Parisina (Fragmenta historica) cum appendice (Liber I ad Constantium). Liber ad Constantium imperatorem (Liber II ad Constantium). Hymni. Fragmenta minora. Spuria. Ed. A. FEDER, S.I. (CSEL 65), Wien 1916.
-: Sancti Hilarii Pictaviensis episcopi De Trinitate libri XII cura et studio P. SMULDERS (CChr 62-62A), Turnholti 1979/80.
-: Hilaire de Poitiers. Sur Matthieu. Introduction, Texte critique, Traduction et notes par J. DOIGNON (SC 254, 258), Paris 1978/79.
-: St. Hilary of Poitiers. Select Works. Transl. by E.W. WATSON, L. PULLAN and others, ed. W. SANDY (NPNF II/9), Grand Rapids 1976.
-: Des heiligen Bischofs Hilarius von Poitiers zwölf Bücher über die Dreieinigkeit. Aus dem Lateinischen übersetzt und mit einer Einleitung versehen von A. ANTWEILER, Bd. I/II (BKV II/5.6), München 1933.

IULIANUS IMPERATOR (FLAVIUS CLAUDIUS IULIANUS)
-: L'empereur Julien. Oeuvres complètes.
I,1: Discours de Julien César, ed. J. BIDEZ, Paris 1932.
I,2: Lettres et fragments, ed. J. BIDEZ, Paris 1960².
-: The Works of the Emperor Julian. With an English Translation by W.C. WRIGHT, Vol. I-III (Loeb Classical Library 13, 29, 157), London 1959-62.

LIBERIUS PAPA
-: Epistolae, dicta et gesta, in: PL VIII,1351ff.
-: Die Briefe der Päpste und die an sie gerichteten Schreiben von Linus bis Pelagius I. (vom Jahre 67-590), Bd. II, Hrsg. S. WENZLOWSKY, Kempten 1876, 199ff.

LUCIFER CALARITANUS
-: Luciferi episcopi Calaritani opera omnia, in: PL XIII,767ff.
-: Luciferi Calaritani Opuscula, ed. W. HARTEL (CSEL 14), Wien 1886.
-: Luciferi Calaritani opera quae supersunt, ed. G.F. DIERCKS (CChr VIII), Turnholti 1978.

MARIUS VICTORINUS
Christlicher Platonismus. Die theologischen Schriften des Marius Victorinus. Übersetzt von P. HADOT und U. BRENKE, eingeleitet und erläutert von P. HADOT, Zürich/Stuttgart 1967.

NOVATIANUS
De Trinitate. Novatiani opera, ed. G.F. DIERCKS (CChr IV), Turnholti 1972,1-78.

ORIGENES
Contra Celsum, Origenes Werke I/II, ed. P. KOETSCHAU (GCS), Leipzig 1899.

OROSIUS (PAULUS)
Historia, ed. C. ZANGENMEISTER (CSEL 5), Wien 1882.

PHILOSTORGIUS
Kirchengeschichte, ed. J. BIDEZ/F. WINKELMANN (GCS), Berlin $1972^2$.

PHOEBADIUS
Liber contra Arianos, in: PL XX,13-30.

RUFINUS AQUILEIENSIS
-: Historia Ecclesiastica, Eusebius Werke II: Die Kirchengeschichte, die lateinische Übersetzung des Rufin, ed. Th. MOMMSEN (GCS 9,2), Leipzig 1908.
-: De adulteratione librorum Origenis, ed. M. SIMONETTI (CChr XX), Turnholti 1961, 1-17.

SACRORUM CONCILIORUM NOVA, ET AMPLISSIMA COLLECTIO ...
ed. J.D. MANSI, Tom. II, Florenz 1759 (ND Paris 1901), Tom. III, Florenz 1759 (ND Paris 1901).

SACROSANCTA CONCILIA
Sacrosancta Concilia ad regiam editionem exacta quae nunc quarta parte prodit auctior studio PHILIP. LABBEI et Gebr. COSSARTII. Tom. II, Lutetiae 1671.

SOCRATES SCHOLASTICUS
-: Socratis Scholastici Ecclesiastica Historia, ed. R. HUSSEY, S.T.B., Oxford 1853.
-: Historia Ecclesiastica, in: PG LXVII,29-842.

SOZOMENUS
-: Hermiae Sozomeni Ecclesistica Historia, in: PG LXVII,844-1630.
-: Kirchengeschichte, ed. J. BIDEZ/G.C. HANSEN (GCS 50), Berlin 1960.

SULPICIUS SEVERUS
-: Sulpicii Severii Libri qui supersunt, ed. C. HALM (CSEL 1), Wien 1864.
-: Sulpice-Sévère. Vie de saint Martin I-III, ed. J. FONTAINE (SC 133-135), Paris 1967-69.
-: Des Sulpicius Severus Schriften über den hl. Martin aus dem Lateinischen übersetzt von P.P. BIHLMEYER, O.S.B. (BKV 20), Kempten/München 1914.

THEMISTIOS
Themistii orationes quae supersunt, Vol. I, ed. H. SCHENKL/G. DOWNEY (Bibliotheca scriptorum graecorum et romanorum Teubneriana), Leipzig 1965.

THEODORETUS CYRENSIS
-: Kirchengeschichte, ed. L. PARMENTIER/F. SCHEIDWEILER (GCS 44), Berlin $1954^2$.
-: Des Bischofs Theodoret von Cyrus Kirchengeschichte. Aus dem Griechischen übersetzt und mit Einleitung und Anmerkungen versehen von A. SEIDER (BKV 51), München 1926.

TERTULLIANUS
Adversus Praxean, ed. A. KROYMANN/E. EVANS (CChr II), Turnholti 1954, 1159-1205.

VENANTIUS FORTUNATUS
-: opera omnia, in: PL LXXXVIII,9-595.
-: Vita S. Hilarii, ed. B. KRUSCH (MGH aa IV/2), Berlin 1885, 1-11.

VIGILIUS THAPSUS
Contra Eutychem libri quinque, in: PL LXII,95-154.

ZONARAS (IOHANNES)
Epitomae historiarum, ed. DINDORF, Leipzig 1868-74.

ZOSIMUS
Historia nova. Texte établi et traduit par P. PASCHOUD, Tom I (liv. I et II), Paris 1974.

Vita s. Maximini, in: AS Mai VII,19-25.

Vita s. Paulini, in: AS Aug. VI,668-679.

## 2. *Literatur*

ABRAMOWSKI, L.
-: Das Bekenntnis des Gregor Thaumaturgus bei Gregor von Nyssa und das Problem seiner Echtheit, in: ZKG 87(1976)145-166.
-: Trinitarische und christologische Hypostasenformeln, in: ThPh 54(1979) 38-49.
-: Die Synode in Antiochien 324/325 und ihr Symbol, in: ZKG 86(1975)356-366.

AGRAIN, R.
-: St. Maximine de Trèves, in: BSAO 4(1916)69-93.
-: Où en est l'études des oeuvres de saint Hilaire, in: BSAO 11(1938)691-710.

ALAND, K.
Kaiser und Kirche von Konstantin bis Byzanz, in: Kirchengeschichtliche Entwürfe, Gütersloh 1960, 257-279 (jetzt in: G. RUHBACH, Die Kirche angesichts der konstantinischen Wende, 43-73).

AMANN, E.
-: Libère, in: DThC IX,631-659.
-: Lucifer de Cagliari, in: DThC IX/2,1032-1044.
-: Sirmium (Concils et formules de), in: DThC XIV/2,2175-2183.

ANTIN, P.
Propos d'Hilaire à Martin, in: Hilaire et son temps, 105f.

ANTWEILER, A.
s. Hilarius Pictaviensis.

ARNOLD
Arles. Primat, in: RE II,56-59.

AUBER, C.
Histoire général ... du Poitiers, Tom. I, Poitiers 1885.

AUTEXIER, A.
Des origines du diocèse de Poitiers, in: BSAO IV/5(1959)9-26.

BARBIER, P.
Vie de St. Hilaire, évêque de Poitiers, docteur et père de l'église, Paris 1887.

BARDENHEWER, O.
Geschichte der altchristlichen Literatur III, Freiburg 1923².

BARDY, G.
-: L'Occident en face de la crise arienne, in: Irénikon 16(1939)385-424.
-: Traducteures et adapteures au IVe siècle, in: RechSR 30(1940)257-306.
-: L'Occident et les documents de la controverse arienne, in: ReSR 20 (1940)28-63.
-: Sardique (Concile de), in: DThC XIV/1,1109-1114.
-: Un humaniste chrétien, saint Hilaire, in: RHEF 27(1941)5-25.
-: Athanasius, DHGE IV,1327ff.
-: Beiträge in: Histoire de l'Église, Tom. III: De la paix constantinienne à la mort de Théodose.

BARNARD, L.W.
Pope Julius, Marcellus of Ancyra and the Council of Sardica. A reconsideration, in: RThAM 38(1971)69-79.

BARNES, T.D.
Imperial Chronology, AD 337-350, in: Phoenix 34(1980)160-166.

BARONIUS, C.
Annales Ecclesiastici III, novissima editio aucta et recognita, Antwerpen 1624.

BASTIEN, P.
Le monnayage de Magnence (350-353), Wettern 1964.

BAUS, K./E. EWIG
Die Reichskirche nach Konstantin dem Großen. Erster Halbband: Die Kirche von Nikaia bis Chalkedon (HKG II/1), Freiburg/Basel/Wien 1973.

BERKHOF, H.
Kirche und Kaiser. Eine Untersuchung der Entstehung der byzantinischen und der theokratischen Staatsauffassung im vierten Jahrhundert. Aus dem Holländischen von G. LOCHER, Zollikon 1947.

BERNOULLI, C.A.
Martin von Tours, in: RE XII,389-391.

BESNIER, M.
Les origines du christianisme en Poitou, in: RQH 107(1927)5-12.

BIDEZ, J.
Julian der Abtrünnige. Aus dem Französischen von H. RINN, München o.J.

BIENERT, W.A.
Dionysius von Alexandrien. Zur Frage des Origenismus im dritten Jahrhundert (PTS 21), Berlin 1978.

BLAISE, A.
Saint Hilaire de Poitiers. De Trinitate et ouvrages exégêtiques, Namur 1964.

BLOCKLEY, R.C.
-: Constantius Gallus and Julian as Ceasars of Constantius II., in: Latomus 31(1972)433ff.
-: Ammianus Marcellinus. A Study of his Historiography and Political Thought (Coll. Latomus, vol. 141), Brüssel 1975.

BOER, W. den
The Emperor Silvanus and his Army, in: Acta classica 3(1960)105-109.

BOISSONADE, P.
Histoire du Poitou, Poitiers 1915.

BORCHARDT, C.F.A.
Hilary of Poitiers' Role in the Arian Struggle (Kerkhistorische Studien 12), 's-Gravenhage 1966.

BORRIES, E. von
Iulianos (Apostata), in: PW X,26-91.

BOWERSOCK, G.W.
Julian the Apostate, London 1978.

BRENNECKE, H.C.
-: Rez. BAUS/EWIG (HKG II/1), s.o., in: ZKG 89(1978)395-399.
-: Konstantius II. und der gallische Episkopat, Misc.Hist.Eccl. VI (1983) 216-222.
-: Synodum congregavit contra Euphratam nefandissimum episcopum. Zur angeblichen Kölner Synode gegen Euphrates, in: ZKG 90(1979)176ff.

BROGLIE, A. de
L'Église et l'Empire romain au IV$^{e}$ siècle (6 vol.), Paris 1856-66.

BROWNING, R.
Julian der abtrünnige Kaiser. Aus dem Englischen von U. LEIPPE, München 1977.

BOULARAND, E.
La conversion de Saint Hilaire de Poitiers, in: BLE 62(1961)81-104.

CAMPENHAUSEN H. v.
-: Lateinische Kirchenväter, Stuttgart 1965$^{2}$.
-: Das Bekenntnis im Urchristentum, in: ZNW 63(1972)210ff.
-: Der Herrentitel Jesu und das urchristliche Bekenntnis, in: ZNW 66 (1975)127-130.
-: Das Bekenntnis Eusebs von Caesarea (Nicea 325), in: ZNW 67(1976)123-139.

CASPAR, E.
Geschichte des Papsttums von den Anfängen bis zur Höhe der Weltherrschaft. I: Römische Kirche und Imperium Romanum, Tübingen 1930.

CAZENOVE, J.G.
-: St. Hilary of Poitiers and St. Martin of Tours, London 1883.
-: St. Hilary of Poitiers, in: A Dictionary of Christian Biography III, London 1882, 54-66.

CEILLER, R.
Histoire général des auteurs sacrés et ecclésiastiques, Tom. IV, Paris 1860$^{2}$.

ČEŠKA, J.
Die politischen Hintergründe der Homousioslehre des Athanasius (La base politique de l'homoousios d'Athanase, in: Eirene 2(1963)137-154), deutsch von B. SCHALOW, in: G. RUHBACH, Die Kirche angesichts der konstantinischen Wende, 297-321.

CHADWICK, H.
Hilarius von Poitiers, in: RGG$^{3}$ III,317.

CHAMARD, F.
Origines de l'Eglise de Poitiers, Poitiers 1874.

CHAPMAN, J.
The contested Letters of Pope Liberius, in: RBen 27(1910)22-40; 172-303; 325-351.

CHASTAGNOL, A.
-: Les Fastes de la Préfecture de Rome au Bas Empire, Paris 1962.
-: La Préfecture urbain, Paris 1960.

CLAUDE, D.
Topographie und Verfassung der Städte Bourges und Poitiers bis in das 11. Jahrhundert (Historische Studien 380), Lübeck/Hamburg 1960.

CLAVEL, M.
Béziers et son territoire dans l'antiquité (Annales de l'Université de Besançon 112), Paris 1970.

CLERCQ, V.D. de
-: Ossius of Cordova, Washington 1954.
-: Eusèbe de Verceil, in: DHGE XV,1477-1483.

COLETI, J. u. D.
Vita Luciferi episcopi Calaritani, in: PL XIII,737ff.

COUSTANT, P.
-: Praefatio generalis, in: PL IX,11-126.
-: Vita S. Hilarii ex ipsius scriptis potissimum collecta, in: PL IX,125-184.

CROUZEL, H.
Un "résistant" toulousain à la politique pro-arienne de l'empereur Constance II: l'évêque Rhodanius, in: BLE 77(1976)173-190.

DANIÉLOU, J.
Saint Hilaire, évêque et docteur, in: Hilaire de Poitiers - évêque et docteur, 9-18.

DELEHAYE, H.
Saint Martin et Sulpice Sévère, in: AB 38(1920)5-136.

DEMANDT, A.
magister militum, in: PW Suppl. XII,553ff.

DEMOUGEOT, E.
Gallia I, in: RAC VIII,822-927.

DESSAU, H.
Inscriptiones Latinae selectae I-III, Berlin 1962.

DIEL, P.
Der hl. Maximin und der heilige Paulinus. Bischöfe von Trier - oder Geschichte Triers im vierten Jahrhundert, Trier 1875.

DIERCKS
s. Lucifer Calaritanus.

DINSEN, F.
Homoousios. Die Geschichte des Begriffs bis zum Konzil von Konstantinopel (381), Diss.theol. Kiel 1976.

DÖLLINGER, I. von
Die Papstfabeln des Mittelalters. Ein Beitrag zur Kirchengeschichte (unv.repr. Nachdruck der mit Anmerkungen vermehrt herausgegebenen Ausgabe Stuttgart 1890$^2$), Darmstadt 1970.

DOIGNON, J.
-: Une compilation de texte d'Hilaire de Poitiers présentée par le pape Célestin Ier à un concil romain en 430, in: Oikoumene, Studi paleocristiani in onore del Concilio Ecumenico Vaticano II. Università di Catania 1964, 477-497.

-: Le prologue du De Trinitate d'Hilaire de Poitiers et l'histoire ecclésiastique des $17^e$ et $18^e$ siècle, in: REA 15(1969)185-193.
-: Hilaire de Poitiers avant l'exil (Études augustiniennes), Paris 1971.
-: Hilaire de Poitiers avant l'exil. Bilan d'un recherche, in: REA 17 (1971)315-321.
-: L'Elogium d'Athanase dans les Fragments de l'Opus Historicum d'Hilaire de Poitiers antérieurs à l'exil, in: Politique et Théologie chez Athanase d' Alexandrie, 337-348.

DOREN, R. van
Dénys, évêque de Milan, in: DHGE XIV,263.

DOSETTI, G.L.
Il simbola di Nicea e di Constantinopoli, Roma 1967.

DOUAIS, C.
L'Église des Gaules et le conciliabule de Bézier, Poitiers/Paris 1875.

DRÄSEKE, J.
-: Zu Phoebadius von Agennum, in: Zeitschrift für wiss. Theologie 33 (1890)78-98.
-: Phoebadius von Agennum und seine Schrift gegen die Arianer, in: Zeitschrift für kirchliche Wissenschaft 10(1889)335-343; 391-407.

DREXLER, H.
Ammianstudien (Spudasmata 31), Hildesheim 1974.

DUCHESNE, L.
-: Histoire ancienne de l'Église, Tom. II, Paris $1910^4$.
-: Fastes episcopaux de l'ancienne Gaule I-III, $I^2$: Paris 1907, $II^2$: Paris 1910, III: Paris 1915.
-: Le faux concile de Cologne de 346, in: REH 3(1902)16-29.
-: Libère et Fortunatien, in: Mélanges d'Archeol. et d'Hist. 28(1908)31-78.
-: Akten des 5. internationalen Kongresses katholischer Gelehrter, München 1905, 58.

DUVAL, Y.-M.
-: Une traduction latin du Symbole de Niceé et une condemnation d'Arius à Rimini. Nouveau fragment historique d'Hilaire ou pièces des Actes du concile? in: RBen 82(1972)7-25.
-: La "manoeuvre frauduleuse" de Rimini. A la recherche du liber adversus Ursacium et Valentem, in: Hilaire et son temps, 51-103.
-: Vrais et faux problèmes concernant le retour d'exil d'Hilaire de Poitiers et son action en Italie en 360-63, in: AtPavia 48(1970)251-275.

ELTESTER, W.
Die Kirchen Antiochias im vierten Jahrhundert, in: ZNW 36(1937)251-286.

ENSSLIN, W.
-: Magnentius, in: PW XIV/1,445-452.
-: Martin von Tours, in: PW XIV/2,2020-2022.

EWIG, E.
Trier im Merowingerreich, Trier 1954.

FABER, N.
Nicolai Fabri in Fragmenta Hilarii praefatio, in: PL X,887-916.

FEDER, A.L.
s. Hilarius Pictaviensis.
-: Studien zu Hilarius von Poitiers I. Die sogenannte "fragmenta historica" und der sogenannte "Liber I ad Constantium Imperatorem" nach ihrer

Überlieferung, inhaltlicher Bedeutung und Entstehung, in: SAW 162,4, Wien 1910.
-: Studien zu Hilarius von Poitiers II. Bischofsnamen und Bischofssitze bei Hilarius, kritische Untersuchungen zur kirchlichen Prosopographie und Topographie des vierten Jahrhunderts, in: SAW 166,5, Wien 1911.
-: Studien zu Hilarius von Poitiers III. Überlieferungsgeschichte und Echtheitskritik des sogenannten Liber II ad Constantium, des Tractatus mysteriorum, der epistula ad Abram filiam, der Hymnen. Kleinere Fragmente und Spuria, in: SAW 169,5, Wien 1912, 950f.
-: Eine Neuausgabe der sogenannten hilarianischen Fragmente, in: Historisches Jahrbuch, München 1906.
-: Neue Literatur zur Liberiusfrage, in: ThRe 9(1910)105-109.
-: Rez. SAVIO, F., Punti controversi nella quaestione del papa Liberio, Roma 1911, in: ThRe 16(1917)110-112.
-: Epilegomena zu Hilarius Pictaviensis I und II, in: WSt 4(1919)51-60; 167-187.

FLEMING, J.
A Commentary on the so-called "Opus Historicum" of Hilary of Poitiers, Diss. Durham 1951 (dact.).

FONTAINE, J.
s. Sulpicius Severus.
-: Hilaire et Martin, in: Hilaire de Poitiers, évêque et docteur, 59-86.
-: Vérite et fiction dans la chronologie de la Vita Martini, in: Saint Martin et son temps, 189-236.
-: Artikel: Martin de Tours, in: DSp 10(1980)687ff.

FRITZ, G.
-: Rimini (concile de), in: DThC XIII/2,2708-2711.
-: Séleucie d'Isaurie (concile de), in: DThC XIV/2,1786-1790.

FRÉZOULS, E.
La mission du 'magister equitum' Ursin en Gaule (355-57) d'après Ammien Marcellin, in: Hommages à A. Grenier (Coll. Latomus 58), Brüssel 1962,673-688.

GALTIER, P.
-: Saint Hilaire trait d'union entre l'Occident et l'Orient, in: Greg 40 (1959)609-623.
-: Saint Hilaire de Poitiers, le premier docteur de l'église latine, Paris 1960.

GAUDEMET, J.
s. Conciles gaulois.
-: La formation du droit séculier et du droit de l'église aux IV^e^ et V^e^ siècle, Paris 1957.
-: L'Église dans l'empire romain, Paris 1958.

GEFFCKEN, J.
Kaiser Julianus (Das Erbe der Alten, Heft 8), Leipzig 1914.

GELZER, I.
Das Rundschreiben der Synode von Serdika, in: ZNW 40(1941)1-24.

GERICKE, W.
Marcell von Ancyra. Der Logos-Christologe und Biblizist. Sein Verhältnis zur antiochenischen Theologie und zum Neuen Testament (Theologische Arbeiten zur Bibel-, Kirchen- und Geistesgeschichte 10), Halle 1940.

GESSEL, W.
Das primatiale Bewußtsein Julius' I. im Lichte der Interaktion zwischen der Cathedra Petri und den zeitgenössischen Synoden, in: Konzil und Papsttum, FS H. TÜCHLE, Hrsg. G. SCHWAIGER, München/Paderborn/Wien 1975, 63-74.

GIRARDET, K.M.
-: Appellatio - Ein Kapitel kirchlicher Rechtsgeschichte in den Kanones des vierten Jahrhunderts, in: Historia 23(1974)98-127.
-: Constance II, Athanase et l'édit d'Arles (353). A propos de la politique religieuse de l'empereur Constance II, in: Politique et Théologie chez Athanase d'Alexandrie, 63-91.
-: Kaisergericht und Bischofsgericht. Studien zu den Anfängen des Donatistenstreites (313-315) und zum Prozess des Athanasius von Alexandrien (328-346). (Antiquitas I,21), Bonn 1975.
-: Kaiser Konstantius II. als 'episcopus episcoporum', in: Historia 26 (1977)95-128.

GLÄSER, P.
Phoebadius von Agen, Diss. kath.theol. Augsburg 1978.

GLORIEUX, P.
Hilaire et Libère, in: MSR 1(1944)7-34.

GODET, P.
Eusèbe de Verceil (Saint), in: DThC V/2,1553f.

GOEMANS, A.-J.
-: La date de la mort de saint Hilaire, in: Hilaire et son temps, 107-111.
-: L'exil du Pape Libère, in: Mélanges Chr. Mohrmann, Utrecht 1963, 184-189.

GRASMÜCK, E.L.
Exilium. Untersuchungen zur Verbannung in der Antike (Rechts- und staatswissenschaftliche Veröffentlichungen der Görres-Gesellschaft, N.F. 30), Paderborn 1978.

GRIFFE, É.
-: La Gaule chrétienne I, Paris 1947.
-: La chronologie des années de jeunesse de saint Martin, in: BLE 62 (1961)114-118.

GUMMERUS, J.
Die homöusianische Partei bis zum Tode des Konstantius, Leipzig 1900.

GWATKIN, H.M.
Studies of Arianism, Cambridge 1900².

HADOT, P.
s. Marius Victorinus

HAHN, A.
Bibliothek der Symbole und Glaubensregeln der alten Kirche, Breslau 1897³.

HALLER, J.
Das Papsttum - Idee und Wirklichkeit. I: Die Grundlagen, Urach/Stuttgart 1950².

HAMMAN, A.
S. Hilaire est-il témoin à charge ou à decharge pour le pape Libère? in: Hilaire et son temps, 43-50.

HARNACK, A. v.
-: Lehrbuch der Dogmengeschichte. 2. Band: Die Entstehung des kirchlichen Dogmas I, Darmstadt 1964 (unv. reprogr. Nachdr. der 4. Aufl. Tübingen 1909).
-: Die Mission und Ausbreitung des Christentums in den ersten drei Jahrhunderten. Bd. I/II, Leipzig 1924[4].
-: Julian ("Apostata"), der Kaiser, in: RE IX,609-619.

HASE, K.
Kirchengeschichte, Leipzig 1877[10].

HAU, J.
St. Maximin, Saarbrücken 1935.

HAUSCHILD, W.-D.
Die antinizänische Synodalaktensammlung des Sabinus von Heraklea, in: VigChr 24(1970)105-126.

HEFELE, C.J. v.
-: Papst Liberius, sein Verhältnis zum Arianismus und zum nicänischen Symbol, in: ThQ 35(1853)261-298.
-: Controversen in Betreff der Synode von Sardika, in: ThQ 34(1852)395-415.
-: Conciliengeschichte I, Freiburg 1873[2].
-: Histoire des Conciles d'après les documents originaux. Nouvelle traduction francais corrigée et augmentée par H. LECLERCQ, I/2, Hildesheim/New York 1973 (ND der Ausgabe Paris 1907).

HEINZELMANN, M.
Bischofsherrschaft in Gallien. Zur Kontinuität römischer Führungsschichten vom 4. - 7. Jh. Soziale, prosopographische und bildungsgeschichtliche Aspekte (Beihefte der Francia 5), München 1976.

HERRMANN, J.
Ein Streitgespräch mit verfassungsrechtlichen Elementen zwischen Kaiser Konstantius und Bischof Liberius, in: FS H. LIERMANN, Erlangen 1964, 77ff.

HESS, H.
The Canons of the Council of Serdica A.D. 343. A Landmark in the Early Development of Canon Law, Oxford 1958.

HILAIRE DE POITIERS
Hilaire de Poitiers - évêque et docteur. Cinq conférences données à Poitiers à l'occasion du XVIe centenaire de sa mort (Études Augustiniennes), Paris 1968.

HILAIRE ET SON TEMPS
Actes du Colloque de Poitiers 29 septembre - 3 octobre 1968 à l'occasion du XVIe Centenaire de la mort de Saint Hilaire (Études Augustiniennes), Paris 1969.

HISTOIRE DE L'ÉGLISE
depuis les origines jusque' à nos jours publiée sous la direction de A. FLICHE et V. MARTIN. III: De la paix constantinienne à la mort de Théodose, par J.-R. PALANQUE, G. BARDY, P. de LABRIOLLE, Saint-Dizier 1950.

HOLL, K.
Untersuchungen zur Überlieferungsgeschichte des Hilarius von Poitiers (De Synodis, contra Constantium, contra Auxentium), Habil.phil. Berlin 1939 (dact.).

HOLMES, T.S.
The Origin and Development of the Christian Church in Gaul during the First six Centuries of the Christian Era, London 1911.

JACOBS, A.D.
Hilary of Poitiers and the Homoeousians. A Study of the Eastern Roots of his Ecumenical Trinitarism, Diss. Atlanta 1968 (dact.).

JANIN, R.
Basile, évêque d'Ancyre, in: DHGE VI,1104-1107.

JOANNOU, P.-P.
Die Ostkirche und die Kathedra Petri im IV. Jahrhundert (Päpste und Papsttum 3), Stuttgart 1973.

JONES, A.H.M.
The Later Roman Empire (284-602), 3 vol., Oxford 1964.

JONES, A.H.M./J.R. MARTINDALE/J. MORRIS
The Prosopography of the Later Roman Empire, Tom. I, A.D. 290-395, Cambridge 1971.

JONGE, P. de
Philological and Historical Commentary on Ammianus Marcellinus XVI, Groningen 1972.

JÜLICHER, A.
-: Rez. SCHIKTANZ, Die Hilarius-Fragmente, in: ThLZ 30(1905)654-656.
-: Rez. WILMART, L'Ad Constantium liber primus de S. Hilaire de Poitiers et les fragments historiques, in: ThLZ 33(1908)76-78.
-: Rez. FEDER, Studien I/II, in: ThLZ 39(1914)106-109.

JULLIAN, C.
-: Histoire de la Gaule, Tom. VII, Les Empereurs de Trèves, Paris 1926.
-: La jeunesse de Saint Martin, in: REAnc 12(1910)260-280.
-: Le sénat des Parisiens a-t-il participé a la proclamation de Julien comme Auguste? in: REAnc 12(1910)377-382.
-: Remarques critiques sur les sources de la vie de saint Martin, in: REAnc 24(1922)37-47; 123-128; 229-235; 306-312; 25(1923)49-55; 139-143; 234-250.

JUNGMANN, J.
Dissertationes selectae in historiam ecclesiasticam. Dissertatio sexta, De Arianismi fatis ac de supposito lapsu Liberii R.P., Vol. II, Regensburg 1881, 1-83.

KANNENGIESSER, C.
-: Hilaire de Poitiers, in: DS VII/1,466-499.
-: Politique et Théologie chez Athanase d'Alexandrie. Actes du Colloque de Chantilly 23-25 septembre 1974, édités par C. KANNENGIESSER, Paris 1974.

KELLNER, W.
Libertas und Christogramm. Motivgeschichtliche Untersuchungen zur Münzprägung des Kaisers Magnentius, Karlsruhe 1968.

KELLY, J.N.D.
Altchristliche Glaubensbekenntnisse - Geschichte und Theologie. Aus dem Englischen von K. DOCKHORN unter Mitarbeit von A.M. RITTER, Berlin 1971.

KENT, J.P.C.
-: Notes on some Fourth Century Coin Types, in: Numismatic Chronicle 14 (1954)216f.

-: The Revolte of Trier against Magnentius, in: Numismatic Chronicle 19 (1959) 105-108.

KLEIN, R.
-: Constantius II. und die christliche Kirche (Impulse der Forschung 216), Darmstadt 1977.
-: Der Streit um den Victoriaaltar. Die dritte relatio des Symmachus und die Briefe 17, 18 und 57 des Mailänder Bischofs Ambrosius. Einführung, Text, Übersetzung und Erläuterungen von R. KLEIN (Texte zur Forschung 7), Darmstadt 1972.
-: Julian Apostata (Wege der Forschung 509), Darmstadt 1978.
-: Die Kämpfe um die Nachfolge nach dem Tode Constantius des Großen, in: ByzF 1979,101-150.
-: Der Rombesuch des Kaisers Constantius II. im Jahre 357, in: AtPavia N.S. 57(1979)98-115.

KRÜGER, G.
-: Lucifer Bischof von Calaris und das Schisma der Luciferianer, Hildesheim 1969 (ND der Ausgabe Leipzig 1886).
-: Liberius, in: $RE^3$ XI,450-456.
-: Rez. SAVIO, in: ThLZ 37(1912)332-334.

LABBE-COSSARTH
s. Sacrosancta Concilia.

LAFFRANCHI, L.
Commento Numismatico alla storia dell' imperatore Magnenzio e del suo tempo. Atti e Memoria dell' Instituto Italiano di Numismatica VI(1930) 134-205.

LARSOW
s. Athanasius Alexandrinus.

LE BACHELET, X.
-: Arianisme, in: DThC II,1779-1863.
-: Basil d'Ancyre, in: DThC III,461-463.
-: Hilaire de Poitiers, in: DThC VI,2388-2462.

LECLERCQ, H.
Poitiers, in: DACL XIV/1,1252-1340.

LIETZMANN, H.
-: Geschichte der alten Kirche. III: Die Reichskirche bis zum Tode Julians, Berlin $1961^3$.
-: Hilarius von Poitiers, in: PW VIII,1601-1604.
-: Liberius, in: PW XIII,98ff.

LIPPOLD, A.
-: Silvanus, in: Der kleine Pauly V,198.
-: Paulus, Bischof von Constantinopel, in: PW Suppl. X,510-520.

LÖFFLER, P.
-: Die Trinitätslehre des Bischofs Hilarius von Poitiers zwischen Ost und West, Diss. ev.theol. Bonn 1958 (dact.).
-: Die Trinitätslehre des Bischofs Hilarius von Poitiers zwischen Ost und West, in: ZKG 71(1960)26-36.

LOHMEYER, E.
A und O, in: RAC I,1-4.

LOOFS, F.
-: Leitfaden zum Studium der Dogmengeschichte, Halle $1906^4$.
-: Die chronologischen Angaben des sogenannten "Vorberichtes" zu den Festbriefen des Athanasius, in: SAB 1908,1013-1022.

-: Zur Synode von Sardika, in: ThStK 82(1909)279-297.
-: Das Glaubensbekenntnis der Homoousianer von Sardika, in: AAB 1909 Nr. 1, 1-39.
-: Arianismus, in: $RE^3$ II,6-45; XXIII,113-115.
-: Hilarius von Poitiers, in: $RE^3$ VIII,57-67; XXIII,644.
-: Marcellus von Ancyra, in: $RE^3$ XII,259-265.

LORENZ, R.
-: Das vierte bis sechste Jahrhundert (Die Kirche in ihrer Geschichte I, C,1), Göttingen 1970.
-: Die Anfänge des abendländischen Mönchtums im 4. Jahrhundert, in: ZKG 77(1966)1-61.

LUIBHEID, C.
The Arianism of Eusebius of Nicomedia, in: ITQ 43(1976)3-23.

MANSI, J.D.
s. Sacrorum Conciliorum ...

MARROU, H.-I.
Saint Hilaire et son temps, in: Hilaire de Poitiers - évêque et docteur, 19-26.

MARX, B.
Zwei Zeugen für die Herkunft der Fragmente I und II des sogenannten Opus Historicum s. Hilarii, in: ThQ 88(1906)390-406.

MESLIN, M.
-: Les Ariens d'Occident 335-430 (Patristica Sorbonensia 8), Paris 1967.
-: Hilaire de Poitiers, Paris 1959.
-: Hilaire et la crise arienne (avec la collab. de H.-I. MARROU), in: Hilaire et son temps, 11-17.

MÖHLER, J.A.
Athanasius der Große und die Kirche seiner Zeit, besonders im Kampf mit dem Arianismus, I/II, Mainz 1827.

MOINGT, J.
La Théologie trinitaire de S. Hilaire, in: Hilaire et son temps, 159-173.

MOMMSEN, Th.
s. Chronica minora.
Die römischen Bischöfe Liberius und Felix II, in: GS VI,570-581.

MONTES MOREIRA, A.
Potamius de Lisbonne et la controverse arienne, Löwen 1969.

MOREAU, J.
Constantius I, Constantinus II, Constantius II, Constans (Nachträge zum RAC), in: JAC 2(1959)158-184.

MORENZ, S.
-: Ägypten. IV: Im christlichen Altertum, in: $RGG^3$ I,121-124.
-: Alexandria, in: $RGG^3$ I,232f.

MÜLLER, G.
Lexicon Athanasianum, Berlin 1952.

NAUTIN, P.
s. Marius Victorinus.

NORDBERG, H.
Athanasius and the Emperor (Societas Scientiarum Fennica Commentationes Humanarum Litterarum XXX,3), Helsinki 1963.

NUTT, D.C.
Silvanus and the Emperor Constantius II, in: Antichthon 7(1973)80-89.

OPELT, I.
-: Formen der Polemik bei Lucifer von Calaris, in: VigChr 26(1972)200-226.
-: Hilarius von Poitiers als Polemiker, in: VigChr 27(1973)203-217.

PALANQUE, J.-R.
-: Les églises occidentales vers le milieu du IV$^{e}$ siècle, in: FLICHE/MARTIN III, 205-236.
-: La Gaule chrêtienne au temps de saint Hilaire, in: Hilaire et son temps, 11-17.

PIETRI, Ch.
-: Roma Christiana. Recherches sur l'Église de Rome, son organisation, sa politique, son idéologie de Miltiade à Sixte III(311-440) I, Rom 1976.
-: La Question d'Athanase vue de Rome 338-360, in: KANNENGIESSER, Politique et Théologie chez Athanase d'Alexandrie, 93-126.

PIGANIOL, A.
Histoire Romain, Vol IV,2: L'empire chrêtienne (325-395), ed. A. CHASTAGNOL, Paris 1972$^{2}$.

RADDATZ, A.
Weströmisches Kaisertum und römisches Bischofsamt. Ein Beitrag zur Frage nach der Entstehung des vormittelalterlichen Papsttums, Habil. ev.theol. Berlin 1963 (dact.).

RAHNER, H.
Kirche und Staat im frühen Christentum. Dokumente aus acht Jahrhunderten und ihre Deutung, München 1961.

REINKENS, J.H.
Hilarius von Poitiers - eine Monographie, Schaffhausen 1864.

RICHARD, M.
Le comput pascal par octaétéris, in: Le Muséon 87(1974)307-339.

ROBERTSON, A.
s. Athanasius Alexandrinus.

ROETHE, G.
Zur Geschichte der römischen Synoden im 3. und 4. Jahrhundert (Forschungen zur Kirchen- und Geistesgeschichte 11), Stuttgart 1937.

ROSEN, K.
Studien zur Darstellungskunst und Glaubwürdigkeit des Ammianus Marcellinus, Diss. phil. Heidelberg 1968.

RUHBACH, G. (Hrsg.)
Die Kirche angesichts der konstantinischen Wende (Wege der Forschung 306), Darmstadt 1976.

SAINT MARTIN ET SON TEMPS
Mémorial ... du monachisme en Gaule 361-1961 (Studia anselmiana 46), Rom 1961.

SALTET, L.
-: Les lettres du pape Libère de 357, in: BLE 8(1907)279-289.
-: La formation de la légende des papes Libère et Felix, in: BLE 6(1905) 222-236.

SAVIO, F.
-: La Questione di papa Liberio, Roma 1907.
-: Nuovi studi sulla questione di papa Liberio, Roma 1909.
-: Punti controversi nella questione del Papa Liberio, Roma 1911.

SCHÄFERDIEK, K.
Germanenmission, in: RAC X,492-547.

SCHANZ, M.
Geschichte der römischen Literatur bis zum Gesetzgebungswerk des Kaisers Justinianus. I: Die Literatur des vierten Jahrhunderts, München 1959 (unv. ND der 2. Aufl. 1914) (Handbuch der Altertumswissenschaft VIII/4,1).

SCHIKTANZ, M.
Die Hilariusfragmente, Diss. Breslau 1905.

SCHILLER, H.
Geschichte der römischen Kaiserzeit II, Gotha 1887.

SCHINDLER, A.
Afrika I, in: TRE I,640-700.

SCHLADEBACH, J.
Basilius von Ancyra. Eine historisch-philosophische Studie, Leipzig 1898.

SCHNEEMELCHER, W.
-: Gesammelte Aufsätze zum Neuen Testament und zur Patristik, hrsg. v. W. BIENERT und K. SCHÄFERDIEK (Analecta Vlatadon 22), Thessaloniki 1974.
-: Athanasius von Alexandrien als Theologe und als Kirchenpolitiker, in: GA 274-289.
-: Serdika 342. Ein Beitrag zum Problem Ost und West in der Alten Kirche, in: GA 338-364.
-: Die Kirchweihsynode von Antiochien 341, in: FS J. STRAUB, hrsg. v. A. LIPPOLD und N. HIMMELMANN, Bonn 1977, 319-346.

SCHWARTZ, E.
-: Gesammelte Schriften I-V.
I: Vergangene Gegenwärtigkeiten, Berlin 1963².
III: Zur Geschichte des Athanasius, Hrsg. W. ELTESTER und H.-D. ALTENDORF, Berlin 1959.
IV: Zur Geschichte der Alten Kirche und ihres Rechts, Hrsg. W. ELTESTER und H.-D. ALTENDORF, Berlin 1960.
-: Über Kirchengeschichte, in: GS I,110-130.
-: Zur Kirchengeschichte des vierten Jahrhunderts, in: GS IV,1-110.
-: Der griechische Text der Kanones von Serdika, in: ZNW 30(1931)1-35.
-: Über die Sammlung des Cod. Veronensis LX, in: ZNW 35(1936)1-23.

SCHULTZE, V.
Geschichte des Untergangs des griechisch-römischen Heidentums, I: Staat und Kirche im Kampf mit dem Heidentum, Jena 1887.

SEECK, O.
-: Regesten der Kaiser und Päpste für die Jahre 311 bis 476 nach Christus, Stuttgart 1919 (ND Frankfurt 1964).
-: Geschichte des Untergangs der antiken Welt IV, Darmstadt 1966 (unver. ND der 2. Aufl. Stuttgart 1922).
-: Constantius II., in: PW IV/1,1044ff.
-: Silvanus, in: PW 2. Reihe III/1,125f.

SETTON, K.M.
Christian Attitude towards the Emperor in the Fourth Century. Especially as shown in adresses to the Emperor, Diss. Columbia Univ. New York (Studies in History, Economics and Public Law edited by the Faculty of Political Science of Columbia University 482), New York 1941.

SIEBEN, H.J.
Die Konzilsidee der Alten Kirche, Paderborn 1979.

SIMONETTI, M.
-: La crisi ariana nel IV seculo (StEA 11), Rom 1975.
-: Note sulla struttura e la cronologia del De Trinitate di Ilario die Poitiers, in: StUrbino 39(1965)274-300.

SINTHERN, P.
De causa Papae Liberii, in: Slavorum litterae theologicae II, Prag 1908, 137-185.

SMULDERS, P.
-: La doctrine trinitaire de S. Hilaire, Rom 1944.
-: Remarks on the Manuscript Tradition of the De Trinitate of Saint Hilary of Poitiers, in: Studia Patristica III (TU 78) Berlin 1961, 129-139.
-: Rez. C.F.A. BORCHARDT, Hilary of Poitiers' Role in the Arian Struggle, in: ZKG 78(1967)362.
-: Eusèbe d'Emèse comm source du 'De Trinitate' d'Hilaire de Poitiers, in: Hilaire et son temps, 175-212.
-: Two Passages of Hilary's 'Apologetica Responsa' rediscovered, in: BijPhTh 39(1978)234-243.

STEIN, E.
Geschichte des spätrömischen Reiches. I: Vom römischen zum byzantinischen Staate (287-476 n.Chr.), Wien 1928.

STEINWENTER, A.
Der antike kirchliche Rechtsgang und seine Quellen, in: ZSRG 54 Kan. Abt. 23(1934)1-116.

STILTINCK, J.
Liberius, in: AS Sept. VI,574ff.

STROHEKER, K.F.
Der senatorische Adel im spätantiken Gallien, Tübingen 1948.

TELFER, W.
Paul of Constantinople, in: HThR 43(1950)31-92.

TETZ, M.
-: Zur Theologie des Markell von Ankyra. I: Eine markellische Schrift 'De incarnatione et contra Arianos', in: ZKG 75(1964)217-270.
-: Zur Theologie des Markell von Ankyra. II: Markells Lehre von der Adamssohnschaft Christi und eine pseudoklementinische Tradition über die wahren Lehrer und Propheten, in: ZKG 79(1968)3-42.
-: Zur Theologie des Markell von Ankyra. III: Die pseudoathanasianische Epistula ad Liberium, ein Markellisches Bekenntnis, in: ZKG 86(1972) 145-194.
-: Markellianer und Athanasios von Alexandrien. Die markellianische Expositio fidei ad Athanasium des Diakons Eugenios von Ankyra, in: ZNW 64(1973)75-121.
-: Über nikäische Orthodoxie, in: ZNW 66(1975)194-222.
-: Artikel: Athanasius von Alexandrien, in: TRE IV(1979)333-349.
-: Zur Biographie des Athanasius von Alexandrien, in: ZKG 90(1979)304-338.

THOMPSON, E.A.
The Historical Work of Ammianus Marcellinus, Cambridge 1947.

THOUVENOT, R.
-: Hilaire, évêque de Poitiers, in: BSAO IV/10(1970)451-468.
-: Poitiers à l'époque gallo-romain, in: BSAO IV/8(1965)7-22.

TIETZE, W.
Lucifer von Calaris und die Religionspolitik Constantius II, Diss. phil. Tübingen 1976

TILLEMONT, M.L.
Mémoires pour servir à l'histoire ecclesiastique ... VI/VII, Venedig 1732.

TURNER
s. Ecclesiae Occidentalis monumenta.

VIEHAUSER, A.
Hilarius Pictaviensis geschildert in seinem Kampf gegen den Arianismus, Klagenfurt 1860.

VOGT, J.
Ammianus Marcellinus als erzählender Geschichtsschreiber der Spätzeit, in: Abh. d. Akad. d. Wiss. u. d. Lit. Mainz, 1963, 8. Heft.

WAAS, M.
Germanen im römischen Dienst im 4. Jahrhundert nach Christus, Diss. phil. Bonn 1965.

WATSON, E.W.
s. Hilarius Pictaviensis.

WILMART, A.
-: L'Ad Constantium liber primus de s. Hilaire de Poitiers et les fragments historiques, in: RBen 24(1907)149-179; 291-317.
-: Les fragments historiques et le synode de Béziers, in: RBen 25(1908) 225-229.
-: La Question du pape Libère, in: RBen 25(1908)361-367.
-: La tradition des opuscules dogmatiques de Foebadius, Gregorius Illiberitanus, Faustinus, in: SAW 159,1, Wien 1909.

WINHELLER, E.
Die Lebensbeschreibungen der vorkarolingischen Bischöfe von Trier (Rhein. Archiv 27), Bonn 1935.

WITTIG, D.
Die Friedenspolitik des Papstes Damasus I. (Kirchengesch. Abh. X), Breslau 1912.

WOJTOWYTSCH, M.
Papsttum und Konzile von den Anfängen bis zu Leo I. (440-461). (Päpste und Papsttum 17), Stuttgart 1981.

ZEILLER, J.
-: Les origines chrétiennes dans les provinces danubiennes de l'empire romain (Studia Historica 48), Rom 1967 (ND der Ausgabe Paris 1918).
-: L'empire romain et l'Église. Histoire du monde de E. Cavaignac t.V/2, Paris 1928.
-: La question du pape Libère, in: Bull. d'anc. litt. et d'archéol. chrét. 3(1913)20-51.
-: Auxence, in: DHGE V,935.

ZIEGLER, J.
Zur religiösen Haltung der Gegenkaiser im 4. Jahrhundert n. Chr. (Frankfurter Althist. Studien 4), Diss. phil. Frankfurt 1970.

# REGISTER

## 1. *Stellen*

## 2. *Personen*

*3. Synoden*